KB059665

고틀리프 두트바일러

지은이 **쿠르트 리스**

1902년 뷔르츠부르크에서 태어났다. 뮌헨과 하이델베르크, 파리의 소르본에서 공부한 뒤 베를린에서 저널리스트로서 첫발을 내디뎠다. 1933년 프랑스로 망명했다가 1934년 〈파리스와〉의 미국 통신원이 되었다. 전쟁이 시작되자 미 해군의 종군 기자로 전쟁터에 뛰어들었다. 종전 후 유럽으로 돌아온 그는 동시대 주요 인사들의 특징을 묘사하며 나치를 비판하는 많은 책을 펴냈으며 1993년 취리히주에서 사망했다.

옮긴이 **김용한**

1955년 경기도 안성에서 태어났다. 공주사범대학교를 졸업한 뒤 서울대학원에서 문학석사와 문학박사 학위를 취득했다. 박사 학위 논문은 「에르빈 피스카토르의 〈정치극〉 연구」(1995)다. 남강고등학교, 의정부고등학교, 이포중학교에서 교사를 역임했으며, 서울대학교, 한양대학교, 영남대학교 등 10여 개 대학에서 독어독문학을 가르쳤다. 성공회대학교와 한신대학교에서는 외래교수로서 한국 근현대사와 정치학을 강의했다.
시민운동을 거쳐 진보 정치와 사회복지계에 잠시 몸담았다가, 뒤늦게 협동조합을 공부하게 되었다. 이후, 함께가는둥근세상댕구리협동조합 등의 조합원으로 활동하며 협동조합을 연구하고 있다. 2019년부터 소상공인협업아카데미를 비롯한 여러 기관에서 협동조합 교육 강사와 컨설턴트로 일하고 있다. 지은 책으로『주한미군 이야기』『노근리에서 매향리까지』(공저) 등이 있으며, 옮긴 책으로는『루르 루돌프 슈타이너 학교 1, 2』가 있다.

고틀리프
두트바일러

스위스 최대 협동조합 미그로 창시자 일대기

쿠르트 리스 지음

김용한 옮김

GOTTLIEB
DUTTWEILER

북바이북

고틀리프 두트바일러

2020년 9월 15일 1판 1쇄 인쇄
2020년 10월 5일 1판 1쇄 발행

지은이   쿠르트 리스
옮긴이   김용한
펴낸이   한기호
편집   도은숙, 정안나, 유태선, 염경원, 김미향, 김민지
디자인   안희원(표지), studio moonphase(내지)

마케팅   윤수연
경영지원   국순근
펴낸곳   북바이북
              출판등록 2009년 5월 12일 제313-2009-100호
              주소 04029 서울시 마포구 동교로 12안길 14(서교동) 삼성빌딩 A동 2층
              전화 02-336-5675 팩스 02-337-5347
              이메일 kpm@kpm21.co.kr
              홈페이지 www.kpm21.co.kr

ISBN 979-11-90812-08-5 03990

·북바이북은 한국출판마케팅연구소의 임프린트입니다.
·책값은 뒤표지에 있습니다.

·이 도서의 국립중앙도서관 출판예정도서목록(CIP)은 서지정보유통지원시스템 홈페이지
(http://seoji.nl.go.kr)와 국가자료종합목록 구축시스템(http://kolis-net.nl.go.kr)에
서 이용하실 수 있습니다.
(CIP제어번호: CIP2020037372)

고틀리프 두트바일러의 모습, 27세부터

최초의 미그로 이동 판매 트럭들

최초의 미그로 매장(위, 아래), 1925년경

리마트 광장 매장 개업식, 1952(위 2장)
최초의 셀프서비스 매장, 1948(맨 아래)

국회의사당 안의 국회의원 고틀리프 두트바일러

취리히 시민행진 당시 연사로 나선 두트바일러

아내 아델레 여사와 함께

MIGROS

오늘날의 미그로 로고

IN DIESEM HAUSE WURDE AM 15. AUGUST 1888
GOTTLIEB DUTTWEILER
GEBOREN * GRÜNDER UND STIFTER DER
MIGROS-GEMEINSCHAFT · KANTONSRAT
NATIONAL-UND STÄNDERAT

취리히 구시가지 슈트렐가세 13번지
고틀리프 두트바일러 생가에 있는 기념 현판

차례

고틀리프 두트바일러를 말하다

카를 뤼윈트

상인, 아웃사이더, 이상주의자

20세기에 고틀리프 두트바일러(1888~1962)보다 더 많은 운동을 한 스위스인은 없다. 그가 1925년에 설립한 미그로Migros는 처음에는 아웃사이더 기업이었지만 지금은 연 매출 250억 프랑*에 직원도 8만 3,000명(2010년 기준)이나 되는 협동조합 대기업으로 성장했다. 하지만 이것으로 끝이 아니다. 미그로는 남녀를 불문하고 스위스 사람 누구에게나 삶의 한 형태가 되었다. 게다가 '사회적 자본'이라는 미그로의 실용주의 이데올로기는 '제3의 길'이라는 힘을 가진 것처럼 보인다. '제3의 길'은 자본주의경제와 집단주의경제의 가운데 길로 많은 관심을 모으고 있다.

---

* 　여기서 쓰이는 프랑은 모두 스위스프랑이다.

실패를 딛고 태어난 프로젝트는 나쁘지 않다!

미그로는 실제로 마지막 기회에서 태어난 프로젝트였다. 고틀리프 두트바일러가 포드 트럭 5대를 개조해서 설탕과 커피, 파스타, 쌀, 코코넛 오일, 비누처럼 거래도 잘 되고 잘 썩지도 않는 6가지 품목을 실어서 내보냈을 때 그는 37세의 실패한 상인이었다. 스위스에서 파산한 뒤 브라질로 이민을 떠났다가 또 실패하고 무일푼으로 귀국했다. 스위스에 돌아온 그는 스위스 소비자클럽협회 바젤 지부 구매 담당 매니저로 취직하려다가 떨어지는 망신도 당했다. 그런 그에게 미그로라는 아이디어는 마지막 기회였다. 그는 처음부터 함께했던 루돌프 페터Rudolf Peter에게 이렇게 말했다. "이 사업이 성공하지 못하면 새로운 사업을 시작하지 않겠다." 당시 회계사였던 루돌프 페터는 이 모험에 참여하면서 계약서에 이렇게 적었다. "당신은 뜬구름 잡는 무모한 일을 하십시오. 저는 이 땅에 발을 딛고 안정적인 일을 하겠습니다."

미그로 아이디어라는 게 도대체 무엇일까? 사실 그것은 평범하다 못해 아주 진부한 것이었다. 즉 박리다매였다. 두트바일러는 일단 소매 마진을 당시 통용되던 마진의 반밖에 안 되도록 확 줄였다. 그렇게 싸게 파는 것이 최고의 광고라고 믿었기 때문이다. 취급 품목 수도 줄였다. 상품도 빨리빨리 교체했다. 그리고 결정적으로 비싼 매장을 임대하지 않았다. 그는 이런 식으로 비용을 대폭 줄일 수 있었다. 그러면서 비교적 많은 돈을 광고에 투자했다.

고틀리프 두트바일러는 일찌감치 혜성 같은 경력을 쌓은 사람이었다. 수입 도매상인 피스터&지크Pfister & Sigg에서 견습생으로 일한 적이 있는데 그때 이미 무언가 탐색하기 위한 여행을 다녔다. 19세 때는 무역 에이전트 자격으로 프랑스 제2의 항구도시인 르아브르를 왕래

한 적이 있다. 그러면서 커피 무역에 대해 많은 것을 알게 되었다. 그는 브라질의 생산자들과도 직접적인 관계를 맺었다. 과감한 시도였다. 중개인을 통한 무역을 하지 않고 원두를 브라질에서 직수입하는 방식을 실현한 것이다. 1914년 이탈리아 리구리아주 주도인 제노바에 산업체학교를 세운 그는 상품을 대규모로 조달하는 역할을 맡았다. 이익이 폭발적으로 상승했다. 그 덕분에 두트바일러는 피스터 사장과 동등한 동업자 수준까지 올라왔다. 그러자 공동 사장이던 나탄 지크Nathan Sigg가 기분 나빠하며 퇴사해버렸다. 1917년의 일이다. 그 바람에 회사 이름에서 지크가 빠지고 두트바일러가 들어가 피스터&두트바일러Pfister & Duttweiler로 바뀌었다.

피스터&두트바일러는 뤼슐리콘*에 훌륭한 별장을 하나 지었는데 1920년 피스터&두트바일러가 사들인 물품의 값이 폭락해서 파산하는 바람에 그 별장은 곧 사라져버리고 말았다. 두트바일러는 마지막 남은 돈으로 브라질에 사탕수수밭을 샀지만 그것마저 궁지에 빠지고 말았다.

현존하는 자본주의 속에서 이런 잔인한 경험을 한 덕분에 두트바일러라는 인간성이나 생활방식 면에서 엄청난 영향을 받았다. 그때부터 그는 개인적으로 겸손한 수준의 생활을 했다. 키도 크고 뚱뚱하기까지 했던 그가 소형차 피아트 토폴리노Fiat Topolino에 간신히 기어 들어가서 운전하고 다니던 일은 전설이 되다시피 했다. 기차를 탈 때도 그는 언제나 3등석을 이용했다.

---

* Rüschlikon. 스위스 취리히주 호르겐(Horgen) 지역의 지방자치단체. 취리히 호수 서쪽에 위치한다.

대민 홍보 활동의 게릴라 전술

취리히 주부들은 두트바일러가 하는 이야기를 금방 이해했다. 1925년은 임금이 삭감되고 실업률이 치솟던 때였다. 스위스의 생활비는 유럽의 그 어떤 나라보다 높았다. 그래서 여성 고객들은 그의 이동 판매 트럭으로 몰려들었다. 그가 미그로 사업에서 성공한 핵심 요인은 커뮤니케이션이었다. 미그로(주)가 자신들의 이동 판매 트럭을 홍보한 첫 번째 전단지는 꼭 군대구호 같았다.

이 땅의 여성들이여, 이제까지 즐기시던 낡은 구매 습관대로 광고와 슬로건만 믿고 사시겠습니까? 아니면 여러분의 기대에 딱 맞는 저희 트럭으로 오시겠습니까? 이번에 오시면 가격을 최대한 낮춰 드릴 수 있습니다. 하지만 다음에 오실 때는 장담할 수 없습니다. 이렇게 진지하게 소비자 여러분에게 봉사하겠다는 저희의 시도를 포기해야 할지도 모르거든요.

일반 언론은 두트바일러의 이런 시도를 전혀 다루지 않았다. 그러자 두트바일러는 나중에 직접 언론매체도 설립했다. 〈행동Die Tat〉이라는 이름의 이 매체는 1935년부터 그의 정치적 야망까지 실현한 매체가 되었다. 1942년부터 협동조합으로 조직을 변경한 미그로는 〈우리, 다리를 놓는 사람들Wir Brückenbauer〉도 발행했다.

1930년대는 두트바일러에게 투쟁의 시대였고 건설의 시대였다. 이 시기 그는 거의 광고 카피라이터였다. 칼럼니스트였고 상인이기도 했다. 〈행동〉의 편집장 에르빈 애클레Erwin Jaeckle는 이렇게 평가했다.

그의 언어는 거칠고 단호했다. …… 하지만 그의 수많은 아이디
어와 발언은 정말 놀라웠다. 그가 날카롭게 표현하건 비꼬는 투로
표현하건 경향성 강하게 표현하건 신랄한 비난 투로 표현하건, 두
트바일러는 언제나 눈에 확 띄는 비유를 써서 표현했다.

그가 글을 쓰면 명품 브랜드 상품을 생산하는 대기업 사장들과
경쟁업자들이 격렬한 논쟁을 불러일으켰다. 그런 점에서 그는 아웃사
이더 언론인이었다. 기존 언론들은 빗장을 질러 그를 막아섰다. 그래
서 그는 여론작업을 위해 두 가지 게릴라 전술을 생각해냈다. 하나는
강연이고 다른 하나는 소송이었다.

사학자이자 정치가인 지그문트 비드머Sigmund Widmer는 두트바일
러를 "TV 이전 시대의 마지막 호민관*"이라고 표현했다. 그의 강연
행사는 주제도 없이 열렸다. 그냥 "고틀리프 두트바일러 말하다"라는
아주 간단한 구호만으로 예고했다. 그는 언제나 사투리를 썼고 말을
하면서 자기 생각을 정리하고 정리해가면서 말을 했다. 그러다 보니
종종 주제를 벗어나기도 했고 갑자기 흥분하기도 했으며 그러다가 다
시 재빨리 본 주제로 되돌아가기도 했다. 그는 목소리를 조절할 줄 알
았다. 때로는 아주 나지막하게 때로는 아주 요란할 정도로 큰 소리로
이야기했다. 강연 도중에 누군가 야유를 하거나 이의를 제기해도 그
는 아주 재치 있게 잘 넘겼다. 청중을 그런 식으로 끌어당길 줄 아는
사람이었다.

두트바일러가 여론작업으로 특히 신경을 쓴 것은 재판이었다. 그

---

*   고대 로마 시대에 평민을 보호하던 관리.

는 자신을 반대하는 사람들을 예컨대 "트러스트 무뢰한들"이라는 식으로 아주 재미있게 비난했다. 지방 관청에서 이동 판매 트럭을 방해하면 '왜 방해하느냐'며 싸우지 않고 '과태료를 내겠다'고 하고는 그 과태료에 대해 이의를 제기하는 소송을 거는 방식으로 투쟁을 지속했다. 그는 의도적으로 경쟁사의 상표권을 끊임없이 침해하기도 했다. 이를테면 대기업의 특정 브랜드를 거의 똑같이 모방하는 식이었다.

예를 들자면 오보말티네Ovomaltine는 아이말친Eimalzin*으로, 커피 하크Kaffee Hag는 커피 차운Kaffee Zaun**으로 모방했다. 이미 오래전부터 다다이스트들이 써오던 말장난 방식이었다. 전 세계에서 유명한 세탁 세제 퍼실Persil을 생산하는 헹켈Henkel의 이름을 가지고 말장난을 한 세제 이름 오헤O-Hä도 그렇다. '오헤'는 '오네 헹켈Ohne Hänkel'의 줄임말로 '손잡이가 없다'는 뜻이지만 스위스 사람들은 '대기업인 헹켈이 없다'고 연상할 수밖에 없는 말장난이었다.

대기업들이 가만히 있을 리 없었다. 1930년대 스위스의 대기업들은 미그로와 두트바일러를 상대로 행정소송과 민사소송, 형사소송을 줄줄이 제기했다. 그런데 유죄 판결 여부와는 상관없이 모든 재판에서 이익을 본 사람은 바로 두트바일러였다. 왜냐하면 그가 모든 재판을 뉴스거리로 만들었기 때문이다. 그는 법정에 나타날 때마다 자기가 말하고 싶은 핵심 메시지를 폭넓게 전파할 수 있는 아주 좋은 기

---

* '오보(Ovo)'와 '아이(Ei)'는 발음은 완전히 다르지만, 우리말로 옮기면, '계란'과 '달걀' 정도로 뜻이 같으며, '말티네'와 '말친'은 발음이 거의 같다.
** '하크(Hag)'와 '차운(Zaun)'도 발음은 완전히 다르지만, 뜻은 둘 다 '울타리'이다.

회로 삼았다. 대기업들이 생산한 메이커 상품은 너무 비싼데 미그로 제품은 대기업 제품과 똑같이 좋은데도 값은 훨씬 싸다는 사실이 점점 널리 알려졌다. 이러한 재판이 아니었다면 절대다수의 신문들이 그를 전혀 다루지 않았을 게 분명하다. 하지만 그런 신문들조차 이런 재판 내용은 보도하지 않을 수 없었다. 하지만 사람들의 머릿속에 남은 것은 판결 내용이 아니었다. 사람들의 뇌리에는 어떤 용감한 아웃사이더가 카르텔로 둘러싸인 대기업들의 집중된 권력에 맞서 힘겹게 싸우고 있다는 인상만 남게 되었다.

그가 성공하도록 도와준 사람들은 오히려 그의 적들이었다

미그로는 첫날부터 가혹한 적대감의 대상이었다. 소매업자들 그리고 그들과 연관을 맺고 메이커 제품을 생산하는 공장주들은 할 수 있는 한 온 힘을 다해 이 아웃사이더를 보이콧했다. 이들은 '미그로의 이동 판매 트럭 허가를 취소하라!'고 지방 당국에 압력을 가했다. '그게 불가능하면 수수료라도 대폭 인상하라!'고 요구했다. 하지만 이들이 미그로를 공격하고 괴롭힐수록 시민들은 미그로를 동정하게 되었다. 그뿐 아니라 미그로라는 회사 이름도 미그로가 이룩한 업적도 점점 널리 알려지게 되었다. 그 덕분에 취리히에서 시작한 미그로 시스템은 취리히를 넘어 다른 도시로 아주 빠른 속도로 번져나갔다. 그뿐 아니라 트럭으로 이동하며 상품을 판매하던 것에 더해 건물에 고정 매장까지 생겨나게 되었다. 1931년에는 이동 판매 트럭이 33대였는데 고정 매장 수는 44개까지 늘어났다. 취급 품목도 아주 오래전부터 대

폭 늘어났다. 그러나 소매업자들 그리고 이들과 연계된 메이커 제조업자들은 카르텔을 형성해 미그로를 방해했다. 제조업체들에 압력을 넣어 미그로에는 물품을 공급하지 못하도록 온갖 방해 공작을 했다. 그래서 물건을 팔기만 하던 두트바일러가 어쩔 수 없이 제조업에까지 직접 뛰어들게 되었다. 맨 먼저 손을 댄 제조업은 '무알코올 와인과 통조림 생산'이었다. 이것은 새로 시작한 것은 아니고 그런 사업을 하던 (주)마일렌A. G. Meilen이라는 콘체른 기업을 인수한 것이었다. 그러자 인기 있는 주스와 맥주를 생산하던 업자들이 분노했다. 주변에서 미그로를 그렇게 심하게 채찍질한 까닭은 미그로가 자기들에 비해 언제나 너무 싸게 팔았기 때문이다. 그는 바로 이어서 비슷한 방식으로 초콜릿과 요구르트, 버터, 통조림 같은 사업도 시작했다. 그러자 미그로를 중심으로 한 생산 공장 집단이 형성되었다. 그래서 다른 제조업체들이 압력을 넣으려 해도 전혀 영향을 받지 않는 거래선이 만들어졌다.

1930년대 초반 실업이 폭증하는 바람에 구매력도 약해졌고 물가도 하락했다. 실업과 구매력, 물가, 이 세 가지가 악순환의 고리로 이어지자 스위스 소매상들은 죽을 맛이었다. 반면에 백화점이나 균일가 매장, 도매상 같은 곳은 번성했다. 그런 곳에서는 구매나 사업을 더 전문적이고 합리적으로 운영했기 때문이었다. 이때 아주 성공적이면서 지독한 미움을 받는 신생 기업 두 개가 있었는데 하나는 미그로, 다른 하나는 주로 유대인들이 운영하는 백화점이었다. 정치권에서 이 두 신생 기업에 반대하는 거대한 연합이 형성됐다. 그중에 유대인들이 운영하는 백화점에 대해서는 '반유대인 정서'라는 아주 나쁜 정서가 바탕에 자리 잡고 있는 게 분명했다. 무역협회와 소비재 산업 그리고 전통적으로 소비자운동 단체들과 관련을 맺고 있는 사회민주당은 우유 가격 인상을 바라는 축산 농가와 「프랜차이즈 기업의 지점 확대 금지법」을 제정하기 위한 응원군을 형성했다. 이 법은 결국 1933년 연방의회에서 통과되었다. 그때는 하필이면 스위스의 독일어 사용 지역에서 성공한 미그로가 프랑스어 사용 지역과 이탈리아어 사용 지역으로 뛰어들기 시작한 바로 그 시점이었다. 연방의회는 특별세와 관련지어 「프랜차이즈 기업의 지점 확대 금지법」을 긴급 법률로 통과시켰지만 이 법은 나중에 결국 위헌으로 판명이 났다. 하지만 미그로와 백화점들은 이 악법 때문에 12년 동안이나 성장할 수가 없었다.

이 법은 그들이 아주 오래전부터 준비해서 통과시켰던 법이고 미그로에는 이 법이 지독한 악법이었지만 이런 악법조차도 미그로의 이상을 꺾을 수는 없었다. 두트바일러는 새로운 사업 영역으로 눈을 돌렸다. 독일 나치 시절의 '환희 역행단'*과 이탈리아 파쇼 시절의 '도폴라보로'**처럼 성공적이던 레저와 여행 사업을 스위스식으로 응용한 이른바 '호텔플란'을 시작했다. '호텔플란'은 두트바일러가 시도한 첫 번째 협동조합 프로젝트였다. 호텔 숙박비를 확 내려서 손님이 대

---

* 'Kraft durch Freude(약자로 KdF)'. 직역하면, '환희를 통한 힘'인데, '레저를 즐기고, 힘을 얻어서 다시 열심히 일하라'는 뜻으로, 독일에서 나치가 국가 차원에서 운영하던 레저 조직의 이름이다. 독일의 독재자 히틀러가 써먹던 조직이지만, 두트바일러는 좋은 뜻만 살려서 사업에 활용했다.
** 'Dopo lavoro'는 이탈리아 무솔리니 시절에 운영되던 직장클럽이다. 이탈리아어로 dopo는 영어의 after, lavóro는 영어의 work, lavor로, 'dopo lavóro'는 'after work', 즉 '일(노동)이 끝난 뒤에'라는 뜻이다. 요즘 표현으로 치면 '저녁이 있는 삶' 정도이다. 이탈리아의 독재자 무솔리니가 써먹던 조직이지만, 두트바일러는 좋은 뜻만 살려서 사업에 활용했다.

규모로 몰려들게 하는 프로젝트였는데, 이것은 당시 바닥을 치고 있던 스위스 호텔 업계에 다양한 방식으로 새로운 손님을 끌어들이는 데 큰 도움이 되었다. 「프랜차이즈 기업의 지점 확대 금지법」을 피해서 다른 사업 분야로 넓힌 것 중에는 '미그로 클럽 학교' 설립도 있다.

정당방어에서 정치가로

고틀리프 두트바일러는 자의적이고 위헌적인 「프랜차이즈 기업의 지점 확대 금지법」 때문에 몹시 고생했다. 이때 하도 고생해서 자연스럽게 정치로 뛰어들 수밖에 없었다. 그는 실제로 나중에 이 걸음, 즉 '정치인이 되는 걸음은 내딛고 싶지 않았다'고 했다.

> 정치견해 특히 마카로니 공급자*가 갖고 있는 급진적인 정치견해를 누구한테도 공유하자고 할 수 없다. 고객을 잃을 위험이 너무 크기 때문이다. 정치를 통해 고객을 얻는다는 것은 도저히 믿을 수 없다.

그러나 관계 당국이 내린 '지점 확대 설치 중지 명령'을 국회의원이 아닌 두트바일러가 국회 밖에서 반대하는 것은 아무 소용이 없었다. 23만 명이 청원서에 서명했지만 미그로는 「프랜차이즈 기업의 지

---

* 마카로니는 이탈리아 국수. 그러니까 '마카로니 공급자'는 두트바일러 자신을 가리킨다.

점 확대 금지법」을 피할 수 없었다. 정부가 이렇게 악의적으로 나오는데는 이유가 있었다. 미그로는 겨우 하나의 주식회사에 지나지 않는다는 것이었다. 협동조합 방식으로 조직된 소비조합들은 「프랜차이즈 기업의 지점 확대 금지법」에 저촉되지 않았다. 그래서 미그로의 설립자는 1935년 '무소속 리스트' 이름으로 국회의원* 선거에 뛰어들었다. 이렇게 처음으로 설립된 이른바 '미그로당'***이 처음으로 후보를 내고 뛰어든 총선이었다. '미그로당'은 이때 취리히주에서 18.3%를 득표해 단박에 제2의 정치 세력이 되었다. 이때 두트바일러와 함께 국회에 입성한 무소속 의원은 7명이나 되었다. 스위스 정치 상황에서 이것은 어마어마한 수준의 기적이었다. 이 조직이 나중에는 무소속 란데스링LdU***이라는 정당으로 이어졌다. 하지만 당시에는 이렇다 할 언론을 소유한 것도 아니고 여성투표권도 없던 시절이라 여성투표권의 덕도 볼 수 없었다.

두트바일러가 국회의원이 되긴 했지만 무소속 란데스링의 국회의원 수가 적었기 때문에 정치인 두트바일러의 영향력은 상인 두트바일러의 영향력에 한참 못 미쳤다.

---

* 'Nationalrat'을 '국민의회 의원'으로도 번역할 수 있으나, 스위스의 정치 구조상 하원에 해당되기 때문에 이해하기 쉽게 '국회의원'으로 번역했다.
** 처음에는 무소속 후보들이 느슨하게 연대하는 정도였을 뿐, 정당도 아니고 공식 명칭도 '미그로당(Migros-Partei)'이 아니었다. 하지만 많은 사람들이 그렇게 불렀다.
*** 이 정당의 공식 명칭은 'Landesring der Unabhängigen: LdU'로, 어떤 정당에 소속되지 않고 '독립적인 사람들', 즉 '무소속 정치인들의 전국적 고리'라는 뜻이다. 이해하기 쉽게 '무소속 란데스링'으로 번역했다.

국회의원 두트바일러의 주된 관심사는 국가의 생계 지원과 가계 비축, 스위스의 해운업 같은 분야였다. 미사일 강화 같은 것도 빼놓을 수 없는 관심사였다. 무소속 정치인들의 정치 이론보다 더 흥미로운 것은 무소속 란데스링에 가입한 국회의원들의 면면이었다.

기성 언론들은 "백만장자 두트바일러"라고 조롱했다(그러면서 무소속 국회의원 7명을 가리켜 "1명의 1과 6명의 0"이라는 식으로 조롱도 했다). 하지만 이 당은 아주 우수한 선수들과 개인주의자들로 이루어져 있었다.

발츠 침머만Balz Zimmermann은 스위스항공 초대 사장이었고 프랑클린 비르혀Franklin Bircher는 '비르혀 뮈즐리Bircher-Müesli'*를 발명한 유명 의사였으며 하인리히 슈나이더Heinrich Schnyder는 농업전문가였다. 펠릭스 뫼슐린Felix Moeschlin은 작가였고 장 로돌페 폰 잘리스Jean Rodolphe von Salis는 역사학자였다. 이런 저명인사들이 무소속 란데스링 소속이었다.

기부의 위대한 몸짓

1941년, 고틀리프 두트바일러는 자신의 미그로(주)를 협동조합으로 바꿨다. 이때 자기 지분을 고객들에게 거의 모두 기부하는 바람에 전국에서 주목을 끌었다. 동기에 대해 온갖 억측이 난무했다. 후에

---

* 영어로는 '버처 뮤즐리'라고 발음한다. 각자의 기호에 맞게 각종 과일과 견과류, 요구르트, 과일 주스, 코코넛밀크, 채소 등을 혼합해 하룻밤 정도 숙성시킨 뒤 아침 식사로 먹는 음식이다.

미그로에서 자체 인쇄물을 통해서 '재산을 영웅적으로 포기했다'거나 '스위스 협동조합의 오랜 원칙에 충실하다는 걸 행동으로 증명한 것'이라고 퍼뜨렸지만 이런 해석은 거의 모든 언론에서 외면당했다.

'억만장자 두트바일러가 미그로에서 잘나가는 회사와 뒤처진 회사 등 수많은 회사를 여전히 내놓지 않고 자기 사유 재산으로 보유하고 있다'는 억측은 아예 제쳐 놓자. 두트바일러의 믿을 만한 자체 증언을 보면 그는 당시 성공적이던 다른 설립자들보다 제2차 세계대전의 결과를 훨씬 비관적으로 봤다. 당시 전쟁의 결과를 낙관했던 설립자들은 발터 해프너Walter Haefner나 에밀 프라이Emil Frey(자동차), 샤를레스 푀겔레Charles Vögele(패션), 우엘리 프라거Ueli Prager(뫼벤픽Mövenpick 레스토랑) 같은 사람들이었다. 이들은 안전한 것으로 여겨졌던 나치 독일이 몰락하면 곧 호경기가 시작될 것이라며 그에 대비해 전쟁 기간에 이미 지위와 입지를 확보했다.

하지만 두트바일러는 스위스 사람이 전혀 겪어보지 못한 아주 독특한 역사를 경험한 사람으로 소문이 났다. 그는 1932년에 베를린에 있는 상업 회사를 하나 인수했는데 이동 판매 트럭을 아주 성공적으로 잘 운영하던 회사였다. 하지만 히틀러가 집권한 뒤 이 기업에 대한 권력의 횡포와 영업 방해가 무더기로 이루어졌다. 하지만 그 당시는 히틀러도 생업에 종사하는 보통의 소시민 대중의 환심을 사기 위해 열심히 알랑거리고 있을 때였다. 그러나 결과적으로 독일 연방군과 나치 친위부대가 정류소에서 기다리는 고객들을 하도 괴롭혀서 두트바일러는 손해만 보고 1933년 말 베를린에서 철수했다. 고틀리프 두트바일러는 오랫동안 이런 생각을 했던 것 같다. '히틀러가 전쟁에서 이기면 히틀러 독재정권이 백만장자 한 명의 재산은 쉽게 빼앗을 수 있지만 수십만 명이나 되는 평범한 소시민 협동조합원들의 재산까지 다 빼앗기는 훨씬 어렵지 않을까?' 그의 이런 견해가 확실히 옳았다는 게 증명되었다.

"위대한 독선가"

고틀리프 두트바일러는 기업가로서 정치가로서 새로운 추세를 다른 사람들보다 훨씬 더 일찍 느꼈을 뿐 아니라 훨씬 더 일찍 행동으로 옮긴 사람이었다. 그는 전쟁이 끝나면 일반 대중이 여행이나 문화, 음악, 교육, 문화기획 같은 경제적 감성적 욕구가 대폭 늘어날 것이라는 점을 거의 귀신같이 정확하게 예감했다. 그래서 이른바 호텔플란이나 엑스리브리스Ex Libris, 클럽 학교, 문화 퍼센트 같은 구체적인 프로젝트를 기획해서 공급하는 것으로 해결책을 제시했다. 여러 해 동안 함께했던 동지 베르너 슈미트Werner Schmid가 증언한 바에 따르면 두트바일러는 1937년에 이미 환경과 사회 문제를 다루는 레이블 방식의 아이디어를 갖고 있었다. 그는 이 레이블에 '진실의 손 시스템'이라는 약간 어색한 이름을 붙였다. 그가 이 레이블의 특징으로 삼으려 한 것은 공정 가격과 좋은 품질, 적절한 노동조건 같은 것이 보장되는 상태에서 생산되는 물품 공급 등이었다. 스위스에 호경기가 제대로 진행되기 시작한 것은 그의 생애 마지막 해인 1962년부터였다. 이때 두트바일러는 현대 문명의 성장 문제와 환경 문제 같은 것에 대해서도 견해가 아주 분명했다. 이 점에 대해서는 지그문트 비드머Sigmund Widmer가 다음과 같이 증언했다.

두트바일러는 '우리 세기의 거대한 방향전환'과 '통제받지 않는 성장 문제에 대한 의식 변화'를 다른 이들보다 일찍 실행한 사람이다. 두트바일러 전체를 확실히 이해하려면 바로 이 점을 생생하게 표현할 수 있어야 한다. '이성적인 사람들'의 단체인 '인문학 포럼'은 '로마클럽'보다 앞선 조직이다. 로마클럽은 두트바일러가 생전에 극도로 매달렸던 …… 생각을 10년 뒤에 뒤쫓아 왔을 뿐이다. '돌이켜 보건대 두트바일러가 옳았다. 두트바일러는 20세기 스위스의 위대한 독선가였다.' 우리는 이 점을 계속 확인할 수밖에 없다.

파산의 작은 연대기

넓게 봐서 고틀리프 두트바일러가 손 댄 일이 모두 다 성공한 것은 아니다. 소매시장의 성공은 전 세계를 비교해도 과거에도 독보적이었고 현재도 독보적이다. 2010년 미그로의 식료품 소매 시장 점유율이 27.3%인데 이런 기업은 전 세계에서도 거의 찾아볼 수 없을 정도이다. 비식품 영역 점유율도 13%나 됐다. 이런 배경에서 볼 때 미그로라는 회사가 본점에서 멀리 떨어진 절대다수의 지점들에서도 얼마나 잘되고 있는지가 눈에 확 띄긴 하지만 넓게 봐서 고전적인 식료품 거래와 같은 시장 점유율에는 이르지 못했다. 미그롤Migrol이 스위스 유류 시장에서 선도적인 공급사인 것은 맞다. 하지만 자동차와 관련해 더 큰 이익은 다른 기업들이 차지하고 있다. 미그로 은행도 약 80만 명의 고객을 확보하고 있긴 하지만 스위스 은행계에서 차지하는 비중이 식료품 거래에서 차지하는 비중과는 비교도 되지 않을 정도로 뒤

떨어져 있다는 뜻이기도 하다. 미그로가 소유했던 보험회사는 1999년에 제쿠라Secura가 게네랄리 콘체른Generali-Konzern에 매각되면서 시장에서 퇴출되었다.

설립자의 의도와는 한참 동떨어진 방식으로 진행되는 사업도 있다. 예컨대 엑스리브리스 같은 프로젝트가 그렇다. 이 사업은 예전에는 아주 탁월한 문학 프로그램과 음악 프로그램들을 통해 통신판매를 하는 눈에 띄는 체인점이었다. 하지만 생산이 치명적으로 감소한 이후에는 요즘 인기를 끄는 베스트셀러 작품만 선도적으로 골라서 공급하는 사업으로 바뀌고 말았다. 그것도 IT 앱에 한해서. 출판 시스템도 미그로가 성공한 영역이 아니다. 진보적 가판 신문이던 〈행동〉 프로젝트는 파산했다. 컴퓨터와 전자오락 분야에서도 다른 체인점들이 지도적인 지위를 점하고 있다.

가격을 주도한다든가 아이디어가 풍부하다든가 투쟁에 참여한다든가 하는 것은 미그로 본점에서부터 수십 년 동안 이어져온 특징이었다. 하지만 이런 특징들도 다른 영역에서는 치명적으로 사라졌다. 예컨대 의류 영역에서 사라졌고 간이식당 시스템에서도 사라졌다. 간이식당 분야에서는 맥도날드한테도 졌다. 150여 지점에서, 심지어 미그로 매장 근처에서도 상황은 여의치 않았다. 맥도날드가 이미 기반을 잡은 것이다. 미그로가 소유한 정유소나 원양 선단으로 정유 시장에서 자행되는 다국적 정유 기업들의 독점가격을 깨뜨려보겠다던 시도는 두트바일러가 살아 있을 때 이미 실패로 끝나고 말았다.

스위스에서 보기 드문 성공을 거둔 뒤 외국 시장까지 확장해보려고 시도했을 때도 미그로는 반복적으로 한계에 부닥쳤다. 1930년대 베를린에서 손실만 잔뜩 내고 철수한 것은 이미 언급한 바 있다. 1954

년 터키의 통상경제부가 고틀리프 두트바일러를 터키로 초청한 적이 있다. 그 뒤로 '미그로 터키'를 설립했고 사업은 아주 잘됐다. 하지만 이것도 그 이름과 시스템만 오늘까지 사용되고 있을 뿐 1975년에 사업 운영권이 터키 사람들에게 넘어갔다. 그사이에 특별히 추진했던 오스트리아 진출도 실패했다. 규모도 커지고 현대화된 미그로 소유 생산 공장과 새로운 시장을 오스트리아에서 개척하기 위해 특별히 추진했던 사업이 1990년대에 파산한 것이다. 오스트리아의 협력사가 어려움에 빠지면 운영할 수도 없는 그 '소비' 체인을 미그로가 인수하는 식으로 손실뿐인 출구를 유일한 대안으로 생각했던 것 같은데 이 사업은 충분히 검토했지만 끝내 거부당했다. 나중에 소송을 통해 확실히 밝혀진 바에 따르면 미그로가 오스트리아 협력사의 재정 상태에 대해 처음부터 속은 것이었다.

오스트리아 모험에서 미그로는 무려 3억 프랑의 손실을 입었다. 미그로 콘체른의 재정 능력과 안정성으로 볼 때 감당할 수는 있는 액수지만 정말 엄청난 돈이다.

마지막까지 투쟁

고틀리프 두트바일러가 미그로와 함께한 기간은 37년이다. 이 기간 동안 미그로는 취리히의 노동자 구역에서 아웃사이더 프로젝트로 출발해 강력한 대기업, 스위스 최대 기업 가운데 하나로 발전했다. 하나를 덧붙이자면 협동조합 이념을 새롭게 해석하고 스위스의 소비 풍토와 전후 시기의 집단적인 생활방식 발전에 전례 없이 활발한 영향을 끼친 정치와 사회 세력으로 발전했다. 자녀가 없는 고틀리프와 아델레 두트바일러 부부는 필생의 사업을 소비자와 시민에게 넘겨주었다.

스위스는 그가 살아 있을 때 그에게 공식적인 감사 표시를 전혀 하지 않았다. 오히려 끊임없이 적대감만 표출했다. 1950년대의 두트바일러는 박리다매라는 미그로 원칙을 가지고 고도로 정돈된 우유 시장을 뚫고 들어가기 위해 열심히 투쟁해야 했다. 1958년에 그는 영양연구소를 설립했다. 고지방과 포식을 중단하고 건강과 몸에 좋은 쪽으로 방향을 트는 것을 지원하기 위해서였다. 이런 연구소는 나중에는 일반화되었다. 하지만 이것을 맨 먼저 시작한 것은 두트바일러이고 그에 의해 일반적인 추세가 된 것이다.

정치인으로서 그는 1950년대의 숨 막히는 분위기 탓인지 1930년대에 얻은 산사태 같던 승리를 다시 반복하지 못했다. 1949년에는 갑자기 취리히주에서 상원의원으로 선출되었지만 1951년에는 상대 후보에 밀렸고 1955년에는 빌리 슈퓔러Willy Spühler에게도 졌다. 슈퓔러는 나중에 연방 의원까지 되었다. 4년 뒤에는 무소속 란데스링 내부의 정적들이 두트바일러의 재입후보를 거부하는 일까지 벌어졌다. 고틀리프 두트바일러는 이것을 모욕적인 거부로 느꼈다. 이 시기 그의 최측근이던 지그문트 비드머는 "그 당시 두트바일러는 스스로 자신을 외톨이나 괴롭힘을 당하는 사람으로 이해했으며 공식적인 스위스에 의해 끊임없이 거절당해서 괴로워하는 사람으로 느꼈다"고 증언했다. 게다가 혈액순환과 갱년기 장애, 과체중 같은 건강 장애도 늘어났다.

고틀리프 두트바일러는 미그로를 위한 후속 계획을 세웠지만 희망했던 목표에는 도달하지 못했다. 그가 선호했던 후보는 영양 전문가이며 나중에 연방 의원까지 된 프리드리히 트라우고트 바렌Friedrich

Traugott Wahlen이라는 사람이었는데 이 사람은 아예 접근조차 할 수 없는 사람이 되었다.

그러자 당시 무역 외교를 이끌다가 나중에 역시 연방 의원이 된 한스 샤프너Hans Schaffner라는 사람을 끌어들이려 집중적으로 노력했다. 두트바일러는 9쪽짜리 방대한 자필 편지에서 그에게 '미그로의 최고 책임자 자리를 맡아달라'고 제안했다. 샤프너는 나중에 두트바일러가 자기에게 그런 제의를 아주 여러 번 했다고 확인해주었다. 하지만 샤프너는 '스위스 무역 정책에서 당면한 개혁 과제도 많고 유럽자유무역지대EFTA 설립도 추진해야 한다'며 제안을 거절했다. 결국 두트바일러의 조카이며 바젤의 지역구 국회의원인 루돌프 주터Rudolf Suter가 최고책임자로 선출되었다.

적들의 갑작스러운 친절

고틀리프 두트바일러가 짧게 병을 앓고 1962년 6월 8일 74세에 심장마비로 사망했을 때 스위스 라디오는 피아노 명상음악을 20분 동안 방송했다. 심각한 재앙이 있을 때가 아니면 이런 식으로 프로그램을 변경하는 일은 없었는데, 그만큼 그의 죽음이 이례적인 사건이었던 것이다. 경제 개척자이면서 정치적 아웃사이더였던 두트바일러에게 좌우 양쪽에서 40년 동안 쏟아내던 적대감이 갑자기 사라진 듯했다. 이제야 모든 쪽에서 그에게 마지막 존경을 바친 것이다. 그리고 그것은 그 많은 반대자들이 그에게 최초로 바친 공개적 존경이기도 했다. 두트바일러의 오랜 정적이었던 사회당 대표 발터 브링올프Walther

Bringolf는 국회에서 공식적으로 추도사를 읽기도 했다. 그는 고인이 얼마나 불편한 존재였는지에 대해서도 이야기했지만 그가 얼마나 강인했고 그의 활동이 얼마나 긍정적인 결과를 가져왔는지도 강조했다.

하지만 〈노이에 취리히 차이퉁Neue Zürcher Zeitung〉*은 끝까지 그와 화해하지 않았다. 신문에 실린 부고 기사에는 다음과 같은 악랄함이 번뜩였다.

그는 아직도 자기 스타일을 찾지 못한 채 이 땅에서 무계급사회를 선호했던 조물주였다.

역시 정치적 반대편에 섰던 공산당 기관지 〈전진Vorwärts〉도 이렇게 비판했다.

우리는 미그로 설립자한테서 협동조합인의 모습은 찾아볼 수 없었다. 오직 신자유주의 자본주의의 전형적인 대표자만 보았을 뿐이다. 이게 그를 정확히 이해한 것이다. 여기서 문제는 무자비하게 착취하는 옛날식 자본주의가 아니다. 오늘날 널리 확장되고 있는 사업들을 보라. 사업이란 원래가 봉사의 법칙에는 관심조차 없는 것 아닌가! 고객만 확보하면 그만이라는 생각을 오랫동안 가져왔던 미국 기업들이 추구해온 사회적 자본주의가 문제인 것이다.

그러나 스위스 전체에서 이름 없는 수십만 명의 사람들은 정반대

* '새 취리히 신문'이라는 이름의 보수적인 신문.

32

였다. 그들은 깊이 동요했고 진지하게 애도했다. 취리히 장례식에 몰려든 인파만 해도 그동안의 모든 틀을 뛰어넘었다. 이 장례식은 취리히 구시가지 대형교회 네 곳에서 생중계했고 수천 명이 조문했다.

◆◆◆

쿠르트 리스(1902년생)는 성공한 작가이다. 그런 그는 생애 후반기에 이르러서야 비로소 스위스라는 주제에 매달렸다. 1952년에 하이데마리 하타이어Heidemarie Hatheyer라는 여배우와 결혼한 뒤 취리히의 포르히에 있는 쇼이렌으로 이사했다. 부인 하타이어는 취리히 극장의 앙상블에서 아주 인상적인 인물 가운데 한 명이 되었고 남편은 불안한 전쟁의 소용돌이 시국에 큰 충격을 받은 뒤 인기 있는 논픽션을 여러 편 썼다. 리스는 키가 작고 때로는 아주 무뚝뚝했으며 많이 까탈스러운 백발 신사였다. 그는 파우엔에 있는 극장과 크라운홀에 잘 알려진 인물이었다. 거기서 그는 늘 토마토 수프를 주문했다.

쿠르트 마르틴 리스Curt Martin Riess의 원래 성은 슈타이남Steinam이었는데 양아버지한테서 리스라는 성을 얻었다. 그는 21살 때 벌써 베를린에서 스포츠 기자가 되었다. 그리고 야생마 같던 20대 때에는 연극과 영화 평론가가 되었다. 나중에 그는 항상 자기는 "나치가 맨 처음 행진을 시작했을 때부터 나치를 믿지 않았고 자신이 유대인이라는 사실을 잊지 않았다"고 말했다.

프라하를 거쳐 파리로 간 그는 거기서 피에르 라자레프Pierre Lazareff

가 발행하던 〈파리 스와Paris-Soir〉에 입사했다. 리스는 탁월한 언어 재능을 가진 사람이었다. 그는 프랑스어로도 기사를 썼고 나중에는 영어로도 썼다. 때로는 총 5개 언어로 썼다. 1934년 라자레프는 그를 미국 특파원으로 보냈다. 쿠르트 리스는 할리우드에 관해서 유럽 신문과 잡지 약 20여 곳에 기고했는데 그중에는 〈에스콰이어Esquire〉와 〈새터데이 이브닝 포스트Saturday Evening Post〉도 있었다. 그는 기사를 쓸 때 아주 빠른 속도로 구술했는데, "원고료로 15명을 먹여 살린 적이 있다"고 나한테 이야기한 적이 있다. 전쟁이 터지자 그는 종군기자가 되어 유럽으로 돌아왔다. 자존심을 다 버리지는 않았지만 그가 암시한 바에 따르면 뭔가 비밀 임무도 띤 채였다. 1945년 그는 뉴욕에서 자유작가로 독립했다. 하지만 베를린에서는 봉쇄도 경험하고 당시 전성기에 올라 있던 독일 잡지에 인기 있는 연재 작가가 되기도 했다.

쿠르트 리스의 첫 번째 책들은 이런 언론기고문 덕분에 나왔는데 그가 오래 살기도 했지만 그렇게 나온 책이 정확히 99권이었다. 그가 쓴 『괴벨스 전기Goebbels-Biografie』는 엄청난 주목을 받았다. 그 밖에 구스타프 그륀드겐스Gustaf Gründgens나 재클린 케네디Jacqueline Kennedy, 로미 슈나이더Romy Schneider 같은 사람들의 전기도 썼다. 『그것은 딱 한 번 있었다Das gab's nur einmal....』라는 영화 역사서도 썼는데, 이 책은 판을 바꾸며 여러 번 인쇄될 만큼 좋은 반응을 얻었다. 쿠르트 리스는 인기 있는 베스트셀러 작가가 되었다. 소설과 시나리오도 여러 편 썼다. 기고 작품들로도 그는 손해를 보지 않았다. 스위스에 왔을 때 스위스항공Swissair과 아스코나Ascona, 생 모리츠St. Moritz, 연극(〈사느냐 죽느냐〉), 카페 오데온Café Odeon 같은 주제로 책을 썼다. 〈벨트보헤Weltwoche〉에 정기적으로 실렸던 글을 모은 책들이다.

쿠르트 리스는 고틀리프 두트바일러에 관한 책을 쓰기 위해 이 노인을 자주 만났다고 나에게 직접 말한 적이 있다. 나는 1980년대에 〈취리보헤Züri Woche〉에 연극 비평을 쓰던 그를 만날 수 있었다. 당시는 바로 현대 연극을 부정적으로 평가하는 그의 책들이 막 나와 논란을 불러일으키던 때였다. 그의 책 제목만 봐도 모든 걸 알 수 있을 정도였다. 『연극의 새벽인가? 무대의 화장실인가?』라든가 『관객에 맞서는 연극』 같은 책이 그렇다. 그때 우리는 리스를 위해 결단을 내렸다. 왜냐하면 〈취리보헤〉는 수요일에 발행되는데 연극은 언제나 목요일에 첫 공연을 올렸기 때문에 다른 모든 신문에 비해 현재 진행되는 연극에 대한 비평문을 맨 꼴찌로 실을 수밖에 없었기 때문이다. 그래서 우리는 주목을 끄는 것밖에 다른 선택이 없었다. 쿠르트 리스는 극장의 시대정신에 맞는 작품들을 재미있게 혹평했다. 사나운 계략들이 많았지만 그런 계략 앞에서도 그는 결코 움츠러들지 않았다. 특히 아내가 파우엔 극장의 앙상블에서 쫓겨난 이후에는 더 그랬다.

광적으로 다작을 하는 쿠르트 리스는 논픽션 작가 중에 요하네스 마리오 지멜Johannes Mario Simmel이나 하인츠 G. 콘잘리크Heinz G. Konsalik 같은 3류 작가들과 맞먹는 명성을 누렸다. 그래서 그에게는 경멸과 질투가 뒤섞였다. 나도 짧게나마 『고틀리프 두트바일러 ─ 미래를 가진 이상』(Meilen, 2000)이라는 두트바일러 전기를 쓴 적이 있어서 원자료를 검증하고 쿠르트 리스의 『고틀리프 두트바일러』를 특히 비판적으로 읽을 수 있는 우선권을 가졌다. 놀라울 만큼 정확하고 사실에 충실한 글에 강한 인상을 받았다. 그의 글은 단순하고 구태의연한 묘사 방식을 훌쩍 뛰어넘어 어떤 장면이 실제로 재현되는 것 같은 생동감을 띠고 있었다. 그사이에 그는 고인이 됐지만, 두트바일러는 그를 신뢰했고 나중에 경영자가 되기도 한 페터 P. 리스테러Peter P. Riesterer도 이런 판단에 존경심을 담아 보증했다.

　그래서 아주 방대한 이 전기가 새로운 세대를 위해 활짝 열려도 좋을 정도로 의미 있는 책이 되었다. 쿠르트 리스가 가판신문 기자로 오랜 세월 근무하면서 쌓은 이야기 본능이 이 책에서도 그대로 묻어나는데, 이것이 이 책을 특출한 의미를 지닌 스위스의 경제사로 만들기도 한다. 그만큼 이 책은 20세기 스위스를 다른 어떤 사람보다도 더 역동적으로 변화시킨 역사의 거인 고틀리프 두트바일러에게 걸맞다.

2011년
카를 뤼윈트

머리말을 대신하여

이 사람은 누구였나?

1956년부터 1958년까지 고틀리프 두트바일러의 전기를 쓸 때 내 머릿속을 떠나지 않던 질문이 있었다. 어떻게 끝내야 하지? 어디 서? 언제? 그때 나는 이렇게 썼다.

"고틀리프 두트바일러에 관한 책을 끝내는 것은 아주 어렵다. 그 가 지금까지 아무것도 끝내지 않았기 때문이다. 언제나 새로운 아이 디어를 내고 언제나 새로운 투쟁을 해오고 있다. 그가 이 세상에 더는 존재하지 않아야 비로소 끝날 것이다."

당시 그는 이른바 자신의 전기에서도 전기 작가한테서도 계속 달 아나고 있었다. '이제 그만두어야겠다'고 생각할 때쯤 전화가 걸려왔 다. 그가 뭔가 새로운 것을 또 시작한 것이다. 그가 이제까지 했던 그 어느 것보다도 중요한 것 같다는 그 무엇을!

그는 새로운 투쟁거리나 새로운 프로젝트가 생길 경우 그것을 실 현하기 위해 온몸을 던졌다. 그는 '바로 임박한 투쟁이 가장 중요하다'

고 생각했다. 그래서 그 투쟁은 어떤 대가를 치르더라도 반드시, 물론 승리로 끝내야 한다는 확신을 하고 있었다. 이게 바로 그의 가장 걸출한 특성이었다.

그런 순간이 오면 그가 그동안 해온 모든 일이 그에게는 별 의미가 없는 것 같았다. 자기 앞에 바로 놓여 있는 것, 지금 바로 해야 하는 것, 그것만 중요했다. 그래서 "그가 이 세상에 더는 존재하지 않아야 비로소 끝날 것"이라고 했던 것이다. 그런데 이제 그가 진짜로 이 세상에 존재하지 않는다.

그런데도 그의 전기를 마무리하기가 어느 때보다 더 힘든 것 같다. 몇 가지 이유가 있었다. 우선 그의 업적이 예상보다 훨씬 많은 분야에 펼쳐져 있었다. 그리고 그가 죽기 오래전에 그의 업적은 이미 독자적인 생명력을 얻어 따로 진행되고 있었다. 그리고 그가 처음 계획했거나 가능성만 가지고 예감했던 것들이 밤사이에 현실이 된 사례가 너무 많았다. 게다가 새로운 현실도 날마다 벌어지고 있었다. 이러니 그의 전기를 어디서 어떻게 끝내야 할지 더 막막해졌다.

이런 것들을 어떻게 평가하지? 이제는 고인이 된 사람의 평생 업적 속에 어떻게 끼워 맞춰 넣지?

아! 이제 그는 더는 이 세상에 존재하지 않는다. 그래서 내 곁에 서서 어떤 조언도 해줄 수 없다. 나를 도와줄 수도 없다. 이 미로 같은 아이디어들과 계획들! 아무것도 없는 맨땅에서부터 일궈낸 사실들! 그리고 사건들……. 이런 것들이 바로 그의 삶이었는데 내가 이 미로를 뚫고 길을 찾도록 도와줄 사람이 없는 것이다.

그는 처음부터 나를 도와주던 사람이었다. 예컨대 그가 이런 말을 한 적이 있다.

"제 이야기만 귀담아들으시면 안 돼요. 저를 반대하는 분들 이야기도 들어보셔야 합니다. 그 사람들은 이 사안을 완전히 다르게 보거든요."

나는 이 일이 어떻게 시작됐는지 아주 확실히 기억하고 있다. 출판사 사장이 나더러 두트바일러에 관한 책을 써달라고 제안한 것이다. 내가? 그에 대해 아는 게 별로 없는데?

2, 3일 뒤 우리 집에는 상자 몇 개가 도착했다. 두트바일러와 미그로, 호텔플란 그리고 그가 성공적으로 극복한 투쟁들 등에 관한 자료가 가득 찬 상자들이었다. 지극히 정치적인 것들도 있었고 그가 직접 쓴 글들도 있었다. 나는 그 온갖 종류의 글들을 읽고 또 읽었다. 그리고는 녹초가 된 채 이렇게 내뱉었다. "이 사람에 관한 게 여기 다 있네. 자기가 직접 쓴 것까지!" 실제로 그렇게 보였다.

하지만 며칠 뒤 그 사장과 다시 만나보니 그는 내가 생각했던 것과는 달랐다. 그를 만난 곳은 베른에 있는 한 레스토랑이었다. 그는 국회에서 회의를 마치고 바로 왔다고 했다. 그는 국회의원이었고, 그가 관여하고 있는 문제는 헤아릴 수도 없었다. 그런데 그 문제들은 미그로 프로젝트나 미그로 매장들과는 아무런 관계도 없는 일들이었다. 나는 생각했다. '아이고, 그런 것까지 또!'

그는 내가 머릿속에 무슨 생각을 하는지 아는 것 같았다. 왜냐하면 그가 갑자기 자기 자리에서 안경 너머로 나를 올려다보며 아주 기쁘다는 듯이 이렇게 말했기 때문이다. "선생님이 저에 관한 책을 써야 한다면 저는 부럽지 않습니다." 그리고 개구쟁이처럼 웃으면서 이어갔다. "저는 이 책에 알맞은 좋은 제목이 하나 생각났어요. '오성보다 행운!' 이렇게 지으시죠."

자료를 읽고 또 읽느라 몇 달이 흘렀다. 그 시기에 나는 산더미 같은 자료 상자에 파묻혀 뒹굴며 지냈다. 정말 놀라웠다. 거의 전무후무하다고 말하고 싶다. 매시간 무언가 새로운 경험을 했다. 객관적인 이야기를 하는 게 아니다. 고틀리프 두트바일러라는 사람한테서 발견한 그 어떤 새로운 것을 말하는 것이다. 그는 내게 계속 새로운 인물로 늘 다른 빛 속에서 나타났다. 나 스스로 '도대체 이 사람 누구지?' 하며 반문을 계속했다.

이 사람에 관한 책을 쓰기로 결심했을 때 '이 자서전 작업을 하면서 이 사람을 한 번이라도 볼 수 있으면 최선일 텐데!' 하고 생각했다. 권투선수에 대한 글을 쓰려면 그 선수의 시합 장면을 내가 직접 봐야 할 것이 아닌가! 어떤 가수가 내 책의 주인공이라면 가능한 한 자주 그의 노래를 직접 들어봐야 하지 않을까? 그런데 한 상인에 대해서 쓰면서 그가 사무실에 있는 모습을 한 번도 못 보고 써야 한단 말인가?

그래서 나는 미그로로 갔다. 나는 그때 이 회사에 대해서 식료품 거래와 관련이 있다는 것 말고는 아는 게 하나도 없었다. 다른 어떤 날이었을 것 같은데 두트바일러는 이런 말을 한 적이 있다. "기분 내키시면 언제든 오세요!" 그는 내가 필요하다고 하면 언제든 나를 맞이할 준비가 돼 있었다. 내가 미그로협동조합연합회 서고에 들어가서 특히 그의 반대자들이 펴낸 출판물들까지도 마음대로 다 뒤져서 볼 수 있도록 해주었고 직원들과 마음껏 대화할 기회를 주기도 했다.

그때 그는 나한테 안녕하시냐고 인사까지 해놓고는 나를 금방 잊어버렸다. 모르면 몰라도 매일 그러는 사람 같았다.

그것은 감탄을 자아내기에 충분했다. 내 눈에도 띄었으니, 두트바일러를 마주 보고 앉아본 사람이라면 누구라도 분명히 눈치챘을 것이다. 그는 보통 사람들이 상상하는 어떤 대기업가의 모습이 아니었다. 그렇다. 그런데 도대체 그가 어떻게 보였지? 처음에는 그를 '정신적인 직업'을 가진 사람, 예컨대 변호사나 의사 같은 사람이라고 추측했을 것이다. 하지만 뭐라고 딱히 정의하기 어려운 다른 어떤 것이 있었다. 그는 진지할 때조차도 웃는 사람처럼 보였다. 그가 처리해야 하는 일들이 아주 진지한 일들이라는 건 확실히 맞는 말일 텐데 그의 얼굴은 웃는 얼굴이었고 언제나 즐거웠으며 그 상황을 어느 정도 넘어서 있었다. 그렇다면 철학자? 아니면 코미디언? 내 머릿속에서는 '이 사람 분명히 어떤 배우랑 닮았는데? 어떤 배우랑 닮았더라?'라는 생각이 사라지지 않았다. 어떤 인물의 역할을 맡은 배우를 보면서 상당히 즐겁게 바라봤었는데 그리고 많은 사람들이 그 배우와 함께 가기도 하고 그가 맡은 역할과 진짜 현실을 혼동하기도 했는데 누구랑 닮았지?

두트바일러는 위풍당당한 사람처럼 보였다. 그런데 그의 주위 환경은 그렇게 위풍당당하지 않았다. 두트바일러는 우아하고 품위 있는 관청 건물에 앉아 고상하게 지시나 하고 있을 사람이 결코 아니었다. 그가 있는 사무실로 가려면 좁은 마당을 지나야 했다. 아니, 지나는 게 아니라 요리조리 비집고 들어가야 했다. 왜냐하면 마당에 이동 판매 트럭들이 가득 차 있었기 때문이다. 숨을 들이쉴 때마다 온갖 식료품 냄새가 다 뒤섞인 공기가 코를 채웠다. 남녀 노동자들과 운전기사들이 각자 뭔가 일을 하거나 마당을 지나 분주히 어딘가로 움직였다. 화물이 드나드는 통로도 비교적 좁았고 그나마도 화물로 가득했다. 작은 입구가 여러 개 있었는데, 한 곳에 '행정실'이라는 작은 간판 하나가 걸려 있었지만 그것도 눈에 잘 띄지 않을 정도였다.

두트바일러의 사무실도 다소 실망스러웠다. 적어도 내게는 그렇

게 보였다. 거대한 사업 영역을 지배하고 있는 대기업 사장의 사무실
이라면 누구나 상상하는 게 있을 텐데 그의 사무실은 전혀 그렇지 않
았다. 책상 하나에 의자 몇 개, 회의용 탁자 하나 정도가 있는 중간 크
기의 방이었다. 회의용 탁자도 보통 생각하듯이 고급 소파가 빙 둘러
있어서 으리으리해 보이는 그런 탁자가 아니라 그저 어떤 노동자 집에
도 있을 법한 지극히 평범한 탁자였다.

모든 게 물푸레나무로 되어 있었다. 전혀 성소 역할을 하지 않는
성소에 이르기 위해 다른 사무실 몇 개를 통과해야 했다. 흔히 기대할
만한, 가구가 아주 호화스럽게 비치된 비서실도 없었다. 유니폼을 입
고 손님을 안으로 안내하는 직원도 없었다. 그 대신에 문은 계속 열렸
다. 이러저러한 직원들이 아무런 형식이나 절차도 없이 마구 드나들
었다. 서류를 갖고 오거나 보고를 하고는 사라졌다. 그는 〈우리, 다리
를 놓는 사람들〉에 보낼 원고에 매달려 있었다. 그는 편안하게 천천히
하지만 아주 유창하게 받아쓰기를 시켰다. 뭔가 잠시 생각하느라 쉬
는 일조차 거의 없었다. 그 경우 그는 혼자 나지막하게 "응, 응, ……
음, 음" 하는 정도의 소리만 냈다. 그는 교정도 거의 하지 않았다. 문장
을 단숨에 완성했다. 그는 나지막하게 그러나 아주 명확하게 말했다.

나는 그에게 "미리 뭔가 메모를 해놓으셨나요?" 하고 물어봤다.
그랬더니 짧게 웃으며, "전혀요! 하지만 검열은 거쳐서 나가죠." 그는
직원들이 모든 기고문을 다시 한번 읽고, 자기가 제시한 내용 중에 숫
자 같은 것을 모두 사실관계를 확인해서 내보낸다고 했다.

그러는 사이에 우편물이 배달되자 이렇게 설명했다. "하루에 약
30통씩 편지를 받아요. 제가 직접 답변해야 하는 개인적인 편지들만
그쯤 됩니다."

이날 도착한 우편물은 강연 초청장과 어떤 인물과의 약속에 대한 조언, 상품분배 자동화를 주제로 한 비스바덴 지역 세미나 연설 요청, 미국 친구 편지, 파리의 한 통신사에서 온 편지, 스위스 여성 참정권에 대해 뭔가 해달라는 요구가 담긴 편지 그리고 산악 농민 문제와 장크트갈렌St.Gallen 지역 농민 지원기금에 대해 의견 표명을 요청하는 편지 같은 것들이었다. 그는 본Bonn에 가야 했다. 표창을 받으러 보스턴에도 가야 했다. 빈에 있는 호텔도 인수하려고 했던가? 브라질에서도 미그로 사업을 시작하려고 했던가? 사제관을 새로 짓기에는 작은 지역을 도와서 새 사제관을 지어준다고도 했던가?

두트바일러는 새 담배에 불을 붙였다. 커피도 갖다달라고 했다. 추측하건대 내가 그 자리에 있으니까 커피를 갖다달라고 시킨 것 같았다. 그는 엄청나게 많은 서류를 뒤적였다. "다른 사람들한테 무슨 일을 해야 하는지 그 일을 왜 해야 하는지 맨 처음 설명해주려면 저 스스로 아주 빠르게 그걸 이해해야 합니다."

그는 담배 연기를 푹푹 내뿜으며 이렇게 말했다. "매출액이 7억 프랑이나 되는 대기업에서 제가 이렇게 많은 일을 하는 것은 물론 잘못입니다. 그런데 제가 하는 일은 결국 다른 사람들에게 일자리를 제공하는 일들입니다."

누군가 두트바일러에게 크고 좁은 공책을 하나 가져다주었다. 표지는 단단해 보였다. 그는 그것을 주의 깊게 한 장 한 장 넘기며 들여다봤다. "이건 일상적인 거래 관련 서류입니다. 이건 또 발삼Balsam이네요. 지난주 거래가 35% 상승했답니다. 사재기 때문에. 이거 흥미롭네요. 취리히에서는 오늘 아무도 더는 사재기를 안 했네요. 그런데 이제는 반대로 작은 마을들, 아주 멀리 떨어져 있는 계곡들, 테신주와 발리스주처럼 작은 주에서 처음으로 사재기가 시작됐네요. …… 여기서는 좀 더딘 게 문제군요. …… 스위스에는 돈이 많이 있어요. 가난하면 이렇게 쉽게 히스테릭해지지 않는데 말이에요…….”

내친김에 마을 주민들까지. 두트바일러는 슈비츠주 경찰국에서 온 11월 3일자 편지를 가져왔다. 그 편지는 슈비츠주에서 미그로 이동 판매 트럭을 허가할 것인지 여부를 묻는 편지였다. 주 정부 위원은 반대였다.

“아무리 그래도 저희는 2주 안에 시작할 겁니다. 어려워지겠죠. 슈비츠주에서는 서로 다들 아는 사이니까 거기서 엄청난 압력이 행사됐다는 겁니다. 하지만 슈비츠라고 해서 다른 어떤 곳에서 벌어지지 않은 일이 벌어지지는 않을 겁니다. 먼저 한 시간 떨어진 곳에서부터 부인들이 몰려올 거거든요. 자기들이 주목받지 않는 그곳에서 물건을 사려는 거죠. 그러고 나면 너무 멀다고 느낄 테죠. 그러고 나면…….”

직원들이 끊임없이 방으로 들어와서는 헝가리 이야기를 했다. 이날은 헝가리라는 단어가 난무했다. 그날은 운명적인 1956년 11월 22일이었다. 헝가리 사람들이 소련의 폭력적 지배에 맞서 들고 일어난 날이다. 미그로는 이미 식료품을 실은 최초의 화물열차 몇 대를 헝가리로 보냈다.

이 행동은 아주 자연발생적으로 일어났다. 취리히 의사당에서 열린 기업인 회의였다. 이 회의에 참석했던 사람들이 모두 100프랑씩 기부했다. 순식간에 2,500프랑이 모였다.

두트바일러는 당시 미그로 몫으로 5만 프랑을 약속했다. 월요일 저녁에는 벌써 최초의 화물차 두 대가 짐을 가득 싣고 부다페스트로 향하고 있었다.

2, 3일 뒤 스위스의 대학생들이 두트바일러에게 와서 '광란의 시민전쟁이 벌어지고 있는 여러 도시에서 어린이들을 구출해야 하니 헝가리로 화물차를 보내자'고 제안했다. 이들이 주장한 바에 따르면 러시아인들은 한 가지 조건만 들어주면 어린이들을 헝가리 바깥으로 내보낼 준비가 돼 있다고 했단다. 그 조건이라는 게 참 황당했다. 육류나 밀가루 또는 지방을 보내달라면서 '헝가리 밖으로 구출되는 어린이 몸무게와 같은 무게로 보내달라'고 했다는 것이었다.

　두트바일러는 이 견디기 힘들 정도로 황당한 제안을 러시아인들이 실제로 했는지 결코 확인할 수가 없었다. 어쨌든 헝가리로 화물차들을 보내긴 했는데 두트바일러는 그 이유를 '사업과 상관없이' "사람이 굶어 죽게 내버려둘 순 없으니까!"라고 했다. "정치적인 이유도 아닙니다! 예컨대 불가리아에서 사람들이 굶고 있다고 쳐요. 우리가 연락을 끊으면 불가리아인들은 '아, 저 서쪽 놈들은 우리한테 관심이 없구나! 우리도 굶어 죽지 않으려면 우리를 영원히 러시아인들에게 팔아넘겨야겠다!'고 말하지 않겠습니까?"

　국회의원인 그는 곧바로 베른으로 가서 정부와 의회를 상대로 재외동포 전쟁 부상자들의 권리를 위한 투쟁 연설을 했다. 그의 견해에 따르면 그들도 스위스인들인데 정부와 의회가 그들을 너무 홀대했다는 것이었다. 베른 정부가 이런 재외동포들을 위해 왜 아무것도 하지 않았냐는 것이었다. 그는 본에 가서도 같은 질문을 던졌다. 독일 신문들은 이에 대해 부분적으로 약간 센세이셔널하게 왜곡해서 보도했다. 스위스 언론은 관심을 갖고 다뤘다.

　바로 이즈음에 언론은 두트바일러에 대한 기사나 두트바일러에 반대하는 기사를 계속해서 많이 썼다.

"저는 이 모든 기사를 결코 다 읽을 수가 없어요! 제가 그럴 시간이 어디 있겠어요?" 사실 두트바일러에 대해서 지난 30년간 나온 기사를 모두 읽으려면 한평생이 더 걸릴 것이다. 창업도 무수하게 했고 안건 발의도 굉장히 많이 했다. 프로젝트도 많았다. 미그로와 무소속 란데스링, 대기업집단에 맞선 소송들, 최초의 셀프서비스 매장들, 전쟁 중 비축 경제, 호텔플란, 의류 조합, 영화공동체 참여, 북클럽 설립 등. 이 많은 것을 어떻게 다 읽겠는가?

"어쨌든 우리는 일주일 안에 새 가게 하나를 낼 겁니다. 외를리콘에도 미그로 매장을 내는 겁니다! 꼭 오셔야 합니다. 외를리콘 시민 전체가 참석할 겁니다!"

그 11번째 도시권의 중심은 외를리콘이었고, 주민은 7만 5,000명이었기 때문에 나는 통행허가증을 받았다. 두트바일러는 단추를 누르지도 않고 전화나 마이크로 받아쓰기도 시키지 않고 자기 명함에 몇 글자 적어주었다. 그는 "시간 절약이죠"라고 말하며 웃었다.

또 한 명의 직원이 문 안에 들어와 있었다. 이번에는 두트바일러가 헝가리 난민을 수용할 것이라고 했던 호텔에 관한 건이었다. 쉬운 일이 결코 아니었다. 그 순간에는 빈 호텔이 많이 있었다. 하지만 부활절이 되면 외국인들의 관광이 시작되기 때문에 그 전에는 비워줘야 하는 호텔들이었다.

베른 정부는 난민을 원래 2,000명만 받으려고 했다. 두트바일러는 다른 많은 사람들과 마찬가지로 강력히 항의했다. "사람한테 시간이나 치즈처럼 할당제를 도입할 수는 없습니다!"

두트바일러는 그새 다른 서류도 계속 읽었다. 전화도 하고 받아쓰기도 시키고 담배도 피우고 그사이 도착한 커피도 마셨다.

두트바일러와 처음 만난 것은 아니었다. 하지만 이제까지는 그와 이야기를 나눈 게 거의 없었다. 그에 대한 이야기를 해보라고 하면 말할 게 거의 없을 정도였다. 그래서 나는 두트바일러에 관한 책을 쓰기 전에 사람들이 그에 대해 뭐라고 말하는지 직접 들어보는 것도 좋겠다고 생각했다. 사람들? 그렇다. 어떤 사람이든. 나는 과학적 기초를 가진 갤럽 여론조사 같은 것을 할 생각은 없었다. 그저 한번 돌아다니며 이런저런 이야기를 듣고 싶었을 뿐이다.

한 주부는 이렇게 말했다. "두트바일러요? 저는 미그로 매장에서 물건을 즐겨 사요. 물가가 다른 어떤 곳보다 싸거든요. 남편은 반대해요. 택시기사거든요. 아시겠지만 노란 택시라는 게……."

그러면서 '늦을수록 더 좋다'고 했는데 나는 그때 그분이 '늦을수록 더 좋다'고 한 말이 무슨 뜻인지 아직도 이해하지 못하고 있다.

한 미용실 직원은 이렇게 말했다. "미그로에서는 안 사요. 남편이 허락하질 않거든요." 왜? 그 사람은 삼촌이 한 분 계신데 그분이 식료품 가게를 하고 있다고 했다.

한 시청공무원 부인은 "우리 여기 스위스인들은 그분에게 진짜 많이 감사해야 해요. 그 밖에 저는 두트바일러가 사람들한테, 특히 전에는 도대체 문제시된 적이 없던 평범한 '소시민들'한테 정말 잘하고 있다는 느낌을 갖고 있어요."

한 농부 아내는 "미그로에 가서 물건을 사려면 부끄러워요. 거기 있는 물건들은 제대로 된 물건이 아닌 것 같아요. 게다가 그 사람은 대량구매를 할 때 신토불이 토착 농업은 거의 고려하지 않고 그저 싼 것만 우선시하는 것 같아요. 품질이 아주 형편없는 외국농산물이라도 말이죠."

이쯤 됐으니 두트바일러가 식료품 상인이라는 사실은 알 수 있을 것이다. 나는 적어도 처음부터 그렇게 생각하고 있었다. 그러나 그때 나는 그가 약간 긴 기고문 한 편을 구술했다는 이야기를 들었다. 그 기사를 읽고 나는 더 좋은 게 무엇인지 알게 되었다.

"개인의 자유와 평화, 국가의 독립을 갈망하는 인간은 반드시 승리한다."

모든 테러 정권이 언제나 계속 종말을 고하는 것처럼 그렇게 확실하다. 그다음에 무엇이 중요한지 보자. 이념을 놓고 벌이는 피비린내 나는 대립, 예컨대 중부 유럽 여러 지역에서 인구가 3분의 1로 줄어들 정도로 싸웠던 30년 전쟁 같은 대립에 놀라서 그런 대립이 더는 없도록 하려면 모든 테러 정권은 무너진다는 자기주장의 이런 기본적인 힘을 확고하게 믿을 필요가 있는 것이다.

한 건축가가 이렇게 말한 것도 기억이 났다. "저는 그분의 시민 용기를 높이 평가합니다. 그분은 선함에 대한 믿음이 있기 때문에 투쟁할 용기가 나는 것이라고 봅니다. 그 사람에게 한 3년만 이 나라를 맡겨서 다스리도록 해보세요. 그래서 그가 한두 해 동안 스위스를 손에 쥘 기회를 줘보세요. 그러면 그분이 정치적으로 무엇을 할 수 있는지 분명해질 겁니다."

두트바일러는 이미 새로운 기사를 읽고 있었다. 그러고는 또 새 담배를 피워 물었다.

"우리는 오래전부터 다양한 과일과 채소 그리고 개개의 살림 도구를 셀로판지가 아니라 폴리에틸렌(플라스틱) 봉투에 담아서 판매해오고 있습니다. 셀프서비스를 하려면 포장 봉투를 그 정도로 진전시켜야 하거든요. 특별한 거래를 하면 비용 부담에 도움이 되지요.

그런 플라스틱 봉투에 물건을 담아 가시는 우리 주부님들은 집에서 내용물을 꺼낸 뒤에 이 봉투를 '신선한 포장지'로 응용하십니다. 그분들은 이제 그중 몇 개를 보관하고 나머지 것들은 쓰레기통으로 버리죠. 하지만 우리한테는 보존할 가치가 없는 것들이 어떤 다른 나라에서는 귀중품이 될 수도 있죠!

저는 터키를 짧게 다녀온 적이 있는데 그때 터키의 한 주부연합 대표가 이렇게 물었습니다. '스위스 주부들한테는 플라스틱 봉투를 진짜 공짜로 주나요?' 저는 그때 이렇게 대답했죠. '스위스 주부들은 쓸모 있는 물건을 내팽개치는 걸 되게 싫어해요. 계속 공짜로 더 쓸 수 있도록 돌려줄 수 있으면 더 좋죠. 그게 다른 부인들에게 도움이 된다는 것을 알면 절대다수가 그 작은 봉투를 다시 갖고 올 겁니다.'"

나는 메모를 들춰봤다. 두트바일러에 관해 나한테 보고한 게 전부가 아니었다.

바젤에 있는 한 광고 상담사무소에 근무하는 수석비서는 이렇게 설명했다. "두트바일러는 미그로로 제 개인의 삶을 상당히 가볍고 단순하게 해주셨어요. 저는 매일 8시간 이상 일하고 있어요. 가정도 있고, 아이도 둘입니다. 생활비로 쓸 돈도 얼마 안 돼요. 게다가 물품을 구매할 시간도 거의 없어요. 그런데 미그로는 한낮에 문을 여는 거예요. 이 사실만으로도 사무실에서 일하는 사람들에게는 엄청난 장점입니다. 정치인 두트바일러를 생각해보면 그냥 한 인간으로 볼 때처럼 그렇게 많이 생각해본 적은 없어요. 하지만 미그로를 설립한 분으로 생각해보면 아주 훌륭한 분이라고 봐요. 저희가 파리에서 1년간 산 적이 있는데 그때 저는 거기 상점에 가서 차례를 기다려야 할 때가 많았어요. 그래서 미그로에 대한 향수가 점점 커갔죠."

두트바일러는 "저에 관해 다른 목소리들도 있어요"라고 말하면서 깊이를 알 수 없게 아주 역설적인 웃음을 보였다.

"제 적들과 얘기해보셔야 해요."

나는 그의 '적들'과도 이야기했다. 두트바일러가 소상공인들을 '집어삼킨다'고 욕하는 상인도 만나봤고 '두트바일러는 정치적 바보'라고 하는 젊은 그래피커와도 이야기해봤다. '두트바일러는 대기업 반대 투쟁을 앞세우지만 스스로 위험한 대기업을 형성하고 있지 않느냐?'고 주장하는 의학도도 만나봤다.

물론 쉽게 인터뷰할 수 없는 다른 '적들'도 있었다. 그가 끈질기게 투쟁을 벌인 대기업집단과 트러스트, 예를 들자면 헹켈이나 선라이트Sunlight, 유니레버, 가이기Geigy, 네슬레, 마기Maggi 같은 대기업들이 그렇다. 수많은 면류 공장과 식용유 공장, 설탕 공장, 비누 공장, 대형 호텔, 스위스 소비자협동조합 그리고 물론 대부분의 언론도 마찬가지였다.

저 언론 책임자들은 그동안 두트바일러를 끈질기게 공격해왔다. 그랬던 그들이 두트바일러에 대해 무슨 말을 하려는지 알아보려고 하는 지금은 아주 제대로 침묵을 지키고 있다.

나는 '적들'과도 계속 충분히 이야기했다. 그 내용을 두트바일러에게 숨기지 않고 다 말했다.

"그러니까 그 사람들이 뭐라고 하던가요?" 그 노인께서는 갑자기 비상한 관심을 보였다. "그건 저한테 무조건 얘기해주셔야 해요."

그 앞에 앉아 있는 동안 두트바일러의 상이 서서히 드러났다. 마치 현상액에 담가둔 사진필름에서 사진들이 천천히 그 모습을 드러내는 것과 같았다. 아주 활동적인 사람의 모습, 상인이면서도 정치인인

기업인의 모습, 정치인만이 아닌 한 인간의 모습, 문화를 중심에 놓고 있지만 세계 시장의 설탕 가격을 소수점까지 정확히 알고 있는 사람의 모습, 위대한 생애를 되돌아보며 살 수도 있지만 그보다 미래를 내다보는 걸 더 좋아하는 사람의 모습 같은 것들이 보였다.

그는 벌써 또 다른 새 계획, 그 새 계획 전체를 통합하는 복합 계획 같은 것에 매달리고 있었다. 이 책이 출판되기 전에 대중은, 스위스 대중만이 아니라 유럽의 대중까지도 이미 이 새로운 사실을 파악하게 될지 모른다. 왜냐하면 두트바일러가 이번에 세운 계획은 스위스 주부들에게 물건을 값싸게 제공하는 계획이 아니라 유럽 전체에 휘발유를 더 싸게 제공하는 계획이기 때문이다. 이번에는 그가 거대한 국제 트러스트 정유회사들, 이미 기회 있을 때마다 그가 괴롭혔던 대기업들과 한바탕 크게 투쟁을 벌이려고 생각한 것이다.

이게 가장 어려운 투쟁, 마지막 투쟁이 될 것이며 심장이 무너질 것이라는 점을 그는 예견하지 못했다.

그는 이렇게 말했다. "그때까지는 시간이 좀 걸릴 겁니다. 한두 달쯤, 아니면 1, 2년 정도."

나는 아마 한 100번쯤은 생각해봤을 것이다. '이 사람은 대체 누구란 말인가? 불평꾼? 민중에게 행복을 주는 은인? 언론인? 조직가? 상인? 정치가?' 이런 생각을 확인하려고 결국 이 책을 쓰기 시작했다.

나는 두트바일러 전체를 묘사하기로 마음먹었다. 상인이면서 정치가이고 언론인이면서 조직가인 사람, 민중에게 행복을 주는 은인이면서 불평불만꾼인 사람, 민중이 '식료품 구세주'라고 일컫는 사람.

당시 나는 이렇게 썼다. "이 책을 읽는 독자들이 두트바일러에 관해 이러저러한 여러 가지를 경험했으면 좋겠다. 어쩌면 지금까지 몰랐거나 알았더라도 정확히 몰랐던 통계 수치도 알게 되면 좋겠다. 국민 경제에 관한 풍부한 설명도 이해하면 좋겠다. 하지만 그런 것만으로는 부족하다. 한 인간, 두트바일러라는 한 인간 전체를 경험했으면 좋겠다. 그래야만 두트바일러에 관한 이 책이 의미 있을 것이다."

이제, 나를 도와줄 그는 더는 존재하지 않는다. 그 대신 그의 적들과 그의 직원들만 남아 있다. 특히 과부가 된 아델레 여사가 초인처럼 아주 평온하게 각종 기록 자료를 가지고 두트바일러의 마지막 몇 년에 대해 이야기해주었다. 그는 모든 걸 직접 기록해둔 작은 수첩을 손에 들고 있었다. "남편은 제가 메모하는 걸 아주 좋아했어요."

나는 국내외의 수많은 추도사도 읽었다. 그는 이제 지하에 있다. 지금은 많은 사람들이 더는 그의 반대자가 되려 하지 않는다. 하지만 나는 다시 한번 그의 반대자 몇 명을 만나 두트바일러에 대해 이야기를 나눴다.

내가 그를 아는 바에 따르면 그는 그걸 전혀 좋아하지 않았다. 물론 사람들이 욕한다고 해서 방해를 받지는 않았다. 사람들이 그를, 아니 더 정확히 표현하자면 그가 해놓은 일(그에게는 이게 더 중요했다)을 까뭉개려 할 때에만 방해를 받았다. 그런 욕을 먹으면 그는 아주 불쾌하게 여겼다. 상황에 따라서는 맞붙어 싸우기도 했다. 이제는 그와 그의 업적에 대한 침묵이 확산할 것 같지 않다. 그러려면 아주 오래 걸릴 것이다.

그의 마지막 몇 년과 마지막 며칠의 모습까지 담고 이 책을 마무리할 것이다. 누군가의 마지막 시점은 반드시 올 수밖에 없지만 그 시점을 연기하는 데 이 책이 이바지할 수만 있다면 이 수고가 결코 헛되지 않을 것이다.

제1부
/
상인

제1장

두트바일러, 이상을 품다

고틀리프 두트바일러Gottlieb Duttweiler는 정확히 30세가 되던 1924 년 봄에 브라질에서 취리히로 돌아왔다. 취리히는 그가 자란 곳이자 지독한 패배도 경험한 곳이었다. 당시 취리히는 인구가 20만 명 정도 되는 중소도시였고 두트바일러가 떠났던 기간도 1년밖에 안 됐지만 많이 변해 있었다.

원래 그는 남은 생애 내내 아니면 적어도 인생의 결정적인 마지 막 몇 해 동안 브라질에서 살려고 했다. 나중에 아주 나중에 돈을 많이 벌고 취리히를 떠나기 전에 무슨 일이 벌어졌는지 완전히 잊을 수 있 을 때쯤에나 취리히로 돌아오려고 했다. 그때 일, 그러니까 그가 고향 도시를 떠날 때 완전히 파산한 존재였다는 사실을 잊을 때가 되면.

그런데 어떻게 해서 지금 돌아왔을까? 무엇이 바뀌었지?

그를 맞이한 건 아름다운 봄날이었다. 그러나 그는 이때 날씨나 잔잔한 바다, 꽃나무들에 대해 그다지 감각이 없었다. 그는 돈을 벌어야 했다. 자신과 아내를 스스로 부양해야 했다. 그래서 생애 처음으로 일자리를 찾았다. 아니, 전에 가졌던 일자리가 딱 하나 있긴 했다. 그때 그는 그 일자리에 점점 익숙해져갔다. 맨 처음에는 견습생으로 시작했는데 차츰 직원이 되었고 나중에는 '준동업자'를 거쳐 회사에서 아주 확실한 지분권까지 가진 '공동동업자'로까지 성장했다. 그런데 이제는 처음부터 다시 시작해야 했고 그게 쉽지 않았다.

두트바일러는 아주 잘생긴 사람이었다. 나이에 비해 젊어 보였고 얼굴은 아주 똑똑해 보였으며 민첩한 사람처럼 보였다. 눈은 아주 솔직하고 세상을 향해 어느 정도 도발하는 것처럼 응시하고 있었다. 진취적 기상이 느껴질 정도로 코밑수염도 기르고 있었다. 몸매는 아주 날씬했다. 브라질에 있을 때 체중이 약 15킬로그램 이상 줄어든 결과였다.

두트바일러는 일자리를 얻는 데 실패했다. 그러자 이렇게 말했다. "처음부터 다시 시작하면 되지 뭐. 나 자신을 위해서도 다시 시작할 수 있어." 그가 무엇을 했을까.

처음부터 시작했다. 자기 자신을 위해 시작했다. 그가 철두철미하게 배운 것은 딱 하나, 식료품 구매와 판매였다. 그가 신발가게나 영화관을 개업하지 않은 것도 그런 점에서 논리적이었다.

브라질에서는 무엇보다 커피를 재배했다. 커피나무를 심고 수확할 때까지 5년이나 걸린다는 사실을 확인했다. 5년! 그런데 그는 그렇게 오랫동안 브라질에 있지 않았다. 어쨌든 그는 커피나무를 심은 사람이 5년 동안 그 나무를 키운 뒤에 1킬로그램의 커피를 얻기 위해 얼마나 고생하는지 확인했다.

그는 어느 날 취리히 구시가지에 있는 식료품 가게 앞에 서 있었다. 그리고 브라질 커피 1킬로그램 값이 4프랑 80라펜*이라는 사실을 확인했다. 농부가 5년 동안 노동을 해서 생산한 커피 원가의 3배였다. '이건 말도 안 돼! 누군가 바가지를 씌워가며 폭리를 취하고 있군. 바가지를 쓰는 사람은 고객, 즉 소비자이지만 생산자도 마찬가지야.'

두트바일러는 이 점을 확인했다. 그래서 그는 쉴 수가 없었다. 더 알아보려 했다. 어떻게 해서 이런 현상이 벌어지는 건지 그와 관련된 모든 것을 알아보고 싶었다.

소비자협동조합들조차 환불 차액에 따라 운영비가 최근 몇 년 동안 21.3%에서 27.1%, 마침내 31.6%까지 치솟았다가 다시 27.8%로 떨어졌다. 그가 이런 사실을 밝혀내는 건 그리 어려운 일이 아니었다.

이것을 해석해보면 어떤 가게에서 손님이 물건값으로 1프랑을 내면 그중 28라펜 정도는 그 가게 운영비라는 뜻이었다. 너무 많은 것이다. 그래서 뭐라도 해야만 했다! 스위스에서는 커피가 너무 비싸다. 모든 식료품값이 비싸다. 게다가 식량은 너무 많이 생산되는데 배고픈 사람들에게는 식량이 부족했다. 요즘처럼 경제 침체기나 경제 회복기 또는 회복 속도가 느릴 때는 물가가 너무 비쌌다. 그런데 아무도 식품값을 낮추려고 생각하지 않았다. 오히려 물가를 유지하겠다며 생산에 제동을 걸기도 했다.

그런데 브라질에서는 커피를 바다에 쏟아 버리고 있었다. 미국에서는 밀과 옥수수를 불태우기도 했다. 캘리포니아에서는 톤 단위의 과일을 생산한 수십만 명의 농민이 망했다. 우유를 강에 쏟아서 버리는 사람들도 있었다. 양떼를 도살하는 사람들도 있었고 양만이 아니

---

* 스위스의 화폐단위. 1프랑은 100라펜이다.

라 양털까지 모조리 매몰하는 사람들도 있었다.

세상 도처에서 사람들이 굶어 죽어갔다. 놀라운 일이고 정말이지 비난받을 일이었다. 하지만 두트바일러는 다른 사람들처럼 비난만 퍼붓지 않고 무언가 일을 해야 한다고 생각했다. 무언가 한다! 잘못은 고친다! 돕는다! 비난이 분개로 변했다. 소비자와 주부, 굶주린 사람들은 사기를 당한 것이다. 여기서 무언가 일어나야 한다. 누군가는 그 무언가 일어나도록 해야 한다. 그 누군가가 바로 그였다. 그가 아닐 이유가 뭐겠는가? 그는 결국 실직했기 때문에 생계를 위해 뭐라도 해야 하는 사람인데! 쓸모 있는 것은 왜 안 되지? 필요한 것은 왜 안 되지? 두트바일러는 곰곰 생각했다. 잘나가는 공장 사람들은 절약한다는 사실을 알아냈다.

대기업들은 생산비의 1,000분의 1이나 1만분의 1이라도 절약하고 구매력이 없는 고객한테 다가가려고 값비싼 기계까지 사들이는데, 그런데 식료품 거래에서는? 식료품 거래에서는 몇 % 정도 올려 받는 게 별게 아니었다. 그까짓 건 별로 중요하지 않다는 식이었다.

50년 전 소비자단체들은 '웅덩이 안 메기' 노릇을 했다. 식료품상들에게 아주 기분 나쁘게 굴었다. 때로는 '교회는 마을에서 어떠어떠해야 한다'는 식으로 아주 고통스럽게까지 따지기도 했다. 그래서 교회가 또다시 마을에서 멀리 떨어져 나갔다. 두트바일러는 이런 일에 개입하기로 마음먹었다. 즉 식료품을 더 싸게 팔기로 한 것이다. 도매상으로서? 그것은 거의 소용이 없었다. 어쨌든 잘되지도 않았다. 약 2년 전 피스터&두트바일러를 청산할 때 그는 이전의 사업 파트너와 다시는 식료품 도매 거래를 하지 않겠다고 합의했다. 그는 피스터와 경쟁하고 싶지 않았다.

그렇다면 소매상으로서? 아니 그것도 아니었다. 그건 너무 작았다. 그는 실제로 무언가 대단한 걸 이루고 싶었다. 그러니 취리히에 이미 수백 개나 있는 식료품 소매점 매장에 그런 점포 하나를 더 보태는 것으로는 부족했다. 그렇다. 매장 50개 정도는 새로 내야 직성이 풀릴 것 같았다. 그러려면 돈이 많이 들 게 분명했다. 그런데 이 시점에 그는 돈도 없었다.

그때 떠오른 것이 제2차 세계대전 말기에 미국에서 겪었던 일이었다. 그는 식료품을 가득 실은 대형버스가 서부 지역 곳곳을 돌며 마을과 농장을 누비고 다닌다는 소문을 들었다. 이 대형버스들은 소비자 집 문 앞에 서서 사람들이 꼭 필요로 하는 것들을 판다고 했다. 그건 아주 좋은 일이었다. 그렇지 않으면 농민들은 가장 가까운 가게에 가려고 몇 킬로미터는 족히 움직여야 했을 테니 말이다. 소비자들은 시간을 절약하는 대가로 기꺼이 돈을 지불했다. 그래서 대형버스 기업가들은 버스를 아주 호화스럽게 치장했다. 그렇게 하는 것이 수익에 도움이 되었다. 미국 서부 황야를 달리는 이 버스에서는 물건값이 매장에서 파는 것보다 오히려 더 비쌌다.

하지만 두트바일러는 더 싸게 팔려고 했고 더 싸게 팔아야 했다. 차를 덜 호화스럽게 꾸미면 어떨까? 아주 간단히 화물차를 임대하면 어떨까? 행상들처럼 땅바닥에 늘어놓고 파는 건 어떨까? 행상인은 스위스에도 얼마든지 있고 행상인 면허를 따는 건 전혀 어렵지도 않았으니까. 물론 행상들이 파는 물건은 몇 개 안 됐다. 구두약이나 옷감, 비누 정도였다. 식료품도 아니고 매장이라기엔 너무 초라했다. 그래서 바꾸어야 했다.

어느 날 두트바일러는 아내에게 물었다. "당신이 무언가 사려고 거리로 나간다고 치고, 거기서 물건을 더 싸게 팔면 어떨 것 같아?"
"더 싸게 파는데 안 될 게 뭐 있어? 더 싸기만 하다면야 당연히 좋지."
고객에게 물건을 더 싸게 공급한다. 그것은 하나의 가능성이었다.

젊은 아내 아델레는 한마디 더 했다. "나 같으면 그걸 사겠어. 하지만 다른 부인들이 어떻게 할지는 알 수 없어! 주부들은 예측할 수 없거든." "그 사람들은 분명히 올 거야." 두트바일러가 설명했다. 그의 아이디어는 아직 태어나지도 않은 것이었지만 그의 머릿속에는 이미 자리를 잡고 있던 것이다.

그는 그것을 해보기로 어렴풋이 결심했다. 결혼 이후 처음으로 아내의 가계부에 관심을 보였다. 아내가 어떤 것에 얼마를 지출했는지 알고 싶었기 때문이다. 그는 메모까지 해가며 숫자를 주의 깊게 연구했다. 메모만 한 게 아니었다. 화도 났다. 아내가, 아니 모든 주부가 가계를 꾸리는 데 너무 많은 비용을 지출하고 있다는 사실을 비로소 알게 되었기 때문이다.

물건값이 적당했으면 주부 한 사람 한 사람이 조금씩 덜 지출할 수도 있었는데 실제로는 더 많이 쓴 게 분명했다. 그 차이가 한 사람한테는 기껏해야 몇 프랑에 지나지 않을 테지만 그가 분노한 것은 몇 프랑밖에 안 되는 돈이 아니었다. 취리히 도처에서, 모르면 몰라도 스위스 전역에서, 아니 유럽 전역에서 식료품을 사는 데 한 사람당 매주 몇 프랑씩 더 쓰고 있다는 사실 때문에 화가 났다. 이 몇 프랑에 몇백만 명을 곱해야 한다. 그의 분노도 곱해졌다. "바뀌어야 해!" 그는 소리쳤다. 수천 명 모인 집회에서 연설하듯이.

아내도 그가 하려는 게 뭔지 차츰 이해하게 되었다. 문제는 식료품을 실은 트럭을 취리히 시내에 내보내 비교적 싸게 파는 것이었다.

그런데 위생 문제는? 식료품을 트럭에 싣고 다니면서 팔 수 있을까? 사람들이 신뢰할까? 오염되었다거나 질이 안 좋다거나 부패했다거나 하며 두려워하지 않을까? 물론 그것은 문제였다. 수많은 문제 가운데 하나였다.

그렇지만 두트바일러에게 문제란 풀라고 존재하는 것들이었다. 게다가 계산이 아주 간단하지 않은가! 그는 도매가로 식료품을 사들여 바로 트럭에 실었다. 그래서 매장 임대료나 판매원 급여, 인테리어 비용, 조명비, 난방비 같은 수많은 비용이 안 들었다.

그는 열정이요 불꽃이었다. "주부들이 몰려올 거야!" 그는 계속 소리쳤다. 그는 안나 주터Anna Sute 누나에게 계획을 설명했다. 누나는 교사인 남편과 취리히 근교 퀴스나흐트에 살고 있었다. 누나는 약간 회의적으로 말했다. "그거 너무 큰 모험 아냐?" 물론 모험이었다. 두트바일러는 '엄마는 당분간 모르시는 게 더 좋을 거야' 하고 생각했다. 어머니는 외동아들로 태어나 3명의 누이와 함께 자란 고틀리프에 대해 언제나 두려움 같은 걸 갖고 계셨다. 하지만 어머니는 그를 믿었다. 언제나 믿었다. 하지만 자기 아들이 믿을 수 없는 무모한 존재라는 점도 잘 알고 있었고 새로운 아이디어랍시고 모든 것을 위험에 빠뜨릴 수 있는 존재라는 점도 잘 알고 있었다. 어머니에게 고틀리프는 무모한 낙관주의 때문에 큰 고통을 겪은 아들이었다. 그 낙관주의 때문에 그가 일한 모든 것을 잃어버리지 않았던가! 브라질에서 망한 것까지 치면 두 번이나!

물론 어머니가 알았다면 그 새로운 계획에 찬성하지 않았을 것이다. 어머니는 자기 아들 고틀리프가 그래도 언젠가는 그 또래 젊은이들이 대개 그렇듯 합리적이고 평온한 사람이 되기를 바라고 또 바랐다. 하지만 어머니의 마음속 깊은 곳에서는 꼭 그렇게만 생각한 것은 아니었다. 어머니에게 고틀리프는 분명히 뭔가 달라도 다른 사람이었다. 그걸 친어머니보다 더 잘 알 수 있는 사람이 누구겠는가?

어머니의 생각은 아들이 태어나던 날 1888년 8월 15일로 되돌아갈 때가 많았다. 그는 셋째로 태어났다. 그의 조상은 벤탈 출신 농부들이었다. 어쨌든 그는 예쁜 아기였다. 청소년기는 아주 맑고 밝게 자랐다. 생계는 부모가 책임졌다. 아버지는 스위스 북동부 철도에서 몇 년을 일하면서 가계를 책임진 뒤 외동아들이 태어나기 2년 전 취리히식품협회 지배인으로 취업했는데, 당시 이 협회는 수요가 꽤 많은 협동조합이었다. 그는 거기서 출중한 구매자요 훌륭한 조직가였으며 민원인을 잘 아는 사람이라는 평가를 받았다. 그는 회사의 경영진과 대화할 권한을 가진 많은 사람에게 '그분들이 개인적으로 해주신 조언에 대해 자기가 얼마나 감사하고 있는지' 이해시킬 줄 아는 사람이었다.

20~30년 뒤 그 아들은 굉장히 유명해졌다. 많은 사람의 사랑도 받았다. 물론 누구에게는 두려움의 대상이 되기도 했다. 이 많은 재능은 거의 모두 아버지에게 물려받은 유산이었다. 아들은 아버지에게 애착이 있었고 그를 매우 존경했다.

고틀리프 두트바일러가 성장한 시대는 어떤 시대였을까? 그는 고타르트 터널Gotthardttunnel 굴착공사가 성공적으로 끝난 지 8년 뒤에 태어났다. 1년 뒤에는 스위스에서 첫 전화망이 개통되었다. 1884년에는 치바Ciba라는 화학 콘체른* 회사가 바젤에 설립되었다. 이때쯤 취

---

* 법률상으로는 독립되어 있으나 경제적으로는 통일된 지배를 받는 기업 집단.

리히 인구는 2만 6,900명이었다. 아우서질과 볼리스호펜, 엥에, 비디콘, 플룬터른, 호팅엔, 히르슬란덴, 오버슈트라스, 운터슈트라스, 리스바흐 같은 외곽지역은 스위스에 포함되지 않았다. 취리히권, 그러니까 이 외곽지역까지 모두 포함한 지역의 인구는 8만 4,800명이었지만 여전히 목가적인 소도시였다.

독일에서는 다임러 벤츠Daimler-Benz가 자동차를 처음으로 생산했고 오스트리아에서는 아우어Auer 사가 백열등을 발명했다. 1886년에는 스위스에서 공장들이 처음으로 설립되었다. 화학공장인 호프만 라로시Hoffmann La Roche가 설립됐고 동시에 통조림공장 렌츠부르크Lenzburg도 설립됐다. 취리히 인구는 점점 불어서 1887년에는 8만 6,500명이 넘었다. 이것은 시대의 흐름이었다. 모든 도시가 커졌다. 농촌 지역은 인구가 확 줄어서 농업 경영을 더 합리적으로 해야만 할 정도가 되었다. 같은 해 스위스 사람 발터 보페리Walter Boveri는 러시아의 니즈니 노브고로트시에 전기 조명을 도입하라는 임무를 받기도 했다. 1년 뒤에는 독일제국의 초대 황제 빌헬름 1세가 사망하고 99일 뒤에 아들 프리드리히 3세도 뒤따라 세상을 떠났다. 그래서 빌헬름 2세가 왕위에 올랐다. 미 대륙에서는 노예제가 공식적으로 폐기됐다.* 노르웨이의 프리드쇼프 난센Fridtjof Nansen이 그린란드 횡단에 성공했다.

경제 위기가 유럽을 뒤흔들었다. 영국에서는 대규모 파업이 있었

---

* 미국에서는 1865년 12월 18일 수정헌법 제13조가 의회를 통과하며 노예제가 사라졌으며, 브라질은 1888년 5월 페드루 2세가 노예제를 폐지하는 황금법(아우레아법)을 제정함으로써 미 대륙에서 가장 늦게 노예제를 폐지했다.

고 브뤼셀에서는 아프리카 노예 거래 문제를 다루는 회의가 열렸다. 취리히에서는 주식 시장이 아주 심하게 요동을 쳤고 스위스 주요 은행들도 영향을 받아 치명적인 시세 폭락을 겪어야 했다. 파나마 스캔들이 터져 수십만 예금가입자가 불행에 빠졌다. 프랑스가 특히 심했다. 마침내 운하 건설자인 페르디낭 레셉스Ferdinand Lesseps를 상대로 고소가 이뤄졌다.

1895년에는 자동차 공장 슐리렌Schlieren이 설립되었다. 3년 뒤에 마기라는 이름의 식품 공장도 설립되었다. 1900년에는 파리 세계박람회가 열렸고 스위스에 새로운 경제 위기가 도래해 취리히 경제성장에 일시적 정체가 초래되기도 했다.

1902년에는 자우러Saurer 사에서 화물차를 생산하기 시작했고 줄처Sulzer는 최초의 디젤엔진을 제작했다. 3년 뒤 엥엘베르크Engelberg와 리톰Ritom이 발전소를 완공했고 1년 뒤인 1906년에는 심플론Simplon에 전기가 들어왔으며 기계공장 외를리콘Oerlikon이 설립되었다.

고틀리프 두트바일러는 2년 전에 자퇴했다.

학창시절은 아주 힘든 시기였다. 특히 어린 고틀리프가 제4권역인 아우서질에서 제5권역인 공장지대로 왔을 때 절대다수의 학생이 노동자 자녀였다. 그들은 고틀리프를 부르주아 집안 아들이라며 불신하는 눈초리로 바라봤다. 진정한 의미에서 그리고 전해 내려온 말 그대로의 의미에서 '계급투쟁'이 수도 없이 벌어졌다.

고틀리프 두트바일러도 특별히 착한 학생은 결코 아니었다. 학교가 그를 엄청나게 싸늘하게 내팽개친 것과도 관련이 있었다. 어떻게든 시간은 흘러가겠지.

역시 그랬다. 어떻게든 시간이 흘러갔다. 그는 자기의 책임을 소위 한 단계 높은 권력에 떠넘기고 기다렸다. 그는 결코 흥분하지 않았다. 결정적인 테스트를 당하면서도 마찬가지였다.

그는 논문 쓰는 것도 달가워하지 않았다. 그리고 다시는 펜을 잡지 않겠다고 다짐했다. 실제로 나중까지도 그는 죽 펜을 잡지 않았다. 나중에 중요한 인물이 되어서도 그랬다. 소년이었을 때도 상상력이 부족하다고 혼난 적은 전혀 없는 아이였다는 점을 고려하면 아주 이상한 혐오였다. 나중에 저널리스트가 된 걸 생각해봐도 이상하다. 근면성과 품행 성적은 최악이었다. 그래서 아버지는 걱정을 많이 했는데 어머니는 걱정하지 않았다. 어머니는 집에서 충분히 도와줄 수 있다고 생각했고 실제로도 많이 도와주었다.

학교도 중요하다는 것과 학교에서도 무언가 배울 수 있다는 것을 고틀리프는 마지막 학년에야 깨달았다. 너무 늦은 깨달음이었지만 그래도 그게 통했다. 상인연합이 주최한 비즈니스 스쿨에 학생 신분으로 참석한 그는 150번의 시험을 거쳐 2등을 했다.

이때쯤, 1906년 여름에 겨우 56세였던 아버지(두트바일러)가 사망했다. 아들은 자기가 마음속 깊이 간직하고 있던 아버지가 너무 일찍 돌아가서서 극도의 슬픔에 잠겼다.

그는 학교를 자퇴하기 오래전에 이미 상인이 되어 있었다. 정확히 12살 때부터. 그 당시 그는 토끼 사육에 몰두하고 있었다. 그는 동물을 200마리나 길렀는데 그중에는 기니피그와 흰쥐도 있었다. 사료주는 문제가 언제나 쉽게 풀리지는 않았다. 고틀리프 두트바일러는 그것을 아주 엉성한 방식으로 해결했다. 그는 식료품연합 회계부장에게 가서 귀리 몇 킬로그램을 얻어 왔다. 물론 아버지는 아무것도 몰라야 했다. 기르던 동물을 팔 때도 고틀리프는 아무것도 고려하지 않고 아버지의 인맥을 이용했다. 그는 살을 통통하게 찌운 토끼를 5프랑에 팔았다. 그 당시로는 아주 비싼 값이었다.

그런 다음 그는 사진을 찍어서 돈을 벌기로 결심했다. 아니 그는 나중에 이렇게 말했다. "나는 아마추어 사진 작업을 산업화한 것뿐이다!" 그는 유치원 교사와 친구 관계를 맺고 유치원 사진을 전문으로 찍었다. 그는 사진 한 장에 50라펜씩 받았다. 한번은 그가 식료품연합 직원들에게 "내가 가장 사랑하는 아버지를 가운데 두고"라는 제목의 사진을 찍어준 적이 있다. 그때는 아버지가 식료품연합의 대표였다. 그는 직원들한테 1장당 1프랑씩 받고 사진을 팔았다. 직원들이 그 돈을 다른 데 썼으면 100배는 더 값어치 있는 소비가 됐을 것이다. 하지만 사장 아들이 찍어서 인화해 온 이 사진을 비싸다고 안 살 수가 없었다. 그러나 이 소년에게 돈 그 자체는 아무런 의미도 없었다. 돈을 소유하는 것보다는 버는 게 훨씬 더 재미있었다. 그에게 돈은 최선을 다해 더 많이 벌어서 더 많이 쓰는 목적을 위한 수단이었다.

그의 이런 특징은 아주 전형적이다. 두트바일러의 삶에서 이런 성격은 아주 결정적인 역할을 했다. 식료품 도매회사인 '피스터&지크'에 입사했을 때부터 느껴졌다. 그는 아주 불편한 견습생이었고 고집쟁이였다. 견습생이었는데 사장들보다도 모든 걸 더 잘 아는 사람이라는 게 입증되었다. 그래서 사장인 피스터 씨는 1년 만에 그에게 20프랑짜리 금메달을 성과급으로 줄 수밖에 없었다. 당시 견습생들이 받는 연봉이 100프랑이었으니까 대단한 성과급이었던 셈이다. 이 견습생은 어깨를 으쓱했다. 당시 20프랑이면 오늘날보다 훨씬 더 많은 것을 할 수 있었을 테지만 그는 그 20프랑으로 무엇을 할까 과도한 상상을 하지 않았다.

그는 어렵고 불편한 존재였지만 민첩했다. 견습생 3년 차에 이미 영업사원이 되어 소매상들을 방문할 수 있었고 연봉이 아니라 월급으로 다달이 100프랑씩 받았다. 그는 고객인 식료품소매상들에게 금방 사랑을 받았다. 식료품 소매상들은 자기가 팔러 다니는 식품에 대해서 아주 확신에 차 있는 이 청년을 굉장히 좋아했다. 그는 자기가 원하는 것은 다 팔았다. 그에게는 무언가를 판매하는 게 세상에서 가장 쉽고 확실한 것이었다. 두트바일러가 물건을 판매하는 방식에 오류가 없었기 때문에 그의 부서장들도 할 말이 없었다. 이따금 고개를 갸우뚱하며 걱정스러워하는 사람은 어머니뿐이었다. '어느 날부터 사람들이 네 물건을 사지 않으려고 하면 어떡하겠냐?'는 것이었다. 어머니는 그 점을 생각하며 골머리를 앓으셨다. 그리고 '아들이 트럭에 식품을 싣고 취리히 거리를 누비는데 아무도 이 식품을 구매하러 오지 않으면 어떡하지?' 하는 문제로 골치 아파하셨다.

고틀리프 두트바일러는 아내의 가계부에서 발견한 몇 줄에 만족하지 않았다. 자기가 의도한 대로 엄청난 반향을 일으키려면 몇십 명 갖고는 안 되었다. 수천, 수만 명의 주부가 필요했다. 하지만 수만 명의 가계부를 다 들여다볼 수는 없었다. 그래서 그는 당시 취리히시 통계국 보조원으로 근무하던 사촌 파울 마이어한스Paul Meierhans를 찾아갔다. 거기서 그는 통계국장 카를 브뤼슈바일러Carl Brüschweiler를 알게 됐고 그에게 식료품 가격 정보를 요청했다. 이 통계전문가는 자기 눈앞에 나타난 이 상인이 엄청 예리한 눈을 갖고 있다는 것을 금세 알아챘다. 두트바일러는 매일 아침 통계국에 들러 통계 수치들과 씨름했고 브뤼슈바일러와 상담했다.

두트바일러는 만족하지 못했다. 그에게는 공개된 숫자가 필요한 게 아니었다. 그는 어떤 품목이 취리히에서는 값이 얼마고 다른 도시에서는 얼마인지 따위만 알고 싶은 게 아니었다. 그는 산출된 통계 숫자를 세밀하게 분석했다. 두트바일러가 이 숫자를 가지고 단순한 암호 이상의 그 무엇으로 바꿔가는 것을 보고 브뤼슈바일러는 입을 딱 벌렸다. 통계수치들이 곧바로 생명을 얻은 것이었다.

생겨난 그림은 이랬다.

제1차 세계대전 때 스위스는 국제 무역, 특히 식료품 무역에서 자유 지대였다. 하지만 전쟁이 끝나자 이런 지위를 잃어버렸다. 판매량도 늘었지만 소매업체 수도 무척 늘었다. 개별 소매상들이 수입을 늘릴 셈으로 가격을 올리려고 하면 거의 판매할 수 없게 됐다는 뜻이었다. 상품 유통비는 오르고 또 올랐다. 그 결과 식료품값도 엄청 올랐다. 1924년의 생계비는 임대료를 빼고도 1914년의 2배 반이나 되었다. 1922년 중반에는 생계비 지수가 250에서 165로 푹 꺼졌다. 그리고 다시 올랐다. 화폐의 구매력이 줄어들자 합리적 생산으로 많이 생산된 상품의 판로가 막혔고 상품 유통비는 엄청나게 올랐다.

그 결과 직원을 해고하거나 노동시간을 줄여야 했다. 1924년 취리히에서는 100명을 공모하면 구직자가 250명이나 몰렸다. 구인광고도 대부분 가사도우미나 개인회사 직원뿐이었다. 식료품상들은 마진폭을 점점 더 높였다. 그들도 더 많이 벌어야 했기 때문에 어쩔 수 없었다. 그러자 상품을 살 수 있는 사람들의 범위가 점점 줄어들었다. 전체가 악순환의 고리에 걸려든 것이다.

이런 현상은 유럽 전역에서 똑같았다. 하지만 스위스에서는 다른 어떤 지역보다도 가파르게 펼쳐졌다. 스위스는 전 세계에서 물가가 가장 비싼 나라 중 하나가 되었다. 따라서 산업의 경쟁력은 곤두박질 쳤다. 게다가 신디케이트* 움직임과 독점 움직임까지 있었고 신디케이트를 지지하는 사람들은 높은 보호 관세를 유지하라고 요구했다. 상황이 이랬으니 가족 딸린 평범한 소시민의 가계 예산은 어땠을까?

평범한 소시민은 식료품비를 자기 수입의 47.3%에서 49.5%까지 지출했다. 반면 피복비는12.5%에서 13.4%, 교육비와 평생교육비는 4.3%에서 4.9%, 난방비는 겨우 1.7%만 지출했다.

자녀가 2명인 노동자 가족이나 소기업 직원들이 매년 식료품에 지출하는 비용은 대략 다음과 같았다.

우유	472.52~488.44프랑
버터	150.57~164.38프랑
달걀	40.20~113.72프랑
기름	65.19~77.63프랑
육류	492.65~506.40프랑
빵	231.52~277.54프랑
과일	89.66~91.54프랑
설탕	12.97~90.38프랑
감자	41.59~45.57프랑
채소	71.69~79.29프랑

---

* 공동판매 카르텔. 몇 개의 기업이 하나의 공동 판매소를 두고 가맹 기업의 제품을 공동 판매 또는 공동 구입을 하는 조직.

두트바일러의 계획은 마지막 세부적인 부분까지 파고 들어가는 것이었다. 그는 필요한 기초자료를 모두 다 뒤졌다. 식료품을 대량으로 구입하기로 했다. 도매가로 대량 구입해 약간의 마진을 붙여 되판다면 소매점 가격 밑으로 아주 쉽게 접근할 수 있었다. 예를 들어 〈스위스식료품상협회 신문〉을 보니 코코넛 오일 100킬로그램의 생산비는 153프랑이었다. 여기에는 상점에 전달되기 전에 방문판매자를 위한 비용 22프랑과 광고비 12프랑이 포함돼 있었다. 약 20% 정도가 비생산적인 지출이었던 셈이다. 그는 그 정도를 절약할 계획을 세웠다.

그가 더 싸게 팔 수 있는 것은 코코넛 오일만이 아니었다. 그는 가정주부들한테 필요한 모든 것을 싸게 팔 자신이 있었다. 그런데 주부들한테 필요한 게 뭐지? 쌀과 설탕, 커피, 비누, 면류, 오일 같은 것들이었다. 그는 일단 이 6가지 품목에 국한하기로 했다. 그리고 차츰 넓혀갈 심산이었다.

그는 가망성이 있는 트럭에도 관심이 있었다. 입찰을 도입했다. 자기가 염두에 둔 회사를 세우려면 얼마나 지출해야 하는지 비용을 정확히 알고 있었다. 모든 준비를 끝내고 나서 그는 또 무언가를 했다. 바로 독일 여행이었다. 에센에 있는 크룹Krupp 사에 다녀온 것이다. 거기서 아주 좋은 조건으로 착유 설비를 사들였다. 착유 설비? 아주 세부적인 부분까지 완성한 이 계획의 틀에서 볼 때 착유 설비가 도대체 왜 필요하지?

하지만 그는 이 프로젝트를 더는 생각하지 않았다. 아예 거의 잊어버렸다. 완전히 새로운 프로젝트를 생각하고 있었다. 그래서 착유 설비는 스페인의 발렌시아로 이전하려 했다. 그는 이 기계를 이용해서 기름 작물의 찌꺼기로 비누를 생산하려고 마음먹었다. 그것은 아주 흥미로운 아이디어였다. 두트바일러가 특별히 관심을 가졌던 것은 스위스를 떠날 가능성이었다. 스위스는 너무 좁다고 느꼈던 것이다.

그러나 두트바일러는 자기 인생에서 무제한의 가능성은 그 어디에도 없다는 것을 일찍이 경험한 적이 있었다. 아마도 그는 자신의 약점, 즉 가능성이 너무 제한돼 있다는 핑계를 대는 것을 별로 좋아하지 않는다는 약점을 뼛속 깊이 인정한 듯했다. 그래서 그는 아주 놀라운 일을 벌였다. 자기를 최초로 제대로 꿰뚫어 본 사람, 어쩌면 자신보다도 자기를 더 잘 아는 사람을 찾아갔다. 그가 누굴까? 두트바일러가 견습생으로 입사한 지 몇 년 안 돼 공동소유자까지 승진했던 회사에서 회계 담당으로 일하던 사람이었다. 아주 잘나가는 것 같고 수백만 프랑의 거래가 이뤄지는 회사에 회계직원으로 들어온 지 몇 주 지나지 않았을 때 공동 사장인 두트바일러의 얼굴을 조용히 들여다보며 "사장님, 폐업하셔야겠습니다!"라고 말했던 바로 그 사람이었다.

이 사람은 바로 루돌프 페터였다. 두트바일러는 페터가 자기보다 사실에 훨씬 더 튼튼히 뿌리내리고 있다는 점을 아주 정확히 알고 있었다. 그래서 두트바일러는 이 사람을 찾아가기로 마음먹은 것이다. 그는 바로 몇 년 전에 두트바일러에게 처음으로 '자기하고 새로운 사업을 시작해볼 의향이 있는지 여쭤볼 준비가 돼 있다'고 이야기한 사람이었다.

두트바일러가 그를 찾아간 것은 자신을 극복하고 자신과 거리를 둔 아주 중요한 행동이었다. 아주 현명한 행동이기도 했다.

제2장

경력

　고틀리프 두트바일러가 피스터&지크에서 견습공으로 일한 지 3년이 됐을 때 피스터 씨는 만족스러운 미소를 지으며 이렇게 말했다. "우리 회사에서 출장영업사원으로 일해주시죠! 월급은 충분히 드릴게요!" 두트바일러는 고개를 가로저었다. "저는 이제 1년간 처음으로 외국에 좀 나가보려고 합니다." 그러면서 이런 근거를 댔다. "세상을 좀 배워야겠거든요!"

　사실은 그런 이유가 아니라 아주 좋은 이유가 있었는데, '스위스는 너무 작다는 것'이었다. 한 청년이 국경 밖으로 나가겠다는 것보다 더 자연스러운 것이 무엇이겠는가? 아버지도 그렇게 하셨다. 쓸모 있는 언어들도 스스로 터득하셨다. 두트바일러는 피스터 사장을 설득하려고 말을 이었다. "나중에는 꼭 한번 사장님의 파트너가 되겠습니다. 그러려면 저한테 외국어 실력이 필요합니다."

　피스터 사장은 이토록 당돌하게 나오는 데에 깊은 인상을 받았다.

"그래요. 신의 가호가 있기를 빌게요. 그 대신 외국은 6개월만 다녀오세요!"

"6개월이면 제가 어떤 일자리도 찾을 수 없습니다. 그러면 사장님이 저한테 적어도 월 100프랑씩은 보내주셔야 합니다. 그래야 제가 살죠!"

피스터는 침을 한 번 삼키더니 '두트바일러가 6개월 만에 반드시 돌아온다는 의무를 확실히 하면 다달이 100프랑씩 보내주겠다'고 약속했다.

첫 번째 목적지는 르아브르 항구였다. 르아브르는 식료품을 옮겨 싣는 '환적항'이었다. 견습공 시절부터 사업상 알고 지내던 친구가 있었는데 그가 두트바일러에게 주식시장에 가보라며 이렇게 말했다.

"그런데 그런 곳에 가려면 정장을 하고 가야 해요!"

"저도 정장 있어요!"

"실크 모자도!"

그건 없었다. 그래서 실크 모자 하나를 샀다. 이튿날 그는 정장에 실크 모자를 쓰고 주식시장에 온 사람은 자기 하나뿐이라는 것을 알았다. 아하, 자기 말고 또 한 사람 있었는데 그는 런던 출신이었다. 이 영국인은 이 젊고 우아한 스위스인 두트바일러를 '아주 스마트한 사람'이라고 생각했다. 그래서 두트바일러에게 르아브르에서 일거리를 주겠다고 제안했다. 두트바일러는 찬성한다는 뜻의 악수를 했다.

그는 이 영국인을 만난 지 겨우 며칠 만에 일자리를 하나 얻었다. 그에게는 너무 자연스러워 보였다. 르아브르는 파리에서는 멀고 도빌에서는 아주 가까운 지역이었다. 런던도 몇 시간이면 도착할 수 있을 정도였다. 당시 고틀리프 두트바일러는 19세였다. 그는 삶을 최대한 즐겼다. 돈? 돈도 충분했다. 피스터&지크에서 다달이 100프랑씩 들어오는 돈도 있고 영국인에게서 125프랑씩 받는 돈도 있었다. 더 많은 돈을 벌기 위해 국제적으로 활용할 수 있는 '식료품 산업용 전신 코드'도 개발했다.

이 전신 코드는 커피와 몇 가지 육류, 곡류처럼 가장 중요한 식품류에만 한정된 것이긴 하지만 한 단어로 전체를 주문할 수 있게 하는 코드였다. 이 한 단어 속에 양과 질, 가격 같은 것이 모두 포함되었다. 이 코드를 사용하면 전신에 들어가는 비용을 많이 절약할 수 있었다. 그래서 두트바일러는 이 코드를 수많은 회사에 250프랑에서 300프랑씩 받고 팔 수 있었다. 그렇게 해서 그는 월 300~500프랑씩 벌었다. 엄청난 돈이었다.

그는 절약한다는 생각은 전혀 하지 않았다. 돈은 어떤 목적을 위한 수단일 뿐 다른 의미는 전혀 없었다. 이번에는 그 목적이 '즐기는 것'이었다. 그래서 두트바일러는 즐겼다.

영국인을 위한 일이 끝나자 그는 기름 회사의 대리점 권리를 인수하기 위해 마르세유로 가기로 마음먹었다. 여행비는 85.50프랑. 그런데 돈이 없었다. 그는 피스터 사장에게 편지를 썼고 돈을 받았다. 니차에서 몸이 아프자 사업상 알게 된 친구네 회사에 가서 병원비 30프랑을 빌렸다. 그러고는 피스터&지크 사에서 받으라고 했다. 그게 두트바일러가 돌려주지 않은 유일한 부채였다. 나중에 아주 나중에 그가 예언한 대로 공동소유자가 되었을 때 그는 그 30프랑의 부채가 장부에 아직도 미수금 항목으로 남아 있는 걸 발견하고 즉석에서 말소해 버렸다.

마르세유에서 멀지 않은 곳에 그 유명한 도박장이 딸린 몬테카를

로가 있었다. 그는 거기서 아주 큰 행운을 얻었다. 20프랑을 걸고 놀음을 했는데 그걸 잃은 것이다. 그때부터 그는 룰렛게임을 전혀 하지 않았다. 겨우 20프랑을 잃고 수천 아니 어쩌면 수십만 프랑을 얻었으니 이 어찌 행운이 아니겠는가!

그는 취리히로 돌아오자마자 곧바로 판매영업사원으로 소매점을 다니며 일을 했고 돈을 벌었다.

이때는 제1차 세계대전 이전의 평화롭고 조용하던 시대였다. 하지만 테오Theo라는 지배인에게는 결코 조용한 시대가 아니었다. 아주 신중하고 나이도 지긋한 이 사람은 두트바일러가 앞뒤 분간 없이 무모하게 구는 것 때문에 무척 경악했다. 이 새파란 청년은 전혀 힘들이지 않고 아주 재빠르게 그를 궁지로 몰아넣었다. 그것은 한창 성장하고 있는 청년과 아이디어마저도 낡아버릴 정도로 나이가 든 샐러리맨 사이의 영원한 드라마였다. 테오 씨는 자기가 지난 30~40년간 해온 대로 계속하는 것 말고는 다른 것을 알지 못했다. 하지만 두트바일러는 언제나 새로운 아이디어를 내놓았다.

외국에 갔다 올 때도 아주 기발한 아이디어를 가지고 들어왔다. "왜 우리는 커피를 르아브르나 안트베르펜,* 로트르담에서 사 오나요? 커피는 브라질에서 생산됩니다. 그런데 우리는 왜 브라질에서 커피를 들여오지 않죠?" 이 생각이 피스터&지크 사장 마음에 꼭 들었다. 왜 중간상들이 돈을 벌어야 하는가? 그래서 두트바일러가 브라질에서 커피를 수입하는 임무를 띠게 되었다.

---

* 벨기에 북부 도시. 프랑스어로는 앙베르, 영어로는 앤트워프로 불리며, 화가 루벤스의 고향이자 〈플란더스의 개〉의 배경이 되는 곳이다.

특별히 충격적인 사건도 아니었다. 중간상을 배제하고 상품의 생산자와 소비자 사이의 유통 경로를 줄이는 것, 그것은 두트바일러에게 아주 전형적인 생각이었을 뿐이다. 근본적으로 말하자면 이동트럭 매장의 근원도 바로 그것이었다.

아버지가 돌아가신 지 1년이 지난 1907년, 예전의 견습공 고틀리프 두트바일러 주니어는 피스터&지크 사의 동업자 반열에 올라 공동 사장이 되었다. 그 뒤로 몇 년 동안은 여전히 소매상을 도는 영업사원 일을 계속했다. 그 시대는 발전을 추구하는 기업가정신의 시대, 자유경제의 시대, 모든 관청의 간섭을 받지 않아도 되는 개인 주도의 시대였다. 유럽 여러 나라 사이에 그리고 구세계와 신세계 사이에 상품교역이 활발히 이루어지는 시대이기도 했다. 젊은 두트바일러는 이런 시대에 딱 맞는 사람이었다. 스위스는 작은 농업국에서 공업국, 상업국으로 성장했다. 세계 도처에서 스위스 상품을 주문했고 유통은 어디서든 단 한 번도 문제가 되지 않았다. 그렇게 해서 많은 돈이 나라 안으로 몰려들었다. 이 정도면 이제 식료품을 수입해도 아무런 문제가 되지 않을 정도가 되었다. 그래서 고틀리프 두트바일러는 눈코 뜰 새 없이 바빴다. 유럽을 누비고 다니느라 사업 말고는 어떤 딴 생각을 할 겨를이 없었을 것 같다. 하지만 그에게는 그사이에 두 가지 큰일이 있었다. 하나는 사랑에 빠져 결혼을 한 일이고, 다른 하나는 전쟁이 터진 것이다.

사랑에 빠진 것부터 이야기하자면 두트바일러가 아델레 베르치 Adele Bertschi를 처음 본 것은 1911년이었다. 그는 아델레의 미모와 우아함 그리고 소녀처럼 수줍어하는 모습에 금방 빠져들었다. 그는 어머니에게 이렇게 말했다.

"엄마, 나 오늘 어떤 소녀를 봤어. 아내로 삼을 거야!"

"어디서?"

"기차에서. 엥에 역까지 같이 타고 갔어. 얘기도 몇 마디 나눴다니까? 그 여자 어디가 제일 맘에 들었는지 알아? 헤어져서 가는데 한 번도 뒤돌아보지 않은 거!"

"이름이 뭔데?

이 젊은이는 여인의 이름도 몰랐지만, 반드시 알아내고야 말 참이었다.

그 뒤로 둘은 매일 아침 열차에서 만났다. 베르치 양은 호르겐에서 탔고 고틀리프 두트바일러는 뤼슐리콘에서 탔다. 두트바일러는 마침내 이 아가씨의 이름을 알아냈다. 씨앗 검역소에서 근무한다는 것도 알게 됐다. 이것을 알아내는 작전을 도와준 사람은 이 아가씨의 후견인이었다.

어머니와 나눈 대화로 이미 눈치챘겠지만 두트바일러는 아델레 베르치에 대해서만큼은 전혀 기업가답지 않았다. 정반대였다. 그는 아가씨만큼이나 수줍어했다. 물건 파는 데는 대단한 상인이었지만 자기 자신은 잘 팔지 못했다. 이 시기쯤 그는 승마를 배웠다. 그는 아름다운 녹색 승마복과 목이 밖으로 젖혀진 멋진 승마 장화를 샀다. 그러고는 어느 일요일 아침 말을 한 필 빌려 타고 호르겐까지 갔다. 그 말이 호르겐까지 다녀올 아무런 이유가 없었기 때문에 그게 그리 간단한 일이 아니었다. 하지만 어찌어찌해서 그 말을 베르치 가족이 사는 집까지 데려가는 데 성공했다. 두트바일러는 이런 기지를 발휘하긴 했지만 약간 겁이 나기도 했다. 말을 타고 다니는 청년이라니? 당시 호르겐에서 전혀 일상적이지 않은 행색일 터였다. 어머니와 딸 베르치는 말을 탄 채 이 집과 거기 사는 사람들을 포위할 준비를 마친 사람처럼 자기네 집 맞은편에 서 있는 두트바일러를 지켜보았다. 어머니는 이런 모습에 깊은 인상을 받고 저 젊은이를 점심 식사에 초대하겠다고 마음먹었다. 아델레는 반대했지만, 어머니가 이겼다. 두트바일러가 더 강력한 인상을 준 사람은 딸이 아니라 분명 어머니였던 것이다.

그날 두트바일러는 점심 식사 때까지 머물렀다. 그 뒤로는 호르겐까지 더 자주 갔다. 두트바일러는 홀딱 반해 있었다. 물론 베르치 양은 이 모든 것에 대해 약간 어리석다고 생각했다. 이 아가씨는 극적인 것에 대해서는 아는 게 하나도 없었던 것이다. 승마 청혼이라는 것도 완전히 터무니없는 행동 같았다. 키스? 그런 것은 꿈도 꾸지 못했다! 어머니도 키스 생각은 하지 않으셨던 것 같다. 하지만 어머니는 결혼 가능성에 대한 생각은 하셨던 듯싶다. 딸이 결혼생활에 필요한 지식들을 하나도 알지 못하니 처음부터 배워야 한다고 판단했고, 그래서 베기스에 있는 신부학교까지 보냈다. 아델레는 거기서 행복하지 않다는 느낌을 받았다. 그래서 낙담한 편지를 집으로 여러 통 보냈다. 어머니는 꿈쩍도 하지 않았다. "이 아이가 그 학교에서 못 버티면 결혼도 못 해!"

두트바일러는 가끔씩 베기스까지 갔다. 하지만 이번에는 말이 아니라 전철을 타고 갔다. 50킬로미터가 넘는 곳이었으니까. 그는 아델레에게 초콜릿을 주며 학교에서 나눠 먹으라고 했다. 그 덕분인지 엄격하기만 했던 여교사들도 약간은 관대해졌다.

그리고 올 것이 왔다. 두트바일러는 처음부터 아델레 아니면 어떤 사람도 자기 아내가 될 수 없다고 확신하고 있었다. 1913년 4월, 두 사람은 호르겐 교회에서 결혼했다.

이 젊은 부부는 뤼슐리콘 산 위에 있는 '루긴스란트'라는 방 3칸짜리 빌라로 이사했다. 가구를 들여놓을 때 양가 어머니들은 놀라움을 금치 못했다. 모든 가구가 전나무로 만든 것들이었고, 두트바일러가 직접 설계한 것들이었다. 중요한 것은 장식이 하나도 없이 아주 단순하고 매끄러운 가구들이었다는 점이다. 그 당시에는 젊은이들도 아주 화려한 스타일을 좋아했는데 그런 것과는 완전히 딴판이었다. 베르치 여사는 '사위가 돈을 잘 벌고 있으니까 좀 더 좋은 가구를 살 수도 있었을 텐데' 하고 생각했다.

1914년에 두트바일러는 징병검사를 받았다. 결과는 탈락. 가슴둘레가 너무 작았기 때문이다. 나중에도 군대에 가면 안 되는 결과였다. 하지만 전쟁이 터지자 징집 면제에 대해 이의가 제기되었다. 가슴둘레가 충분히 커졌다는 핑계였다. 물론 가슴둘레 때문만은 아니었다.

전쟁은 스위스 식료품 도매상들에게 유일한 기회를 주었다. 적국들 사이의 관계가 완전히 깨졌기 때문에 스위스가 수출입에 가장 이상적인 중심지가 된 것이다. 실제로 전쟁 동안 스위스에서 수출입이 아주 활발하게 이루어졌다. 대포와 탱크 그리고 마침내 비행기까지 동원해 독일인과 프랑스인, 러시아인, 이탈리아인이 참호 속에서 서로 싸웠다. 공식적으로 이들은 동맹을 맺은 나라들이다. 하지만 실제로는 달랐다. 식료품들이 이 모든 나라로 들어갈 통로를 계속 찾고 있었다. 그리고 당시 '적국들'이 생산하는 것들을 중매인이나 중간상인들, 중립국들, 스웨덴이나 덴마크, 네덜란드, 스위스 사람들이 다른 쪽으로 팔았다. 스위스 수입상들의 상황은 다른 중립국들의 도매상들보다도 훨씬 더 좋았다. 왜냐하면 스위스에도 식료품은 필요했으니까. 이 나라는 국민이 먹고 살아야 할 식량을 스스로는 해결할 수 없었다. 게

다가 전쟁이라는 화염에 휩싸인 대륙 한가운데에 있기 때문에 접근 도로가 얼마나 오래 열려 있을지 아무도 알 수 없었다. 그래서 '사자, 사자, 너무 늦기 전에 사자'는 사재기 구호가 일상 구호가 되었다!

식료품 가게들도 호황이었고 덩달아 피스터&지크 사도 호황이었다. 그 덕에 회사가 빠르게 성장했다. 뉴욕과 말라가, 발렌시아, 바르셀로나, 제네바, 트리에스테, 콘스탄티노플, 트라페춘트, 케라순트, 심지어 터키의 삼순에도 지사를 낼 정도였다. 이런 지사들의 대부분은 두트바일러가 바닥부터 제대로 기반을 다졌다. 그때 그의 나이는 겨우 30세도 안 되었다. 그는 제네바에서 발렌시아로, 바르셀로나에서 터키로, 파리에서 로마로 끊임없이 출장을 다녔다.

그는 사고, 사고, 또 샀다. 일종의 개인 전쟁을 치른 셈이다. 커피자루 하나하나가 그가 이끄는 군대의 병사들이었다. 냉동육류나 밀, 기름 같은 것들도 모두 선적했다. 그는 전화를 걸고 전신도 하고 직접 협상도 하고 조직도 하고 개입도 했다. 그는 매 순간 어떤 물건이 사들일 수 있을 만큼 재고가 있는지를 알았다. 언제 가격을 후려쳐도 좋은지도 알았다. 상품들의 가격대도 잘 파악하고 있었으며, 몇 년 동안은 아예 전혀 존재하지도 않던 배의 선적 공간을 확보하려면 어떤 수송 수단이 존재하는지 누구와 이야기해야 하는지도 정확히 알고 있었다.

그는 전쟁위원회*를 위해서도 물자를 대량 구매했다. 이때는 대부분 '비공식적인' 부탁이었다는 게 중요하다. 협정도 문서로 돼 있지

---

* 전쟁위원회(Kriegskommissariat)는 17세기 후반 이후 유럽에서 생긴 상비군들에게 의식주를 제공해가며 관리하는 정부 부처나 그 부처의 관리들로, 오늘날의 국방부나 국방부 공무원들이다.

않았고 두트바일러는 물건을 사 오기만 하고 전쟁위원들은 그걸 사 가는 것이다. 그것도 마찬가지. 문서 계약은 필수가 아니었다. 어느 날 전쟁이 막바지에 다다랐을 때 두트바일러와 거래하던 관리가 갑자기 사라졌다. 전쟁위원회에서는 이 계약에 대해 아는 사람이 아무도 없었다. 문서로 계약을 맺은 게 전혀 없었기 때문이다. 이를 어쩌지? 그런데 바로 다음 순간에 그 물건을 사 갈 사람이 생겼다. 아무리 많은 식료품을 사 들여와도 그걸 사 갈 사람은 언제든지 어디에서든지 존재했던 것이다. 위험은 그저 종이 위에만 존재하는 것 같았다. 이 젊은 영업자 두트바일러는 적어도 그렇게 생각했다. 나이가 지긋한 지크 사장은 생각이 달랐지만 그는 자기 견해를 밀어붙이지 않았다. 회사가 스위스만을 위해 1년 동안 수입한 식료품과 원재료가 5,000만 프랑어치나 됐다.

언제나 아주 매끄럽게 진행된 것만은 아니었다. 때로는 거의 잘못될 뻔한 경우도 많았다. 관료들과 싸움도 많이 했다. 하지만 청년 두트바일러는 이 모두를 이겨냈다.

내륙 국가인 스위스에는 자체 항구가 없어서 해외 상품을 직접 들여오지 못했다. 외국 항구, 대부분 이탈리아 항구에서 환적을 해야 했기 때문에 끊임없이 문제가 발생했다. 그래서 자유항에서만 선적해야 했고 반드시 필요한 수출허가증이 나올 때까지 무기한으로 기다려야 할 때도 많았다. 두트바일러는 이탈리아 항구에 정박해 있는 배 안으로 스위스 트럭을 직접 몰고 들어가 거기 있는 식료품을 싣고 나오게 했다. 그러고는 이탈리아 땅에 한 번도 내려놓지 않고 스위스까지 직접 도착할 수 있도록 하는 생각을 했다. 그 덕분에 '이 식료품은 이미 모든 대금 지불이 완료되었다'는 내용이 들어 있는 화물 송장이 도착하기 전에 선적된 식료품이 먼저 도착할 수도 있을 정도로 일이 아주 매끄럽게 진행되었다. 하지만 이번에는 스위스 관계 당국에서 일이 꼬였다. 외국 상품을 그렇게 간단히 스위스로 들여올 수 없게 하겠다는 것이었다. 두트바일러는 '이 선적품들의 값은 당신네 은행 돈으로 이미 지불했지만 그 금액을 한 번 더 공탁하겠다'고 은행들을 설득했다. 도착 날짜가 중요했기 때문이다. 어떤 때는 도착 시각을 따져야 할 정도였다. 이런 식의 협상은 그 자체로 위험요인이다. 하지만 두트바일러는 아주 젊고 아주 저돌적이었기 때문에 사장의 생각을 손짓 하나로 간단히 묵살했다. "사장님은 위험요인만 보세요? 어마어마한 기회는 보지 않으세요?" 하지만 그는 반대로 기회만 보고 위험은 보지 않았다.

1916년 초 갑자기 입대 통보를 받았을 때 두트바일러는 커피와 난방유를 구입하러 제네바에 있었다. 구매자들은 이미 수백만 프랑을 투자했는데 이 거대한 사업이 이미 위험에 빠져 있는 것을 보았다. 맞다. 두트바일러가 군대에 가버리면 이들의 돈은 이미 잃은 것이나 마찬가지였다. 이들은 베른으로 달려가 정부에 항의했고 결과는 성공적이었다.

두트바일러가 여기서도 엄청난 기회를 발견한 것은 의심할 여지가 없다. 하지만 그는 이 기회를 자신을 위해서만 이용하지는 않았다. 회사만을 위해서도 쓰지 않았다. 오로지 스위스 전체를 위해서만 사용했다.

이렇게 위험한 거래에서 일상 요율을 적용할 경우 그는 성과급으로 400~500만 프랑은 쉽게 받을 수 있을 터였다. 하지만 그는 평화 시에 받던 것과 똑같이 8%의 커미션만 받는 것으로 만족했다. 그는 자기가 하는 대형 사업들을 통해 스스로 큰 이익을 취할 생각을 아예 갖고 있지 않았다. 결국 스위스 사람들이 굶주리면 안 되었다. 그런 점을 고민하고 해결하는 것이 자신의 과제라고 생각했다.

1917년이 다가왔다. 피스터&지크 사의 공동소유주 중 한 명인 지크 씨가 불평을 늘어놓으며 사업에서 손을 뗐다. 29년 동안 동업자였던 이가 떠난 것이다. 두트바일러가 빈자리를 채우며 공동소유주가 되었다. 이미 견습공 시절부터 예언했던 대로 된 것이다. 그날은 그의 생에서 엄청난 날이었다. 그는 나중에 이렇게 회고했다. "나는 나이든 피스터 씨와 함께 상업등기소에 갔을 때 정말로 충격을 받았다."

어쨌든 그는 1년 전에 이미 자기 사업에 확신을 갖고 집을 한 채 짓겠다며 뤼슐리콘에 있는 물밑 부동산을 매입했다. 그것은 그냥 그저 그런 집이 아니라고 했다. 아주 특별한 집이라고 했다. 친구들과 친척들은 땅바닥에서 우뚝 솟은 그 왕궁처럼 생긴 건물을 목격하고 약간 놀랐다. 그런데 밖에서 보면 그다지 비범하게 보이지 않았다. 하지만 내부는! 건축가 한스 포겔장어Hans Vogelsanger는 아내인 아델레의 형부 그러니까 두트바일러의 동서였다. 그는 두트바일러의 지시대로 건축했다. 이탈리아에서 본 팔라치Palazzi 궁전 같은 무언가가 눈앞에 어른거렸다. 예컨대 천정에 전등이 매달린 대형 홀이 있었고 안마당에는 나무 그늘 길도 냈다. 날이 궂어도 볼링을 즐길 수 있도록 지붕까지 덮인 볼링 레인도 있었다.

가구는 대부분 이탈리아산이었다. 두트바일러는 계속 저 아래에 내려가 있었다. 밤새 운전을 하고 다닐 때도 많았고 이튿날 밤에 돌아올 때도 많았으며 다시 이틀 밤을 열차 통로에 서서 보내야 하는 경우도 많았다.

한번은 소렌트에서 아내에게 전신을 보냈다. "트럭 3대에 예술품을 실어 보내니 잘 보관해두세요!" 그러더니 정말로 트럭 3대가 조각품과 회화 작품, 조각상, 꽃병, 옛날 가구, 양탄자, 도깨비상, 옛날 옷감 따위를 싣고 들이닥쳤다. 조각상 하나는 얼마나 큰지 그걸 집 안으로 들여놓기 위해 입구를 확장해야 할 정도였다. 진짜 옛날 가구들은 하도 냄새가 나서 아델레 두트바일러가 그걸 집 안으로 들이는 것 자체를 반대했다. 두트바일러는 그 때문에 아주 슬퍼했다. 그는 이 아름다운 옛날 물건들을 진짜로 무척 좋아했기 때문이다. 그런 물건들 곁을 그냥 지나치지 못하고 반드시 사 들고 와야만 직성이 풀리는 사람이었다.

집을 짓는 데도 엄청나게 많은 돈이 들었다. 두트바일러는 돈도 많이 벌었다. 그는 아내에게 이렇게 말했다. "여보, 돈이 필요하면 피스터 씨한테 가봐요!" 아델레 두트바일러는 어느 날 진짜로 피스터 씨에게 나타나 이렇게 말했다. "3만 프랑이 필요합니다!" 피스터 씨는 머리를 한 대 세게 얻어맞은 기분이었다. 자신의 파트너가 그렇게 많은 돈이 필요하다고 해서 그렇게 충격을 받은 게 아니었다. 그보다 훨씬 더 놀란 것은 아델레가 그 돈을 요구하는 태도였다. 아델레가 그 많은 돈을 달라면서 얼마나 태연하게 그리고 얼마나 애교스럽게 말하던지 정말 놀라지 않을 수 없었다. 나중에 그는 이런 말을 했다. "아델레 씨가 3만 프랑을 달라고 얘기하면서 마치 20프랑 정도 달라는 식으로 얘기하는 거야, 글쎄!" 하지만 그는 결국 아델레에게 그 돈을 주었다.

그렇다. 두드바일러 그는 이때 겨우 서른 살이었다. 그는 그렇게 통 크게 살았다. 그는 이제 가장 정선된 골동품으로 가득 찬 아름다운 집을 갖게 되었다. 하지만 그는 그 집에 있을 때가 거의 없었다. 여행하고 또 여행하며 끊임없이 돌아다녔다. 그는 지구의 반을 질주하며 식료품을 사들였다. 그렇다고 언제나 위험이 전혀 없는 것은 아니었다. 특히 독일이 무제한의 잠수함 전쟁을 선포한 뒤로는 더 위험했다.

두트바일러는 전쟁이 끝나기 직전 6개월을 뉴욕에서 보냈다. 뉴욕에 도착했을 때, 그는 학교에서 배운 영어 몇 마디밖에 몰랐다. 하지만 뉴욕을 떠날 때는 영어로 완벽하게 말할 수 있었다. 그가 6개월 동안 이룬 거라곤 그게 전부였다. 그는 대량 수출 허가를 받고 싶었다. 그리고 모든 선실에 육류와 미네랄 오일 그리고 그 밖의 물품들을 싣고 유럽으로 들여와 팔고 싶었다. 하지만 그것은 실패했다. 이때쯤엔 벌써 모든 관청이 규정대로 돌아가고 있었다. 워싱턴도 그랬고 베른도 그랬다. 결국 개인이 주도권을 쥘 여지가 거의 없었다. 두트바일러가 관청을 상대로 부딪쳤다가 뜻을 관철하지 못한 것은 그게 처음이었다. 물론 나중에는 통과되는 일도 자주 있었다. 하지만 관청을 상대로 패배했다고 해서 용기를 잃을 그가 아니었다.

원래 그는 가능한 한 빨리 스위스로 돌아오려고 했다. 하지만 그는 뉴욕에 머물렀다. 뉴욕이 참 매력적인 도시였기 때문이었다. 그가 처음으로 알게 된 대도시의 삶이 그를 완전히 사로잡았다. 아메리카는 무한한 가능성의 나라였다! 여기서 살아야지! 인간이라면 이런 데서 사업을 해야 해. 이런 데서는 아무리 비현실적인 계획이라도 실현할 수 있어!

그는 정말 많은 것을 원했다. 그는 뉴욕에 회사를 세우려고 했지만 끝내 세우지 못했다. 아무것도 이루지 못했다. 그렇게 한 주 한 주가 지났고 한 달 한 달이 지났다. 그래도 그는 머물렀다. 그렇게 쉽사리 떨쳐낼 수가 없었던 것이다. 두트바일러가 자신을 위한 시간을 발견한 것은 그의 삶에서 아마도 이때가 처음이었을 것이다. 그는 극장이나 리뷰 극단도 다니고 우아한 레스토랑도 다녔다. 항구 순회 여행도 다녔고 마천루에도 올랐다. 살면서 처음으로 현실과 교류하는 것, 특히 무엇보다도 스위스와 교류하는 것을 잊고 살았다.

그리고 전쟁이 끝났다는 사실도 잊었다. 그리고 그것은 바로 그에게 아주 결정적인 의미를 지니는 것이었음에 틀림없다. 왜냐하면 전쟁이 끝나면 모든 것이 달라질 테니까. 패전국들은 돈이 없게 될 테고 스위스는 더는 재화를 쌓아둘 필요가 없을 테고 군대도 거대한 야영지를 유지할 아무런 이유도 없을 것이다.

그런데 왜 아무도 그를 다시 부르지 않았을까? 피스터는 왜 당장 배를 타고 돌아오라고 요구하지 않았을까? 아마 그는 아니 어쩌면 다른 직원들도 두트바일러가 자기들에게 제안하지 않은 것, 더 정확히 표현해서 그가 지시하지 않은 것을 드디어 기획할 수 있게 된 것이 전혀 슬프지 않았던 게 아닐까 싶다. 맞다. 약 25명의 종업원을 거느린 회사는 전쟁의 마지막 몇 달 동안 예전의 그 어느 때보다도 훨씬 격하게 일을 했다. 다만 조종간을 당겨서 선회해야 한다는 것을 알아차린 사람은 아무도 없었다. 물건을 사들이고 또 사들이고 또 사들였다.

피스터가 마지막으로 대량 구매한 것들 가운데 하나는 커피 2만 포대였다. 그것은 목적지까지 몇 달이나 걸리는 범선에 실어 옮겨야 했다. 커피를 실은 범선이 도착했을 때 그 커피를 사려는 사람은 아무도 없었다. 이 거래에서 날아간 돈은 100만 프랑이나 되었다. 두트바일러는 이런 사실을 1918년 11월 취리히에 다시 돌아와서야 처음으로 알았다.

그는 말라가와 바르셀로나에서 두 달을 더 머물렀다. 거기서 그에게 많은 돈을 빚지고 있던 몇몇 회사가 지불 불능상태에 빠졌기 때문이다. 그는 돈을 받으려고 했다. 하지만 그가 마침내 사무실에 다시 들어섰을 때는 이미 너무 많이 늦은 상황이었다. 유럽의 성장도 멈췄고 협상도 대부분 깨져버린 것이다. 다만 국제 무기 거래만은 예외였다. 이제부터는 세상 어디에선가 전쟁이 진행되지 않을 해가 단 한 해도 없을 터였으므로, 무기 거래는 호황을 이어갈 다른 시장을 발견한 셈이었다.

식료품 거래 영역은 급격하게 악화했다. 지금도 이미 상당히 암울해진 상태였다. 식료품값은 엄청 올랐다. 왜냐하면 모든 민중이, 맞다, 모든 개인이 가능한 한 배를 곯지 않으려고 했기 때문이다. 무슨 일이 닥칠지 이미 분명히 두드러졌다. 국제 식료품 거래에서 스위스가 배제될 것이었다.

첫 번째 징후들이 나타났다. 국제 상도덕이 진짜로 완전한 붕괴를 겪고 있었다. 전쟁 때 체결한 계약들은 더는 인정되지 않았다. 부채는 갚지 않아도 되었다. 도처에서 피스터&두트바일러 사의 사업 파트너들이 빚 갚을 생각 자체를 안 하는 병에 걸렸다. 그들은 빚도 갚지 않고 아무리 경고해도 대답도 하지 않고 귀도 닫고 입도 다물었다.

취리히에 도착하자마자 두트바일러는 대차대조표를 만들었다. 회사는 거래가 가능한 모든 나라에서 물건을 엄청나게 사들였다. 몇 프랑이라도 벌어보려는 몸부림이었다. 하지만 이 나라들의 화폐가치가 떨어지기 시작하더니 마침내 감당 못 할 만큼 빠른 속도로 끝 모를 바닥으로 곤두박질쳤다. 그것은 똑같은 물건이 세계 시장에서는 훨씬 싸게 내팽개쳐질 수도 있다는 뜻이었다.

사람들이 그 물건들 위에 주저앉아 있다고 해서 그걸 어떻게 막겠는가? 두트바일러는 부분적으로는 아직도 지중해의 여러 항구에 묶여 있는 물건을 예전에 사들였던 값만 받고 팔기로 했다. 통화를 조금이라도 유통시키기 위해서였다. 물론 헝가리나 루마니아, 불가리아, 이탈리아 화폐로. 그렇게 해서 물건을 처분하기는 했지만 화폐가치 폭락 때문에 손해를 보는 장사였다. 하지만 그 손해를 어떻게 회복할 수 있을까? 주식시장에 앉아 투기를 해서.

두트바일러는 재보험을 목적으로 하락세에 투기를 했다. 그는 쭉 훑어본 뒤 물건의 가치에 해당하는 금액을 내고 해당 국가의 돈, 즉 리라Lire나 레이Lei, 프랑스프랑 등을 샀다. 결산해보니까 이랬다. 외환 거래가 증가할 때는 돈을 잃었고 해당 국가의 통화로 사들인 상품으로는 더 많은 프랑을 들여올 수 있기 때문에 그럴 때는 돈을 벌었다. 외환 거래가 떨어지면 물건을 잃었지만 주식시장에서는 약간의 차액을 벌었다. 그는 이런 식으로 해서 돈을 많이 잃지는 않았다. 물론 많이 벌지도 못했다. 오늘날 이 내용을 기록하면 읽기는 아주 쉬울 것이다. 하지만 그 당시 이런 해결책을 발견해내는 것은 엄청난 상상력을 발휘해야 하는 일이었다. 나중에 두트바일러는 웃으면서 그때 이야기를 이렇게 들려주었다. "사업이 잘되면, 그건 사업입니다. 그런데 사업이 안 되잖아요? 그러면 그건 투기입니다." 그 말 속에 이미 무언가 들어 있었다. 두트바일러는 이 당시에 마르크에도 투기하기 시작했다. 독일에는 물건 하나 갖고 있지 않았지만 마르크 가치는 떨어져야 한다고 말했다. 그는 또 베르사유 조약 종결 이후 어느 날 마르크화가 오른 적이 있는데 그때도 그런 말을 했다. 왜냐하면 그에게 이 베르사유 조약은 '어마어마하게 괴물 같은 속빈 강정'이었기 때문이다. 그는 마르크화는 떨어져야 한다고 확신했다. 그래서 그는 하락세에 투기를 했다.

그는 한번 훑어본 뒤 엄청난 액수의 마르크를 샀다. 하지만 이런 투기도 순수한 투기는 아니었고 일종의 보험 사업이기도 했다. 그는 이런 말도 했다. "모든 기대에 어긋나서 독일이 잘나가면 그래서 마르크화가 다시 오르게 되면 모든 곳에서 화폐가치가 상승한다는 뜻이고 그러면 우리 사업도 구제받는다는 뜻이야!" 이런 경우 내년 사업도 잘돼서 주식시장에서 입었던 손해의 4배, 5배, 10배는 더 만회할 것이라는 뜻이기도 했다. 독일 마르크화가 그가 예견한 것처럼 나락으로 떨어지면 아주 안 좋은 시대가 도래한 것이다. 그러면 최소한 주식시장에서 번 돈을 다 합쳐야 아주 작은 최초의 보조금이 될 것이다.

그러나 독일 마르크화는 떨어지고 또 떨어졌다. 다른 통화들도 뒤따라 떨어졌다. 아주 나쁜 예도 있었는데 마르크화보다 먼저 떨어진 통화도 있었다. 예컨대 루마니아의 레우Leu는 삽시간에 나락으로 떨어지기도 했다.

그래서 스위스 연방은행이 30만 프랑의 은행 보증을 취소할 필요가 있는 것처럼 보였다. 그 보증은 피스터&두트바일러 사가 루마니아의 미수금을 근거로 했던 것이었다. 미수금은 끝내 돌아오지 못했다. 루마니아의 해당 은행은 '루마니아 통화 가치가 몰락해서 지불할 수 없다'고 했다. 며칠 사이에 30만 프랑을 잃었다. 아니, 잃을 뻔했다. 두트바일러가 갑자기 새로운 재능, 즉 셜록 홈스의 재능을 발휘하지 않았다면 말이다. 그는 해당되는 루마니아 은행이 파리와 네덜란드 은행에 예치해둔 돈이 있다는 것을 알아낸 뒤 그 돈을 압류했다. 전에는 루마니아인들이 스위스인들을 즐겨 곤경에 빠뜨리더니 이제는 반대로 루마니아인들이 곤경에 처하게 됐다. 국제 중재 재판소에서도 최종적으로 미수금을 지불하라고 판결했다.

외국 화폐가치만 몰락한 게 아니었다. 식료품 가격도 지난해 기준 30% 이상 떨어졌다. 회사도 하나 파산했다. 그러더니 둘, 셋, 넷, 줄을 이었다. 마르세유의 작은 충격이 제네바에서는 좀 더 큰 결과를 낳았고, 이것이 바르셀로나에서는 지진이 되었으며, 뉴욕에서는 완전한 붕괴로 이어졌다. 눈 깜짝할 사이에, 멈출 수 없는 연쇄 반응이 일어났다. 나락으로 빠져드는 현기증이었다. 두트바일러는 이것을 최초로 파악한 몇 안 되는 사람 가운데 하나였다. 사람들은 무언가 할 수 있었겠지만 그 전제는 예금 보유였을 것이다. 400~500만 프랑이면 충분했다. 전쟁 중에 엄청난 물가 인상을 겪고 좀 더 파렴치해졌다면 회사는 그 400~500만 프랑을 은행에 맡겼을 것이다.

그는 깊은 우울증에 사로잡혔다. 온갖 가능한 생각이 머릿속을 스쳐갔다. 이게 끝일 수 있을까? 하지만 그는 여전히 너무 젊었다! 그는 이때 막 30대를 지난 상태였다. 그럼 완전히 처음부터 시작해야 했을까? 자기처럼 지난 시기 100만 프랑 단위로만 결재했던 사람에게는 그게 아주 어려운 일이었다. 거의 불가능한 것처럼 보일 때가 많았다. 저녁 늦게 마지막 회의가 끝난 뒤 그는 뤼슐리콘으로 가서 호숫가의 그 아름다운 집으로 들어갔다. 그런데 거기 보관해두었던 예술품이 하나도 보이지 않았다. 여전히 뭔가 할 기분이 나지 않았다. 이야깃거리가 몹시 많았던 그가 단음절로만 말하게 되었고 때로는 몇 시간 넘게 침묵을 지키기도 했다.

그러나 이 모든 것은 그리 나쁘지 않았다. 그는 파국이 다가오고 있는 걸 보았고 이 파국이 멈추지 않을 것도 알고 있었던 유일한 사람이기 때문이다. 그 뒤에 이 재앙이 닥치고 다른 사람들도 두려워하기 시작했을 때 두트바일러는 일찍이 다시 자신을 극복하고 미래를 철저히 낙관적으로 내다봤다.

　그리고 루돌프 페터가 피스터&두트바일러 사에 입사했다. 그는 동시에 두트바일러의 삶 속으로도 들어왔다. 루돌프 페터는 당시 39세였다. 하지만 나이가 들어 보이려고 수염을 길게 기르고 있어서 실제로는 훨씬 더 늙어 보였다. 예술 출판사에서 회계 담당자로 20년간 근무했던 페터는 이 회사를 직접 개선해보겠다고 했다. 그러자 아내가 "아이쿠, 염소가 기분 좋아지면 얼음판 위로 춤추러 간다더니!" 하며 경고했다. 하지만 페터는 회계부서장 지위를 얻기 위해 피스터&두트바일러 사에서 일하기로 결심했다. 두트바일러도 그를 고용할 준비가 돼 있었다. 페터는 3년 계약을 요구했다. 두트바일러는 그렇게 긴 계약은 회사에 전혀 없다며 거절했다. 페터는 3년 계약을 고집했고 마침내 그걸 얻어냈다. 그 뒤 그는 대차대조표 작성을 첫 업무로 시작했다. 그 직후 그는 3년 계약을 그다지 두려워할 필요가 없었다는 걸 간파했다. 왜냐하면 3년이면 그가 자기 지위에 있지 않을 테니까. 3년이면 피스터&두트바일러라는 회사는 더는 존재하지 않을 테니까.

　그는 사장들에게 이렇게 말했다.

　"사장님들, 당장 결단을 내릴 시간입니다! 사장님들은 돈을 가지고는 헤어 나오지 못하겠습니다. 하지만 적어도 좋은 이름으로 기억되실 수는 있겠네요."

　이 시기 청년이 아니던 피스터 사장은 창백한 얼굴로 물었다.

　"파산한다는 뜻인가요?"

　페터가 한 말은 정확히 그 뜻이었다.

　공동소유주들은 아주 불안한 상태가 되어 상의를 했다. '회사가 파산할 때는 단돈 1라펜, 1페니, 1레이 또는 그 밖에 어떤 것이라도 잃어버리는 것을 좋아할 사람이 단 한 명도 없다.' 두 사장은 바로 이 점에 최고 가치를 두었다. 결론은 조용한 파산이었다. 페터는 결코 그렇게 낙관적이지 않았다. '그래, 지난 몇 년 동안 회사가 더 큰 마진을 올렸더라면 좋았을 텐데!' 하고 생각했다. 하지만 두트바일러는 5~8% 마진이면 충분했다! 두트바일러에게는 무엇보다 주요 관심사가 정상 채널이 작동하지 않을 때 사람들에게 식료품을 공급하는 것이었지만 페터는 그걸 이해하지 못했다. 페터는 회계원이었다. 그가 볼 때 마진이 5~8%라면 너무 적은 것이었다. '두트바일러가 어느 정도 헛수고 했다!'는 뜻이었다.

페터는 이 회사가 더는 존재할 능력이 없다는 사실을 어떻게 그렇게 빨리 파악할 수 있었을까? 그가 작은 환상도 갖고 있지 않았기 때문이었다. 전쟁 중에 두트바일러가 세운 이 회사의 국제조직은 더는 존재할 이유가 없었다. 이제는 여러 나라에 흩어져 있는 회사들을 연결해줄 스위스라는 허브를 더는 필요로 하지 않기 때문이다. 그들은 이제 직접 계약을 체결할 수 있게 되었다.

결론은 그런 회사들의 문을 닫는 것이었다. 두트바일러는 자기가 옛날에 회사를 세웠을 때와 똑같은 열정으로 이 새로운 과제에 몰입했다. 폐업하는 거야! 다 끝난 거야!

그는 여행을 떠났다.

제3장

갑작스러운 종말, 막간극 그리고 새로운 시작

두트바일러는 다시 여행을 떠났다. 이번에는 헤이즐넛 커피콩 판매를 주 목적사업으로 하는 회사인 호흐슈트라서Hochstrasser & Co.와 사업 관계를 청산하러 터키로 갔다. 말라가에서는 정유소 하나를 판매했다. 브라질의 산토스와는 편지와 전화를 수도 없이 주고받은 끝에 무난히 해결되었다. 그런데도 피스터&두트바일러의 부채는 1,200~1,300만 프랑이나 남아 있었다. 루돌프 페터는 이 빚은 갚을 수 있다고 확신했다. 그것도 비교적 쉽게. 회계 장부상으로는 회사가 받을 돈이 적어도 100만 프랑 이상 기재돼 있었기 때문이다.

하지만 지금 당장 해야 할 일은 우리 회사에서 받을 돈이 있는 채권단회의를 소집하는 일이었다. 채권자들에게는 100% 만족시킬 수 있기를 바란다고 통보했다. 채권단은 이 말을 경청하면서도 믿지는 않았다. 이때쯤은 파산하는 회사가 부채를 100% 다 갚는 경우는 거의 없었고, 30%나 25% 또는 20%, 아니 심지어 15%만 갚고 나머지는 못 갚는 식으로 정리하던 때이기 때문이다. 채권단은 '안 돼요. 100% 다 받아도 부족해요.'라고 말하며 미간을 잔뜩 찡그렸다.

두트바일러는 몇 년 안 돼서 이 문제를 모두 해결했다. '상인이 알 수 있는 것은 그가 다 알고 있다'는 말이 돌 만했다. 물론 그도 이제 완전히 새로운 경험을 했다. 그는 끝없는 나락으로 추락한 것이 아주 다양한 유형의 돈과 식료품 때문만은 아니라는 사실을 확인해야 했다. 인간의 가치도 크게 다르지 않았다. 그는 빚이란 것을 알지 못했다. 범죄도 저지르지 않았다. 그는 상인들이 세계 곳곳에서 하지 않은 짓, 자기가 같은 상황에 있었더라도 하지 않았을 짓은 아무 짓도 하지 않았다. 국제 식료품 시장 상황이 이렇게 파국적으로 바뀌리라고 누가 예견이나 할 수 있었겠는가? 어려운 회사 수백만 개가 시시각각 파산하리라고 누가 예견이나 할 수 있었겠는가? 그가 그런 것을 예견하지 못했다고 해서 누가 그를 나무라겠는가? 그럴 수는 없다. 그와 사업으로만 관계를 맺고 있는 기업가들이 그에 대해 혐오감을 가지거나 적어도 환멸에 가득 차서 돌아서는 것은 이해할 수 있다. 그런데 이 사업상의 친구들 가운데도 좋은 친구들이 있긴 했다. 그들은 사람 사이에 가장 중요한 것은 돈이 아니라 인간관계라는 것을 계속 확인시켜준 진정한 친구들이었다.

그런데 지금은 이런 친구들조차 갑자기 더 이상 친구가 아니었다. 그들은 자기들이 상황에 따라 돈을 잃게 될 것이라는 점을 알고 화가 많이 나 있었던 것이다. 그들은 아주 사랑이 가득 찬 사람들이었는데 지금은 포식동물로 변해버린 상태였다. 두트바일러에게 벌어진 것과 완전히 똑같은 일이 그들에게도 벌어졌기 때문이다. 모두들 죽고 싶었지만 스스로 그럴 수는 없어서 다른 비용이 얼마가 들더라도 자신들의 돈을 되돌려 받기로 결심한 것일 뿐이다.

어쨌든 '두트바일러 자신이 청산을 한다면 이런 상황에서 어느정도 큰 상처를 입지 않고 빠져나올 수 있는 희망이 있긴 하다'고 은행가들이 확인해주었다. '그가 이제야 자기 사업을 제대로 이해했다'는 점에 모든 사람이 의견의 일치를 보았기 때문이다. 하지만 두트바일러는 '회사는 공식적으로 청산하더라도 사업은 계속할 수 있어야만 청산할 수 있다'고 버텼다. 결국 이 안이 승인되었다.

스위스은행협회 취리히 지부장 야베르크Jaberg 박사의 요구에 따라 페터도 회사의 청산인이 되었다. 그는 이렇게 말했다. "우리가 좀더 일찍 알지 못한 게 참 유감입니다. 그랬다면 우리 둘이 회사를 살릴수 있었을 텐데 말입니다." 하지만 도대체 누가 이 회사를 구하기를 바랐을까? 은행들? 천만에! 피스터&두트바일러와 페터만 예외로 하고 아마 회사를 살리는 일에 관심이 있는 이는 아무도 없었을 것이다.

두트바일러는 이 시점에도 여전히 무척이나 '의기양양' 했다. 그는 지출 예산을 너무 엄격하게 제한하지 않았다. 직원들도 일단 해고하지 않았다. 곤경에 빠진 자회사들에도 여전히 돈을 지원했다.

하지만 은행들은 신용대출을 가차 없이 중단했다. 그들은 자신들이 소유하고 있는 조막만 한 담보물까지도, 심지어 버터빵 하나까지도 아주 값싸게 팔아치웠다. 예컨대 스위스의 서민은행인 폴크스방크Volksbank는 1만 9,000리터들이 기름 탱크가 딸린 급유차 36대를 담보로 잡았는데 그 정도 급유차면 값이 대략 1만 7,000프랑은 나가는 것이었다. 그런데 그 은행은 이런 차들을 2,000프랑씩에 팔아치웠다.

'그게 두트바일러에게 너무 많다'고 말하는 사람은 거의 없을 것이다. 그는 그런 차 15대를 사서 자이펜 스트로일리Seifen-Sträuli 사에

7,000~8,000프랑씩 받고 팔았다. 그 돈은 모두 채권자들에게 갈 몫이었다. 은행들은 모든 외환 예컨대 회사가 보유하고 있는 90만 마르크도 빨리 팔라고 요구했다. 그렇게 경솔하게 팔다 보면 너무 싼값에 팔리게 돼 있는 법이다. 그래서 실제로 많은 돈을 잃었다.

요약하건대 자산과 부채를 따져볼 때 전에는 순자산이 꽤 많이 남아 있었지만 이제는 순자산이 거의 없어졌다. 채권자들도 100%를 내놓으라는 말을 더는 할 수가 없었다. 65%를 바탕으로 청산을 요구했지만 결국 60%까지 내려야 했다. 다른 회사들이 파산에 들어가던 시기였기 때문에 이것도 굉장히 많은 것이었다. 어쨌든 60%에 머물러서도 안 됐다. 모든 것을 돈으로 바꿨을 때, 마침내 약 1,200만 프랑이던 부채 가운데 약 1,160만 프랑이 해결되었다. 이 돈은 1923년 중반 회사의 청산일인 7월 12일에 딱 맞춰 완전히 지불되었다. 그러니까 남은 빚의 총액은 겨우 40만 프랑이었던 셈이다. 두트바일러가 몇 년 뒤까지 남은 빚의 60% 이상을 갚았다. 이것은 자기 지분을 넘어서는 수준이었고, 법이나 도덕상 어떤 의무가 있는 것도 아니었다.

두트바일러는 청산 때 돈보다 더 가치 있어 보이는 것을 감당한 것이다. 돈이란 도대체 무엇인가? 학생 때도 아무런 의미가 없었고 35살이 된 지금도 별 흥미를 끌지 못했다. 그를 실제로 괴롭힌 것은 그가 처음으로 사람을 보이는 대로 알게 되었다는 사실이었다. 그가 잘나갈 때 그를 찾아와서 어깨를 두드려주던 사람들, 그들은 당시 두트바일러가 누군지 그가 어떤 능력이 있는지 심지어 그가 어느 날 다시 되돌아올 것인지 등을 다 알고 있었다. 이 회사의 모든 자산과 재물을 모두 싼값에 처분한 은행장들도 그것을 확신하고 있었다. 모든 채권자가 다 만족할지 아직 불확실할 때 한 사람이 페터에게 이런 말을 했다.

"당신들은 다시 무언가를 시작할 것입니다. 그리고 무언가를 한다는 것은 의심할 나위가 없습니다! 왜냐하면 두트바일러 사장이나 당신이 아주 특별한 능력을 갖고 계신 분들이기 때문입니다. 저는 당신들이 이런 기억을 해주시리라 믿습니다. 우리가 조용한 청산에 동의했다는 사실과 당신들이 우리가 지금 겪고 있는 손해를 우리에게 자발적으로 지불해줄 것이라는 점 말입니다." 그것은 그 선량한 루돌프 페터에게 너무 과한 요구였다. 그는 확실히 극보수적인 사람이었다. 끊임없이 조심스러운 사람, 확실한 걸 좋아하는 사람, 제아무리 작은 위험이라도 감수하려는 생각이 없는 사람이었다. 바로 그런 이유에서 그는 근본적으로 두트바일러를 거부하는 태도를 취해야만 했을 것이다. 왜냐하면 두트바일러는 위험을 감수해야만 비로소 행운이 따른 사람이었으니까. 그리고 6개월이 지나서 자기가 피스터&두트바일러에 입사한 것이 얼마나 어리석은 결정이었는지 간파했다고 했다. 두트바일러에게 부드럽게 맞춰갈 수도 없는 사람이었던 것이다.

하지만 그는 그사이 2년 동안 이 남자의 탁월한 노동력을 평가할 줄 알게 됐다. 두트바일러가 그냥 보통 상인이 아니라 유일한 잠재력을 가진 사람이라는 사실도 간파했다. 그가 자기에게 아주 합리적으로 행동해왔다는 사실도 인정했다. 하지만 은행가들까지 설득할 수는 없었다. 그래서 그는 아주 화가 나서 이렇게 이야기했다. "네! 일단 그 정도로 나오신다면 그 돈을 기꺼이 지불하겠습니다. 하지만 당신한테가 아니라 구세군한테요! 왜냐하면 당신이 발생시킨 손해는 당신 스스로 책임져야 하니까요."

두트바일러는 친구를 곤경에 빠뜨리는 사람들을 이해할 수 없었다. 회사가 그렇게 위험해졌는데도 그는 왜 회사의 지출 규모를 확 줄이는 결정을 하지 못했을까? 어디에 지출한 걸까? 직원 급여였다. 직원들은 갑자기 코앞에 닥칠 미래가 어떨지 전혀 모르는 사람들이었다. 그들은 그저 두려워하며 살 수밖에 없는 아무것도 아닌 존재가 되어버렸다. 한마디로 평범한 소시민, 누군가는 보살펴줘야만 하는 그런 사람들이었다.

그는 왜 뛰어내리지 않았을까? 자기도 모르는 사이에 두트바일러의 내면에서는 엄청난 변화가 지나갔다. 수백만 프랑을 가지고 놀던 엄청난 투기업자요 국제상인이었다. 그런데 이제 그 모든 게 까마득한 옛날 일이 되었고 그저 자기와 같은 배를 타고 있는 다른 사람들을 걱정하고 있는 스위스의 평범한 소시민일 뿐이었다. 그가 걱정하는 사람들은 바로 날마다 어떻게 살아야 할지 걱정하며 살고 있는 직원들이었다. 몇 주 전까지만 해도 그 직원들은 두트바일러에게 거대한 기계의 작은 톱니바퀴들이었을 뿐이다. 두트바일러는 그들을 "특정 기능을 가진 관리들"이라고 규정했었다. 그런데 이제 보니 그들도 '사람'이었다. 아내가 아픈 직원도 보였고 자녀 셋을 양육해야 하는 직원도 보였으며 늙으신 어머님을 보살필 수 있는 가족이라곤 자기밖에 없는 여비서도 보였다. 그런 직원들을 해고할 수 없었다.

위기의 한복판에서 갑자기 이 "기능을 가진 관리들" 모두를 책임지고 있는 사람이 바로 자신이라고 생각하게 되었다. 그들이 그저 '관리들'이 아니라 '사람들'이었기 때문에 말이다. 하지만 온 나라가 위기의 한복판에 있는데 어디 가서 일자리를 찾는단 말인가? 모두 다 그렇지만 특히 나이 든 직원들은 어디 가서 새로 취직을 한단 말인가?

두트바일러는 결단을 내렸다. '새 일자리를 찾지 못하는 사람은 누구도 해고하지 않는다.' 마지막까지 남은 직원은 귀가 어두운 노인이었다. 그가 피스터&두트바일러에서 이른바 '마지막까지 살아남은 자'였다. 마침내 그도 튀를러Türler라는 시계 회사로 이직했다.

이 모든 것이 얼핏 지나가버렸으면 그리 중요하지 않게 보였을 것이다. 전면적인 위기 속에서 수천, 수십만, 수백만 명이 나락으로 빠져든 이 소용돌이 속에서 직원 20명 정도의 운명쯤이야 뭐 그리 큰 의미가 있었겠는가! 스위스만이 아니라 전 세계를 볼 때 말이다. 하지만 두트바일러에게는 직원 한 명 한 명의 운명도 아주 중요했다. 이런 위기가 닥치지 않았으면 두트바일러도 '사람들'에게 눈을 돌릴 수 없었을지 모르겠다. 타고난 구매자요 투기업자이며 대상인인 두트바일러는 수백만 프랑 뒤에 있는 '사람들'을 다시는 잊지 않았다.

그는 이 시기에 수많은 환멸을 느끼기도 했는데 그런 경험까지도 약이 된 것 같다. 아, 정말 모질고 무정하다는 게 입증된 사람들은 은행가들만이 아니었다. 그가 개인적으로 선택해서 만나왔던 사람들도 마찬가지였다. 졸업시험 때 두트바일러보다 성적이 훨씬 좋았던 실업학교 동창생도 그랬다. 이 동창생과는 사업도 같이 했고 돈을 그리 못 번 것도 아니었다. 그런 친구에게 '피스터&두트바일러에 이러저러한 불행이 닥쳤다'는 내용의 편지를 구구절절 여러 통 썼다. 그러자 그 친구는 피스터&두트바일러를 청산하는 게 합법적이냐며 이른바 '이의 제기 소송'을 제기했다. 자기네보다 훨씬 잘 받은 채권자가 많다는 증거가 있다고 여겼기 때문이다.

두트바일러가 이 친구와 아주 빠르게 동업할 수 있었던 까닭은 처음부터 분명했다. 두트바일러한테 동업하자고 먼저 제안한 것도 친구들과 동업자들이었다. 재판 과정에서 그 친구의 변호사가 타협하자고 제안해왔다. 대체 무엇이 문제였지? 어쩌면 아주 사소할 수도 있는 석탄 부채와 관련된 것이었다. 석탄 공급업자인 이 친구도 처음에는 다른 모든 사람들처럼 받을 돈의 60%만 받고 부채를 청산하자는 큰 틀에 만족한다고 했었다. 그런데 그 친구의 사정이 나빠졌다. 실제로는 그리 큰 금액도 아니었다. 그래서 두트바일러는 그에게 100%를 지불해줬다. 변호사가 두트바일러에게 그 이야기를 계속 해줬는데 그 때문에 청산 자체가 깨질 수도 있었다. 이의제기가 받아들여지면 파산은 불가피했다. 따라서 그 '친구'와 타협하는 것은 지극히 이성적인 선택이었다. 하지만 두트바일러는 분명하게 거절했다. 그렇게 되면 자신의 명예가 더럽혀지지 않는가? 그 따위 초라한 타협으로 자신의 사업경력을 끝낼 수는 없었다. 그래서 단호히 거절했다. 하지만 그러고 나서 어찌할 바를 몰랐다. 그는 법정 심리에서 무너졌다. 엉엉 울었다. 판사는 자기가 다루는 사건의 상황을 정확히 파악했다. 그래서 회사가 진 빚을 지불하라고 판결했다. 하지만 두트바일러의 명예는 다치지 않았고 청산의 이의제기도 받아들여지지 않았다. 두트바일러의 승리였다. 하지만 그는 자기가 승리한 것을 기뻐하지 않았다.

그는 '동창생 친구가 어떻게 자기한테 이렇게 악의적으로 나올 수 있었지?' 하고 곰곰 생각해봤다. '내 사고방식과 성격에 뭔가 변화가 있었단 말인가?' 돈을 잃은 건 확실하지만 두트바일러가 여전히 아주 잘나간 것도 사실이다.

하지만 '친구가 왜 그렇게 변했지?'라는 질문은 여전히 해소되지 않았다. 그러다 '맞다. 그 친구가 돈을 잃었지. 그래서 인간성을 버리고 장사꾼이 되었나 보다. 그 친구가 돈을 잃었다는 사실 때문에 화를 내면 낼수록 다른 감정을 가질 능력도 점점 더 확실히 잃었고 다른 사람들도 인간의 감정을 가질 수 있다고 생각하는 능력은 점점 더 적어진 것 같다'라는 생각에 도달했다. 그는 결국 확신했다. 친구가 적이 된 것이다. 그래서 그는 그에 맞춰 행동했다.

나중에 아주 나중에 한 번 더 완전히 다른 상황이 찾아왔다. 이 친구가, 당시 여전히 부자였던 이 친구가 돈을 굉장히 많이 잃고 두트바일러를 찾아온 것이다. 그는 '자기 자신이 아니라 자기가 요즘 심혈을 기울이고 있는 세상 개조 계획 좀 도와달라'고 했다. 자신은 '잊어버리려고 마음먹은 것은 다 잊어버렸다'고 했다. 놀라운 것은 두트바일러도 잊어버렸다는 것이다. 두트바일러도 잊어버리고 싶었기 때문이다. 두트바일러는 친구가 달라고 한 돈을 보내줬다. 아주 나중에 피스터&두트바일러가 청산하고 몇 년 지난 뒤의 일이었다. 당시 두트바일러는 사실 옛날 친구한테 그 돈을 줄 만한 상황이 아니었다.

당시는 '떠나는 거야!'라는 한 가지 생각만 하고 있을 때였다. 그는 떠나려고 했다. '취리히 밖으로, 스위스 밖으로, 유럽 밖으로. 멀리 아주 멀리 떠나자!' 두트바일러는 빌라를 팔았다. 떠나기 전날 밤에는 송별회도 크게 열었다. 최근 아델레 두트바일러 여사가 한 말에 따르면 자기 집에서 했던 그 어떤 사교모임보다 가장 멋진 파티였다. 두트바일러가 여기서 몇 년이나 살았는데도 집에 남아 있는 게 거의 없었다. 그럴수록 떠나는 게 훨씬 쉬웠다. 이별이었지만 슬픈 게 아니라 갑자기 아주 평온해졌다. 송별회가 아니라 마치 이 집의 낙성식이라도 하는 것처럼 생각될 정도였다. 손님들이 자정까지 먹고 마셨다. 그리고 촛불도 들었다. 두트바일러가 이끄는 폴로네즈 무곡이 연주되었고 사람들은 지하에서 옥상까지 집 전체를 누비고 다녔다.

그렇다. 두트바일러는 자기에게 벌어졌던 일을 그렇게 먼 옛날 일로 던져버렸다. 사실 재앙이 시작됐을 때 이미 그런 생각을 버렸다.

다른 사람들이 바닥에 앉아 있는 동안 그의 기분은 아주 좋아졌다. 그는 그런 성격이 자기 존재의 일부라는 것을 나중에 깨달았다. 사람이 불운을 당하면 지식과 의지를 가지고 산에서 내려와야 한다. 딱딱한 땅바닥을 다시 발견하기 위해서. 그래야 용기가 생겨 다시 아주 오래 올라갈 수 있을 것이다.

아내 아델레 여사가 특히 집과 부에 집착했더라면 어려웠겠지만 다행히도 아델레는 그런 것에 관심이 없었다. 아델레 여사는 보통 사람들과 똑같이 생각했고 두트바일러 등 뒤에서 수군거리는 사람들의 이야기도 충분히 이해했다. 아내가 그런 것도 참 다행이었다.

두트바일러가 이탈리아에서 사 왔던 예술품들이 큰 도움이 되었다. 그것들을 팔아서 마련한 돈이 약 3만 프랑이나 된 것이다. 그 정도면 나중까지도 충분히 쓸 수 있는 돈이었다. 이런저런 물건을 사 간 사람들은 친구들이었다. 두트바일러는 나중에 그 친구들 집을 방문한 적이 있다. 옛날에 자기가 팔아 치울 수밖에 없었던 물건들이 있었다. 현재 그 물건을 갖고 있는 친구들은 그가 그 물건을 다시 바라보는 모습을 보며 고통스러워했다. 하지만 두트바일러는 그냥 웃어넘겼다. 거기서 그는 다음과 같은 훌륭한 교훈을 얻었다.

가장 낮은 단계에서 안전을 찾는 것 그것이 바로 내 평생 갖고 있는 나의 특성이다. 나중에 내가 다시 잘될 때 예전의 그 어느 때보다 잘될 때도 나는 아주 간단히 '만약의 경우'를 대비했다. 나는 내가 서 있는 땅바닥이 가장 안전하다고 느끼며 살고 있는 사람이니까. 사람은 원래 필요한 게 없어야 안전하다고 느끼게 마련이거든.

그는 그토록 사랑하던 값비싼 물건을 팔려고 짐을 쌀 때조차 휘파람을 불며 웃었다. 하지만 그럴 때조차도 이런 교훈은 전혀 모르고 있었다. 이 시기쯤에 회사를 여전히 청산하는 과정에서도 그는 돈벌이가 충분히 될 만한 사업을 했다. 그것도 자기 돈으로 폴란드 사람들과 함께.

그중에는 폴란드와 관계도 아주 좋고 큼지막한 공급계약까지 체결해준 국회의원도 한 명 있었다. 그 뒤 스캔들이 생기자 그 국회의원은 모든 일에서 빠져나가려고 했다. 아니, 빠져나가야 했다. 몇몇 은행가들이 두트바일러에게 그 회사들을 인수하라고 제안했다.

두트바일러는 바르샤바로 갔다. 그 국회의원은 카신스키Kaschinski라는 가톨릭 신부의 중재로 설탕사업자협회에서 설탕을 아주 싸게 샀다. 신부는 두트바일러를 역에서 픽업해서 자신이 머무는 바르샤바 근교의 수도원으로 데려가 아주 근사한 식사를 대접했다. 이들은 거기서 술도 엄청 마셨고 식사 후에는 춤까지 추었다. 이 신부가 어떻게 해서 설탕을 그렇게 싸게 공급할 수 있었는지는 끝까지 밝혀지지 않았지만, 두트바일러는 설탕을 함부르크까지 가지고 가서 시장가격보다 3펜스씩이나 싸게 팔 수 있었다. 그 덕분에 두트바일러는 설탕 사업을 아주 크게 시작했다. 혼자서 트럭을 10대나 구입했고, 당시 설탕 가격이 킬로그램당 45라펜에서 80라펜으로 올랐기 때문에 돈도 아주 많이 벌었다.

그는 폴란드 사람들과 다른 사업도 할 수 있었다. 회사를 폐업할 때 이익이 될 만한 영업권은 동업자 피스터에게 다 넘겼고, 그와는 경쟁자가 되지 않겠다며 다시는 식료품 도매 사업을 하지 않기로 약속한 상태였다. 하지만 스위스라면 몰라도 유럽까지 등질 이유는 전혀 없었다. 폴란드 사업 하나만 가지고도 그는 오랫동안 아주 잘살 수 있을 것이고 무언가 새로운 계획도 세울 수 있었을 것이다. 하지만 스위스를 떠나겠다는 결심은 확고했다. 바르샤바에 마지막으로 갔을 때 그는 이미 브라질행 표를 주머니에 넣고 있었다. 그는 결국 회사의 청산 작업이 완료되기 전인 1922년 늦여름에 아내와 함께 스위스를 떠났다. 그래서 회사청산의 나머지 절차는 루돌프 페터가 처리했다.

그런데 왜 하필 브라질로 갔을까?

거기 있는 회사도 몇 개 청산해야 했고 회사에 많은 빚을 진 사람들한테 빚을 받아내려는 이유도 있었다. 물론 몇 차례 편지만 보냈을 뿐이었고 돈을 다 받아낼 수 있다는 희망은 일찌감치 포기했다. 그는 원래 브라질 사업이 정리되면 돌아올 생각이었다. 그래서 길어봤자 한두 달 정도 머물 예정이었다. 하지만 경치가 하도 좋아서 그냥 주저앉아 살기로 마음먹었다. 여동생이 매제와 상파울루에서 멀지 않은 곳에 살고 있었기 때문에 아내도 그리 외롭지 않을 거라고 생각했다.

그렇게 간단히 결심한 두트바일러는 상파울루주에 있는 한 농장의 절반을 구입했다. 농장은 원시림 비슷한 지역 한가운데에 있었다. 이름도 참 예뻤다, 파첸다스 알피나스Fazendas Alpinas. 그는 거기서 사탕수수와 커피, 옥수수 농사를 짓고 장작도 패며 신이 준 자유로운 자연 속에서 새로운 삶을 시작하기로 했다. 그는 '이 자연에 만족하며 살고 있는 사람들이 유럽인들보다 한 수 위의 삶을 살고 있다'는 사실을 알게 되었다. 그들은 유럽의 도시인들이 갖고 있는 수천 가지 웃기지도 않는 걱정거리를 하나도 갖고 있지 않았다.

그의 말로 다시 표현해보자.

'야만인이 더 낫다!'는 격언이 계속 떠올랐습니다. 그들은 저한 테 아주 잘해주었죠. 어떤 의미에서는 신사들이었습니다. 한번은 흑인 두 명이 싸우면서 길을 가는 모습을 봤어요. 그런데 그들이 어떤 지점에 다다르자 싸움을 멈추고 함께 가더군요. 그 모습을 보고 정말 깜짝 놀랐어요. 유럽 사람들 같았으면 정반대죠. 각자 제 갈 길을 갔을 테니까요. 그래서 그 흑인들이 굉장히 인간적이고 더 지적이라는 생각이 들었습니다. 시퍼런 멍이 들지 않은 채 사건이 해결되었으니 말예요. 야만인들의 냉정함 그것도 참 흥미로웠어요! 우리는 싸우면 이성을 잃잖아요. 하지만 제가 본 흑인들은 달랐어요. 한 흑인이 공포에 휩싸인 거예요. 자기가 밟고 있던 나무등걸 속으로 작은 뱀 한 마리가 기어 들어가는 걸 본 거죠. 깜짝 놀라서 아주 멀리 줄행랑을 쳤어요! 물론 그 뱀이 아주 위험한 뱀이긴 했어요. 그래도 유럽인들 같았으면 싸우느라고 흥분해서 거의 언제나 자기 주위에서 무슨 일이 벌어지는지 눈치도 못 챌 정도잖아요!

그 당시 두트바일러는 커피를 수확하려면 5년이 걸린다는 게 무슨 뜻인지 처음 알았다. 아내와 자기 그리고 의사소통도 안 되는 200명의 유색인 말고는 아무도 없던 큰 농장에 격리되어 살면서 그 5년이 무엇을 뜻하는지 이제야 처음으로 파악한 것이다. 5년. 그곳 사람들은 한 번도 조급해하지 않았다. 5년 내내. 취리히에서는 시간만이 아니라 심지어 분초까지 따지지 않았던가! 그런데 5년이라니. 그는 자기도 이곳 사람들과 똑같이 참을성이 있다는 걸 증명해보고 싶었다. 그는 자기 땅 전체를 날마다 만족스러워하며 말을 타고 달렸다. 무엇보다 해발 1,900미터의 산으로 둘러싸인 땅이었다. 유럽은 아주 멀리 떨어져 있었다. 이제 그에게 사업은 없었다. 노동과 휴식과 평화뿐이었다.

하지만 그 뒤로 완전히 다른 상황이 펼쳐졌다. 그는 아내와 함께 어떤 집에 살았는데 사냥꾼과 12마리 사냥개를 빼고는 2년간 사람이 살지 않던 집이었다. 해충이 너무 많았다. 특히 벼룩과 모래벼룩 같은 해충이 들끓었다. 결국 아내가 아마존족처럼 해충에 고꾸라졌다. 벼룩과 스위스인 주부라니! 이보다 더 큰 대립 구도를 생각할 수 있을까? 아내가 이 집을 고치려고 얼마나 노력했는지 그 쓰디쓴 노력을 말로 다 형용할 수 있을까? 집을 고치는 데 두 달이 걸렸다 이 두 달이 아내의 삶에서 가장 무서운 시간이었다는 점은 의심할 여지가 없었다. 어쨌든 아내는 브라질에 사는 걸 전혀 좋아하지 않았다. 아내의 몸무게가 확 빠졌다. 기후 때문이었을까? 아니면 일을 너무 많이 해서? 아니면 열 때문에? 나중에 취리히에 돌아온 뒤에 기후와 영양상태 등이 아내의 적혈구에 안 좋은 영향을 미친 것 같다는 사실이 밝혀졌다. 더 오래 있었다면 혈액에 문제가 생겼을 수도 있다고 했다.

두트바일러는 그 정도까지 상황을 끌고 가지는 않았다. 아내가 점점 안 좋아지는 것을 보고는 농장을 팔아치우고 스위스로 돌아왔다. 그렇다고 모든 일이 어떻게 돌아갈지 전혀 몰랐다. 집도 없어서 우선 뤼슐리콘의 벨부아Belvoir라는 호텔에 머물렀다.

일자리를 찾아 나섰다. 하지만 속기도 못 하고 타자도 빨리 칠 수 없었던 데다 완벽한 회계 담당자도 아니었기 때문에 일자리를 찾지 못했다. 그는 마지막으로 에른스트 얘기Ernst Jäggi 박사를 찾아갔다. 그는 소비자협회 운동에서 아주 중요한 역할을 하고 있는 사람으로, 두트바일러의 아버지를 잘 알고 있는 분이었다. 얘기 박사는 아들 두트바일러에 관해서도 몇 가지 정도는 알고 있었던 게 분명하다. 하지만 그에게도 두트바일러가 속기를 할 줄 아느냐 타자를 잘 치느냐가 중요했다. 얘기 박사도 이미 나이가 든 사람이었다. 그는 아주 젊은 두트바일러가 이러저러한 능력을 갖고 있다고 설명하자 못 미덥다는 듯이 불신에 가득 찬 눈으로 바라봤다. 어떤 난관이라도 헤쳐 나갈 것 같은 혈기 왕성한 청년이 그냥 막연히 두려웠다. 마치 자기가 두트바일러의 브레이크를 잡아주기라도 해야 할 것 같았다!

그래서였을까? 얘기 박사는 두트바일러의 제안을 거절했다. 두트바일러는 나중에 소비자 단체에 신경을 썼는데 그가 이렇게 큰 이상을 품게 된 것은 얘기 박사한테 거절당한 뒤부터였다고 해도 과언이 아니다. 몇 달 뒤 루돌프 페터가 바닷가에 있는 두트바일러의 사무실에 찾아와서 제안한 것은 그런 이상이 아니었다.

청산 이후에 루돌프 페터에게 무슨 일이 생겼던 걸까? 그는 수염도 깎아서 약간 공포스러운 코밑수염도 없었다. 더는 새로운 회계 사무소 일자리를 찾지 않기로 했다. 그래서 자기 사업을 시작했다. 자기가 알고 있는 작은 회사들, 자체 회계 사무원을 둘 수 없을 정도로 작은 회사들을 매주 찾아가 한나절씩 일해주고 한 달에 300프랑씩 받는 사업이었다. 그렇게 해서 그가 생각한 주 5일의 일거리가 금방 생겼다.

어느 날 고틀리프 두트바일러가 페터를 찾아가 사업이 잘되는지 물었다. 그러면서 자기와 함께 크룹 사의 장비를 가지고 스페인 발렌시아로 가보지 않겠냐고 제안했다. 다른 생각도 이야기했다. '식료품을 트럭에 싣고 취리히 시내를 누비고 다니자, 그러면 식료품 매장에서 파는 것보다 약 20%는 더 싸게 팔 수 있다'는 이야기였다. 페터는 모든 게 완전히 무르익을 때까지 심사숙고하는 사람이었다. 아주 조심스러운 사람, 확실한 걸 좋아하는 사람이었던 것이다. 그래서 자기는 발렌시아로 갈 생각은 한 번도 안 해봤다고 했다. 자기는 스위스인 이라서 스위스에 남고 싶다고 했다. 또한 자기 아이들도 스위스 학교 에서 교육받는 걸 바란다고 했다.

그렇다고 간단히 넘어갈 두트바일러가 아니었다. 식료품을 트럭 에 싣고 다니며 싸게 공급한다는 생각에는 전혀 끌리지 않지만 발렌시 아에 가자는 제안에는 상당히 끌리는 것 같았다. 다른 사람 같았으면 설득했겠지만 루돌프 페터는 설득 대상이 아니었다. 두트바일러가 얼 마나 출중한 상인인지 충분히 알고 있는 사람이었기 때문이다. 두트 바일러를 아는 것 자체가 확실한 면죄부이기도 했다. 그런데 어쨌든 발렌시아에 관해 약간의 불신도 갖고 있었다.

결국 루돌프 페터는 발렌시아를 반대하고 스위스는 아주 사랑했 다. 그리고 두트바일러와 함께하고 싶은 마음도 있었다. 두트바일러 의 능력도 약점도 다 알고 있었다. 그래서 이렇게 말했다. "왜 떠나려 고 하셔요? 사장님 능력을 사장님 나라에서 활용해주셔요. 그러면 제 가 함께하겠습니다!"

페터가 '함께한다'고 했지만 두트바일러에게 자신을 남김없이 모 두 내준다는 뜻으로 한 말은 아니었다. 어쨌든 결국 어렵게 충분히 독 립한 상태였기 때문에 그저 두트바일러의 사업에도 일주일에 한나절 정도 아니면 어쩌면 하루 정도 봐줄 생각을 했을 뿐이었다. 두트바일 러는 페터가 없이는 이 일을 시작하지 않겠다고 결심한 상태였기 때문 에 '식료품 트럭'이라는 아이디어에 더 많이 매달려야 했다.

그는 크룹 사에 편지를 써서 이미 주문 제작에 들어간 기계 구매 를 철회할 수 있는지 물었다. 그럴 가능성이 있었다. 그래서 두트바일 러는 꿈꾸었던 발렌시아를 재빨리 잊어버렸다. 그 대신 식료품 트럭이라는 아이디어에만 매달렸다. 어떤 새로운 아이디어에 매달리면 그 이야기를 계속했다. 아내나 페터, 누이동생 같은 사람들과 끊임없이 식료품 트럭 이야기를 했다. 이야기를 나누면서 그 아이디어가 점점 더 명확해지고 확실해져갔다. 이내 점점 더 생동감 있는 어떤 실체가 되어 그 아이디어를 쉽사리 내팽개칠 수 없을 정도가 되었다.

루돌프 페터도 함께할 준비가 돼 있었다. 그는 이렇게 말했다. "당신은 뜬구름 잡는 무모한 일을 하십시오. 저는 이 땅에 발을 딛고 안정적인 일을 하겠습니다." 예상했던 대로 두트바일러는 늙은 모험 가 역할을 하고 자기는 브레이크 역할을 하겠다는 뜻이었다. 그는 '은 행 융자는 절대 받지 말라!'는 조건을 내걸었다. 이유는 분명했다. 페 터가 피스터&두트바일러를 청산할 때 여러 은행한테 겪었던 안 좋은 경험을 잊을 수 없었기 때문이다.

어쨌든 얼마 안 되는 창업 자본을 조달하기는 그리 어렵지 않았 다. 게다가 취리히에서 큰 명성을 얻었고 정말 믿을 만한 사람이라고 잘 알려져 있는 루돌프 페터가 그 일을 맡아 수고했다. 여기서 2만 프 랑, 저기서 3만 프랑, 유명한 변호사한테 5만 프랑……, 이런 식으로 창업 자금을 끌어왔다. 그 정도면 창업 자금으로 충분했다. 페터는 두 트바일러가 누구를 더 참여시킬 것인지 알고 싶어 했다. 이 새로운 사 업은 규모가 크지 않기 때문에 서로 신뢰할 만한 작은 동업 팀만 있으 면 되었다. 그래서 두트바일러에게 프리츠 켈러Fritz Keller를 채용하자고 제안했다. 전에 피스터&두트바일러에서 일했고, 초기 멤버였다가 상 황이 위험해졌을 때 회사를 떠난 사람이었다. 그래서 두트바일러는 켈러를 다시 채용하는 것에 반대했다. 하지만 페터는 두트바일러의 이의제기가 옳지 않다고 보았다. 일자리가 없어져 다른 일자리를 찾아 떠난 것은 지극히 합리적일 뿐이라고 주장했다. 게다가 켈러는 평범하지 않은 훌륭한 구매자요 관리인이라고 했다. 그리고 새로운 사업에서는 적절한 구매와 민첩한 처리가 아주 중요하다고 했다. 이렇게 해서 말단부터 올라와 세련된 형식을 갖추지는 못한 프리츠 켈러를 채용하게 되었다.

네 번째로 동참한 사람은 에밀 앙스트Emil Angst였다. 그는 아주 우연히 참여하게 되었다. 1925년 여름은 루돌프 페터가 결심하고 두트바일러가 발렌시아 프로젝트를 중단한 시기였다. 바로 그 시기에 지적인 얼굴을 하고 안경 너머로 날카로운 눈을 가진 앙스트라는 청년이 두트바일러가 머물던 벨부아 호텔에 찾아왔다. 앙스트가 차 시간을 물었는데 여직원이 알려주지 못하자 자기와 먼 친척이던 두트바일러를 떠올리고 두트바일러한테 차 시간을 물어본 것이다. 두트바일러 방에는 차 시간표가 있었다. 그렇게 우연히 마주하게 된 두트바일러는 자기 계획을 설명했다. 앙스트는 곧바로 관심을 가졌다. "그거 완전히 새로운 거네요!"라고 소리쳤다. "저도 함께할게요." 그는 바로 그 자리에서 채용되었다.

그는 나중에 운전기사로 시작했다. 힘이 좋아서 그 부서가 딱 맞았다. 하지만 그는 금세 근무를 시작해야 했다. 앙스트와 대화하던 때쯤 두트바일러는 한 여인도 알게 되었다. 엘자 가서Elsa Gasser 박사였다. 이 여인은 두트바일러의 수많은 아이디어를 실현하는 데에서 아주 중요한 부분을 차지하게 되었다. 제1차 세계대전 전 어린 소녀였을 때 폴란드의 크라카우에서 취리히로 와서 학교를 다녔다. 대학에서는 그로스만Eugen Grossmann과 자이체프Saizew 교수 밑에서 경제학도 전공했다. 박사 시험에 최우수로 통과했고 곧이어 결혼도 했다. 그 뒤 〈노이에 취리히 차이퉁〉에 기자로 취직해 무역 부문의 경기와 물가에 관한 기사를 주로 썼다. 그 전에 통계청에서 일한 적도 있는데 그때 동료 마이어한스Meierhans 박사를 통해 그의 사촌인 고틀리프 두트바일러를 알게 되었다. 두트바일러는 어느 일요일 정오 돌더Dolder라는 이름의 그랜드호텔 테라스에 앉아 엘자 박사에게 자기 계획을 설명했다. 아주 놀랍도록 아름다운 어느 봄날이었다.

가서 씨는 작고 홀쭉했으며 생동감 넘치는 지적인 얼굴을 하고 있었는데 두트바일러가 통계청에서 일으켰던 '소동'에 대해서도 알고 있었다. 그런 그가 지금 트럭으로 이동하며 판매하는 점포 계획을 설명하는 것이었다. 할인권 시스템을 도입하는 문제를 가지고는 격렬히 토론도 벌였다. 두트바일러는 그러면 물건값이 비싸진다며 반대했다. 가서는 스위스 주부가 '할인과 보상'을 꺼리느냐 꺼리지 않느냐만 중요하다고 했다. 이 시스템은 대부분의 가정주부들에게 일종의 현금을 저축하는 것이나 마찬가지였다. 가서의 남편도 경제학자였는데 이들 부부는 이동 트럭 점포를 아주 좋아했다. 이들은 그저 스위스에서 예측할 수 있는 시간 안에 바로 일을 시작할 수 있을지에 대해서만 궁금히 여겼다.

두트바일러는 갑자기 주머니에서 사진 한 장을 꺼냈다. 첫 번째 자동차 사진이었다. 가서 여사는 한껏 놀란 표정을 지었고 두트바일러는 그 모습을 보며 웃기 시작했다. 가서 박사는 그저 계획인 줄만 알고 있었는데 이미 모든 게 완성된 상태였던 것이다.

그렇다. 실제로 모든 게 완성돼 있었다. 두트바일러는 생산자와 소비자 사이의 거리를 일거에 단축시키기 위해 새로운 길을 찾기로 결심했다. 그는 극소수의 품질 좋은 품목으로만 국한하기로 했다. 저장

기간이 짧으면 신선도를 확실히 유지할 수 있기 때문에 모든 게 얼마나 빨리 판매하느냐에 달려 있었다.

"아기도 이름은 있다"며 그는 한 글자 한 글자에 강세를 주며 그 트럭의 이름을 아주 천천히 발음했다. "미그로!"

'미그로'라는 이름은 그가 그렇게 직접 지었다. 나중에 그는 '그게 어떤 기회였는지' 정확히 기억하지 못했다. 그는 자기 아이디어에 맞는 이름을 오랫동안 찾고 있었다. 발음하기도 좋고 듣기도 좋고 의미도 좋은 이름을. 거기에 딱 맞는 말이 바로 미그로였다.

나이 든 식료품상인 그는 도맷값, 소맷값, 미그로값 등으로 계산했다. 미그로값은 상품을 파운드 단위나 자동차 선적 또는 상자나 자루 단위로 대량 구매하지 않는 사람들이 지불하는 값인데 그것은 '도매와 소매의 중간값'이었다. 게다가 '미그로'는 스위스에서 독일어를 사용하는 지역에서는 물론 프랑스어를 사용하는 지역과 이탈리아어를 사용하는 지역에서도 모두 발음하기도 좋고 듣기도 좋은 이름이었다. 그렇다. 두트바일러는 그걸 금방 확인했다. 그리고 그는 이 사업 전체가 잘못된 생각이라고 증명되지 않는 한 조만간 취리히 시위금지 구역에서 다른 구역으로 진출해야겠다고 그때 이미 생각했다. 그의 생각은 입증되었다. 엘자 가서는 경제부 기자의 시선과 공부를 많이 한 학자의 시선으로 보았다. 근본적으로 말해서 신규 사업을 할 때는 헨리 포드의 원칙이 중요하다. 그것은 박리다매와 고객 서비스였다. 상품값을 최대한 낮춰서 많이 판매하는 장점이 있어야 소비자가 많이 참여하게 되어 있다. 품목도 다 입력하고 노동시간도 최대한 활용해야 했다. 식료품 사업에도 이런 원칙을 적용하는 게 중요했다.

가서는 "그럼 미국을 모방하는 거네요?" 하고 웃으며 물었다.

네. 제 아이디어가 새롭지 않다는 것은 인정해요. 더 잘 이야기하자면 제 아이디어는 어디선가 한 번은 보았거나 읽은 수많은 아이디어로 구성돼 있다고 하는 게 낫겠죠. 미국에는 가게로 꾸민 옴니버스가 있어요. 그 버스는 마을을 누비고 다니고 농장들도 지나가죠. 그 버스가 고객 집 앞에서 서면 고객들은 필요한 상품을 살 수 있어요. 상황에 따라서는 몇 킬로미터나 떨어져 있는 가게까지 가는 것보다 당연히 더 편리하죠. 그런데 문제는 그 고객들이 가게에 있는 똑같은 상품보다 더 비싸게 산다는 거예요. 제 아이디어는 개별 고객들한테서 약간씩 더 많은 돈을 버는 게 아녜요. 정반대로 조금씩 덜 버는 거예요. 그리고 제가 생각하는 우리 트럭은 가게보다 더 편안하게 느껴지면 안 돼요. 오히려 덜 편안하게 느껴져야 해요. 그래서 저의 고객들은 매장에서 살 때보다 싸게 지불해야 마땅합니다.

품목도 입력했다. 두트바일러는 맨 먼저 중요한 품목 6개, 즉 쌀과 설탕, 면류, 코코넛 오일, 커피, 비누로 국한하려 했다. 나중에 더 확대하면 될 것이다. 그는 광고비 때문에 불필요하게 값을 확 높인 고가 브랜드 제품은 취급하지 않기로 처음부터 결심했다.

하지만 그것은 혁명 그 이상도 이하도 아니었다. 주부들은 브랜드 상품을 선호했다. 브랜드 제품을 산 사람들은 자기가 산 물건이 어떤 물건인지 알고 있다. 최소한 그것을 안다고 생각한다. 그런데 트럭에 와서는 알지도 못하는 품목을 사야 하는 것이다. 게다가 잘 알려져 있는 가게도 아니다. 어떤 골목길에 서 있다가 몇 분 안 있으면 떠나버릴 트럭에서 물건을 파는 사람들을 믿어야 하는 것이다. 그리고 집에 가서 뒤늦게 물건을 잘못 샀다는 사실을 확인한다면? 그때는 무얼 어쩌지? 그 트럭을 쫓아 뛰어가기라도 해야 하나? 두트바일러가 나중에 스스로 이야기했듯이 이 전체가 주부에게는 '최후통첩'이었다.

주부들이 우리의 새로운 단순 판매 시스템에 동참해 우리 모두이길 것인지 아니면 주부들이 예전의 낡은 습관에 얽매여 우리 트럭을 이용하지 않는 바람에 우리 가게가 문을 닫을 것인지, 그것은이미 시작된 경기입니다! 하지만 좋은 승리는 우리 손에 있습니다.

최후통첩? 경쟁자들이 나중에 이야기했던 것과 같은 일종의 협박인가? 그런 게 전혀 아니었다. 두트바일러는 훨씬 더 나아갔다. 그에게는 여러 사업을 하느냐 아니면 아주 큰 사업 하나를 하느냐가 중요하지 않았다. 이 단계에서 그에게 가장 중요한 것은 몇 가지가 있는데그중 첫째는 그가 옳다는 것이다. 그리고 식료품값이 너무 비싸다는 것이다. 끝으로 주부들이 지금까지보다 더 싸게 상품을 구입할 가능성이 있어야 한다는 것이다. 그에게는 이런 것을 증명하는 일이 중요했다. 주부들이 더 적당한 값으로 물건을 살 수 있다면 그것은 취리히의 모든 가정이 더 적은 돈으로도 더 잘살 수 있다는 것 그 이상도 이하도 아니라는 뜻이었다. 그런 점에서 이동 트럭 매장이라는 고틀리프 두트바일러의 아이디어는 사회적 성과에 대한 그의 요구와 결코 뗄수 없는 것이었다.

어쩌면 약간 격정적인 것처럼 들릴지 모르겠다. 약간 과장되게들릴 수도 있다. 상인이 도대체 언제부터 이상주의자가 됐단 말인가? 물론 격정적이었던 것 같기는 하다. 하지만 상인이라고 해서 격정적이면 안 되는 이유라도 있단 말인가? 분명히 과장된 것은 아니었다. 이상주의자 두트바일러는 대부분의 현실주의자들보다 훨씬 더 현실주의적이라는 사실도 증명되었다. 식료품값을 낮추는 문제는 특히 수출에 의지했던 스위스에 아주 중요했다.

이 시점에는 아직도 약간 안갯속 같았지만 이듬해에는 상황이 이렇게 펼쳐졌다. 우선 식료품값이 내려갔다. 다른 품목도 살 수 있을 정도로 구매력이 커졌다. 순환도 더 빨라졌고 구매도 많아졌다. 일자리도 많아졌고 임금과 봉급도 올랐다. 두트바일러는 이런 사실을 확인했다. 물론 이런 선순환이 시작되려면 엄청난 노력과 주도성이 필요했다. 카르텔과 트러스트, 신디케이트 같은 모든 형태의 대기업 재벌들은 그런 노력이나 주도성을 보여줄 능력도 의지도 없었다. 두트바일러가 장갑을 벗어던지고 제대로 뛰어들었다.

제4장

첫날

1925년 8월 25일부터 쓰겠다. 이날은 고틀리프 두트바일러가 새로운 사업을 시작하는 날이었다. 그는 새벽도 되기 전에 밖으로 나가 하늘을 보고 또 봤다. 날씨가 결정적인 역할을 할 것이기 때문이었다. 비라도 내리는 날이면 모든 게 오늘 밤에 끝날 수도 있다.

다행히 비는 내리지 않았다. 일기 예보를 보니 맑다가 흐려지는 정도였다. 전날의 온도는 18도. 그 밖에 다른 날들은? 거의 비슷했다. 오늘 취리히에서는 많은 일이 벌어지지 않을 것이다. 할 수만 있다면 여행을 떠날 수도 있을 정도다. 어제는 작가 야코브 크리스토프 헤어 Jakob Christoph Heer의 장례식이 있었다. 연주회장에서는 첫 번째 라디오 박람회가 열렸다. 사람들은 이 새로운 장치가 어떻게 작동하는지에 대해 여전히 회의적이었지만 박람회에는 엄청난 인파가 몰렸다.

런던에서는 선원들이 파업을 했다. 그래서 기선들이 항구를 떠날 수 없다. 전체 로드맵이 헷갈린다. 프리드리히 항구에서는 제플린Zeppelin

조선소 창립 25주년 기념식이 있었다. 베를린 정부는 독일의 실업자가 이미 50만 명이라는 사실을 인정했다. 아주 많은 숫자였지만 앞으로 늘어날 실업자 수에 비하면 상당히 적은 수였다. 실업자 수는 점점 더 가파르게 증가했다. 독일 전역에 수백만 명의 실업자가 생겼으며 불만과 공포에 싸인 사람들은 옛날 정당들에는 더는 기대할 게 없다고 보고 진보 정당에 투표했다. 마침내 아돌프 히틀러 같은 사람이 이 나라 스위스의 수장으로 나타날지도 모를 일이었다.

그러나 취리히에서는 고틀리프 두트바일러가 이 아름다운 여름날 아침 6시에 5대의 트럭에 출발 신호를 보냈다.

두트바일러와 그의 동료들은 많은 노선을 마련했다. 예컨대 1권역의 구도심 노선, 3권역과 4권역의 슈타우파커 부두와 비디콘 노선, 6권역의 오버슈트라스 노선, 7권역의 호팅엔 노선 같은 것들이었다. 2권역의 엥에 노선과 8권역의 제펠트 노선도 뒤를 따랐다. 게다가 두트바일러에 따르면 이 모든 노선을 하루에 최소 한 바퀴씩은 누비게 될 것이다. 하지만 그러기에는 차량이 모자랐다. 그래서 모든 운전자가 오전에는 이쪽 골목으로, 오후에는 다른 쪽 골목으로 가야 했다. 어떤 노선은 일주일에 두 번밖에 못 가는 일이 벌어졌다.

미그로 1호 트럭 운전기사 오스카 바흐만Oskar Bachmann은 이날 아침 제펠트 노선을 운행했다. 첫 정류장은 슈타델호펜 역 근처 팔켄슈트라세에 있었다. 이 노선은 티펜브룬넨의 빌트바흐슈트라세와 아르벤츠슈트라세까지 걸쳐 있는 노선이었다.

이 오스카 바흐만을 조금만 더 자세히 살펴보자. 그는 25세였고 보통 키에 마른 편이었지만 근육은 아주 단단했으며 야심도 대단한 사람이었다. 직류 전기 제품을 생산하는 랑바인, 판하우저Langbein, Pfannhauser&Co.라는 회사에 근무하던 사람이다. 그러던 그가 어느 날 〈노이에 취리히 차이퉁〉이라는 신문에서 '판매 운전기사'를 모집한다는 광고기사를 읽었다. 회사 이름도 없이 그냥 전화번호만 있었다. 판매 운전기사? 바흐만은 그게 무슨 뜻인지 정확히 알지 못했다. 당연했다. 이런 직업 자체가 없었으니까. 두트바일러가 고안해낸 직업이었다. 어쨌든 바흐만은 운전기사였다. 그래서 응모했다. 그는 7월 말에 제슈트라세 41번지에 있는 루돌프 페터에게 연락하라는 연락을 받았다. 거기서 그는 경외심을 불러일으킬 만큼 멋진 콧수염을 한 그 회계부장만이 아니라 피스터&두트바일러의 옛 지배인 프리츠 켈러 그리고 물론 두트바일러까지도 만났다. 그는 판매 운전기사가 뭘 하는 직업인지 곧바로 설명했다. 판매 운전기사는 식료품을 실은 트럭을 운전하고 다니며 식료품을 판매한다고 했다.

"길거리에서요?"

"물론 길거리에서죠!"

"그러면 돈은 얼마나 벌어요?"

"280프랑에 판매 수수료는 별도로 드립니다."

바흐만은 1925년 8월 1일에 판매 운전기사라는 새 직업을 시작했다. 당분간, 물론 처음으로 아우스슈텔룽스슈트라세에 트럭을 몰고 가야 했다. 수신인 주소는? 있기도 하고 없기도 했다. 그가 일할 이 비밀스러운 회사의 창고는 바우호퍼&비르츠Bauhofer&Wirz 차고에 있었다. 더 정확히 말하자면 거기 있다고 했다.

하지만 당분간은 거기 아무것도 없었다. 선의도 있었지만 악의가 더 많았다. 두트바일러는 처음부터 보이콧을 당할까 걱정했다. 자기는 기존 식료품상들이 판매하는 가격보다 더 싸게 공급할 것이기 때문에 기존 식료품상들이 가만히 있을 리 없을 것이라고 생각했다. 그들이 공급자들을 압박하지 않을까? 두트바일러한테 물품을 계속 공급할지 아니면 자기네를 택할지 양자택일하라고 강요하지 않을까? 결국은 두트바일러가 식료품 시장에 못 들어오게 막으려 하지 않을까? 이런 일은 조만간 벌어질 수밖에 없었다. 그들이 쓸 수 있는 지극히 논리적인 무기였으니까. 두트바일러는 이 사업이 한동안 지속되기를 바랐다. 그래서 옛날 사극에 나오는 '제3의 공모자'처럼 모사를 꾸몄다. 판매할 물품을 가명으로도 사고 중매인들을 통해서도 사들인 것이다. 물품 주문도 요원들한테 시켰다. 그들에게 이렇게 말하라고 지시했다. "이게 흑인들에게 딱 맞네요!" 그리고 식료품 상점에 거의 알려져 있지 않은 백지상태의 페터와 켈러를 시켜 물품을 사들이게 했다. 첫 품목으로 커피가 들어왔다. 바흐만은 전차로 온 이 물품들을 내려서 차고에 들여놓았다. 그다음에는 면류가 들어왔다. 물건들은 익명으로 알트슈테텐 역에서 내렸다. 다음으로 바흐만은 보덴제에 있는 호른으로 가서 철도 차량 3대 분량의 코코넛 오일을 실었다. 트럭들은 이 물건들을 싣고 취리히로 향했다. 하지만 회사는 거기에 저온 창고도 운용할 수 없어서 도축장에 보관해야 했다.

이때쯤 새로운 직원들이 들어왔다. 잡지사 직원 아돌프 퀴델리 Adolf Küderli가 들어왔고, 4명의 운전기사도 채용되었다. 앙스트도 근무를 시작했다. 식료품 포장을 할 사람으로 카롤리네 코울렌 Karoline Koulen 이라는 사람도 채용했다. 보통 키의 여성이었고 얼굴은 무척 활기찼으며 머리에는 수건을 두르고 소매를 걷어 올린 채 포장을 했다. 아직 어린 나이였지만 그가 살아온 삶은 아주 역동적이었다. 네덜란드 남자와 결혼해서 남편과 함께 네덜란드로 이주했다가 전쟁이 끝난 뒤 취리히로 돌아온 사람이었다. 남편은 외국인이라 스위스에서 일을 할 수가 없어서 그가 일자리를 찾아야 했다. 하지만 위기의 시기에 일자리를 찾는 게 쉽지 않았다. 그러다 지인한테 옛날 유통회사가 차고에 회사를 새로 차린다는 말을 전해 듣고 자기를 채용해달라고 요청하러 회사를 찾아와 바로 두트바일러를 만났던 것이다. 두트바일러는 이렇게 물었다.

"혹시 저를 아세요?"

그는 사실대로 이야기했다. "그저 저를 채용해달라는 말씀만 드리러 왔어요. 일자리가 필요해요!"

두트바일러는 기업가 정신으로 가득 찬 사람이어서 코울렌을 그 자리에서 채용했다. 그는 아주 원시적인 잡지실에서 물건의 무게를 달고 판매를 위한 마무리작업을 했다. 말이 좋아 잡지실이지 책상도 의자도 없이 상자만 가득 쌓인 공간이었다. 작업은 아침 일찍 시작해 밤 10시나 그 이후까지 계속됐다. 하지만 그때는 누가 그런 걸 항의하거나 초과근무수당을 달라고 요구할 생각이나 했겠는가? 코울렌은 일자리를 갖게 된 것만으로도 그저 기뻤다.

그 뒤 트럭이 5대 도착했다. 5대가 한 차고에 몰려든 것이다. 4대는 나란히 서서 기다렸고, 1대만 그들 앞으로 지나갔다. 땅값이 비싸서 더 넓은 차고를 임대할 수 없었던 것이다. 트럭은 모두 아주 낡은 포드의 T모델 트럭들이었다. 운전석 문도 닫히질 않았다. 차 지붕만 덜렁 있었다. 나중에 밝혀졌지만 배터리도 너무 약했다. 특히 가다 서다를 반복할 때는 더 심했다. 손으로 크랭크를 돌려서 시동을 걸어야 할 때도 많았다. 트럭은 두트바일러의 지시에 따라 약간 특수하게 제작되었다. 뒷면에는 상품을 전시하는 쇼케이스가 있었고, 양쪽 벽은

위로 접어 올릴 수 있도록 만들어서 나무 상자에 담아놓은 물품을 소비자들이 볼 수 있도록 했다. 서비스는 이런 식으로 오른쪽에서 왼쪽으로 이어질 수 있었다. 그렇게 해서 트럭은 약간 유행이 지난 것처럼 보였지만 인테리어만 보면 공장에서 바로 빼낸 새 차처럼 보였다. 물론 개조비용까지 포함해서 5,000프랑밖에 들지 않았다.

우리의 동료 앙스트와 바흐만까지 포함한 운전기사들에게는 아주 특별한 제복을 제공했다. 돈지갑이 딸려 있는 하얀 작업복이었는데 두트바일러가 도시철도 조합에서 산 것들이었다. 그러고 나서 시험 운행이 시작되었다. 트럭의 시동을 걸어봐야 했던 것이다. 시험 운행은 다른 이유에서도 아주 중요했다. 이런 날씨 저런 날씨에 다양한 시간에 일정한 거리를 가는 데 얼마나 걸리는지 확인해봐야 했기 때문이다. 그렇게 해야만 어느 정도 믿을 만한 운행 시간표가 나올 수 있었다. 그리고 믿을 만한 운행 시간표는 아주 중요했다. 결국 고객들이 그 트럭이 언제 올지 알아야 하기 때문이다. 그러고 나서도 새로운 시험 운행이 또 있었다. 이번에는 짐을 가득 실었다. 짐을 가득 실은 차는 커브를 돌 때 어떻게 될까? 도로포장 상태가 안 좋을 경우 트럭이 마구 흔들리면 자루가 터지고 커피가 코코넛 오일과 뒤섞이고 그와 비슷한 일들이 더 일어날 수 있지 않을까? 아마 그럴지도 모를 일이다. 이 모든 것을 며칠 안에 바로 확인해야 했다. 어쨌든 상품이 파손돼서는 안 된다. 앞으로는 시작할 때보다 훨씬 더 많은 물품을 팔게 될 텐데 미래의 어느 시점에 가서도 특히 비교적 깨지기 쉬운 달걀이나 초콜릿 같은 것들도 파손돼서는 안 되지 않겠는가?

8월 23일, 그러니까 사업을 개시하기로 한 날보다 이틀 전에 모든 직원이 다 모이는 일종의 총회 같은 것이 있었다. 총회는 창고 방에서 열렸다. 운전기사 5명과 판매원이라고도 불리는 조수 5명, 회계 담당, 코울렌 같은 사람들이 참석했다. 페터와 켈러 그리고 당연히 두트바일러도 참석했다. 두트바일러가 발언했다. 일종의 교육이었다.

첫째, "교통 체증이 있는 지역이나 혼잡한 지역은 피하세요!" 그는 경찰이 개입할 어떤 구실도 주지 않으려고 했다.

둘째: "가능한 한 운행 시간표를 준수해주세요!" 정해진 정류장에 모이는 고객들은 어쩌면 무엇보다 호기심 때문에 나온 사람들일 수도 있기 때문에 마냥 기다려주지 않을 것이다. "시간 엄수는 왕들의 의례입니다!" 두트바일러는 이런 식으로 설명했다.

셋째: "어떤 구매자한테도 최소량의 2배 이상 판매하지 마세요!" 두트바일러는 웃었다. 왜냐하면 어떤 사람이 어떤 물건이라도 살 생각이나 할지 그 자체가 불확실했기 때문이다. 어쨌든 물건은 충분히 있어야 했다. 마지막 정류장에 있는 고객들도 서비스를 받을 수 있어야 하니까!

정말이지 두트바일러도 일이 어떻게 전개될지 아직 몰랐다. 그럼에도 그는 낙관적이었다. 그는 정확히 계산했다. 일반 식료품 가게들보다 30%까지 싸게 팔 수 있었다. 그러니까 그의 고객들은 금방 알아챌 것이다.

그는 그들에게 이런 지식을 알려주기 위해 이미 몇 가지 사전 작업을 했다. 우선 최근 며칠 동안 전단지를 배포했다. 특히 미그로 트럭이 지나게 될 길가에 있는 모든 집에 전단지를 배포했고, 가능하면 그 이웃집에까지도 뿌렸다. 그래서 대중은 미그로 주식회사가 있다는 정보는 이미 알고 있었다. 물론 그 대중이 아직은 지극히 제한된 이들이긴 했다.

미그로. 큰 글자로 쓴 이 이름을 모든 전단지에서 읽을 수 있었다. 미그로(주). 그 밖에는? "매장 — 새로운 식료품 트럭 — 위생적인 포장!"이라는 문구가 새겨진 트럭 그림도 실었다. 트럭 앞에는 하얀 제복을 입은 운전기사가 서서 커피 꾸러미 같은 것을 가리키고 있는 그림도 있었다. 그 밖에 물품 목록과 함께 가격표도 실었다. 그중에는 굵은 글씨로 이렇게 쓴 문장도 있었다. "가격을 비교해보세요. 그리고 가계부를 꺼내 놓고 차액도 계산해보세요." 전단지 뒷면에는 이런 문구를 넣었다.

계산을 하셔야 하는 주부님! 계산을 할 수 있는 지적인 여성 여러분께 드립니다!

식료품값이 비싸다는 문제는 누구나 알고 있죠. 신문에 계속 나오고 정부 위원회도 그런 보고를 하고 있죠. 하지만 손에 잡히는 결과는? 하나도 없죠!

이제 저희가 새로운 시스템을 시도합니다. 저희는 여러 해 동안 도매상에 납품을 해온 사람들입니다. 이제는 미그로(주)라는 새 이름으로 여러분 가정에 직접 서비스하려 합니다. 소매점이지만 다음과 같은 도매상의 원칙을 적용합니다.

1. 저희는 상표나 이름, 쓸데없는 포장 같은 데에 돈을 쓰지 않습니다. 저희는 돈을 아끼기 위해 조심스럽게 시험해본 다음 아주 가치 있는 물품들을 세계 시장 가격이나 공장도 가격으로 사들입니다. 저희는 광고를 결코 믿지 않습니다. 저희가 직접 시험해봅니다.

2. 식품을 실은 철도 차량이 도착하면 저희의 2인용 구매 트럭이 곧바로 가서 도매로 구매한 뒤 여러분 가정에 직접 배달합니다. 선

FAHRPLAN INLIEGEND

MIGROS A.-G.
ZÜRICH

BUREAUX: HAFNERSTRASSE 31
LAGER: AUSSTELLUNGSSTR. 8
LAGER MIT KAFFEERÖSTEREI
GAMPERSTR. 11, HINTERHAUS

MIGROS - der fahrende Laden

LADEN - neue appetitliche Wagen - hygienische Verpackungen   SCHAUFENSTER - Sie sehen was Sie kaufen

Um unsere **Qualitätswaren** bekannt zu machen, verkaufen wir während *8 Tagen insgesamt 10 Waggons* nachstehender Waren:

Zucker, Feinkristall . . . . 2 kg Paket	Fr. 1.15	(per Pfund ca. Fr. —.29)
Zucker, Würfel . . . . zweimal 1 kg Paket	Fr. 1.35	(per Pfund ca. Fr. —.34)
Zucker, Würfel . . . . 2½ kg Paket	Fr. 1.70	(per Pfund ca. Fr. —.34)
Teigwaren, supérieures (Nudeln, Spaghetti, Hörnli) . . . . 1 kg Paket	Fr. -.95	(per Pfund ca. Fr. —.48)
Kaffee, geröstet, Brasilmischung . . . . 1 kg Paket	Fr. 3.85	(per ¼ kg Fr. —.96)
Kaffee, geröstet, Mokkamischung . . . . 1 kg Paket	Fr. 4.90	(per ¼ kg Fr. 1.22)
Reis, Mailänder (Maratello) . . . . 2 kg Paket	Fr. 1.40	(per Pfund ca. Fr. —.35)
Seife, Ia. weisse Kernseife, 72 %ig. . . . . 5 400 g Stücke	Fr. 2.45	(Stück à 400 g Fr. —.49)
Auf Bestellung oder an Abonnenten: **Kokosnussfett** . . . . . 2 Pfundtafeln	Fr. 1.75	(per Pfund ca. Fr. —.87)

Um die letzten Verkaufsstellen mit Sicherheit bedienen zu können, verkaufen wir einstweilen höchstens zweimal die Mindestmenge jeden Artikels an denselben Käufer.

Vergleichen Sie die Preise, berechnen Sie die Differenz pro Monat anhand Ihres Haushaltungsbuches
Wieso wir Qualitätsware zu diesen Preisen liefern können, finden Sie erklärt:

최초의 미그로 홍보 전단지

박이나 공장에서 철도와 판매 트럭만 거쳐서 여러분 부엌으로 바로 가는 시스템이기 때문에 매장 임대료가 필요 없습니다. 그뿐 아니라 다음과 같은 잡비도 전혀 없거나 아주 최소로만 지출됩니다.

저장비

광고비(우리 시스템이 알려짐에 따라)

이자(현금구매와 현금판매)

관리 장비(환불 시스템이 없기 때문에)

신용카드 수수료 손실(현금 판매)

부패로 인한 손실(빠른 거래)

포장비

여러분의 고귀한 돈과 완벽하게 똑같은 가치가 있는 물품은 무엇일까요? 품질도 좋고 신선도도 최상인 식료품 아닐까요?

3. 시간이 돈입니다. 주부님도 저희도. 반파운드와 1파운드짜리는 포장이 없습니다. 1~2킬로그램짜리는 판매와 지불이 동시에 이뤄집니다. 따라서 판매비가 4분의 1밖에 들지 않습니다. 어쨌든 여러분 가정에 얼마 안 되는 금액이지만 차곡차곡 저축이 이뤄질 겁니다.

4. 박리다매입니다. 가장 신선한 식품을 산지에서 직접 들여옵니다. 조미료도 섞지 않고 오래 저장하지도 않습니다. 그렇지만 공기에 노출되지 않도록 포장은 아주 위생적으로 합니다.

5. 중급 품질 이상 최상품만 판매합니다. 저희의 판매 트럭들은 날마다 신선한 식품으로 채워집니다. 언제나 신선한 식품입니다.

지금까지 말씀드린 모든 게 진실이라는 점은 다음 두 가지로 확실히 보증할 수 있습니다.

첫째, 시 당국의 보증입니다. 처음에는 거절했지만 저희의 계획을 청취하고 저희 창고와 식료품과 시설들을 시찰한 뒤 시에서는 공식적인 이유와 근거를 들어 보증해주었습니다.

둘째, 날카롭게 두 눈 부릅뜨고 지켜보는 경쟁업자들을 보십시오. 그들은 저희가 여기서 하는 말과 앞으로 판매하게 될 물품들에 대해 고통스러울 정도로 검증해볼 것입니다.

주부님의 독자적인 판단에 호소하며 이 글을 마치고자 합니다. 주부님들이 좋아하시던 오래된 구매 습관과 광고와 각종 구호가 승리하거나, 아니면 미그로 트럭이 주부님들의 폭발적 인기를 얻거나 둘 중 하나입니다.

이번에는 가능한 한 가격을 낮출 수 있을 것입니다. 하지만 다음에는 고객 여러분께 서비스하려는 저희의 이런 진지한 시도를 포기해야 할지도 모릅니다.

여러분께 경의를 표합니다.

미그로(주) 이사회 드림

과연 이것을 선전이라고 할 수 있을까? 이것은 단순한 선전이 아니라 청구서였고 최후통첩이었다. 요컨대 이 전단지는 주부들이 우리한테 와서 구매해주시든지 아니면 우리 사업을 접게 만드시든지! 둘 중 하나를 선택해달라고 이야기하고 있었다. 이것은 무엇보다 극도로 복잡하게 얽혀 있는 상황을 명확하게 만들려는 시도였다. 상품 자체를 전달하지 않고 아이디어만 전달함으로써 구매자와 판매자의 직접적인 연결고리를 만들어내려는 두트바일러의 의지는 이미 충분히 느낄 수 있었다. 그는 주부들이 트럭에 와서 물건을 사 가는 것만 원한 게 아니었다. 주부들이 자신을 이해해주는 것까지도 원했다. 근본적으로 말해서 그의 삶에서 아주 결정적인 역할을 하게 된 저널리즘은 이렇게 시작되었다.

전단지 배포와 동시에 취리히 여러 신문에 첫 광고도 실었다. 이동 판매 트럭이 8월 25일에 시작한다는 것을 알리는 광고였다. 이 광고에는 "소매를 도매가로"라는 대담한 약속도 담겨 있었다.

드디어 8월 25일이 다가왔다.

다행히 비가 오지 않았다. 운전기사와 조수를 비롯한 전체 동지들이 창고로 모여들었다. '동지'라고 한 것은 함께 아주 중요한 맹세를 한 사람들이기 때문이다. 트럭에는 짐이 가득 실려 있었다. 운전기사들은 잔돈을 100프랑씩 받았다. 물론 저녁에 정산해야 할 돈이었다. 마지막 준비는 신경이 곤두선 분위기에서 진행되었다. '오늘이 제일 중요하다! 어쩌면 저녁때 이미 이 신생 기업의 운명이 결정될지도 모른다' 같은 점들을 모두 느꼈다. 한 사람만은 천하태평이었다. 두트바일러였다. 그는 큰 위기의 순간이 되면 언제나 태평해졌다.

8시. 짐을 실은 트럭 5대가 출발했다. 바흐만과 조수 앨리히Aelig는 트럭을 2~3분 몰고 가서 첫 정류장인 팔켄슈트라세에 멈춰 섰다. 바흐만과 앨리히는 트럭에서 뛰어내려 양쪽 벽을 위로 제쳐 올리고 기다렸다. 이미 고객이 몇 명 나와 있었다. 주로 주부들이었다. 놀라운 일은 아니었다. 최소한 바흐만은 모든 것이 질서정연하게 진행된다는 것을 알았다. 하지만 주부들은 저만치 떨어져 거리를 유지했다. 트럭을 무서워해서였을까? 가까이 다가왔다가 다시는 빠져나가지 못할까 봐 겁이 난 걸까?

영겁 같은 1분이 지나고 또 1분이 지났다. 한 할머니가 아주 천천히 앞으로 움직여 오셨다. 적어도 70세는 돼 보이는 분이었다. 바흐만은 그분의 얼굴을 결코 잊을 수가 없었다. 주름이 자글자글했고 치아가 거의 다 빠진 상태였다. 머리는 하얗고 가늘고 숱도 별로 없었다. 이 할머니가 꺼낸 첫 말은 "커피 한 봉지 주세요!"였다.

"브라질 믹스커피 드릴까요? 아니면 모카 믹스커피로 드릴까요?"

"브라질 믹스커피요."

"여기 있습니다. 3.85프랑입니다."

할머니가 돈을 내셨다. 그러자 다른 부인들도 앞으로 몰려왔다. 두 남자는 갑자기 사람들에 둘러싸였다. 모든 주부가 뭔가 사려는 눈치였지만 여전히 불신으로 가득 찬 눈으로 이쪽저쪽을 훑어보고 있었다. 마치 주변에서 누군가 자기들을 쳐다보는 게 두려운 사람들 같았다. 이 트럭에서 물건을 사는 게 도대체 범죄라도 된단 말인가? 그런데도 그들은 꼭 그렇게 생각하는 것처럼 보였다. 하지만 그들은 물건을 샀다. 설탕도 사고 면류도 사고 커피와 쌀도 사고 비누도 샀다. 그런데 신기하게도 한 사람이 한 품목씩만 샀다. 그러고 나서도 가지 않고 그냥 머물러 있었다. 뭐 하는 거지? 물건을 산 주부들은 그 자리에서 봉지를 뜯고는 안을 들여다보았다. 여전히 불신하는 걸까? 정말인가! '이 사람들이 나를 속이는 건 아닌가?' 하고 생각하는 것 같았다.

그리고 그들은 서둘러 자리를 떴다. 도대체 왜? 커피와 설탕, 비누 같은 것들이 쓸 만한 것인지 확인해보려고 집으로 서둘러 간 걸까? 그럴 수도 있겠다. 이 주부들에게 미그로(주)란 도대체 누구이며 무엇이란 말이냐? 이름은 참 인상적이지만 그 뒤에 뭐가 숨어 있는지 누가 알겠는가? 어쩌면 소중한 돈을 내고도 아주 값어치 없는 물건을 샀을 수도 있잖은가.

하지만 다른 여성 고객들이 이미 와 있었다. 물건이 끊임없이 팔렸다. 바흐만은 곁눈질로 시계를 봤다. 12분이었다. 3분만 더 있다 가자. 14분. 여전히 여성 손님이 있었다. 15분이 되었다. 기한이 끝났다. 바흐만은 앨리히에게 신호를 보냈다. 트럭의 양쪽 벽면을 내려 달았다. 바흐만은 차의 시동을 걸었다. 그리고 핸들을 잡고 '운행 시간표는 어떤 경우에도 준수하라'는 두트바일러의 경고를 떠올리며 가속기를 밟았다.

그때까지 살지 말지 결정하지 못하던 부인들이 그제야 지갑을 꺼내며 앞으로 몰려들었다. 너무 늦었다. 트럭은 이미 출발했다. 그들은 못 믿겠다는 듯이 트럭을 응시했다. 하지만 트럭은 정말 떠났다. 이게 유일한 기회라면 어쩌지? 저 트럭이 다시 안 오면 어쩌지? 그들은 결심했다. 내일은 제시간에 딱 맞춰서 나와야겠다. 15분 일찍 나오면 최선이겠지. 트럭이 다시 오면 세상의 어떤 권력도 이들이 물건을 사는 것을 막지 못할 것이다! 최대한 많이 사야지.

하지만 운 좋게 물건을 구매한 몇몇 여인들은 몇 년간 단골로 드나들던 가게에 다른 물건을 사러 들어갔다가 놀림감이 되었다.

"행상인들한테서도 샀다며?" 사람들이 그들에게 큰 소리로 물었다. 그들은 약간 당황스러워했다. '어쩌면 우리가 더 좋았을지 몰라. 저 사람들은 아무것도 못 사서 저럴 거야.'

이튿날이 되자 그들은 이제 당황할 필요가 없었다. 오히려 어깨를 으쓱할 정도였다. 2, 3일이 지나자 그들은 말문 여는 걸 전혀 부끄러워하지 않아도 됐다. 왜냐하면 틈 날 때 몇 가지 계산을 해보았기 때문이다. 그동안 우리가 코코넛 오일을 사는 데 왜 2.30프랑이나 줘야했지? 트럭에서 사면 1.65프랑이면 살 수 있는데? 고급 백설탕은 왜

61라펜이나 하지? 미그로에서는 50라펜이면 되는데? 그들은 이런 계산을 혼자서만 한 게 아니다. 오히려 입을 크게 벌리고 가게 주인들에게 말대꾸까지 했다. "너무 비싸잖아요!"

그것은 투쟁의 신호였다. 투쟁은 그 뒤로 여러 해 동안 아니 수십 년 동안 지속되었다. 앞으로도 결코 끝날 것 같지 않은 투쟁은 그렇게 시작되었다.

두트바일러에게 이날 오전은 시간이 아주 더디게 지나갔다. 4시간을 기다렸다. 조바심하며 왔다 갔다 했다. 다른 때 같으면 그렇게 즐겨 미소를 띠던 얼굴이었지만 그날은 진지했고 거부하거나 도전하는 듯했다. 마치 연극연출가 같았다. 몇 주 아니 몇 달 동안 실험도 해보고 무엇을 어떻게 해야 하는지 다른 사람들에게 이야기도 해보고 모든 가능성을 심사숙고했으며 모든 경우를 다 정리했다. 하지만 막상 막이 올라가자 이제는 그가 할 수 있는 게 아무것도 없었다. 그동안 준비했던 작품이 자기가 구상했던 대로 잘 진행되기를 기다리고 기대하는 수밖에는.

전화벨이 울렸다. 수화기를 들었다. 지인이 미그로 트럭이 자기네 골목에 막 도착했다고 알려주는 전화였다. 두트바일러는 수화기를 내려놓았다. 이 트럭 가운데 하나를 타고 같이 돌아다니는 게 낫겠다고 생각했다. 투쟁하는 것은 어렵지만 그렇다고 투쟁을 피하기만 해서는 안 된다. 이제는 상품들이 대신 투쟁해야 한다. 모든 쌀자루와 모든 커피 자루, 모든 비누가 다 그의 병사들이다. 이제는 이 병사들이 각자의 전투를 승리로 이끌어야 한다.

그는 몇 가지 전제조건만 만들 수 있었다. 즉 전략의 기초만 잡을 수 있었다. 그는 '이 전투는 빨리 아주 빨리 결과가 나와야 한다'는 점

하나만 알고 있었다. 이 전투에 내보낼 예비군이 그리 많지 않았다. 어쩌면 다음에 시간을 얼마나 들이느냐가 승패를 결정지을 것이다.

12시. 운전기사들은 창고에서 멀지 않은 리마트슈트라세에 있는 '취리히 호프'라는 식당으로 점심을 먹으러 갔다. 오전에 체험한 경험담을 주고받았다. 신경이 곤두서 있었다. 오후에는 어떻게 될까? 그 사이 트럭에는 다시 물건을 채웠다. 모두 서로 도왔다. 두트바일러가 그 누구보다 먼저 도와주었다. 대화가 거의 없었다. 1분 1초가 아까웠기 때문이다. 오후 2시에 두 번째 출발이 시작됐다. 단 1분도 지체할 수 없었다.

이제는 더 많은 부인이 정류장에 나와 있었다. 두트바일러는 창고에 남아 있었다. 오늘은 그가 그렇게도 오랫동안 기다려온 첫날이다. 오늘 저녁 모습은 어떨까?

전화벨이 울렸다. 이제 전화벨이 거의 쉬지 않고 울렸다. 그가 전화를 하라고 했기 때문이다. 이제 무슨 일이 일어날까? 기다리는 수밖에 없었다.

시간이 흘렀다. 두트바일러는 약간 불안해졌다. 한 이틀쯤 지나면 가끔 자신의 소형 포드를 몰고 화물트럭을 뒤따라 가볼 생각이다. 그리고 약간 떨어진 채 정류장에서 어떤 일이 벌어지는지 지켜볼 생각이다. 하지만 오늘은 창고에 머물러 있어야 한다. 마침내 전에 없던 그 무언가가 일어날 수 있을 것이다. 왜냐하면 페터와 켈러만 빼고 아무하고도 이야기하지 않은 것이 있기 때문이다. 오늘 출발한 이 사업 전체는 말 그대로 아주 엄격한 의미에서 완전 불법이다. 이동 트럭 판매는 아직 승인이 안 난 상태였다.

행상 면허를 따기는 했다. 하지만 이동 트럭 판매에 대한 생각은 전혀 하지 않았다. 미그로가 지금 하는 사업은 어쩌면 행상과는 완전히 다른 별개의 사업이다. 경찰이 들이닥치면 수없이 많은 어려움이 생길 것이다. 그래서 운전기사들한테도 교통 체증을 일으키지 않기 위해 최선을 다하라고 신신당부한 것이다. 경찰에게만은 어떤 간섭의 빌미도 제공하지 마라! 하지만 어쩌면 시의회에서는 그가 하려는 것이 다음과 같은 것들이라는 것을 알 것이다. '일단 식료품을 싸게 판다. 소비자들은 차액으로 다른 품목을 살 수 있게 돼서 구매력이 더 커진다. 순환이 더 빨라진다. 거래가 더 많아진다. 일자리가 더 늘어난다. 임금과 봉급이 올라간다.' 이게 바로 바람직한 선순환 구조 아니겠는가!

코울렌 씨는 그한테서 몇 걸음 떨어져 있었고 그 주위에는 몇 명이 포장 작업을 보조하고 있었다. 여인들은 점심시간에도 노동을 하느라 완전히 녹초가 돼 있었다. 그들은 답답해서 서로서로 물었다. 트럭들이 오늘 저녁에는 갖고 나간 물건을 반쯤 비우고 돌아올까? 안 그러면 어떻게 되지? 설마 두트바일러 사장이 '이제 문 닫습니다. 다음 주부터는 나오지 마세요!'라고 하지는 않을까?

6시가 되었다. 화물트럭들이 돌아왔다. 포장을 돕던 여인들은 크게 한숨을 쉬었다. 트럭들이 텅 빈 채로 들어온 것이다. 사업이 아주 잘되었다는 뜻이다. 사업이 정말 잘된 것이다.

두트바일러는 트럭들을 흘낏 훑어보고는 금방 알아챘다. 그는 운전기사들이 보너스로 가져가야 할 몫이 거의 10프랑씩은 될 것이라고 말할 수 있었다. 그는 운전기사들을 향했다. 그러고는 아주 상세하게 질문을 했다. 물론 돈을 얼마나 벌었는지도 알고 싶어 했다. 하지만 그가 특히 관심을 보인 것은 다음과 같은 것들이었다.

상황이 어떻게 진행되었나? 어떤 사람들이 물건을 사 갔나? 부인들이었나? 젊은 부인들이었나? 아니면 나이가 든 분들이었나? 아이들을 보낸 사람들도 있나? 남자들도 있었나? 그 사람들이 망설이지는 않았나? 차 주위로 몰려들었나? 쇼케이스를 유심히 들여다봤나? 고객들이 가장 관심을 보인 것은 어떤 물품이었나? 어떤 이는 물건을 당장 달라고 하는데 다른 이는 왜 안 그랬나? 고객들에게 물건이 다 떨어졌다고 했을 때 반응이 어땠나? 고객들이 여전히 정류장에 남아 있는데 시간 됐다고 트럭이 떠날 때 반응이 어땠나?

두트바일러는 운전기사들이 보고하는 내용을 주의 깊게 경청했다. 그리고는 다시 한번 엄하게 가르쳤다.

"내일 너무 많은 사람이 오면 그분들을 그냥 세워 두세요! 어떤 상황에서도 사람이 너무 많이 몰리는 상태를 만들면 안 돼요. 경찰이 개입할 수 있거든요. 그러면 무슨 일이 벌어지느냐면……."

그는 뒷말을 다 하지 않았지만 다음에 무슨 일이 벌어질지 누구나 상상할 수 있었다.

창고 문을 닫을 때는 거의 10시가 다 되었다. 모든 일이 순조롭게 잘되지 않았나? 더 잘될 수는 없었을까?

이런 전투가 그리 오래 걸리지 않으리라는 것을 알고 있는 사람은 두트바일러와 페터 그리고 켈러뿐이었다. 왜냐하면 창업 자본으로 트럭을 사고도 5만 프랑이나 남아 있었기 때문이다. 그 돈으로 두트바일러는 꼭 필요한 물건을 사고 사람도 더 고용할 수 있을 것이다. 그사이에 나머지 돈이 아주 재빠르게 줄어들었다. 다른 말로 하자면 사라져버렸다. 오늘은 트럭마다 700프랑씩 벌어 오긴 했다. 하지만 너무 적다. 트럭당 1일 판매량이 1,200프랑씩은 되어야 한다. 그렇지 않으면 사업을 접어야 한다.

　몇 주가 지나는 동안 많은 일이 벌어졌다. 거래량을 급속히 올리느라고 생긴 일이 아니었다. 오히려 정반대였다. 미그로(주)가 이미 막다른 골목에서 싸우기 시작한 것이다. 두트바일러가 염려했던 일이 벌어졌다. 애초에 염려했던 것보다 훨씬 더 빨랐다. 공급업자들이 그에게 물품을 공급하지 않겠다고 한 것이다. 미그로에 납품하는 공급업자한테는 취리히 식료품상들이 불매하겠다고 해서 두려웠기 때문이다. 그럼 어쩌지? 두트바일러는 물품을 구할 수 있는 수백 가지 아이디어가 있었다. 일단 그중에서 가장 쉬운 해결책을 찾았다. 그는 가능한 모든 가짜 주소를 가지고 일을 했다. 물건이 꼭 미그로나 두트바일러 앞으로 배달될 필요는 없었다. 켈러나 앙스트, 페터 앞으로도 얼마든지 수령할 수 있다. 나중에는 사람들이 눈치를 채겠지? 그러면 물건을 굳이 취리히 역에서 내릴 필요도 없었다. 바젤주의 작은 시골 역에서 내려도 된다. 두트바일러는 저녁 늦게 화물트럭을 몇 대 보내 그걸 실어 와야 했다. 이 화물트럭들까지 추적을 당한다? 물론! 그러면 진짜 할 말이 없다. 스위스의 서부 지역에서 승용차들이 화물트럭 뒤를 쫓았다. 이런 차에 누가 타고 있을까 알아내는 데는 그리 많은 상상력이 필요하지 않았다. 어떤 상황에서도 두트바일러가 물건을 어디서 구하는지 알아내는 게 일인 식료품상협회의 직원들이었다.

　그런데 이런 추격전은 대부분 서부영화처럼 끝이 났다. 두트바일러의 직원들이 이 추격자들을 따돌리는 방법은 무수히 많았으니까. 물론 그게 성공하지 못하는 적도 있는데 그런 날 밤에는 그 물건을 미그로로 가져올 수가 없었다. 왜냐하면 원천 비밀은 지켜야 하니까! 그렇지 않으면 샘물이 고갈될 테니까. 추격은 여러 날 전부터 시내를 누비고 다닌 미그로 트럭들에까지 확대되었다. 미그로 트럭이 서는 정류장마다 추격자들도 섰다. 그리고 구매하려는 주부들과 뒤섞여 서기도 했다. 그들은 한동안 아무 말이 없었다. 하기야 무슨 말을 하겠는가? 그들은 상품을 매입하는 경로에만 관심을 가졌으니 말이다. 그들은 메모를 한 후 자기들 차를 타고 다시 다음 정류장으로 이동했다. 그들은 5막에 가면 대부분 죽는 사극의 음모자들처럼 어두운 얼굴을 하고 있다.

두트바일러의 얼굴은 전혀 어둡지 않았다. 판매량이 목표에 비해 아주 오랫동안 낮아도 마찬가지였다. 그 이유도 알고 있었다. 6가지 품목만 가지고는 사업을 할 수가 없는 것이다. 주부들이 설탕과 커피를 매일 필요로 하는 것은 아니니까. 조만간 가능한 한 일찍 더 많은 품목을 선정해야 했다.

그는 어느 날 페터와 켈러에게 이렇게 말했다.

"내일 저녁에 기념 식사를 하면 어떨까요? 성 안나호프 레스토랑에 예약했어요. 거기 병아리 요리가 일품이거든요."

둘은 놀라서 그를 쳐다보며 "기념 식사요? 내일은 우리가 일을 시작한 지 겨우 3개월밖에 안 되는 날인데요?"

"바로 그거예요!"

"기념 잔치는 5년은 돼야죠. 적어도 1년은 넘든가요." 언제나 바른 말만 하는 페터가 무미건조하게 그렇게 말했다.

"우리 회사가 1년 뒤에도 존재할지 누가 알아요?" 두트바일러가 되받았다. "우리는 전쟁을 치렀잖아요. 축하할 이유는 수도 없이 많아요! 우리가 나중에 또 축하할 날이 있을지 모르니까 내일 하는 게 제일 좋을 거예요!"

"하지만 하필 왜 성 안나호프죠?"라며 켈러가 이의를 제기했다. 성 안나호프는 미그로 때문에 '위협을 받는다'고 느끼는 식료품상협회 소속 식당이었다.

"맞아요, 바로 그래서예요. 켈러 씨! 아주 고급 메뉴를 주문합시다. 비싼 와인도 한 병 시키고. 두 분도 어느 정도 유머는 갖고 있잖아요. 그런 걱정을 하느라 기력을 다 쓰지는 말아요. 유머는 건강을 유지해주고 사람을 낙관적으로 만들어주거든요!"

이튿날 저녁 이 세 사람은 경쟁자가 말똥말똥한 눈으로 쳐다보는 가운데 병아리 요리 여러 개를 먹고 고급 와인도 한 병 마셨다. 몇 병 더 마실 수도 있었다.

하지만 이게 두트바일러가 개최하려는 마지막 기념 축제는 아니었다. 몇 주 지나지 않아서 그는 새로운 품목을 팔기 시작했다. 그래서 모든 주부가 트럭에서 구매하러 매일 올 수 있게 만들었다. 카카오와 올리브 오일, 달걀과 치즈, 정어리와 식탁용 고급 버터도 팔았다. 이것들도 다른 어디서보다 쌌다. 취리히와 그 주변에서는 이런 사실을 모든 주부가 알게 되었다. 결과는? 당연히 판매량이 늘었다. 9월인데도 새 차를 4대나 더 꾸몄고 10월에는 정류장 수가 178개소에서 293개소로 늘었다. 이제 탈빌과 호르겐, 비르멘스도르프, 디티콘, 클로텐 같은 지역에도 들어갔다. 그렇다. 일주일에 두 번이긴 하지만 빈터투어까지도 들어갔다. 12월에는 취급 품목이 총 15개까지 늘어났다.

두트바일러가 품목 수를 되도록 빨리 늘리려는 특별한 이유가 하나 더 있었다. 물론 모든 주부가 가능한 한 매일 자기 차에 올 수 있게 하고 싶었다. 주부들이 필요로 하는 것을 가능한 한 최대한 폭넓게 만족시키고 싶었다. 그러나 훨씬 더 깊은 다른 이유가 있었다. 그는 최근에 그가 제공하는 6가지라는 지극히 제한된 품목이 바로 미그로의 약점, 즉 아킬레스건이라는 점을 명백히 알게 되었다. 식료품상점이나 소비자협회, 식료품협회 같은 경쟁자들은 미그로가 취급하는 몇 안 되는 품목을 자기들도 싸게 팔겠다고 생각할 수도 있을 것이다. 어쩌면 미그로보다 훨씬 더 싸게 팔 수도 있을 것이다. 이렇게 몇 안 되는 품목에서 손해를 본다고 무슨 큰 문제가 되겠는가? 이런 손해는 미그로가 공급하지 못하는 품목 가격을 올려 받아서 아주 쉽게 만회할 수 있을 텐데. 그렇게 되면 결과는? 미그로는 당연히 고객을 잃게 될 것이고 사업을 접어야 할 것이다.

반대자들이 두트바일러의 목을 조르는 이런 방법에 빠지지 않은 것은 진짜 기적이다. 그 이유는 딱 하나, 그를 과소평가한 것이었다. 즉 두트바일러가 이 시합에서 살아남지 못할 것이라고 본 것이다. 그들은 당시 미그로가 강력한 경쟁자로 발전할 수 없다고 보았다.

하지만 그는 6개나 8개 아니면 10개의 품목만 취급한다면 미그로가 지속적인 존폐위기에 놓일 것이라는 점을 잘 알고 있었다. 그래서 매일 맴돌고 있는 이 위험 지대에서 되도록 빨리 빠져나와야 했다. 전쟁터에서 장군은 적들의 우회 공격 시도를 어떻게 저지할까? 전선을 넓힘으로써 가능하다. 두트바일러도 그와 똑같이 하기로 했다. 경쟁자들의 우회 공격 시도를 무서워할 필요가 없을 정도로 많은 품목을 판매할 수 있을 때 비로소 안심할 수 있을 것이다.

미그로가 최초의 결산을 본 1926년 12월 말 그는 약간 우쭐해졌다. 그럴 만한 것이, 10만 프랑으로 시작해 279만 5,651프랑어치를 판매했고, 25명의 직원에게 빵과 임금을 줄 수 있었다. 이들의 봉급과 수당을 다 합치면 14만 프랑이나 되었다. 두트바일러 혼자 낸 세금만도 7,000프랑이 넘었다. 모든 걸 다 공제하고 첫해에 기록한 당기순이익이 4,673프랑이었다.

　더 중요한 것은 모든 정류소마다 여성 고객들이 자기들에게 식료품을 배달해주는 두트바일러의 트럭을 기다리고 있는 것이었다. 그들은 바람이 부나 날이 추우나 뙤약볕이 내리쬐나 어김없이 미그로 트럭을 기다렸다. 그들은 내일도 모레도 글피도 계속 올 것이다. 그들은 그것을 확실히 믿고 있었다.

　미그로는 벌써 이제는 세상 밖으로 퇴출될 수 없는 그 무엇이 된 것이다.

제5장

투쟁이 시작되다

첫날부터 이 사업이 어떻게 진행되는지 확인해보려고 미그로 트럭을 추격하는 승용차가 취리히 전역에 줄을 이었다. 하지만 그때는 정체가 없었다. 그런데 둘째 날과 셋째 날에는 이 뒤따르는 자동차에 타고 있던 사람들과 미그로 트럭을 기다리는 주부들이 뒤섞였다.

미그로 트럭이 멈춰서면 승용차에서 내린 사람들은 운전기사가 물건을 팔지 못하도록 방해하고 물건을 사러 나온 주부들에게는 '상황이 어떻게 될지 아느냐?'며 물건이 엉망으로 놓여 있다는 둥, 배탈이 나서 위장을 망칠 것이라는 둥, 더 나쁜 것은 식중독의 위험이 있는 것이라는 둥 온갖 협박을 해댔다.

이 정도는 두트바일러가 충분히 염두에 두고 있었다. 취리히에서 식료품 거래를 오래 해온 사람들이 물건을 더 싸게 판매하는 새로운 경쟁사가 등장했다고 쉽게 넘어가지 않을 것이라는 점은 그리 상상하기 어렵지 않았다. 그래서 두트바일러도 자신의 의도를 가능한 한 오랫동안 비밀로 유지하려 한 것이다. 그렇다면 미그로 정류소마다 나타났던 훼방꾼들이 성공했을까? 그렇다고 볼 수도 있고 아니라고 볼 수도 있다.

경찰들도 나타났다. 이들은 운전기사들에게 다가와 차를 빨리 빼지 않으면 벌금과 과태료를 매기겠다고 했다. 상황을 잘 모르는 경찰들과 벌인 실랑이는 경쟁업자들이 보낸 훼방꾼들이 말참견을 하는 덕분에 10분에서 15분을 넘기지 못하고 끝나버렸다.

두트바일러는 이렇게 결심했다. 일단 운전기사들이 쇼윈도에 붙여놓았던 신분증을 트럭 뒷벽으로 옮겨 붙이게 했다. 원래 붙어 있던 곳은 손님들이 물건을 구경하는 곳이기 때문에 경찰도 운전기사의 이름과 주소를 베껴 가서 더는 판매업에 종사하지 못하도록 압력을 넣는 데 쓸 수 있기 때문이었다.

물론 처음에는 미그로 반대 '행동'이 자발적으로 생기긴 했지만 그리 오래지 않아 중단되었다. 예를 들어 뷜라흐에서는 분노에 찬 도축업자 한 명이 나타나 운전기사 바흐만한테 야유를 퍼부은 적이 있었다. 이 일은 우물 바로 옆에서 벌어졌다. 그 화난 도축업자는 바흐만을 진짜 우물에 빠뜨리겠다는 명백한 의도를 가지고 바흐만을 공격했다. 하지만 상황은 정반대로 진행되었다. 우물에 빠져서 목욕을 하고 나와 재빠르게 평정을 되찾은 사람은 바흐만이 아니라 다름 아닌 그 도축업자였던 것이다.

미그로에 맞서 저항하겠다는 의도가 분명한 것으로 추론할 만한 사건은 계속 일어났다. 미그로 트럭이 시외로 나가자 갑자기 펑크가 나서 운전기사가 뛰어내려 확인해보니 시골길 바닥에 온통 못이 깔려 있었다. 사보타주였을까? 아마도 그럴 것이다! 하지만 물론 증명은 할 수 없었다. 펑크를 때우고 트럭을 다시 몰기까지 한 시간 반 정도 걸렸다. 두트바일러는 '운행 시간표를 분 단위까지 준수해야 한다'고 늘 말해왔는데 한 시간 반이라니!

'한 시간 반이라니! 물건을 사려고 기다리던 여성 고객들이 바람처럼 흩어졌겠지? 아마 다음에는 안 올지도 몰라.' 하지만 그분들은 기다렸다. 미그로가 생긴 지 겨우 2, 3주밖에 안 됐지만 미그로에 대해 확실한 믿음을 보여주는 충성고객층이 벌써 형성된 것이다. 경쟁업자들도 방어에 들어갔다.

경쟁업자들은 대체 누구일까? 일반 매장들과 회사들, 협회들, 심지어 협동조합들까지, 지금까지 스스로 경쟁업자가 된 사람은 수도 없이 많았다. 그중에는 취리히의 식료품 업체들, 커피점들, 소비자협회들, 식료품협회들, 소규모 식료품상들의 공동구매협동조합인 우세고Usego도 있었다.

소비자협동조합과 식료품협회는 미그로가 살아나는 데 결정적인 역할을 한 게 틀림없다. 생활비 낮추는 걸 첫 번째로 생각하는 평범한 소시민들에게 소비자협동조합이라는 기업은 정말 중요한 것 아닌가? 그런데 이 소비자협동조합과 식료품협회들이 아직도 나이 지긋한 중년 여성들의 신망을 쌓지 못한 것 같았다. 그런 회사들도 한창때는 성장하는 모습이 미그로와 비슷했다. 그들도 초기에는 주민들한테 식료품 가게들보다 더 싸게 살 수 있다고 선전했다. 그들도 소비자를 위하고 소매상인들에 맞서서 일하려고 했다.

두트바일러는 격하게 미소를 지었다. 한때는 그들도 그랬다는 것이다. 물론 지금은 완전히 달라졌다! 한 가지 예를 들자면 지금은 식료품협회가 비대한 대기업이 되었다. 자본도 엄청 많아서 이자가 계속 불어날 수밖에 없을 정도가 되었다. 임대료 수입만 따져도 모든 비용을 제하고도 50만 프랑이나 남았다. 그런데도 미그로처럼 싸게 파는 것은 결코 허락하지 않았다.

이제 겨우 애송이 기업인 미그로와 이미 벼락부자 어른 기업인 식료품협회의 차이는 젊은이와 노인만큼이나 커져버렸다. 식료품협회는 상당히 비대해졌다. 그래서 번개처럼 빨리 바꾸는 데는 방해가 됐다. 협회는 스스로 그리고 남들에게도 '자기들은 알다시피 어른 기업이기 때문에 더 잘 안다'고 했다. 하지만 그것은 코미디에 지나지 않았다.

예컨대 이렇게 보였다. 취리히식료품협회LVz의 기관지 〈가정〉은 미그로가 창업한 지 4주도 안 된 9월 17일에 이런 기사를 실었다.

지난달 말부터 취리히는 호기심으로 가득 찼다. 즉 이른바 이동 트럭 매장이라는 것이 이미 매장을 내어 자리 잡은 식료품상이나 소비재 소매점 수만큼 늘어났다. 우리가 이 신생아의 등장에 엄청난 공포에 빠져들었다고 생각하지 않는다. 그건 절대로 아니다! 물품 소매에서 그와 똑같은 아이디어는 우리도 이미 여러 해 전에 해본 바 있다. 하지만 믿을 만한 계산을 해본 결과 예감이 별로 좋지 않아 단념했다. 그런데 다른 사람들이 그 모험을 감행한 오늘 우리는 전이나 지금이나 이런 사업의 수명은 그리 길지 않을 것이라고 확신하고 있다.

협회의 신사들은 "엄청난 공포"에 빠지지는 않은 것이다! 그들은 그저 자기네 사업에 대해 약간의 걱정만 할 뿐이었다. 미그로의 수명이 짧을 거라면서도, 취리히식료품협회는 방황했다. 그들은 이 기사가 등장하기 훨씬 이전부터 방황하기 시작했다. 미그로가 창업한 지 정확히 8일째 되던 9월 2일, 앞으로 무엇을 어떻게 할지 상의하기 위해 이 도시의 몇몇 식료품상이 모였다.

이들은 모두 뒤섞여 시끄럽게 떠들었다. 아무도 다른 사람이 무슨 말을 하는지 이해하지 못할 정도로 시끄러웠다. 모두 약간 흥분한 상태였다. 하지만 근본적으로 그들이 무엇보다 놀란 것만은 분명했다. 경쟁사의 문제가 무엇인지 제대로 알기도 전에 밤사이에 어떻게 그렇게 부상할 수 있지?

경쟁사? 식료품상들은 이 새 경쟁사를 그다지 진지하게 생각하지 않았다. 스위스 식료품상 신문에 나온 기사를 보면 이렇게 되어 있다.

> 물품을 구매하는 고객들과 관청의 관리들 모두 이동 판매 트럭 매장이 우리 상황에 맞지 않고 만족스럽지 않으며 결국은 생명력이 없다는 걸 깨닫고 있다.

그사이 취리히에서 10개의 다른 소매점들과 지점들이 비슷한 의견을 표명했다. '취리히주 식료품상연합회'도 총회를 열었다. 이 연합회는 1920년부터 생긴 조직이지만 실제로 있다기보다 그저 서류로만 존재해왔다. 지난 몇 년 동안 공동구매 요구에 대해 한 번 토론한 것말고는 아무것도 한 게 없는 조직이었다. 그런데 이미 존재하는 이 연합회가 이제 황급히 새로 조직된 것이다. 실제로 '황급히'가 맞는 게 며칠 안 돼서 미그로에 대해 이렇게 설명한 것을 보면 얼마나 황급히 조직되었는지 알 수 있다.

미그로(주)도 가격을 그렇게 확 낮춘 상태로 계속 존재할 수는 없다. 이 새 기업은 절대로 불건전하며 국민경제에 위험한 상황을 몰고 올 것이다.

짧게 말해 미그로의 생명이 길 것이라고 인정한 사람은 아무도 없었다. 적어도 경쟁자들은 그렇게 주장했다. 사실 그들은 말보다는 약간 더 신경이 쓰였던 모양이다. 왜냐하면 이미 언급한 여러 회의에서 취리히주 식료품상연합회는 '소비자협동조합들이 모든 품목 가격을 미그로(주)에 맞췄다'는 소식을 접했다. 그래서 "취리히와 근교 광장의 식료품상들도 이제는 경쟁사의 가격에 맞추는 일만 남은 게 분명하다"고 했다.

두트바일러가 돈 버는 일을 가장 중요한 목표로 삼았다면 그것은 미그로의 종말일 수도 있고 종말이어야 할 것이다. 실제로 두트바일러가 그걸 그렇게 중요하게 생각했는가? 이 질문은 끊임없이 제기되어야 했다.

미그로를 설립해서 최초로 손에 잡히는 형태를 취하기까지 대모험은 도대체 어떻게 시작되었나? 두트바일러는 취리히 소비자들이 커피를 너무 비싸게 사야 한다는 사실에 분노했던 것이다. 그는 구제책을 강구하려고 했다. 식료품 가격을 확 낮추려 고민하면서 대중에게 이런 서비스가 가능함을 증명해 보여주려고 했다. 그는 미그로를 설립한 지 2주 만에 그 목표를 달성했다. 물론 미그로가 사라지면 물가는 다시 오를 것이다. 그래서 미그로를 살려야 한다. 그것이 두트바일러에게 두 번째 이유였다.

미그로는 살았다. 그래서 물가는 다시 솟구치지 않을 것이다. 정반대다. 미그로가 없는 도시에서는 물가 하락이 훨씬 느리게 진행되었다. 반면에 취리히에서는 면류와 설탕을 비롯한 식료품값이 아주 빠르게 하락했다. 두트바일러는 그렇게 해서 첫 승리를 거두었다.

하지만 중요한 것은 누가 첫 전투에서 승리하느냐가 아니라 누가 전체 전쟁에서 이기느냐이다. 두트바일러는 어떤 무기를 쓸 수 있을까? 그가 어떤 병사들에게 어떤 명령을 하달할 수 있을까? 커피 봉지와 면류, 설탕 꾸러미, 이 모두가 미그로의 작은 병사들이다. 그런 미그로 병사들은 누군가의 집안, 누군가의 부엌으로 들어갈 필요가 있다. 사람들이 그 안에서 생활을 하고 있으니까. 그것은 아주 느리게 끝도 없이 끈질기고 지루하게 진행되는 투쟁이었다. 모든 집과 모든 가정을 정복해야 하는 전쟁이었다.

하지만 몇 파운드의 면류를 놓고 벌이는 이 전쟁은 승리할 때도 있지만 패배를 맛볼 때도 있다. 다른 쪽, 즉 경쟁사들도 깨어나 정신을 차릴 때가 있는 것이다.

취리히식료품협회는 9월 17일 다음과 같은 결정을 했다.

"설탕과 면류, 코코넛 오일 같은 모든 대량 소비재는 …… 밑지고 판다."

이것은 취리히식료품협회에 남아 있는 이익금으로는 비용을 감당하지 못한다. 개별 품목으로는 비용의 반도 채우지 못한다는 뜻이었다.

"이성적으로 생각하는 소비자는 우리한테 아무것도 요구할 수 없는 게 분명하다."

하지만 싸게 파는 것만 가지고는 터무니없이 부족했다. 모든 수단, 즉 공정한 수단뿐 아니라 불공정한 수단까지 다 동원해서 미그로를 주저앉혀야 했다. 그래서 미그로는 온갖 중상모략을 당했고 온갖 혐의를 받았다. 이를테면 다음 기사와 같았다.

미그로(주)는 폭력적으로 손해를 보면서까지 생활비를 낮춰주기 위해 애쓰고 있다. 그들 뒤를 봐주고 있는 대자본이 있고 그 대자본이 뭔가 수단을 제공하고 있는 게 분명하다. 그래서 이미 고려하고 있던 임금삭감이 가능해진 것이다.

두트바일러는 이런 모든 기사를 읽고 머리를 흔들었다. 이런 기사를 읽으면서 왜 아무도 웃지 않는 걸까? 이런 나쁜 농담을 들으며 아무도 화가 나지 않는 걸까? 그런 말도 안 되는 기사는 넘쳐났지만 아무도 웃지 않았고 아무도 항의하지 않았다. 오히려 정반대였다. 취리히식료품협회는 10월 20일자 취리히 〈폴크스레히트Volksrecht〉에 아주 흥미로운 호소문을 내기로 했다. 내용은 다음과 같았다.

취리히식료품협회가 어떤 단체인지 밝힌다. 우리는 유용한 노동을 하는 사람들이 생활하는 데 필요한 양질의 물품을 가능한 한 싼값에 조합원들에게 연결해주는 협의체다. 우리는 자체 노동자들과 직원들에게 스스로 모범이 될 정도로 좋은 임금 조건과 노동조건을 보장해주고 있다. 소비자들에게 공급할 물품을 생산할 때도 똑같이 좋은 임금 상태와 노동 상태에서 이뤄지도록 신경을 쓰는 협의체이다. 조합원들은 전체 노동자들의 협동조합을 통해 모든 방식을 동원해 사적 자본주의의 이익경제를 배제하기 위해 하나가 되어 봉사하며 서로 돕는 협동조합이다. 취리히식료품협회에서 이런 일을 하는 것은 취리히에서 조직된 노동자들의 의무요 과제다.

공산당 기관지 〈캄퍼Kämpfer〉*도 취리히식료품협회의 지난 총회를 다뤘는데 기자는 그 기사를 이렇게 끝냈다. "내년 봄에 조합원들은 부르주아의 지배를 끝장낼 기회를 갖게 될 것이다."

물론 기회는 올 수 있다. 하지만 그것만으로 되는 것은 아니었다. 우선 이 조합원들 가운데 적어도 상당수가 부르주아였다. 그리고 미래에 부르주아 지배를 끝장내려면 부르주아 지배를 청산하려는 조합원들은 지금까지보다 훨씬 더 많은 의무를 상기하고 선거에 참여해야 한다.

하지만 처음에 언급한 과제를 완수하기에는 아직 멀었다. 과제를 이제 막 떠맡았을 뿐이다! 그것을 완수하려면 프롤레타리아 조합원들이 지속적이고 집중적으로 의무를 이행할 필요가 있다. 협동조합 집행부를 선출하는 유권자로서만이 아니라 조합원이면서 소비자로서 의무도 이행해야 한다. …… 하지만 조합에는 소비자로서 불성실하고 자신의 구매력을 가지고 개인적인 이익을 얻는 데 쓰려고 마음먹은 저 노동자들을 보라! 그게 개별 품목 가격을 낮추는 것을 노동임금에까지 도입한 미그로(주)라 하더라도 그들은 노동자 전체 계급만이 아니라 자기 자신까지 배반하는 것이다. 노동자가 자기 자신의 이익과 장점 속에서 스스로 가지는 구매력을 이용하고 협동조합을 협동조합답게 만들기 위해서는 단 한 가지 수단

---

* 투사, 또는 투사들을 뜻한다.

만 있을 뿐이다. 그것은 협동조합에 대한 소비자의 의무를 가장 철저하게 이행하는 것뿐이다. 그것은 성장하는 조합원의 의무요 집행부를 선출하는 유권자의 의무이기도 하다.

미그로를 반대하는 투쟁이 정치 투쟁의 일환으로 진행되었음을 알 수 있지 않은가!

이것은 도덕 문제이다! 윤리 문제이기도 하다! 그리고 이 모든 것은 식료품협회의 사업이 위험에 빠지지 않기 위한 것이었다.

그렇게 쉽게 간파할 수 있을 정도로 어리석게 진행되지 않았다면 상황은 아주 위험했을 수도 있다. 스위스식료품상협회는 훨씬 더 위험한 조직이라는 것이 입증되었다. 그들의 수단은 더 잔인했지만 결국에는 훨씬 더 쓴맛을 보았다. 그 협회는 아주 단순하게 미그로에 물품을 공급하는 사람들을 반대하는 쪽으로 나갔다. 두트바일러가 처음부터 우려했던 것과 아주 똑같았다. 미그로에 물품을 대던 공급자들은 그들한테 아주 심한 심문을 받았다. 미그로에는 더 싸게 공급했는가? 그렇게 한 게 틀림없다는 것이었다. 그렇지 않으면 두트바일러가 그렇게 싸게 팔 수 없었을 테니까! 몇몇 공급자들은 '그렇다. 우리는 두트바일러가 도매상이라는 것을 전제하고 그렇게 했다'고 인정했다. 그들은 '두트바일러는 미그로에 배달된 물품을 뜯지도 않고 독일로 보냈고 특히 식용유는 더욱 그랬으니까 그걸 다 수출하는 줄 알았다'고 했다.

식료품상협회 중앙위원회는 그걸 인정했다. 그래서 협회는 당분간 공급자들에게 불리한 어떤 조치도 취하지 않기로 했다. 그들은 실상을 더 잘 알 수가 없었기 때문이다. 당분간 협회는 그 공급자들의 이름을 〈식료품상협회 신문〉에 공표하는 것으로 만족해야 했다. 물론 그들이 두트바일러에게 공급하는 걸 한 번 더 목격한다면…….

대부분의 공급자들은 앞으로 미그로에는 절대로 납품하지 않겠다고 서둘러 해명했다. 협회는 이번 한 번만은 용서하겠다고 했다. 하지만 앞으로는 단 한 봉지 단 한 자루도 두트바일러에게 공급하지 말라고 했다.

그런 압력을 받고 여기저기서 보이콧! 보이콧! 보이콧이 벌어졌다. 두트바일러는 이제 어떤 업체를 통해 물품을 공급받을까? 그리고 그가 현재 창고에 갖고 있는 물품은 어떻게 하지? 통 크게 아주 많이 준비해둔 것들이고 지금 당장은 '보이콧'이 어떻게 건드릴 수 없는 것들이긴 하다. 그런데 이런 물품을 고객에게 어떻게 공급하지? 경쟁자들이 미그로 트럭들의 운행허가증을 박탈하라고 관청에 요구했는데?

그때 뭔가 떠올랐다. 협회 사람들이 왜 두트바일러에게는 똑같은 방식으로 보복하려고 하지 않을까? 적어도 왜 그렇게 협박하려 하지 않을까? 물론 미그로 트럭이 더는 시내를 누비고 다녀서는 안 된다는 요구는 했다. 그렇지 않으면 더 큰 식료품상들이 비슷한 '행상'을 기획하겠다고 했다. 즉 자기들도 똑같이 트럭을 시내로 보내겠다는 것이었다. 그러면 취리히 전체가 소비재를 실은 화물트럭으로 가득 차게 될 것이다. 그러면 승용차나 전차가 거의 설 자리가 없을 지경이 될 것이다. 보행인들은 화물트럭 사이로 누비고 다녀야 할 것이다. 끔찍한 모습이다! 하지만 관청의 관리들은 아무런 반응도 보이지 않았고 경쟁사들도 취리히 거리에 트럭을 내보내지 않았다.

경쟁사들은 보건 당국으로 향했다. 이번 사건이 위생 면에서 어떤 관계가 있느냐? 미그로 트럭에서 공급하는 물품이 깨끗하고 건강에 문제가 없느냐? 두트바일러는 이런 이의제기에도 대비하고 있었다. 그는 오래전에 스위스연방공업대학ETH '위생 세균학연구소' 빌리 폰 곤첸바흐Willy von Gonzenbach 교수한테 찾아가 감정을 해달라고 요청한 적이 있다. 교수는 '세균을 두려워하는' 마음을 가진 분들을 진정시키기 위해 기꺼이 감정해주었다. 감정 결과 트럭에서 공급하는 식품들은 밀폐 포장되어 있어서 전혀 위험하지 않다는 것이 밝혀졌다. 오히려 정반대로 신선 식품을 가장 폭넓게 공급하고 있다고도 했다. 따라서 '국민 건강 증진에 아주 중요한' 역할을 하고 있다는 것이다.

이 '교수들의 지혜'를 둘러싸고 격렬한 논쟁이 벌어졌다. '불공정 경쟁'의 한계에 달했다는 미그로 광고에 반대하는 분노의 외침은 이미 있었다. 완전히 반대되는 두 개의 주장이 서로 만날 수 있으려면 어떻게 해야 할까? 우선 스위스소비자연합협회가 이동 판매 트럭 문제를 다루었다.

"미국에서 들어온 이런 식의 영업 방식은 지금 우리나라의 소비 습관상 폭넓게 확산할 수 없을 것입니다." 스위스식료품상협회 의장이 반대 의견을 냈다. 두트바일러는 "미국 모델을 따라 곧 부자가 되려는" 의도를 갖고 있을 뿐이라는 것이었다. 그러자 두트바일러가 처음으로 반대자들에게 직접 나타날 수 있는 기회가 생겼다. 취리히주 통계 경제협회가 미그로의 새로운 유통 시스템에 대해 강연을 해달라고 요청한 것이다. 그를 반대하는 사람들도 원하면 똑같은 이야기를 하면 될 것이다.

"식료품 소매시장의 트럭 판매 시스템"이라는 강연은 1926년 1월 22일에 뒤퐁 홀에서 열렸다. 취리히 본역에서 그리 멀리 않은 곳에 있는 대형 레스토랑이었다. 약 500명의 청중이 앉을 수 있는 식당이었다. 강연 시작 30분 전에 마지막 의자까지 꽉 찼다. 어떤 사람들이 왔을까? 무엇보다 두트바일러를 초대한 협회 회원들이 왔다. 기자들도 있었고 학생도 많았다. 물론 반대자들과 경쟁자들도 왔다. 하지만 조직적으로 반대하거나 방해하려고 온 것은 아니었다. 처음이니까 일단 한번 신중히 탐색해보려는 것이었다.

오이겐 그로스만 박사가 몇 마디 인사말을 하며 강연회를 개회한 뒤 두트바일러에게 마이크를 넘겼다. 두트바일러는 빠르게 일어나 허리를 숙여 인사한 뒤 강연을 시작했다. 그는 오늘 아주 젊어 보였다. 지난 몇 달 동안 힘든 일을 겪은 모습을 거의 찾아볼 수가 없었다. 그는 거의 스포츠맨처럼 아주 젊은 모습으로 아무 거리낌 없이 발언했다. 용기가 넘쳐났고 기분도 아주 좋았다. 그는 청중에게 자기가 하는 일이 얼마나 중요한지 잘 알고 있는 대중 연설가처럼 연설하지 않았다. 정반대로 그들에게 다섯 손가락으로 꼽을 수 있을 정도로 몇 안 되는 좋은 친구들, 그저 이것저것 물어보고 싶은 동료들과 관련된 문제인 것처럼 이야기했다. 극소수의 사람, 서로 어느 정도 신뢰하고 있는 사람들만 모인 느낌이 들도록 이야기했다. 그래서 때로는 아주 나지막하게 이야기했다. 그래서 청중들은 단 한마디라도 놓치지 않으려고 숨죽여가며 귀를 기울여야 했다. 강연은 아주 자연스럽게 진행되었고 그는 아주 주도적으로 진행해갔다. 그는 이런 아이디어를 맨 처음 갖게 되었을 때의 생각 속으로 청중을 어느 정도 끌어들였다. 전반적으로 즉석연설의 신선함이 있었다.

두트바일러가 바로 이 문제 그 자체였다. 사람들은 경제학 교수의 강연을 듣는 것처럼 착각할 정도였다. 분위기를 혼란스럽게 만들거나 과열시킬 만한 이야기도 모두 다 했다. 의도적으로 무미건조한 숫자를 나열하기도 했다. 청중의 분위기가 스스로 작동하게 하려 했고 그렇게 해서 모든 대중을 사로잡았다. 500명의 청중이 바늘 떨어지는 소리까지 들을 수 있을 정도로 그의 말에 집중했다. 그가 이겼다. 그들은 그의 실험이 가능할지 의심을 갖고 왔다가 이제는 모두 가능하다고 느꼈다. 일상적이지 않은 아주 특이한 실험이구나! 이 실험에는 상상력이 많이 필요하구나! 매일 할 수는 없는 실험이구나!

두트바일러가 강연을 마치자 우레 같은 박수가 터져 나왔다. 그렇다면? 그렇게 많이 나타났던 두트바일러의 적들은 뭐라고 말할까? 두트바일러와 투쟁하며 논쟁했던 이야기들을 개인적으로도 말할까? 그들이 이미 인쇄물에서 밝힌 것처럼 '두트바일러는 대자본을 위해 일한다'고 여전히 의심할까? 두트바일러 보이콧을 기획한 것이 자기들이라고 인정할까? 자기들이 그를 끝까지 막아내겠다고 한 것을 스스로 인정할까? 이 모든 것에 대한 대답은 아무것도 없었다. 그 신사들은 철저히 침묵만 하고 있을 뿐이었다.

하지만 언론은 침묵하지 않았다. 이튿날 〈노이에 취리히 차이퉁〉이나 〈취리히포스트Zürcher Post〉, 〈취리히제 차이퉁Zürichsee-Zeitung〉, 〈폴크스차이퉁 패피콘Volkszeitung Pfäffikon〉, 〈노이어 빈터투르 탁블라트Neuer Winterthur Tagblatt〉, 〈노이에 취리히 나흐리히텐Neue Zürcher Nachrichten〉 같은 신문이 아주 상세하게 보도했다. 이들이 상세하게 다룬 것은 이례적이었다. 부정적인 보도도 있긴 했지만 두트바일러에 대해 극도로 날카롭게 비판하던 평론가조차도 다른 사람들이 지금까지 해왔던 것과는 달리 결코 그렇게 편파적으로나 악의적으로 쓰지 않았다. 그들이 방향을 튼 것일까?

그건 아니었다. 그들은 전혀 그런 생각을 하지 않았다. 그저 숨만 좀 고를 뿐이었다. 투쟁은 계속됐다. 심지어 점점 더 힘차게 진행되었다. 곳곳에서 미그로에 대해 경고하고 있었다. 그런 경고를 못 들은 공장주들은 그들에게 보이콧을 당했다. 보이콧을 당한 공급업자들한테서 계속 공급을 받는 사람들도 똑같이 보이콧당했다. 거대한 전쟁이 시작된 것이다. 날카로운 총질도 일어나는 전쟁이었다. 물론 그 총알은 익명이나 완전한 공개편지들과 협박들이긴 하지만. 하지만 두트바일러가 자신들이 기획하고 있는 그림 속에 들어오지 않는다고 생각하면 그들은 방황했다. 두트바일러의 서랍에는 자료가 쌓여갔다. 그는 미그로에 반대하는 모든 기획을 다 겪었다. 온갖 핑계도 다 경험했다. 때로는 공식적으로 때로는 우연히 때로는 트릭으로 때로는 허풍으로. 어떤 공장주가 그에게 이야기한 바에 따르면 그는 압력을 받고 있어서 두트바일러한테는 더는 물건을 댈 수 없다고 했다. 그는 경험할 것을 다 경험했다. 그래서 소송이라는 길을 밟기로 했다.

그는 그 뒤로 몇 년 동안 취리히식품협회와 우스터소비자연합, 동스위스농업협동조합협회, 두 바젤의 일반소비자협회, 빈터투르소비자협회 집행부 같은 사람들을 상대로 소송을 제기했다. 소장에서 문제 삼은 것은 '명예훼손'과 '신용손상' '악의적 험담' 같은 것들이었지만 실제로는 미그로에 대한 보이콧이 여전히 조직된 것이라는 점을 확인하려는 것뿐이었다.

큰 공장이건 작은 공장이건 사장들이 모두 증인으로 법정에 출두해야 했다. 그래서 선서를 한 뒤 자기들이 아는 것과 사람들이 자기들에게 요구한 것, 협박을 당한 방법 따위를 진술해야 했다. 새 증언을 해야 하는 모든 사람의 진술은 언제나 똑같았다. 물론 자신들의 의지에 반한 것이라는 말이었다. 침묵하는 게 낫고 제일 좋은 것은 아예 증인으로 나서지 않는 것이겠지만 그들에게 남은 것이라고는 '미그로에는 더는 납품하지 말라는 강요를 받았다'는 점을 인정하는 것밖에 별 도리가 없었다. 그런 강요를 어기면 자신과 자신의 공장이 보이콧을 당할 것이 두려워서 그랬다고 했다. 그런데 아주 낯부끄러운 장면이 연출됐다. 두트바일러가 '상인 트러스트'라고 부르는 식료품상협회가 의견을 진술할 때 세계적으로 유명한 회사 사장들이 직접 참석해 부동자세로 서 있었던 것이다. 그들은 속눈썹 하나 깜빡이지 못하고 명령을 받아 이행했다. 사장들 가운데 몇몇은 이런 암묵적 압력을 인정했다. 좋아서 한 게 아니라지만 그 사장들이 공급자들에게 대체 무슨 짓을 시켰던가? 그들이 실제로 행한 것은 무엇인가? 그들은 미그로를 보이콧했다. 그것은 스위스 헌법에 못 박혀 있는 '통상과 영업의 자유'를 보이콧한 것이다.

취리히제빵사협회는 한 걸음 더 나갔다. 이 협회는 미그로에서 물건을 사는 소비자들과 미그로에 취직해 일하는 노동자들에게 협박 편지를 보냈다. 미그로에 빵을 공급하던 제빵사들은 자기네 노동자들이 어느 날 갑자기 회사를 떠나 경쟁사로 간 걸 알았다.

식료품협회는 두트바일러가 직원과 노동자들에게 너무 낮은 임금을 주고 있다며 대대적인 반대 캠페인을 벌이기 시작했다. 그들은 그 일환으로 노동조합을 찾아갔다. 두트바일러는 이들을 따뜻하게 맞이하면서 자기가 식료품협회보다 더 많은 임금을 주고 있다는 사실을 확인시켜주었다.

신문사들은 미그로 광고를 전혀 싣지 말라는 강요를 받았다. 하지만 두트바일러는 방황하지 않았다. 1926년 1월이면 미그로가 그리 두각을 나타내지는 않았지만 전방위로 투쟁하던 때다. 바로 이때 그는 중요한 혁신을 요구했다. 이른바 '1인 서비스'가 그렇다. 트럭에 함께 타고 다니던 조수 자리를 없애고 운전기사 혼자 다니도록 한 시스템이었다. 더는 양쪽에서 서비스를 하지 못하고 한쪽에서만 하게 되었다. 결국 '1인 서비스'는 비용을 대폭 줄였다는 뜻이었다.

언뜻 보면 미그로가 지출 경비를 아끼는 것처럼 보였다. 물론 이 첫인상이 완전히 틀린 것은 아니었다. 회사로서는 비용이 줄어들 수밖에 없으니까. 하지만 한 사람은 두 사람일 때에 비해 물 흐르듯이 좋은 서비스를 제공하기가 힘들었다. 그러나 중요한 건 그게 아니었다. 두트바일러와 그의 직원들에게 중요한 건 언제나 능력뿐이었다. 능력이라는 것은 가능한 한 좋은 물품, 가능한 한 싼값, 즉 가능한 한 적은 비용을 의미했다. 그리고 두트바일러가 가격을 낮게 유지하거나 파격적으로 내리려면 잡비를 확 줄여야 했다.

한 가지는 그에게도 분명하고 누구에게나 분명했다. 혼자서 두 사람 몫의 일을 할 수는 없다는 것이었다. 자기 일의 일부를 떼어내면 모를까 15분 동안 혼자서 두 사람만큼 팔 수는 없었다. 판매 운전기사가 정류장에서 가판을 연 뒤 하는 일은 고객들에게 물건을 주고 돈을 받은 다음 잔돈을 거슬러 주는 것이다. 여기서 무엇을 덜어낼 수 있을까? 두트바일러는 해결책을 궁리했고, 또 반드시 찾아야 했다. 물품을 트럭에서 지금보다 더 빨리 꺼낼 수는 없었다. 하지만 잘하면 잔돈 거슬러 주는 것은 더 빨리 할 수 있을 것이다. 전에는 '복잡한' 총 금액을 암산으로 합산하는 데도 시간이 걸렸고 거슬러 주는 데도 똑같이 시간이 걸렸다. 하지만 물건 가격의 아귀를 딱 맞추면 운전기사가 아주 빠르게 암산을 마쳐 거스름돈을 빨리 거슬러 줄 수 있을 것이다. 그래서 25.50프랑이나 1프랑 등으로 아귀를 맞추는 식이었다.

물건 가격에서 아귀를 딱 맞춘다면 무엇이 바뀌는 걸까? 예컨대 예전에는 1킬로그램짜리 보리를 68라펜으로 포장했다. 하지만 이제는 735그램을 포장해서 50라펜으로 값을 매기는 것이다. 그리고 전에는 고급 백설탕을 1킬로그램 단위로 포장해서 82.9프랑으로 값을 매기는 바람에 거스름돈 계산이 어려웠지만 이제는 2,109그램으로 포장해서 1.75프랑으로 값을 매기는 것이다.

그런데 가정주부들도 이런 식의 물건 포장에 동참할까? 평생 1파운드, 1킬로그램, 5파운드, 5킬로그램씩 물건을 사는 데 익숙한 분들인데 혹시 자신들을 속이려는 게 아닐까 하고 의심하지 않을까? 그래서 두트바일러는 주부들이 비교할 수 있도록 파운드나 킬로그램 단위 가격을 포장지 위에 인쇄해 붙이도록 했다. 문제는 주부들이 그걸 믿어주느냐 하는 것뿐이다.

기적이 일어났다. 주부들이 믿어준 것이다. 가정주부들이 계산이 쉬운 숫자로 아귀를 맞춘 가격에 정수로 떨어지지 않는 무게 단위의 물품을 구입한 것이다. 운전기사들도 거스름돈이 얼마인지 암산할 수 있게 되었고, 그 덕분에 순식간에 잔돈을 내줄 수 있었다. 몇 주 지나지 않아 하루 매상이 자동차당 600프랑에서 900프랑으로 상승했다. 게다가 잡비 지출도 확 내렸다. 그렇다. 매상은 계속 올랐다. 왜냐하면 주부들이 이제는 어린 아이들을 트럭에 보내서 물건을 사 오도록 심부름을 시킬 수 있게 되었기 때문이다. "보리 50라펜어치 주세요!"라든가, "밀가루 75라펜어치요!"가 가능해진 것이다.

1926년 2월 판매 품목 수도 증가했다. 밀가루와 굵은 설탕, 옥수수 같은 품목이 추가됐다. 이때쯤 두트바일러는 아주 거만하게 이런 소리도 할 수 있었다.

"취리히, 스위스의 다른 지역에 비해 물가가 20% 더 싼 도시!"

그리고 이런 소리도 할 수 있었다.

"가격 파괴는 미그로 시스템과 함께 일어서기도 하고 무너지기도 합니다."

5월에는 5킬로그램짜리 버터도 추가됐다. 값이 하도 싸서 노동자 부인들까지 버터를 사서 요리할 수 있을 정도가 되었다. 이 물품은 찾는 사람이 많아서 거의 언제나 오전 10시에 매진되는 바람에 신선한 버터를 계속 보충해야 했다.

품목이 26개까지 늘어났다. 트럭도 12대까지 늘어났고 계속 새로운 품목과 트럭이 추가됐다. 정류장 수는 벌써 445개로 늘었다.

두트바일러는 주민들에게 호소하기로 했다.

소비자 여러분!

우리는 1년 반 이상 전부터 아주 힘든 투쟁을 해오고 있습니다. 스위스의 식품소매업에서는 '통상과 영업의 자유'를 위한 투쟁입니다. 가장 능력 있고 가장 값싸게 판매하는 상인한테서 구매하려는 소비자 여러분에게는 물품 구매의 자유가 단지 헌법이라는 종이에만 존재하지 않도록 하기 위한 투쟁입니다.

우리는 취리히 주민들에게 좋은 식료품값을 아주 확 내려서 공급해왔습니다. 처음에는 6개 품목으로 시작해서 (잠정적으로) 60개 품목까지 왔습니다. 그동안 우리가 가는 길에 어떤 걸림돌이 있었는지 열거해보겠습니다.

1. 공급업체들을 상대로 불매운동을 벌이겠다고 위협하는 일이 있었습니다. 신용을 손상하기도 하고 명예도 훼손했습니다. 우리

의 고급 식품을 경멸하기도 했지요. 그래서 우리는 여러 식료품상과 협동조합을 상대로 소송을 제기해야 했습니다. 그런 소송에서 우리는 아주 결정적으로 총체적으로 이겼습니다. 그 숱한 소송에서 우리는 스위스 최초로 식료품 공장주들의 법률 감정과 증인들의 증언을 확보했습니다.

2. 관계 당국의 조치를 통해 미그로 시스템을 금지할 목적으로 민심을 교란하고 행동에 나서는 일도 있었습니다. 그리고 특별세와 수수료를 엄청나게 높게 매겨서 미그로를 파괴하려는 추세도 있었습니다.

3. 지방 신문들도 미그로의 광고를 보이콧하며 싣지 않았습니다.

4. 제빵사협회는 수많은 협박편지도 보냈습니다.

5. 최근에는 우리 미그로의 임금 상황에 대해 허위사실로 명예 훼손까지 해가며 선동했습니다. 미그로에 대해, 그리고 미그로가 진척시키고 있는 가격 파괴에 대해 영업을 금지하겠다고 협박하고 영업을 아예 못 하게 하겠다고 계속 협박하고 있습니다. 이런데도 소비자들이 가만히 있어서야 되겠습니까?

소비자 여러분께 가장 싸게 상품을 공급하려는 미그로가 공급차단(보이콧) 때문에 국내에서 물품을 구매하지 못하고 먼 나라에서 높은 관세를 물어가며 수입해오도록 강요당하고 있는데 소비자 여러분이 가만히 계시면 되겠습니까?

소비자 여러분, 가정주부 여러분!

베른에서는 이제 우리가 사느냐 죽느냐 하는 결정적인 투쟁이 시작될 것입니다.

우리는 1년 반 이상 전부터 아주 막강한 적들을 상대로 이 투쟁

을 홀로 조용히 진행해오고 있습니다. 침묵하고 계신 소비자 여러
분의 후원만 믿고 말입니다.

하지만 정부는 우리한테 소비자가 우리의 노력에 감사하는지 증
명해보라고 촉구하고 있습니다. 그래서 우리는 소비자 여러분께,
유일한 침묵의 동맹들에게 도움을 요청하는 바입니다. 어떤 좋은
일이 아주 치욕스러운 수단들에 의해 억제당하는 것을 반대하시는
분은 아래 있는 동조 성명서에 서명하신 뒤 저희 회사 집행부로 보
내주십시오.

모든 서명은 엄격히 비밀을 지킨 채 우리 회사 집행부와 그 숫자
를 검증해야 하는 공증사무소(취리히 구도심 소재)만 열람할 것입
니다. 서명하신다고 어떤 의무도 발생하지 않습니다. 우리가 우리
의 노력을 좀 더 진행하고 확장해가는 것을 돕는다는 도덕적 후원
만 있을 뿐입니다.

취리히주에서 1만 6,118명이 이동 트럭매장에 찬성하는 성명서
에 서명해주었다. 두트바일러는 고객들이 자기 뒤에 있다는 것을 느
꼈다. 그래서 그는 계속 투쟁할 수 있었다.

1927년, 미그로는 취리히에 첫 매장을 열었다. 그렇다면 앞으로
여러 매장을 낸다는 뜻인가? 도대체 왜 그러지? 비용을 줄여야 해서
고정 매장을 열지 않는다는 게 두트바일러 아이디어 아니었나? 물론
그랬다. 그런데 노동자 주민 일부는 이동 트럭매장에서 물품을 구매
할 수 없다는 사실이 밝혀졌다. 이유는 아주 간단했다. 그분들은 해당
시간에 해당 정류장에 나갈 수 없었기 때문이다. 도대체 어디 가야 물
품을 공급받을 수 있는지 묻는 편지가 미그로에 수도 없이 쏟아져 들

어왔다. 편지만 밀려든 게 아니었다. 편지를 쓰는 사람들은 개인적으로 창고까지 와서 사 가기도 했다. 그래서 두트바일러는 고객들이 아주 다양한 낮 시간대에 와서 구매할 수 있는 매장을 열기로 한 것이다.

물론 미그로 매장은 다른 어떤 매장들과는 완전히 다른 매장이어야 했다. 두트바일러는 그 점에 대해 아주 확고했다. 특별히 우아한 장식을 하거나 페인트칠을 해서는 안 되었다. 정반대였다. '장식에서 절약했구나!' '미그로 가격을 유지하기 위해 필요한 최소한만 투자했구나!' 하는 점을 모든 고객이 알 수 있어야 했다. 어쨌든 두트바일러는 아주 적게 투자할 수밖에 없었다.

첫 번째 매장은 취리히식료품협회가 과일과 채소 창고로 쓰던 지하실이었다. 이 첫 번째 매장을 장식하는 데 들어간 돈은 정확히 말해서 딱 200프랑뿐이었다. 장식은 상자를 가지고 했는데 상자 위에 벽지를 바르고 널빤지를 얹어서 했다. 돈 통은 구두 상자였다. 살라미 소시지는 낡은 밧줄에 매달아 놓았다. 하지만 여기서는 이것도 혁신이었다. 물품이 언제 들어왔는지 고객이 확인할 수 있도록 도장도 찍었다. 두트바일러가 판매 트럭에 이미 도입한 이른바 '편도 시스템'을 이용해 하루라도 먼저 들어온 물품이 뒤쪽에 머물러 있지 않게 했다. 반대로 언제나 가장 오래된 물품부터 판매가 되었고, 그래서 최상의 신선도를 유지할 수 있었다.

하지만 물건을 사러 이 지하 창고까지 들어오는 사람이 있기는 할까? 그런데 많은 고객이 몰렸다. 러시아워 때는 모든 고객이 골고루 물건을 살 수 있도록 과일을 매장 밖으로 가지고 나가서 팔아야 했다. 노동력이 부족하다는 것이 증명되었다. 그래서 아델레 두트바일러도 나와서 거들어야 했다.

보이콧이 정점에 달했던 기간에도 이런 현상은 계속됐다. 그렇다. 어떤 의미에서 보면 고객이 이렇게 몰려드는 것도 보이콧의 결과이기도 하다. 이렇게 말하는 사람이 많았다.

"미그로가 오래 버티지 못할지도 몰라. 그러니 쌀 때 빨리 가서 사자!"

하지만 미그로는 오래오래 살아남았다. 1928년에는 매장을 취리히에 2개, 샤프하우젠과 바덴, 아라우에 각 1개씩 열었다. 품목 수는 끊임없이 증가했고 그에 따라 직원 수도 늘었다.

맨 처음부터 참여한 몇 안 되는 직원들은 초기에는 없던 직책으로 승진도 했다. 루돌프 페터는 최근 자기 사업을 접고 이 회사로 들어왔다. 프리츠 켈러는 하루 18시간에서 20시간씩 일했다. 신선 식품을 사기 위해 새벽 4시나 5시에 화물역에 나갔다. 그렇게 해서 미그로는 구매자를 충분히 만족시킬 수 있을 정도로 커졌다. 이미 총괄 구매부서가 생겼고 품목 수가 늘어감에 따라 관련 부서도 날마다 커졌다. 그리고 이 물건들을 소비자들에게 전달해줄 트럭 수도 늘어났다.

트럭들은 이제 1,000일 전에 비하면 아주 쓸 만했다. 운전석 문도 닫을 수 있었다. 정말 다행스러운 일이었다. 1928년에서 1929년으로 넘어가던 겨울은 최근 역사에서 손꼽을 만큼 추웠으니 말이다. 밤낮으로 모터를 돌리지 않으면 냉각기 물이 얼어붙었다. 이 시기에는 부동액도 없었다. 운전기사들한테는 가죽 재킷과 목이 긴 장화를 지급했는데도 추위에 몸이 비참하게 덜덜 떨렸다. 하지만 아무리 액체가 얼 만큼 춥다고 해도 터져버린 통조림 깡통이나 터져버린 달걀에 가죽 재킷을 입히거나 목 긴 장화를 신길 수는 없는 노릇이었다. 그런 것들은 최대한 빨리 창고에서 꺼내 난방장치가 있는 바나나 창고로 옮겨 보관해야 했다. 이렇게 다루기 까다로운 품목은 몇 주 동안 공급을 중단해야 했다. 모두 이만큼 더 많이 노동해야 한다는 뜻이었다. 추위서 굳어버린 손을 호호 불면서. 하지만 1928년에서 1929년으로 넘어가는 겨울의 이 야만적인 추위에 맞서는 투쟁은 운전기사들과 미그로 직원들만 한 것이 아니었다. 고객들도 끝까지 견뎌주었다. 손님들은 때로는 눈을 맞고 추위에 떨면서 30분씩이나 서서 오늘 필요한 물건을 싣고 올 트럭을 기다려주었다. 그들로서는 '물건을 사는 게 시위하는 것보다는 덜 고생이었다'고 생각할 수도 있겠다. 두트바일러의 반대자 중 한 명은 그와 그의 노동에 대해 전혀 틀리지 않은 글을 썼다.

"자신의 존재를 우뚝 세우려는 상인 두트바일러는 점점 억압받던 주부들과 노예가 되었던 시민들의 구조자와 해방자가 되어갔다."

역설적으로 비꼬듯이 쓴 것이긴 하지만 사실은 사실이었다.

트럭들이 점점 더 자주 그리고 점점 더 많은 물건을 가지고 오는 동안 두트바일러와 미그로의 적들도 어느 정도 자연히 늘어났다. 회사의 직접적인 경쟁자들은 이미 오래전부터 별문제가 아니었다. 문제는 식료품 소매상들과 소비자단체들이었다. 브랜드 상품을 제조하는 업자들은 값을 그렇게 확 낮춘 이 두트바일러가 이야기하고 있는 위험이 어떤 '위험'인지 이미 오래전에 인식했다. 이 콘체른들은 오래전부터 두트바일러에게 몰두하고 있었고 그와 어떻게 관계를 끝낼지 고민하고 있었다. '식료품 트러스트들'은 어떤 대가를 치르고서라도 두트바일러를 매장하기로 일찌감치 결심했다. 투쟁은 점점 더 극적인 형태를 띠어갔다.

제6장

베른 입성 투쟁

고틀리프 두트바일러와 미그로가 커가기에 취리히는 너무 작고 좁았다. 취리히에서는 이렇게도 성공적인데 스위스의 다른 도시에서는 왜 시도도 하지 않지? 그래서 두트바일러는 그 뒤 몇 년 동안 장크트갈렌, 바젤, 샤프하우젠, 루체른 그리고 테신까지 트럭을 보내봤다. 그러고는 취리히에서 했던 방식 그대로 다른 곳에서도 반복해보았다. 도처에서 투쟁이 벌어졌고 곳곳에서 이미 배부를 만큼 많이 우려먹은 미그로 반대 논쟁도 반복되었으며 모든 곳에서 미그로가 승리하게 되었다.

미그로가 장크트갈렌주와 장크트갈렌시에 침투한 것은 1929년 12월 23일의 일이다.

고틀리프 두트바일러는 오토 크라이스Otto Kreis를 채용하기 위해 보험에 가입했다. 그는 장크트갈렌주에서 태어났고 거기서 자란 사람이었다. 그 당시 주와 시에서 가장 중요한 공장이던 자수 공장에서 3

년간 견습공을 거친 뒤 런던과 파리, 밀라노로 갔다. 하지만 자수라는 게 차츰 시대에 뒤떨어지는 바람에 칼과 가위로 유명한 졸링엔Solingen 의 대리점을 맡아 이탈리아로 이주했다. 그는 거기서 두트바일러의 명성을 알았고 두 사람이 서로 알고 지내게 되었다. 크라이스는 두트 바일러의 강연에 감명을 받고 1928년 중반 미그로에 입사했다. 우선 그는 취리히에서 이른바 '아무 일이나 시켜도 다 잘하는 만능 소년'이 었다. 처음에는 매장에서 일했다. 아우스슈텔룽스슈트라세에 있는 창 고 마당에서 과일을 팔았는데 할 일이 태산 같았다. 하지만 일을 배우 는 속도가 무척 빨라서 1929년 크리스마스 때는 장크트갈렌에 매장 을 열고 장크트갈렌 행정부 공무원들에게 보내는 공개편지 형식으로 다시 한번 '미그로 프로그램'을 설명하는 전단지를 발행했다. 그는 이 미 '노련한' 미그로맨이 되어 있었던 것이다. 전단지에는 다음과 같은 통계도 실었다.

소비자 여러분! 저희 매장에 와서 구매하시면 평균 15%를 절약 하실 수 있습니다. 저희가 싣고 다니는 물품의 평균 품질이 확 높아 진 것은 두말할 것도 없고 식구가 좀 많은 가정에서는 1년에 거의 200~300프랑씩 절약하시는 셈입니다. 경기가 안 좋다 보니 우리 주에서 받는 임금도 얼마 안 되는데 이 정도만 절약해도 그게 어딥 니까? 물건을 구매하는 주민 여러분뿐 아니라 우리 도시 전체의 거 래와 변화를 위해서도 아주 중요한 의미가 있다고 봅니다.

첫날 나갔던 미그로 트럭 2대가 경찰에 압류됐다. 거리 판매 허가 를 받지 않았다는 이유였다. 미그로는 허가를 받으려고 했지만 당국에서 어떤 대답도 하지 않은 것이다. 그런데 시 경찰에 의한 '포로 상태'는 그리 오래가지 않았다. 바로 그날 밤 미그로 사람들이 압류 차량 보관소에 가서 트럭을 다시 끌고 나왔다. 아니, 끌고 나온 게 아니라 훔쳐 나왔다.

관리들은 결국 트럭 1대에 연 4,000프랑의 과태료를 매기는 조건으로 거리 판매 허가를 내주었다. 취리히의 4배였다. 물론 경쟁자들이 나타나서 트럭 수가 너무 많다고 항의했다. 그 당시 취리히에서 벌어진 것과 똑같은 모양새였다. 교통을 방해하는 증거를 잡는답시고 트럭 사진도 마구 찍어댔다. 심지어 미그로 홍보 전단지까지도 경찰에 압류되었다. 그러면서 '정부에 적대적'이기 때문이라고 했다. 한동안 미그로 트럭 2대가 물건도 팔지 못한 채 장크트갈렌을 그냥 누비고 다니기만 했다. 고객이 올 때마다 경찰이 나타나 '지금 여기서 하는 금융 거래는 불법이기 때문에 여기서 하면 안 된다'고 했다. 스위스의 연합단체와 신디케이트, 트러스트 같은 것들이 적어도 11개 이상 있었다. 두트바일러는 나중에 이렇게 묘사했다.

"그들이 '미그로 트럭을 금지하라'고 요구하며 장크트갈렌 관청에 묶어서 보낸 진정서 무게가 1파운드나 됐다."

하지만 아무 소용이 없었다. 미그로는 장크트갈렌에서도 해낸 것이다. 두트바일러는 이렇게 요약했다.

"미그로는 바퀴를 가지고 있고 단일가도 가지고 있다. 값은 싼데 품질은 좋으니 이건 그냥 단순한 미그로가 아니다. 미그로가 하는 것은 살아 있는 아이디어다."

바젤 미그로는 에밀 렌치Emil Rentsch가 준비하고 설립하고 개축했다. 렌치 가족은 오래전부터 취리히에 과일 수입 회사를 소유하고 있었다. 이 회사는 1929년 미그로에서 싹튼 회사였다. 무엇보다도 에밀 렌치 덕이 컸다. 그는 잘나가는 사업은 회피하는 기업가 정신으로 가득 찬 젊은 상인이었다. 이런 에밀 렌치가 두트바일러의 아이디어에 푹 빠진 것이다. 그도 역시 돈만 벌려고 하지 않았다. 그는 자랑할 수 있는 사업을 하려고 했다. 사회적 업적도 완수하기를 바랐다.

그는 바젤에서 완전히 처음부터 시작했다. 취리히에서 두트바일러가 겪었던 것과 아주 비슷하게 작고 억압적인 상황에서.

그는 프라일라거 드라이슈피츠 근처에 큰 창고를 임차했고 마침내 이타 샤야Itta Schaja라는 18세 상업학교 여학생을 고용했다. 이타 샤야는 판잣집 같은 매장을 보자마자 바로 돌아가고 싶어 했다. 하지만 이 학생은 주로 '다른 일자리를 얻지 못하면 어쩌지?' 하는 두려움에 일단 근무해보는 게 더 좋겠다고 생각했다. 그리고는 어두컴컴하고 허름한 창고 안으로 들어갔다. 천장부터 거미줄이 걸려 있었다. 먼지가 아주 많이 쌓인 교탁처럼 생긴 물건 앞 상자에 앉아 있던 사람이 렌치라고 소개하며 인사를 건넸다. 샤야는 처음 며칠을 거의 계속 울면서 지냈다. 그리고 나더니 집에서 걸레와 주전자를 가져다가 처음으로 청소를 시작했다. 깨진 유리창 앞에 칠 커튼도 꿰맸다. 역시 집에서 밤늦게까지. 어머니가 탄식했다. "예쁜 직장을 찾더니!"

전화벨도 거의 울리지 않았지만 그래도 어쩌다 전화가 오면 이타 샤야는 "미그로입니다"라고 하지 않고 "렌치앤컴퍼니입니다"라고 했다. 사장이 그렇게 하라고 계속 엄하게 강조했기 때문이었다.

마침내 취리히에서 물건이 들어왔다. 판자 창고에 쌓아놓았다. 물론 여기는 사무실이지 창고가 아니었지만……. 렌치는 그 뒤 두 번째 가건물을 임차했다. 어느 날 첫 번째 바젤 미그로 매장도 이 가건물에서 개장한 적이 있다. 이타 샤야는 상자의 포장을 풀고 양이 맞는지 신중하게 확인했다. 매장 책상 뒤에 서서 물건을 팔면서 동시에 사장한테 편지도 썼다. 이 작은 매장은 거의 언제나 터질 정도로 가득 찼다. 새 공간을 얻어야 할 정도였다. 첫 번째 이동 판매 트럭이 바젤로 왔다. 물론 여기 거리에서도 귀찮은 일과 투쟁 들이 있었다. 바젤소비자총연합회ACV와 옛날부터 잘 알려진 다른 경쟁자들 그리고 몇몇 새로운 경쟁자들도 왔다. 물론 바젤과 근교의 식품매장 주인들은 아주 강하게 방어했다. 하지만 마침내 그들도 다 저항을 포기하고 물러설 수밖에 없었다.

바젤에 앞서 베른 정복이 시작되었다. 베른은 두트바일러가 특별히 마음에 둔 도시였다.

장크트갈렌에서 미그로는 최초로 2대의 트럭을 굴렸다. 두트바일러는 이 허가가 나오지 않을 것을 아주 잘 알고 있었기 때문에 관청의 허가를 기다리지 않고 그냥 운행했다. 베른에서도 비슷한 전략을 쓰기로 마음먹었다. 근거는 이랬다.

우리는 법을 때때로 약간 자의적으로 해석할 수밖에 없다. 평범한 소시민들은 대기업들에 비해 이 관계에서 더 많이 자유를 가질 수밖에 없다. 사람들이 우리를 비난한다고? 모름지기 입법이라는 것은 유동적이어야 하는 것이다. 시간이 흐르면 해석도 달라지는 법이다. 우리는 그런 해석에 맞춰 가야 한다.

두트바일러는 처음부터 허가를 받으려는 시도 자체를 하지 않았다. 허가를 받지 못할 것을 알고 있었기 때문이다. 그는 그 대신 1930

년 2월 25일자 〈베른시 안차이거Anzeiger der Stadt Bern〉라는 광고신문에 광고를 하나 실었다. 미그로가 초이크하우스가세 20번지에 매장을 연다는 내용이었다. 전단지도 뿌렸다. 신문 광고가 나가던 날 뿌린 전단지에는 미그로 식품 트럭 운행 시간에 대해 더 자세한 내용을 담았다.

전단지는 "베른 시민 여러분께"라는 외침으로 시작했다. 그리고 취리히와 베른의 물가 비교표를 바탕으로 미그로가 있는 취리히 사람들은 베른 사람들보다 얼마나 더 싸게 살 수 있는지 정확히 알려주고 있었다. 베른 시민들이 이 전단을 읽는 동안 미그로 트럭 판매가 시작되었다. 트럭 정류장으로 밀려드는 사람 수가 적지 않았다. 딱 하루가 지나서 두트바일러가 미그로 경영진 대표 자격으로 베른의 현직 관료들을 직접 찾아가 그들에게 기정사실을 통보했다. 바젤 지점을 운영 중인 렌치의 형제인 막스 후고 렌치Max Hugo Rentsch가 두트바일러와 동행했다.

두트바일러는 베른주 내무부 장관의 의견을 들었다. 그는 잠정적으로 3대의 판매 트럭 각각에 대해 중앙정부와 지방정부에 일주일에 2,000프랑씩 과태료를 매길 수밖에 없다고 했다. 연간 60만 프랑의 부담을 주겠다는 뜻이었다.

주 경찰국의 제1비서는 침묵을 지켰다. 미그로가 베른의 상품거래법에 맞는지 안 맞는지, 맞다면 얼마나 맞는지 같은 질문에 대답할 수가 없었기 때문이다. 그저 '미그로가 베른에서 일단 조용하게 설립해볼 수는 있을 것 같다'면서도, 여전히 '관리들이 벌금 고지서를 내보낼 시간은 충분히 있을 것 같다'고 덧붙였다.

시 경찰국장은 이렇게 설명했다. '베른 거리에서 식품을 판매하는 것은 어떤 경우에도 허락할 수 없다. 아니면 모든 허가를 다 받아서

가져와봐라. 두트바일러가 그걸 가져오려고 해도 그런 허가는 내주지 않을 것이다.'

첫 번째 미그로 매장을 열었다. 70평방미터로 작은 매장이었지만 '사무실'도 있었다. 하루 전에 이미 벌금 고지서 1장을 받은 상태였다.

매장 등기가 끝난 2월 27일 경찰은 당장 벌금 고지서로 반응을 보였다. 그날 3대의 미그로 트럭이 아침 8시 정각에 출발했다. 운전기 사는 에른스트 롤리Ernst Rolli와 에른스트 칼텐브루너Ernst Kaltenbrunner, 알브레히트 피스터Albrecht Pfister였다.

두 시간 뒤 이 운전기사들은 경찰한테서 판매를 당장 중단하라는 말을 들었다. 오후에 다시 나오면 훨씬 더 무거운 조치를 받게 될 것이라는 경고도 받았다. 하지만 이 트럭들은 오후에 또 나갔다. 이 때문에 베른주 형사소송절차에 관한 법률 77조를 위반했다는 이유로 트럭을 모두 압류당했다. 3시부터 3시 55분 사이에 있었던 일이다. 이 역사적인 부분은 후세에 길이 남을 것이다.

1867A 트럭은 융커른가세에, 1861A 트럭은 오버 듀포슈트라세에 1874A 트럭은 노이펠트슈트라세에 압류당해 있었다. 이 트럭들을 줄겐바흐Sulgenbasch 보관소에 있는 시립 버스 차고지로 끌어다 놓고 납땜을 해버렸다. 내용물은 당분간 건드리지 않았다.

미그로는 오후가 지나고 있을 때 경찰국 안전경찰 2과(사업번호 1759/30)를 통해 경찰국장에게 이 사건을 보고했다. 경찰은 두트바일러와 렌치에게 내용물의 정확한 목록을 볼 수 있도록 트럭 문을 열라고 했다. 미그로(주) 베른 지점은 거절했다. 경찰은 이튿날 1930년 2월 28일 금요일 트럭을 강제로 뜯고 재고 상품을 들어냈다. 전문가라는 사람들도 왔다. 물론 그들은 미그로의 경쟁자들이거나 잠재적 경쟁자들이었다. 경찰이 아주 조심스럽게 물건들이 있는 곳으로 갔다. 그들은 불평불만을 늘어놓고 재판에 붙여야 한다고 생각할 수 있었다. 그런데 그들은 또한 빈틈을 보이려 하지 않았다. 그래서 짐을 도로 실었다. 그 속에는 소비자 유제품도 들어 있었다. 버터나 식용유처럼 상할 수 있는 식료품은 냉장시설이 되어 있는 공간으로 옮기기도 했다.

하지만 두트바일러는 베른에서 벌어진 이 사건들에 대한 내용을 담을 광고를 생각해냈다. 그는 아예 "성스러운 관료주의"라는 제목으로 작은 칼럼을 쓴 뒤 스위스 신문에 광고로 실었다. 내용은 이러했다.

이 거리 저 거리를 누비고 다니라고 봄볕이 밖에서 유혹하고 있는 이때 미그로 트럭들은 시립 버스정류장 차고지에서 잠을 자고 있습니다. 이렇게 말하는 이도 있습니다. "트럭이 도로를 누비고 다녀도 여성들이 우리한테 달려와도 취리히에서는 아무 문제가 없었다"고.

또 이렇게 말하는 이도 있습니다.

"그래, 베른은 취리히보다 훨씬 더 화려한 도시야. 심지어 파리보다도 훨씬 진보한 도시지. 거기서도 매일 아침 거리판매상들이 집 앞으로 와서 특유의 노래하는 듯한 말투로 자기 상품을 선전하지. 그리고 행상인들은 남프랑스의 어느 도시에든 있지. 네덜란드의 평화 도시 헤이그에도 있고! 베른의 국가공무원들도 지난 회의에 참석했다가 상품을 싣고 이 거리 저 거리를 운행하고 다니는 오픈카들을 본 적이 있어. 네덜란드 사람들은 나막신을 신고 딸랑거리며 큰 소리로 외치는데 우리는, 우리는 그저 겨우 경적만 울렸을 뿐인데."

또 다른 사람은 이렇게도 이야기합니다.

"우리는 베른에서도 경적을 울릴 거야. 베른의 주부들 좀 제발 가만 내버려둬. 그들은 '자파'에서부터 여전히 많은 용기를 갖고 계신 분들이야. '푸른 기병대들'은 밤마다 카지노에서 이런 노래도 하지.

오, 베른이여!
그대를 위해 내 생명 기꺼이 바치리.
단 하나뿐인 도시
그토록 용감한 여인들이 사는
베른 같은 도시여!"

그런데 이런 여인들이 저 성스러운 관료주의 화신들이 들고 있는 빠른 빗자루에 쓸려나가게 됐습니다. 그래서 우리도 이제 다시 베른의 여인들을 위해 봉사할 것입니다.

베른의 신문들은 돈을 내고 이렇게 짧은 이야기를 싣는 것조차 거부했다. 또한 베른 주민들을 계몽하는 듯한 미그로의 다른 광고 접수도 거부했다.

두트바일러는 화가 났을까? 용기를 잃었을까? 아니었다. 정반대였다. 그는 두 손을 비볐다. 사람들이 그의 입을 막으려고 할까? 유럽에서 가장 오래된 민주주의 국가인 스위스에서 사람들의 자유로운 의견 표명을 억압한단 말인가? 자! 그것은 성공하지 못할 것이다. "그러면 미그로 전단지가 하늘에서 떨어질 것이다!" 그는 그렇게 예언했다.

그리고 약간 놀라운 이 약속을 실제로 이행하기 시작했다.

그는 실제의 사실관계를 담은 전단지를 인쇄했다. '베른의 관료들이 미그로를 도시 밖으로 내쫓고 물가를 올리려고 했다'는 내용이었다. 그는 프리츠 게르버Fritz Gerber라는 사람을 이 일에 참여시켰다. 그의 직업은 비행기 조종사였다. 두트바일러는 그에게 '하늘에 올라가서 베른 시내로 이 전단지를 뿌려달라'고 했다.

진짜 최고의 센세이션이었다. 경찰국은 어떻게 해야 할지 몰랐다. 저런 행동에 적용할 수 있는 법조문이 없을까? 없었다. 하나도 없었다. 아니, 딱 하나 있었다! '거리를 오염시켰다'는 이유로 사람들이 두트바일러를 고소하면 된다. 하지만 그러려면 우선 베른 거리가 더럽혀졌다는 증거가 있어야 했다. 이 착한 경찰국장은 부하들에게 이 상황을 정확히 확인하라고 지시했다. 수천 장의 전단지가 떨어졌으니 거리 오염을 확인하는 것은 충분히 가능할 것이 틀림없었다.

그러나 경찰들은 거리 오염을 확인할 수 없었다. 단 한 장의 전단지도 찾지 못한 것이다. 전단지가 떨어지는 족족 베른 시민들이 수거해 간 것이다. 사람들이 전단지를 서로 가지고 가려고 뺏고 빼앗기는 일이 벌어졌고 여유 있게 읽으려고 집으로 가져간 사람도 많았기 때문이다. 그래서 베른 거리가 하나도 더럽혀지지 않았다. 심지어 그 거리는 비교적 한산하기까지 했다. 베른 사람들이 집이나 사무실이나 음식점 같은 데 앉아서 두트바일러가 뿌린 최신 전단지를 읽고 있었기 때문이다. 진짜로 읽어볼 만한 가치가 있는 전단지였다.

여보세요, 여보세요, 미그로입니다. 멀리 하늘에서 내려왔습니다. 땅이 안전하지 않기 때문입니다.

제 이름은 프리츨리 게르버Fritzli Gerber이고 미그로 트럭 운전기사 겸 베른의 조종사입니다. 우리 베른으로 눈길을 돌려봅시다. 어제 저의 동료들이 몰던 미그로 트럭이 압류를 당해서 베른 시내버스 차고지에 감금되었습니다. 그래서 저는 이렇게 비행기를 빌려 타고 여기 올라왔습니다. 베른의 사나이로서 도저히 묵과할 수 없기 때문입니다.

그들은 차에 있던 식료품을 모두 아르강에 던져버렸습니다. 마카로니와 자두, 버터, 파인애플 같은 식품들입니다. 이렇게 해서 기업 경쟁의 자유가 회복되고, 활발하고 공명정대하며 진보적인 정신이 다시 생겨날 수만 있다면 후회하지 않겠습니다.

눈을 떠보십시오! 우리 미그로는 소매 사업을 계속할 것입니다. 소매상은 400년 전부터 있었습니다. 오늘 같은 식료품매장은 1500년부터 존재했다는 말씀입니다. 수많은 기계를 동반하는 오늘날의 가구제조업과 구두제조업(=구두공장), 오늘날의 운전기사(=운전수), 이 모든 것은 20바퀴나 돌고 바뀌면서 오늘에 이른 직업들입니다. 하지만 이런 고리에서 떨어져 나온 게 딱 하나 있습니다. 식료품 소매상이 그렇습니다. 식료품 소매상은 그 임무가 단 한 번도 바뀐 적이 없는 유일한 직업입니다. 하지만 헌법상의 한계까지 뛰어넘는 보호를 받았던 이 직업도 이제 그 유일하게 달랐던 보호막이 사라졌습니다. 바로 그래서 식료품 소매상이 여러분에게 제대로 서비스할 수 없게 되었습니다.

모든 면에서 평화회담이 필요합니다! 모든 사람의 안녕을 위해서입니다! 신생 기업들이 실력을 기르지 못하게 경쟁 기업의 사업 영역을 봉쇄하는 것이 옳은가요?

우리도 학교 교육과 함께 이런 노력조차 포기하고 재벌들과 협회, 신디케이트 같은 대기업들이 내세우는 썩어빠진 평화 속에서 곰팡이 필 때까지 썩어나가야 합니까?

미그로 트럭 앞에서 벌벌 떨다뇨! 한때는 올텐에서 인간의 자유라는 엄청난 구호를 외치며 세상을 전복하자고 했던 사람들이 지금은 고생해서 번 돈조차 얼마 안 되는 '뷔츠사람들Büetzer'에게 무언가 조금이라도 식료품을 싸게 공급하겠다는 미그로 트럭을 두려워하고 있습니다.

대통령님! 오셔서 보세요. 미그로의 이 현대식 방법을! 문과 책, 마지막 구석, 마지막 숫자까지 다 열려 있습니다. 우리는 아무런 겁도 나지 않고 숨길 것도 없습니다. 모방해보시면 여러분이 오히려 더 잘하실 수도 있을 겁니다! 베른대학교의 교수들, A 교수와 T 교수도, 현대식 유통 기술을 관찰하러 취리히에 와보고는 우리 업적을 높이 평가했습니다.

그리고 존경하는 우익 인사 여러분! 1848년의 사람들을 보십시오. 그분들은 우리 연방헌법의 위대한 조문, 즉 '통상과 영업의 자유'라는 조문을 써넣은 분들입니다. 그분들도 지금의 여러분처럼 행복한 위치, 즉 자산가의 위치에 있던 사람들입니다. 그분들은 자산이 무척 많았지만 그런 기득권을 기꺼이 포기하셨습니다. 그분들은 자유 경쟁 경제를 두려워하지 않았습니다. 오히려 높이 존경했지요!

취리히에 미그로가 설립된 지 7개월째 되던 1926년 5월에 베른에서는 「반미그로법」이라는 법을 제정했습니다. 어제는 달갑지 않은 경쟁자를 처치해버리라고 경찰도 투입했지요. 어쩌다 오늘날의 식료품상들이 이렇게까지 쪼그라들었죠?

우리가 이동 판매에 사용하지 않겠다고 서약하면 그 3대의 트럭을 끄집어내도 좋답니다. 고맙지만 사양하겠습니다. 우리가 소비자들에게 아주 싸게 공급하려던 그 좋은 식품들이 지금 썩어가고 있습니다. 이게 불법 행위라면 여러분이 형사재판부에 소송을 내서 미그로 트럭을 불법 행위 물품으로 압류하라고 요구하십시오. 그런 용기를 가진 뒤에 물건을 싸게 판매하는 사람을 엄하게 처벌해달라고 하십시오! 우리는 얻어맞기만 했습니다. 우리가 믿을 것이라곤 법밖에 없습니다. 하지만 민중은 자신의 권리와 장점을 활용하려 하지 않았습니다.

이틀 전에 스위스식료품상협회도 회의를 열고 지난 4년 반 동안 하찮게 치부하던 '미그로 시스템', 즉 현대적인 방식을 적용해보자며 이동 트럭 점포 운영을 결정했습니다. 이것은 미그로 시스템이 가치가 있다는 명백한 증거입니다. 그런데 이 순간 베른 정부 사람들은 이 현대적 유통의 상징인 트럭을 마비시켰습니다! 경찰은 초이크하우스가세 20번지에 있는 판매 창고도 폐쇄하지 않을까요? 이 창고가 판매는 안 하면서 도로교통을 방해한다며 말입니다.

쓰라린 생각은 차고도 넘칩니다. 봄이 왔습니다. 그래서 우리는 가슴속에 국민이 길을 찾을 것이라는 희망, 우리 적들의 모든 간계를 못 쓰게 만들 것이라는 희망을 갖고 있습니다.

특히 우리는 무엇보다도 젊은이들과 열광할 줄 아는 사람들, 두려울 게 없는 사람들을 생각합니다. 우리가 '무언가 옳은 일을 하려는 사람들이구나', 그리고 '바로 이런 이유 때문에 우리가 투쟁의 대상이 되었구나' 하는 것을 인식하실 수 있는 분들을 믿습니다.

오늘 우리에게 가장 중요한 것은 사업이 아닙니다. 아이디어, 곧 생각입니다. 경쟁 사업의 자유라는 생각! 스위스는 지금까지 그 자유를 먹고 살아왔습니다. 우리나라에서 이 자유를 계속 유지하는 것, 그것이 바로 저 높은 하늘에서 내려온 우리의 소원입니다.

이 전단지의 마지막 줄에는 경찰에게 보내는 요구, 즉 통지문도 있었다.

어젯밤 우리는 또 하나의 매장을 임차했습니다. 슈피탈라커슈트라세 59번지(판매 창고 본점은 초이크하우스가세 20번지)에 있습니다.

베른이 웃었다. 이제 모든 것이 비교적 빨리 지나갔다.

3월 28일 막스 후고 렌치는 석방되었다. 경찰에 저항한 것은 맞지만 죄는 물을 수 없다는 것이었다. 검찰은 항소했고 렌치는 5월 16일 200프랑의 벌금형을 받았다. 하지만 그까짓 200프랑은 진짜 아무것도 아니었다. 저들이 미그로에 반대해서 한 모든 행동은 미그로가 학수고대했던 최상의 광고나 마찬가지였다. 두트바일러는 그 점을 아주 확실히 알았다. 그래서 두트바일러는 렌치를 위해 베른주 고등법원 형사부 판결에 불복한다며 법률 절차에 따라 상고를 제기했다. 상고 법원은 로잔에 있는 스위스 연방 법원이었다.

두트바일러는 상고를 제기해놓고도 고등법원의 판결에 불만을 제기했다. 미그로에는 이동 판매를 즉각 허가해야 한다는 것이었다. 그리고 벌금도 어느 정도 받아들일 수 있는 선에서 매겨야 한다는 것을 분명히 밝혔다.

〈베르너 탁바흐트Berner Tagwacht〉라는 신문은 5월 17일에 "미그로 (주)와 베른주 정부 중에서 물품거래에 관한 상법을 어긴 죄로 유죄판결을 받게 될 쪽이 어느 쪽이 될 것인가는 거의 현상금이 걸린 수수께끼 같다"고 썼다.

미그로(주) 베른지사는 6월 2일 베른주 경찰국에 행상과 운행허가서를 발급하라는 진정서를 16쪽이나 써서 제출했다. 경찰국은 7월 24일에 답장을 보냈다. 허가를 내줄 수는 있지만 트럭당 일주일에 100프랑씩 과태료를 물어야 한다는 내용이었다. 베른 시내 도로를 사용하려면 별도의 과태료도 부과할 것이라고 했다. 그리고 버터와 식용유는 어떤 경우에도 금지한다는 내용도 있었다.

미그로(주)는 경찰 당국의 이번 결정이 '통상과 영업의 자유'를 보장한 연방헌법 31조에 위배된다며 국법절차에 따라 정식재판을 청구했다. 미그로는 이 진정서와 함께 아주 근본적인 것도 관철해갔다. 1931년 1월 23일, 스위스 최고법원은 '미그로에 대한 모든 방해는 헌법의 의미와 정신에 위배되므로 허용되지 않는다'는 취지의 판결을 했다. 이로써 베른 입성 투쟁은 승리로 끝났다.

그런데 이것은 베른주가 아니라 베른시 입성 투쟁이었다. 다음과 같이 작디작은 도시들에서는 여전히 수많은 어려움을 겪어야 했다.

힌델방크, 1931년 4월 13일.

"우리는 이 행상 면허 발급을 거부합니다. 이 프로젝트를 실행할 경우 우리 지역 공공의 이익과 모순되기 때문입니다. 그래서 이 재앙을 확대하는 일에 손을 내밀지 않겠습니다."

뤼엑자우, 1931년 4월 10일.

"귀하는 우리 지역에서 공공의 안녕질서를 해치는 사업을 하겠다고 하는데 우리는 허용하지 않겠습니다."

예겐스슈토르프, 1931년 4월 13일.

"귀하의 물건들을 교회 옆에서 매일 팔겠다고 내놓으면 우리 지역 공공 안녕질서와 모순됩니다."

하지만 이 모든 것은 미그로의 승리를 주저앉힐 수 없었다. 미그로가 승리한 것은 소비자들에게 소비자들이 필요로 하는 것을 배달해주었기 때문이다.

두트바일러는 이미 오래전에 베른에서 '10라펜짜리 동전' 이벤트를 시작한 적이 있는데 그때 이미 본보기로 실험한 적이 있다.

이미 앞에서 언급한 바와 같이 1930년 2월 25일에 미그로가 베른 주민들에게 자신을 소개한 첫 번째 전단지에서 이미 취리히와 베른의 물가 비교표를 인쇄한 것이다. 이 비교표는 굉장한 충격이었다. 하지만 베른의 식료품상들은 미그로를 불공정 경쟁을 한다느니 불순한 영업방침이라느니 하며 미그로를 고소했다. 이런 일은 3월 25일 그러니까 미그로가 베른을 공략하기 시작한 지 정확히 4주 뒤에 벌어졌다.

법정에서 열린 심리는 아주 소란스럽게 진행됐다. 판사가 두트바일러의 말문을 막았다. 그러자 두트바일러는 소리를 질렀다.

"내가 불순하다면 재판장님은 저를 징역형에 처하실 용기를 가지셔야 할 겁니다."

대답은 이랬다. "피고인이 잘못 생각하고 있습니다. 베른의 감옥 문은 그렇게 쉽게 열리는 문이 아닙니다."

10월 22일에 내려진 판결은 이랬다. 두트바일러가 "공공복지를 지향하고 있으므로 노동의 유용성과 진지성, 목적의식적 의지 같은 것을 박탈할 수는 없다. 하지만 유죄다!" 그래서 두트바일러는 100프랑의 벌금과 300프랑의 재판비용을 물어야 했다. 두트바일러는 항소했다. 1931년 2월 18일의 일이다. 두트바일러가 벌금과 재판비용을 계속 거부하자 재산을 압류했다. 검사는 분명히 이렇게 설명했다.

"귀하가 무언가 가지기만 하면 우리는 귀하의 재산을 압류할 겁니다."

두트바일러는 미친 듯이 펄펄 뛰었다. 그에게 문제는 400프랑이 아니었다. 법의식과 정의감이 문제였다. 여기서 벌어지고 있는 그것이 분명 잘못된 것이라는 점이 중요한 것이다. 그의 항의와 거부, 자신을 감옥에 가두라는 요구…… 이 모든 게 아무런 결실도 맺지 못하자 그는 대중을 향했다. 대중에게 자기편에 서달라고 요구하는 방법을 찾은 것이다.

두트바일러가 벌금을 내지 않자 법원은 그의 재산, 즉 그의 아름답고 오래된 바로크 장롱을 압류했다. 하지만 두트바일러는 그것조차 내놓지 않으려고 했다. 그 장롱에 무척 애착이 있어서 거부한 게 아니었다. 그가 아름답고 오래된 가구를 아주 중요하게 여기던 시간은 이미 오래전에 지나갔다. 문제는 정의냐 불의냐였다. 그래서 그는 다시한번 전단지를 작성했다. 그리고는 판매하는 모든 커피 통과 밀가루 통에 이 전단지를 함께 넣었다. 그러자 며칠 안 지나서 수천 명의 베른 시민들이 사태를 파악하게 되었다.

전단지에는 미그로라는 회사가 아니라 두트바일러 개인의 이름이 서명되어 있었다. 그것은 도움을 요청하는 절규였다.

5년 반 전에 취리히에서 미그로를 시작한 지 처음으로 고객에게 제 이름으로 인사 올립니다. 여러분께서 우리의 공개적인 광고나 전단지 같은 것을 읽으셨으면 우리가 한 일이 '옳은지' '여러분도 저희와 생각이 같으신지' 심사숙고해주실 것을 당부드립니다. 저희가 하는 일이 옳다면 동봉한 우편환 양식으로 미그로(주)에 10라펜씩만 입금해주시면 고맙겠습니다. 저를 위해서입니다. 정중히 요청합니다. 그 돈은 여러분께서 그동안 미그로에서 싸게 구매하시면서 절약하신 금액일 수도 있겠습니다.

베른주 정부가 소송을 제기하자 베른주 고등법원이 저에게 '불공정 경쟁 사업'과 '불순한 영업방침'이라며 벌금 100프랑과 300프랑의 소송비용을 내라고 판결했습니다. 유감스럽게도 베른주법에는 이런 판결에 불복해 상고할 수 있는 상고 법원이 없습니다. 상고 법원만 있다면 거기서 제가 뭐라고 변론하는지 경청하실 수 있을 텐데 말입니다. 1심에서 저에게 허락된 32분 가지고는 그것이 불가능했거든요.

판사는 주로 판결의 밑바탕에 있는 계산에서도 오판했습니다. 유죄판결은 주로 법원의 계산 착오로 이뤄졌습니다. 법원은 경쟁사의 코코넛 가루 4분의 1킬로그램 값과 미그로의 1킬로그램 값을 비교했습니다. 그러고는 미그로의 가격비교표가 잘못되었다고 판결한 것이었습니다. 판사도 그렇게 오판했다고 고백했습니다. 그러면서도 판사의 잘못된 계산에 근거하고 있다 해도 베른주에서는 제대로 된 확정적 판단을 내리거나 그 오판을 바로잡을 기회가 없다는 말도 덧붙였습니다.

어쨌든 제가 '그저 그런' 판결을 받았다고들 합니다. 그 결과 우리 집 거실 한복판에 있던 아름답고 쓸모 있는 장롱을 압류당했습니다. 3월 13일에 경매에 넘긴답니다. 제가 벌금과 비용을 납부하지 않을 수 있다는 이유로 말입니다.

그래서 저는 10라펜짜리 동전 8,000개가 필요합니다. 4,000개가 아니라 8,000개입니다. 우편환으로 하면 5라펜씩의 '우편요금'이 미리 공제되기 때문입니다. 여러분은 실천적인 주부나 실용적인 가장이기 때문에 그 많은 동전을 모으는 것보다 장롱을 압류당하거나 그냥 제 돈으로 내는 게 더 쉽고 어쩌면 더 싸게 먹힐 거라 생각하실 수도 있겠습니다.

바로 여기에 핵심이 있습니다. 저와 제 직원들도 보통의 직장인들처럼 열심히 노력해서 자기 직업에서 성공하고 싶어 하는 상인일 뿐 그 이상도 이하도 아닙니다. 하지만 미그로 문제와 관련된 모든 사람의 저 밑바닥에서 느껴지는 믿음과 이상이 없으면 저는 이렇게 중요한 일을 힘 있게 관철해갈 생각도 없고 능력도 없습니다. 가정주부가 남편한테 가계비를 받기 위해 일하나요? 가족들에게 '무료 침식 제공'을 하려고 일하나요? 그런 게 아니라 사랑하는 가족 관계와 존경심이라는 감정도 있는 게 분명하죠. 저도 똑같습니다. 저희도 저희끼리만 만족해서는 안 됩니다. 저희도 소비자와 일체감을 형성해야 합니다. 저희가 온 힘을 다해 노력하는 모습을 소비자들께서 알아주시고 평가해주시는 것을 확인해야 합니다.

저희 장롱 문제만은 아닙니다. 강자들에 대항하는 투쟁의 용기와 신뢰만도 아닙니다. 그 이상입니다. '10라펜짜리 동전'은 조용하면서도 강력한 영향력을 발휘할 것입니다. 가정주부도 보통 사람입니다. 미그로에 대해 얼마나 많은 주부가 기뻐했는지 아느냐고 물었을 때 누군가 다음과 같이 비웃으며 대답했습니다. '예, 당신들은 불순한 영업방침을 지금까지 유지해오고 있습니다. 그래서 주부들이 속은 겁니다. 주부들은 여러분의 말 때문에 미혹당한 것입니다.' 가정주부를 얼마나 무례하게 경멸하는 대답입니까! 주부는 자신의 생각과 자신의 필요를 자신에게 가장 유리하게 잘 활용할 수 있는 곳에 적용할 줄 아는 사람들입니다. 약속한 것을 주는 사람이 누구인지를 결정할 때 주부들보다 더 전문적인 사람이 누구겠습니까? 어떤 특정 상인한테서 매일 점점 더 많이 구매한다는 것은 주부가 그 상인을 신뢰한다는 뜻 아니겠습니까? 그보다 더 만족한다고 표현할 수 있는 게 무엇이 있겠습니까?

'10라펜짜리 동전'은 국면과 법률 조문-음모를 싫어하는 관리, 국민 복지를 심장에 지니고 있는 관리에게 든든한 후원이 될 것입니다. 그분들에게 아주 흥미로운 요소들을 보여줄 수 있을 겁니다. 최종 결정은 녹색 테이블보를 깐 관료들의 책상이나 고급 식탁에 앉아 있는 사람들한테서 나는 게 아닙니다. 오히려 대중의 법의식이 입법부와 최종심보다 훨씬 살아 있다는 점을 보여주십시오.

저도 미그로를 설립하는 동안 작지만 아주 중요한 결정을 수천 가지나 해왔습니다. 그런 결정을 할 때마다 처음부터 지금까지 영향을 준 것은 소비자들뿐이었습니다. 그게 환상이고 오기였을까요? 생각과 원칙들이 그렇게 건설적인 힘을 가지고 있었던 것일까요? 아니면 그저 망상일까요? 저는 그것을 '10라펜짜리 동전'을 통해 경험하게 될 것입니다. 소비자 여러분이 저의 성공을 도와주셨으니까 저도 소비자 여러분에 대해 책임져야 하는 것 아닌가요? 아니면 소비자 여러분이 스스로 장점을 발견해서 미그로에서 구매했을 뿐인가요? 우리의 경제적 과제들이 어려운 시기를 맞이하게 될까요? 아니면 사업은 사업일 뿐이고 나머지 다른 모든 것은 미사여구요 유치한 것인가요? 이 질문에 대한 해답은 우리의 사랑스러운 장롱이 말해줄 것입니다. 질문이 여기에 머물면 저는 제가 갈 수 있는 길을 제대로 들어선 것입니다. 그런데 이 질문이 퍼져나가면 저는 미그로 정신-목록의 상당 부분을 청산해야 할 것입니다(물론 제 아내는 사실상 장롱의 최후에 동의했습니다. 물론 아내가 이 가구를 아주 좋아하니 압류당하지 않고 집에 계속 남아 있게 되면 훨씬 더 기뻐하겠지만요).

1인당 10라펜 이상 입금하실 필요는 없습니다. 10라펜짜리 동전이 프랑보다 더 많은 영향력을 갖고 있습니다. 여러분이 싫으면 자녀들에게 시키십시오. 10라펜짜리 동전이 8,000개 이상 모이면 남는 돈은 '베른주 실업자 구조'라는 기구에 기부하겠습니다. 그 돈만이 아니라 제 돈도 그만큼 보태서 기부하겠습니다.

우리 앞에는 모든 가능성이 열려 있습니다. 이 글은 베른과 비엘에 계신 미그로 고객들께만 전달될 것입니다. 그래서 광고를 싣지 않습니다. 모든 것이 조용히 진행되면 될수록 효과는 모든 면에서 훨씬 클 것입니다. 여러분은 어떤 경우에도 입금확인증을 쿠폰으로 받아보시게 될 것입니다. 여러분이 다른 미그로 동료한테 이 사건에 대해 알려주시면 그 친구도 역시 우편환 양식을 작성할 수 있습니다.

비행기를 활용해서 대담하게 등장했다든가 메모지 한 장도 모두 우리 것이라고 아주 간간하게 생각하는 여성들에게 저희는 생각할 거리를 제공해드리고 싶습니다. 로잔에서 저희 권리를 찾기까지 주와 시를 상대로 트럭 운행 영업 관련 소송을 하느라 엄청난 걱정을 하고 시간을 빼앗긴 것은 제쳐두겠습니다. 들어간 돈만 약 1만 2,000프랑이나 되었습니다. 그 밖에도 물어야 할 것은 다 물었습니다. 하지만 저는 100프랑의 벌금과 300프랑의 재판비용을 명예 문제로 간주하고 있습니다. 그러니 저는 깐깐하게 따져가며 생각하시는 분들에게도 '10라펜짜리 동전'을 요구해도 좋겠죠?

물론 제가 여러분한테서 받은 '10라펜짜리 동전'을 여러분의 주머니로 되돌려드리기 위해 미그로 제품의 품질과 가격 면에서 모든 것을 다할 생각입니다. 경매일은 3월 13일입니다. 우편물이 오가는 데만도 며칠은 걸리기 때문에 시간이 급박합니다.

원기 왕성한 남녀가 있는 곳이면 어디에서나 모두 미그로 트럭을 좋아합니다. 미그로 트럭은 젊기도 하고 가게에 생명을 불어넣기도 합니다. 그래서 저는 특별히 젊은이들에게도 용감하게 '10라펜짜리 동전'을 납입해달라고 요청하는 바입니다. 저는 젊은이들이 나중에 어른이 되었을 때 일상 노동 속에서나 일상 노동에 대해 어떤 의미를 부여하고 어떤 아이디어를 인식할 수 있기를 바랍니다. 이 노동의 의미와 노동에 대한 생각을 위해 모든 날을 기쁘고 새롭게 사용할 수 있기를 바랍니다.

여러분 모두에게 신뢰와 최선을 보냅니다. 안녕히 계십시오.

고틀리프 두트바일러 드림

추신: 아마도 저는 3월 말까지 압류를 미룰 수 있지 않을까 싶습니다. 물론 확실하진 않지만요.

두트바일러는 다시 한번 주부들, 무엇보다 여성 고객들을 향한 것이었다. 그러자 그들도 다시 한번 그에게 충실하다는 사실이 드러났다. 거의 5,000명이나 되는 베른 여성들이 가까운 우체국으로 몰려가서 10라펜씩 송금하고는 거기서 고등법원의 판결에 항의했다. 그중에는 판사 부인도 3명 넘게 있었다. 수많은 입금자들이 우체국 입금표에 자기 의견도 적었다.

두트바일러는 달성하고자 했던 목표에 도달했다. 그는 법원과 나라 전체에 자기 혼자 서 있는 게 아니며 대중이, 적어도 절대다수의 주부들이 뒤에 함께 서 있다는 점을 증명했다. 그는 승리를 기뻐하면서 다음과 같이 이야기했다.

다른 어떤 것을 위해서 그렇게 많은 사람이 움직여주셨던가요? 우체국으로 가고 송금을 위한 양식을 채웠던가요? 우리는 솔직히 이렇게 주장할 수 있을 것 같습니다. '이 사건 말고는 한 번도 없었다!'고요. 소비자들이 이처럼 조용하고 강력하게 행진하자 우리의 적들에게서 엄청난 분노가 생겼습니다. 사람들은 그들의 분노를 알았죠.

영향력 있는 지위에서 국가와 자본의 권력의 원천에 가까이 있는 그들을 위해 누가 이렇게 대규모로 편을 들겠습니까? 그들 스스로 대답해야 할 것입니다.

어쨌든, 두트바일러는 이렇게 모인 돈을 챙길 생각을 결코 하지 않았다. 그는 그것을 '베른주 실업자 구조'에 기부했다.

미그로는 한 광고에서 다음과 같이 밝혔다.

그토록 친절한 베른의 시민들이 돈을 입금하는 방식으로 두트바일러 사장에게 부과된 과태료와 벌금을 대신 내주셨다. 그리고 두트바일러 사장은 모든 경우에 보답도 하셨다. 이로써 우리의 적들은 베른의 '10라펜짜리 동전'에 만족하게 될 것이다.

하지만 그들은 그것으로 만족하지 않았다. 그렇다고 그들이 뭘 하지? 그들이 뭘 할 수 있지? 그들은 언제나 그랬듯 끝까지 미그로와 두트바일러를 반대하는 선전과 선동을 일삼았다.

제2부

/

정치로 가는 길

제7장

재판들

제조업자들과 제조업 콘체른들은 미그로에 물품 공급하는 것을 거부하고 이 신생 기업에 반대하며 상품 보이콧을 직간접으로 조직했다. 자기들이 그렇게 하면 고틀리프 두트바일러 같은 사람이 조용히 사임하리라고 진지하게 생각했는지 확실히는 알 수 없다. 그렇지만 그랬다면 그들은 잘못 예측한 것이다.

두트바일러는 나중에 이런 질문을 받은 적이 있다. '원래 유통업으로 소비자에게 물품을 전달하는 일만 하려던 미그로가 어떻게 해서 제조업에까지 뛰어들게 되었는가?' 그는 당시 이렇게 반문했다.

"당신이 상인이라면 아무런 물품도 구할 수 없는데 무슨 일을 하겠습니까?"

어떤 경우에도 그는 합리적인 일만 했다.

우선 그는 스위스에서 물품을 유치해놓고 내주지 않자 대체품을 외국에서 구하려고 했다. 예컨대 초콜릿은 독일에서 구입했다. 그러느라고 미그로가 지불한 관세가 적지 않았다. 따라서 그는 수입을 계속할 수 없었다. 적어도 전체 사업을 수입업으로 바꿀 수는 없었다. 그랬다면 자신이 공급하려던 가격을 유지할 수 없었을 것이다. 그래서 머지않아 미그로가 직접 제조업에 뛰어드는 것은 지극히 논리적인 귀결이었을 뿐이다. 미그로는 그렇게 해서 생산을 시작했다. 몇 가지 예만 언급하자면 과실주와 비스킷, 초콜릿, 요구르트, 세제, 무카페인 커피 같은 제품이 그렇다.

그래서 그는 확실한 제품 몇 개를 가지고 제품 경쟁에 직접 뛰어들었다. 경쟁제품들은 시중에 나온 지도 오래됐고 소비자의 사랑도 어느 정도 받는 제품들이었다. 때로는 엄청난 인기도 얻어 생산자들에게 기쁨을 선사하며 재산도 불려주던 제품들이었다. 그런데 미그로가 경쟁제품을 내놓으며 이 시장에 뛰어들자 제조업자들이 아주 달갑게 보지 않았다. 여기서 결정적인 역할을 한 것은 무엇보다 이른바 유명 브랜드 품목들이었다.

두트바일러가 이 유명 브랜드 품목들에 대해 취한 태도는 분명했다. 그의 견해에 따르면 소비자가 낸 돈 중에서 물건 그 자체를 위한 값은 얼마 안 되고 광고비가 엄청나다는 것이다. 그는 세계적으로 유명한 브랜드 제품들의 생산비와 판매가 사이에 비교할 수 없을 정도로 높은 마진이 있다는 것을 알았다.

소비자가 이렇게 비싸게 된 브랜드 제품을 사도록 강요받는데 같은 가치를 가진 대체재가 없으면 두트바일러가 직접 설정한 미션은 완수하지 못한 것이다. 그런데 모든 브랜드 제품에는 분명히 대체재가 있었다. 하지만 모든 것을 압도하는 대기업 콘체른의 광고가 소기업 경쟁자들의 광고 시도를 싹이 틀 때부터 질식시켜버린 것이다. 소기업들은 돈이 없어서 광고를 많이 할 수도 없고 계속할 수도 없기 때문이다.

두트바일러는 그래서 여러 브랜드 제품의 대체재를 생산해야 했다. 대체재를 찾는 것은 그리 어렵지 않았다. 제조업 문제도 풀렸다. 결정적인 문제는 '새로 생산한 대체 제품들을 어떻게 유명하게 만들 수 있을까?'였다. 두트바일러는 이 분야에서 아주 기발한 아이디어, 재미있는 착상으로 가득 찬 아이디어를 많이 갖고 있었다. 역사가 깊은 존경받는 기업들은 자잘한 짓을 할 수 없었지만 미그로는 신생 기업이기 때문에 상인들의 세계를 우스꽝스럽게 만드는 비열한 짓 몇 가지를 할 수 있었다.

그는 미그로를 위한 광고를 제작했다. 상인들이 '이건 분명히 저 물품의 대체재네'라고 생각할 수밖에 없는 광고였다. 일단 신제품의 이름을 기존 유명 브랜드를 연상시키는 이름으로 지었다. 포장도 원래 제품의 포장과 거의 똑같이 만들었다. 그는 이런 식으로 간접적인 이득을 취했다. 예전에 비싼 돈을 들여 만들었던 제품 광고에서 직접적인 이득을 취한 것은 그가 아니라 콘체른들이었다.

하지만 그가 진짜로 원한 것은 그게 아니었다. 반대로 이런 대기업 광고에 정면으로 맞서려고 했다. 그래서 직접 광고를 제작했는데, 자기 제품의 장점을 드러내기보다 상대의 광고를 재미있게 패러디한 광고였다. 그는 신들린 사람처럼 옛날의 대기업 제품 광고를 우스꽝스럽게 만들었고 이 제조업자들을 조롱했다. 물론 그런 제품을 사는 사람들도 간접적으로 조롱하는 광고였다. 그는 이런 광고를 만들어 신문에도 싣고 전단지도 뿌리고 집회에서도 사용하며 엄청난 소동을 일으켰다.

예컨대 '퍼실'이라는 유명한 세제가 있다. 헹켈 콘체른이라는 대기업 제품이다. 두트바일러는 세제를 주문생산하면서 그 유명한 '퍼실'과 품질은 똑같은데 값은 아주 싸게 반값으로 판매할 수 있다고 생각했다. 이 세제의 이름을 뭐라고 할까?

많은 제조업자는 상인들이 진짜 헹켈 제품이라고 착각할 만한 이름을 찾기 시작했다. 그 정도는 돼야 소비자도 두 제품을 헷갈리고 둘 중에 더 싼 것을 살 것이라고 믿었기 때문이다.

두트바일러는 상반되는 의도에서 출발했다. 소비자가 자기 제품을 다른 제품과 혼동해서는 안 된다는 것이었다. 소비자는 그가 뭔가 다른 것, 더 싸면서도 더 좋은 것을 판매하려 한다는 것을 알아야 한다고 했다. 그래서 더 비싼 경쟁제품, 즉 헹켈의 '퍼실'을 사는 사람이나 지금까지 '퍼실'을 사온 사람들을 조롱하려고 했다. 그렇게 해서 붙인 세제의 이름은 '오네 헹켈'*이었다. 그리고는 포장을 비롯한 모든 광고에 손잡이가 없는 '단지' 그림을 그려 넣었다. 모든 가정주부는 이것이 무슨 뜻인지 금방 알았다. 즉 단지에서 '손잡이'가 없는 게 아니라, '퍼실'을 생산한 '헹켈이 없다'는 뜻으로 금방 이해한 것이었다.

미그로를 통해 무카페인 커피를 제조, 판매하겠다는 두트바일러의 결심도 그렇게 생겼다. 가장 유명하고 가장 사랑받는 무카페인 커

피 이름은 오늘날도 여전히 있는 '커피 하크'였다. '하크'는 일반인들이 쓰는 말이고 배운 사람들이 쓰는 '차운Zaun'*이라는 말과 같은 뜻이다. 그래서 두트바일러는 자신의 무카페인 커피의 이름을 '차운'이라고 붙였다. '커피 차운' 광고에는 울타리를 그려 넣어 소비자들이 '하크'라는 단어를 연상하게 했다. 뒤에는 막스Max와 모리츠Moritz가 서서 이 '울타리' 너머로 감시자를 히죽거리며 보고 있는 그림이었다. 이런 광고를 오해하는 것은 전혀 불가능했다.

그 밖에 미그로에는 또 다른 세제도 있었다. 당시 시장을 거의 휩쓸던 선라이트 사의 '핌VIM'이라는 제품을 흉내 낸 '팽Päng'이라는 세제였다. '팽'과 '핌'은 언뜻 보아서는 연상되는 부분이 없는 것 같았다. 발음도 전혀 비슷하지 않았다. 하지만 두트바일러 는 '핌'처럼 짧고 간결하면서 다른 의미도 있는 이름을 중요하게 생각했다. 누군가 '팽'이라고 하면 듣는 사람은 어디선가 총을 쏜 것처럼 생각했다. 총소리 아니면 명사수?

두트바일러는 이처럼 감정적인 연상을 불러일으키는 아주 원시적인 방식으로 광고를 제작했다. 그리고 거기에 '핌'의 가격이 너무 높다고 비판하는 견해를 담았다. 그는 광고에서 소비자들에게 다음과 같이 요구했다. "울지 마시고 차라리 '팽'하세요!" 그러면서 아무도 오해하지 않도록 이런 말도 덧붙였다. "가격이 너무 높다고 울지 마시고 기쁜 마음으로 '팽'하세요!" 그것은 아주 명백했다. 소비자들에게 그동안 너무 비싼 돈을 주고 샀던 '핌'을 앞으로는 구매하지 말고 '핌'

---

* 커피 하크(Kaffee Hag)의 '하크(Hag)'와 '차운(Zaun)'이 발음은 다르지만, 독일어의 뜻은 둘 다 '울타리'라는 뜻이다.

을 확실히 폭발시켜버리라는 뜻이었다. 물론 소위 1등상을 탄 '팽'을
위해서.

경쟁사에 대해서는 전혀 말하지 않고 그런 식으로 조롱과 희롱을
퍼붓자 경쟁 대기업들은 마음도 상하고 상처도 입었다. 그래서 미그
로를 상대로 온 힘을 다해 제기한 일련의 소송 말고는 달리 이 불화를
끝낼 방법이 없었다. 물론 그들이 제기한 소송의 상대는 모두 명목상
으로는 미그로였지만 실제로는 두트바일러였던 것이다.

그 바람에 그는 아주 자연스럽게 '소송에 미친 사람'이라는 명성
을 얻었다. 그가 진짜로 '소송에 미친 사람'이었을까? 그가 소송을 좋
아했을까? 두트바일러가 살면서 대부분의 사람들보다 더 많은 소송,
즉 명예훼손 소송이나 사업상 소송, 정치적 소송까지 당하거나 진행
했다는 것은 의심할 여지가 없다.

그가 그런 소송을 즐겼는지 소송 광신자인지 아닌지에 대한 대답
보다 그가 그런 소송들을 진행할 수 있었고 진행할 수밖에 없었다는
것이 더 중요하다. 그는 소송을 진행할 수 있었다. 신경이 아주 강철
같은 사람이었다. 자신이 사느냐 죽느냐 아니면 미그로가 사업을 계
속하느냐 문을 닫느냐에 관련된 소송이라 하더라도 냉정했고 조용했
으며 침착했다. 즉 여유가 있었다. 미그로의 존폐 여부와 관련된 소송
도 초기 몇 년 동안 한 번 이상 있었다. 그는 소송을 진행할 수밖에 없
었다. 미그로를 설립할 수밖에 없었던 것과 같은 이유였다. 그는 그때
도덕적인 것도 함께 이야기했다. 소시민들이 착취당한다는 것, 주부
들이 가족을 부양하고 가정경제를 영위하는 데 필요한 물건을 너무 비
싸게 사는 것에 대한 분개도 함께 이야기했다. 그는 강한 정의감 덕분
에 종종 상처를 입긴 했지만 그런 정의감 덕분에 소송에서 항상 다시

힘을 낼 수 있었다.

그의 반대자들은 이것을 의심했다. 그들은 두트바일러보다 자신들이 덜 순수하지 않다고 주장했다. 우선 두트바일러가 상인이라는 점을 강조했다. 그래서 소송할 때도 늘 사업을 염두에 두고 한다는 것이었다. 그러니까 소송도 모든 이유에 앞서 사업상의 이유로, 즉 자신과 회사를 홍보하기 위해 진행한다는 점을 이해해달라고 주장했다.

그렇다. 그것도 물론 관련되어 있다. 하지만 두트바일러는 대기업가로서 보통 사람들이 갖고 있지 못한 통찰력을 갖고 있었다. 물론 아무도 읽지 않겠지만 그에 대한 학술논문도 쓸 수 있을 정도다. 소송은 그에게 목적을 이루기에 아주 좋은 수단처럼 보였다. 홍보나 선전 목적도 있지만, 일상생활에서 벌어지는 불공정에 대해 대중의 스포트라이트를 비추는 목적도 있었다.

특정 제품, 특히 유명 브랜드 가격은 정말 터무니없이 비싸게 매겨졌다. 그것은 1932년 11월 스위스연방 경제부 산하 해당 위원회의 식품 가격(우유와 유제품, 육류, 과일, 채소는 제외) 연구 결과 보고서에 결론이 나와 있다. 그 숫자를 보면 다음 질문들에 대한 해답을 알 수 있을 것이다.

1. 공개된 시장 상품의 생산비는 얼마나 될까?
2. 그 물건이 미그로에서는 얼마에 팔리고 있을까?
3. 미그로를 차단한 도매상들은 똑같은 품질의 상품을 얼마에 구입할까?
4. 도매상은 그 브랜드 상품을 소매상에게 얼마나 비싸게 팔까?
5. 소매상은 그 브랜드 상품을 소비자에게 얼마나 비싸게 팔까?

	퍼실 500g/라펜	팔민 500g/라펜	커피 하크 1000g/라펜	오보말티네 500g/라펜
1. 공개된 시장 생산비	39.5	86	325	152
2. 미그로 판매가	50	98	386	200
3. 해당 브랜드 제품의 도매상 구매가	63	108		256
4. 해당 브랜드 제품의 도매상 판매가	72	120	600	290
5. 해당 브랜드 제품의 소매상 판매가	90	150	750	360

그래서 고틀리프 두트바일러는 약간 순진하면서도 아주 직접적인 질문을 했다. 브랜드 제품을 그렇게 비싸게 파는 게 옳은가? 이런 질문도 했다. 브랜드 상품은 무슨 권리로 점점 더 강력한 보호를 받는가? 게다가 늘 끊임없이 계속 보호받는 이유는 뭔가? 소비자에게 피해를 점점 더 많이 입히는 쪽으로 남용까지 해가며 보호해야 할 이유가 있는가?

그가 볼 때 분명한 것이 있었다. 즉 브랜드 제품을 보호하는 힘은 그 브랜드 제품을 생산하는 회사의 힘과 함께 커졌고 그 회사의 힘은 브랜드 제품 보호와 함께 커졌다는 것이다. 두트바일러는 이게 바람직한지, 일반 대중에게 좋은지 묻고 있었다.

그는 일단 법적으로 어떻게 되어 있는지 명확히 알고 싶어 했다. 홍보 광고 영역에서나 신문의 논단만으로는 확실히 알 수 없었기 때문이다. 대기업들이 광고에서 자기네 상품이 실제로는 그렇지 않은데도 이러저러한 성분으로 구성돼 있다고 허위 선전하는 것을 그렇게 하지 못하도록 막은 사람이 단 한 사람이라도 있느냐는 것이다.

두트바일러는 법적으로 해결돼야 진실이 세상 밖으로 드러날 수 있다고 확신했다. 그의 견해에 따르면 수많은 식료품 대기업 콘체른들이 제일 두려워하는 게 바로 진실이라는 것이다.

그런데 어떻게 해야 대기업 콘체른들을 법정으로 끌어낼 수 있을까? 두트바일러 자신은 소송 방법을 잘 알지 못했다. 그들도 그를 상대로 소송을 제기하지 않았다. 정반대였다. 그들은 그를 거의 공격하지 않고 오히려 침묵시키기 위해 숱하게 노력했다. 그래서 다른 가능성만 남았다. 그가 반대자들을 상대로 도발을 할 수밖에 없었던 것이다. 그래서 아주 오랫동안 공격도 하고 조롱도 하고 우스꽝스럽게 만들기도 하고 심지어 명예훼손까지도 했다. 그래서 그들의 머리가 복잡해지고 마침내 그들이 소송을 걸어올 때까지 계속 그렇게 했다. 자기가 고소를 당해야만 진실이 백일하에 드러날 수 있을 것이라 생각했고 정확히 그렇게 되었다.

1930년대의 굵직한 소송은 거의 두트바일러가 도발해서 이뤄진 것들이었다. 이런 도발 가운데 즉흥적인 도발은 거의 없었다. 그런 도발은 아주 조심스럽게 진행되었고 어느 정도까지는 기획한 것들이었다. 두트바일러는 아주 실력 있는 변호사 헤르만 발더Hermann Walder 박사와 길고 지루한 상담을 해가면서 이런 도발을 했고 그렇게 벌어진 소송은 대부분 발더 박사가 대행했다.

나중에 소송이 진행되는 동안 언론은 두트바일러를 종종 '소송광'이라고 공격했다. 예컨대 〈베르너 탁바흐트〉는 1932년 12월호에 이렇게 썼다.

이른바 '미그로 소송'이 끝날 기미가 보이지 않는다. 최고재판소 판결로 한 재판이 끝나자마자 또 다른 재판이 연방 법원 법정에 올라온다. 미그로(주) 지도부 측에서 경쟁 방식을 근본적으로 바꾸지 않는 한 앞으로도 한동안은 이렇게 진행될 것이다. 미그로(주)의

사장 두트바일러가 사업을 이끄는 수단과 방법 중에 아주 독특한 특징이 있는데, 그것은 소송이다.

1개월 뒤인 1933년 1월, 두트바일러는 근본적인 문제를 광고로 만들었다. 제목은 "이제 미그로를 상대로 한 마지막 투쟁이 온다!"였고, 내용은 다음과 같았다.

미그로에 반대하는 자들은 어떤 사람들일까요?

첫째, 자본가들입니다. 명품 회사들이 실제 가진 자본은 거의 무제한입니다. 스위스소비자조합에 따르면 석유 트러스트 하나가 쓸 수 있는 자본이 60억 프랑이나 된답니다.

둘째, 각종 협회와 조직들입니다. 그중에는 스위스식품상협회와 명품브랜드협회, 스위스소비자조합, 수입식품 지점들로 이뤄진 '도매상협회' '소매상협회' 같은 조직들이 있습니다.

셋째, 각종 언론입니다. 대표적 언론은 〈게노센샤프트 폴크스블라트〉(소비자조합)와 〈비르트샤프틀리헤스 폴크스블라트Wirtschatliches Volksblatt〉(할인판매조합)입니다. 그 밖에 수많은 사업 관련 전문지들도 있습니다. 명품 광고에 상당 부분 의존하고 있는 시시껄렁한 지역 신문들도 있지요. 몇몇 노동조합과 함께 정치 연합을 형성하고 있거나 그런 정치 연합을 꾸리기 위해 애쓰고 있는 노동자신문(예컨대 바젤)도 있습니다. 그리고 명품의 초과이윤을 끝까지 보호해보려고 안간힘을 쓰는 대기업 재벌 신문들도 있습니다.

넷째, '거의 쓸모없는' 협동조합들과 식품상들 그리고 그 연합체들의 압력을 받으며 미그로에 대해 금지하는 수수료를 부과하는 저

공공기관의 관료들입니다.

그럼 미그로를 찬성하는 사람들은 누구일까요?

첫째, 재벌 자본의 1,000분의 1도 안 되는 미그로 자체 자본입니다.

둘째, 협회나 조합 같은 조직에 가입하지 못했지만, 머리와 심장을 가진 주부들과 수많은 분야의 선량한 남성들입니다.

셋째, 소비자들의 관심사에서 시작해서 생산자들까지 걱정하는 책임감입니다.

넷째, 선의와 넓은 마음을 가지고 이미 착수한 실제 프로그램입니다.

다섯째, 미그로 집행부와 직원들과 공급업자들입니다. 소비자들의 아주 강한 공동체감도 있습니다. 함께 큰 목표를 향해 노력하려는 감정도 있습니다. 낡고 부패하고 목적에서 벗어난 상품 유통 시스템을 혁신하려는 사람들입니다.

두트바일러는 헹켈 콘체른을 상대로 한 소송에서 패했다. 하지만 곧 밝혀지듯이 이 패소는 일시적이었을 뿐이다. 어쨌든 며칠 안 지나서 하필이면 〈게노센샤프트 폴크스블라트〉가 이 소송 결과에 대해 무척 기뻐했다. 두트바일러는 다음과 같이 썼다.

이 협동조합은 어떤 정신을 가진 아기일까요? 대기업 명품들이 야무진 미그로를 상대로 싸워서 승리한 것을 얼마나 좋아하는지 보면 확실히 알 수 있습니다. 미그로가 다른 기업을 상대로 승소했을 때는 모든 신문이 혐오 기사로 가득했죠!

소비자협동조합협회연합의 지도부 여러분! 우리는 공개적으로 조롱당하는 것을 자랑스럽게 생각하고 있습니다. 우리는 로치데일 선구자들의 정신을 느낍니다. 우리는 대기업으로 성장했습니다만 여전히 소비자들에게 충실합니다.

아니, 그에게는 손바닥으로 따귀 몇 대를 때리는 게 중요하지 않았다. 종양처럼 비정상적으로 과잉 성장한 기업들과 맞서 싸우는 게 중요했고 정의감을 일깨워 승리하는 게 중요했으며 그렇게 해서 질서를 재창조하는 게 중요했다.

상대편은 그런 게 기쁘지 않았다. 상대편은 소송을 원하지도 않았다. 시간도 들고 돈도 드는데 소송을 원하는 사람이 어디 있겠는가?

미그로는 도대체 누구인가? 헹켈, 선라이트, 커피 하크(주) 같은 콘체른들을 공격한 이 고틀리프 두트바일러 사장은 또 누구인가? 그는 그들에게 쉴 틈을 주지 않았다. 매일같이 새로운 공격을 하면서 그들을 조롱했다.

두트바일러는 비웃었다.

상표권 소유자들을 보호해주는 게 눈에 띕니다. 그래서 제조업자 한 사람이 상표마다 20프랑씩 지불해야 합니다. 그 돈을 내면 일반적으로 20년 동안 그 상표권을 사용할 수 있도록 보호받을 수 있습니다. 20년이 지나면 다시 20프랑씩 내고 다시 20년간 권리를 보호받을 수 있습니다. 상표권 보호법에는 상표권 소지자의 별도 의무가 포함되어 있지 않습니다. 반대로 모든 나라의 실제 법률로 높이 점점 더 높이 설치된 보호 장벽 덕에 상표권 소지자만 좋습니다.

생산자를 표시해서 상표가 실제로 어떤 특정 제조업자의 생산품이라는 것만 알 수 있게 해주면 됩니다. 물론 제조업자는 자기 제품을 보호한답시고 상표 값으로 폭리를 취해서는 안 됩니다. 소비자들에게 '상표의 가치를 충분히 누리려면 그 정도의 돈은 내야 한다'고 암시하는 데 오용해서도 안 됩니다. 그러지만 않는다면 모두 옳고 아름다울 것입니다.

어떤 회사가 통조림 겉면에 과일 그림을 그려 넣는 이유를 하얗게 적어놓습니다. 다른 회사는 녹색과 적색 또는 청색과 적색으로 응용할 수도 있겠죠. 그러면 엄청난 비용이 드는 소송에 휘말려야 합니다. 이 모든 재판에서 '비슷한 포장을 하면 소비자가 어디서든 어떻게든 혼동할 수 있으니 그렇게 혼동하지 않도록 상표권을 보호해야 한다'고 하는데 그게 이상합니다. 그러나 소비자가 혹시 혼동했다고 칩시다. 그렇다고 소비자가 실제로 불이익을 당했나요? 아니면 그 소비자가 똑같은 값어치가 나가는 제품을 구매할 수 있게 되지 않았나요? 이런 것은 아예 검토조차 하지 않습니다.

두트바일러는 다음과 같은 공격도 했다.

우리가 자체 개발한 세제 '오헤'는 소비자들에게 큰 호응을 얻었습니다. 그런데 유감스럽게도 지금은 충분히 공급할 수가 없습니다. 앞으로는 충분히는 몰라도 공급할 수는 있을 겁니다.

다른 제품들도 그렇듯이 오헤는 세척력과 내용물, 무해성, 보존 가능성 같은 점에서 퍼실과 동등합니다. 이런 게 겉으로 보이는 상표보다 훨씬 더 중요한 것 아닙니까! 수많은 가정에서 한 주에 1봉지씩 쓰는 게 세제입니다. 모든 가정에서 50라펜씩 절약할 수 있다면 1년에 25프랑씩 절약했다는 뜻입니다. 세탁 세제 하나만 따져봤을 뿐인데 그렇습니다!

그래서 우리는 대담한 광고를 해서 사실들을 솔직하게 드러내기로 했습니다. 퍼실의 신사들도 원한다면 그 50라펜으로 우리와 같은 가치가 있는 포장 제품을 제공할 수 있습니다. 퍼실이 우리보다 더 잘할 수 있을 겁니다. 물론 우리의 제조 기술과 포장 기술이 아주 현대적이지만 퍼실이라는 대기업보다는 떨어지기 때문이죠.

커피 하크와 마찬가지로 퍼실도 옛날부터 너무 비쌌습니다. 우리가 오늘날 용량과 효능, 값어치 같은 것에서 퍼실에 결코 뒤지지 않는 오헤 제품을 출시할 수 있다는 것이 바로 그 증거입니다.

우리도 마술사는 아닙니다. 상품값과 기계 값도 내야 하고 임금도 충분히 주어야 하며 막대한 비용도 지출해야 합니다. 판매를 반으로 줄이고 광고비도 줄이면 이익금도 반으로 줄어듭니다.

커피 하크처럼 헹켈에 대해서도 칭찬해줄 만한 게 있습니다. 바로 그들의 발명 덕분에 많은 주부가 엄청난 서비스를 누려온 것은 맞습니다. 하지만 이제 소비자가 물가 인하의 손길을 느껴야 할 시간입니다. 그 훌륭한 퍼실이 새끼염소 젖을 좀 너무 오래 너무 많이 빨았습니다. 나쁜 게임을 하면서 표정은 선하게 짓고 있는 게 틀림없습니다.

물론 커피 하크나 퍼실 같은 거대 권력을 공격하는 게 위험하지는 않습니다. 커피 하크나 퍼실을 상대로 소송을 해야 한다면 주부들께서 목격자가 되어 직접 관찰한 뒤에 아주 체계적으로 비교해주시면 고맙겠습니다. 그러면 주부 여러분이 우리 편에 서서 우리를 보호할 것이라는 점을 확실히 믿을 수밖에 없을 겁니다. 그러면 우리가 약간 더 큰 소리를 낼 수 있겠죠.

실제로 그렇게 진행됐다. 재판장들과 베른의 요인들에게 보내는 공개편지들과 전단지들 그리고 모든 사설을 포함한 광고가 흘러넘쳤다. 몇 년에 걸친 일련의 소송이 생각할 수 있는 모든 법원을 망라해 그렇게 진행되었다.

헹켈&시에(주) 뒤셀도르프-바젤이 최초로 소송을 걸어왔다. 세탁 세제 오헤의 포장지가 널리 퍼지는 걸 막겠다며 바젤에서 제기한 이 소송은 풍향을 알아보려고 띄우는 풍선 같은 소송이었다. 미그로가 오헤와 퍼실 제품을 의도적으로 혼동하도록 했다는 혐의를 받았다.

1932년 2월에는 선라이트 컴퍼니가 뒤를 이었다. 그 회사는 미그로에 대해 3만 프랑의 손해배상을 청구하며 스위스의 모든 주에서 22건의 소송을 제기했다. 1932년 9월 12일에는 마침내 마일렌에 있는 커피 하크(주)가 미그로에 대해 소송을 제기했다. 미그로가 광고에서 커피 하크에 '독성 있는 용매'가 포함돼 있다고 주장했다는 이유였다.

그 뒤로도 소송은 이어졌다. 예컨대 유명한 식용유 상표인 '팔민 Palmin'과 '팔미나Palmina'를 놓고도 소송이 벌어졌다. 미그로가 식용유 상표를 '누스갈미나Nuss-Galmina'라고 했다는 이유였다.

베른에 있는 반더Wander도 미그로를 상대로 소송을 제기했다. 미그로가 자신들의 '오보말티네'를 '아이말친'으로 표절했다는 이유였다. '오보말티네'라는 이탈리아어를 '아이말친'이라는 독일어로 바꾸기만 했다는 것이다.

이 시기에 대기업 '명품브랜드협회'는 스위스의 여러 일간지에 자기네 회사 이름을 언급한 미그로 광고를 싣지 말라는 압력을 넣었다. 그렇지 않으면 자기네가 광고를 싣지 않겠다면서 말이다.

이 모든 소송의 고소인은 대기업이었고 피고소인은 미그로였다.

물론 법정에서는 전혀 달라 보였다. 두트바일러가 피고석에 앉아 있다는 사실은 금방 잊혔다. 힘도 세고 사려도 아주 깊은 발더 박사가 변호하기 위해 피고의 변호인석에 있었다는 사실도 곧바로 잊혔다. 그가 '입을 열면' 공격이 최선의 방어라는 사실이 드러났다.

고틀리프 두트바일러가 일어서면 미그로가 정확히 말해 고틀리프 두트바일러 개인이 원고가 되었다. 대기업들은 방어하기에 급급했다. 그들은 잃기만 했을 뿐 아무것도 얻을 게 없었다. 재판이 시작되었을 때는 그들의 특정 시장 통제력이 거의 100%였다.

재판 중에 그들에 대해 그리고 그들의 제품 이야기가 계속 쏟아져 나올 수밖에 없었다. 그것은 모두 그들에게 해로운 것들뿐이었다. 반면에 미그로와 두트바일러는 아무것도 잃을 게 없었다. 근본적으로 말해서 이런 재판은 발더 박사가 싸워서 뚫고 나가기 전에 이미 미그로가 이긴 재판들이었다. 평범한 소시민과 고객들 그리고 무엇보다 여성 고객들이 두트바일러의 배후에 있었기 때문에 판사들이 뭐라고 판결하든 상관이 없었다. 두트바일러가 자신들을 위해 싸우고 있다고 확신했고 실제로도 그랬기 때문에 그를 지원하기로 한 것이다.

발더 박사의 변론도 이런 의미에서 진행되었다. 그는 변호의 기술을 갖고 있었다. 재판장까지 포함해 법원에 참석한 모든 사람이 '이 재판이 작은 법정에서 열리고 있다'는 사실을 잊게 만들 정도였다. 사람들은 발더 박사가 거대한 포럼에서나 전 국민을 대상으로 연설하는 것처럼 느꼈다. 예컨대 그가 이렇게 연설할 때는 더욱 그랬다.

퍼실은 우리가 불순하다며, 우리가 소비자를 오도한다며 고소했습니다. 퍼실은 우리한테 배상금 1만 프랑을 내라고 하고 있습니다. 인간의 건강한 상식을 몇 마디 문장이나 어떤 가설로 표현하지 않는 정상적인 인간이라면 이렇게 조용히 물을 수 있을 것입니다. "둘 중 어느 쪽이 소비자를 오도했습니까? 자기 물건을 200%나 바가지를 씌워 수십 년 동안 팔아온 사람들입니까? 아니면 말로나 글로 진실을 제공하며 똑같은 제품을 정상적이고 정직한 가격, 공정한 가격으로 제공하고 있는 사람들일까요? 도대체 누가 '불순하게' 행동한 사람들입니까?"

그는 이런 말도 했다.

여러분은 신문에서 동부 스위스의 특정 지역에 있는 제빵사에서 빵을 파는데 스위스 평균보다 3라펜 더 비싸게 판다고 공개적으로 비난하는 기사를 읽었을 것입니다. 분명히 장미꽃 장식도 하지 못한 이 작은 빵집들! 그래서 거래량도 그리 많지 않은 이 빵집들이 바가지요금을 받는다고 공개적으로 비난을 받습니다. 좋습니다. 이 악덕 제빵업자들에게 관공서가 무거운 세금을 매겨야 한다고 주장하는 베른 사람들의 이야기가 들립니다. 그런데 어떻습니까? 혹시 이런 이야기는 흥미가 없나요? 한쪽에서는 평범한 소시민들이 10%를 더 받았다고 중형을 언도받고 있는데 다른 한쪽에서는 백만장자 대기업 퍼실이 똑같은 제품으로 공장주나 소매상이 정직한 가격으로 판매할 때 붙이는 마진보다 200%나 더 받으면서도 단지 판사들을 주물러서 오히려 자기들한테 배상하게 해달라는 판결을 요구하고 있다는 이야기 말입니다. 다시 말해 대기업 명품의 오늘날 실제 모습을 보면 공장주와 상인이라는 고귀한 직업을 변질시켰다는 생각이 듭니다. 정통한 중간상인들이나 소상인들은 예전부터 주부들이 물품을 구매할 때 조언자 역할을 해왔습니다. 하지만 오늘날 그런 사람들은 신임 두터웠던 옛날의 지위를 잃어버렸습니다. 그들은 명품을 생산하는 대기업 공장주들의 단순한 부속품이 돼버리고 만 것입니다.

그리고 요약하자면 이런 변론도 했다.

　선열들이 미신과 유령 이야기를 아주 철저하게 배척했던 것처럼 우리는 퍼실과 커피 하크를 그렇게 철저히 배척해버릴 것입니다. 어떤 사람이 어떤 사물의 이름을 부를 때 큰 소리로 부르거나 사실대로 부른다고 해서 그 사람을 처벌해서는 안 되는 것입니다. 우리는 스위스에서 학교 교육과 계몽을 위해 충분한 세금을 내고 있습니다. 그런데 국민경제와 국민 개개인에게 손해를 끼치고 있는 공무원들과 판사들의 무지를 깨우치기 위해서 앞으로 얼마나 더 많은 세금을 내야 한단 말입니까?

1만 프랑의 손해배상과 보상 그리고 그 판결내용의 공표를 요구했던 헹켈&시에의 소송은 기각되었다. 하지만 장크트갈렌에서는 헹켈이 승소했다. 거기서는 상표권 침해와 함께 불공정 거래 행위도 인정되었다. 법원은 미그로에 대해 불공정 경쟁과 상표권 침해로 유죄를 선고했다. 헹켈&시에는 보상금으로 1,000프랑을 받았다. 다음 재판은 1932년 초에 취리히에서 열렸다. 여기서도 미그로는 불리한 판결을 받았다. 적어도 오헤를 지금의 포장으로 판매하지 말라는 판매 금지 결정을 받은 것이다. 포장, 즉 포장지의 삽화를 바꿔야 했다. 헹켈이라는 단어가 눈에 띄지 않게 하라는 판결이었다. 두트바일러는 기발한 아이디어를 생각해냈다. 헹켈이라는 이름 위에 무화과 잎을 그려 넣어서 오헤의 반만 보이게 만든 것이다. 이를 본 사람들은 모두 웃었다. 법원은 무화과 잎이 너무 작다고 봤다.

10월 22일, 두트바일러는 재판 상황에 대한 소감을 다시 한번 광고 형식으로 썼다. 물론 스위스 신문들 가운데 그 광고를 실어준 신문은 거의 없었다.

학식 높은 장크트갈렌의 법정에서는 오헤가 무조건 불리한 판결을 받았습니다. 무화과 잎이 있건 없건 중요한 건 그게 아닙니다. 오헤가 바젤에서는 100% 옳았고 취리히에서도 완벽한 도덕적 승리를 거둔 게 중요합니다. 이 판결에 따르면 무화과 잎의 속편은 제작할 수 없고 '헤'만 쓸 수 없다고 되어 있습니다. 그래서 '오'만 남긴 것입니다! 원래의 상표 제목인 '오헤'만 보일 수 있도록 무화과 잎을 더 크게 그렸어야 했나 봅니다.

다들 웃었다.
두트바일러는 모든 방향으로 투쟁해야 한다는 사실을 확인했다.

로잔에서 누스갈미나도 너무 비슷했습니다. 아주 불순합니다. 소비자가 '누스'에 주목하지 않고 '갈미나'에 주목했기 때문이랍니다. 그런 다음 '갈미나'는 '미나팔마'의 존경하는(오, 그대, 거룩한 세바스찬) 가족에 속하는 것으로 간주됩니다. 60억 자산을 보유하고 있는 '가난한' 기름 재벌 트러스트가 착유를 방해받는다고 하는 것과 마찬가지입니다. 사실은 정반대입니다. 주부들은 이 모든 것을 다 알고 있습니다. 그런 점을 고려할 때 값이 현저히 차이 나는 두 제품을 혼동한다는 것은 있을 수 없는 일입니다. 혼동해서 손해를 보는 쪽은 상표권자가 아니라 소비자일 뿐입니다. 따라서 상표권법의 어떤 부분을 어겼다는 것인지 이의제기할 게 아무것도 없는데 이의제기를 한 것입니다.

신문들을 흘낏 보면 두트바일러가 스위스의 법원을 고용한 것 같다. 그렇다. 이 법원들이 미그로 관련 재판만 하느라고 다른 재판에는 신경 쓸 시간이 전혀 없을 것 같다고 사람들이 믿을 정도였다. 그러나 그들은 두트바일러가 관여하는 일에 전혀 동의하지 않았다. 그는 어디에서는 무죄를 받고 다른 곳에서는 유죄를 받았다.

바젤에서는 미그로의 '쥐스펫'이라는 상표가 통하지 않았습니다. 물품의 명칭이긴 하지만 다른 모든 기업도 '쥐스펫'이라는 물건을 팔 수 있기 때문이라고 했습니다. 그러면 소비자들이 혼동할까요? 아이쿠! 그건 아닙니다.

사랑하는 여러분! 루체른에서도 혼동은 불가능한데 미그로(주) '미그로 판매과'가 혼동을 일으킨다며 광고를 거부당했는데 상을 받았습니다. 미그로 제품의 품질이 좋다는 이유였죠. 품질은 좋고 값은 두 번째로 싸다고 해서 미그로가 항의했죠. 그런데 너무 활기 차게 항의한 바람에 100프랑의 벌금형을 받았습니다. 이번에도 우리가 '불공정'했다는 이유였습니다. 오류투성이 펜으로 미그로를 가르치려는 기자들이 당신 기사를 쏟아냈습니다. 미그로 전체 이름을 수십 차례나 언급하면서 말입니다.

로잔에서는 미그로의 신문 정신에 대해 여러 군데에서 불결한 공격이 쏟아져 들어왔습니다. '큰 사기에 사악한 수법'이라는 표현도 있었고 비서 저널리스트의 시각도 있었지만 아무런 처벌도 없었습니다. 언론계에서는 그런 게 일상적입니다. 언론의 자유가 그런 자들까지 보호하기 때문이죠. 하지만 '신문 속 신문'인 〈미그로 신문〉에서는 그런 게 안 통합니다. 영업이기 때문이죠. 결국 제 아내가 한마디 합니다. "제발 좀 그만해, 그 사람들이 완전히 옳아." 비참하게 후회도 하죠. 맞습니다. 하지만 중단은 없습니다. 중단이라뇨. 중단은 없습니다. 입법부와 사법부의 관행 때문에 소비자가 얼마나 보호받지 못하는지, 미그로가 그 사실에 손가락을 대기 시작한 것뿐입니다. 미그로는 어떤 역경이 닥쳐도 얼마나 많은 대가를 치르더라도 끝까지 싸워서 영예로운 결론을 얻기 위해 나아갈 것입니다.

사람들은 두트바일러가 의욕을 잃지 않았다는 점을 알게 되었다. 웃을 일이 거의 없어도 그는 웃었다. 그것도 그의 탁월한 전략이었다. 웃는 사람은 늘 웃는 사람들을 곁에 두게 마련이니까.

두트바일러는 그런 재판을 받으면서도 스스로 웃는 사람들을 늘

곁에 두었다. 그의 좋은 신경이 실제로 아주 중요한 무기라는 사실이 증명되었다. 그는 한순간도 피고나 피고인으로 활동하지 않았다. 그는 재판관들한테 '당신들보다 내가 이 문제에 대해서는 훨씬 더 많이 알고 있다'는 점을 단 몇 마디 말로 설득시킬 수 있었다. 그는 아주 현명하게 전혀 건방지지 않게 그렇게 했다. 그는 상인이고 그들은 법률가들이었으니까. 상대편 변호사들이 계속 항의하며 피고가 법정을 가르치려 해서는 안 된다고 지적했다. 하지만 판사들은 그의 말에 많은 주의를 기울였고 대부분 자비심을 가지고 경청했다. 결국 그들도 자기 아내들에게 살림하라고 돈을 주는 사람들 아니던가! 많은 아내가 적은 생계비로도 살림을 잘해갈 수 있도록 도와주는 사람은 두트바일러뿐이라는 의견을 공개적으로 표출하기도 했다.

커피 하크(주)와 미그로의 소송도 오헤 소송과 거의 똑같이 진행되었다. 달걀 생김새 차이 정도라고나 할까? 이 재판도 두트바일러에게는 저널리스트들을 공격할 기회였다.

7월 26일, 그는 이렇게 썼다.

우리 잠시 스위스의 '커피 프리' '커피 드라이', 아니 '커피 금지'를 생각해봅시다! 커피 금지가 알코올 금지보다 생활습관과 삶의 취향 속에 훨씬 더 깊이 파고들어 있다는 것을 의심할 사람은 없을 겁니다. 여기서 우리는 이 갈색 음료가 우리의 지상 생활에서 얼마나 많은 비중을 차지하고 있는지 인식할 수 있습니다. 다음 숫자만 봐도 확실히 알 수 있을 겁니다.

스위스에는 1932년 상반기에만 799만 9,983킬로그램의 커피가 필요했습니다. 이것은 재수출이나 역수출은 제외한 수치입니

다. 잔으로 계산하면 1억 3,330만 잔이나 됩니다. 이 가운데 미그로
가 취리히와 베른, 바젤 등 3개 로스팅 공장에서 공급하는 커피는
55만 7,400킬로그램뿐입니다. 6그램짜리 잔으로 따질 때 하루 51
만 6,000잔을 공급하는 셈입니다. 전체 수입량에서 약 7%밖에 되
지 않습니다.

스위스연방 가격위원회는 최고 100%까지 올라가는 프리미엄
커피가 희귀한 일이 아니라고 확인했습니다. 그런데 우리가 취급
하는 커피 중에서 가장 비싼 것은 킬로그램당 3.51프랑입니다. 그
런데 장크트갈렌에서 가장 유명한 매장 3곳에서 파는 제일 비싼 커
피는 킬로그램당 6.6프랑, 5.70프랑, 5.30프랑입니다. 이런 가격
차이가 타당한 것인지 확인해보고 비교해보는 것이 주부에게 당연
히 도움이 되는 것입니다.

세제 '핌'을 생산하는 선라이트 컴퍼니도 비슷한 방식으로 공격
을 당했고 두트바일러가 생산하는 '팽'도 비슷한 방식으로 선두에 서
게 된 것이다. 이때도 수많은 공격이 있고 난 뒤에 수년 동안 소송이
줄을 이었다. 결국 판결은 언제나 똑같았다. '미그로는 광고의 톤을 좀
낮춰라!' '1,000프랑의 벌금을 내라!' '아주 보잘것없이 사소한 선전
문구를 좀 바꿔라!' 같은 것들이었다. 하지만 근본적으로 말해서 법정
에서 미그로가 아주 이성적인 것, 전혀 재판할 가치조차 없는 것, 정확
히 말해서 오히려 칭찬받아야 마땅한 것을 해왔다는 사실이 계속 확인
되었다. 헹켈-미그로 재판의 정점은 실제로 판사가 한 말이었다. 그는
이렇게 이야기했다.

예를 들어 경제 위기가 판을 치는 때에 소비자들은 최대한 절약할 필요가 있습니다. 가계 예산에 강하게 부담이 되는 소비재, 예컨대 세제 같은 소비재를 싸게 살 수 있다는 것에 주된 관심을 갖고 있습니다. 이런 측면에서 피고는 어쨌든 대중의 이익을 위해 행동한 것입니다.

판사의 이 말을 결코 부인해서는 안 될 것이다. 결국 선라이트가 미그로를 상대로 제기한 재판에서 법원은 다음과 같이 판결했다.

팽이 원고 측의 핌과 비교할 때 품질은 거의 똑같은데 값은 3분의 2나 더 싸다고 하는 피고의 주장은 사실에 부합합니다. 그런 점에서 고객 편에서 판단할 때 핌 가격을 낮추는 것이 맞습니다.

그는 이런 말도 덧붙였다.

가계에 적잖은 부담이 되는 필수 소비재가 지금과 품질은 같으면서 값은 훨씬 싸게 시장에 출시된다면 공익에 도움이 될 것입니다. 새로운 기업가가 이를 가능하게 했다면 소비자 대중이 그동안 지금과 비슷한 제품을 너무 비싸게 사왔다는 사실이 입증된 것입니다.

대규모 소송이 줄줄이 진행되는 동안 사람들은 거의 날마다 모든 신문에서 미그로에 관한 기사를 읽을 수 있었다. 법원의 판결을 받을 수밖에 없는 미그로 제품에 관한 기사도 마찬가지였다. 그것은 수십만, 아니 수백만 프랑의 가치가 있는 광고나 마찬가지였다. 미그로가 벌금을 물어야 하는 경우도 있었는데 그때조차도 두트바일러는 여전히 승자였다. 심지어 순교자로 여겨지기도 했다. 언제나 개인적으로 판결을 받는 것처럼 보였기 때문이다. 대중이 볼 때 피고는 언제나 두트바일러였지 결코 미그로가 아니었다. 그가 소비자를 위해서 싸웠고 평범한 소시민을 돕기 위해 대기업들과 맞서 싸우는 일을 감행했기 때문이었다.

이런 소송을 통해 미그로 제품의 인기는 훨씬 높아졌다. 그뿐 아니라 미그로의 아이디어도 비로소 국민 속에 비로소 제대로 파고들기도 했다. 두트바일러 자신도 성공한 사업가에서 공적인 인물로 그 위치가 바뀌게 되었다. 결국 이 모든 재판에 쓴 돈은 얼마일까? 1,000프랑짜리 재판비용 몇 건과 1,000프랑짜리 변호사비용 몇 건 그리고 1,000프랑짜리 벌금 몇 건뿐이었다. 이 시기쯤 이미 대기업이 돼버린 미그로의 가치 상승에 비하면 그 정도는 돈이라고 말할 가치조차 없다.

제8장

확장과 베를린 사업 그리고 후퇴

1930년대의 대형 재판들은 발더 박사와 고틀리프 두트바일러가 맡았다. 미그로가 마치 막다른 골목에 몰린 것처럼 보였다. 재판 결과에 따라 미그로의 존폐가 갈리지 않을까 싶었지만, 상황은 그렇게 이어지지는 않았다. 미그로가 설립된 지 7년이 지났다. 그동안 빈약했던 기간은 전혀 없었다. 물론 시작부터 꽤 힘들었다. 그리고 1930년대 내내 어려웠다. 하지만 소아병은 바로 극복되었다. 이제 미그로를 신생 기업이라고 말할 수 있는 사람은 아무도 없었다. 그만큼 미그로가 정말 아주 빨리 성장했다. 1931년 미그로 취리히 지사 한 곳에서 올린 매출액이 1,800만 프랑이나 되었다. 1932년에는 2,500만 프랑으로 뛰었다. 그해에만 취리히와 근교에 6개의 매장을 열었다. 최근 몇 년 동안 그리고 최근 몇 달 동안 루체른과 샤프하우젠, 장크트갈렌, 베른, 바젤 같은 곳에 10개 넘는 새 매장을 '미그로 주식회사' 형태로 열었다. 1933년 미그로 주식회사 전체 매장 수는 98개까지 성장했다. 미그로 주식회사의 전체 매출액은 4,250만 프랑에서 5,180만 프랑까지 치솟았다. 이동 판매 트럭도 41대로 늘었다. 그래서 미그로 운전기사들은 운행 시간표를 지키기가 점점 어려워졌다. 특히 대도시의 경우 더욱 심했다. 영업을 제대로 하려면 트럭이 어느 정도 정확한 시각에 도착해야 했지만 7분이면 도달할 수 있던 곳을 9분, 10분으로 자꾸 조정할 수밖에 없었다. 교통량이 계속 늘어나서가 아니었다. 정류장에서 참을성 있게 기다려주는 고객 수가 많아졌기 때문이다.

아우스슈텔룽스슈트라세 104번지에 있던 공간이 부족해진 지도 오래다. 자리를 옮겨야 했다. 두트바일러는 리마트슈트라세 152번지 요하네스 마이어&컴퍼니Johannes Meier&Co.의 염색 공장에 공간을 발견했다. 오늘까지도 미그로가 사용하고 있는 이 공간의 임대료는 1931년에 9만 프랑이었다.

6년 뒤 미그로는 이 부동산을 110만 프랑에 사들였다. 세월이 좀더 흐른 뒤에는 250만 프랑을 들여 한쪽 날개를 증축했다. 다 합쳐 360만 프랑이 든 셈이다.

1931년 9월에 이주하자마자 이른바 관람 통로도 열었다. 매장을 관통하는 120미터 길이의 통로였다. 소비자들이 미그로 내부에 들어와서 상품이 어떻게 실리고 어떻게 포장되며 어떻게 관리되는지 따위의 모든 것을 바로 앞에서 볼 수 있게 하자는 것이었다.

두트바일러와 직원들은 이미 그때 어떤 의미에서 보면 자신들이 역사를 창조했다는 것을 직감했다. 그래서 그들은 관람 통로 입구에 1925년에 취리히를 누비고 다녔던 최초의 미그로 이동 판매 트럭을 전시해놓았다. 트럭은 이미 약간 파손도 됐고 완전히 구식처럼 보였다. 하지만 그 곁을 지나는 모든 사람은 이들이 몇 년 안 되는 기간에 어떻게 이렇게 발전할 수 있었을까 의아해했다.

첫 번째 팀, 즉 '오래된' 팀 주위에 이미 오래전에 새 팀 하나가 구성되었다. 젊은이들로 꾸려진 팀이었다. 모든 것이 시작될 때는 없었지만 모든 것이 어떻게 성장했는지는 함께 경험한 사람들이었다.

몇 명 되지 않는 사람들이나마 이름을 나열해보자면 두트바일러의 조카 루돌프 주터와 아르놀트 주터Arnold Suter도 들어왔고 원래 두트바일러의 비서였던 에른스트 멜리거Ernst Melliger와 두트바일러를 아저씨라고 부르는 사촌 동생 알프레트 게리히Alfred Gehrig, 하인리히 렝엘Heinrich Rengel, Ch. H. 호흐슈트라서Ch. H. Hochstrasser 같은 사람도 있다. 이들은 여기서 자신을 입증해 보이려는 신세대들이었다.

미그로는 이처럼 의기투합한 사람들의 조합이었다. 이렇게 해서 미그로는 다른 사람들이 사별이라고 느낄 정도의 사안이 아니고서는 누구도 쉽게 떠날 수도 없고 떠나려 하지도 않는 일종의 가족이 되었다. 거기서 일하는 직원들은 해고를 배신으로 여겼고 직원들 편에서 하는 계약해지 통보를 탈영으로 느꼈을 정도이다. 그 당시에는 그랬다. 미그로는 성장하고 또 성장했다. 매장도 늘었고 이동 판매 트럭도 많아졌다. 사무실도 더 커졌고 직원(두트바일러가 즐겨 표현하는 대로 하자면 동업자들)도 무척 늘었다. 매출액도 눈부시게 늘어났으며 자체 생산 시스템도 생겨났다.

공장주들이 보이콧하는 바람에 어쩔 수 없이 두트바일러가 직접 생산할 수밖에 없었던 측면도 있지만, 두트바일러가 급하게 공장을 짓겠다고 결심하게 된 것은 아주 우연이었고 좋은 상황이었다.

그는 1928년에 이미 취리히 호숫가 마일렌 지역에 있는 무알코올 와인(주)의 재정이 어려워졌다는 사실을 알았다. 이 회사는 몇몇 부유한 가문이 소유하고 있었는데 그들은 이 회사를 사업 때문이 아니라 아이디어 때문에 소유하고 있었다. 실제로 이 무알코올 와인(주)은 지난 25년 동안 두 번이나 회생 절차를 밟은 기업이었다. 이번에는 세 번째로 또 회생 절차에 들어가느냐, 아니면 어쩔 수 없이 폐업하느냐의 기로에 서 있었다. 그래서 두트바일러는 바로 이 회사를 인수하기로 했다. 그는 포도 주스 생산에 관심을 가질 만한 특별한 이유가 있었다. 와인 문제와 관련이 있었다. 미그로를 설립하자마자 직원 중 한 명이 '와인을 영구 상품으로 유지하자'고 제안했다. 당시 미그로는 와인 1리터짜리를 8라펜에 공급할 수 있었다. 무척 큰 장사였다. 하지만 두트바일러는 당시 그 안을 거절했다. 위험하다고 느꼈기 때문이다. 와인을 그렇게 싸게 팔면 와인 매출액이 가파르게 상승할 것이고 그것은 술 마시는 사람이 그만큼 폭발적으로 늘어났다는 뜻이기 때문이다. 하지만 두트바일러는 가장들을 술주정뱅이로 만드는 일에 보탬이 될 생각이 전혀 없었다. 미그로는 고객들에게 봉사하겠다는 목적으로 설립한 회사인데 와인 판매는 고객에 대한 봉사가 전혀 아니었다.

그런데 지금은 자신이 공급하려 하지 않는 와인이 아니라 대체물을 생산할 기회가 생긴 것이다. 두트바일러는 직접 포도 주스를 시음해보고 아주 탁월하다는 것을 알게 되었다. 물론 이 주스가 실제로 와인을 훌륭하게 대체할 수 있다는 것을 일반 대중에게 설득해야 했다. 당시 포도 주스는 할머니들이나 마시는 것이었다. 아니면 뭔가 변화를 위해 노력하거나 빈혈기 있는 청소년들이 재미 삼아 또는 누군가 권유해서 마시는 정도였다. 두트바일러는 '그것은 능수능란한 선전의 문제일 뿐이다. 포도 주스를 대중화해야 한다'고 결론 내렸다. 물론 지금까지보다 훨씬 더 싼 가격으로 공급해야 했다.

그는 어떤 상품을 취급할 때면 언제나 그렇듯 우선 가격을 분석했다. 포도 주스가 일반 상점에서 얼마나 하지? 85라펜이었다. 상점 주인은 도매상에게 56라펜을 지불했다. 이 중에서 농부가 받는 돈은 20라펜뿐이고 나머지는 당연히 엄청난 부대비용이 들어가는 공장에 돌아갔다. 두트바일러가 확인해보니 경영을 아무리 합리화해도 반드시 지출할 수밖에 없는 임대료 부담을 빼고도 부대비용이 정말 많이 들어갔다.

두트바일러는 포도 주스를 85라펜이 아니라 47.5라펜에 팔겠다고 선언했다. 그러자 이른바 전문가들이 '포도 주스 사업을 하면 적이 늘어날지도 모른다'며 말리려 했다. 예컨대 음료수가 대중화되면 맥주업자들이 쉽게 받아들이지 않으려 할 것이라고 했다. 음료수 소비가 늘면 당연히 맥주 소비가 틀림없이 줄어들 것이라는 이유였다. 그리고 맥주업자들은 불쾌한 경쟁업자를 제거하는 일이라면 일말의 양심의 가책 같은 것은 전혀 느끼지도 않을뿐더러 힘까지 가진 자들이라고도 했다. 마일렌에 있는 무알코올 와인(주)이 처한 절망적 상황이 바로 맥주 제조사들이 불편한 경쟁자를 떼어낼 수 있다는 증거 아니겠느냐고도 했다.

두트바일러는 그런 말에 결코 영향을 받지 않고 이 공장을 매입했다. 물론 순식간에 융통할 수 있는 것보다 많은 돈이 필요했다. 동료들이 도와주러 왔다. 아델레 두트바일러 여사도 저축해뒀던 돈을 갖고 왔다. 그들은 모두 두트바일러를 신뢰하는 것을 후회하지 않았다. 이번에도 그들이 옳았을까? 몇 년 지나지 않아 두트바일러는 마일렌의 이 공장 생산품을 몇 배로 늘릴 수 있었다. 스위스 전체에서 2만 5,000리터가 생산되었다. 포도 주스는 순식간에 인기가 폭발했고 그 인기는 꾸준히 유지되었다.

마일렌의 이 공장은 1928년 9월에 인수했다. 1929년 8월 10일 미그로는 하코Haco라는 회사에 강력한 영양제 '아이말친'을 생산하도록 임무를 맡겼다. 그것은 세계적으로 유명한 '오보말티네'의 대체재였다. 미그로는 이 때문에 소송을 당했다. '아이말친'이 '오보말티네'라는 이탈리아어를 독일어로 번역한 것에 지나지 않는다는 이유에서였다. 두트바일러는 이런 것을 비밀리에 하려고 하지 않았다. 그는 '오보말티네'라는 좋은 이름을 '아이말친' 선전 문구에 그대로 사용했다. 그러면서 경쟁사의 가격을 물고 늘어졌다.

그는 이렇게 썼다.

이름에서 알 수 있듯이 신경과 근육에 영양을 공급해주는 이 영양제는 주로 철분과 맥아, 코코넛, 신선 우유로 만듭니다. 그래서 비타민과 자양염이 아주 풍부하죠. 이와 똑같은 값어치가 있는 '오보말티네'라는 제품을 전 세계에 소개한 것은 한 스위스 대기업입니다. 덕분에 오늘날에는 해마다 수백만 통이 소비되고 있습니다. 우리는 '아이말친' 가격을 확 낮췄습니다. 그저 잠깐 사용하는 강장제가 아니라 근본적인 영양제가 되었으면 좋겠습니다. 1킬로그램의 버터나 달걀, 코코넛, 건조맥아 추출액 같은 것의 가격을 비교해봤을 때 아이말친은 값어치가 나가는 이런 식료품들보다 더 비싸지 않습니다.

우리 아이말친의 내용물은 최고의 경쟁 상품들과 똑같은 값어치가 있습니다. 맛도 좋습니다. 특히 맥아 맛이 아니라 특별히 아늑한 아로마 향이 풍기기 때문에 오히려 경쟁업체 제품보다 확실히 낫다고 할 수 있습니다.

　이제 가격을 비교해보시죠. 경쟁업체 제품은 500그램 한 통에 4.20프랑입니다. 포장비(-8%)를 뺀 순비용은 3.85프랑이죠. 아이 말친은 500그램 한 통에 2.50프랑입니다.

　다시 1년 뒤 미그로는 첫 번째 초콜릿 공장을 세웠다. 완전히 파란을 일으켰다. 이 시기는 스위스 초콜릿 업종이 번성하지 않던 때였기 때문이다. 세계 대공황이 지속하는 동안 수출은 거의 제로로 떨어졌으며 국내에서도 초콜릿은 거의 판매되지 않았다. 개별 브랜드 초콜릿 가격을 연구 분석한 두트바일러는 수수께끼의 해답을 어렵지 않게 찾았다. '초콜릿이 너무 비싸다!' 미그로에서는 초콜릿을 합리적인 가격, 즉 팔 수 있는 가격에 대량 구매하겠다고 나섰다. 몇몇 초콜릿 공장은 대찬성이었다. 하지만 초콜릿제조업협회는 반대했다. 협회는 미그로에 초콜릿을 납품하는 회원사에는 무거운 벌금을 매기겠다고 협박했다. 그래서 초콜릿을 외국에서 수입할 수밖에 없었다. 이 무슨 기괴한 상황인가! 초콜릿의 나라에서 초콜릿을 수입하다니! 두트바일러는 질문도 하고 계산도 해서 코코아 원가가 믿을 수 없을 정도로 싸다는 사실을 알아냈다.

　코코아 원가는 전쟁 전보다 40%나 폭락해 있었다. 그 당시에는 정말 '쌌다'. 설탕값도 떨어졌다. 그야말로 폭락했다. 코코아 원두와 설탕과 우유가 초콜릿의 주성분이고 이런 것은 스위스에 정말 충분히 있었다. 문제는 노동력인데 그 문제는 어떻게 해결하지? 그는 요나강 계곡에 있는 한 지역에서 유제품 유통에 어려움을 겪고 있다는 사실을 알아냈다. 숲에서 가까운 곳에 수많은 공장이 텅 비어 있었다. 실업 문제는 충격적일 만큼 심각했다. 그래서 그는 '행동'을 하기로 했다. 초콜릿 제조업에 뛰어들기로 한 것이다.

그는 발트시 요나탈에서 멈춰선 직조공장을 사들인 뒤 약간 개조해서 기계를 설치했다. 그렇게 해서 1931년 1월부터 제조업을 시작할 수 있었다. 미그로는 이 새 초콜릿에 '조와Jowa'라는 이름을 붙였다. 값은 25라펜이었다. 똑같은 값어치가 있는 초콜릿 한 판이 일반 상점에서 60라펜에 팔리고 있을 때였다.

미그로 고객들의 초콜릿 소비가 늘고 또 늘었다. 1931년 말에는 두 번째 초콜릿 공장을 세워야 했다. 두트바일러와 직원들은 월계관을 쓰고 편하게 쉬고 있지 않았다. 이번에는 비스킷과 요거트를 생산하기 시작했다. 이제까지 확실히 독점적이던 이 영양식품도 하룻밤 사이에 선풍적인 인기를 얻었다. 건강에도 좋고 값도 쌌기 때문이다. 이른바 '달걀 행동'이라는 것도 시작됐는데, 미그로가 농민들한테 신선한 달걀을 대량으로 사들이고, 반대로 농민들한테는 수입 달걀을 싸게 판 것이다. 농민들은 당장 날로 마실 수 있는 달걀보다 가격 차이를 더 중요하게 생각했다. 그 뒤로 스위스에서는 예전보다 더 많은 달걀을 먹었다.

이른바 '채소 행동'도 시작됐다. 이것은 미그로가 농민들한테 채소를 대량으로 사되 바로 가져오지 않고 농민들한테 저장해달라고 부탁한 뒤 가끔 가서 가져오는 것이었다. 그렇게 해서 미그로는 제철이 아닌데도 언제나 확실하게 신선 채소를 충분히 판매할 수 있었고, 농민들로서도 안전한 판로를 확보할 수 있었다. 그다음에는 '과일 사 먹기 행동'이라는 것도 했는데 이 행동은 바로 실패하고 말았다.

미그로는 곳곳에서 은밀히 영향을 끼쳤다. 여기저기서 식료품 산업의 모든 분야에서 언제나 새로운 아이디어를 얻는 두트바일러의 깨어 있는 정신이 느껴졌다. 그런 아이디어를 보고 사람들은 나중에 이렇게 말했다. "나는 왜 그런 생각을 못 했지?" 두트바일러의 위대한 아이디어들은 모든 위대한 아이디어가 가진 특징을 다 갖고 있었다. 손바닥에 있는 것처럼 너무나 쉽고 명백한 것이었다. 그저 먼저 생각만 하면 되는 것들이었다.

그 뒤 두트바일러는 어쩌면 자기 삶에서 가장 좋은 아이디어를 생각해냈다. 그 아이디어 덕분에 그는 스위스를 넘어 전 유럽의 인물이 되었던 게 분명하다. 물론 그 아이디어는 한 사람 때문에 산산조각이 나고 말았다. 아돌프 히틀러! 그 한 사람이 집권하던 동안 너무 많은 것과 너무 많은 사람이 실패할 수밖에 없었다. 두트바일러의 아이디어는 베를린을 정복하고 나서 독일을 정복하자는 것이었다.

자극은 밖에서 왔다. 어느 날 베를린 출신 독일인 교수 2명이 두트바일러 사무실에 찾아왔다. 그들은 이렇게 말했다.

"우리는 사장님이 이룩해놓은 모든 것을 보고 놀랐습니다. 어떻게 그렇게 짧은 시간에 그렇게까지! 우리는 사장님의 시스템을 베를린, 아니 독일 전체를 위해 기꺼이 사고 싶습니다."

두트바일러는 고개를 저었다.

"제 시스템은 사고팔 수 없습니다. 하지만 저희에게 오셔서 모든 것을 살펴보십시오. 원하시는 대로 사진도 찍으시고요. 선생님들이 배울 만한 가치가 있다고 생각되는 게 있으면 연구하세요. 미그로의 아이디어는 일하는 사람이면 누구든 돕기 위해 존재하는 것입니다. 베를린 사람이라고 해서 안 될 이유가 뭐 있겠습니까?"

베를린 교수들은 모든 것을 보았지만 미그로의 아이디어는 두트바일러 없이 거의 수행할 수 없다는 것을 금세 이해했다. 이들은 베를린으로 돌아갔고 어느 날 한 통의 편지를 보내왔다. 자신들은 '피노 팜 Finow Farm'과 관련이 있다고 했다. 피노 팜을 인수해서 미그로 같은 회사를 세울 수 있을 것 같은데 두트바일러도 함께할 수 있느냐고 묻는 내용이었다.

'피노 팜'은 히르시 구리 공장Hirsch-Kupfer-Werke 소유였고, 이 공장은 구리와 놋쇠 압연물을 생산하는 기업이었다. '피노 팜'은 베를린 근교에서 식료품을 대규모로 사들여 베를린에 공급하기 위해 설립된 회사였다. 이런 목적으로 히르시는 대형 트럭 20대를 운행하고 있었다. 그런데 이유는 알 수 없지만 일이 잘 진행되지 않았다. 아마도 최고 자리에 전문가가 없었기 때문일 것이다.

두트바일러는 열의로 불타올랐다. 그렇다! 스위스에서 성공을 거두지 않았는가! 그것도 큰 성공, 아주 결정적인 성공을 거두었다. 그런데 그가 결코 잊지 못하고 결코 잊을 수 없는 게 있었다. 스위스가 작은 나라라는 사실, 수많은 계획을 세우기에는 너무 작은 나라라는 사실이었다.

그도 스위스에서 한 번은 파산을 겪지 않았느냐고? 몇 년 전에는 발렌시아로 이주하고 싶어 하지 않았느냐고? 베를린! 그것은 발렌시아보다 더 좋은 기회였다! 그는 이 좋은 기회를 간단히 놓치고 싶지 않았다! 그래서 베를린으로 갔다. 히르시의 히르시 사장과 점심을 먹고 '피노 팜'을 둘러본 뒤 이렇게 설명했다.

"여러분, 다 있네요! 농산물도 많고 농경지도 넓고 지리적 위치도 장점이 많고 트럭도 있고. 필요한 게 다 있어요! 딱 하나 없는 게 있다면, 그것은 제대로 된 미그로 정신입니다!"

두트바일러의 직원들은 그의 열정을 철저히 공유하지 못했다. 그래서 얼굴을 찡그려가며 골똘히 생각하더니 자신들의 생각을 말했다. 발렌시아 건에 대해 일찍이 조언을 한 바 있는 루돌프 페터는 스위스에서 미그로 아이디어를 완벽하게 이행할 수 있을 정도로 충분히 훈련된 근로자가 한 번도 없었다고 했다. 두트바일러는 그 말을 들을 생각조차 하지 않았다.

그는 이렇게 말했다.

"하지만 우리는 적어도 한 번은 사태를 정확히 들여다볼 수 있어요."

페터는 독일에서 지난 선거에서 나치가 전국적으로 가장 강력한 정당으로 치고 올라왔다는 점도 상기시켰다.

"독일인들이 이런 상황에서 도대체 어떻게 외국인들과 사업하는 것에 관심을 갖기나 하겠어요? 그저 상상할 수 있는 모든 형태의 장애가 닥칠 게 뻔합니다."

두트바일러는 머리를 가로저었다. 그러면서 히틀러에 대해 이렇게 말했다.

"설마 끓는 물만큼이야 뜨겁겠어?" 그 점에서는 그가 틀렸다.

두트바일러는 에밀 렌치와 이야기했다. 렌치는 미그로 바젤 지부를 세운 인물이다. 베를린으로 가지 않겠냐고 묻자 렌치는 베를린에는 절대 가지 않겠다고 했다. 그는 바젤에 예쁜 집 한 채를 갖고 있었다. 자녀도 3명이나 됐다. 그는 자녀들을 독일에서 키우는 걸 반대했다. 하지만 그는 결국 베를린으로 갔다. 그는 나중에 이렇게 말했다.

"저는 이미 두트바일러 사장님 카드 위에 올라 있는 사람이었습니다. 그리고 그분과 평생 동지로 갈 준비가 돼 있던 사람입니다. 그래서 베를린으로 갔습니다!"

미그로와 히르시 구리 공장 사이에 계약이 이루어졌다. 상상할 수 있는 최대 규모였다. 1932년 6월 10일 이른바 미그로 유통(유)에 관한 언론인 리셉션이 있었다. 미그로의 공간을 구경하려고 기자들이 브란덴부르크 문 앞에서 만나 라이니켄도르프까지 갔다. 라이니켄도르프에서는 아주 공식적이고 축제 같은 환영 행사가 열렸다. 기자들은 중앙 본관과 포장 공장과 새로운 미그로 트럭 같은 것을 관람했다. 베를린 일주도 있었고 크롤오페라하우스Kroll-Etablisment에서 한 번의 환영 행사가 더 있었다. 그 자리에서 두트바일러가 환영 연설을 했다. 간단한 아침 식사라고 했지만 제법 잘 차린 아침 식사도 있었고 미그로 시스템에 대한 강연과 토론 등도 이어졌다.

격에 맞게 언론도 호의적이었다. 미그로 시스템에 대해서도 보도했고 이 시스템이 스위스에서 거둔 성공 사례와 특히 두트바일러의 계획에 대해서도 아주 열정적으로 보도했다. 그래서 스위스의 직원들은 그가 베를린에 이미 있는 이동 판매 트럭을 20에서 85대까지 늘릴 생각을 굳혔다는 사실을 알게 되었다. 그들은 어깨를 으쓱했다.

그들은 '두트바일러가 좋아서 또 한 번 기고만장하겠군' 하고 생각했다. 하지만 베를린은 그 나름의 속도, 즉 두트바일러의 속도를 갖고 있었다. 독일제국의 수도에서 미그로가 진행하려던 건축계획은 사람들이 꿈꿀 수 있는 모든 것을 완전히 어둠 속으로 밀어 넣고 말았다. 그것은 두트바일러가 생각했던 것보다 훨씬 빠르게 진행되었다.

그렇다면 에밀 렌치는? 그도 베를린에 따라가긴 했는데 그것은 자기 뜻과는 반대였다. 그냥 두트바일러한테 개인적으로 잘해주고 싶어서 간 것이었다.

그는 프로나우에 집을 한 채 얻었다. 베를린 북부 지역에 있는 시골처럼 아주 예쁜 교외의 빌라였다. 미그로가 사업을 시작한 라이니켄도르프에서도 그리 멀지 않았다. 그래서였을까? 몇 주 지나지 않아 벌써 베를린이 스위스 집처럼 느껴졌다. 도시 자체뿐 아니라 대도시에서 하는 사업도 그랬고 호수와 가문비나무 숲이 우거진 베를린 주변의 아름다운 경치도 마음에 쏙 들었다. 무엇보다 좋은 것은 베를린 사람들이었다. 그는 완전히 매료되었다. 얼마나 지적이던지! 얼마나 따뜻하던지! 일에 대한 열정은 또 어떻고!

두트바일러가 언론 인터뷰에서 말했던 트럭 85대는 어느 날 실제로 마련되었다. 그 많은 트럭이 한꺼번에 출발했다. 두트바일러가 직접, 그리고 렌치도 포장 박스 위에 앉아 물건 쌓는 것을 지휘했다. 그 모습 자체가 이미 퍼레이드요 시위였다. 경찰 본부에서 특별 분대를 파견해야 했다. 차량 유입이 엄청나기 때문에 미그로 트럭이 서는 곳마다 경찰관 예비역들이 배치되어 있었다. 실제로 교통 체증이 일어날 수 있었다. 베를린은 이미 인구가 450만 명이나 되는 도시니까.

사업은 잘되었다. 이보다 더 잘될 수 없을 정도였다. 맞다. 두트바일러는 심지어 트럭 수를 늘릴 생각까지 했다. 언론 보도도 열광적이었다. 베를린 언론 상황이 보통 냉정하고 비판적인 점을 감안하면 굉장히 이례적이었다. 언론은 이렇게 썼다.

미그로에서는 트럭 한 대에 짐을 가득 싣는 데 12분밖에 안 걸린다. 이제 트럭이 85대나 등장했다. 70명의 실업자가 운전기사로 참여하게 되었다.

〈독일농업신문〉과 같은 전문지는 1932년 6월 25일자에서 전국 협동조합협회도 물가조절위원도 하지 못한 일, 즉 '도매 마진 축소'를 미그로가 성공적으로 해낸 것에 만족한다고 강조했다.

두트바일러는 약간 쓰라린 마음으로 다음과 같은 점을 확인했다. 스위스의 미그로 시스템에 대해 독일 농업계는 이렇게 높게 평가하는데 스위스 농업 관리들은 우리를 얼마나 안 좋게 평가했던가! 그리고 몇 달이 지나서 그는 이렇게 이야기했다.

스위스의 기업가 정신과 스위스의 아이디어가 이렇게 외국에서 인정받고 지위를 유지할 수 있을 때 스위스의 모든 남녀, 특히 젊은 이들은 자부심을 갖게 될 것입니다. 오늘날에는 국제사회가 한 묶음으로 돌아가고 가능한 한 강화되고 있어요. 이럴 때일수록 스위스인들의 자부심은 어느 때보다 필요하며, 이것은 축복입니다.

두트바일러의 행동이 옳았음을 증명하듯, 사업이 꽃을 피웠다. 새로운 운행계획표도 내놔야 했다. 베를린 전체가 노란 전단지로 가득 찼다. 새 운행 시간표도 있었고 가격이 계속 낮아지는 것을 보여주는 가격표도 있었다. 그 덕분에 미그로는 베를린 사람들의 일상대화 주제로 바로 올라섰다.

사람들은 미그로를 놓고 토론도 했다. 전문가 집단에서 새 사업이나 신생기업에 대해 주고받는 토론이 아니었다. 객석이 가득 찰 정도로 성공한 영화나 연극을 본 사람들이 영화를 보고 나오면서 떠들듯이 떠들어대는 토론이었다.

85대의 트럭이라니! 두트바일러는 "그 많은 트럭이 저녁에 라이니켄도르프로 돌아올 때는 배달 나갔던 독일제국 우편 차량이 몰려 들어올 때와 비교하더라도 우리 트럭이 더 많아 보일 때가 많았어요!"라고 회상했다.

그런데 모든 것이 갑자기 아주 빠르게 확 뒤바뀌었다. 1933년 2월의 이야기를 써보자. 1월 30일, 독일에서 정권교체가 있었다. 두트바일러와 렌치는 그것을 주목하지 않았다. 독일에서는 지난 몇 년 동안 수많은 정권교체가 있었으니까! 그때는 브뤼닝Brüning이라는 사람이 제국 수상이었다. 그는 매우 합리적인 듯 보였다. 다만 그가 집권할 때는 사업이 점점 더 악화했고 실업도 늘어나기만 했다. 그 뒤에 폰 파펜von Papen이라는 제국 수상이 등장했다. 그다음에는 슐라이허Schleicher라는 장군이 제국 수상이 되었다. 그다음에 최고 권좌에 올라선 사람은 아돌프 히틀러였다. 그는 이론의 여지가 아주 많은 사람이었다. 한편에서는 그 사람이 가치 있는 사람이라고 확신했지만, 또 다른 부류에서는 그를 아주 문제가 많은 인물이나 선동가 또는 심지어 범죄자로 여길 정도였다. 하지만 그게 미그로와 무슨 상관이란 말인가? 미그로는 정치와 아무런 관련이 없는데!

그런데 미그로가 실제로 정치와 아무 관련이 없나? 1년 이상 전에 취리히로 와서 두트바일러에게 '미그로 아이디어'를 사겠다고 했던 베를린의 두 교수가 어느 날 나타났다. 이번에는 유한회사 미그로 베를린을 통째로 사고 싶다고 했다. 그런데 문제는 돈이 한 푼도 없고 한 푼도 못 주겠다고 했다! 그들은 자기들이 몇 년 전부터 나치 당원이라며 베를린 한복판에서 이런 기업은 원래 독일인의 손에 속한다는 말만 했다. 두트바일러는 이 말의 뜻을 제대로 알아듣지 못했다. 특히 독일인의 손과 다른 사람의 손이 어떻게 다른지 그 차이를 이해하지 못했다. 혹시 자기가 뭔가 일을 잘못했나? 미그로는 베를린에서 큰 성공, 아주 스펙터클한 대성공을 한 기업 아닌가? 다행히도 미그로와 관련 있는 관리들이 보증까지 서주지 않았던가!

그런데 그들의 목소리가 갑자기 확 바뀌었다. 그러자 갑자기 모든 분위기가 바뀌었다. 하루도 지나지 않아 낯선 관리들이 담당자라며 나타났다. 경찰들과 내무부를 비롯한 몇 개 부처의 관리들이었다. 그들은 미그로와는 아무 관련이 없는 사람들이었다. 그들은 묻고, 묻고 또 물었다. 새로운 양식을 계속 내밀며 그 양식을 다 채워 써넣으라고 했다. 그들은 갑자기 미그로가 마치 베를린에서 삽시간에 확실히 난관에 봉착할 수 있을 것처럼 그렇게 행동했다. 그런데 미그로가 도대체 왜 갑자기 난관에 봉착하지? 도대체 뭐가 바뀌었지? 왜 이제 더 좋아지면 안 되는 거지? 어제는 그렇게 탁월하다고 해놓고서? 두트바일러는 서둘러 취리히에서 베를린으로 갔다. 그는 결단의 때가 다가왔음을 곧바로 감지했다. 경찰의 지시사항은 아주 이상했다. 미그로가 사용하던 정류장 중에서 3곳을 금지하는 것이었다. 수천 개의 정류장 중 3군데라면 그리 나쁘지 않다. 물론 미그로가 베를린에서 사용하던 정류장 가운데 그 3곳이 가장 좋은 정류장이긴 했다.

그런데 하루하루 지나면서 금지하는 정류장 수가 점점 늘어났다. 마침내 약 400개의 정류장이 금지를 당했다. 하지만 그때까지는 아직 시간이 좀 남아 있었다. 경찰의 다른 괴롭힘도 이어졌고 변경 요청도 뒤를 이었다. 두트바일러는 정부 부처의 더 높은 관리들을 찾아가보기도 했다. 농업 관련 관리들도 찾아갔다. 하지만 그들은 모두 심각하게 고개를 가로저었다.

그들은 자기들은 100% 미그로 편이라고 이야기했다. 실제로도 그랬다. 미그로에 닥친 난관을 해결해주기 위해 모든 것을 다했다.

하지만 그들은 아킬레스건이 있었다. 나치 당원이 아니었다. 그리고 나치 당원이 되려는 아주 작은 의도조차 갖고 있지 않았다. 그들은 평생 성실히 일만 해온 관리들이었다. 그래서 순진하게 생각했다. 공무원이 그러면 충분하지 않은가! 그들은 일을 잘했다. 그런데 왜 그런 사람들이 앞으로도 일을 잘할 수 있도록 그냥 내버려 두지 않지?

무대 뒤의 투쟁은 점점 더 야만스러워졌다. 실제로 미그로를 어떤 방식으로든 방해하는 새로운 규정이 하루가 멀게 쏟아져 나왔다.

두트바일러와 렌치는 그 '지도자'라는 자가 대기업을 반대한다는 사실을 비밀리에 알아냈다. 그것은 그의 선거 캠페인, 즉 이익을 보호받고 싶어 하는 소상인들을 향한 공약과도 관련이 있었다. 그가 그런 공약을 한 건 사실이지만 대형 백화점을 반대하는 시도는 전혀 하지 않았다. 그에게 정치자금을 대는 사람들, 그러니까 루르 지방과 라인란트의 대기업가들이 그러지 못하도록 방해했기 때문이다. 그들은 백화점 그룹의 감사위원 자리를 꿰차고 있었기 때문에 거대한 백화점 그룹이 최소한의 피해라도 보는 것을 바라지 않았다. 하지만 미그로는 외국기업이다. 누가 미그로를 보호하겠는가? 「소매상 보호법」이 이미 준비되고 있었다. 1933년 5월 12일 반포된 이 법을 근거로 해서 어느 정도 자신이 하고 싶은 것을 할 수는 있게 되었다.

사건이 줄을 이었다. 히틀러가 집권한 때부터 베를린 거리를 가득 메웠던 나치 돌격대SA가 이제는 미그로 반대 활동에 투입되었다. 그런데 이들은 자신들이 어떤 지시를 받고 투입된 것이 결코 아니라고 했다. 나치 돌격대원들은 미그로 트럭이 서 있는 곳에 갑자기 나타나 고객들을 밀어내고 미그로 물건들을 길바닥에 내팽개쳤다. 심지어 트럭도 넘어뜨렸다. 그런데 그것이 다 자발적으로 한 일이라는 것이다.

물론 그러고 나면 언제나 사과를 하긴 했다. '무책임한 개인의 일탈'이 문제라고 강조하는 사과였다. 물론 '지도자'는 전혀 시인하지 않았다. 나치 친위대는 라이니켄도르프의 미그로 회사에도 들이닥쳤다. 이 회사에도 나치 세포 조직원이 있었다는 사실이 밝혀졌다. 이 당시 독일의 다른 회사에도 세포들이 있었다. 그들은 권력을 잡고 싶어하는, 이른바 '늙은 투사'들한테서 교육받은 자들이었다. 그들에게 중요한 것은 그저 더 좋은 지위와 더 많은 급여뿐이었다. 그러자 미그로에서는 반대 세포가 형성되었다. 나치의 테러에 정면으로 대항하려고 늙은 노동자들이 뭉친 것이다.

하지만 그런 행동은 싹이 틀 때부터 질식되었다. 나치 친위대가 나치에 가장 날카롭게 반대하는 사람 몇 명을 끌어가면 그걸로 끝이었다. 그들은 다시 볼 수 없었다. 아니면 본의 아니게 어떤 집단수용소에 끌려가 있다가 몇 년이 지난 뒤 갑자기 나타난 사람들도 있긴 했다. 하지만 그런 사람들은 자신들이 그동안 겪은 끔찍한 경험에 대해 말 한마디 하지 못했다. 그 정도로 말을 잃어버린 것이다.

정류장 테러는 점점 더 심해져만 갔다. 베를린의 가정주부들은 미그로에서 물건을 사는 것은 이른바 반국가 범죄를 짓는 것이라는 점을 점점 더 명확히 인식하게 되었다.

1933년 11월 9일 선전부장관 요제프 괴벨스의 기관지 〈안그리프Angriff〉에 파울 힐란트Paul Hilland 박사라는 사람의 기고문이 실렸다. 제목은 "미그로에 대해 어떻게 생각하시나요?"였다. 내용은 다음과 같았다.

이 질문을 베를린 소매상에게 해보시면 뭔가 들을 수 있을 겁니다. 중소형 상점의 소유자는 미그로 취리히(주)에서 우아하게 문을 연 이동 판매 트럭에 대한 분노를 거의 설명할 수 없을 정도입니다. 생각해보세요. 날마다 그런 트럭 85대가 독일제국의 수도 거리를 누비고 다닙니다. 꽉 짜인 운행 시간표도 있습니다. 정류장도 약 2,000개소나 됩니다. 그런 곳에 차를 세워 놓고 물건을 팝니다. 그들은 사실 트럭을 끌고 다니는 백화점들입니다. 그들은 가정주부들이 매일 필요로 하는 물건이면 거의 모든 것을 배달해주니까요. 그렇게 해서 그들은 이런 물건을 판매하는 소매점들을 광범위하게 축출하고 있습니다!

그렇게 해서 미그로(주)는 아주 면밀하게 생각해낸 가격형성 시스템에 따라 앞서 나가고 있습니다. 즉 소매점에서 일상적으로 판매하는 형식인 0.5파운드나 1파운드, 1킬로그램 같은 식으로 포장해서 판매하지 않고 가격을 계단처럼 딱딱 잘라서 판매하고 있습니다. 25페니나 50페니, 100페니 단위로 포장합니다. 예컨대 714그램짜리 돼지비계 50페니, 272그램짜리 살구 50페니, 543그램짜리 귀리 25페니…… 하는 식입니다. 그래서 주부들이 가격을 비교하기가 특히 더 어려워졌습니다. 적정가가 얼마인지 합리적으로 계산해내기가 어렵게 된 것입니다. 게다가 제공되는 제품이 인쇄된 무게와 실제로 일치하는지 확인하기가 파운드나 킬로그램 단위로 포장한 것보다 훨씬 어렵습니다.

참신한 게 있다면 그것은 언제나처럼 착한 독일 시민들을 유혹해서 실제 구매자인 것처럼 스파이로 활용하는 것입니다. 그래서 소매상들에 대한 위협이 어마어마합니다. 사람들은 미그로가 스위스에서 달성했다는 성공만 음미하는 것 같습니다. 스위스의 막후 조종자들은 모든 상황에서 독일에서도 성공하기 바라며 성공이 보장된 유망 사업에 투자할 자금을 충분히 가지고 있는 사람들입니다. 그들은 부분적으로 자체 수익성이 거의 보장되지 않을 정도로 싼 가격으로 공급하기도 합니다. 하지만 그것은 독일 소매업을 죽이기 위해 책정한 가격이라고 봐야 합니다. 물론 미그로(주)도 매장 유지비라는 큰 부담을 안고 매장을 열지 않아도 된다면 그들의 판매가 트럭에서만 이루어지니까 가격형성에서 장려할 만합니다. 상황이 이러한데도 독일제국 정부가 독일 소매업과 독일 산업에 해로운 이 미그로라는 회사에 대해 지극히 사소한 조치조차 취하지 않는 것은 너무 놀라운 일입니다. 미그로(주)가 독일 회사가 아니라서 더 많은 것을 기대했을 수 있습니다.

독일의 어떤 기업가들한테 무언가를 빼앗았다고 칩시다. 그러면 그게 독일의 다른 경쟁 기업들에 조금이라도 도움이 될까요? 천만에요! 우리 경제 전체에 완전한 손실입니다. 정부가 평상시에는 이른바 참을 수 없는 상황을 제거해야 한다며 긴급 조치라는 것을 통해 직접 개입하는 일은 아주 흔한 일이었습니다. 그런데 그랬던 정부가 지금 어디에 있나요?

물론 이 기고문은 미그로와 정부의 조치에 대해 '폭동'을 일으키라는 신호였고, 두트바일러는 이 상황을 바로 알아차렸다. 그는 지금 벌어지고 있는 일이 어떤 것인지 오래전에 이미 알고 있었다. 사람들은 그를 서서히 탄압할 것이다. 전체주의 체제라는 용어가 그 당시에는 아직 각인되지 않았지만, 그는 전체주의 체제가 대중의 인기를 얻기 위해서라면 외국기업에 대해 무슨 짓이든 할 수 있고 실제로 그러고 있다는 것을 충분히 알아챌 수 있는 충분한 상상력을 가지고 있었다. 두트바일러는 이렇게 혼잣말을 했다. '우리가 당장 폐업하면 아주 유망해 보였던 사업을 잃게 되겠지. 수익금은 한 푼도 건질 수 없을 거야. 하지만 어쩌면 아무 손실도 보지 않을 수도 있지 않을까? 1, 2년 안에 어쩌면 한두 달 안에 상황이 달라질 수도 있을 테니까.'

그래서 결국 파산을 했다. 사람들이 두트바일러에 대해 할 말은 많았지만 딱 하나, 파산은 하지 못할 거라는 말은 하지 못했다. 그는 나중에 직접 이런 말을 했다.

"어떤 상인도 그걸 잘 못합니다. 대부분은 다시 한번 해보고 또 꼼지락꼼지락 구습을 답습하고 그러다 결국 파산하게 되지요."

사람들이 좀 더 기다려보자고 했을 때 그는 이렇게 대답했다.

"좋아요! 일주일 안에 정류장이 다시 허락되면 다시 일할게요. 일주일입니다. 단 하루도 더는 못 기다려요."

그는 이미 나치라는 병에 걸린 경찰들이 금지했던 정류장들을 다시 풀어줄 생각은 전혀 하지 않는다는 것을 물론 알고 있었다. 그사이에 200곳이 더 금지되었다. 해금은커녕 새로운 금지만 늘어난 것이다. 일주일 뒤 결국 폐업 절차를 시작했다. 그렇다. 두트바일러는 그것을 알고 있었다. 그는 전쟁 직후 피스터&두트바일러를 폐업할 때 이미 그것을 배웠다. 그는 상품을 대규모로 처분해버렸다. 눈썹 하나 까딱하지 않고 손실을 받아들였다. 일부는 바젤로 보냈다. 스위스 미그로는 언제나 상품이 필요했으니까. 물론 트럭은 스위스로 수입할 수 없었다. 세금이 굉장히 높았기 때문이다. 정말 중요한 재고품들도 똑같았다. 그런 것은 아주 빠르게 팔렸다. 트럭은 고철로 만들었다. 어쨌든 고철 가격이 제법 높았기 때문에 제법 좋은 값을 받았다. 이미 비축도 시작됐다. 미그로의 청산이 지지부진하게 진행되던 2년 동안 쌓인 비축량이 어마어마했다.

그래도 문제는 대부분 사들인 것보다 팔아치운 게 훨씬 더 많았다는 것이다. 두트바일러는 눈썹 하나 움직이지 않았다.

"끔찍한 일을 끝없이 당하는 것보다는 차라리 끔찍할 때 끝내는 게 훨씬 좋아요."

두트바일러가 예언했던 대로 되었다. 벌어들인 것도 없었지만 잃은 것도 거의 없었다. 물론 스위스에서는 완전히 다른 소문이 퍼져 있었다. 미그로에 대해 첫날부터 엄청난 공격을 하며 싸움을 걸던 〈식품소매상 신문〉이 1년 뒤에 이 사실을 알고 1934년 10월에 300만 마르크의 손실을 봤다고 보도했다. 게다가 '미그로 취리히'를 비롯한 스위스 '미그로연합회'가 이 손실을 감당해야 했다고 주장했다. 두트바일러는 그런 보도에 어떤 진실도 없다는 점을 확인시켜주어야 했다.

물론 두트바일러가 바로 폐업하지 않았다면 많은 돈을 잃지도 않았을 것이고 또한 스위스 기업들이 그런 소용돌이에 빨려 들어가지 않았을 것이며 미그로의 아이디어가 상처를 입지도 않았을 것이다. 히틀러한테 탄압을 당해 폐업한 것은 수치가 아니라 오히려 정반대라는 사실을 그 당시에는 아무도 몰랐기 때문이다.

1933년 말 미그로는 가파르게 상승했다. 미그로는 스위스에서 98개의 매장과 41대의 트럭과 3개의 공장을 가동하고 있었다. 매출액도 약 5,200만 프랑이나 되었다. 미그로는 매장과 트럭만으로 힘이 있었고 그 힘은 어디서나 느낄 수 있었다. 적대적인 기업들조차 가격을 내릴 수밖에 없었는데 그것도 다 미그로 덕분이었다. 미그로는 경제

관점에서 볼 때 어느 정도 '효모' 역할을 한 것이 분명하다. 1934년 연방 물가조절위원회는 두트바일러를 '맹신 상태가 된 상업의 구세주'라고 표현했는데 그 표현이 결실을 본 것이다. 반대자들에게는 분명 좋지 않은 것이었다. 그래서 그들은 어떻게든 두트바일러를 중단시킬 방법을 계속 찾고 있었다. 그렇다. 반대자들은 바로 식은땀을 흘렸다. 고객들의 뒷받침을 받는 어떤 회사도 위험에 빠질 리 없었다. 위험에 빠지는 것은 오히려 자신들의 삶, 곧 스위스의 생존이라는 것을 믿을 수 있게 되었다.

두트바일러를 중단시킨다고? 어떻게? 개인들은 그것을 할 수가 없었다. 연합체들도 할 수 없었다. 카르텔들도 할 수 없었다. 이제 단 한 가지 수단, 법이라는 도구만 남았다.

몇 년 전부터 미그로가 더는 생존할 수 없도록 할 만한 법을 제정하려는 시도가 수도 없이 진행되었다. 몇몇 주에서 개별적으로 그런 새로운 법을 만들기도 했고 옛날 법의 해석을 놓고 주민투표를 한 주도 있었다. 거의 모든 경우 미그로와 그 트럭에 세금을 아주 높게 매겨서 사업을 계속해도 수익성이 없도록 아니 심지어 큰 손실을 보게 하자는 식이었다. 하지만 주민투표는 전혀 도움이 되지 않았다. 거의 모든 주의 주민들이 미그로 편이었다. 심지어 여러 정당이 미그로에 반대해달라는 의견을 표명한 지역에서조차도 그랬다. 그리고 규칙의 예외 규정을 적용하는 문제에서도 미그로가 여전히 큰 인기를 누리고 있다는 사실이 입증되었다. 1932년 4월 24일 바젤란트주에서는 미그로의 이동 트럭에 '금지관세'를 매기자는 적대적인 법안에 모든 정당이 찬성했는데도 찬성 52.5% 대 반대 47.5%로 간신히 통과되었다. 2년 뒤에는 샤프하우젠주에서도 비슷한 법이 역시 모든 정당이 찬성 의견을 표명했는데도 55대 45%로 통과되었다.

하지만 이미 미그로에 반대하는 결정적인 타격이 가해졌다. 그것도 베른에서. 1933년 10월 14일, 고틀리프 두트바일러가 베를린에서 진퇴양난의 궁지에서 투쟁하고 있던 바로 그 시기에 백화점과 대형매장, 균일가 매장, 연쇄점 같은 것을 신규로 열거나 확장하는 것을 금지하는 연방의 결정이 있었던 것이다. 국민투표에서 기각된 긴급법안이라도 연방의회는 특별 전권으로 다시 다루어 제정할 수 있는데, 그런 절차를 밟았다. 긴급법안에는 "백화점과 대형매장, 균일가 매장 같은 것을 신규로 열거나 확장하는 것을 엄금한다. 위반하는 자는 2만 프랑 이하의 벌금이나 3개월 이하의 금고에 처한다"는 내용이 있었다.

그것은 미그로가 어떤 새로운 매장도 열지 말고 트럭도 더는 늘리지 말며 가능한 한 새로운 품목도 도입하지 말라는 의미였다. 법조문상으로 이것은 모든 대기업에 대한 금지를 뜻하는 것이었다. 그래서 근본적으로 두트바일러의 반대자들에게도 해당하는 것이었다. 의심할 나위 없이 이 법을 두둔했던 자들, 모르면 몰라도 이 법이 통과되게 압력을 행사했던 반대자들에게도 마찬가지였다. 그리고 너무 늦긴 했지만 아주 활발하게 저항했던 소비자협동조합들에도 해당하는 것이었다. 하지만 전문가들은 알고 있었다. 이 법은 분명히 반反미그로법이었고, 반두트바일러법이었다. 그것은 하나의 기업, 즉 한 사람을 반대해 만든 법이었다. 그것은 추측하건대 위헌적인 법률이었다. 그것은 헌법 파괴를 의미했고 스위스 시민들이 '통상과 영업의 자유'를 누릴 수 없도록 그 권리를 무시한 법률이었다.

물론 이 법은 일반 시민들 사이에서, 아예 '미그로 금지법'이라고 불렸다. 연방의회의 모든 결의안과 마찬가지로 논란의 여지 없이 확정된 법률이기는 하다. 그래서 대중이 경고한다고 해서 무효가 될 리 없다. 그리고 법적으로도 임시 조치나 재판 또는 주민투표 등을 통해 뒤바뀔 수도 없다. 이 법을 철회하는 유일한 가능성이 있긴 한데 그것은 연방의회 자체, 그것도 최고의 정치 차원에서 벌이는 정치 투쟁뿐이다.

미그로는 얼마 전에 라인펠덴과 비르스펠덴, 프라텔른, 루가노 같은 곳에 매장을 열었고 그 지역 주민 대다수가 '필요하다'고 서명해주었는데도 다시 문을 닫을 수밖에 없었다. 하지만 「프랜차이즈 기업의 지점 확대 금지법」이 어느 정도 반미그로법인지 나중에 비로소 분명해졌다. 1935년 이 법을 연장했을 때 스위스 직업협회와 자기네 지점을 확장하는 문제를 놓고 소통할 수 있던 모든 기업, 예컨대 「프랜차이즈 기업의 지점 확대 금지법」에서 예외로 인정받은 동스위스농업협동조합협회는 150개의 매장을 운영할 수 있었다. 취리히식료품조합도 마찬가지로 150개, 취리히소비자조합은 139개, 협동조합 콩코르디아Konkordia는 74개, 데너(주)DennerAG는 73개를 운영할 수 있었다. 하지만 27개의 매장이 있던 미그로 취리히는 「프랜차이즈 기업의 지점 확대 금지법」의 저촉을 받고 있었다.

물론 두트바일러의 속에서는 모든 분노가 들끓어 올랐다. 말하자면 수백 년 전부터 부여받았던 권리를 빼앗긴 것에 대한 분노였다. 스위스는 민주주의 국가가 아니었던가. 그는 어깨를 들썩이며 이렇게 말했다. "스위스에서는 어떤 사람이 너무 컸다고 다시 작아져야 한다며 나무망치로 머리를 때리면서 그게 민주적이라 한다."

하지만 그는 같은 시기 베를린에서 벌어진 일, 폐업을 마무리하기 위해 해야 했던 일들을 생각해야 했다. 그는 스위스와 스위스인들에 대해 이야기했다. "하지만 어쨌든 그 누구도 너무 크지 않도록 깨어서 감시하는 것은 아주 건강에 좋은 것입니다. 그래야 스위스인들한테 히틀러 같은 자가 안 나올 테니까요!"

히틀러냐 아니냐? 어려움이 첩첩산중 쌓이기 시작했다. 샤프하우젠주에서는 1934년 5월 6일 이른바「행상인법」이 통과되었다. 이 법에 따라 모든 관청은 이동 판매 트럭에 대해 수수료를 인상할 수 있는 권한을 갖게 되었다. 그래서 미그로를 철저히 마비시켰다. 같은 날 글라루스주는 새로운 세법을 공표했다. 이 법에 따라 관청은 '주로 일상생활에 필요한 식료품을 소매로 취급하고 있는 기업 중에서 최소 10만 프랑 이상의 총매출을 올리는 기업'의 매출액에 세금을 매길 수 있었다.

이 법도 공식 명칭에서 이미 드러나듯이 미그로를 첫 번째 목표로 한 것이었다. 두트바일러는 자신을 곤경에 빠뜨리는 곳이면 어디든 찾아가 가장 날카로운 목소리를 담은 전단지를 뿌리는 것으로 대응했다. 그는 항의의 뜻으로 이틀 동안 매장도 닫고 트럭도 운행하지 않았다. 그러면서 국민을 향해 스스로 항의하라고, 그게 역시 쓸모 있다고 계속 요구했다.「프랜차이즈 기업의 지점 확대 금지법」반대 서명도 받았다. 1934년에 23만 2,392명의 스위스인이「프랜차이즈 기업의 지점 확대 금지법」에 항의하는 설명을 아주 날카롭게 적어놓은 용지에 서명했다.

온갖 법적 규정과 트집이 있었지만 고틀리프 두트바일러는 무너지지 않았다. 1934년에는 콘드비프Corned-Beef 공장을 세웠다. 새로운 울 세제도 팔았고 33%쯤 싼 연유도 팔았다. "기름과 지방처럼 중요한 식료품을 외국에 의존하는 기업이 조종하지 못하도록" 하기 위해 마일렌에 제유 공장도 세웠다. 물론 지금까지는 어떤 기업도 스위스에서 기름과 지방을 생산하는 유니레버 트러스트에 진지한 맞상대가 되지 못했다는 것을 그도 잘 알고 있었지만 말이다.

그러나 위험은 대기업과 권력과 유지방 트러스트에서 오는 게 아니었다. 그들 중 몇몇 기업은 두트바일러를 상대로 소송을 제기했다가 오히려 도덕적으로 패배해야만 했다. 그래도 아직은 두트바일러가 보여줄 위험이 어떤 위험인지 예감도 하지 못하고 있었다. 위험은 관청에서 나왔다. 그것도 아주 작디작은 실무자들한테서 왔다. 그들은 모든 규정을 바늘로 한 땀 한 땀 꿰매듯 아주 자질구레한 해석까지 해대며 미그로의 목을 조르려 했다. 한 가지 예를 들자면 미그로가 달콤한 식빵이 아니라 소금 식빵을 생산해서 판매하는 게 타당한지를 놓고 연방의회까지 매달렸다. 1937년 7월 14일, 솔로몬의 결정이 나왔다. 역사적 호기심 때문에라도 여기에 반드시 인쇄물로 남겨야겠다.

1937년 7월 14일, 베른.

스위스 연방의회는 베른주의 연쇄점에서 '전지크림Vollrahm 아이스콘'을 판매하는 문제와 관련하여 베른주 정부 의회가 내린 결정에 대해 베른 미그로(주)가 제기한 불만에 대해 다루고자 한다.

I.

베른 미그로(주)는 1937년 2월 2일 미그로 툰 지점에서 시험해 본 결과를 베른주 내무부에 보고했다. 미그로는 자격이 있다고 가정하고 작년에 크림아이스크림 판매를 시작했다는 보고였다. 1937년 5월 2일 내무부 견해에 따르면 특히 제과점에서 취급하는 신선식품, 예컨대 크림이나 아이스크림 같은 것을 채운 파티세리 제품은 그 자체로 하나의 식품으로 분류된다. 이 제품은 지금까지 미그로에서 판매하지 않던 것이기 때문에 별도의 특별 승인 없이 판매해서는 안 된다고 대답했다. 미그로(주)는 그에 맞서 '1933년 10월 14일 법률이 발효되기 전에 전지크림 콘을 포함하는 전체 상품 범주가 이미 있었다'며 '이 제품을 도입하기 위한 수요도 존재하고 귀중한 경제적 이익도 있다'고 주장하고 있다.

베른주 정부 의회는 스위스제빵제과협회의 의견서를 받아 베른 미그로(주)가 판매하고 있는 '전지크림 아이스콘'은 새 범주의 상품으로 간주해야 한다는 이유를 들어 해당 상품을 승인 없이 판매하지 못하도록 1937년 4월 23일 금지했다.

5월 8일 송달된 이 결정문에 맞서 미그로는 5월 20일 연방의회에 '지난 결정을 폐기하고 전지크림 아이스콘 판매를 허가하라'고 요구하며 이의신청을 제기했다. 베른주 정부 의회는 미그로의 이의신청을 기각해달라고 요청했다.

II.

1. 앞서 1935년 9월 27일 백화점과 프랜차이즈 업계에 관한 스위스 연방법원의 결정문 1조 3은 현존하는 관계 당국의 허가 없이 식료품 소매업을 하는 대기업을 통해 프랜차이즈 업계가 새 지점을 개설하거나 확장하는 것을 금지한다. 7조 2항 b에 따르면 새 범주의 상품을 수용하는 것도 확장으로 여긴다. 반대로 이미 진행 중인 범주의 상품 내에서 새 품목을 수용할 때는 승인이 필요하지 않다.

2. 어떤 품목을 특정 상품 범주에 편입시킬 때는 7조 2항 b에 따

라 천연 재료의 합성이나 준비 또는 생산 방법과 사용 그리고 일상
적인 거래 제휴 따위에 맞춰야 한다. 이 모든 관점은 상품의 종류에
따라 일치하거나 개별 상품에 각각 따로 결정을 내릴 수 있다. 그런
데 우선 '전지크림 아이스콘'은 재료로 존재하는 것이다.

이런 식으로 수백 단어가 더 이어졌다. 모든 것을 다 정확히 검토
한 것이다. 연방의회는 찬반양론을 다 검토했고 난관을 헤쳐 가며 다
음과 같은 마지막 결론에 이를 때까지 수많은 종류의 크림과 치즈에
대해 언급했다.

Ⅲ.

'전지크림 아이스콘'의 판매로 이의신청인은 단 하나의 새 품목
을 도입했다. 그것은 1933년 10월 14일 법률이 발효되기 전에 이
미 모든 체인점에서 사용하고 있던 상품 범주에 속하는 품목이다.
따라서 이 품목을 도입한 것이 새 범주의 상품을 채택한 것이라고
할 수 없으므로 프랜차이즈 확장도 존재하지 않는다. 따라서 미그
로(주)는 베른주에 있는 모든 지점에서 '전지크림 아이스콘'을 판
매할 권리가 당연히 있다.

인정된 점:

이 이의신청은 받아들여지고 1937년 4월 23일 베른주 정부 의
회의 결정은 폐지되었다.

의사록 작성자 : 지크. G. 보베

베른, 바이어만슈트라세 34번지, 미그로(주)에 통지함(서류 반
환도 함께)

베른, 베른주 정부 의회 보냄

이것은 어떤 관청 관료들의 정신상태, 즉 하찮은 것과 모든 품목, 온갖 논쟁, 심지어 그것을 가능하게 했던 두트바일러의 전단지까지 거의 모든 것에 대해 언급한 몇 쪽짜리 기록물이자 두트바일러가 어느 정도로 좁게 갇혀 있었는지, 아니 포위당해 있었는지, 사람들이 그에게서 모든 발전 가능성을 어떻게 빼앗아버리려고 시도했는지 보여주는 기록물이다.

멈춰 있는 것은 곧 퇴보하는 것이라는 옛말이 그보다 더 들어맞는 사람은 없을 만큼, 두트바일러는 자신을 옥죄는 이 난관들에 맞서 싸웠다. 자신이 휘두를 수 있는 모든 말과 글을 무기로 싸웠고, 그게 부족하면 새로운 무기를 찾았다. 그는 질식할 위험이 너무 크고 시한이 촉박하다는 사실이 발견될 때까지 마냥 기다릴 수가 없었다. 새로운 분출구가 필요했다.

제9장

호텔플란

두트바일러는 계속해서 탈출구를 찾았다. 대형 식료품 공장과 콘체른들이 두트바일러를 보이콧하면서 그로서는 '이 정도 당했으면 충분하다'고 진지하게 생각할 정도까지 상황이 힘들어졌다. 그래서 그는 출구를 찾았다. 필요한 제품을 직접 생산하기 시작했다. 베른 정부는 「프랜차이즈 기업의 지점 확대 금지법」을 공표했고 두트바일러의 적들은 역동적으로 움직이던 미그로가 마지막 운명을 맞고 더는 상승하지 못하고 시들대다가 썩어서 몰락하기를 바랐다. 하지만 베른 정부도 두트바일러와 대차관계를 청산할 일이 없었다. 그도 사람들이 던져준 죄수복을 입고 그대로 머물러 있을 생각이 전혀 없었다. 그는 이렇게 말했다. "수도관을 막으면 물은 반드시 출구를 찾을 것이다."

두트바일러는 미그로를 살릴 새로운 가능성을 찾았다. 그러면서 "저는 오늘까지도 소비조합 관리자로 크지 못했습니다. 저는 사업 능력을 개발하기 위해 활동영역을 더 넓혀야겠습니다!"라고 말했다.

이런 말도 했다. "그래서 저는 근본적인 경제계획을 설계하면서, 호텔 사업에 빠지게 되었습니다. 아주 단순한 이유 때문이죠. 여러 가지를 고려할 때 호텔 사업도 식품 유통 사업 때와 거의 똑같이 하면 가장 빠르지 않겠는가 하는 생각이 들었습니다."

계기는 루돌프 네링Rudolf Nehring이라는 독일인의 방문이었다. 그는 호텔 전문가였는데 스위스 여행을 다니다가 호텔리어들과 대화하면서 호텔비가 현재보다 훨씬 더 낮아질 수 있다는 사실을 알아냈다고 했다. 당시 호텔 숙식비가 12프랑인데 숙박 자체는 2.4프랑 이하라는 것이다. 투자비를 빼면 2.4프랑을 넘는 것은 모두 서비스 비용이라는 계산이었다. 물론 전제는 있었다. 호텔 객실 점유율이 1년 내내 약 70~80%로 좋아야 한다는 것이었다. 물론 1935년 초에는 전혀 맞지 않는 이야기였다. 호텔이 대부분 텅 비어 있었기 때문이다. 그래서 네링은 두트바일러에게 스위스 관광을 활성화할 뭔가를 해보자고 제안했다. 단순하다면 아주 단순한 일이었다. 우선 가격을 대폭 할인해야 할 것이다. 그러면 손님이 더 많이 올 것이다. 호텔리어들은 순서를 반대로 하고 싶어 했다. 먼저 손님이 많이 와야 호텔비도 내릴 수 있다는 것이었다. 그들은 그렇게 말했지만 네링은 손님이 많이 와도 그들이 값을 내리지 않을 거라고 의심했다. 값을 언제 내리겠는가? 문의가 늘어나면?

두트바일러는 이때 뤼슐리콘에 있는 이른바 '초가집'에 살고 있었다. 초가지붕에 단칸방, 부엌 하나, 욕실 하나인 아주 작은 집이었다. 비탈진 지형에 있었는데 두트바일러는 그 뒤 몇 년 동안 인접한 땅 몇 필지를 꾸준히 사들이려던 참이었다. 그래서 이 초가집으로 이웃에 사는 직원 몇 명을 불렀다. 렌치 형제와 엘자 가서, 루돌프 페터, 프리츠 켈러 같은 사람이었다. 네링은 자신의 제안에 대해 짤막한 강연을 했다. 두트바일러는 직원들에게 궁금한 게 있으면 물어보라고 눈짓했다. 그들이 뭐라고 하겠나? 미그로가 이 호텔 사업에 뛰어들면 어떨까?

직원들은 고개를 가로저었다. 그들은 호텔업에 대해 아는 게 거의 없었다. 새로운 모험에 몸을 던지고 싶지도 않았다. 미그로만 해도 그들에게는 충분히 모험이었다. 게다가 베를린의 폐업 절차가 딱 1년 전에 시작되었다. 그렇다고 루돌프 네링의 제안이 전혀 독창적인 것도 아니었다. 구체적인 형태는 달랐지만 그런 제안은 많았다.

두트바일러 혼자 춤을 추었다. 그는 네링의 제안 덕분에 뭔가 새로운 사업을 시작할 수 있게 될 것이라고 확신했다. 그 제안을 스위스의 특별한 여건에 맞게 바꾸기만 하면 된다. 뭔가 창조할 필요가 있었다. 즉 지금까지 여행을 거의 안 해본 대중의 습관을 바꿀 어떤 자극을 만들어낼 필요가 있었다. 두트바일러는 이 사업을 꽉 붙잡았다.

이 시기에 이미 이탈리아에서는 '퇴근 후Dopo Lavoro', 독일에서는 '기쁨을 통한 힘Kraft durch Freude'이라는 운동단체가 있었다. 이런 조직들은 대규모 여행을 개최했다. 레크리에이션을 찾는 사람들이 마치 이쪽 초원에서 저쪽 초원으로 몰려다니는 동물들처럼 자기가 태어난 곳과 살던 도시와 일하던 공장을 떠나 어디론가 몰려갔다 오곤 했다. 그들의 욕망을 아무도 탓하지 않았다. 이전에 최소한의 욕구도 느끼지 못했던 사람들조차 배를 타고 노르웨이의 피오르 해안이나 몰타를 바라고 여행을 떠났다. 고대 그리스 문화가 있는 사적지를 방문하거나 별로 관심도 없던 이슬람 사원을 찾기도 했다. 두트바일러는 사람들이 적어도 휴가 기간에는 약간의 사생활을 갖고 싶어 한다는 걸 알았다. 그리고 스위스인들이 북쪽이나 남쪽에 있는 이웃 나라 사람들보다 더 개인주의적이라는 것도 알았다. 그는 국가가 시킨다고 해서 그 많은 사람이 순한 가축들처럼 특정 휴양지로 몰려다니리라고는 쉽게 상상할 수 없었다. 설사 그들이 스스로 그런 일에 협력해서 관여했다 하더라도 그것은 그가 상관할 바 아니었다. 그는 사람들에게 몇 가지 기쁨을 선사하고 싶었다. 자유! 적어도 단 며칠만이라도! 그는 그들 스스로 평생 속박받으며 살아왔다는 사실을 잊게 만들고 싶었다. 그래서 그가 찾아낸 것은 '개인에 바탕을 둔 대중 소비자'를 창조해내는 일이었다. 그렇지만 대중을 설득할 수 있을지 아직은 잘 알지 못했다. 이 새로운 모험에 참여할 계약 당사자들, 즉 호텔리어들에게 자신의 의도를 실현할 수 있도록 동기를 부여하는 것이 훨씬 쉬워 보였다. 어쨌든 그들이 같이하고 싶은 관심이 있느냐 없느냐에 승패가 달린 사업이었다.

아기한테는 맨 먼저 이름을 지어주어야 한다. 그래서 엘자 가서를 호출했다. 그들은 많은 가능성을 놓고 토론했다. 그러고는 마침내 엘자가 이렇게 물었다. "우리가 지금 호텔산업을 혁신하기 위한 플란(계획)을 세우는 거니까 '호텔플란'이라고 짓는 건 어때요?"

반대편에 앉아 있던 두트바일러가 이렇게 외쳤다. "나쁘지 않은데? 잠깐! 호텔플란? 호플라? 좋아, 이거 판잣집에 생명을 불어넣는 이름인데?" 그래서 이 호텔플란은 사실 처음에는 약자인 '호플라'로 인기를 얻었다. 물론 조롱을 받기도 했다.

두트바일러는 이 사업을 어떻게 시작했을까? 전형적으로 두트바일러식으로 시작했다. 믿을 만한 직원 한 명을 불러 통째로 맡기는 식이었다. 이 경우에는 에밀 렌치였다. 그는 바젤에서 미그로를 개업한 사람이다. 그는 어쩌면 호텔 시스템에 대해 두트바일러보다 잘 모르는 사람이었다. "여유 있게 시간을 가지고 천천히 생각해보세요!" 두트바일러는 그를 안심시켰다. 그러면서 며칠 걸리지 않을 거라고 덧붙였다. 물론 몇 주 안에는 그 호텔플랜이 완성되어 있어야 했다. "큰 조직은 안 돼요." 이것이 두트바일러의 유일한 조건이었다. 회사가 초기 투자비에 부담을 느끼게 하고 싶지 않아서였다.

그렇게 해서 호텔플랜은 미그로의 직원들에 의해 부업처럼 시작되었다. 그때도 에밀 렌치가 있었고 파울 슈트루브Paul Strub도 있었다. 그리고 렌치는 하인리히 셸러Heinrich Scheller 박사도 끌어들였다. 그들은 공부한 문서 더미로 가득 찬 작은 방에서 이른 아침부터 저녁까지, 때로는 한밤중까지도 앉아 있었다. 마침내 네 번째 사람이 또 왔다. 더 앉을 자리도 없었지만 구스타프 렌슈Gustav Rensch라는 사람이었다. 일반적으로 렌치와 차이를 강조하기 위해서 '티t 없는 렌슈'라고 불렸다. 호텔에 대한 최초의 촉수가 쭉쭉 뻗어 나갔다. 그런데 맙소사! 비관론자들이 호텔 객실 점유율이 너무 낮다고 생각했지만 현 실태는 예상보다 훨씬 더 나빴다. 예를 들어 테신에서는 호텔 객실 점유율이 1년에 딱 두 달, 즉 4월과 10월에만 50%를 간신히 넘었고 나머지 10개월은 15~50%였다. 1934년의 평균 객실 점유율은 약 30%밖에 되지 않았다. 다른 지방에서는 최대 이용객 수가 훨씬 더 적었다. 바틀랜더와 오벌란트에서는 약 40%, 투르가우에서는 12.5%였다. 피어발트슈테터제에는 5월 한 달간 손님이 두 명밖에 들지 않은 호텔도 있었다.

1934년 공식 통계에 따르면 스위스 호텔 이용객 수 평균은 26.6%였다. 호텔 전체 수용 능력의 4분의 1을 간신히 넘는 셈이었다. 직원한 명에 손님이 채 한 명꼴도 안 된다는 의미였다. 그래서 호텔리어들은 뭔가 굉장히 좋은 일이 생길 것을 기대해 관심을 보였다. 미그로의 작은 방에서 호텔플란을 연구하던 사람들은 편지를 쓰고 답장을 받고 호소문을 썼다. 그들은 이제 상인에게 고용된 직원들이 아니었다. 그들은 종종 숨을 쉬기 힘들 만큼 어려운 상황이 벌어지더라도 꼭 이길 것이라고 믿는 육상대회 운동선수들이었다.

네링 씨의 제안을 스위스식으로 바꾼 두트바일러의 새롭고 실제로 매혹적인 아이디어는 두 단어로 표현될 수 있었다. '모두 포함!'

이 두 단어는 두 가지를 뜻했다.

첫째, '호텔플란'의 호텔 손님들은 식사부터 취침까지 모두 포함된 '일괄 가격'을 납부한 뒤에는 더는 지갑을 열 필요가 없다. 그것만 가지고는 새로운 아이디어가 아니었다. 그런 식의 패키지여행은 쿡Cook을 비롯한 몇몇 여행사가 이미 20, 30년 전부터 해오던 여행 방식이었다. 하지만 '모두 포함' 여행은 다른 뜻이 하나 더 있었다. 즉 '호텔플란' 여행자들은 다른 여행사 프로그램에 참가한 사람들처럼 합창단이라도 된 듯 구성원 모두 똑같이 행동해야 하거나 대열에서 이탈하는 것에 제한을 받지 않았다.

'모두 포함' 여행은 두트바일러의 계획에 따라 여행객 누구나 자기가 원하는 것과 자기 심장이 갈망하는 것을 할 수도 있고 시킬 수도 있다. 모두 각자 마음대로 할 수 있는 시스템이다. 그렇다고 하룻밤에 세 개의 침대에서 자거나 모든 식사를 두 번씩 해도 좋다는 뜻은 아니다. 하지만 각자 자유 시간을 마음대로 구상하는 자기 결정권을 갖고 있으며 그 모든 값이 여행비에 모두 포함되어 있으니 비용을 추가로 내지 않아도 된다는 뜻이다. 수영하러 갈 수도 있고 산악열차를 타고 1,000미터 높이까지 올라갈 수도 있다. 카지노에 가서 놀 수도 있고 노 젓는 배를 빌려 뱃놀이를 할 수도 있다. 증기 유람선을 타고 유람할 수도 있고 해당 지역 명소를 구경시켜달라고 할 수도 있다. 모든 것이 각 개인에게 열려 있으며 돈은 더 내지 않아도 되었다.

두트바일러는 1930년대 초의 관광객들은 20년이나 30년, 40년 전의 관광객들과는 전혀 다른 관광을 즐길 것이라는 점에서 출발했다. 20세기 초 스위스연방 열차를 이용하던 사람들 가운데 6.6%가 1등칸을, 27.5%가 2등칸을 이용했다. 하지만 1930년대 초에는 1등칸 이용객이 겨우 1.7%, 2등칸 이용객이 겨우 14.5%밖에 안 되었다. 간단히 말해서 관광객들이 예전만큼 많은 돈을 지출할 수 없는 것이다. 그러나 그들은 여전히 휴가 동안 무언가 보고 무언가 경험하고 싶어 했다. 무엇보다도 독립을 잃고 싶어 하지 않았다. 어디로 갈지 무엇을 볼지 무엇을 경험해야 할지 스스로 결정하고 싶어 했다.

예전 같으면 아주 많은 돈을 내는 관광객한테만 호텔리어들이 해주던 서비스를 어떻게 하면 적은 돈을 내고도 받을 수 있을까? 호텔 방문객이 늘자 개별 손님과 관련된 호텔 비용이 줄었다. 무엇보다 두트바일러가 말한 것처럼 "공실률을 낮추는" 단계에 들어서면서, 즉 특히 명목상 호텔이 텅 비어 있던 몇 달 동안 호텔 이용객이 많아졌다.

두트바일러는 호텔플란의 요소를 다음 4가지로 구상했다.

1. 특히 비수기 때 호텔 기업들과 관광 회사가 아주 값싸게 활용할 수 있도록 보장한다.
2. 비용은 그에 맞춰 확 내린다.
3. 관광업계의 모든 관계자 사이에 협업을 조직한다.
4. 국내외에 설득력 있게 홍보한다.

그것은 이제 혁명이 아니었다. 두트바일러는 또한 혁명을 일으키려고 하지도 않았다. 이미 존재하던 시스템을 기반으로 하고 싶어 했다. 호텔도 이전의 성향 그대로 남겨두고 싶어 했다. 다만 이제까지 고객들은 성수기 때만 왔다. 그들이 이러저러한 이유로 오지 않던 계절을 그가 직접 호텔플란을 위해 사용해보려고 생각했다. 그런 점에서 혁명이 아니라 하나의 실험이었다.

어느 날 아침 미그로 트럭을 5대 내보내고 그날 전체 판매량을 대충 계산하던 때, 그 당시에는 그것도 엄청난 실험이었죠. 그것과 똑같아요!

두트바일러에게는 무엇보다도 그 당시처럼 세상을 더 부유하게 만드는 것이 중요했다.

저의 처방은 언제나 똑같아요. 사익이 공익에 앞선다는 거죠. 그러나 어떤 일을 제대로만 처리하면 제대로 그리고 교양 있게 발생한 사익은 언제나 다시 공익으로 귀결됩니다. 참 독특하죠. 따라서 여행객들에게 현장에서 응급처리를 해서 돌려보내는 게 아니라 진정한 즐거움을 맛보고 가게 하는 것이죠.

진정한 즐거움을 맛보게 해주자. 평범한 소시민들의 삶을 더 풍요롭게 만들어주자. 그들은 도대체 무엇을 바랄까? 아무런 재미도 없이 커다란 궁전 호텔에 앉아 있으려고도 하지 않고 저녁마다 턱시도나 예쁜 이브닝드레스를 입고 싶어 하지도 않는다. 수영도 하고 싶고 노를 젓거나 투어도 하고 싶어 한다. 스키도 타고 싶고 야외에서 점심도 먹고 싶고 때로는 춤도 추고 싶어 한다. 물론 외국으로 나가서 낯선 나라와 새로운 도시와 볼만한 구경거리들을 보면서 감탄도 하고 싶어 하는 사람도 많다. 물론 외국은 언제나 젊은이들의 목표이다. 스위스는 아주 오랫동안 모든 부자 나라 사람들의 여행 목표였다. 그런데 그런 스위스가 스위스 사람들, 특히 스위스 젊은이들이 여행하고 싶은 나라가 되려면 아주 특별한 노력을 기울여야 한다. 두트바일러는 계속 이런 점들을 강조해왔다. 스위스와 국경을 맞대고 있는 나라들이 여러 해 전부터 스위스인들까지 포함해 외국인을 유인하려고 엄청나게 노력하는 걸 보라고도 했다.

물론 두트바일러도 외국까지 촉수를 뻗었다. 독일에서는 원래 호텔업 진출을 맨 처음 권했던 바로 그 네링 씨가 일을 맡았다. 독일 상황은 아주 복잡해졌다. 히틀러가 정권을 장악한 이래 사람들의 슬로건이 거의 사라져버렸기 때문이다. 독일의 거의 모든 슬로건은 군비 확장으로 쏠리고 말았다. 외국 여행은 정권 차원에서 비애국적이라고 봤다. 그런데도 어쨌든 스위스가 독일 물건을 사주는 나라이기 때문에 스위스에 대해서는 여행 슬로건이 완전히 차단되지는 않았다.

두트바일러는 파리로 가서 대형 여행사 사장들과 점심을 먹으며 그들이 감탄할 만한 이야기를 많이 해주었다. 그러자 그들은 하나같이 이렇게 이야기했다. "맞아요. 새로운 길을 찾아야 해요!"

두트바일러는 런던에도 갔다. 일요일에도 아침부터 저녁까지 권위 있는 사람들과 회의를 하고 선박과 열차와 호텔 등의 주제로 토론했다. 이튿날 아침에 다시 파리로 갔다. 거기서도 역시 회의가 이어졌다. 그런데도 여행사들은 여전히 호텔플란에 대해 부정적으로 생각하는 것 같았다. 심지어 스위스에서는 보이콧하자는 사람도 있었다. 두트바일러는 새로운 행동을 반대하는 사람들한테 '그러면 당신들만 손해'라며 설득했다. 그 덕분일까? 해외여행업계의 한 지도자가 그를 기차로 데려갔다. 두트바일러를 자기 침대칸까지 데려가서는 두트바일러의 손을 잡고 이렇게 말했다. "제 마음은 당신 편입니다!"

이튿날 아침 두트바일러는 다시 스위스에 있었다. 물론 여기서도 다른 어떤 나라에서보다 훨씬 더 큰 장애물이 기다리고 있었다. 여기서는 반대가 점점 더 심해졌다. 예언자가 모국에서 얼마나 하찮은 대우를 받는지 그는 몸소 체험했다.

어려움이 계속 이어졌다. 하지만 두트바일러는 이제 더는 놀라지도 않았다. 그는 이 새로운 행동을 위해 발바닥에 불이 나도록 뛰어다녔다. 아직도 모든 게 끝난 것은 아니라고 생각했다. 다음과 같은 원칙만 분명히 정했다.

> 회계는 아래에서 위를 향해야지 거꾸로는 안 됩니다. 계산은 전체 운영에 맞춰 바꾸되 국제 경제의 새로운 상황에 맞게 조정해야 합니다.

에밀 렌치가 하소연을 했다. 너무 많은 문제가 드러났고 해답을 어떻게 찾을 수 있을지 아무도 모른다는 것이었다. 누가 봐도 해답이 없는 문제가 수두룩했다. 그래서 두트바일러는 대중을 향해 호텔플란이 진행 중이라고 설명했다.

그는 상황이 어떻게 전개될지 어느 정도는 알고 있으면서 일부러 그렇게 했다. 그의 말을 빌리자면 그의 오랜 전술은 이랬다.

어떤 문제를 해결해내기 위해 직접 어려운 상황에 빠져보는 것이었습니다! 세상 앞에서 선언해놓아야 이러저러한 것들을 조절하게 될 것입니다! 그래야 기필코 완수할 수 있거든요. 이런 상황이 닥쳐야 책임자만이 아니라 직원들까지도 최선을 다하게 마련입니다. 거기서 아주 특별한 형태의 협업이 생겨나는 것이죠! 거기에 이상주의적 목적을 덧붙이면 불가능한 것도 가능하게 하는 정말 위대한 기회가 찾아오게 되는 것입니다.

두트바일러는 광고만이 아니라 특히 강연으로 대중에게 다가갔다. 1935년 4월 중순 그러니까 네링 씨가 찾아온 지 몇 주밖에 지나지 않았을 때 그는 취리히의 한 공연장에서 그리고 의사당에서 '호텔 산업을 다시 시작하는 즉석 프로그램'이라는 주제로 강연을 이어갔다.

그는 이렇게 외쳤다. "여행에 굶주려 여행을 갈망하는 수십만, 아니 수백만 명이 작은 지갑을 하나씩 들고 우리 호텔 문 앞에, 멀리는 국제 여행사의 매혹적인 진열창 앞에 기다리고 있습니다! 파라다이스 같은 휴가의 문을 활짝 열어젖혀주기를 말입니다."

그는 호텔플란 협동조합을 설립하자고 호소해서 열렬한 환영을 받았다. 3,000명 이상의 청중이 박수갈채를 보냈다. 그는 강연의 전체 내용을 요약해서 한 신문에 "가격을 내렸더니 더 큰 수익이!"라는 제목의 칼럼을 실었다. 이때 적어도 30만 명 이상의 독자가 열광했을 것이다.

그런데 호텔리어들은? 많은 이들이 두트바일러 쪽으로 돌아서 찬성 의견을 표시했다. 하지만 그들이 바라는 대로 할 수는 없었다. 그들은 협회를 결성했고, 막강한 힘을 가지게 되었다. 그래서 두트바일러는 이 협회에 다음과 같은 편지를 보냈다.

존경하는 여러분!

저는 지난 14일 동안 스위스 호텔산업의 부흥과 스위스 교통의 심각한 문제를 연구할 기회가 있었습니다. 그 결과 이런 사업을 실현하려면 엄청난 어려움이 닥칠 것이라는 점을 완전히 깨닫게 되었습니다.

한편으로 저는 약 1,500명이 참가한 바젤 집회에서 그리고 수많은 편지에서 전 민중이 함께하겠다는 의지가 아주 강렬하고 그런 의지가 완전히 일반화되어 있다는 아주 강한 인상을 받았습니다.

하지만 다른 한편으로 저는 저의 약한 힘만 가지고는 이 포괄적인 해결책을 결코 찾아낼 수 없다는 사실도 계속 확인했습니다. 전체적으로 개선하려면 오로지 협업을 통해서만 가능할 것입니다.

여기에 전제 조건이 하나 있습니다. 그것은 귀 협회가 구호사업에 반대하지 않고 이 계획이 귀 협회의 목적과 하나가 되도록 어떤 조치를 해달라는 겁니다.

저는 감히 여러분의 책임에 주목해달라고 정중하게 부탁드립니다. 문제를 해결하는 길에 국민의 참여 가능성이 방금 새로 생겨났습니다. 이걸 불가능하게 만들거나 주저하게 만드는 일이 바로 제가 말씀드리는 여러분의 책임입니다.

미래의 발전에 대한 모든 책임을 여러분께 떠맡기고 제가 단호히 물러설까요? 아니면 호텔리어 전체가 관심을 가지도록 현재 닥친 여러 위험을 회피하기 위한 캠페인을 시작하고 오랫동안 투쟁을 해서 마침내 전체 회생을 이룩해볼까요? 이 모든 것이 여러분에게 달려 있습니다.

저는 이 문제의 전체 목적이 호텔산업의 현 상황을 타개하기 위한 것일 뿐이라고 계속 이야기해왔습니다. 조합원으로 참여하든 전체 휴가 티켓을 사는 구매자로 참여하든 이 모든 캠페인에 참여하는 모든 사람이 똑같은 목표를 향하고 있다는 것은 의심할 나위가 없습니다.

우리는 수단과 방법에 대해 의사소통해야 합니다. 그러면 양쪽의 목표가 같으니까 서로 이해하는 것도 반드시 가능할 것입니다.

하지만 이해라는 게 두트바일러가 생각했던 것처럼 그렇게 간단하지만은 않았다. 이 협회는 숙고하고 또 숙고했다. 그리고 '이놈의 두트바일러!' 하며 욕을 퍼부었다. 그에 대해 좋은 말을 하는 사람이 거의 없었다. 아예 '미친 놈'이라고 하는 사람만 있었다. '식료품 소맷값을 그놈이 다 망쳐놨어!' '그놈이 호텔을 가지고 똑같은 짓을 시도한다며?' 사람들은 불신으로 가득 찼다. 그래서 거부하는 태도를 취했다. 하지만 그렇다고 감히 당장은 '싫다'고 말하지 못했다. 개별 호텔의 상황이 너무 절망적이었기 때문이다. 많은 호텔이 이제는 편지봉투에 이름이 인쇄된 호텔리어들의 소유가 아니었다. 은행이나 보험회사 소유였다. 그 사람들은 자기 집에 사는 문자 그대로의 사장도 아니었고 전통적인 의미의 사장도 아니었다.

그래서 그들은 협회 회원사 대표들을 상대로 호텔플란과 목표에 대해 강연 좀 해달라며 두트바일러를 바덴으로 초청했다. 이 강연은 두트바일러가 취리히에서 수천 명을 앞에 두고 강연한 지 약 2주일쯤 지난 5월 2일에 열렸다.

대형 호텔 사장들이 나와서 두트바일러의 말에 귀를 기울였다. 그는 이 문제에 매달린 지 겨우 몇 주밖에 안 되었지만, 해결책을 찾았다고 했다. 수년 전부터 해결책을 찾고 있는 사장들은 허탕만 쳤는데 말이다. 굉장히 오래된 대형 궁전 호텔 사장들도 참석해 있었다. 이들이 경영하는 호텔은 사람들이 휴식을 위해 6주에서 8주씩 머물기 때문에, 한때는 그러한 여행 방식과 아주 딱 맞았다.

그런데 지금은 그들 앞에 이 두트바일러가 서 있다. 두트바일러는 자신들이 옛날에 잘나가던 때에는 맞지 않던 사람이다. 두트바일러는 그들이 현재 배타적으로 운영하는 호텔을 대중적으로 경영할 필요가 있다고 했다. 대중적 경영이라니! 그들은 달랐다. 손님은 별로 없어도 직원이나 시종, 자녀를 위한 가정교사, 운전기사는 최대한 많이 두고 사업을 하고 싶어 한 것이다.

두트바일러는 다음 몇 가지 문제를 공개적으로 인정했다. 예컨대 대중적으로 경영하면 품질이 어쩔 수 없이 떨어질 수밖에 없다고 했다. 루체른 부두에서 옛날에는 백작과 남작 같은 고위층 사람들만 산책할 수 있었지만, 앞으로는 횡이나 헤어리베르크 또는 켐니츠, 릴레 같은 구시가지 사람들도 와서 산책할 수 있게 된다는 점이었다. 그래서 앞으로는 옛날과 같은 우아한 모습만 보일 수는 없다는 것이었다.

두트바일러는 이런 이야기도 했다.

다행히도 옷이나 겉모습, 사회 계층 같은 것들의 차이는 그리 크지 않으니까 예컨대 루체른 부두의 옛 모습은 그대로 둬야 할 것입니다.

그리고 이런 말도 했다.

사업, 특히 스포츠 사업이 있는 곳에서는 비로소 이런 사회적 차이가 이미 상당히 빠르게 사라졌습니다. 예컨대 산악회 전용 산막 같은 곳에는 총지배인도 없고 노동자도 없습니다. 그런 데는 이 사람 저 사람이 섞여 앉고 벨기에 왕도 회사원들과 나란히 앉습니다. 사회적 지위나 지갑의 두께 따위는 중요하지 않습니다. 그저 누가 스키를 더 잘 타는지만 가지고 놀라워할 뿐입니다. 사람들은 사업을 이런 식으로 하는 곳에 몰리는 게 사실입니다.

사실이다! 사업이야! 이 두트바일러라는 놈, 진짜 못 말리는 놈이다! 그는 특히 뜨거운 감자까지 거론했다. "호텔 직원의 임금은 깎지 말아야 합니다. 오히려 올려줄 수도 있습니다. 호텔플란이 시행되면 직원들의 일자리는 더욱 안정되어야 합니다"라는 말을 끝으로 강연을 마무리했다.

호텔 협회 사장들은 두트바일러의 말을 끝까지 들었다. 그러나 그는 그들을 이기지 못했다. 그들이 설득당하지 않은 것이다. 오히려 정반대였다. '이 사람하고는 아무것도 안 하는 게 가장 좋겠다'고 느낄 만큼 의심스러운 성향의 인물이라는 생각만 강해진 듯했다.

며칠 지나지 않아 그들은 그에게 편지를 한 통 썼다. 편지는 〈스위스 호텔 리뷰〉에 '공개편지'로 실렸다. 중앙의장은 그 편지에서 다음과 같이 이야기했다.

당신은 스위스호텔리어협회에 알리지도 않고 엄청난 경제적 임시 조치를 착수하셨더군요. 그러니 앞으로 벌어질 일에 대한 책임은 모두 당신 혼자 지셔야 합니다.

당신은 어쩌다 당신의 계획이 실패할 경우 그 책임을 다른 사람에게 전가하려는 경향이 있어서 집에 불을 지른 뒤 그 불을 제때 끄지 못해 불이 나면 그 손해에 대한 책임을 그 집주인에게 떠넘기려는 사람처럼 느껴집니다.

저는 이 편지를 공개편지 형식으로 쓸 수밖에 없습니다. 우리 동업자들과 대중에게도 저의 책임이 있기 때문입니다.

두트바일러 사장님! 당신의 호텔플란은 모든 게, 심지어 호텔비까지 다 불확실합니다. 호텔업은 무조건 호텔비와 공존할 수밖에 없습니다. 결정은 당신에게 달려 있습니다.

중앙이사회와 대표단회의, 스위스호텔협회 의장단 회의는 수십 년의 노력으로 구축된 호텔비가 무너지는 것을 결코 인정할 수 없습니다. 왜냐하면, 지금까지는 우리나라 호텔산업이 완전히 무너지지 않았기 때문입니다.

물론 무대 뒤에서는 두트바일러와 호텔플란에 대한 찬반 투쟁이 광란의 춤을 추었다. 하지만 중앙의장인 자일러Seiler 박사가 상상한 것처럼 두트바일러를 싹 쓸어버리는 게 그리 쉽지만은 않았다. 호텔리어협회는 아무런 위험도 감수하려 하지 않았다. 반대로 두트바일러는 언제나 그랬듯 아주 많은 위험을 감수해왔다. 자신의 명성과 미그로의 명성뿐이 아니었다. 노동력과 자기 돈까지도 걸어왔다! 협동조합은 24만 5,000프랑의 자본금으로 설립되었다. 부족한 돈에 대해서는 두트바일러가 개인 보증을 섰다. 그는 1935년과 1936년에 10만 프랑씩 보증기금을 납부했다. 물론 돌려받을 가망도 없는 돈이었다. "처음에는 언제나 결과가 빛나지 않는 게 너무 당연하니까!" 미그로는 전단지에 20프랑짜리 출자금 청약권을 동봉해서 배부했다. 며칠 만에 20프랑짜리 출자금 청약권으로 모인 자금이 사업에 필요한 자본금 24만 5,000프랑을 넘어섰다. 두트바일러는 이렇게 설명했다.

"호텔 산업과 전체 관광산업이 부흥하는 것에 직간접으로 관심 있으신 분은 모두 새 카드에 무언가 써넣어주셔야 합니다. 많이 가진 분은 많이, 적게 가진 분은 적게!"

누가 관심을 가졌을까? 우선 호텔업계에 납품하는 대기업가들이 관심을 보였다. 호텔산업에 상당히 많이 의존하고 있는 농업기업들도 그랬다. 호텔산업이 다시 활성화되면 이익을 보게 될 모든 종류의 중소기업인, 예컨대 중앙난방 설비 기사와 냉온수관 설치 기사, 목공, 양탄자 제조업자 같은 사람들이 관심을 보였다. 호텔에 돈을 대출해준 은행들도 관심을 보였다. 그런데 이런 쪽에서 들어온 돈은 거의 없거나 전혀 없었다. 출자금증서는 두트바일러나 미그로의 경우 늘 그랬던 것처럼 평범한 소시민들에게 돌아갔다. 예를 들면 호텔에서 실직한 뒤 다시 취업하고 싶어 하는 직원들과 농장 일꾼들, 호텔 기업과 직간접으로 협업을 하는 대기업 노동자들이 청약에 응했다. 그리고 특히 값싸고 안전한 휴가를 기대하는 수천 명도 출자자로 참여했다.

두트바일러는 이렇게 말했다.

"정말 풀기 어려웠던 고르디우스의 매듭이 풀렸다. 협회가 없으면 없는 거지 뭐!"

그다음부터는 번갯불에 콩 튀기듯이 진행되었다. 첫 번째 호텔플란 지역으로 루가노를 선정했고 첫 번째 여행을 그쪽으로 조직했다.

몇몇 호텔뿐 아니라 선박회사나 산악열차, 지역 열차, 해수욕장, 요양소 휴게실 같은 곳과도 협약을 맺었다. 모든 장소나 교통수단을 매일 이용할 수 있는 전체 이용권은 15프랑으로 결정되었다.

이제 출발할 수 있었다. 두트바일러는 이렇게 썼다.

"126명의 호텔플란 손님이 루가노로 여행을 왔다. 그들은 일주일에 65프랑을 내면 꽤 품위 있는 펜션에 머물 수 있었고 79.50프랑을 내면 아주 좋은 호텔이나 모든 방에 수도가 다 있고 부엌도 아주 훌륭한 유명 단독주택에서 지낼 수 있었다. 출발은 6월 8일 토요일 17시 43분에 본역에서 시작되었다. 정확히 일주일 또는 하루나 이틀 더 묵은 뒤에 귀가가 이루어졌다."

전체가 대단히 성공적이었다. 호텔플란을 실행했던 사람들이 애초 기대했던 것보다 훨씬 강력했다. 루가노에서 내린 손님들은 맨 처음에 미그로 매장으로 안내했다.

호텔플란은 길거리에 탁자 하나 놓고 젊은이가 앉아 여행권을 교환해주고 숙박할 곳을 안내해주는 식이었다.

한 젊은 아가씨가 큰 소리로 외쳤다.

"저는 제 남자친구와 같은 호텔에 못 묵어요."

"아니 그럼 같은 호텔에 방 두 개를 얻으면 되잖아요?"

"안 돼요. 이번 여행에서 처음 만난 신랑감이거든요!"

호텔협회 사람들이 어깨를 으쓱할 때 루가노 여행의 성공은 이미 감지되었다. 사람들은 두트바일러가 약속을 지키지 못하는 걸 보려고 했지만, 100명의 손님이 만족했다는 것이 무슨 뜻이겠는가?

호텔플란의 사무실이 그사이 몇 개 더 늘어났고, 모두 아주 바쁘게 돌아갔다. 새로운 여행을 편성하는 일이 그만큼 바빴다. 다음 여행은 베른의 오벌란트였다. 스위스의 모든 지역에서 수많은 호텔이 자기네 호텔도 끼워달라고 주문해왔다. 호텔연합은 회원사에 그렇게 하지 말라고 경고했지만 소용이 없었다. 끝까지 우리 주장을 고수하자고 애원했지만 다 허사였다.

루가노의 첫 번째 통계만 봐도 그 결과가 어땠는지를 확실히 알 수 있을 것이다. 여름에는 지난 몇 년 동안 호텔이 딱 20~30% 정도밖에 손님을 받지 못했다. 그랬는데 이런 비수기에 호텔플란을 통해 약 8만 건의 숙박이 이루어진 것이다. 호텔플란을 작동한 첫 주에 131명이 들이닥쳤고 12번째 주에는 새로운 호텔이 손님 58명이 숙박했다고 자랑할 수 있었다. 호텔과 열차를 비롯한 몇 가지 산업에서 초기 20주 동안 추가 매출이 500~600만 프랑이나 되었다. 8월 말 루체른 주변에서 호텔의 객실 점유율이 그 전해보다 45.8~59.3%까지 높아졌고 테신에서는 36.9~49.2%까지 높아졌다. 다른 곳, 예컨대 호텔플란이 아직 작동하지 않은 그라우뷘덴이나 발리스, 베른의 오벌란트 같은 지역에는 지난해보다 손님이 거의 늘지 않았다.

두트바일러는 호텔플란 손님들에게 '호텔플란'이 없어도 여행을 했을지 묻는 설문지를 배포했다. 2,386명이 응답했는데 1,201명이 스위스인, 1,185명이 외국인이었다. 스위스인 가운데는 호텔플란이 없었어도 스위스 호텔에서 여행했을 것이라고 답한 사람이 40%뿐이었고 60%는 외국으로 나갔거나 집에 머물렀을 것이라고 했다.

외국인 가운데는 호텔플란이 없었어도 스위스로 왔을 것이라는 사람은 겨우 6%뿐이었고 나머지 94%는 다른 곳으로 갔을 것이라고 했다. 이 모든 수치만 봐도 호텔플란이 얼마나 좋은 이벤트였는지 충분히 알 수 있었다.

〈스위스 호텔 리뷰〉에서 최근 벌어진 격렬한 논쟁도 아무 소용없었다. 심지어 관광협회를 비롯한 유사 기관 관계자들이 두트바일러 주소로, 아주 격앙되고 부분적으로는 모욕적이고 뻔뻔스럽기까지 한 편지들도 보내고, 말로도 숱하게 비난을 퍼부었지만 다 소용없었다. 그래프 곡선이 가파르게 상승했다. 1935년에는 4만 8,000명, 1936년에는 6만 5,000명의 손님이 왔다. 독일뿐 아니라 네덜란드와 프랑스의 사무소도 쭉쭉 발전해가면서 용기를 북돋울 조짐이 보였다. 두트바일러는 호텔플란을 스웨덴과 덴마크까지 펼쳐보려고 했다. 말 그대로 새로운 아이디어가 폭발했다. 순식간에, 특히 성공적인 아이디어를 내는 것은 아마 그의 특별한 재능이었을 것이다. 그만이 아니었다. 모든 직원이 많은 아이디어를 냈다. 외국인에게만 10프랑이라는 아주 싼 가격으로 모든 스위스 산악 철도를 7일간 이용할 수 있는 패키지 이용권을 발행해보는 건 어떠냐는 아이디어를 낸 사람도 있었다. 어떤 사람은 평범한 소시민들이 아주 적은 금액으로 휴가비를 절약할 수 있는 호텔플란 휴가 티켓을 팔기도 했다. 또 어떤 사람은 티켓을 산 사람이 지금처럼 일주일 내내 한 호텔에만 머물러야 하는 게 아니라 매일 여행하면서 호텔플란에 참여한 아무 호텔에서나 숙박할 수 있는 이른바 '운전자를 위한 티켓 시스템'도 계획했다.

〈스위스 호텔 리뷰〉는 '두트바일러도 개인 재산으로는 계속 감당할 수 없을 정도로 엄청난 손실이 날 것'이라고 계산했다. 그래서 이 호텔플란이 아주 빠르게 끝장날 것이라고 내다봤다. 호텔플란에 반대하는 투쟁은 여러 측면에서 이루어졌다. 그들은 모두 호텔비를 높게 유지하려는 데 관심 있는 사람들이었다.

1937년 3월 24일의 지도부 회의에서 두트바일러는 호텔플란의 발전이 "조용한, 어쩌면 약간 너무 조용한 발전"이라는 점을 인정해야 했다. 그러면서 이렇게 덧붙였다. "이렇게 된 까닭은 저 스스로도 이 사업에 만족스러울 만큼 관여하지 못했기 때문인 것 같습니다. 하지만 앞으로는 달라질 것입니다!"

그 자신이 이 호텔플란에 만족스러울 정도로 관여하지 못했다고 하자 모든 참여자가 양해했다. 그러는 사이 두트바일러에게 아주 중요한 일이 생겼다. 그가 큰 정치로 뛰어드는 모험을 한 것이다. 하지만 한꺼번에 둘이나 셋, 아니 열 개의 과제를 동시에 성취할 수 없는 사람이라면 그는 아마 두트바일러가 아닐 것이다.

다가올 몇 주 동안은 홍보하러 런던과 뉴욕 등지를 누비고 다녀야 했다. 런던 한 군데 홍보비만 10만 프랑을 기획했다. 두트바일러는 이제 다시 호텔플란에 관해 더 많이 고민했다. 두트바일러에게 중요한 것은 돈을 조금 더 벌거나 돈을 약간 덜 쓰거나 하는 문제가 아니었다. 그에게 중요한 것은 언제나처럼 사람들을 더 행복하게 하는 것이었다. 그래서 그는 1937년 8월에 콜럼버스의 달걀을 발견했다.

작은 펜션이나 중간 크기 펜션 또는 멀리 떨어져 있는 펜션 할 것 없이, 소박한 펜션의 문제는 결국 의무 휴가제가 도입되어야 완전히 해결될 것입니다. 그런데 왜 행동할 생각은 않고 여전히 주저하며 기다리기만 하는가요? 이번 여름에 '보편 휴가제'가 도입되면 작은 집들도 눈코 뜰 새 없이 바빠질 것입니다. 우리는 속도를 요구해야 합니다. 속도를! 부정적인 문제 말고 긍정적인 문제에 매달려야 합니다. 예컨대, 법적으로 강제력 있는 '의무협회'를 도입하는 일에 매달려야 합니다!

두트바일러는 협회, 특히 스위스호텔리어협회에 반대하는 투쟁 정도는 눈감고도 해낼 수 있었다. "호텔플란은 집어치워!" 이 협회의 집행부가 펴낸 한 기고문의 제목이 그랬다. 착상이 참 기가 막힌 이 졸작에서는 호텔플란을 '황금 송아지'나 '대국민 사기극'의 정체가 드러났다고 비난했다. 두트바일러를 아예 돈키호테나 네로 정도로 묘사했다. 아주 진지하게 받아들일 내용이라곤 하나도 없었다. 하지만 지평선에서 구름이 몰려왔다.

눈이 있는 사람은 누구나 히틀러가 전쟁을 준비하는 걸 볼 줄 알았다. 오스트리아와 체코슬로바키아가 삽시간에 무너졌다. 무솔리니도 허풍을 떨었다. 하지만 그가 히틀러의 수중에 든 꼭두각시일 뿐이라는 것은 의심할 여지가 없었다. 사람들이 더 여행할 수 있는 날이 한정되어 있는데 이 아름다운 스위스 땅과 안락한 스위스 호텔의 명성을 유럽을 가로질러 저 멀리 미국까지 갖고 가는 목적이 뭐지? 유럽의 모든 나라 손님이 스위스에 올 때 침대차를 임대해서 직접 운전하고 오는 게 무슨 의미가 있지? 무슨 일이 벌어지고 있는지 다른 많은 사람보다 더 일찍 깨달은 두트바일러가 호텔플란 작업을 하는 것이 얼마나 무의미한가? 그래도 그는 마지막 순간까지 계속 일을 했다.

그리고 전쟁이 터졌다. 직원 여러 명이 왔다. 에밀 렌치가 물었다. "이제 어쩌죠?" 대부분 모든 기구를 해체하자는 데 동의했다. 도대체 일을 더 계속할 의미가 있는가? 하지만 두트바일러는 생각이 달랐다.

---

*   공법규정에 따라 존재하는 협회로, 주 정부나 중앙 정부가 회원 가입을 의무화해서, 관계자들이 자기 의지와 상관없이 모두 회원 자격을 유지하는 의무적 강제 협회를 말한다.

협동조합은 어떤 경우에도 남겨두어야 한다고 했다.

"협동조합은 나중에도 분명히 어떤 기구로 이바지할 겁니다!"

그는 아무도 해고하지 말라고 지시했다. 다른 일자리를 찾아 떠나는 사람만 그렇게 하라고 했다. 그렇지 않으면 미그로에서 일자리를 찾아주겠다고 했다.

호텔플란은 스위스 소풍객이나 받는 작은 여행사무소로 쪼그라들었다. 몇 가지 전쟁 경제의 기능만 남게 되었다. 특히 미그로를 위한 배당 시스템을 조직하는 일이 남았다.

전쟁이 끝나가고 있었다. 사람들은 나치의 저항도 이제 몇 달 아니 몇 주만 지나면 끝날 것이라고 느끼고 있었다. 다른 어떤 사람들보다 스위스 사람들은 그런 것을 더 일찍 깨달았다. 그러자 호텔리어들이 두트바일러를 찾아와 호텔플란을 다시 활성화해달라고 부탁했다.

그가 여전히 죽지 않고 겨울잠을 자고 있었다는 사실이 밝혀졌다. 다시 활성화하려고 애쓸 필요가 전혀 없었다. 호텔플란에 새로운 생명을 불어넣기 위해 특별한 노력을 기울일 필요도 없었다. 그가 갑자기 다시 나타난 것이다.

호텔플란은 밤사이에 유럽에서 가장 큰 국제 여행사가 되어 있었다. 갑자기 거대한 모델이 되었으며 세계 곳곳에서 복제되어 비슷한 조직이 프랑스와 영국, 네덜란드, 이탈리아 같은 나라에서 계속 생겨났다. 여러 나라 선전부도 모방이라는 점을 공개적으로 인정했다. 철자는 거의 언제나 틀렸지만 고틀리프 두트바일러라는 이름도 자주 언급되었다.

호텔리어들과 그 협회들 그리고 때때로 그들을 위해 말하고 도덕적 분노로 행동하는 사람들은 그사이에 투쟁을 멈췄다. 그들은 실망했으면서도 어쨌든 그것을 인정하지 않았다.

그렇다면 고틀리프 두트바일러는? 물론 그도 약간 실망했다. 모든 게 그가 생각했던 것에서 완전히 달라졌기 때문이다. 호텔플란에서 파생된 국제 여행사들은 이 아이디어를 사업으로 성사시키려고 온 힘을 다해 싸워야 했던 처음과 달리 엄청난 흥미를 끌지는 못했다. 제2차 세계대전이 끝난 뒤부터 호텔리어들에게 엄청난 호경기가 닥쳤는데 그것도 그의 흥미를 끌지 못했다.

사업들이 힘들어졌던 때 사람들한테 보이콧을 당하고 「프랜차이즈 기업의 지점 확대 금지법」이 통과되어서 미그로 지점을 더는 설립할 수 없게 하는 바람에 호텔플란 초안을 잡던 그때 그는 이렇게 말했다. "어쨌든 그 누구도 너무 크지 않도록 깨어서 감시하는 것은 아주 건강에 좋은 것입니다. 그래야 우리 스위스인들한테 히틀러 같은 자가 안 나올 테니까요!" 하지만 그 말은 전혀 맞지 않은 것 같았다. 그 어떤 사람이 예상했던 것보다 위험이 훨씬 컸다. 히틀러도 '통상과 영업의 자유'를 제한하기 시작하지 않았나? 그래도 두트바일러는 스스로 노래 부를 수 있었다. 히틀러는 '통상과 영업의 자유'에 이어 언론과 사상의 자유를 제한하거나 철저히 짓밟았다. 히틀러가 권력을 장악한 지 2년도 안 되었을 때 그 모든 자유는 이미 사라졌다. 그럴 때 두트바일러는 호텔플란에 착수했는데 두트바일러에게는 그런 게 아무것도 아니었다. 미그로를 설립한 이래 입을 닫을 수도 없었고 말을 멈추려고도 하지 않았기 때문이다. 그는 저널리즘에 입문하게 되었다. 어떤 의미에서 그는 스위스에서 저널리스트의 재능을 가장 강하게 가진 사람 가운데 하나였다.

제10장

저널리즘

두트바일러의 저널리즘 진출은 처음부터 필연적이었다. 그는 무언가 계속 보고해야 했다. 적어도 자기가 있고 미그로가 있다는 말을 해야 했다. 나중에 그는 자기가 언제나 존재하고 있었다고 말했다. 아니, 절규했다. 처음으로 명함을 주고받은 사람들과도 나중에는 논쟁과 공격과 방어만 남았다.

두트바일러는 대기업가가 된 뒤에도 계속 트럭을 몰고 다니며 물품을 구매하고 판매했다. 해외에서 유럽으로 물품을 실어오기 위해 배를 임대하자마자 스위스의 대형 쇼핑센터 사장들과 소매상 10여 명을 만나 관계를 맺었다. 선전도 필요 없었다. 전화 통화 몇 번 하고 케이블 몇 개만 깔아도 사업의 흐름을 유지할 수 있었다.

하지만 미그로가 설립되었을 때는 상황이 근본부터 완전히 달랐다. 지금은 식료품을 실은 트럭이 취리히를 가로질러 다니니까 아무나 아무 정류장에서나 물건을 살 수도 있고 특히 거기서 사는 물건 가격이 일반 매장보다 싸다는 사실이 갑자기 수천, 수만, 수십만 명에게 알려져 있었다. 간단히 말해서 이제 두트바일러는 미래의 고객을 향해 무언가 할 말이 있었고 그런 과제를 알고 있었다.

미그로 트럭 운행 시간표를 담은 전단지로 부족할까? 모든 걸 다 볼 수 있는 가격표만으로 안 될까? 아니! 여기 오는 사람들에게는 특별한 기회를 제공한다는 점, 그러니까 지금보다 더 좋은 물건을 더 싸게 살 수 있다는 점을 분명히 밝혀야 했다. 이유도 정확히 설명해야 했다. 이 사업의 영업비밀 속으로 그들을 안내해야 했다.

두트바일러는 1925년 8월 25일에 미그로의 첫 번째 전단지를 인쇄했다. 그것은 선전지 이상이었다. 그것은 이미 그가 막 써 내려간 작은 사설이었다. 이때부터 글의 전개가 솔직했고 논리적으로 완벽했다. 미그로 고객이 많아지면 많아질수록 두트바일러가 고객과 이야기할 기회가 점점 더 많아졌다. 취급하는 품목이 많아지면 많아질수록 이러저러한 상품을 어떻게 지금까지 거래되던 것보다 훨씬 싸게 공급할 수 있는지 설명할 필요가 점점 더 많아지게 되었다.

그러나 반대편에서 침묵하지 않는 바람에 광고와 선전만 할 수는 없었다. 처음에는 매장 소유주들이 경쟁자가 되었다. 곧이어 협동조합과 소비자협회, 식품협회의 대표들까지 나서서 두트바일러를 공격하기 시작했다. 그래서 두트바일러는 곧 언론 토론회에서 그들을 만나야 했다.

대기업과 트러스트,* 카르텔**들이 이 전투에 휘말리는 순간이

---

*   기업합동 또는 기업합병. 카르텔보다 강력한 기업집중의 형태이다. 시장을 독점하기 위해 각 기업체가 독립성을 버리고, 한 회사로 합병한다.

왔다. 이 대기업연합체들이 두트바일러를 상대로 소송을 걸 수밖에 없는 상황이 온 것이다. 이 상황은 두트바일러가 의도적으로 유도해서 만든 것이다.

두트바일러는 그들이 법정에서 어떻게 서 있었는지, 반대편 변호인들이 판사 앞에서 선서하고 무엇을 인정할 수밖에 없었는지 대중에게 꾸준히 알려주었다. 그러지 않았다면 재판의 영향은 절반에 지나지 않았을 것이다.

주 정부들도 규정이나 법률을 가지고 미그로를 반대하는 전투에 휘말려드는 순간이 왔다. 물론 그들은 미그로의 적들 편이었다. 바로 이어서 베른주 정부도 나섰다. 무엇보다 미그로를 반대하려고 만든 이른바 「프랜차이즈 기업의 지점 확대 금지법」을 가지고 개입했다.

두트바일러는 전보다 훨씬 더 강하게 논쟁을 했다. 그리고 그 결과를 대중에게 알렸다. 누가 그들의 이익을 옹호하고 누가 그렇지 않은지 날마다 대중에게 분명하게 밝혀줄 새로운 동기와 필요성이 생긴 것이다.

미그로는 이미 오래전부터 식료품만 파는 조직이 아니었다. 머지않아 경제 영역부터 정치 수준까지 파고들고 경제 성격에 대한 견해와 인식과 요구 같은 것을 드러내는 조직이 되었다. 미그로처럼 첫날부터 선의나 최소한 공익에 의존하는 회사는 언제나 언론 담당이 필요했다. 처음에는 돈이 없어서 처음부터 함께한 극소수 가운데 한 명이 언론을 담당할 수밖에 없었다. 하지만 나중에는 미그로가 무척 빨리 성

** 기업연합. 가맹기업 간 협정으로 성립되며, 가맹기업은 일부 활동을 제약받지만 법률적으로 별도의 회사이다.

장했다. 홍보도 필요하고 적당한 언론도 필요하게 되었다. 그리고 언론 담당을 채용할 수 있을 정도로 돈도 충분히 생겼다. 그런데 왜 아무도 채용하지 않았을까?

그에 대한 해답은 두트바일러였다. 다른 대기업이나 그런 종류의 기업가들과는 반대로 그는 익명을 전혀 요구하지 않았다. 그는 그런 사람들처럼 익명의 거인이나 회색 저명인사로 어두운 그늘에 머물려 하지 않았다. 오히려 자기가 직접 언론 담당이 되기로 했다. 그는 그늘에 있던 편안한 지위를 포기하고 대중의 스포트라이트를 받을 준비가 되었다. 스스로 떠맡은 것이니까 피해자라고 할 수는 없다.

그는 왜 그런 길을 택했을까? 허영심이나 공명심 때문이었을까? 물론 그것도 있을 수 있다. 하지만 결정적인 것은 미그로와 더 가까운 친분을 맺은 구매자를 익명의 대중으로 봤던 옛날 도매상의 욕구 때문이었다. 그것은 심리학의 기본 중 기본이다.

그는 결국 이런 노력을 할 필요가 있다는 확신만 할 수 있다면 그 어려운 일에 필요한 열정을 쏟을 수 있었다. 그는 평범한 소시민들을 돕고 싶어 하는 사람이다. 그래서 그들과 연락을 취하는 것이다. 그런데 그들을 최대한 개인적으로 알고 적어도 개인적으로 말하는 것보다 그들을 더 잘 설득할 방법이 있겠는가?

나중에는 저널리즘이 두트바일러의 취미였다는 이야기가 자주 들렸다. 하지만 취미는 원래 직업이 아니라 직업과 별도로 하는 일이다. 기업인이 낚시나 우표 수집, 콘서트 후원 같은 일은 취미로 할 수 있다. 하지만 두트바일러가 칼럼을 쓰는 것은 취미나 오락이 아니었다. 알리고 싶은 욕구가 일상적인 일과 아주 유기적으로 연결되어 분출된 것이다. 그의 저널리즘은 일을 빼고 생각할 수 없고 그의 일은 저널리즘을 빼고는 생각할 수 없다.

저널리즘 투쟁을 시작하기 훨씬 전, 공격하거나 방어하기 아주 오래전에는 사람들에게 물품 공급하는 일을 그리 중요하게 여기지 않았다. 그는 자신의 신념과 인식 그리고 고객들에 대한 요구도 함께 전달하고자 했다. 원칙을 말하려 했고 그 원칙을 고객들이 완전히 이해해주기를 바랐다. 그것을 어떻게 달성할 수 있었을까? 광고를 통해서는 아닐 것이다. 하지만 광고는 그저 광고로만 그쳐야 하나? 미그로는 이러저러한 신문 지면을 샀다. 때로는 4분의 1면을 살 때도 있었고 2분의 1면 아니면 1면 전체를 살 때도 있었다. 미그로가 사들인 신문 지면에 맨 처음 싣기 시작한 것은 '화젯거리가 될 만한 기사'였다. 사들인 4분의 1면에 광고 대신 두트바일러가 옳다고 여기는 기사를 배치할 수 있었다. 그는 그렇게 하는 게 옳다고 여겼다. 눈에 띄는 문구 몇 줄로 쓰는 광고 대신 전체 기사를 집어넣은 것이다. 첫 번째 기사는 1927년 12월 17일 미그로가 창업한 지 약 2년 반쯤 지난 뒤였다. 두트바일러는 그 전체를 '미그로 소식'이라고 불렀다. 거기서 두트바일러가 중요하게 생각한 것은 대중에 대한 호소와 공개편지 형식의 경찰 공격 같은 것들이었다.

이 '소식들'에 대한 메아리는 아주 활발히 울려왔다. 그 덕분에 두트바일러는 나흘 뒤에 후속 소식을 발행할 수 있었다.

이번에는 그것을 '신문 속 신문'이라고 불렀고 실제로도 그랬다. 이 '신문 속 신문' 앞머리에서 그는 '앞으로 매주 수요일과 토요일 15만 부씩 발행할 것'이라고 알렸다. '신문 속 신문'을 적어도 당분간 싣기로 계약을 체결한 〈취리히 블래터Zürcher Blätter〉의 발행 부수가 15만 부였다. 크리스마스가 다가왔다. 두트바일러는 세 번째 '신문 속 신문'

에 사색적인 칼럼을 썼다. 전에는 그렇게 사색적인 칼럼을 쓴 적이 없었다.

우리는 크리스마스 칼럼도 쓰려고 합니다. 압박을 당했기 때문에 우리의 펜은 어쩔 수 없이 투쟁을 향할 수밖에 없습니다. 투쟁은 비록 선한 투쟁이라 할지라도 사람을 피곤하게 하고 망가지게 합니다. 우리는 당분간 상인 길드의 반대편에 서려고 합니다. 물론 길드는 우리도 당연히 포함된 조직이죠. 우리는 그런 길드에서 벗어나고 싶은 원칙을 갖고 있긴 합니다. 하지만 우리도 어쩔 수 없이 길드 구성원인 것만은 분명합니다. 그런데도 요즘 우리 길드가 하는 일을 반대하지 않을 수 없습니다. 많은 소상인이 우리에 대해 매서운 불평을 늘어놓습니다. 자기들뿐 아니라 가족들까지도 생존투쟁을 힘들게 하고 있다고 합니다. 생존에서조차 위협을 받고 있다는 것이지요. 미그로 지도부도 한때는 소비자협동조합 조합원이었죠. 그런데 지금 그 소비자협동조합은 잘못하고 있고 거기에 넘어간 사람들은 우리가 빠르게 전진하는 모습을 아주 진지하게 관찰하고 있습니다. 고립된 채 많은 사람한테 적대시당하며 자기 길을 가는 것은 정말 어렵습니다. 직업 동료들과 뭉쳐 있을 때가 훨씬 편하죠. 다른 한편으로 온갖 저항이 있긴 하지만 수치로 따져볼 때의 성공이나 아이디어가 승리로 이어진 것에 대해 만족하기도 합니다. 물론 달성한 것을 차분하게 내적으로 기뻐하기에는 부족하지요! 우리는 이따금 편지와 성명서를 받아 읽기도 하고 그런 내용을 듣기도 합니다. 그러면 그들이 경쟁사로서 할 수 있는 모든 비난을 우리가 중요하게 생각할 수도 있다고 봅니다. 어쩌면 악의적인 상대방의 눈으로 볼 수도 있겠죠. 편지에는 세상의 수많은 어머니가 매주 5프랑씩 절약하는 게 무슨 의미가 있냐는 내용이 들어 있습니다. 사랑하는 사람들에게 축제의 기쁨을 맛보게 해주려면 몇 프랑 가지고는 어림도 없다는 얘기도 있죠. 벌이가 어느 정도는 되기 때문에 미래는 덜 걱정한다는 얘기도 있고 축제를 즐기는 게 더 쉽고 더 아름답다는 얘기도 있습니다. 하지만 올해 1프랑이라도 더 절약했는데 이 아이나 저 아이, 아니면 어머니 자신이 약간은 더 활력 있는 것처럼 보이지 않을까요? 아니면 뷔츨리Büchli의 부채를 비롯하여 소규모지만 압박이 되던 부채가 단 1프랑이라도 줄어들면 아버지가 조금이라도 더 기쁘지 않을까요? 아니면 자녀한테 뭔가 더 특별한 교육을 받을 수 있게 할 수 있지 않을까요? 많은 가정에서 단순히 살림살이만 하는데도 매주 '많은 돈이 들어갔는데' 그 가운데 다만 몇 가지라도 줄면 좋지 않을까요? 우중충하게 내리는 비가 아니라 잠깐이라도 반짝이는 햇빛을 뜻하지는 않을까요? 근근이 헤쳐나가며 사는 게 아니라 살림이 번창하는 것을 뜻하지 않을까요? 이렇게 생각해보면 완고하게 반대하던 분들도 아주 깊은 내면에서는 우리한테 그렇게 심하게 화를 낼 수 없지 않을까요?

우리는 그분들에게 같은 값으로 일상적인 것이 아니라 뭔가 고급품을 제공해왔습니다. 그러니까 위에 언급한 이유에서 우리가 알지도 못하는 수천 명이 친절하게 그리고 좋게 생각하고 있고, 똑같이 많은 다른 사람들은 우리에 대해 만족하고 있고 상당히 호의적이십니다. 그분들이 이렇게 생각해주시는 바람에 우리는 우리가 노력해서 얻은 이 성공을 정말 기쁘게 생각합니다. 동종 업종에 종사하시는 분들이 우리를 여전히 원망하고 보이콧하고 피한다고 하더라도 우리는 기분 좋게 생각하고 있습니다. 우리의 서비스를 받으시면서 동시에 우리를 잘 뒷받침해주고 계신 분들의 공동체 안에서 축제를 벌입시다. 잘 알지 못하는 이 동료들께 고요한 크리스마스 기간 내내 외치겠습니다. 메리 크리스마스!

대표이사 드림

사람들은 이 기사를 아주 기쁜 마음으로 읽었다. 다음 며칠 동안 무엇을 사게 될지 전혀 몰라도 기분 나쁘지 않았다. 미그로 매장에서 거래하는 게 전혀 괴롭지도 않았다. 일반인의 관점에서 볼 때 그동안은 값비싼 광고면이 쓸데없이 '낭비'되었다는 사실이 밝혀졌다.

두트바일러는 고객을 구매자로만 보지 않았다. 한 인간으로 대우하며 말을 거는 것이 그분들에게 기쁨을 드린다는 걸 알았다. 그때부터 그는 매주 한 편씩 칼럼을 썼다. 매주 '신문 속 신문'으로 30개 대형 신문에 2분의 1면 광고를 실을 수 있게 되었다. 지금까지 2,000회가 훨씬 넘게 연재한 일종의 '사실 연재 보고서'였다. 아주 여러 해가 지난 뒤 두트바일러는 "무게로 따지면 내가 괴테보다 더 많이 썼을 것"이라고 말했다.

미그로의 선전도 처음 몇 년 동안은 당연히 선전 문구로 채워졌다. 하지만 두트바일러는 결코 보고를 넘어서지 않았다. 두트바일러는 그것을 다음과 같이 묘사했다.

"선전에는 두 가지 방식이 있습니다. 암기식, 주입식 선전과 토론식 선전이죠. 전자는 사람들이 어리석다는 것을 전제하고 후자는 소비자가 영리하다는 것을 전제합니다."

그리고 웃으면서 이렇게 덧붙였다. "둘 다 사업입니다!"

물론 두트바일러는 완결된 형식을 갖춘 저널리즘 능력은 많이 부족했다. 이렇게 표현하니까 마치 전에는 저널리즘에서 형식이 엄청나게 중요하기라도 했던 것 같다. 정확히 말해서 그는 훌륭한 논쟁가가 결코 아니었다. 논쟁가라면 해당 사안을 통달해야 하고 어느 정도 거리를 두고 역설의 안경을 쓰고도 볼 줄 알아야 하는데 두트바일러는 늘 투쟁의 한복판에 서 있었다.

그는 자신의 적들이 반칙공격을 퍼부으면 흥분했다. 그런데 그들은 그런 짓을 했다. 그가 흥분하면 칼럼의 선명성이 어지러워졌다. 그런 점에서 훌륭한 논쟁가가 아닌데도 적들은 두려워했다. 그는 평생 순수하고 강하게 그들을 조롱하고 다른 사람들한테도 그들을 똑같이 조롱하게 만드는 사람이었기 때문이다. 그의 위트는 종종 치명적이었다. 모든 적이 그것을 느꼈다. 가장 많이 느낀 사람들은 그가 특히 조롱했던 사람들, 어떤 한 사람이 대열에서 빠져나와 혼자 춤추는 것을 도저히 못 봐주는 각종 협회나 연합, 카르텔에 속한 사람들이었다.

하지만 협회의 관료들이 부적절하다거나 "야만인"이라고 비난해도 그는 대열에서, 예컨대 협회의 대열에서 빠져나와 춤추는 것을 아주 열정적으로 즐겼다. 두트바일러는 이렇게 썼다.

우리를 가장 위협하는 위험은 '도식'입니다. 도식만 믿는 광신도들은 '야만인'들입니다. '내가 몹시 싫어하는 사람들'이죠. 아무도 달라질 일이 없다면 모든 획일주의를 아주 훌륭하다고 평가하겠지만, 사람은 달라질 수 있습니다. 따라서 세상을 새로 정돈하려는 사람들은 야만인들을 제대로 다루어야 합니다. …… '야만인'은 협회에 속하지 않는 사람들입니다. 협회에 속하지 않는 사람들은 대부분 자기 확신과 독립심이 아주 강하기 때문이죠. 그런데 바로 지금 처럼 아주 뻔뻔스럽게 독립적인 중산층에 대해 시를 쓰듯 조롱하는 것은 모순입니다. 그런 조롱을 무척 높은 과제로 삼는 것도 모순입니다. 연방헌법을 이미 약간 가볍게 생각하는 것도 모순이고요. 독립적인 사람들 가운데서도 가장 독립적인 이 사람들, 이 '야만인들'을 '도식'의 쇠사슬에 집어넣고 '거세'해버리려는 것도 모순입니다. 모든 것을 거세하고 평준화시켜서 한쪽으로만 유도해야 한다니요! 앞으로는 아무도 거칠게 자라서는 안 된다니요! 시냇물은 직각으로만 흘러야 한다니요! 계곡의 여름은 끝났다니요!

두트바일러는 2년 반 뒤 '나, 곧 신문 속 신문'이라는 칼럼에서 '신문 속 신문'을 이렇게 설명했다.

나는 이미 2년 반 전부터 지금까지 140회에 걸친 연재를 통해 독자에게 말을 걸었습니다. 나는 일단 말할 수 있었고 독자는 나, 곧 '신문 속 신문'을 알아봤습니다. 이것은 지극히 옳고 돈이 덜 드는 일이었습니다. 나는 미그로라는 피조물에서 태어난 제2의 피조물입니다. 미그로는 '행동'으로 이루어져 있고 나는 '정신과 말'로 이루어져 있는 인간입니다. 다시 말해 '미그로 오일'이나 '미그로 커피' 같은 것을 시험하는 인간이며, 미그로라는 배의 키를 잡고, 나 곧 '신문 속 신문'을 통해 말하는 인간이라는 뜻입니다. 나는 사업에서 환희를 느끼는 미그로의 의붓자식일 뿐입니다. 그런데 목요일 저녁(바젤과 베른의 경우)이나 금요일 아침(취리히와 장크트갈렌), 신문 속 신문의 책임을 다하기 위해 미그로맨이 이동 판매 트력 핸들을 잡아야 할 때 온갖 저주를 듣는 것은 정말 씁쓸합니다.

우리가 느끼는 감정을 뭐라고 표현할까요? 토요일이라서 아직 시작도 하지 않은 숙제를 월요일에는 제출해야 하는 학생들이 느끼는 감정이라고나 할까요? 그런 감정을 아는 사람은 미그로 칼럼이 나오기까지 출산의 고통이 얼마나 클지 조금이라도 느낄 수 있을 것입니다. 물론 나는 미그로와 완전한 동일체는 아닙니다. 나는 더 높고 더 일반적인 관점을 대변하기 위해 전심을 기울이고 있는 사람입니다. 단순한 사업으로 시작했지만 지금은 현실과 힘을 볼 때 오일이나 커피, 마카로니 같은 것들이 미그로 품목 중에서 뒤처지지 않도록 이상적인 세상을 만들기 위해 노력하는 사람입니다. 반면에 미그로에는 품질부터 가격, 수량 같은 모든 게 다 들어 있습니다. 우리 미그로 형제들은 유익한 사람들입니다. 그들은 행동하는 것을 자랑스러워합니다. 그런 미그로 형제 못지않게 유익한 분들이 또 있습니다. 존경하는 주부님들이십니다. 나는 그분들에게 좋은 편지를 쓰고 싶습니다. 다른 측면에서 이야기하자면 나는 목요일과 금요일에 '신문 속 신문'의 더 높은 편집인이라는 망루로 올라갑니다. 그게 미그로 사업가보다 더 좋다는 점을 지적하고 싶습니다. 거기서 그는 자기 아이디어를 상인의 '낮은' 업무에서 해방시킵니다. 이때 그는 출산 때 반드시 겪을 수밖에 없는 엄청난 고통을 겪습니다. 첫 시간부터 미그로 칼럼을 넘길 때까지가 그렇습니다. 거시 경제의 연관성도 파악해야 합니다. 그래야 전체를 위해 의미를 확장할 수 있고 미그로 사업을 더 높은 관점으로 끌어올릴 수 있기 때문이죠. 모든 참가자, 그러니까 구매자나 공급자, 직원 그리고 매장 점주들의 복지까지 돌볼 수 있습니다.

신문에서 광고복을 입고 있는 내 모습만 보는 주부라면 '100프 랑짜리 옷은 되겠군!' 하고 생각할 수도 있을 것입니다. 주부는 슬 쩍 보기만 해도 아주 정확히 꿰뚫어 볼 줄 알기 때문이죠.

하지만 나는 어떤 여행 사업을 해왔으며 식료품 영역의 효모로 서 얼마나 높은 지위를 부여했는가요?

틀에 박힌 일만 반복적으로 하다가 부작용이 생기는 곳, 성스러 운 관료주의의 화신이 전지전능한 권력을 가지고 지배하게 되는 곳, 달콤한 잠에 빠져 이윤이 정지되고 조용해지는 곳, 가격 인하가 모든 개인의 주도권을 마비시키는 곳, 바로 그런 곳에서 나는 맑고 높게 팡파르를 울립니다. 만세!

정신력과 체력이 왕성해지면 안개와 여명은 사라집니다. 모든 것이 나, 곧 '신문 속 신문'을 통해 알려지는 게 가능하다는 인식 덕 분에 우리 영역에서 모든 것이 점점 더 많이 정돈되고 유지될 수 있 었습니다. 그리고 소비자가 모든 것을 알게 되었습니다. 과거나 현 재나 어떤 물품을 구매하는 순간 2×2=4처럼 명백하고 단순해야 소비자에게 이상적인 상황이 됩니다!

나처럼 계산하면 상인들과 공장주들도 재정적 위기에서 탈출할 수 있고 상당수 문제도 해결할 수 있습니다. 쓸데없는 환상을 생산 하느라 돈을 낭비하지 않을 수 있죠. 적당한 값으로 좋은 물품을 안 정적으로 공급할 수 있게도 되고 더 많은 행복을 가져다줄 수 있게 도 됩니다. 그래야 살 만한 가치가 있는 현실적인 길이 더 많아질 것입니다. 말할 기회가 이번만이라면 대담하게 말하겠습니다. 미 그로도 과거 20년 동안은 다른 매장들과 거의 똑같은 매장이었습 니다. 하지만 나, 곧 '신문 속 신문' 덕분에 영원한 생명력을 가지게 됐습니다. 미그로도 나중에 경제 기록 보관소에 문서로만 존재할 뻔했습니다. 그런데 사람들이 나를 작은 오뚝이, 큰 소리꾼으로 만들었습니다! 덕분에 나는 혼자서 수만 명이 앉아 있는 뚜껑도 들어 올리고 공통의 분노와 공통의 유머로 몸통이 터져나갈 때까지 세상 속으로 진실을 외쳐댈 수 있었습니다. 나, 곧 '신문 속 작은 신문'은 보존재입니다. 미그로의 원칙을, 늘 신선하고 신 상태로 유지해주는 식초입니다. 매주 목요일과 금요일에는 미그로 정신이 나의 시큼털털한 선술집으로 스며들었습니다. 모든 대중 앞에서 좋은 물품을 공공연하고 명쾌하게 선전해야 했습니다. 일주일 동안 계속 그렇게 했습니다. 그 덕분에 나는 달콤한 계약을 맺지 않을 수 있었습니다. 내가 달콤한 계약을 맺었더라면 나는 아주 나약한 존재가 되고 말았을 것입니다. 그 덕분에 나는 소인이면서도 강력한 미그로가 되어 직진할 수 있었습니다. 그 덕분에 내 목소리의 울림과 힘을 보고 미그로와 나, 곧 '신문 속 신문'이 올바른 길을 걷고 있는지 그렇지 않은지, 여러분께서도 인정해주시는 것 아니겠습니까!

'신문 속 신문'은 처음에는 몇 개 안 되는 신문에만 실렸다. 몇 년쯤 지나서 스위스의 30대 대형 신문에 다 실렸다. 곧 '신문 속 신문'을 발간하겠다는 출판사들이 생겨났다. 어떤 신문사는 편집국에서 논의도 했다. 두트바일러의 글에 동의하지 않는 사람들도 물론 있었다. 그들은 신문 자체에서 언급한 내용과 반대되는 견해까지 왜 실어야 하는지 이해하지 못했다. 두트바일러는 신문이 나올 때마다 '신문 속 신문'에서 그들의 이름을 거론하는 것으로 저항했다. 그는 조용히 이렇게 말한 적이 있다.

그래도 '신문 속 작은 신문'은 영향력이 컸습니다. 이 기사에서 빠진 게 무얼까요? 제품 보고서와 경제, 정치 논문, 당국에 보내는 제안, 사회 문제, 문화 과제, 국가의 공급시스템과 국방, 재정 문제, 항의, 훌륭한 조언 그리고 유머…… 심지어 일상생활에서 유효한 사랑하는 신까지도 빠지지 않았습니다. 모든 것이 '융합'되어 있었지만, 정신은 모두 같았습니다.

그 뒤 미그로와 대기업 카르텔, 브랜드 기업들 사이에 소송이 시작되었다. 대기업들은 언론을 향해 '미그로냐, 우리냐' 결단을 내리라고 했다. 즉, '신문 속 신문'을 계속 실어줄 거라면 해당 신문에 광고를 싣지 않겠으며, '신문 속 신문'을 싣지 않으면 대형 광고 계약을 따낸 것으로 계산에 넣어도 좋다는 것이었다. 물론 이 모든 것을 말로 하거나 글로 쓴 것은 아니었다. 하지만 이미 강요였다. 그래서 새로운 물줄기가 두트바일러의 물레방아로 향하게 되었다.

여하튼 많은 신문이 이제 진퇴양난의 궁지에 몰리게 된 것은 분명했다. 많은 신문이 약해졌다. 어떤 신문기업은 거절했고 또 어떤 신문기업은 절충했다. 절충 방식은 '신문 속 신문'에 대기업 광고주들을 공격하는 내용이 있으면 싣지 않겠다는 것이었다. 하지만 미그로와 소송 중인 회사를 언급하는 기사는 계속 쓸 수 있었다.

미그로는 신문사들과 편집부에서 자기변명을 하는 수많은 편지를 받았다.

"그건 그렇고, 귀하는 '신문 속 신문'이라는 귀하의 공격적인 광고에, 우리한테 법적인 결론과 상관없이 귀하의 광고를 때때로 광고란에 실어줄 수 있는지 없는지 결정하라고 강요하는 내용을 담았습니다."

"앞으로는 위에 언급한 공격적인 광고를 거부하라는 압력을 받고 있습니다."

두트바일러는 저항에 나섰다. 그는 이렇게 썼다.

스위스에는 법이란 게 있습니다. 피해를 봤다고 느끼는 사람은 자기 권리를 내세울 수 있습니다. 자유로운 의견교환은 결코 방해받아서는 안 됩니다.

이번에 여러 정당의 기관지들이 스위스 광고의 도덕적 수준을 다시 높이기 위해 함께 행동한 것은 주목할 만합니다. 세계에서 7번째 강대국에 반대하는 자유로운 말을 허락하는 것은 확실히 위험한 모험이겠네요. 우리는 언론이 우리의 자유를 위해 그다지 많이 희생하지 않기를 진정으로 바랍니다.

하지만 도덕과는 아무런 상관이 없습니다. 8번째 강대국은 '돈'이죠. 이번 경우에는 퍼실, 하크, 핌, 팔미나 그리고 스위스 국제기업 마기와 렌츠부르크 같은 세계적 대기업들이 지출하는 광고비가 수백만 프랑입니다. 형식적으로는 위협을 받는 게 신문사처럼 보이지만 우리가 그 광고란을 샀기 때문에 그 광고면은 우리 소유입니다. 그런데 우리 소유의 그 공간을 명품을 생산하는 대기업들에 제공할 수밖에 없겠구나 생각하고 있습니다.

하지만 이것은 양면이 있는 문제입니다. 아직도 정기이용권을 소지하고 있는 우리가 있지 않습니까? 헌법과 법령에 들어 있는 고귀한 전통도 있습니다. 그 광고란은 그걸 사느라 돈을 낸 사람들을 위한 자유발언대가 되어야 합니다. 예컨대 광고가 미풍양속에 어긋나지 않아야 한다는 것은 기본입니다. 하지만 '신문 속 신문'은

명품의 수치스러운 적나라한 모습을 논증과 계산으로 밝혀낸다고
해서 풍기문란죄를 저지르고 있다고 주장할 만큼 그렇게 멀리 나가
지는 않을 것입니다.

두트바일러의 글에는 유머가 빠지지 않았다. 작은 실례를 들어
검증도 했다. 즉 윤리를 이유로 그의 기사를 거절하는 신문이 얼마나
진지하게 윤리를 없애버렸는지 말이다.

'비미그로 물품'의 수준이 얼마나 높은지 우리가 취리히의 여러
신문에 실었던 '미래의 암거래상 광고' 형태의 풍향 기구로 확인해
봤습니다. 그랬더니 부르주아와 사회주의 관보들이 덥석 물더군
요. 모토는 '유익한 물품 수입 허가, 막대한 이익'이었습니다. 엄밀
히 이유를 따지는 게 좋습니다. 그런데 왜 적절한 가격으로 적당한
상거래를 할 때만 그럽니까? 왜? 어째서 비싸게 파는 사람과 중앙
우체국-암거래상만 가장 완벽한 자유를 누리는 것입니까? …… 결
론적으로 진지하게 말하자면 누구나 생각을 표현할 수 있어야 합니
다. 우리가 틀린 말을 하면 우리가 책임지겠습니다.

이 문제의 법적인 측면은 어떻게 보일까? 모든 신문은 자기들이
실은 광고 문구에 대해 전혀 책임지지 않았다. 그들도 잘 알고 있었다.
물론 아주 조악한 허튼소리나 음담패설, 특효약이라고 속이는 건강유
해식품 선전 같은 것들은 예외였다. 미그로 광고, 특히 '신문 속 신문'
을 계속 싣지 말라는 압력을 받아서 앞으로는 못 싣겠다고 하는 신문
들은 아주 간단히 이렇게 말했다. 대기업 콘체른들과 귀찮은 일이 생

기는 것을 원치 않는다고. 그게 독자들에게 정보를 제공하는 수단을 빼앗는 것인데도 그들은 그렇게 했다. 설사 두트바일러가 그들에게 이런 비난을 퍼부었대도 그건 전혀 불공정한 비난이 아니었다.

여러분의 정기구독자들은 5년 전부터 어떤 특정한 위치에서 아주 많은 독자의 관심을 끄는 미그로 광고를 찾는 데 익숙합니다. 이분들에게 '신문 속 미그로 신문'을 찾기 어렵게 만들려고 하면 그것은 여러분 자신의 독자들에게 직접 횡포를 가한다는 뜻입니다.

맞다. 예컨대, 〈노이에 취리히 차이퉁〉도 그의 '신문 속 신문'을 더는 싣지 않겠다고 했을 때 두트바일러는 상당히 개인적으로 될 수 있었다. 1933년 1월 17일, 그는 이렇게 설명했다.

〈노이에 취리히 차이퉁〉이 한 국제 브랜드 트러스트 대기업에 최근 들어온 광고책임자와 함께 미그로 광고 보이콧과 검열을 떠맡았습니다. 이것은 이 첫 상업지에 큰 불명예입니다.

하지만 바로 뒤이어서 대기업인 〈노이에 취리히 차이퉁〉과 미그로 사이에 일종의 평화가 왔고 그 평화는 적어도 몇 년은 지속했다.

두트바일러는 평화가 보장되지 않는 곳이면 거기가 어디든 쉬지 않고 꾸준히 투쟁했다. 마침내 빈터투르에서는 모든 신문이 '신문 속 신문'을 앞으로는 배달하지 않겠다고 선언했다. 그러자 두트바일러는 빈터투르 주민들에게 무료 전단지를 배포했다. 첫 번째 것은 모든 신문사의 발행인들에게 보내는 공개편지였다. 거기서 그는 그들이 이 공개편지를 왜 인쇄하지 않겠다는 것인지 아주 호되게 질책했다.

당신들이 우리의 텍스트 광고를 보이콧하고 있는 이때에 우리는
어쩔 수 없이 우리의 상권에서 이 광고지를 4주에 한 번씩 무료로
배포할 수밖에 없습니다. 당신네 신문이 우리를 마음대로 하려는
이번 기회에 우리는 중요한 선전을 더 활발하게 펼 수밖에 없을 것
같습니다.

이 내용을 실어준 취리히, 바젤, 베른, 샤푸하우젠 그리고 장크트
갈렌의 지역 신문들에 대해서는 이렇게 말했다.

우리는 여러분의 적지 않은 정기구독자들이 위에 언급한 신문
정기구독자로 이미 옮겨 갔거나 앞으로 계속 옮겨 갈 것이라고 확
신합니다. 미그로 칼럼의 교훈이 자신들에게 이익이 되어서든 미
그로가 정치 경제학적 정보를 제한 없이 소개해주는 바람에 안심이
돼서든 분명히 옮겨 갔고 옮겨 갈 것입니다.

그의 이런 지적은 빈터투르의 신문사들에는 몹시 쓰라린 지적이
었다. 그 뒤 몇 년 동안 '신문 속 신문'의 톤이 현저하게 달라졌다. 공
격성이 약해졌고 독설도 약해졌으며 빈정대던 것도 많이 사라졌다.
그렇게 된 데는 많은 이유가 있었다. 사실 두트바일러도 이제 그리 젊
지 않았다. 미그로도 이미 생존을 위해 더는 투쟁하지 않아도 될 만큼
커졌다. 다시 말해 결국 스위스에서 가장 큰 경제 기업에 속할 정도가
된 것이다. 모든 면에서 이룩해놓은 것도 많았다. 두트바일러가 그 뒤

몇 년 동안 '신문 속 신문'으로 투쟁해서 얻어야 했던 광고 공간을 이제는 전혀 쳐다보지도 않고 자기 생각을 확산시킬 다른 수단을 다루고 있었기 때문이기도 했다.

두트바일러는 자기 자신을 저널리스트라고 이야기한 적이 있다.

나는 신문칼럼을 쓸 때면 언제나 그 칼럼을 읽게 될 사람들을 상상합니다. 집회에서 연설하는 게 더 쉽습니다. 사람들을 볼 수 있고 교감을 느낄 수 있기 때문이죠. 이 직접적인 교감은 모든 것이 달려 있기도 합니다. 이것은 각 개인과 이야기할 때와 같습니다. 극도로 투덜거리는 연설이 정말로 심금을 울린다는 것은 기억할 만하지 않은가요? 내 글의 특징은 독서로 습득한 스타일이 아니라 사투리가 덕지덕지 붙어 있지만 직접 말을 거는 스타일입니다. 정말로 인간적인 스타일이죠. 결정적 의미가 있는 인간의 타격입니다.

두트바일러는 어떻게 쓰는가? 가장 애호하는 것은 '준비'이다. 하지만 이 준비는 결코 메모나 이 책 저 책의 철저한 연구 또는 문자로 기록해둔 계획에 있지 않았다. 그는 쓸 거리가 생기면 일단 어떤 사람, 예컨대 아내와 대화를 나눈다. 아마도 '대화를 나눈다'는 말은 여기서는 아주 정확하게 선택한 말은 아닐 것 같다. 대부분 두트바일러 혼자서 이야기하니까. 아내는 그저 듣기만 한다. 그가 필요한 사람은 바로 듣는 사람이었다. 아내는 그저 남편이 자기 생각이라는 공을 던지는 '벽'일 뿐이다. 어쩌다 공이 되돌아오면 자신도 확신하지 못하던 많은 것이 분명해진다. 그의 생각은 더 많은 연관 관계를 갖게 되고 어느 정도 확실한 논리 구조가 형성되는 것이다.

어쨌든 중간에 말을 끊거나 반대의견을 이야기하거나 비난을 하거나 하더라도 결코 화를 내거나 불쾌해하지는 않는다. 모든 비난에 오히려 고무되고 자극받으며 다시 생각하게 된다.

또 하나 절대로 필요한 조건은 엽궐련 담배였다. 자기는 시가를 피우지 않으면 단 한 줄도 이성적인 글을 쓸 수가 없다고 고백한 적이 있다. 그는 글을 빠르게 쓸까, 느리게 쓸까? 그는 쉽게 쓸까, 어렵게 쓸까? 그것은 그때그때 달랐다. 몇 시간 매달려서 한 단어 한 단어, 한 줄 한 줄 직접 종이에 썼다가 계속 다시 고치는 칼럼도 있다. 자기는 아주 빠르게 불러주고 비서는 거의 이해하지도 못하면서 받아 적기만 하는 칼럼도 있다. 두트바일러가 거의 어떤 집중도 하지 않고 생산해내는, 이를테면 전화 통화나 회의, 우편 작업을 하는 사이사이에 몹시 지쳐 있을 때 나오는 칼럼이다.

그가 받아쓰라고 불러줄 때의 모습을 지켜본 사람은 누구나 깜짝 놀란다. 원래 작가도 아니고 저널리스트도 아닌 사람이 글을 이렇게 쉽게 쓰다니! 그는 그런 견해에 직접 반대했다. 아니, 글쓰기가 그리 쉽지 않다는 것이다. 사람들이 그렇게 믿고 있다 해도 그것은 진짜 어렵다고 했다. 학창시절에도 작문 시간을 아주 싫어했고 지금도 칼럼을 쓰려면 정신을 계속 집중해야 한다고 했다. 그렇다. 매주 써내야 하는 칼럼을 부담으로 느껴 가끔은 그걸 쓰느라 끙끙대기도 한 것이다.

하지만 그렇다고 칼럼 쓰기를 어떤 직원에게 맡기는 것은 상상도 하지 않았다. 사실과도 전혀 관계가 없다. 그는 두트바일러 특유의 문체로 글을 쓰고 있어서 그의 문체를 아는 사람은 칼럼 아래 그의 이름이나 이니셜이 없어도 이 글을 그가 썼는지 아닌지를 금방 알 정도였다. 두트바일러는 사실 아주 독특한 문체로 글을 쓴다. 근본적으로 문체라기보다 차라리 화려한 논쟁이었다. 다시 말해 자기만의 독특한 형식, 그것도 전혀 사랑스럽거나 알랑거리지 않는 투였다. 글을 써서 만들어내는 불꽃놀이 같았다.

사람들은 글 속에 완전한 사람, 아주 단단한 의지를 가진 사람이 들어 있다고 느낄 정도였다. 두트바일러는 아주 급하게 받아쓰기를 시킬 때도 언제나 아주 강한 책임감을 느꼈다. 자기가 쓴 글을 수십만 명이 읽는다는 것을 알고 있었다. 그리고 궁사가 쏜 화살이 되돌아올 수 없는 것처럼 자기가 일단 쓴 글도 돌이킬 수 없다는 것도 잘 알고 있었다. 물론 두트바일러는 말에 대한 이 책임감을 특히 객관적인 영역에서 많이 느꼈다.

그는 모든 비판에 민감했다. 칼럼을 쓰다가 한 문장 중간에서 멈추고는 직원을 사무실로 호출해서 뭔가 의견을 표명하게 하고 그 비판도 경청할 정도로 예민했다. 이때 비평가 노릇을 하는 직원들에게 설득당하면 결정적인 문장을 빼기도 하고 고치기도 했다.

형식에 관한 한 그는 작가도 아니고 작가가 되려고도 하지 않기 때문에 책임감을 거의 느끼지 않았다. 그런 걸 비판하면 신경질적으로 소리쳤다. "그건 당신이 나중에 다리미질할 수 있잖아!" 이때 그는 사실 '다리미질'이라고 하지 않고 '대림질!'이라고 했다. 사석에서는 언제나 표준독일어가 아니라 스위스식 독일어를 썼다.

두트바일러가 문장을 얼마나 순식간에 바꾸는지 알면 놀라지 않을 수 없다. 정치 칼럼을 받아쓰게 할 때 그랬다. 고객에 대한 경고도 뒤따랐다. 석유 생산이나 어떤 중요한 식품과 관련된 스위스 복지에 관해 지루한 인용도 끼워 넣었다. 그러고는 아주 행복해했다. 다뤄야 할 여러 주제를 화려하게 나열도 했다. 한 주제를 이야기하다 다른 주제를 끌어들이기도 했다. 뭔가 상당히 지루해지기 시작한 낡은 주제를 벗어나 아주 신선한 다른 주제에서 도피처를 찾는 것처럼 보이기도 했다. 다른 주제로 넘어갈 때는 마치 시원한 목욕물에 들어가는 것처럼 그렇게 몸을 던졌다. 이런 작업방식 때문에 두트바일러의 글은 때로 너무 길고 상세해서 과하게 장황한 글이 되는 경우도 많았다.

유감스럽게도 아니면 다행스럽게도 그의 칼럼은 거의 교정을 보지 않았다. 편집 마감 직전 몇 분을 남기고 완성되기 때문이었다. 물론 아주 드문 경우지만 미그로 내부의 검열은 변호사들 몫이다. 이들은 원고를 대개 너무 늦게 받았다. 공격을 당한 사람들이 방어할 때쯤, 상대 변호사들이 문서로 항의하고 소송을 제기할 때 처음 보는 적도 있었다.

변호사가 두트바일러의 글을 인쇄되기 전에 먼저 읽어보는 경우도 물론 있다. 그러면 이따금 거부권도 행사해본다. 하지만 두트바일러한테 글을 좀 더 조심스럽게 써야 더 쓸모가 있을 것 같다고 설득하는 게 그리 쉬운 일은 아니었다. 그의 영원한 반대 논증은 항상 이랬다. "하지만 내가 쓴 게 맞아요!"

물론 그 말이 맞긴 맞다. 두트바일러가 글을 쓸 시간이 거의 없을 때도 있었다. 그러니까 두 개의 중요한 회의가 겹쳐서 회의 사이 자투리 시간이 딱 15분밖에 안 남는 바람에 막 서둘러 쓸 때도 그의 말이 맞긴 맞았다.

몇 년 뒤 두트바일러는 정계에 등장했다. 아니, 사람들이 바라는 대로 표현하자면 정계에 출현했다. 이랬던 글쓰기 방식은 그 이후에 바뀌었다. 그의 정계 출현은 특히 저널리즘 투쟁의 일환이라고 봐도 무방할 것이다.

제11장

창당

비교적 통이 큰 기업가들은 큰 정치에 휘말리는 이유를 이미 굉장히 많이 발견했거나 정치 쪽으로 가는 이유를 찾고 있었다. 그런 기업가들은 대부분 공업 분야에서 성공한 기업가들이었다. 프랑스에서 그런 기업가들은 신문사를 사거나 후원금을 대면서 그 신문사를 자신들의 아성으로 만들고 그 아성의 힘으로 특정한 법을 찬성하거나 반대하는 투쟁을 하는 식으로 정치 활동을 했다.

미국에서는 이른바 로비, 즉 워싱턴 사무소 비용을 대주는 식이었다. 미국의 로비스트 기업가들은 특정한 상원의원이나 국회의원을 잘 사귀고 그들에게 영향력을 행사하는 사람들로 구성되어 있었다. 독일에서는 자기들 마음에 드는 정당의 선거 비용을 대주거나 히틀러처럼 '북치는 사람'을 사기도 했다.

두트바일러도 정치를 향해 갈 수밖에 없었다. 아니, 정치가 그를 향해 올 수밖에 없었다. 그는 정당을 설립해야겠다는 생각도 하기 전에 이미 정당을 경험했다. 언론의 공격 덕분이었다. 특히 대기업 콘체른들과 벌였던 소송의 결과이기도 했다. 소비자들이 독자 모임을 꾸렸고 이 모임에서 지지 세력이 형성되었다. 재판까지 계속 쫓아다니는 사람들도 있었는데 그들 중에서 팬클럽도 생겼다. 대기업 식료품 콘체른들이 두트바일러를 상대로 재판을 걸어서 그에게 순교자의 왕관을 씌워준 셈이었다. 사업상 분쟁으로 시작된 재판이 정치 재판으로 승화되기도 했다. 물론, 두트바일러가 1930년대 초에 견디며 싸워내야 했던 큰 소송 때문에 그는 어떻게 보면 자동으로 정치 쪽으로 안내되었다고 보는 것이 맞겠다. 이때 그는 아직 이름 없이 존재하는 한 정당의 대표가 되어 있었다. 매일 먹는 빵을 너무 비싸게 사 먹고 있던 사람, 평범한 소시민과 소비자의 정당이었다. 이들은 제 목소리를 대변하며 자신들을 위해 싸워주는 두트바일러에게 무한한 신뢰를 보냈다. 두트바일러가 정치라는 단어를 입 밖으로 꺼내기 오래전에 이미 정치의 한복판에 있었던 셈이다. 그래서 사람들은 두트바일러에게 정당을 만들라고 제안하며 찾아오게 되었다.

그중에는 특히 두트바일러의 친구이자 변호사인 발더 박사가 있었다. 이 사람은 두트바일러가 수많은 소송에서 승소하도록 해준 아주 진중한 사람이었다. 하지만 그조차도 앞으로는 이길 수 없다는 것을 알았다. 1933년 10월 14일 베른 정부가 「프랜차이즈 기업의 지점 확대 금지법」을 공포했기 때문이다. 연방의회를 상대로 한 소송은 거의 제대로 진행할 수가 없었다. 정치 기반에서 공격을 받은 미그로는 정치 기반 위에서 자신을 스스로 보호해야 했다.

미그로는 수많은 주에서 곤란한 일을 많이 겪었다. 미그로에 엄청난 세금을 부과하며 미그로를 최대한 괴롭혔다. 단 한 주에서도 원칙적인 투쟁을 관철해낼 수가 없었다. 그런데 두트바일러는 이미 몇 년 전부터 '협회'들과 맞서 싸웠다. 베른에서도 대놓고 대항했다. 이 때 그는 "경제가 점점 더 많은 족쇄를 차게 되었다" "조합 경제와 법률 조문 경제는 위헌이다" "통상과 영업의 자유는 종이 위에만 존재한다" 같은 명언을 남겼다.

그래서 발더 박사는 친구 고틀리프 두트바일러에게 국회의원 입후보를 권했다. 미그로의 다른 구성원, 특히 프리츠 켈러도 찬성했다. 두트바일러 자신만 심사숙고했다. 나중에 그는 친구들 때문에 정계에 들어오게 되었다고 했다. 어느 정도까지는 사실이었다. 하지만 그렇게 뛰어들었다고 해서 그의 내적 준비상태가 부족하지는 않았다. 그는 이미 여러 해 전부터 정치에 참여해온 셈이기 때문이다. 그가 알았건 몰랐건 그는 대중에게 영향을 주는 사람이었다. 수많은 개혁을 통해 정치력도 이미 증명해왔다! 낡은 것, 이미 한번 해본 것, 그것은 이미 좋지 않았다. 정반대였다.

더 중요한 것은 그가 조만간 현실정치로 들어가야 했다는 것이다. 당시에는 그걸 인식하지 못했지만 아주 특별히 강한 스위스 토박이의 공동체 정신을 갖고 있었기 때문이다. 그 정신 덕분에 그는 정치할 능력을 인정받았다. 그뿐 아니라 정말 많은 이들, 스스로는 말할 수 없는 사람들, 큰 권력을 가진 이익집단의 노리갯감이 되어버린 평범한 소시민을 대변하는 책임도 지게 되었다.

이와 관련해 흥미로운 것이 있다. 두트바일러가 스위스 역사를 정확히 아는 사람이었다는 것이다. 그리고 역사를 완전히 자기 식대로, 그러면서도 지극히 정석적으로 해석할 줄 아는 역사 해설가이기도 했다. 그는 일상의 모든 요구를 넘어서 스위스 전통을 수호하는 사람이 되어야 했다. 그가 이해하는 바에 따르면 스위스 전통은 '현시대에 가장 오래된 민주주의 전통'이었다. 스스로 그렇게 약간 격정적으로 규정하는 것을 꺼리기는 했다. 그는 자신의 정치적 발언에 대해 농담조로 이렇게 썼다.

"내가 보기에 정치인은 현재 의회에 있는 수만으로 충분해요. 그런데 진짜 경제인은 너무 적어요."

그의 내적 준비상태는 애국자의 것이었다. 그는 자기 나라를 도울 수 있다는 말에 설득당했다. 자기 나라 역사를 알았으니까. 그는 세계사에도 능통했다. 역사적 시각에서 현재의 문제를 이야기하는 적도 자주 있었다.

경제인으로서 식료품 소매상으로서 그는 스위스가 부유한 나라라서 부자가 된 것이 아니라는 것을 대부분의 다른 사람들보다 훨씬 더 잘 알고 있었다. 스위스는 국민이 충분히 먹고살 수 있을 정도로 비옥하지도 않고 석유나 철이나 석탄 같은 광물도 나지 않는 나라였다.

스위스에는 언제나 딱 하나, 부지런한 국민밖에 없다는 사실도 잘 알았다. 두트바일러는 그에 대해 이런 말을 한 적이 있다.

스위스는 일찌감치 군인을 수출했습니다. 그것도 아주 훌륭한 군인을 수출했지요. 그 당시에는 '스위스인이 없으면 승리도 없다!'는 말이 어느 정도 통할 정도였습니다. 물론 '돈이 없으면 스위스인도 없다!'는 말도 있었습니다. 이 용병들은 어찌나 훌륭하게 군 복무를 했는지 명예와 존경까지 얻었습니다. 심지어 강훈으로 단련된 스위스 군인들 앞에서는 다른 나라 사람들이 공포를 느끼기도 했습니다. 그 덕분에 우리는 몇 세기 동안 평화를 얻었습니다.

이 용병들은 또한 외국에서 군 복무를 하면서 우리나라까지도 방어했습니다. 이런 스위스인들의 충성도가 놀라웠기 때문에 얻어진 공로였습니다. 그들은 하나의 깃발을 향해 맹세하면 죽을 때까지 그 깃발에만 충성했습니다. 상등품이었던 셈입니다.

두트바일러는 처음부터 창당을 반대했다. 1935년 10월 초 뤼슐리콘에 있는 자기네 작은 '초가집'에 모였던 사람들에게 그렇게 말했다. 그는 오히려 정당의 당헌이나 당규에서 독립된 선거인명부를 작성할 그룹만 생각했다. 그 이상의 조직은 원래 전혀 필요 없었다. 정당이 왜 필요한가? 선거인들은 자신들이 투표해야 할 개별 후보의 이름을 알 수 있고 그들의 집회에 가서 연설을 들을 수도 있으며 이 사람들이 지금까지 무슨 업적을 이룬 사람들인지도 다 들여다볼 수 있는데.

간단히 말해서 두트바일러는 정치라는 말에서 미그로를 떠올렸다. 미그로에도 한쪽에 '고객'이나 '소비자'가 있고 다른 한쪽에 공급자가 있다. 정치에는 국민의 대표인 국회의원이 있고 유권자가 있는 것과 같은 것 아니냐는 말이다. 선출되는 사람들이 어느 정당에도 소속되지 않고 독립적이면 독립적일수록 더 좋다고 했다. 창당은 안 된다. 최대한 너그럽게 봐서 운동단체를 설립하면 모를까!

그래서 무소속 '운동단체'가 태어났다. 1935년 10월 초 두트바일러의 '초가집'에서 열린 모임은 일종의 '뤼틀리 서약'*으로 마무리되었다. 몇 안 되는 동지들이었지만 '히틀러의 그늘이 점점 커지고 있

---

* 1291년 오스트리아에 대항해 스위스 건국의 기초를 이룩한 우리(Uri)와 쉬비츠(Schwyz), 운터발덴(Unterwalden) 세 지방의 맹약.

고 스위스가 여러 위험에 흔들리고 있으니 이런 순간에 우리 모두 스위스를 구하기 위해 끝까지 투쟁하자!'고 천명한 것이다. 고틀리프 두트바일러는 이렇게 해서 정치에 투신하게 되었다. 정치는 처음부터 그에게 짐이었다. 두트바일러는 스스로 이런 말을 한 적이 있다.

정치가 소매상인에게는 좋지 않은 사업이에요. 전 세계 어디에도 거대한 소매상 조직이 없잖아요. 그게 바로 증거예요. 정치 활동을 하는 데서 그런 조직은 사치라는 거죠. 마카로니를 공급해주는 사람이 급진적인 생각을 하고 있다고 해봐요. 그런 생각을 누구한테 말할 수 있겠어요? 그랬다가는 고객을 잃을 위험이 크죠. 정치를 통해 고객을 얻는다는 것도 믿을 수 없어요. 정치적 동지가 운영하는 어떤 식료품매장에 들어가서 물건을 사는 사람이 있기야 하겠죠. 하지만 그것은 자신의 정치적 소신과 자꾸 어긋나는 다른 매장에서는 물건을 사지 않겠다는 것보다 훨씬 가능성이 작아요. 간단히 말해서 정치는 이런 의미에서 미그로에 분명히 짐입니다.

그에게도 해당하는 말이었다. 두트바일러는 이런 이야기를 담은 전단지를 가지고 바로 대중을 향했다.

미그로(주)는 총회를 열어 정관을 개정했습니다. 자본 그 자체를 위해서는 앞으로 어떤 이득도 요구하지 않기로 했습니다. 임대료를 깎아달라고 요구하지도 않을 것입니다. 앞으로는 보편적이고 공동체에 이익이 되는 사업만 하기로 했습니다.

그가 사업을 위해 정치에 뛰어든다는 공격을 차단하기 위한 최소한의 결정이었다. 이런 내용도 있었다.

두트바일러 사장이 당선되어 관청에 들어가게 되면 봉급의 절반은 포기할 것입니다.

봉급의 나머지 절반은 자선 목적을 위해 쓰겠다고 했다. 두트바일러는 이 말을 수많은 집회에서 했다. 그는 이미 자주 그렇게 해왔고 그게 탁월한 선택이라고 이해하고 있었다. 그는 수천 관중과 이야기할 때도 한 사람 한 사람을 다 알고 있는 것처럼, 마치 한 사람 한 사람에게 말을 걸듯이 그렇게 말했다. 두트바일러는 나중에 이에 대해 이렇게 적어놓았다.

나는 그렇게 할 수밖에 없었다. 사람들하고 있으면 '1대 1의 당신과 당신'처럼 그렇게 느꼈다. 그들을 하나하나 이해한 것이다. 나는 어떤 구별도 짓지 않는다. 구별하는 것, 계급으로 구분하는 것, 그것은 매우 번거로운 일이다. 대중 집회에서 연설할 때 나는 청중을 둘러보며 그 사람들을 응시한다. 그들을 응시하면 생각이 잘 떠오른다는 것을 스스로 계속 느낀다. 나는 연설을 하면서 동시에 창작도 한다. 이렇게 독특하게 직접 교류하기 때문에 가능한 것이다. 나는 어떻게 해서든 확실한 공동체를 손으로 만지듯 느껴가면서 연설하는 것이다.

사람들이 그의 집회에 몰려들었다. 그전에는 정치 집회에 한 번도 참석해본 적이 없는 사람들까지도 나왔다. 두트바일러의 이야기를 들어보고 싶었기 때문이다!

두트바일러는 선거전에 뛰어들었다. 전단지를 만들었다.

첫 번째 전단지는 역시 예외 없이 '주부들'을 향하고 있었다. 그것은 우연이 아니었다. 그는 그들에게 자신과 자기 친구들에게 진심을 증명해달라고 부탁했다.

그의 선거 슬로건은 '행동하는 사람을 뽑아라!'였다. 그는 이렇게 이야기했다.

"이제까지 저는 부족한 식료품을 공급하는 분야에서 약자들을 변호해왔습니다. 오늘 저는 훨씬 더 높은 상품, 즉 자유와 민주주의라는 상품이 더 많은 위험에 직면해 있다고 생각합니다. 그래서 정치 영역에서 투쟁할 수밖에 없습니다!"

그가 펴낸 정강은 민주주의와 보편적인 국방의 의무, 외국에 대한 정치적 중립 등 거의 다른 정당들도 다 활용하는 것들이었다. 다만 그의 정강에는 사람들이 기대하는 놀랍고 새로운 것도 들어 있었다.

포인트7: 균등한 보조금과 관광을 통한 수출 촉진에 모든 노력을 집중하겠습니다.

포인트9: 소비자의 이익은 아주 확실하게 지켜드리겠습니다.

포인트11: 모든 특별 이익은 보편 이익에 종속시키겠습니다. 특정 계급과 높은 관직을 가진 사람들이 특별히 영향력과 압력을 넣더라도 각 정부는 거기서 벗어나 독립적으로 관리하도록 하겠습니다.

두트바일러는 어떻게 해서 식료품값을 낮출 수 있었는지 계속 이야기했다. 그리고 자신을 베른으로 보내주면 물가 인상 중단을 위해 투쟁하겠다고 계속 약속했다. 무소속 후보들이 내세우는 선전은 정치적 반대자들의 것보다 훨씬 재미있었다. 그래서 심지어 이런 시도 지었다.

> 나무는 썩고 또 썩어가네
> 공간을 둘러보는데
> 어디쯤 끝이 있을까?
> 아니면 좀 더 밝아질까?
> 그것도 아니면 여전히?
> 하지만 매일 매일 새로운 날
> 긴급조치 재앙이 자라네.

스위스 사람들은 바로 법조문 경제*와 '협회'들의 막강한 권력에 질렸다. 두트바일러가 도와주었기 때문만이 아니라 시민의 자유를 위한 투쟁도 했기 때문에 소비자들이 두트바일러 뒤에 줄을 서서 따라다녔다.

특이한 점이 있었다. 두트바일러는 1935년 국회의원 선거에 취리히와 장크트갈렌, 베른 등 3개 주에서 출마했고 이 3개 주 모두에서 당선되었다. 무소속으로 당선된 사람도 7명이나 되었다. 취리히주에서는 무소속 후보들이 얻은 표가 2만 8,163표나 되었다. 사민당 후보

---

* 공무원들이 시시콜콜한 법의 조문을 들이대며 온갖 규제를 해서 경제를 옥죄는 것을 비판적으로 일컫는 말이다.

들이 합쳐서 4만 6,000표, 자민당 후보들이 합쳐서 2만 6,000표였다. 그 덕분에 무소속 운동은 취리히주에서 가장 강력한 비마르크스주의 집단이 되었다. 장크트갈렌주에서는 무소속이 5표 이상, 베른주에서는 4,500표 이상을 얻었다.

스위스항공 사장과 건축 엔지니어, 전기엔지니어 같은 사람들도 당선되었다. 의사와 농장경영인 그리고 금주운동 단체 대표도 있었다. 약 190명의 의원이 있는 의회에서 무소속 의원 7명은 압도적인 수는 아니었다. 하지만 '운동'이 겨우 몇 주 전에 생긴 것을 생각해보면 간과할 수 없는 성공이었다. 물론 두트바일러의 인품과 관련된 것이었다. 그가 그동안 쌓아 올린 신뢰와 관련된 것이기도 했다. 더불어 많은 사람이 이전의 어떤 다른 사람도 할 수 없던 일을 해낼 수 있을 것이라고 확신했기 때문에 가능한 것이기도 했다. 그의 용기와 용감함도 한몫 크게 했다.

이제 그는 가장 두드러진 대중의 스포트라이트를 받으며 섰다. 사람들은 무슨 일이 벌어질지 긴장하며 기다렸다. 아직 정당도 아닌 정당이라 조직이 필요했다. 1935년 11월 12일 '행동'이라는 이름의 단체가 생겨났다. 설립자는 고틀리프 두트바일러였다. 〈7명의 무소속이 발행하는 주간 포스트〉라는 이름의 신문도 생겼다. 이 신문이 무엇을 원하는지를 담은 최초의 사설은 당연히 두트바일러가 직접 썼다. 〈주간 포스트〉는 무엇을 원하는가?

7명의 무소속 의원이 동료를 위해 만드는 정치 영역에서 보장된 글과 광고를 싣습니다. 속보 성격으로 잽싸게 펴내는 일간지는 아닙니다. 단순하면서도 진지한 주간 해설보고서 형식의 작은 신문입니다. 진실은 그리 많은 공간이 필요하지 않습니다. 내면 깊은 곳까지 딱 들어맞는 가슴 따뜻한 신문이 되어야 합니다. 100% 확신에 차지 않으면 아무것도 싣지 않겠습니다. 우리는 자유롭게, 대담하게 결행하려 합니다. 무엇보다도, 날렵하게 할 겁니다. 언제나 행동입니다!

두트바일러는 온 나라를 돌아다니며 대중을 상대로 연설했다. 하지만 두트바일러가 집회를 열면 아무런 소동 없이 진행되는 경우가 거의 없었다. 방해가 계속 있었다. 방해꾼들이 개인이 아니라 조직적이라는 것은 대부분 어렵지 않게 확인할 수 있었다.

1936년 4월 7일 두트바일러는 로잔에서 연설해야 했지만, 말도 꺼내지 못했다. 집회를 주최한 사람도 전혀 진정시킬 수가 없었다. 소음이 점점 커졌다. 경찰은 대체 어디서 무엇을 하고 있었을까?

경찰은 '22번째 주*의 홀'에 대표가 있었지만, 소란을 멈추기 위해 개입할 필요가 있을 때는 나타나지 않았다. 경찰서장은 어디 있었을까? 그도 없었다. 그는 아무 일에도 관심이 없는 것 같았다. 그렇다면 이 전체 소란은 어떻게 된 것인가? 두트바일러가 이 집회에서 무슨 말을 하려고 했기에 그랬을까? 현재의 경제와 사회 문제에 대해 연설하려고 했다. 그렇다면 이 소란은 누가 일으켰을까? 로잔 식료품 업종협회 소속 소매상인과 직원, 견습공 그리고 이 직원과 견습공의 친척과 친구였다.

두트바일러는 큰소리를 질러가며 이렇게 물었다.

---

* 22번째 주의 이름은 보(Vaud). 주도는 로잔.

"민주적 여론 조성의 근본원칙은 어디로 사라졌습니까? 자유 토론이 보장된 공개집회를 이렇게 무산시키는 게 소상인 볼셰비즘이 할 짓입니까?"

대형 언론들은 이 사건에 대해 쥐죽은 듯 침묵을 지켰다. 그저 몇 줄 끄적거리고 말았다. 이때부터 거의 모든 집회에 두트바일러만 나타나면 소란과 소동이 벌어졌다. 무소속 의원들이 주최하는 다른 집회도 해산되고 엄청난 소음 속에 무산되고 말았다.

물론 어떤 방법을 써봐도 소용없었다. 두트바일러의 인기는 급상승했다. 집회에 와서 그가 하는 말을 들으려고 했다가 방해를 받은 사람들은 그가 베른에서 무슨 말을 하려고 했기에 그런 소동이 벌어졌는지 점점 더 호기심을 갖게 되었고 신문 기사를 찾아 읽게 되었다.

1년이 지나는 동안 베른에서는 '무소속' 그룹이 부족하다는 것이 드러났다. 단단히 훈련받은 조직이 필요했다. 두트바일러는 이렇게 적었다. "유감스럽게도 나는 말을 하고 싶었다!"

그렇게 해서 정당이 하나 창당되었는데, 그 당의 이름에는 '당'이라는 글자가 없었다. '무소속 란데스링'*이라고 했다.

두트바일러는 나중에 전체 집단에 대해 이렇게 썼다.

무소속은 거대한 민중의 무리입니다. 그들이 뭉치는 것은 근본적으로 공통의 목적이 있고 원칙에서 확인된 큰 아이디어가 있기 때문입니다. 그러나 목표를 이룰 방법에 대해서는 열심히 토론하

---

* 란데스링(Landesring)은 직역하면 '전국적 동그라미(링)'이다. '무소속 전국 연대' 정도로 해석할 수 있다.

고 있습니다.

무소속 란데스링에서 이제 막 개인들의 연대가 형성되기 시작했습니다. 하지만 대변인 선발이라는 게임도 함께 시작되었습니다. 이 게임에는 '개인적 관계 맺기'와 '반대편과도 알고 지내기'라는 두 가지 전제 조건이 있습니다.

무소속 란데스링의 의장과 대표단 지명 그리고 무소속 란데스링의 이념 같은 것들도 민주주의라는 조직운영 메커니즘에 빨려 들어갔습니다. 우리 행태에서 조직운영의 메커니즘이 작동하는 소리가 들립니다. 토론과 투표결과라는 톱니바퀴가 굴러가고 있습니다. 그 결과로 도출되는 결론을 늘 조심하고 있습니다.

우리도 '메커니즘과 아이디어 둘 다 살리느냐? 아니면 메커니즘이나 아이디어 가운데 하나만 선택하느냐?' 하는 문제에 부닥쳐 있습니다. 우리는 다른 정당들이 거쳐온 과정도 봤는데, 우리 앞에도 '정당의 유령'이 떠오르고 있다는 것을 느낍니다. 우리는 우리 자신과 스스로 씨름해야 합니다.

정당이냐? 아니면 운동단체냐? 여기서도 그것이 문제였다. 무소속 란데스링은 곧 그 원칙을 다음과 같은 서문과 함께 발표했다.

우리는 새로운 정당을 설립하려는 것이 아닙니다. 이미 존재하는 정당만 해도 너무 많습니다. 우리는 새로운 국민공동체의 핵을 형성하려 합니다. 그 핵에서 모든 것을 포괄하는 거대한 공동체가 태어날 것입니다. 그래서 우리는 '링'(반지)을 우리의 상징으로 했습니다. 링은 우리에게 민주주의 국민공동체의 표식이기도 합니다.

'원칙' 중에서 특히 흥미로운 것 몇 가지를 보자.

9. 자본은 국민공동체에 대해 의무가 있다.

경제력이 커진 개인은 경제력이 커지는 만큼 일반 대중에 대한 의무도 덩달아 점점 더 커져야 한다. 일에서 성과를 내는 사람과 위험한 일을 하는 사람한테는 보상과 이익을 요구할 권리가 있다. 자본은 이런 의무를 다해야 민주주의를 보장하는 유일한 원칙인 여론에 의해 승인받을 수 있다.

10. 상업자본주의와 자본은 법적 규정을 넘어서 사회적 양심을 예리하게 보여주고 대중에게 특히 임금 형성과 가격 형성에 대해 정확히 알려주어야 사회적 의무를 다할 수 있다. 일반 국민의 사회적 권리는 법이나 문서로 정리된 권리만을 말하는 것이 아니다. 사회적 권리는 법조문에 포함되지 않은, 즉 문서로 정리되지 않은 사회적 권리까지 포함해서 대중의 승인을 얻거나 승인을 얻지 못하는 이런 방식으로 발생하는 것이다.

모든 기업에서 가장 사회적인 태도가 가장 유익한 태도가 되어야 한다. 사회적 권리는 그런 상황에서 보장되는 것이다.

11. '통상과 영업의 자유'는 경제 번영의 전제이므로 반드시 보호받는다.

　a) 트러스트와 카르텔, 협회처럼 모든 것을 독점하려고 하는 모든 조직을 반대한다. 법적으로나 실질적으로 독점 기업을 허가할 경우 독점 기업들은 국가의 통제를 받아야 하며 회계를 투명하게 공개해야 한다.

　b) 국가가 기업가 역할을 하는 것을 반대한다. 국가는 국민이 결

정하는 경우를 제외하고는 기업가 기능을 맡아서는 안 된다.

c) 국가가 경제를 지도 관리하는 것을 반대한다.

12. 국가는 긴급한 국가 비상사태의 경우에만 경제에 개입해야 한다. 이때도 시간을 짧게 제한해야 한다. 대상도 법령에 아주 명확히 못 박아야 한다. 그리고 반드시 헌법의 틀 안에서만 개입해야 한다.

25. 신문과 방송은 영향력 있는 요인이기 때문에 정치와 경제에 관한 여론을 형성할 때 활발한 후원이나 비판을 받아야 한다. 물론 독자와 청취자의 이동 같은 것을 통해 자극도 받아야 한다. 충실한 보도와 가차 없는 계몽 기능을 확실히 이행해야 한다. 광고주와 경영주가 신문의 방향을 규정해서는 안 된다. 돈을 내고 정기구독을 하는 독자가 규정해야 한다. 신문과 방송은 문서로 정리되지 않은 사회와 윤리의 법칙을 점차 관철하는 데 아주 중요한 매체이기 때문이다.

여기까지가 무소속 란데스링이 정립한 몇 가지 '원칙'이다.

원칙에 담긴 것을 반대하는 말은 거의 없었다. 하지만 원칙에 담지 못한 것에 대해 명확히 밝히라며 비판하고 반대하는 말들이 많았다. 그에 대해서는 그리 많이 알려지지 않았다. 두트바일러는 이 단계에서 선의를 가진 사람들에게 이렇게 이야기했다.

"무소속 란데스링은 정당이 아니었으면 좋겠어요. 하지만 물론, 매일 점점 더 정당이 되어가고 있어요. 그런 정당에 날마다 수백 명씩 들어오고 있습니다."

그렇다고 당원이 쇄도한 것은 아니었다. 예컨대 갑자기 수백만 명의 독일인이 히틀러에게 충성을 다했던 몇 년 전 같지는 않았다는 것이다. 아주 짧은 기간이었지만 날마다 약 200명씩 당원 동지가 늘어났다.

두트바일러가 만드는 당에 입당한 사람들은 다들 들떠 있었다. 창당대회는 취리히 콩그레스하우스에서 열렸다. 잊을 수 없는 순간이었다. 그 큰 강당에 한 자리도 남김없이 꽉 들어찼다. 두트바일러가 연설하는 동안 그 유명한 비행사 발터 미텔홀처Watler Mittelholzer가 갑자기 무대에 위로 날아들어 창당대회 참석자들을 향해 소리쳤다.

"법조문만 따지는 자들 즉각 물러가라! 우리를 강압하는 자들 절대 필요 없다! 우리는 자유를 원한다! 자유! 자유!"

빈터투르의 대기업가이며 엄청난 부자인 뷔히Büchi 박사와 수학자 겸 비행사인 발츠 침머만도 참석했다. '두트바일러 정당'에 온 사람들은 공통점이 거의 없었다. 젊은이도 있었고 나이가 지긋한 이도 있었으며 부자도 있었고 가난한 사람도 있었다. 대기업 사장들도 있었고 평범한 노동자들도 있었다. 이런 식으로 열거하는 것은 고리타분하게 느껴질 수 있다. 모든 정당의 관점에서 보면 모든 정당은 제발 모든 국민, 모든 계층에 봉사하라는 요구를 받는다. 하지만 두트바일러의 경우에는 이미 그렇게 하는 것이다.

얼마 전부터 베른에서 벌어진 것처럼 정부가 전권을 휘두르는 것은 더는 참을 수 없다는 것이 근본 이유였다. 또 다른 이유가 있다면 그것은 두트바일러의 개인적 품성이었다. 그도 역시 선의를 갖고 있고 이 선한 의지에 대해 시간과 돈으로 값을 매겨줄 준비가 되어 있었다. 이 점을 모든 사람이 알고 있었다. 그는 소득을 대부분 포기했을 뿐 아니라 미그로가 새로운 운동을 시작할 때 적어도 재정적으로 지원하겠다는 배려심도 가지고 있었다. 미그로에 대해서는 재정도 지원하고 도덕적으로도 후원했다. 상업 기업이나 공업 기업이 정당을 후원하는 것은 새로운 것이 아니었다. 다만 그 점을 공개적으로 인정하고 대외적으로 선포하는 것은 새로운 것이었다.

두트바일러는 반대자들의 무기를 가지고 놀았다. 그들은 무소속 란데스링이 미그로의 상업적 이익만 대변할 뿐이라고 계속 주장했다. 그들이 내미는 증거는 미그로가 무소속 란데스링의 재정을 지원한다는 것이었다. 이것은 현실을 일부러 아주 악의적으로 왜곡한 것이다. 정말 어이가 없고 있을 수도 없는 일이다. 무소속 란데스링과 미그로는 한 줄로 묶여 있고 같은 사람과 같은 이념 세계가 그들을 지도하고 있다는 이유였다.

두트바일러는 이제 베른에 가서 앉아 있다. 앉아 있다고? 아니다. 그는 거의 매번 뛰쳐 일어나 연설을 했다. 그는 연방 수도인 베른에 가 있던 국회의원 가운데 가장 활발한 의원이 되었다. 물론 베른에서는 지지자들과 반대자들이 뒤섞인 대중 집회에서 연설하던 톤과는 다른 톤이었다. 여기서는 어느 정도 비슷한 톤으로 이야기했다.

베른에서 그는 적들과 반대자들에게 자기가 누구이며 사람들이 왜 자기 말을 경청해야 하는지 일깨워주는 말을 처음으로 했다. 적어도 그렇게 보였다. 그는 늘 자기 뒤에 서 있는 대중을 예로 들었다. "의원 여러분, 말 좀 하겠습니다. 국민이 기대하고 있습니다." 그는 연설할 때마다 한 번 이상은 꼭 이렇게 시작했다. 청중들은 그가 어떤 정당의 권력자가 밀어줘서 베른에 잠입한 사람이 아니라 그를 믿는 사람들이 의사당으로 귀하게 모셔 온 사람이라는 것을 결코 잊을 수가 없다. 그것은 허무맹랑한 주장이 아니었다. 상황이 어떤지 말할 때마다 필요해서 그렇게 주장한 것이다.

두트바일러는 일단 정계에 들어온 이상 다시는 쉽사리 나갈 수 없으리라는 것을 금방 파악했다. 지지자들은 물론 적들까지도 그걸 알았다. "저는 투쟁을 계속해달라는 도덕적 강요를 받고 있습니다." 그는 이렇게 말했다. "다른 사람들은 반대편이 정당화될 때마다 이렇게 말하고 있죠. '예, 그건 두트바일러가 할 겁니다!' 이런 증거가 있는데 우리가 무엇을 포기해야 할까요? 우리가 대변해야 할 모든 사람이 모였습니다. 저와 무소속 란데스링에 말입니다. 우리는 다른 분들에게 불편한 모든 것을 해결해야 합니다. 그래서 우리는 이따금 국가의 환경미화원이라고 자칭할 정도까지 되었습니다."

두트바일러는 '환경미화원'이 되어 무방비 상태에 있는 사람, 약자를 위한 투쟁을 계속했다. 다른 정당들 사이를 중재하기도 했다. 처음부터 성공 가능성이 없다고 판단이 난 사업의 진행을 밀어붙이기도 했다. 어쩌면 정치적 반대파들이 모두 거부할 만한 제안도 주저 없이 내밀었다. 예상보다 훨씬 많은 안건이 관철되었다. 왜? 어떻게? 무슨 수단으로?

그것은 그의 고집이었다. 그는 양쪽 눈에 안대를 끼고 투쟁했다. 머리를 벽에 세게 부딪쳐가면서 싸웠다. 이미 자주 그래왔다. 자기 머리가 벽보다 더 단단할 때가 많더라고 했다. 아니, 더 잘 표현하자면 벽이 보기보다 그렇게 단단하지 않더라고 했다. 그는 그렇게 모든 것을 해냈다.

두트바일러는 자신을 '무소속'이라고 했지만, 그 '무소속 당'을 유지하려면 자신을 지지하는 사람들의 이해관계나 투쟁의 상대였던 사람들의 이해관계를 상관하지 않고 다양한 이해관계를 대변해야 한다는 것을 금방 확인했다.

이 시기 고틀리프 두트바일러는 아마도 스위스에서 가장 인기 있는 사람이었을 것이다. 그를 무조건 믿고 따르는 사람이 정말 많았다. 물론 온몸으로 싫어하고 모든 수단을 다해 투쟁하려는 사람도 많았다. 하지만 그를 아무렇지도 않게, 그저 그렇게 생각하는 사람은 거의 없었다. 반대자들 속에서도 이론의 여지가 없는 선의와 진지한 노력, 순수한 동기 같은 것을 인정하는 사람도 있었다. 그러나 그를 반대하는 사람들 가운데는 자신의 생사가 그를 제거하는 것에 달려 있기라도 하듯이 무지막지하게 반대하는 사람도 있었다. 그런 사람은 두트바일러라는 이름만 나와도 입에 거품을 물었다. 심지어 베른 사람들에게도 마찬가지였다. 그들은 결정적인 재앙이 들이닥쳐도 눈 하나 깜짝 않을 사람들이었다. 하지만 지금은 벌떡 일어서서 두 주먹 불끈 쥐고 흥분과 분노로 얼굴을 시뻘겋게 붉히며 두트바일러를 반대했다.

불신이었다. 두트바일러는 최근 몇 년 동안 엄청난 일을 이루었다. 자신이 착수한 모든 것을 이루었다. 식료품 가격도 낮추었고 호텔 플란도 완수했으며 공언했던 신문도 성공했다. 그런 것들 때문에 많은 이들이 두려워하고 있었다. 그가 미그로를 성공시킨 경험이 있으니까 그 힘을 빌려 어느 정도 스위스의 공통분모로 끌고 와서 뭔가 사건을 일으킬 것 같다는 두려움이었다. 그는 파운드나 킬로그램 단위로 사고팔던 것을 가격 단위로 사고팔게 만든 장본인이기 때문이다. 두트바일러 때문에 모든 사람의 삶이 획일화될까 봐 두려워하는 사람들도 있었다. 심지어 그에게 찍힐까 봐 두려워하는 사람도 있었다.

이 두려움이 최악인 것은 이 두려움이 언제 끝날지 모른 채 막연하게 계속 남아 있을 수밖에 없다는 것이었다. 두트바일러는 아주 특별한 사람이기 때문이었다. 그는 카드 패를 다 보여준 채 카드놀이를 하는 사람이었다. 그가 하고 싶어 하는 것은 모두 다 미리 알리고 하는 일이었다. 직접 말로 예고하기도 하고 글로 써서 예고하기도 했다. 그런데도 사람들은 그가 무슨 생각을 하는지 계산해낼 수가 없었다.

이 두트바일러라는 사람은 도대체 어떤 사람일까? 극단적 진보주의자일까? 마지막 남은 자유주의자일까? 그는 계획경제를 반대하는 사람이었다. 개인의 자유에 대해서는 적극 찬성이었다. 그러면서 갑자기 '협동조합'을 생각한 사람이었다. 그는 오랫동안 대자본가였다!

불신이 커졌다. 두트바일러는 스스로 민주주의자라고 했지만 아주 독재적으로 운영하는 사람 아닌가? 미그로에서는 그랬다. 무소속 란데스링에서는 어떤가? 두트바일러는 그저 무소속 국회의원 7명 중한 명일 뿐인가? 나머지는 진짜 무소속으로 독립되어 있나? 두트바일러한테서 독립돼 있고 미그로에서도 독립되어 있나? 아니면 두트바일러가 요구하는 대로 움직이는 부하들일 뿐인가? 그것만 좀 알았으면좋겠다! 하지만 두트바일러는 공통분모에만 매달릴 수 없었다. 그에게는 어떤 꼬리표도 붙어 있지 않았다. 그가 하는 것을 다른 사람들이보면 상당히 모순적인 것처럼 보였다. 그런데도 그는 아주 성공적이었다. 어쩌면 이게 그들에게 최악일 것이다. 그는 성공적이고 독창적이었는데, 그들은 그걸 할 수가 없었다.

두트바일러 자신은 불신의 이유를 알고 있었다. 그는 이렇게 설명한 적도 있다. "외국의 판단이 스위스 자체의 판단보다 훨씬 공평합니다. 스위스에서는 커지고 강해지는 모두를 집어삼켜버립니다."

커지고, 강해진다. 정치 평론가들은 그의 존재 속에 '아나키스트적인 성격'이 있다는 말도 했다. '권력욕'이 있다고도 했다. 두트바일러를 늘 따라다니는 단어는 '독재자'였다.

두트바일러는 자기가 반대자들에게 얼마나 두려운 존재인지 전혀 의식하지 못했다. 그걸 알게 되었을 때는 즐기다시피 했다. 그것도 충분한 자랑거리였으니까. 그는 나중에 이런 말도 했다. "모든 법안, 모든 연방법안 투표를 할 때 우리 무소속 중심으로 돌고 있을 정도로 우리의 행동반경이 넓어졌어요! 모든 투표가 두트바일러 찬성이냐 두트바일러 반대냐로 돌아갔어요. 미용사나 제화공, 마구사, 수레 목수 같은 직업의 능력 증명 같은 법률안까지도 말이에요."

그들은 '두트바일러냐 우리냐!'를 표어로 삼았다. 그의 활동 폭이 얼마나 넓어졌는지 모른다. 마침내 1939년 6월 22일 베른에서는 국회의원에 출마할 때 동시에 2개 주 이상에서 출마할 수 있었던 법을 바꿔서 3개 주는 말할 것도 없고 2개 주에서 출마하는 것도 금지하는 법안이 통과되었다.

두트바일러가 앞으로는 예전처럼 3개 주에서 당선되지 못하도록 한 것이었다. 그는 첫 번째 선거에서 인기가 하늘을 찔렀다. 그런 당선이 다시 한번 화려하게 증명되는 것을 도저히 참을 수가 없었기 때문이다. 다른 정당 사람들은 두트바일러 정파 소속 의원들을 '무소속'이라고 부르는 것보다 더 잘못된 칭호는 없다고 했다. 두트바일러는 연방의원들은 물론 무소속 의원들과도 일할 수가 없게 되었다. 그는 직원이 필요했다. 자신에게 오지 않는 사람은 자동으로 반대자로 간주했다.

그것은 엄청난 말이었고 결정적인 판단이었다. 거의 맞지 않는 말이었지만 뭔가 있었다. 두트바일러는 앞에서 말했듯이 공을 던질 벽이 필요했다. 많은 벽이 필요했다. 머릿속에 아이디어가 떠오르거나 어떤 계획이 싹 트면 그는 동료들에게 실험해봤다. 그는 이런 생각을 자기가 맨 처음 한 것은 전혀 아니라고 주장했다. 그는 반론을 얻기 위해 동료들을 자극했다. 그리고 반론을 통해 성장했다. 생각이 어느 정도 계획을 수행할 정도까지 넓어지면 판단이 선명해졌다. 그는 자기 아이디어와 프로젝트를 마음대로 가지고 놀았다. 그래서 어쩌면 의식하지도 못한 채 동료들과 그들의 시간도 가지고 놀았다. 유감스럽게도 그들의 자존심까지도 가지고 놀았다. 그는 수천, 수만 명을 그렇게 만나왔다. 하지만 베른의 국회의원들과는 제대로 된 관계를 설정하지 못했다. 무소속들도 마찬가지였다. 어쩌면 그들이 그에게서 아무것도 발견하지 못했다고 말하는 게 더 좋을 것이다. 그들은 명목상 여전히 동지였다. 그들은 적들처럼 그의 깊이를 거의 이해하지 못했다. 그들은 그의 신뢰를 받고 있다고 믿고 있었는데 제3자를 통해 그가 다른 사람들을 훨씬 더 신뢰한다고 했다는 말을 듣기도 했다. 그는 그들을 신뢰할 만한 천성을 가진 분들이라는 견해를 밝히며 그걸 자명하게 받아들여달라고 했다.

그들은 다음과 같이 생각하기 시작했다. '이 사람은 전혀 못 믿겠다. 딱 하나, 그 순간에 가장 실천적이고 최선이며 가장 이성적인 것만 할 뿐이다.' 어떤 사람이 길가에 누워 있든 그가 동료들을 실망하게 하든 상해를 입히든 그런 것이 그에게는 아무런 의미가 없는 듯했다.

그와 함께 일했던 사람들, 그를 일찍부터 늦게까지 보았던 사람들은 이렇게 물었다. "이 두트바일러, 도대체 어떤 사람이야?"

그들은 이 질문에 대한 해답을 얻을 수 없었다. 그저 극소수만 알까? 아니면 여러 해를 같이 보낸 아내만 알 수 있을까? 물론 아내는 그를 알았다. 그의 모든 면면을 다 알았다.

제12장

지칠 줄 모르는 사람

이 두트바일러, 도대체 어떤 사람이야?

우리는 그와 하루를 보냈다. 1930년대 어느 날이었다. 그때 그는 대형 상업 기업의 사장이었다. 수백만 프랑을 가진 부호였고 영향력 있는 국회의원이었다. 머릿속에 수천 가지 아이디어가 있고 수천 가지 계획을 실천하고 있는 사람이었다.

그는 여전히 뤼슐리콘 뤼티베크 30번지 자택에 살고 있었다. 그는 더 크고 더 안락한 집을 계획하고 있었다. 20년 전처럼 궁전 비슷하게 생긴 건물은 아니었다. 호화로운 생활은 이미 오랫동안 그의 흥미를 끌지 못했다. 그렇다. 그는 사치에 대해 가끔 "뭔가 불쾌하게 느껴지고 일할 때 필요한 '내적 조화'가 부족해져서 집중하는 데 방해가 된다"고 말했다. 또 "모든 것을 설명하기는 어렵다. 언행일치나 조화라고 할 수 있는 조화를 향한 욕구, 그것은 업무를 수행하고 결실을 보기에 아주 좋은 상태를 위한 전제 조건이다"라고도 했다.

호텔플랜을 시작하며 조감도와 전단지 초안을 만들 때 그는 호텔플랜 참가자들이 멋지게 즐길 수 있도록 화려한 색깔로 묘사했다. 자신한테는 이 모든 것이 아무 문제가 되지 않았다. 그렇다. 그가 어디론가 떠난 적이 있었다. 그는 자신의 소형차를 몰고 저녁때쯤 한 대형 호텔 앞에서 내리더니 그 호텔 식당으로 직행했다. 멋진 결혼식을 마친 다른 손님들은 전혀 눈치채지 못했다. 그는 거의 매일 약간 구겨진 옷을 입고 있었는데 그날도 그런 옷을 입고 있었다. 수석 종업원이 당황하는 시선을 보냈지만, 그는 그런 시선도 아랑곳하지 않았다.

그는 모든 일을 할 수 있었지만 이런 상류사회 인사들과는 교류할 수 없었다. 그런 것을 지루하게 여겼고 기분 좋게 느끼지도 않았다. 그 대신 평범한 사람들과 어울리는 것을 훨씬 더 좋아했다. 두트바일러는 이렇게 말했다. "나는 어려운 상황에 빠질 운명을 타고난 것 같은 모든 사람에게 '평범한 사람들과 교류하는 게 보약'이라고 추천했습니다. 예컨대 제 아내 일을 돕는 가사도우미도 그렇습니다. 그분은 상당히 지적인 분이지만 정규 교육을 받지 못하셨습니다. 하지만 이런 분과 교류하면 언제나 원기가 솟고 아주 인간적인 사람이 됩니다. 그러면 정말 아늑하게 앉아서 쉴 수 있습니다. 정상적인 보통 인간은 언제나 자기와 비슷한 사람들과 관계를 찾게 마련이죠, 그것도 당장." 그의 사업에서 '사람 대 사람'은 대체 어떤 의미가 있는 것인가? 그는 자기와 함께 일하는 사람들과 교류하는가? 아니면 지사장들과? 동료들과? 그는 이렇게 고백했다. "원래는 직원들과 개인적인 관계를 깊이 맺어야 하는데 나는 그걸 잘 못해요!" 왜? 두트바일러는 이 문제에 해답을 이렇게 제시하려고 했다. "저는 전제 조건이 부족해요. 즉, 시간이 없어요."

조금 궁핍한 변명이었다. 그가 직원들한테 이렇게 조심스럽게 대하고 거리를 두는 이면에는 사업상의 외교 이상이 있기 때문이다. 그게 문제고 그 문제는 잘 풀릴 것 같지 않았다. 한 사람의 문제였다. 가능한 한 많은 사람을 만나려고 너무 많은 시간을 쓰기 때문에 스스로 '사람'이 될 시간이 없는 사람이었다. 누군가 그를 인간으로 보고 인간적인 말을 걸면 바로 불신하게 되었다. 예컨대 한 여직원이 두트바일러와 아내를 저녁 식사에 초대한 적이 있다. 그날 헤어지기 전에 두트바일러는 이렇게 물었다. "오늘 저녁 식사비가 얼마나 나왔어요?" 마치 오늘 저녁의 '손실'을 물질적 '이득'과 비교하려는 사람 같았다.

그는 아주 일찍 일어났다. 6시 30분 이후에 일어나는 적은 없고 대부분 그 이전에 일어난다. 그러고는 8시에 사무실로 출근한다. 엄청난 일이 기다리고 있다. 매시간 새로운 일거리가 생긴다. 우편물도 뜯어봐야 하고 그 많은 편지에 답장도 써야 한다. 물품에 관한 이야기도 해야 한다. 선적을 비롯한 여러 가지 운송 수단에 관한 대화도 나눠야 한다. 그리고 어떤 문제가 발생하면 그 문제를 놓고 며칠 전이나 몇 주 전부터 머리 싸매고 고민하기라도 한 것처럼 몇 분 안에 결정도 내려야 한다. 끊임없이 전화도 걸고 전보도 보내야 한다. 수도 없이 지침을 내려야 하는 적도 있다. 직원들이 줄을 이어 사장실 문을 드나든다. 마땅한 지침이 없으면 누군가한테 얻어내기도 해야 한다. 정확한 순간에 정확한 정보를 적용하기 위해서 수백, 수천 가지 세부사항도 알아야 한다. 엄청난 분량을 알고 있지만 늘 전체를 본다.

이미 여러 해 전부터 온 나라가 아주 극심한 수출 위기를 겪었다.

전쟁 전에 약 10억 프랑에 달했던 연 수출액이 전쟁 중과 전쟁 후에 2, 3배까지 올라갔다가 1930년부터는 8억 5,000프랑까지 떨어졌다. 1935/1936년에는 10억 프랑에 훨씬 못 미쳤다. 스위스가 국민의

5분의 2밖에 못 먹여 살리게 된 것이다. 나머지는 수입해야 했다. 그런데 수출이 잘 되어야만 수입도 계속할 수 있다. 따라서 스위스의 수출 위기를 끝낼 수단과 방법을 찾아야만 식료품 공급 문제도 해결될 수 있었다. 두트바일러는 이 사실을 한순간도 잊지 않았다.

식료품 수출은 특히 심하게 줄어들었다. 치즈 수출은 1914/1915년 이전의 7,000만 프랑에서 3,400만 프랑으로, 초콜릿 수출은 5,500만 프랑에서 겨우 100만 프랑으로, 연유 수출은 4,400만 프랑에서 500만 프랑으로 급격하게 줄어들었다. 무언가 일을 벌여야 했다. 그것도 당장! 그는 급진적인 해결책을 찾아보았다. 두트바일러가 이 문제로 머리를 싸매지 않은 날이 하루도 없었을 것이다. 하지만 지금까지는 최소한의 부분적인 해결책만 시도해보고 있었다.

1935년 8월에 그는 '치즈 버터 계획'을 발표했다. 이 계획을 공표하게 된 상황은 이렇다. 같은 품질의 치즈가 외국에서 훨씬 더 싸게 생산되었기 때문에 치즈 수출이 꾸준히 후퇴했다. 버터 수입을 중단했다. 덴마크 같은 나라에서 훨씬 더 싸게 생산되는 버터가 스위스에 들어와 경쟁했기 때문이다. 그 결과 스위스의 수출업자들, 특히 시계 산업이 타격을 입었다. 스위스에 버터를 수출하다가 못 하게 된 나라에 스위스 시계를 수출하기가 쉽지 않았기 때문이다.

두트바일러의 계획은 이랬다.

1. 치즈 생산량을 늘리고 질을 개선한다.
2. 버터 수입을 확대한다.
3. 버터 수입 가격과 국산 버터 가격 차이를 줄이는 데 힘쓴다. 예컨대, 트럭당 2만 5,000~3만 프랑의 치즈 수출 보조금을 지급한다.

무대 뒤에서도 투쟁했고 베른에서도 투쟁을 이어갔다.

두트바일러는 같은 시기에 이른바 '빵 계획'도 시작했다. 연방정부가 업자들에게 건강에 좋은 빵, 즉 통밀빵(거친 빵)을 더 싸게 만들게 하고 그 대가로 주로 곡물 공급 부문에만 주던 보조금을 1년에 2,000만~3,500만 프랑씩 사용해야 한다는 계획이었다. "'하얀 빵'과 '반 하얀 빵'류는 점점 더 비싸질 테고 그러면 이런 빵의 소비가 점점 줄어들겠죠. 그래야 국민이 건강해집니다." 두트바일러는 '포도 행동'이라는 계획도 준비했다. 이것은 순수한 포도즙을 얻기 위해 국산 식용 포도와 값싼 식용 포도를 약 30만 킬로그램씩 사 모은다는 계획이었다. 또 있다. 원당 수입 독점에 맞서는 투쟁도 했다. 세금 감면 혜택까지 받으며 설탕을 수입할 수 있는 곳은 아르베르크Aarberg라는 설탕기업뿐이었다. 그러니 다른 설탕기업을 창업하는 것이 불가능했다.

꾸준히 새로운 행동을 하느라 시간과 에너지가 많이 들고 돈도 많이 들었다. 두트바일러는 통이 대단히 컸다. 미그로를 통해 엄청난 양의 물품 인수를 기꺼이 보증하고, 회수할 가망도 없는 엄청난 금액을 기부할 수 있으며, 최악의 경우에는 자기 개인 돈을 꺼낼 준비까지 돼 있는 사람이었다. 두트바일러한테는 개인적으로 아는 사람이 찾아와 돈을 꿔달라고 하는 경우도 많았다. 하지만 그런 경우 그는 아주 인색했다. 그는 나중에 이렇게 말했다.

나는 수백만 프랑을 기부하지만, 그 수백만 프랑은 모르는 사람들에게 하는 것이지 친구들에게 하는 것은 아니다. 나는 선물도 도매로 한다. 소매로 선물하는 경우에는 바로 인색해질 수밖에 없다. 그래서 소매로 선물한다는 생각은 거의 하지 않는다. 대출청원이

나 구조청원을 정말 많이 받는다. 그것만 검토하는 데도 많은 시간
이 걸린다. 너무 많은 시간이 걸린다. 내가 큰 목적을 이루기 위해
서, 이른바 큰 선물을 하기 위해서는 시간이 필요하다. 하지만 소매
로 개인적으로 청원하는 사람들을 상대하는 경우, 돈은 제쳐두고
개인적 관계를 검토할 시간 자체가 없다.

두트바일러는 아주 열정적으로 일했다. 그가 오전에 처리하는 일
이 얼마나 많은지 믿을 수 없을 지경이다. 사람들은 모든 아이디어를
다 실행하기에는 시간이 충분하지 않으니 건강을 챙기라고 했다. 하
지만 그는 죽음에 대한 공포 같은 게 없었다. 그것은 특히 그의 깊은
신앙심과 관계가 있었다. "결정권은 전혀 나한테 있지 않다. 사람은
나빠질 수도 좋아질 수도 있고, 어떻게든 그렇게 되게 마련이다."
한번은 두트바일러와 그의 종교에 관해 이야기한 적이 있다.

이른바 성경적이거나 고백적인 신앙이 아니고, 교육받지 않은
다소 자연발생적인 신앙입니다. 성경 앞에서 경외심이 생기는 정
도의 신앙이죠. 그것은 친자 감정, 즉 신의 아들이라는 감정입니다.
잠재의식 속에 언제나 존재하는 감정이죠. 물론 이런 얘기는 거의
하지 않죠. 하지만 여기저기서 이런 이야기를 할 책임이 있다고 느
낄 때가 있어요. 특히 일상생활에서 기독교라고 부르는 것과 관련
해서죠. 어쩌면 이렇게 이야기해야 할지 모르겠어요. 우리는 일상
생활에서도 마치 일요일에 교회에서 설교를 들을 때처럼 행동해야
한다고 말이에요. 그래야 전체적으로 아주 강한 토대, 즉 영원한 것
에 정박할 수 있지 않겠어요?

두트바일러는 자기 모든 아이디어를 실행할 충분한 시간이 없는 게 두렵다고 하면서도 죽음은 생각하지 않았다. 너무 많은 세월을 허비했다고 생각했다. 지난 10년 동안 이룩한 것을 되돌아볼 때 '제1차 세계대전 후 몇 년'과 '브라질 몇 달'은 허비한 시간이었기 때문이다.

그가 어떤 일에 얼마나 빨리 적응하는지를 보면 정말 놀라웠다. 어떤 일에 흥미를 갖기만 하면 그 일에 바로 개입했다. 그러고는 사람들이 며칠 동안은 그와 그 이야기를 빼면 어떤 이야기도 할 수 없을 정도로 푹 빠져들었다. 사람들과 다른 이야기를 하다가도 그는 그 순간 떠오르는 아이디어로 금방 되돌아갔다. 물론 예외는 있었다. 일반적으로 말하면 '동시에 여러 결혼식에서 춤을 출 수도 있는' 사람이었다.

그는 수십만 명과 함께 곡예를 한 셈이다. 계산서를 읽다가 한 직원에게 갑자기 화를 낸 적도 있다. 비용을 너무 높게 책정했다는 것이었다. 그 직원은 자기 사장, 즉 두트바일러의 차량비용을 너무 높게 책정했다고 혼이 난 것이다. 그는 직원들에게 이렇게 말했다. "가을에는 차를 운전해서 가지 말고 전철을 타고 갈 수 있잖아요! 그게 더 싸고 더 안전하잖아요. 가을에는 도로가 아주 미끄러울 때가 많으니까요."

며칠 뒤 그는 몇몇 부서장들한테 '당장 취리히에 가서 이야기하라!'고 했다. 그가 '당장'이라고 하면 그것은 말 그대로 '지금 당장'이라는 뜻이 아니었다. '어저께 했어야 제일 좋았다'는 뜻이었다.

"오후에는 되돌아올 수 있죠?"

아니, 그렇게 일찍 돌아올 수 없었다. "최선을 다해도 못 돌아옵니다. 기차가 없거든요!"

"기차요? 차를 운전하고 갔다 오면 되잖아요?"

"사장님이 기차로 가는 게 더 싸고 더 안전하다고 하셨잖아요. 길도 아주 미끄럽고요."

　모든 직원이 이런 식으로 농담을 주고받을 수 있는 것도 아니고, 언제나 그럴 수 있는 것도 아니다. 대부분은 두트바일러 앞에서 '참는다'. 완전히 인정한다는 듯이. 그의 곁에 머물러 있어야 할 때도 많다. 그가 어떤 큰 아이디어를 내면 그걸 평가해줘야 하기 때문이다. 두트바일러 같은 천재와 일하려면 어쩔 수 없다는 것을 알기 때문이다. 물론 사장한테 저주를 퍼붓기도 한다. 그것도 무척 큰 소리로 저주한다.

　미그로에는 감찰관이 없으니까 그래도 상관없다. 물론 두트바일러가 독재하겠다는 생각이 없기도 하고. 맞다. 그는 심지어 이런 말도 했다. "나는 권력이 두려워요. 권력은 언제나 약점이 있어요. 권력은 언제나 협박이에요. 협박은 모든 사람 사이의 의사소통에 안 좋죠."

　그런데도 많은 직원은 그의 그런 태도를 견디는 것이다.

　두트바일러는 사람들이 그 말을 믿을 수 없다고 하면 계속 놀랐다. 그는 독재라는 게 언제나 독재자가 있고 싶은 곳에만 있는 게 아니라는 것을 몰랐다. 어떤 순간에, 물론 결정적인 순간에 자기가 독재자가 된다는 것도 몰랐다. 물론 형식적으로는 독재자가 아니고 독재자가 되려고 하지도 않았다. 그리고 독재자가 그들을 억압해서 참는다기보다 그의 뛰어난 능력이 압도하기 때문에 참는 경우도 많았다. 독재자들은 보통 거리를 두고 참는다는 것을 잘 모르는데, 두트바일러는 어떤 상황에서도 거리를 유지하려고 했다.

　이것이 그가 다른 사람들과 협업할 때 중심으로 삼는 문제이다.

　두트바일러 때문에 그리고 두트바일러와 함께 일하느라고 힘들어하는 사람은 직원들만이 아니었다. 두트바일러한테 '최측근'이라는 말을 쓸 수 있는 사람이 있을지 모르겠지만 그럴 수 있다고 치고 그런

최측근들조차 그에게 다가갈 수 있는 길을 찾지 못해 안달하는 경우가 허다했다. 언젠가는 그도 이런 사실을 인정하고 깜짝 놀랄 시간이 올 텐데 그때까지 너무 많은 시간이 남아 있었다.

점심때가 되었는데 두트바일러가 구내식당에서 식사를 가져오라고 시켰다. 밖으로 나갈 시간이 없었고 그런 걸 좋아하지도 않았기 때문이다. 식사는 지루했다. 대화하면서 서류를 검토하더니 전화호출을 하려고 하는 순간 아주 갑자기 일이 벌어졌다. 그는 바로 그 방에 있던 직원에게 "나 조금 잘게요!" 하더니 바로 잠이 들었다. 진짜 아주 조금이었다. 소파에 눕지도 않고 의자에서 간단히 쓰러졌다. 그리고 곯아떨어졌다. 10분쯤 지났는데 거의 1시간은 잔 사람처럼 다시 깼다.

충분한가? 그가 너무 터무니없는 일을 도모하는 건 아닐까? 그도 이제 젊은이가 아니고 그래서 역시 많이, 아주 많이 흔들렸다. 하지만 그는 아무 걱정도 하지 않았다. "뚱뚱한 사람은 원래 수행 능력이 적게 마련이죠. 호기심을 가지고 그런 상상을 많이 해봤는데 저는 육중한 증기기관차예요. 그래서 무거운 열차를 끌어야 하죠."

일은 계속되었다. 오후에도 편지가 밀려들었다. 새로운 제안과 계획서, 아이디어, 발명, 기발하고 기이한 것, 불가능한 것들이 정말 많았다. 전 세계의 미친 발명가들과 세상 개조자들은 오래전부터 습관처럼 그를 찾았다. 두트바일러는 아예 '그들의' 사람이었다. 그들은 이런저런 영역의 전문가들이 쓴 아주 두꺼운 원고를 자주 보냈다. 두트바일러는 다행히 거기까지는 가지 않았다. 그러기에 실제로 시간이 없었기 때문이다. 하지만 어떤 의미에서는 발명자들한테도 권리가 있었다. 그는 '그들의' 사람이었으니까. 두트바일러도 아이디어가 많은 사람이었다. 그 아이디어가 누군가 편지로 보내준 것이든 대화하면서 퍼뜩 떠오른 것이든 놀랍게도 현실로 만들어내는 사람이기도 했다. 그는 어떤 일에서 무언가를 만들어야 할 때 그걸 제대로 할 수 있는 재능을 가졌기 때문이다. 제 나름의 아이디어를 많이 가진 직원들도 느낄 수 있었다. 두트바일러는 다만 그것을 널리 확산시키거나 적어도 활성화하는 방식으로 영향력을 발휘했을 뿐이다.

그는 거의 모든 이야기를 경청했다. 그러면서 머리를 가로저을 때가 많았다. 하지만 그 제안을 아주 갑자기 꽉 움켜쥐고 약간 이쪽저쪽으로 돌리고 전체가 완전히 다른 모습으로 나타나도록 두세 문장을 내동댕이쳐버리고 직원을 불러서 이 일에 매달릴 수 있는지 묻는 경우도 많았다. '묻는' 경우? 아니, 정확히 말하면, '명령'하는 경우!

그 정도면 그가 이미 그 아이템을 꽉 문 것이다. 그는 날마다 '같은 목적'만 추구했다. 이야기하다가 자꾸만 최근에 생긴 이 새 아이디어로 돌아갔다. 그 바람에 직원들은 미치고 팔짝 뛰었다. 그들은 아주 당황해서 사장실을 나오는 경우도 많았다. 사장이 갑자기 가장 중요하고 급한 결정을 해야 한다며 더는 시간이 없다고 하기 때문이었다.

그가 그 순간 유일하게 허락하지 않는 말은 '안 돼요!'라는 말이었다. 회사는 어떻게든 돌아간다는 확신을 하고 있었다. '어떻게' 할 것인지 고민할 시간만 확보하면 되는 것이었다. 때로는 고민할 필요조차 없을 때도 있었다. 그러면 그저 기다려야 했다. 세월이 약이라는 아주 이상한 이 이론을 자기 개인의 삶에도 자주 적용한 것이다.

엘자 가서 박사 부부와 자신의 작은 차를 타고 여행을 한 적이 있다. '하이리Heiri'라고 불리던 이 차가 갑자기 고장이 났다. 두트바일러는 손님들에게 내리라고 하더니 보닛을 열어 뭐가 잘못됐는지 살펴볼 생각도 하지 않았다. 그냥 담배를 피우며 수다를 떨었다. 30분쯤 지나더니 다시 시동을 걸어보았다. 됐다. 그는 좋아서 껑충껑충 뛰었다. 모두 다시 타고 여행을 떠났다.

1936년 9월 26일 프랑이 약 30% 평가절하되었다. 거의 모든 통화가 평가절하됐다. 특히 영국 파운드와 달러도 뒤따라 평가절하됐다. 스위스 정부는 이런 평가절하를 통해 수출을 다시 활성화하고 스위스가 국제 호경기 물결에 편입되기를 바랐다.

두트바일러는 이미 2년 전에 평가절하를 지지했다. 그렇게 해서 수출과 관광이 활성화되기를 바랐고 스위스의 경제 위기가 끝나기를 바랐던 것이다. 이때는 전 세계적으로 물가가 내려갔다. 그래서 국내 생활비를 인상하지 않고도 화폐 평가절하가 가능했다. 그런데 지금은 화폐가치 평가절하에 아주 강력하게 반대하는 생각을 하고 있었다. 세계시장 물가가 치솟았기 때문에 화폐가치 평가절하를 하면 스위스의 국내 생활비가 대폭으로 오를 수밖에 없다는 것이었다. 그는 이렇게 확신하고 있었다. "국산품과 수입품이 경쟁하는 한 국내 물가가 높아지면 수입품을 선호하게 된다. 수입품이라고 배척하기는커녕 수수료까지 포함해도 수입품을 선호할 수밖에 없다. 그렇게 되면 아무리 퍼내도 물이 계속 솟아나는 샘이 생기게 된다. 그 샘 덕분에 우리의 수출도 촉진될 수 있다."

이런 식의 물가조절 원칙이 곧 '치즈 버터 계획'의 기초이기도 했다. 그렇지만 두트바일러는 화폐가치 평가절하가 오는 것을 물론 정확히 알고 있었다. 그래서 나중에 약간 빈정대는 투로 이렇게 말했다. "화폐가치 평가절하에 대해 이미 결정된 것 아니냐고 의심했을 때 정부는 너무 자주 부인했다."

미그로는 광고에서 이 화폐가치 평가절하를 다루면서 앞으로 몇 달 동안은 물가가 올라가지 않을 것이라고 했다. 수입품의 경우 수입가보다 더 싸게 팔 수밖에 없었다. 평가절하되는 바람에 수입품 가격이 자동으로 올라갔기 때문이다. 두트바일러는 호외를 발행했다. 그것도 평가절하를 알린 지 12시간 만인 일요일 새벽 4시에. 이 호외에는 '무소속들'의 새로운 정강정책도 함께 실었다.

무소속들은 식료품 관세를 낮춰서 국내 생활비를 안정시키라고 요구했다. 그것은 미그로가 그 영역에서 어느 정도 이미 실현한 것과 전혀 다르지 않았다. 무소속들은 물가 상승을 막기 위해 식료품에는 연방보조금을 지급하라고도 요구했다. 평가절하를 통해 이득을 보는 자가 많아지지 않도록 개인의 수입 할당도 폐지하라고 했다. 국산품 가격을 동결할 것, 표준 임금 표와 임대료 표를 제시할 것, 보조금을 삭감할 것 등도 요구했다.

무소속들이 이런 요구를 공표한 지 며칠 지나지 않아 베른 정부는 관세 인하와 식료품 수입 가격 할인을 위해 관세임금위원회의 즉각 소집을 결의했다. 적어도 이번 한 번만은 두트바일러가 베른 정부를 이긴 것이었다.

스위스에 새로운 호경기가 열렸다. 두트바일러는 이것을 계속해서 확인한 최초의 사람이었다. 평가절하 몇 달 뒤에 그는 그 긍정적인 효과를 극찬했다. "우리는 제한과 위축 기간에서 빠져나오고 있습니다. 계약 상대국에 의존하던 시대는 지나갔습니다. 세계시장이 활짝 열렸고 길도 자유롭습니다."

그리고 "평가절하가 자연스럽게 경제를 발전시켰다"고도 했다.

두트바일러가 너무 일관성이 없지 않나? 평가절하를 반대하며 싸우지 않았나? 그러더니 지금은 어떻게 평가절하를 칭찬하지? 일관성이 있든 없든 그는 현실을 바탕으로 한 것이었다. 평가절하는 고객에게 도움이 되었다. 이런 경우에는 온 나라가 고객이었다.

식료품협회와 소비자협동조합의 미그로 반대 투쟁은 상상할 수 없는 규모로 커졌다. 신문은 분노와 공격으로 가득 찼다. 반두트바일러 팜플렛이 트럭 단위로 인쇄, 배포되었다. 이 모든 것은 두트바일러와 미그로에 맞서는 작은 소매상들을 선동하기 위한 것이었다. 그들이 두트바일러를 숙적으로 본 것은 놀랍지 않다. 상황이 그들에게 몹시 나쁘게 돌아갔기 때문이다. 상황이 나쁘게 돌아가면 언제나 모든 책임을 떠넘길 숙적을 찾게 마련이다.

두트바일러는 결심했다. 이런 식으로 계속 둘 수는 없었다. 소매상들이 자신을 반대하도록 선동을 당했나? 소매상들이 몰락의 책임을 두트바일러한테서 찾았나? 좋다. 그의 대답은 소매상들을 돕는 것이었다. 이미 그는 새로운 아이디어를 갖고 있었다. 그리고 벌써 새로운 계획에 돌입했다. 그는 이 새로운 행동을 '지로 서비스'라고 불렀다.

그는 미그로의 매입과 분배기구를 통해 소매상들도 이익을 보게 하려고 했다. 그들에게 완전한 자유를 주었다. 그들이 원하는 곳에서 언제든 물품을 매입할 수 있게 했다. 마찬가지로 그들이 원하면 언제 어디서든 제품을 판매할 수도 있었다. 직원들 머릿속에는 그게 잘 들어오지 않았다. 그러다 소매상들이 이런 식으로 미그로와 경쟁하면 어쩌려고? 소매상들이 미그로의 도움을 받아 물건을 싸게 구입한 다음에 미그로보다 더 싸게 팔면 어쩌지? 미그로 안에서 작은 '궁중혁명', 즉 측근들의 반란이 일었다. 두트바일러는 이 모든 소리를 듣고 이렇게 이야기했다. "그래도 해야 해요!"

'지로 서비스'는 에밀 렌치가 조직했다. 이 계획의 대강은 다음과 같았다. '이 서비스를 위해 작은 식료품상들도 결합하고 공명심 있는 생산자들도 결합한다. 이 두 그룹이 공동으로 홍보한다. 같은 품질의 물건을 훨씬 싸게 팔아서 터무니없이 비싼 대기업 브랜드 제품을 대체한다. 그러면 판매가 증가할 것이다.'

두트바일러는 수많은 소규모 식료품상들이 이렇게 열악한 처지에 빠지게 된 것은 경제 위기의 결과라는 점을 충분히 인정했다. 하지만 그들 중 상당수가 충분히 숙련되지 못하고 능력도 부족한 것과 관련이 있다는 것도 잘 알고 있었다. 자기 사업을 제대로 이해하지 못한 채 직업을 선택했다는 것도 잘 알고 있었다. 그래서 그는 다음과 같이 제안했다. '식료품상들의 직업 훈련 과정이 필요하다. 다른 직업이나 대기업으로 전직시킬 사람을 찾아서 부적당한 요인을 차단하고, 너무 많은 식료품 가게 수도 제한해야 한다.'

에밀 렌치가 확인해보니 유능한 식료품상들의 경우 오래전에 조직되어 있고 이런저런 구매협동조합에 속해 있었다. 남아 있는 것은 대부분 능력이 없는 사람들이었고, 마지못해 일하는 사람도 있었다. 렌치의 말을 빌리면 "몰락하는 존재들"이었다. 그리고 "이 모든 집단은 이제 두트바일러를 억지로 끌어내리려 하고 있었다!"

결정적인 저항은 물론 밖에서 왔다. 브랜드 제품 공장협회는 '지로 서비스 가맹점'들에 물품을 공급하지 않겠다고 협박했다. 나아가 협회에서 제명시키겠다는 협박도 뒤따랐다. 베른 정부는 지로 협동조합에 새로운 수입 할당을 승인하지 않았다. 결국 미그로가 뛰어들 수밖에 없었다.

두트바일러의 반대자들은 지로 서비스 전체가 새 옷으로 갈아입은 미그로일 뿐이며 법적으로 금지된 미그로 프랜차이즈의 변종 가맹

점이라고 주장했다. 여러 주 정부에서 감정서를 가져왔다. 지로 서비스를 금지한다는 내용이었다. 훗날 전쟁이 한창이던 때 연방의회는 주 정부가 그럴 권한이 없다고 결정했다. 하지만 때는 이미 너무 늦었다.

근본적으로 처음부터 너무 늦었다. 아무리 긍정적으로 평가해봐도 지로 서비스는 결정적 성공 사례가 될 수 없었다. 두트바일러도 렌치처럼 이런 사실을 금세 알게 되었다. 하지만 그는 패배를 비극으로만 받아들이는 부류의 사람이 아니었다. 어떤 패배에서도 무언가 새로운 것, 더 좋은 것을 만들어낼 수 있다고 생각하는 사람이었다.

새로운 아이디어를 계속 냈고 새로운 계획도 계속했다. 자신을 너무 믿는 것은 아니었을까? "완전히 다른 일인데 이렇게 많은 사업을 어떻게 다 해나가는지 궁금하다는 분들이 많습니다. 방법은 어떻게 찾는지 올바른 결정은 어떻게 내리는지 등등을 자꾸 묻습니다. 어떤 대상에서는 전화위복이 되고, 또 어떤 대상에서는 새로운 경험을 얻는 것이죠. 그러기 위해서는 타고난 소질이 있거나 다양한 문제를 계속 붙잡을 필요가 있을 때 생기는 소질이 있어야 하지 않을까요?"

두트바일러는 비약이 많은 성격인가? 그렇다고 볼 수도 있고 아니라고 볼 수도 있을 것 같다. 그는 끊임없이 설득되는 일, 적어도 당분간은 그를 완전히 빼앗을 수 있는 일에만 뛰어든다고 하는 게 낫겠다. 그는 단순한 상인은 아니다. 회사가 커지는 것도 물론 바라지만, 기쁨을 갖는 것도 바란다.

그 자신조차도 자기 자신에 대해 제대로 설명하지 못한다. 미국의 한 여성 저널리스트가 인터뷰하려고 30분 동안 그 앞에 앉아 있었다. 그에 관해 저쪽에서 이미 들은 게 있었고 더 가까이에서 상인 두트바일러뿐 아니라 인간 두트바일러에 대해 알고 싶다고 했다. 이 젊은 여인은 두트바일러가 아주 단순하게 산다는 것을 알고 있다고 했다. 그런데 그는 전혀 검소하게 살지 않는다고 답했다. "저는 사는 데 필요한 것을 다 가지고 있어요. 하고 싶은 건 다 할 수 있고요. 먹고 싶은 걸 먹을 수도 있죠. 심지어 현금도 몇 프랑 갖고 있습니다."

그 미국인 기자는 마당에 세워져 있는 작은 포드를 보았다. 두트바일러가 이렇게 작은 차를 타는 게 사실일까?

"예. 사실입니다." 두트바일러는 대답했다. "다음에는 아마 더 작은 차를 살 겁니다!" 사실 그는 토폴리노Topolino* 차를 사려던 참이었다. 그런데 최근 몇 년 동안 몸이 너무 비대해졌다. 그래서 직원들은 그 작은 차에 그가 실제로 탈 수 있을지 의심할 정도였다.

이제 그는 이렇게 말했다. "내가 예언하는 것처럼 예언하자면 자기 자신에 맞춰 사는 게 딱 좋습니다. 인기를 고려한 발언이 아닙니다. 언행일치, 그것이 내면의 필수품입니다. 옳건 그르건 언행의 조화만이 제가 상상한 것을 실현할 힘을 발휘하기 때문입니다."

미국인 기자는 모든 것을 받아 적긴 했지만 그런 이야기는 하나도 기사에 담지 않았다. 그걸 누가 이해하겠는가? 다만 이 기자는 이것만은 확인했다. "미국에서 이렇게 큰 대기업 사장이 2류 승용차, 특히 자기 직원들보다 더 작은 차를 타는 일은 결코 없을 거예요. 사장님도 캐딜락 정도는 타야 조금이라도 공간이 생기지 않을까요?"

대답은 이랬다. "저는 캐딜락 필요 없어요! 저 스스로가 캐딜락인 걸요!"

---

* 이탈리아 피아트 사에서 1936년부터 1955년까지 생산했던 소형차. 피아트500이라고도 한다.

아델레 두트바일러 여사가 자기가 본 진실을 말해줬을 때 이 미국 저널리스트의 반응이 어땠을까? 예컨대, 남편은 사람 보는 안목이 눈곱만치도 없다고! '그럼 직원은 어떻게 뽑았나요? 직원 중에서 특별히 유능한 직원을 어떻게 뽑았지요? 그들이 없었으면 미그로의 상승도 전혀 생각할 수 없었을 텐데요?' 아델레 여사는 어깨를 으쓱하면서 이렇게 대답했다. "그건 완전히 운이었죠."

물론 두트바일러는 사람이 어느 정도까지는 행운도 만들어낼 수 있다고 생각하고 있었다. "저는 어려운 상황이 만들어질 때 그리고 위험하지 않은 사업을 시작할 때 의식하고 하는 경우보다는 무의식적으로 하는 경우가 훨씬 더 많습니다. 자주 있는 경우죠. 저는 이러저러한 일을 끝내고 나면 유익하겠지 하는 생각으로 주식을 삽니다. 그렇게 구매행위를 하고 나면 그러면 그냥 반드시 해야죠! 반드시 해야 한다면 이러저러한 것을 그냥 의무감에서 기획했을 때보다 훨씬 더 많은 힘을 가지게 되지요. 그럼 무슨 일이 있더라도 평균은 하게 되어 있어요. 그런데 그 당위성이 뒤처지면……."

직원들의 경우에는 실제로 어땠을까? 맞다. 그 경우 그는 언제나 약간 운이 좋았다. 그들을 언제나 선하게 대하지만은 않았다. 배우가 어떤 인물을 연기할 때처럼 그들이 필요하다 싶으면 기분이 좋아져서 아주 귀엽게 애교까지 떨었다. 그러다 한 6개월쯤 지난 뒤 똑같은 사람한테 아주 날카롭게 야단도 쳤다. 수많은 직원이 이런 것을 몸으로 겪었다. 그런데도 그 곁에 머물렀다. "일이 아주 매혹적이어서"다.

일만 그렇게 매혹적인 게 아니라 두트바일러 자신도 아주 매혹적이었다. 늦은 시각 두트바일러는 사무실을 떠나 어디선가 소소한 식사를 한다. 그럴 시간이 그리 많지 않았다. 퇴근한 뒤에도 두세 가지 약속은 거의 있었기 때문이다. 집회에서 연설하는 적도 있었다. 어쨌든 집으로 들어갈 때는 아주 늦은 시각이었다.

한때는 아침 일찍 테니스도 많이 쳤다. "지금보다 좀 말랐을 때!" 말이다. 전에는 등산도 했고 책도 많이 읽었다. 이따금 영화관도 갔다. 그런데 지금은 그 모든 것을 할 시간이 없었다. 책 한 권 읽을 시간조차도 없었다.

그가 작은 차를 몰고 뤼슐리콘으로 퇴근하는 동안 이날 해치웠어야 할 수많은 일이 머리를 스쳐 갔다.

이제 집으로 가는 게 기쁘다. 그렇다. 드디어 진짜로 집으로 가다니! 이것은 그저 미사여구만이 아니었다. 종일 유리 벽 뒤에 갇혀서 살았는데 이제 처음으로 모든 벽이 무너지고 비로소 살기 시작한 것이다. 아내는 매일 저녁 남편을 기다렸다. 이미 여러 해가 그렇게 흘렀다. 아니, 평생이 그렇게 흘러갔다. 아내가 남편을 위해 식사를 준비했다. 남편이 아내한테 '시내에서 식사하게 됐다'고 전화하는 걸 까먹었기 때문이다. 그런 것도 너무 자주 까먹는 사람이라 아내는 거의 익숙해져 있었다. 그래서 아내는 그걸 그리 나쁘게 받아들이지도 않았다.

이제 그런 남편이 아내 곁에 앉아 그날 벌어진 일을 이야기한다. 아내에게는 자기가 이긴 이야기뿐 아니라 힘들었던 점도 다 말한다. 심지어 어떤 직원이 어떤 반응을 보였다는 이야기까지 한다.

아내는 말이 별로 없다. 거의 언제나 조용하다. 남편이 그렇게 길게 이야기해도 아내는 거의 한두 문장도 자르거나 말머리를 돌리지 않는다. 하지만 아내가 일단 한마디 하면 그것은 진짜 딱 들어맞았다! 아내는 거기 없었고 그 일도 함께 경험하지 않았으며 그저 간접적으로 전해 들었을 뿐인데 아내의 말은 놀랍게도 명쾌한 판결문 같다. 특히 사람에 관한 문제에서는 아내는 사람을 남편보다 그 훌륭한 두트바일러보다 더 잘, 아주 더 잘 아는 것 같았다. 두트바일러는 자기가 이 아내에게 어떤 감정을 갖는지 아주 잘 알고 있었다. 그는 아내와 함께 있는 것을 이렇게 표현했다.

특히 가깝게, 때로는 믿을 수 없을 만큼 가깝게 붙어 있다고 해야겠죠. 정확히 같은 순간에 정확히 같은 것을 생각하면 그것은 언제나 …… 평온이죠. 평화죠. 안정감이죠.

사람이 되돌아갈 수 있는 세계입니다. 저한테도 물론 그런 게 필요합니다. 인간은 어떤 세계를 가져야 하는 거니까요. 우정 속에서 그런 세계를 찾지 못하면 가정에서 가져야 합니다. 아니면 아내와 함께요. 그러면 아내는 제 주변의 모든 비평가를 통틀어 가장 중요한 비평가가 될 겁니다. 아내는 언제나 저를 위해 존재했어요. 언제나 약자를 돌보았죠. 그런 이야기도 저한테 해주었어요. 아내는 천성이 아주 단순한 여성이에요. 저한테 아주 잘 적응했죠. 보통 그런 아내들은 무조건 따른다든가 남편의 의견을 무조건 수용한다든가 하는 치명적 오류를 갖고 있게 마련이죠. 그런데 제 아내는 그런 아내들의 오류가 하나도 없어요. 아내는 의견 표명에서 아주 소극적이었죠. 저 같은 위치에 있는 사람한테는 그것도 큰 장점이죠. 아내는 저의 삶 전체에서 저한테 말로 상처를 준 적이 한 번도 없어요. 그게 황금 같은 증겁니다. 아내가 악의 없이 떤 수다 때문에 상황이 어렵게 꼬이고 그래서 힘들어하는 남편이 정말 많거든요.

그는 종종 이런 아내 이외에는 그 어떤 사람도 실제로 이렇게 가까운 사람이 없다는 사실에 푹 빠지기도 했다. 그는 계속해서 자기 자신을 때로는 아내를 변호하려고 했다.

제가 원래 가지고 있는 품성대로 하면 우리 직원들과 그런 인간 관계를 맺는 게 불가능합니다. 그 관계는 늘 투쟁하는 협동조합일 수밖에 없죠. 제대로 된 투쟁협동조합은 인간적인 바탕 위에 세워져야겠지요. 하지만 저한테는 전제 조건, 즉 시간이 없어요. 어디서든 시간이 필요해요. 형식을 지키려고 해도 시간이 필요하고 모든 것을 외교적으로 준비하는 데에도 시간이 필요해요.

많은 직원이 그를 이기주의자로, 진짜 모진 사람으로, 심지어 독재자로 여겼다. 그런 인식 때문에 그는 꽤 괴로워했다. 참 이상했다. 그도 모든 세상과 잘 지내고 싶어 하는 순간이 있다니. 하지만 그는 이미 오래전에 그런 게 잘 안 된다는 것을 알고 그냥 만족해야 했다.

그는 매일 새 적을 만나야 했다. 정말이지 피할 수가 없었다. 하지만 그도 적을 갖고 싶지는 않았다. 적을 지지자로 바꿀 수 없다면 반대자 정도로 바꿔놓고 싶었다. 그의 견해에 따르면 적과는 달리 반대자를 지지자나 함께 투쟁하는 동지로 바꾸는 길은 그리 멀지도 어렵지도 않다는 것이었다.

두트바일러의 머릿속에서는 저녁때도 수많은 일이 지나가고 있었다. 그의 말에 따르면 낮에 4분의 3이나 5분의 4 정도가 낙관적이었다면 밤에는 회색의 시간이 온다고 했다.

잠도 끝없이 오지만 새벽 2시나 2시 반 넘게까지 잠을 자본 경우는 거의 없다. 그때쯤 깨어나는 것이다. 그리고는 다시 한번 어제 있었던 일 전체를 훑어본다. 시간이 그렇게 없다면서 이렇게 모든 것을 되돌아볼 수 있는 거리를 가지는 걸 보면 정말 놀랍다. 자기 눈앞에서 일어나는 모든 일에 대해 언제나 아주 행복해한 것만은 아니었다. 그러나 그렇다고 의기소침해지지도 않았다. 그는 오래전에 파악했다. "이것은 아주 간단히 말해서 제가 보는 다른 측면입니다. 태양 반대편에는 응달이 있는 것과 같은 이치죠. 응달도 좋은 것입니다. 그러니 적어도 교만해서는 안 되는 거죠."

두트바일러가 "엄청 성가시게 구는" 게 딱 하나 있었다. "제가 중요하다고 옳다고 여기는 아이디어에 대해서 전력 질주하지 않아도 된다면 얼마나 좋을까요. 아파서 병원에 누워 있다가도 무언가 할 일이 떠올라서 벌떡 일어나 베른까지 간 적도 있거든요. 그런 게 제게는 아마 전형적인 모습이 되고 만 것 같아요. 저도 저의 평화를 지키기 위한 것을 해야 하는데 말입니다."

그의 만족. 많은 사람이 의무를 완수했다는 것을 느낄 때처럼 그의 만족도 맨 마지막에 찾아올 것이다. 그와 다른 많은 사람 사이의 유일한 차이는 그가 다른 사람들보다 훨씬 더 많은 것을 자신의 의무로 느낀다는 것이었다.

제3부

/

의무란 무엇인가?

제13장

전쟁 속으로 몰락

고틀리프 두트바일러는 자신을 배제하려 하고 미그로를 규제해서 사멸시키려는 권력과 맞서 싸우려고, 그리고 평범한 소시민들을 위해 국회의원이 되었다. 그는 바로 그 평범한 소시민들을 위해 미그로를 설립했고 호텔플란을 수립했으며 '과일즙 행동'부터 '버터 치즈 계획'을 비롯해서 '초콜릿 생산비 인하 운동'까지 무수한 '행동'을 시작했다. 법조문이라는 쇠사슬과 협회들과 카르텔들의 폭정에서 해방되기 위한 투쟁도 했다.

베른 정부는 두트바일러가 다시는 3개 주에서 동시에 입후보하지 못하도록 하는 법도 만들었다. 그의 인기를 되도록 감추려는 속셈이었다. 하지만 그가 앞으로 다가올 몇 년 동안 말하고 기획하는 모든 것을 반대하는 법률이 무슨 도움이 되겠는가? 그는 다가올 미래를 정말 명확히 내다보았다. 히틀러 현상을 제대로 비판하고 제2차 세계대전이 코앞에 닥쳤다는 사실을 인식한 사람이 스위스에는 거의 없었다.

두트바일러는 그걸 인식한 극소수 가운데 한 명이었다. 그는 이 전쟁을 비롯한 만일의 사태에 대비해 무장해야 한다고 전국에 소리쳤다.

이 외침은 귀 기울여 듣는 사람도 없이 잠시 사라지는 듯했다. 하지만 두트바일러의 이 캠페인은 아주 일찍 시작되었다. 1934년 8월 2일 베른에 있는 국방부에 편지를 썼다.

존경하는 국방부 장관님,

저는 장관님께 다음과 같은 점을 상기시키고자 정중히 이 편지를 씁니다.

무역정책과 국제수지가 좋지 않습니다. 그리고 국내 생산물 가격을 보호하기 위한 분담금도 축소되었습니다. 그 결과 수입상들에게 중요한 여러 식료품 저장창고의 재고량이 아주 적은 상황입니다. 모자라기 직전이지요. 아주 최소한의 양밖에 비축할 수 없는 소매상들도 똑같습니다. 특히 유지방의 시세도 지적하고자 합니다.

이렇게 제안하고 싶습니다. 정반대로 조치해주십시오. 즉 수입상들이 최소재고를 유지하는 걸 지지해주십시오. 그러면 어쨌든 판매가가 약간 비싸지겠지만, 오늘의 정치 상황에서는 그게 가장 중요하다고 봅니다.

이 제안을 하는 저는 제1차 세계대전 당시 공식적으로 최고전쟁위원회를 대신해 스페인에서 화물 선적을 수년간 담당했던 미네르바 S. A. 말라가-바르셀로나MINRVA S. A. Malaga-Barcelona라는 이름의 해운회사 의장을 지낸 사람입니다. 저는 1914년 초 식료품을 수송하는 데에서 막대한 어려움을 겪었던 기억이 생생합니다.

그렇다. 두트바일러는 여전히 좋은 기억을 떠올리고 있었다. 아니면 지난 전쟁 때 스위스가 필요한 식료품을 조달하는 데 어려움을 겪었던 안 좋은 기억을 떠올리고 있었는지도 모르겠다. 편지는 이렇게 이어졌다.

연방정부는 비행기와 독가스 방어 그리고 기타 방어용 무기와 탄약을 사느라 공개된 것만 수억 프랑을 지출했습니다. 그런데 가장 중요한 무기는 일반 국민과 군대에 식량을 공급하는 일 아닐까요? 저는 바로 이 무기를 매우 신중히 처리해야 한다고 생각합니다. 설탕과 말린 과일, 유지방, 쌀, 코코아처럼 가장 중요한 품목은 모두 보관이 가능한 것들입니다. 수입상들에게 이런 품목을 얼마큼씩 수입해오라고 할당하는 게 쉬워 보일 수 있습니다. 수입상들에게 할당량을 정해주는 이른바 '할당 경제'는 자유 경제와 비교할 때 당연히 수입상들에게 훨씬 이익이겠죠. 그러면 수입상들은 공익에 반하는 반대급부를 챙길 게 확실합니다.

할당. 이 단어를 설명할 필요가 있겠다. 수입량을 제한하는 이 조치는 제1차 세계대전 후 환시세가 폭락한 나라, 예컨대 독일 같은 나라에서 수입한 값싼 물건이 범람하는 것을 막기 위해 스위스에서 처음 도입한 제도이다. 당시에는 2개의 시스템이 적용되었다. 얼마 안 되는 극소수 회사들이 일정량의 품목을 수입할 수 있는 승인을 따내면 그게 그들에게 주어진 할당량이었다. 또 하나의 경우는 수입량을 제한하지는 않되 매번 아주 높은 관세를 물리는 것이었다. 이 경우에는 수입을 해봐야 실제로 이익이 거의 없었다.

두트바일러의 편지는 이렇게 끝났다.

1914~1918년의 전쟁은 스위스로서는 경제 전쟁이었습니다. 국방을 이런 식으로 하면 스위스 연방정부는 돈 한 푼 들이지 않아도 됩니다. 소비자들한테 적당히 요구하면 그만이죠. 소비자들은 식료품을 사기 위해 잔돈푼을 조금 더 내야 합니다. 이 돈은 안보를 지키기 위한 돈이죠. 국경과 해상이 봉쇄되는 바람에 수송이 더 어려워졌기 때문에 국내에서 식료품을 확실히 풍부하게 저장하려면 당연히 돈이 들지요. 이게 바로 식량 안보를 지키기 위한 돈입니다.

두트바일러는 이 편지의 답장을 받지 못했다. 하지만 몇 년 뒤 수입상들의 이른바 '의무 저장량'은 관계 당국의 지시사항이 되었고 그 뒤로도 계속해서 너무나 당연한 사안이 되었다.

두트바일러는 전쟁은 피할 수 없다는 사실을 점점 더 분명히 알게 되었다. 히틀러한테는 전쟁이 필요했으니까. 그는 전쟁이 곧 일어나리라는 걸 느꼈다.

'느꼈다'는 말을 일부러 사용했는데 그는 진짜 전쟁을 손가락 끝으로 느끼듯이 느꼈다. 그와 가장 가까웠던 직원은 그가 곤충 같은 촉수를 갖고 있었다고 말했다. 그는 중요한 경제계 사람들과 이야기해 봤다. 이들의 견해는 달랐을까? 아니, 이들도 같은 생각이었다. 이들도 뭔가 분명히 벌어질 것이라는 점을 꿰뚫어 보고 있었다. 하지만 아무도 그게 뭔지 정확히는 몰랐다.

두트바일러의 신조는 이랬다.

'국방을 위해 가장 중요한 것은 군대이다. 하지만 바로 다음이 식

량 보급이다. 아무리 훌륭한 군인이라도 본인이 굶주리거나 가족이 굶주리면 무슨 소용이 있겠는가?'

그는 베른 정부에서 권력을 휘두르는 사람들과도 이야기를 나눠 봤다. 거기서는 누구도 관심을 두지 않았다. "도대체 두트바일러가 뭘 또 하려는 거야? 식료품을 대량으로 사서 쟁여놓으려나? 전쟁을 대비해서? 저 사람은 모든 것을 너무 어둡게만 보고 있는 게 분명해! 도저히 교정이 안 되는 '미치광이'야."

나중에 국회의원 피스터Pfister는 국회의 한 회의에서 다음과 같이 이야기했다.

"여러분 상상해보십시오. 우리가 3년 동안 전국에 곡물을 비축했다고 칩시다. 그사이에 곡물 재배도 촉진했다고 칩시다. 가능한 한 외국에 의존하지 않으려고 말입니다. 그런데 전쟁이 일어나지 않습니다. 그렇게 엄청난 양의 곡물을 창고에 저장해놓았는데 말입니다. 이런 상황을 한번 생각해보십시오."

그리고 국회의원 R. 그림Grimm이 거들었다.

"비축했던 곡물을 어떻게 처리할까 하는 문제가 제기되면 어떻게 되겠습니까? 그러면 어떤 부작용이 벌어지겠냐고요!"

두트바일러는 계속해서 투쟁했다. '신문 속 신문'에 대규모 식량을 비축해야 하는 필요성에 관해 썼다.

1936년 국회에서 무소속 침머만 의원의 법안이 발의되었다. 원재료와 식료품을 수입해 전국 식량 보급을 확보한다는 목적에 맞게 규칙을 제정하라는 법안이었다. 하지만 이 법안은 아예 다루지도 않았다. 하지만 두트바일러는 말과 글로 이 법안을 계속 상기시켰다. 그는 온 나라를 더는 가만 놔두지 않았다. 어쩌면 두트바일러 자체가 가만히 있지 못하는 사람이라서 그랬을 것이다. 그는 식료품과 원자재를 어떻게 하면 충분히 조달할 수 있는지 여러 제안을 했다. 1938년 2월 19일 '신문 속 신문'에서는 주부들에게 이렇게 조언했다.

깨어서 대비하십시오!

국방 중에서 가장 미심쩍은 등화관제라는 게 시작됐습니다. 여기서는 군비 확장에 관해 얘기하는 게 어울리지 않을 것 같습니다. 그에 대해서는 다른 기회에 더 잘 다룰 수 있을 겁니다. 하지만 식료품 비상 공급 문제는 판단할 수 있습니다. 현재 「전국의 식량 공급에 관한 법률안」이 상정되어 있습니다. 이 법의 정신은 강제입니다. '전국의 식량 공급'을 위해서는 다른 방향이 있습니다. 그래서 제안하겠습니다.

국제 상황으로 볼 때 언제 국방 동원이 필요할지 아무도 모릅니다. 주부님들은 1914~1918년 제1차 세계대전을 겪었기 때문에 식료품 공급이 무슨 뜻인지 확실히 알고 계십니다.

그는 1938년 9월 9일 "전쟁 비축"이라는 제목의 기사도 썼다.

한 신문 보도에 따르면 가시적인 현재 곡물 비축량이 약 2만 4,000트럭 분량이라고 합니다. 올해 막 거둔 국내 수확량이 약 2만 트럭 분량이니까 합치면 약 4만 4,000~4만 5,000트럭 분량입니다. 같은 보도에서는 연간 예측 소비량이 5만 트럭 분량이라고 했는데 실제로는 참밀과 자급까지 포함해서 약 6만 트럭 분량입니다. 하지만 비축 곡물은 전국 여기저기에 나누어 저장하는 게 중요합니다. 그래서 전략적으로 필요할 때 대부분을 포기한다는 생각을 하는 게 중요합니다. 그리고 나머지는 잘 알려지고 눈에 잘 띄는 창고, 예컨대 곡물창고 같은 곳에 저장해서 전쟁 시 모든 갈등 국면 바깥에 내놓아야 합니다.

그 비축량은 평상시보다 그리 많지 않아도 됩니다. 국내 수확물은 일반적으로 이듬해 수확 철까지 비축량을 강하게 수축할 수 있도록 순차대로 조달해야 합니다.

잘 알려진 바와 같이 방앗간 주인은 보상에 대비해 방앗간과 창고에 예비로 8,000트럭 분량의 곡식을 꾸준히 보관할 의무가 있습니다. 이것은 이른바 '정상적인 전쟁 위험'을 대비해서 계산된 비축량입니다. 하지만 오늘은 상황이 완전히 다릅니다.

대규모 비상 저장도 당연히 해야 합니다. 그뿐 아니라 폭탄을 맞아도 끄떡없는 장소에도 반드시 보관해야 합니다. 반드시 그렇게 할 것을 강력히 요구합니다.

그는 좀 더 세부적으로 들어갔다.

전쟁이 일어나면 자급자족해야 하는데 그것을 어떻게 할 것인지 아주 구체적으로 밝힌 바 있습니다. 우리의 제안이 아주 강력한 반향을 불러일으켰습니다. 불확실한 상태로 아무 의식 없이 희미하게 살아가서는 결코 안 됩니다.

실제로 어떻게 해야 할까요? 먼저 분량에 대해 말씀드리겠습니다. 모든 주부나 모든 가장은 자기 가족이 1년 동안 먹고 살려면 대략 어느 정도의 식량이 필요한지 계산할 수 있어야 합니다. 그에 대한 실제 통계 수치는 아직 알려지지 않습니다.

가계부를 쓰는 우리 주부님들이 이번과 지난번의 광고에서 언급한 주요 식료품이, 어린이나 어른 할 것 없이 두 식구나 네 식구 또는 다섯 식구가 있는 보통 가정에서 해마다 얼마나 필요한지 그 양을 계산해보는 것은 상당히 가치 있는 일일 것입니다.

사실은 식량 수송이 어려워진 시대라는 걸 사람들이 다 알기 때문에 자동으로 전쟁 비용에도 바로 적응합니다. 그래서 1914~1918년(제1차 세계대전 기간)의 소비량도 아주 흥미롭습니다. 우리 독자 가운데 어떤 분이라도 이 기간의 자료를 계산해주시면(우리가 제시한 품목의 양이든 질이든 상관없이) 대단히 고맙겠습니다. 이와 관련해 보고해주시기를 정중히 요청합니다.

두트바일러가 이런 의견 광고를 내자 반대자들은 어찌할 바를 몰랐다. 수많은 신문에서, '두트바일러가 스위스 사람들에게 사재기를 부추기고 있다'고 꾸짖었다. 예컨대 〈폴크스레히트〉는 스위스소비자단체협회의 다음과 같은 공식 성명서를 실었다.

지난 토요일 여러 신문에 실린 미그로 광고에서 미그로(주)는 식료품 비상공급을 위한 호소문을 발표했다. 거기서 주장한 걸 보면 개인은 자기 돈의 일부를 특히 식료품 사는 데 써야 한다며 수백 킬로그램의 설탕과 쌀, 면류, 기름, 커피 그리고 수많은 다른 품목을 총 가격 약 250~500프랑어치까지 사놓으라고 추천했다.

그렇게 사재기할 수 있는 이들은 재산이 많은 부자뿐이라는 게 명백하다. 이런 시대에는 식료품이 부족하게 마련이기 때문에 하루 벌어 하루 먹고 사는 단순 노동자나 직원이 체감하는 물가는 당연히 오를 수밖에 없다는 계산을 해야 하는 판국이다. 우리가 볼 때 미그로(주)의 호소문은 수요충족을 고려해 불안해하는 수많은 사람을 부추겨서 1914년 전쟁 시작 때와 같이 아주 좋지 않고 비이성적인 상황, 국민 전체가 손해를 봤던 당시의 '사재기' 상황을 다시 일으키기 위해 호도하는 것이다.

다른 신문들은 "공황상태를 불러일으키는 짓"이라거나, 정치와 사업을 "비참하게 결합한 것"이라고 비난하기도 했다. 심지어 〈노이에 취리히 차이퉁〉은 이기주의로 가득 찬 '사업정치'라고 규정하고, 그 목적을 달성하기 위해 "역사적 재앙을 냉소적으로 악용한 짓"이라고 낙인찍었다.

〈스위스식료품상신문〉은 "평온과 안전을 위협하는 짓"이라고 한탄하며 "두트바일러 자체가 국가의 위험 요인"이라고 외치면서 기사를 마무리했다.

두트바일러는 그런 비난 기사들을 아주 냉정하게 무시했다. 자신을 반대하는 글을 모두 다 읽으면서도 그는 국가의 공급체계를 작동시키는 일에 매진했다. 강연도 하고 칼럼도 쓰고 국회 연설도 했다. 그가 집중한 주제는 단 하나 "미리 대비하라! 식료품 계획을 세우라!"였다.

연방의회는 여전히 최소한의 가계 비상 저장 아이디어에만 매달리고 있었다. '모든 가정은 약간의 저장을 계획해야 한다'는 명령을 발표했다. 거기에는 '전쟁이 일어나면 국가에서 배급할 때까지 이런 물품 판매를 중단한다'는 내용도 포함되어 있었다. '재력이 없는 사람들만은 예외를 인정한다. 그들을 위해서는 특별조치를 취하겠다'는 예고도 있었다.

하지만 대규모 식료품과 원재료 수입과 관련해서는 당분간 말이 없었다. 두트바일러에게는 그게 중요했다.

그런 수입을 중단하리라고 도대체 어떻게 상상할 수 있겠는가? 전례 없이 엄청난 양의 비축품은 도대체 어디에 저장해야 한단 말인가? 이런 문제에 대해 두트바일러는 오랫동안 노심초사했다.

스위스에는 저장창고가 충분하지 않아서 이런 문제가 실제로 어려운 문제였다. 현존하는 저장창고들은 식료품을 신선하게 유지할 수 있을지 장담할 수 없었다. 최악은 이미 있는 식량 저장창고들이 대체로, 특히 공중에서 내려다보면 금방 눈에 띈다는 것이다. 그래서 폭탄 몇 개만 떨어뜨려도 아주 쉽게 파괴할 수 있었다! 그렇다. 두트바일러는 전쟁 한참 전에 평균적인 사람들이 공중에서 파괴적인 폭격을 하는 전쟁을 상상하기도 전에 이미 그런 생각을 했다.

두트바일러는 그사이에 공무원들이 필요한 양의 원재료와 식료품을 수입하기 위한 법안을 준비하는 결정적 기획을 하고 있지 않다는 사실을 알았다. 그래서 많은 기업가를 차례로 만나 이야기를 나눈 끝에 1939년 5월 원료와 식료품을 조달하고 보관하기 위한 협동조합 게로나Gerona를 설립했다.

게로나 협동조합은 상업 기업이 아니었다. 이 협동조합에 출자금을 낸 조합원들은 공급에 어려움이 생길 경우에도 100프랑을 내고 그 액수만큼 식료품을 살 권리는 있지만, 잉여금을 배당으로 가져갈 수는 없었다. 그런데 그 많은 곡식과 사료, 커피, 지방, 기름 같은 것은 어디에 보관해야지?

'물속 저장탱크'에.

두트바일러는 이미 저장탱크(주)를 설립하려 하고 있었다. 이 시기에는 약간 특이하고 상당히 혁명적인 발상이었다. 두트바일러가 어떻게 '물속 저장탱크'를 생각하게 되었을까? 그건 아주 간단했다. 폭탄이 떨어져도 비축품을 안전하게 저장할 방법을 찾았다. 그런 것은 원래 두트바일러가 할 일이 아니었다. 그것은 베른 정부에서 결정권을 가진 당국자들이 해야 할 일이었다. 그러나 그는 자기와 관계없는 일에도 신경을 쓰지 않을 수 없었다. 이 사업에서도 스스로 주부들의 대리인으로 느꼈기 때문이다.

"구매가 더 많아질 때는 저도 국가 경제를 걱정합니다."

'물속 저장탱크' 아이디어는 간단했다. 물 아래 공간은 거의 돈이 들지 않는다. 거기는 약 섭씨 6도 정도의 온도가 유지되는 곳이다. 신선도를 유지하는 데 딱 알맞은 온도이다. 창고에서는 냉온을 유지하는 데 돈이 많이 들지만 여기서는 공짜다. 그리고 폭탄이 터져도 안전하다.

두트바일러가 물속 저장탱크라는 아이디어를 발표하자 온통 난리법석이었다. 학자들은 저장탱크를 물속에 넣으면 녹이 슬 것이라고 했다. 어떤 전문가들은 저장탱크가 샐 수 있는데 그러면 스위스 호수들이 오염될 것이라고 했다. 물론 다른 사람들도 있었다. 예컨대 스위스연방공과대학의 슈튀시Stüssi 교수 같은 사람은 물속 저장탱크에 대해 우호적으로 이야기했다.

물속 저장탱크라는 아이디어가 떠오른 뒤 두트바일러는 미그로 연구소의 프리츠 클레이Fritz Klay 소장에게 실험을 위탁했다. 그는 흑발의 젊은이로서 에너지 넘치고 매우 지적인 얼굴을 하고 있었다. 클레이 소장은 계산을 해보더니 스위스연방공과대학의 전문가들을 통해

탱크 설계를 조정하게 했다. 그렇게 해서 물 밑에서 압력을 견디려면 탱크를 얼마나 단단하게 제작해야 하는지 확인하는 실험이 진행되었다. 심지어 국방부에 가서는 고성능 폭탄 몇 발을 그라이펜 호수 위에서 투하하는 실험까지 하게 했다. 폭탄이 저장탱크를 파괴할 수 있는지 확인하기 위한 것이었다. 폭탄은 저장탱크를 파괴하지 못했다.

두트바일러의 아이디어를 좋아하는 사람이 많았다. 게로나 협동조합 임원회에 은행가들과 변호사들과 학자들이 모여들었다. 그 가운데는 누가 뭐래도 분명히 두트바일러의 반대자였던 사람들도 있었다. 그렇다. 연방 의원 슈탐플리Stampfli가 정부 구성원으로 이 문제에 대한 보증 책임을 맡기도 했다. 그런데 그는 회의에는 참석하지 않았다.

사보타주였을까?

정부만이 아니라 의회도 반대했다. '게로나 프로젝트'에 반대하는 음모를 꾸미기 위해서 정부한테 수입량을 할당받은 사업가들이 뒤에서 작당하고 있었기 때문이다. 그래서 연방의회는 결정을 계속 미루고, 견해를 밝히려다 말기를 반복했다.

1939년 6월 중순 국회에서 결정적인 토론의 순간이 왔다. 두트바일러가 말했다.

우리의 곡식 창고가 가득 찼습니다. 우리가 2년 동안은 자급자족하기 위해 이렇게 고민하는 지금이 우리에게 부과된 역사적 순간이라고 생각합니다. 솔직히 말해서 저는 식료품과 원재료를 충분히 비축함으로써 스위스라는 나라의 생존을 지키는 것이야말로 이나라가 마땅히 해야 할 일이라고 생각합니다.

우리가 만약의 경우를 대비해서 대부분 외국으로 보내버릴 황금을 30억 프랑어치나 비축해두면서 예컨대 밀을 저장하는 데는 이 황금을 저장하는 데 드는 돈의 단 1%도 안 쓴다면 무슨 소용이 있 겠습니까? 그 돈을 밀로 따지면 총 30만 톤이나 됩니다. 옛날 사람 들이 하던 대로 진짜 생활에 필요한 것은 공급하지 않고 우리가 이 렇게 맹목적으로 금을 더 선호해서야 되겠습니까? …… 1798년에 는 베른 사람들이 곡식 창고를 먼저 채우고 나서 황금 보물을 가졌 다는 뜻입니다. 그런데 오늘날은 스위스 전역에 총포 무기가 너무 많이 있습니다. 곡식 창고는 어떤 경우에도 가득 찼었죠. 그런데 오 늘 우리의 곡물 비축 상황은 어떤가요? …… 가정 살림살이에 식구 당 6 내지 8프랑어치의 곡물을 비축하도록 하는 규정을 정한다면 그건 그리 비싼 게 아닙니다. 한 가정이 식구당 6 내지 8프랑어치 곡물을 비축한다고 할 때 얼마나 버틸 수 있을지 직접 계산해보십 시오. …… 군사비로 우리가 지출하는 돈은 거의 10억 프랑이나 됩 니다! 왜죠? 군비를 확대하면 일자리가 생기니까? 물론 그렇겠죠. 하지만 해당 회사들에 당연히 부담되는 것이 국방이라면 국가는 의 무를 다하고 있는 사람들에게도 다가가 그들 편에도 서야 하는 거 라고 봅니다. 전시에는 시민들에게 식량을 공급하는 것을 가장 우 선시해달라고 호소합니다. 상업적 관심은 두 번째입니다. 신념 있 는 정당의 의원 여러분! 정말 특별히 호소합니다. 그런데 요즘 모습 을 보면 완전히 반대입니다. 이익이 생기는 것은 하고 이익이 생기 지 않으면 중단합니다. 국익 따위는 완전히 내팽개쳐버리고 있습 니다.

두트바일러는 아주 진지해졌다.

그것을 무엇보다 먼저 다뤄야 합니다. 저는 필요한 저장 공간이 생길 때까지는 체육관이나 심지어 교회에도 곡식을 채워 저장해야 한다고 말씀드립니다. 한 가지 묻겠습니다. 우리가 2년 먹을 식량을 구매하자는 결의를 했나요? 꼭 필요한 식료품을 1년 동안 저장하자고 결정했나요? 휘발유 저장량이 적어도 6개월은 돼야 한다거나 사료용 곡식과 사료 원재료도 똑같이 6개월치를 저장해야 한다고 결정했나요?

저는 이 문제에 저보다 더 좋은 변호사가 없다는 것을 유감스럽게 생각합니다. 수십 년, 아니 수 세대가 지나는 동안 스위스 국회에서 뭔가 엄청난 것을 위한 변론이 있었다면 그것은 국방과 식량 공급 사업이었습니다.

명연설이었다. 하지만 누가 두트바일러의 연설을 귀담아들었을까? 누가 그를 진지하게 받아들였을까? 의원들은 농담했다. 그를 진정시키면서 그들도 스스로 진정했다. "상황이 그렇게 나쁘게 돌아가지 않잖아요! 암요, 그렇고말고요! 전쟁은 없을 거예요! 모든 것이 현재대로 진행될 겁니다."

고틀리프 두트바일러는 난생처음으로 의기소침함을 느꼈다. 그는 절망에 가까운 상태까지 갔고 정계 은퇴까지 고려했다.

두트바일러는 곡식 230톤을 투너 호수 밑에 가라앉혔다. 전쟁은 이미 시작되었다. 넉 달 뒤 사람들은 그에게 탱크를 끌어 올리라고 했다. 도대체 왜 그랬을까? 기아 상태를 두려워해서였을까? 어쨌든 꺼내놓고 보니 곡식이 무사했다. 그런 내용이 알려지자 정부 당국자들은 곡식이 물속에서 넉 달간 무사했다고 해서 몇 년도 무사하리라는 증거는 되지 않는다고 했다. 두트바일러가 요구했던 비축량이 적어도 부분적으로는 이루어졌다. 정부가 나서서 추동한 것도 아니고 의회가 요구해서 된 것도 아니었다. 무엇보다도 개인들이 자발적으로 결단해서 그렇게 된 것이었다. 빵과 곡물의 세계시장 가격이 아주 낮은 것과도 관련이 있었다. 게다가 이때쯤 스위스에서는 돈도 아주 잘 흐르고 있었다. 국가와 미래에 대한 책임의식도 확산했다. 이 책임의식을 먼저 느낀 두트바일러가 다른 상인들도 함께 느끼게 해주려다 베른에서는 오랫동안 실패했는데 요즘에는 많은 스위스 상인들도 이 책임의식을 함께 느끼고 있었다.

미그로가 아주 특별히 더 많은 비축을 했다는 점은 너무나 자명했다. 아니 실제로는 자명하게 진행된 것은 아니다. 왜냐하면 미그로의 원칙 가운데는 자금을 빨리 회전시킨다는 원칙이 있었기 때문에 '비축'은 가능한 한 적게 해야 했기 때문이다. 그래서 두트바일러는 몇 년 전부터 투쟁하던 바로 그 일을 했다. 식량을 계속 사고 또 샀으며 위험을 스스로 떠안은 것이다. 세계시장 식료품값이 계속 떨어졌다. 그래서 유동자금을 많이 가진 사람들에 비해 유동자금이 상대적으로 적었던 그는 경쟁력을 잃게 되었다. 사실 미그로는 곡식 저장창고 하나를 가지고 세계대전으로 들어간 셈이었다. 그 값은 720만 프랑이었는데 그것은 지난해 창고 가격의 약 2배였다.

게다가 이미 오래전에 미그로에 대한 습격까지 시작되었다. 이에 대해서는 1939년 5월 20일 두트바일러가 "매장의 질풍노도"라는 제목의 글로 정리할 수 있었다.

화폐가치 평가절하 이후 1936년 처음으로 경기 곡선이 높아졌다. 그때는 누구나 여전히 값싸게 물건을 살 수 있었다. 미그로도 '대규모'로 구매했고 겁내지 않고 문도 열 수 있었다.

1938년 3월에는 두 번째로 작은 폭풍이 있었고, 1938년 9월에는 좀 더 심한 폭풍이 있었다. 그래서 비상식량 보급 필요성이 주식 시세표상의 투기 주가처럼 흔들리는 걸 볼 수 있었다. 하지만 우리는 현재 가장 의미 있는 질풍을 겪고 있다. 여기저기서 축제 전야제 때보다도 판매가 더 잘되고 있다. 하지만 미그로의 자랑거리는 그런 게 아니라 다음과 같은 것들이었다.

1. 힘든 시기, 상황이 여전히 '어렵게' 진행돼가던 시기에도 미그로는 충실하게 비축하는 바람에 식료품을 충분히 가지고 있는 것을 보여주었다는 점.

2. 어려운 순간에도 이익을 챙기지 않고 서비스를 계속할 수 있었다는 점.

그리고 또 있다.

우리는 관철해갈 것이다. 그리고 모두가 자기 일로 돌아갈 수 있도록 온 힘을 다해 노력할 것이다.

전쟁이 시작되고 스위스 주부들만이 아니라 수많은 스위스인이 '도대체 어떻게 돼가는 거냐?'고 묻고 '이제 식료품값이 무한정 가파르게 오르는 것 아니냐?'고 걱정스럽게 물었다. 두트바일러는 바로 큰 소리로 자기는 전쟁 전에 비축했던 것을 더 많은 돈을 벌기 위해 '재공급 가격'에 판매하는 걸 반대한다고 했다. 반면에 몇몇 경쟁기업은 그렇게 비싸게 팔지 않으면 보존하고 있던 식료품이 놀랍도록 급격히 사라질 것이라며 가격을 대폭 인상하자고 했다. 어쨌든 미그로는 옛날 가격으로 팔았다.

미그로는 그렇게 해서 돈을 잃었다. 아니 충분히 챙길 수 있었던 막대한 이익을 챙기지 않았다고 하는 게 더 정확한 표현이겠다.

하지만 두트바일러는 1939년 10월 25일 칼럼에서 다른 사람들, 즉 베른의 정치인들이 미래를 거의 예측하지 못하는 정치를 하는 바람에 나라가 훨씬 더 많은 돈, 즉 수백만 프랑을 몇 번씩 더 낼 수밖에 없었다는 사실을 계산해냈다.

작은 문제에 파묻혀 언제나 좁은 마음으로 자본만 변호하는 당신들이야말로 이 자본이 대규모로 존재하지 못하도록 방해하고 있는 사람들입니다. 오늘의 가격과 9월 말의 가격 차이만 계산해봐도 우리가 제안했던 빵 곡물과 사료 곡물 50만 톤을 매입하지 않은 바람에 국민 경제에 약 2,800만 프랑의 손실이 생겼습니다.

100킬로그램당 휘발유세를 30.80프랑으로만 따져도 우리가 수입하자고 했던 15만 톤의 휘발유를 수입하지 않은 바람에 입은 손실만 4,500만 프랑이나 됩니다. 오늘의 휘발윳값이 전쟁 전보다 더 싸니까 1,500만 프랑의 손실이 더 있는 셈입니다. 하지만 15만 톤의 휘발유를 저장할 컨테이너 값은 약 900만 프랑이 되지 않습니다. 하지만 이것은 '상상할 수도 없는 것'이고 그것은 환상이었습니다!"

스위스의 중립은 이제 예전의 중립이 아니었다.

1920년의 런던 선언에 따라 스위스는 국제연맹에 가입하고 그 헌장을 위반한 국가에 내리는 군사 제재 의무는 지지 않아도 되지만 경제 제재에는 동참해야 했다. 독일과 이탈리아가 국제연맹을 탈퇴하고 히틀러가 정권을 장악한 직후 스위스는 당시 스위스와 국경을 맞대고 있는 이 두 나라에 적대적으로 적용될 수밖에 없었던 제재 의무를 모면해보려고 했다.

　　두트바일러는 완전한 중립을 다시 유지하기 위한 스위스 정부의 이런 노력을 지지했다.

　　그사이 세계는 다시 무장했다. 특히 공군 무장을 했다. 스페인에서는 내전으로 광란의 도가니가 되었고 독일 공군 지도부는 이 스페인 내전을 핑계로 전쟁 리허설을 감행했다. 발렌시아를 폭격하고 게르니카도 폭격했다. 영국은 중폭격기를 자체 생산해서 영국 공군이 엄청난 신뢰를 얻었다. 일본도 비행기를 생산해서 중국의 여러 도시를 폭격했다. 세계가 항의했지만 소용없었다.

　　'세계평화운동'이라는 단체도 있었는데 그들은 파리에서 '무방비 도시'에 대한 공중폭격을 반대하는 결의문을 채택했다. 두트바일러는 자기 방식으로 이런 운동에 동참했다. 그는 전단지를 만들었다. 전단지에는 알카자르, 우창, 광둥, 상하이 등도 그려 넣었다. 폭격을 맞은 스위스 도시 이름은 나열하지 않고 스위스 지도에 북에서 남으로 화살표를 그려 넣고 제목을 이렇게 달았다. "220킬로미터 25분!" 그리고 서쪽에서 동쪽으로 화살표를 그려 넣고 "290킬로미터 40분!"이라는 제목을 달았다. 스위스 하늘을 날아가는 데 걸리는 시간이었다.

　　전단에는 이런 내용도 담았다.

시민 여러분! 우리 모두 가혹한 운명의 시간을 살았습니다. 우리는 지난 몇 달을 불안과 걱정으로 지나왔습니다. 하루하루가 힘들었고 한 주 한 주가 불안했으며 한 달 한 달을 겁먹은 채 지냈습니다. 미래가 어떻게 될지 아무도 모릅니다. 온 세계가 듣도 보도 못한 긴장 속에 살고 있습니다. 스페인과 중국을 비롯한 세계 곳곳에서 전쟁의 불꽃이 활활 타오르고 있습니다. 이 전쟁의 불꽃이 유럽의 화약통으로 언제 어떻게 옮겨 붙을지 누구나 묻고 있습니다. 유럽의 화약통에는 여러 나라가 아주 부지런하게 화약을 가득 채워놓은 상태입니다. 상황이 이 정도인데 나태하게 낙관만 하고 있을 수는 없습니다. 단 하나의 태도, 즉 단호한 행동만이 오늘의 스위스인들에게 어울릴 뿐입니다!

맞습니다! 국방을 위한 사전조치는 이미 많이 취해졌습니다. 하지만 아직도 할 일이 태산입니다! 미래의 전쟁은 공포 면에서 이전의 모든 전쟁을 압도할 것이며 피해를 보지 않을 사람이 단 한 사람도 없을 것이기 때문입니다. 수천 년을 지나는 동안 국가의 꽃은 언제나 젊은이들이었습니다. 역대 조상과 역대 정부들은 청년들의 피와 목숨으로 죗값을 대신 치렀습니다.

하지만 오늘은 다릅니다. 전체 사회의 협박을 받는 것은 젊은이들만이 아닙니다. 온 국민이 협박을 받고 있습니다. 비행 전투기 편대가 적국의 후방을 폭격하고 거주지와 백화점, 공장, 역, 발전소를 잿더미로 만들어버렸습니다. 후방에 있는 주부들과 아이들도 전방에 있는 군인들과 똑같은 위협을 받게 된 것입니다.

스위스처럼 작은 나라가 공중폭격에 특별히 예민한 까닭은 앞쪽에 실은 지도를 보시면 아실 겁니다. 참고해보시면 아시겠지만, 적국의 비행기 편대가 여러분 거주지까지 오는 데 얼마나 오래 걸릴지, 아니면 얼마나 짧게 걸릴지 여러분 스스로 계산해보실 수 있을 겁니다. …… 공중에서 만나는 이런 위험에 대처하기 위해서는 방공망을 아주 잘 구축해놓는다든가 공군을 막강하게 확충하든가 해야 합니다. 실제로 낮에는 등화관제도 아무 소용없습니다. 공중폭격을 하면 우리가 똑같은 값으로 보복할 수 있다는 것을 적들이 알게 되면 적들도 미리 정신을 차릴 것입니다. 미래의 '전면전'에서 자신의 영공을 방어할 수 없는 국민은 전면적으로 괴멸을 당할 것입니다.

그런 다음 그는 이렇게 제안했다.

이제 우리 자산의 100분의 1씩 헌납합시다! 그러면 3억에서 3억 5,000만 프랑 정도 모일 것입니다. 그 돈이면 우리가 최신 비행기도 만들 수 있고 대공화기와 거기 속하는 모든 것을 갖춘 국방 시설을 제때에 구축할 수 있을 겁니다.

어느 날 완전히 폐허가 된 자기 집과 고향 앞에 서서 슬피 우는 대신 지금 작은 보험료를 내는 것이 분명히 더 좋지 않겠습니까?

이미 몇 해 전부터, 정확히 1936년부터 그는 의회와 정부를 향해 스위스 공군 확충의 필요성에 대해 지적하기 시작했다. 그는 모든 종류의 청원서를 제출했다. 하지만 단 한 건의 청원서도 승인받지 못했다. 아무 일도 일어나지 않았다. 아니, 분명히 무언가 일어났다.

두트바일러가 늘 하던 대로 비더/미텔홀처/침머만 기념 협동조합Bider/Mittelholzer/Zimmermann을 발기해 설립한 것이다. 돛단배 대회와 모터 비행기 대회를 개최해서 후세대에 비행에 관한 관심을 불러일으키기 위한 협동조합이었다. 이 법인은 젊은 비행사를 양성하는 과제에 헌신했다. 그래서 비행사도 수백 명 양성했다. 하지만 국방부는 이 젊은 비행사들을 채용할 어떤 준비도 하지 않았다. 공식적으로는 아주 오랫동안 비행사가 없다는 것을 알고 있어서 두트바일러도 낙담한 채 포기했다. 그래서 이 비행학교는 필요한 돈 50만 프랑을 모금도 하지 못하고 일찌감치 폐쇄되었다.

두트바일러는 자신의 요구를 관철하기 위해 거의 광적인 열정을 가지고 투쟁했다. "스위스에는 나라를 지키기 위해 비행기가 수천 대는 필요합니다!" 그는 이런 관점에서 수많은 칼럼을 썼다.

그는 나중에 비행기 수를 1,000대에서 2,000대로 올려서 요구했다. 그러나 너무 늦었다. 그가 요구한 비행기가 시장에 남아 있지 않았다. 베른 정부가 국방위원회 위원들을 미국으로 보내긴 했지만 이미 너무 늦었다. 미국은 이미 전쟁 경제로 전환한 상태였다. 그래서 자신들이 쓸 수 있는 것만 생산하고 있었다. 비행기의 경우 자기들이 쓸 것만 만들고 수출용은 만들지 않았다.

세상은 점점 더 가속도를 붙여가며 전쟁의 나락으로 빨려 들어가고 있었다. 두트바일러는 걱정이 돼서 '이 작은 스위스도 그 속으로 돌진해 들어갈 것이냐?'고 물었다.

1939년 1월에 벌써 이런 글을 썼다.

나라를 갈라놓는 것은 이제 국경이 아니다. 철저하게 서로 다른 이데올로기이다. 그것은 인간의 정신과 취향 깊은 곳에서 뿌리내리고 있던 것도 있고 강제로 주입된 것도 있다. 우리는 이 점을 점점 더 분명하게 인식해야 할 것이다.

현대의 세계적 사건이 훨씬 더 끔찍한 추세로 흘러가게 된 것도 다 이데올로기 때문이다. 1930년대를 생각해보자. 종교전쟁과 강대국 전쟁 그리고 그 당시 우리나라가 자비롭게 보호를 받은 기적도 함께 생각해보자. 스위스는 두 이데올로기 사이에 끼어 있다. 위협적인 3개의 강대국 무리 사이에 끼인 상태이다. 이것이 1939년 스위스의 역사적 처지이다.

우리는 위대한 이웃 나라들 앞에서 모자를 벗어 손에 들고 공손하게 경의를 표해야 했다. 하지만 남녀노소 할 것 없이 우리 조상들이 물려주신 용기를 가지고 우리의 자유를 위하여 최대한 마지막까지 투쟁할 것이라는 점은 한순간도 의심해본 적이 있는가? 없었다! 단순한 말만 가지고서는 부족하다. 오로지 실천으로 행동해야 한다. 즉 모든 부분에서 현대식으로 무장하고 전투에 유능한 군대만이 설득력이 있는 것이다. 우리는 무조건 누군가 제3자를 의지할 것이라는 환상도 있었다. 그런 환상은 어느 쪽에서든 지지를 받기는 할 테다. 우리 자신의 저항이 그들 나름의 계산에서 중요한 요인일 경우에만 말이다!

이 시기 1939년 1월 무슨 일이 벌어질지 확실히 아는 사람은 거의 없었다. 그런데 모든 게 아주 빨리 진행되었다. 히틀러가 프라하로 행군해 들어갔고 체코슬로바키아는 무너져서 아예 존재 자체가 사라졌다. 히틀러는 1939년 8월 22일에 스탈린과 10년간 유효한 불가침 조약을 맺었다.

루스벨트는 이탈리아 국왕에게 호소하고 히틀러한테는 두 번 호소했다. 영국과 폴란드가 동맹조약을 맺기도 했다.

8월 29일에는 스위스 연방의회 총회가 소집되었다. 연방의회가 특별한 전권을 인수해서 장군도 선출하고 10만 명의 국경 부대도 가동했다.

이틀 뒤 전쟁을 계속하기 위해 최고 군사령관 앙리 기장Henri Guisan을 장군으로 선출했다. 스위스 전체가 활발하게 돌아가던 상태였다. 창고도 징발했다. 국경도 봉쇄했다. 스위스 영공 통과 금지 조치도 발동했다! 공포의 사재기가 시작되었다. 가난한 사람들을 위해 청색 식품 카드도 발행했다.

9월 1일 베를린이 '폴란드가 평화의 조건들을 거부했다'고 발표했다.

9월 2일 영국과 프랑스가 히틀러에게 최후통첩했다. 스위스는 전군 동원령을 내렸다. 히틀러가 폴란드로 행군해 들어갔다.

9월 4일 영국과 프랑스가 독일을 향해 전쟁을 선포했다. 이탈리아는 '주저하는 태도'를 취했다. 소련군이 폴란드로 진입했다. 미국은 엄청난 전쟁 특수를 누렸다.

스위스에서는 남성 16~65세, 여성 16~60세까지 모든 국민을 대상으로 하는 징병제를 도입했다.

일주일 뒤 스위스의 모든 공장이 전쟁 경제로 완전히 전환되었다. 연료를 배급했다. 9월 말을 위해 설탕과 쌀, 콩 종류, 기름 같은 특정 식료품의 결정적인 배급을 준비했다.

두트바일러가 확인해보니 휘발유와 사료 곡물 그리고 몇 가지 원료 비축량은 턱없이 부족했다. 히틀러가 이 나라에 이 치명적인 약점을 보완할 시간을 줄까? 스위스는 가축용 사료를 기껏해야 3~4개월 치만 확보했다. 휘발유는 군사 수요를 위해 예비로 저장해둔 것을 제외하면 겨우 4주 정도 분량만 있었다. 한 신문은 이미 "유지할 수 없는 식료품 배급"이라고 한탄하고 있었다. 이상하게도 얼마 전에 두트바일러가 계속 식료품을 대량으로 저장해야 한다고 주장할 때 비웃던 바로 그 신문이었다.

온 세계가 온통 뒤죽박죽이었다. 스위스에서는 전쟁에서 빠져나오려면 얼마나 걸릴지 아무도 몰랐고 아무도 알 수 없었다. 바로 이즈음에 국회의원 재선거가 열렸다. 두 손 가득히 할 일을 가지고 뛰어다니느라 바빴던 두트바일러는 미그로 사업이 '아무 탈 없이' 잘 되도록 돌봐야 했다. 그런데 이 시기에 특히 식료품 건을 놓고 '아무 탈 없이'라는 말을 할 수 있는지 모르겠다. 그렇게 바쁜 그가 선거전에 뛰어들었다. 이번에는 법이 바뀌어 취리히에서만 입후보할 수 있었다. 그는 아주 중요한 사설을 직접 썼다. 모든 단어의 무게를 알고 있었기 때문이다. 언론만 보면 '무소속들'은 정말이지 재앙 수준의 소수였기 때문이다.

언론을 보면 거인 골리앗은 엄청 많은데 그에 맞서는 사람은 청년 다윗 한 명뿐인 것처럼 보였다.

우리의 적들이 구사할 수 있는 수단은 100가지나 된다. 우리는 유일한 신문이 주간지 하나뿐인데, 우리에 대항하는 대형 언론은 100개나 된다. 역사 깊은 정당들은 우리를 능가하는 정치 권력 수단도 100가지 넘게 갖고 있다. 이 투쟁이 100 대 1이기 때문에 가망이 없는 것일까?

두트바일러에게는 가망이 전혀 없는 것처럼 보였다!

정신적 투쟁에 가망 없는 투쟁은 없습니다. 정신력과 성공 의지만 있으면 그건 100 대 1이 결코 아닙니다! 정신적인 투사에게는 적들의 숫자만큼 그들의 권력만큼 투사의 힘도 함께 자랍니다. 우세한 세력과 정신력으로 맞서 싸워 이기려면 누구나 자기 일에 정통한 투사가 되어야 합니다. 자기 일을 확고하게 믿지 못하면 소수는 버틸 수가 없고 이길 가능성도 희박해지게 마련입니다.

하지만 아무도 믿음을 명령할 수는 없습니다. 믿음은 위에서, 안에서 나오는 것입니다. 이 믿음을 얻기 위해서는 스스로 분명해져야 합니다.

두트바일러는 그 뒤 몇 주 동안 계속 이런 어조를 유지했다. 무소속 란데스링의 다른 연사들은 '우리 공장의 수입-노동-수출' 문제나 '전쟁 국면에서 스위스의 국민 경제' 또는 '스위스의 중립과 안보' 같은 당면한 질문에 해답을 제시하는 유세를 했다. 하지만 고틀리프 두트바일러의 선거 유세 주제는 거의 예외 없이 '나의 고백'이었다.

1939년 10월 28일의 선거에서 두트바일러는 취리히주에서 당선되었다. 무소속으로 당선된 국회의원은 9명이었다. 이 정파에서 국회의원 2명이 늘어난 것이다. 두트바일러는 이번 주와 이번 달 열린 무수한 집회에서 연설하고 무수한 칼럼을 썼는데 모든 칼럼이 다 발표된 것은 아니다.

'신문 속 신문'에서는 칼럼은 없이 계속 칼럼 제목만 실었다. 그리고 간단한 코멘트만 덧붙였다. "내용은 못 실었습니다. 예비군 제4

사령부가 당분간 출판 승인을 하지 않아서입니다."

다른 시대 다른 상황이었다면 그런 검열을 결코 그냥 넘어가지 않았을 두트바일러가 지금은 침묵했다. 아주 특별한 시대에는 아주 특별한 수단이 필요하다는 것을 알았기 때문이다. 하지만 누군가 그의 입을 계속 금하고 그의 고유한 자유를 제약한다면 그는 그 자유를 위해서 투쟁하는 일을 기필코 멈추지 않을 것이다. 스위스가 어떻게 그 자유와 독립을 보장할 수 있을까? 두트바일러에 따르면 군대가 국경에 서 있는 것만 가지고는 부족하다.

1939년에 국경은 무엇을 뜻할까? 그는 전역했거나 당분간 집으로 휴가를 간 모든 군인한테는 총알 60발을 줘 보낸다는 사실을 아주 만족하다는 듯 이야기해주었다.

오늘은 낙하산 부대가 기습공격을 하는 시대이다. 하지만 우리나라에서 숙박하고 있는 많은 외국인을 고려할 때도 우리는 그들이 왜 와 있는지 그리고 '재난'에서 그들이 무슨 교훈을 얻을지도 전혀 알지 못한다. 그런 점에서 탄약을 공급하는 것은 엄청난 실제 가치가 있을 것이다. …… 우리는 우리나라 군인들이 무기와 탄약을 집에 가지고 있다는 사실을 수시로 알려야 한다. 수시로 사격준비를 한 채 집 앞을 걸어 다닌다는 사실도 알려야 한다. 이런 사실을 들으려고 하는 사람, 들어야 하는 사람 모두에게 짧막한 신문 보도를 통해 알려야 한다.

두트바일러는 군사전문가도 아니면서 1940년 4월 20일, 그러니까 프랑스가 출정하기 직전에 "우리가 당장 요구해야 할 것"이라는 제목으로 국방을 위한 명제 몇 가지를 발표했다.

1. 다음 몇 가지 원칙의 발효를 선언한다. 스위스 국경 1킬로미터마다 그 어떤 외국 못지않게 훌륭한 요새를 구축해야 한다. 모든 스위스 군인들은 그 어떤 외국 군인 못지않게 전쟁 무기와 요새 방어를 맡아야 한다. 스위스 군인들의 목숨이 다른 어떤 외국 군인들보다 싸게 팔려나가서는 안 된다. 스위스 국경의 요새가 더는 약한 고리가 돼서는 안 된다.

2. 노동력과 재료는 스위스 북동쪽에 영원한 요새와 주요 방어선을 동시에 구축할 수 있을 정도로 충분하다. 스위스 북동쪽에는 계단으로 깊이 내려가야 하는 영구 요새 시스템을 구축하는 계획을 수립해야 한다. 이것은 큰 틀에서 공개되어 있다.

서쪽에서 유라산맥Juraberge을 효과적으로 차단하는 작업도 하고 방어도 충분히 해야 한다. 알프스산맥 남쪽과 동쪽도 마찬가지다. 우리 이웃 독일은 슈바르츠발트에서 보덴 호수까지 지그프리트 요새 라인Siegfriedlinie의 연장을 공개적으로 알렸다. 우리도 국방의 일환이라고 이야기하면 된다.

3. 민간 건설은 억제해야 한다. 건축업자와 건축가, 건설노동자, 건설기계 그리고 요새 구축에 필요한 화물차는 모두 투입해야 한다. 독일이 서쪽에서 지그프리트 요새 라인을 구축하고 남쪽 국경에서도 계속하는 것처럼 우리도 아주 급진적으로 진행해야 한다. 군 수뇌부는 주요 위원회 회의에서 요새를 더 튼튼히 짓기에는 콘크리트 철근이 충분치 않다고 이야기하면 안 된다. 모든 철물점마다 수백 톤씩 창고에 보관해서도 안 된다. 유럽에 그리고 바다 건너

외국에 수만 톤씩 제공해서도 안 된다. 최고 일류 건설노동자들과 건설기업가들이 충분히 할 수 있는데도 군 지도부가 노동력이 부족하다고 이야기하는 일도 벌어져서는 안 된다.

두트바일러는 바로 이어서 '여성을 위한 사격 훈련 과정'을 조직하기로 했다.

전쟁이 우리나라를 덮치면 유일한 전방이라는 것은 이제 존재하지 않습니다. 전방뿐 아니라, 후방도 역시 전쟁터가 될 것입니다. 우리 군인들은 후방에서도 무기를 들고 단 한 평의 땅까지도 철통 방어한다고 생각하고 있습니다. 그래서 지금은 위급한 경우 모든 여성이 침입한 적군을 방어해야 하는 상황이 닥칠 수도 있습니다. 그래서 여성도 주저하지 않고 무기를 친숙하게 다룰 줄 알아야 합니다. 이제 총을 쏘지 못하는 여성은 부끄러워하게 될 것입니다.

두트바일러가 불안하게 생각한 것은 스위스에 사는 외국인만이 결코 아니었다. 스위스 국민 가운데 소수라도 나치에 동조하는 사람이 있을지 누가 알겠는가? 또 누가 그걸 모르겠는가? 그는 나치 대관구* 지도자가 스위스에 이미 있으니까 그가 신호만 내리면 언제든 히틀러를 위해 투쟁할 준비가 되어 있는 '제5열의 간첩들'이 존재한다는 것을 알고 있었다.

---

* 1938년에서 1945년 사이 나치 독일의 직할 영토에 설치된 지방 행정 구역 단위이다.

무엇을 위한 신호일까? 스위스로 행군해 들어오라는 신호? 스위스를 진압하라는 신호? 스위스를 분단시키라는 신호? 이렇게 아주 야만적인 소문이 떠돌고 있다. 그러나 어떤 소문을 믿어야 할지 아무도 모른다. 두트바일러는 언제나 최악의 상황을 가정하는 것이 최선이라는 생각을 견지하고 있었다.

실제로 상황이 그렇게 장밋빛으로 보이지 않았다. 프랑스는 이미 함락되었다. 독일군이 바젤 코앞까지 들이닥쳤고 제네바 가까이 왔다. 무솔리니는 히틀러와 한패가 되었다. 연방의회는 1940년 7월에 너무 자유롭고 용감하게 말을 하도록 두면 극심한 분노가 발생할 것을 우려해 집회를 통제했다. 히틀러가 그러한 막말을 구실 삼아 스위스로 행군해 들어올지 모른다는 핑계였다. 두트바일러는 자신의 이러저러한 칼럼을 금지할 때만 해도 감내했지만 이번에는 참지 않았다.

그는 독재 이데올로기에 맞설 수 있는 것은 자유의 이데올로기뿐이라는 생각을 견지하고 있었다. 그래서 1940년 7월 19일에 취리히 콩그레스하우스에서 집회를 개최했다. 몇 시간 전부터 강당이 꽉 찼다. 두트바일러는 아주 진지한 연설을 했다. 그는 청중에게 문서로 확증된 스위스인들의 자유권을 상기시켰다. 즉 이 소란스러운 시대에 정상적인 섬처럼 존재해야 하는 스위스의 과제도 상기시켰다. 그는 이렇게 외쳤다.

"우리는 우리 활동을 통해 세상의 존경심을 획득해야 합니다. 오늘의 스위스를 보면 신용이 더럽혀진 국가 형태는 민주주의를 해칠 수도 있다는 것을 증명하고 있습니다."

이런 강연을 수많은 도시를 다니며 되풀이했다. 적들, 즉 극우 민족전선당Frontisten 당원들이나 파시스트들이 마구 소리를 지르며 야유해서 그의 말을 막을 것이라고 예상했었다. 하지만 그들은 겁을 먹고 뒤에 숨어 있었다. 바젤에서 딱 한 번 한 명이 경직된 청중을 향해 "나는 확신에 찬 나치주의자다!"라고 소리친 적은 있다.

두트바일러는 1초도 주저하지 않고 그에게 마이크를 건네며 이렇게 말했다. "이 바보 말 좀 계속 들어봅시다!"

그러자 아주 진기한 일이 벌어졌다. 그 확신에 찼다는 나치주의자가 말도 시작하기 전에 누군가 웃자 두세 명이 따라 웃었고 갑자기 전 강당이 웃음으로 가득 찼다. 청중들의 웃음소리는 점점 퍼져 나갔지만, 그 웃음은 악의적이지 않았다. 오히려 안도의 한숨을 쉬는 웃음이었다. 동정의 흔적도 있었다. 그리고 조용해졌다.

그 확신에 찼다는 나치주의자가 마침내 말을 했다. 하지만 분위기가 제대로 뜨지 않았다. 계속해서 키득거리는 소리와 웃음소리만 들렸다. 바젤 사람들은 두트바일러가 나중에 다음과 같이 말했다는 것을 알았다.

"나치주의자들도 공산주의자들도 웃음은 참지 못하는 겁니다. 독재로 획일화된 생각이 얼마나 약한지 거기서 드러난 것입니다. 그게 그리 간단히 되는 게 아니죠."

그는 프랑스가 몇 주 안에 무너질 것이고 스위스는 나치와 파시스트들에 의해 포위될 것이라는 이야기도 했다. 이런 예언도 했다.

"질 걸 빤히 알아도 우리는 끝까지 저항할 겁니다!"

그는 나치의 치욕스러운 짓거리들에 대해서도 비난했다. 이때쯤 다른 사람들은 감히 낮은 소리로도 입 밖에 내지 못하던 말을 큰 소리로 이야기한 것이다. 히틀러가 스위스로 행군해 들어오면 그도 구제할 방법이 없고 교수형으로 처형당할 거의 첫 번째 사람이 되고 말 것이라는 점을 충분히 알고 있었다. 설사 히틀러가 들어오지 않는다 하더라도 베른 정부가 끊임없이 압력을 받을 것이라는 점은 누구나 알고 있다. 그러니 두트바일러가 언제까지 그렇게 자유롭게 말할 수 있을까? 베른 정부가 그를 얼마나 오랫동안 내버려둘 수 있을까? 스위스가 전쟁 첫날부터 개입되지 않은 것은 우연이고 행운이었다. 히틀러는 아마 무솔리니가 당장 자기편에 서리라고 예상했을 것이다. 하지만 히틀러는 독일이 프랑스를 함락하고 이탈리아가 참전해도 여전히 이 작은 나라 스위스의 숨통을 죄지는 못할 것이라고 봤을 것이다. 전쟁 발발 8개월 뒤 세계시장을 향한 문이 활짝 열렸다.

이 시기 두트바일러는 아주 좋았던 때가 있었다. 전쟁을 치르고 있는 나라들에서도 여전히 식료품을 규칙적으로 수입할 수 있었을 때였다. 하지만 그는 그럴 때조차도 이런 일을 언제까지 계속할 수 있을지 모른다는 점을 잘 알고 있었다. 철도는 전쟁 목적으로 이용되고 있었고 매 순간 폭격을 맞을 수도 있었다. 그러므로 스위스는 어떻게든 자립해야만 했다. 두트바일러는 안전한 수송을 위해 화물열차 약 30대를 자동으로 연결할 수 있는 장치를 제작해야 한다고 청원했다. 해당 청원은 전쟁이 시작하고 몇 주 지나지 않아 베른에 제기했다. 1940년 초에도 다시 제출했으나 거절당했다. 수요가 없다는 평계였다.

두트바일러는 독립적으로 행동하기로 마음먹었다. 그래서 1940년 5월 미국에서 10톤짜리 화물트럭 50대를 수입했다. 프랑스 철도가 폭격으로 파괴될 경우 투입할 예정이었다. 프랑스가 몇 주 뒤에 항복한 걸 보면 너무 이른 판단이 아니었다. 연방 대통령은 그렇게 수입한 화물트럭들이 얼마나 중요한지 두트바일러에게서 듣고 개인적으로 충분히 설득되었다. 하지만 그 트럭을 배치하라고 강요하지는 못했다.

이 문제를 국회에서 다루기까지는 몇 달이 걸렸다. 상원에 해당하는 '전체 주 회의'에서는 이 50대의 화물트럭 인수에 대해 단 한마디도 다루지 않았다.

두트바일러는 "사실 동화"라는 제목의 기사에서 이런 점을 비판했다.

옛날에 엄청난 투쟁을 통해서 단련된 사람이 살고 있었어요. 그는 가족 식탁을 준비하는 게 굉장히 어려워질 시대가 다가오는 것을 봤지요. 사악한 전쟁이 터져서 점점 더 많은 항구와 수송로가 폐쇄되었답니다! 그는 작은 내륙 국가인 스위스에 스페인이나 포르투갈처럼 먼 나라의 항구를 개척할 것을 제안했어요. 그런 나라들을 통과해서 작은 나라 스위스 국민에게 식량을 수송해주려면 힘이 좋은 화물트럭이 있어야 했어요. 그래서 정부의 고위직 관리들에게 그 프로젝트를 촉진하도록 요청할 동지를 국회에서 찾았답니다. 정확히 103명이 함께했어요. 오랜 투쟁 끝에 국회에 제출한 법안을 연방 대통령이 받아들였죠. 하지만 빨리 행동할 필요가 있었어요. 그래서 투쟁경험이 많은 이 사람은 이 거대한 계획을 추진하기 위해 상원에서 이 문제를 다루기도 훨씬 전에 50대의 대형 화물트럭을 수입했답니다. 우리나라에서는 이전에 결코 볼 수 없었던 매머드급 대형 트럭들이었어요. 그가 가족 식탁을 준비하느라 투자한 돈은 108만 프랑이었어요. 그런데 아이쿠, 이를 어째! 이 투쟁경험 많은 사람이 엄청난 타격을 입어야 했답니다. 이 법안을 발의할 때는 국회에서 연방 대통령까지 포함해서 103명의 동지가 있었다고 했지요? 하지만 이 착한 우리의 주인공은 상원에서 이 거대한 계획을 지지하는 단 한 명의 자원자도 발견하지 못했답니다. 아무근거도 없었어요. 그냥 조용히 그 법안을 거부한 거예요. 그 많은 투쟁경험이 있는 이 남자는 50대의 화물트럭과 함께 그냥 멍하니 앉아서 자신의 활동에 막대한 손실을 감내해야 했지요. 전시에는 배와 트럭 같은 운송수단이 최고로 비싼 재산이거든요? 그런데 그렇게 비싼 트럭들이 1년 넘게 저 멀리 뉴욕에 머물러 있어야 했답니다. 이 작은 나라의 정부는 그 트럭들을 별로 좋아하지 않았는데 저 먼바다 건너 백악관 정부는 그 트럭들을 아주 좋아했지요. 그래서 그 50대의 트럭을 그들의 군대에 보냈답니다. 트럭을 살 때 보낸 돈을 돌려받기 위해 우리의 주인공은 6개월이나 투쟁해야 했어요. 하지만 1942년 2월 1일 34만 2,346달러가 들어왔고 1년 반이 지나서 147만 2,087프랑이 모국으로 돌아왔답니다.

이 이야기에서 얻은 도덕적 교훈이 있어요. 국가를 도우려는 그 사람이 어리석은 사람이 아니라면 운명이 그를 돕게 돼 있다는 거예요. 실제로 그는 큰돈을 벌게 되었답니다.

두트바일러는 약 40만 프랑의 돈을 번 셈이다! 두트바일러 말대로 그때 50대의 화물트럭을 들여와 바로 리스본에서 스위스로 식료품과 원재료를 수입했더라면 좋았을 텐데 나중에 들여오는 바람에 스위스는 거의 2배 이상의 값을 치러야 했다.

스위스를 둘러싼 고리가 점점 좁아졌다.

두트바일러는 이렇게 이야기했다.

기아의 유령이 히죽거리며 우리를 응시하고 있습니다. 이런 일은 처음입니다. 더 채울 수 없을 정도로 많았던 식료품의 비축량이 아주 빠르게 줄어들기 시작했습니다. 강제로 억눌러 놓았던 물가 인상 욕구가 모든 분야에서 줄줄이 생겨나기 시작했습니다. 농업 분야에서도 농산품값 인상을 요구했습니다. 노동은 당분간 침묵했 습니다. 하지만 표면 아래에서는 부글부글 끓고 있었습니다. 균형 을 잡기가 정말 어려웠습니다.

식료품값과 원재룟값이 아주 빠르게 치솟았다. 선실 사용료도 2 배로 뛰었다. 캐나다 산 밀 100킬로그램당 운임과 비용이 전쟁 전에 는 2~3프랑 정도였는데 1941년 말에는 이미 33프랑이었다.

뭔가 일어나야 했다. 두트바일러는 또 목소리를 높였다. 이번에 요구한 것은 선박이었다. 프랑스가 항복하기도 전인 1940년 5월 11 일에 그는 이렇게 썼다.

5월 10일에 스위스의 운송이 완전히 바뀌었습니다. 네덜란드의 항구들이 점령당한 지 오래되었습니다. 벨기에의 안트베르펜 항구 도 이용할 수 없게 되었습니다. 르아브르 항구를 비롯한 프랑스의 운하 항구들도 마찬가지입니다. 지금까지 중요한 운송로, 특히 석 탄 운송로였던 영국-르아브르-루앙 노선은 확실히 떨어져 나갔습 니다. 지중해와 대서양의 항구들, 심지어 운하 항구들까지 우리가 사용할 수 있게 되긴 했지만, 철도차량 사정은 이미 긴장이 극도로 고조된 상태입니다. 이제부터 우리는 바닷길을 이용한 수송도 엄 청난 어려움을 겪게 될 것입니다.

그리고 이렇게 이어나갔다.

우리는 전쟁 발발 이전에 중립국들의 선박을 전세로 임대한 적
이 있습니다. 이 선박들에 그들 나라 국기와 스위스 국기를 나란히
달고 스위스의 상징 문장도 배 옆면에 큼지막하게 부착하고 다녔
죠. 이제 영국의 봉쇄를 뚫고 이 선박들을 이탈리아 항구로 향하게
할 필요가 있습니다. 수입만이 아닙니다. 수출도 몹시 절박합니다.
수입과 수출을 똑같이 잘 유지해야 합니다. 원재료도 부족하고 수
출도 하지 못하게 되면서 실업 사태가 커졌습니다. 이제 우리가 어
디로 갈지 경고 신호가 대폭 늘어났습니다. 우리는 지금 길게 상의
할 시간이 없습니다. 논란의 여지 없이 생존권이 걸린 문제입니다.
수출하는 길이나 수입하는 길을 봉쇄함으로써 감히 우리의 불을 끌
수 있는 자는 아무도 없습니다. 영국의 봉쇄를 뚫고 지나온 것도 이
탈리아를 지나 스위스까지 무사히 수송할 수 없다는 확실한 증거를
제출하지 못하는 한 그렇습니다.

물론 모든 형태로 협상이 진행되고 있지 않다고 해서는 안 됩니
다. 당장 행동해야 하는 시대의 어려운 상황이기 때문입니다. 스위
스연방공화국 깃발로 뒤덮인 선박들이 조용히 길을 내며 다녀야 합
니다. 그 선박들이 지브롤터 해협에 오기까지는 당연히 협상해야
합니다. 아니면 우리가 일단 첫 번째로 이런 방식으로 수송을 시도
해보면서 이탈리아에 영국 측의 승인을 받으라고 요구할 수도 있습
니다.

1939년 9월 1일 이후에 네덜란드와 벨기에가 독일에 대해 적극
적인 적대감을 표출할 때까지 스위스로 운송된 무역 상품들은 예외

없이 스위스에 도착했습니다. 영국의 적들이 스위스로 가는 화물을 자기들한테 내놓으라고 요구하지 않았다는 증거입니다. 미국은 우리나라의 식량 배급도 지지해줄 것이고 우리나라가 영국에서도 안전할 수 있도록 지지해줄 것입니다. 세상은 오늘에야 비로소 용감한 사람들 것이 되었습니다.

전쟁이 시작된 직후 전시 수송부의 허가를 받은 그리스 증기선들은 1940년 9월부터 봉쇄된 지중해의 여러 항구에 정박해 있었다. 지급기한이 만료된 정박료만 해도 이미 1,000만 프랑을 넘었다. 두트바일러는 물었다. 이미 수백만 프랑이나 쓰고도 왜 배를 사지 않느냐고? 무소속 중 한 명 빈터투르 출신 알프레트 뷔히Alfred Büchi는 1941년 3월 처음으로 배를 전세 임대하지 않고 사겠다는 신청을 했다. 이 신청은 진행 중이다. 이제 배 몇 척을 구매할 것이다. 1941년 가을이면 7대가 된다. 미그로도 증기선 구매에 참여했다. 그게 하나의 스캔들이 되어 계속 이야기가 되었다.

그래도 스위스의 식량 보급 문제는 계속 문제가 되었고 마침내 도저히 해결할 수 없는 문제가 되었다. 히틀러가 얼마나 오랫동안 스위스를 살려둘 것인가? 언제 스위스의 목을 누르게 될까? 히틀러는 언제든지 그럴 수 있는 자라는 게 분명했으니까. 물론 히틀러가 스위스를 군사적으로 함락시키는 게 아주 쉽지는 않을 것이다. 군대는 물론 일반 주민들도 산이나 고개 같은 '천연 요새'에 들어가 몇 달씩 버틸 수 있을 테니까. 하지만 히틀러가 스위스를 봉쇄하기는 아주 쉬울 것이다. 국제법? 웃기는 소리! 히틀러가 이 단계에서 해도 되는 게 무엇이고 해서는 안 되는 게 무엇인지 관심이라도 있나? 모든 나라와 협정을 맺고 통상조약을 체결하는 일에 대해 계속 고민할 필요가 있다. 그렇게 해서 주민들에게 적어도 원재료와 식료품의 최소량이라도 보장해주어야 한다.

영국과 미국은 기분 좋은 상태로 유지되어야 한다. 이 두 나라가 해로를 통제하고 있으니까. 히틀러와 무솔리니의 기분도 좋은 상태로 유지되어야 한다. 그들이 육로를 통제하고 있으니까. 하지만 히틀러는 스위스에서 몇 가지가 필요하기도 했다. 예컨대 어떤 공업용 기계 같은 게 필요할 것이다. 그는 또한 독일 석탄이 스위스를 거쳐 이탈리아까지 수출되기를 바라기도 할 것이다. 동맹국들은 그것을 다시 하고 싶어 하지 않았다. 그들은 언짢은 기색을 보였다. 그래서 그들을 대하기가 어렵다. 화물 열차들이 자기네 지역을 통과하도록 할 것인지 말 것인지 스스로 결정하는 것은 결국 스위스의 권리라는 점을 그들에게 설명하기가 어렵다.

두트바일러는 현실주의자이다. 그는 적어도 식량 상태에 관한 한 사람들이 적당한 때에 자기 말에 귀를 기울였더라면 오늘날의 상황은 확 달라졌을 것이라고 말할 수도 있었을 것이다. 그런데도 그는 많은 스위스 사람들이 독일이라는 이웃과도 잘 지내야 한다고 생각했다. 하지만 그는 이 목적을 달성하기 위해 절대적으로 필요 이상으로 어떤 일이 벌어지지 않도록 아주 열심히 감시해야 했다. 1939년 8월 4일 전쟁이 일어나기 며칠 전 그는 이런 글을 썼다.

전쟁의 팡파르가 울리고 그 핑계로 자유 국가들마저 억압 체제로 돌아서자 혐오를 넘어 신앙과 양심의 자유까지 억압하더니 급기야 피난민들을 적대적으로 잔인하게 대하는 게 극도로 심해졌다.

그나마 우리의 가장 깊은 내면인 스위스다움을 관철하기 위한 시도
가 있어서 마침내 유일한 방어선, 빈틈없는 방어 전선이 생겨났다.
아무도 이를 의심하지 않는다. 우리의 성을 돌파하고 함락하고야
말겠다는 고난에 찬 과제를 가지고 있을 독일 선전국이 아마 가장
그러할 것이다.

두트바일러는 한 번도 나치와 독일인을 혼동하지 않았다. 정반대
였다.

    우리는 힘을 가져야 한다. '시스템' 같은 게 아니라 독일인을 생
각하는 힘을 가져야 한다. 우리는 사랑과 존경심을 가지고 그들에
게 뭔가 베풀어주어야 한다. 물론 가장 강도 높은 출격 준비도 하고
있어야 한다. 아주 간단히 말해서 인간사회를 위해서다. 현혹되지
않고 전혀 뚫리지 않는 인류애만큼 독재자를 무장해제시키는 것은
없다. 그러한 문제에서 주는 사람이 무한히 우월하다는 것은 아주
단순한 이치이다. 나쁜 놈들은 막아야겠지만 피난 오는 일반 독일
인을 막는 사람은 분명히 어리석은 인간이다.

하지만 스위스의 상황이 어려워지고 독일의 공격에 대한 저항이
점점 희망이 없어질수록 두트바일러의 태도는 점점 더 단단해졌다.
히틀러가 이미 덴마크와 노르웨이를 함락시킨 1940년 4월 중순, 그는
"틀린 길"이라는 제목으로 이렇게 썼다.

    우리, 즉 중앙 유럽과 북유럽에서 중립을 지키는 작은 주권 국가

는 12개 나라였다. 아직 중립을 지키고 있는 나라는 네 나라뿐이다. 내일은 아마 세 나라밖에 안 남을지 모르겠다. 사라진 나라는 대부분 어떤 측면에서 우정 어린 충고를 들었다. 모든 것에 다 똑같이 적용할 수는 없겠지만 천재지변으로 벌어진 세계적 사건이니 '정신적으로라도 중립인 것처럼 행동하라'는 충고였다.

그런 나라, 예컨대 특히 덴마크 같은 나라는 그런 충고를 그대로 따랐다. 그런데 도발적으로 처신한 나라, 예컨대 폴란드 같은 나라보다 상황이 더 잘 진행되지는 않았다. 우리 관료들은 라디오와 신문, 강연 같은 것을 통해 '조용히 걸어 다녀라' '계속 웃어라'를 촉구하기 위해 안간힘을 쏟고 있었다. '아가, 제발 좀 가만히 있으렴! 그래야 아무 일도 안 일어나지!' 그러면서 죽으면 신원확인을 쉽게 할 수 있도록 '표식'과 작은 태블릿 사용설명서를 나누어주었다.

비군사적인 분야에 대한 충고, 즉 '공포의 보복 조치가 있을지 모르니 어떤 저항도 하지 말라'는 충고도 여기 속한다. 닥쳐라! 소위 전략적 필요성이라는 게 생기면 공격자한테는 어떤 제동장치도 존재하지 않는다. 인간적으로 고려해주겠다느니 잔치를 베풀어주겠다느니 하는 약속은 아무것도 아니다. 오늘 우리는 이 모든 것을 알고 있다. 모든 것을 전략적으로 냉정하게 계산할 뿐이다. 유일하게 묻는 게 '이러저러한 습격을 하면 돈이 돼?' 하는 질문뿐이다. 우리는 더는 조심스럽게 보여주지 않을 것이다. 앞으로 스위스 신문에서 계속 그의 이름을 댈 것이다. 음험한 습격은 음험한 습격이고 약속 위반은 약속 위반이다. 우리를 습격하려면 모든 집에서 총을 발사할 것이다. 포연 가득한 폐허와는 전혀 다른 무언가 넘겨받을 것이라 믿는다면 그것은 틀린 계산이라는 걸 바로 알아야 할 것이다. 우리나라는 정신적으로나 현실적으로 가시가 많은 동물 같다. 탄약만이 아니라 다이너마이트까지 안전한 손에 주어져야 한다. 그래야 폭군이 자유로운 국민을 억압하려는 것이 무슨 뜻인지 확실해질 것이다.

냉정하게 계산만 하는 사람들은 적어도 잘못 계산하면 안 된다. 그리고 우리 계산이 냉정하면서도 잔혹하다는 것을 알아야 한다. 안개가 짙게 끼었던 굉장히 넓은 지역에서 안개가 걷히고 난 뒤에는 필요한 균형추를 만들고 모든 준비를 점검하는 것이 특히 중요하다.

연방 대통령인 마르셀 필레골라Marcel Pilet-Golaz는 프랑스 함락과 관련해 이른바 "스위스의 정치 상황의 해방을 위한 첫걸음"이라며 스위스 민족주의 운동의 대표들, 즉 국민전선 당원들과 히틀러의 부역자들을 청중으로 받아들였다. 이 소식을 들은 두트바일러는 무척 흥분했고 이 흥분을 다른 무소속 의원들에게도 알렸다. 어떻게 연방 대통령이 연방의회도 모르게 그런 청중을 승인했지? 심지어 불법 정치 활동 때문에 사전 조사를 받는 사람까지 받아들였다니? 그런 경우 외국에서는 어떻게 하지? 영국이나 미국에서는 뭐라고 할까? 스위스는 그동안 어떤 상황에서도 독립과 중립을 지킬 것이라고 반복적으로 계속해서 확언해왔는데 그곳 사람들이 그 말을 여전히 믿을 수 있을까?

필레골라는 전쟁 초기에 만들어진 일종의 통제 기관인 '전권위원회'에 나와야 했다. 국회에서 논의하다 보면 대중이 모이고 그러다 보면 외국 스파이들도 개입할 수 있으니까 국회에서 논의하기에는 적절하지 않은 사안들에 대해 논의하기 위해서였다. 필레골라는 전권위원회에서 뭔가 설명했는데 이 위원회 소속이었던 두트바일러는 그 설명을 영 신통치 않게 생각했다. 아니, 연방 대통령이 중립적으로 했다는 점을 찾을 수 없었다. 그래서 무소속 정파는 연방 대통령의 즉각적인 탄핵을 요구했다. 1940년 9월 17일의 회람문은 국회의원들에게만 돌렸다. 물론 각 정당의 원내교섭단체실에도 배포되어서 그 방에서도 이 회람문을 읽을 수 있었다. 하지만 대부분 그냥 놓아두기도 했다. 그 바람에 신문 기자들이 전체 이야기의 낌새를 느꼈다. 그것은 두트바일러의 잘못이 아니었다. 국회의원 모두 또는 각 정당 원내교섭단체 대표들의 잘못이었다. 하지만 이 건으로 두트바일러가 고소를 당했다. 비밀누설죄를 범했다는 것이었다. 그가 전권위원회 진행 과정에 대해 침묵하겠다고 '선서'한 내용을 위반했다는 주장도 있었다. 이 내용이 대중에게 알려지게 된 데는 이중의 의미가 있다. 전권위원회에서 극비리에 진행한 내용을 두트바일러가 전단지로 만들어 주민들에게 뿌렸다고 많은 사람이 추측할 수밖에 없게 되었다. 루체른 출신 L. F. 마이어라는 변호사도 전권위원회 위원이었는데, 그는 두트바일러를 전권위원회에서 파면하라고 요구했다.

사람들은 '그가 군사 비밀이나 기타 생활상 중요한 비밀들은 보호하면서도 자신의 동료들을 가르치려 들어서는 안 되는데 도대체 왜 전권위원회 위원으로 앉아 있지?' 하며 이의를 제기할 수 있었다. '전권위원회가 여과기 역할 말고 할 수 있는 다른 역할이 뭐가 있지?' 이런 질문도 할 수 있을 것이다. '어떤 사람이 무례한 짓을 하고 다른 사람이 그걸 확인해준다면 그 두 사람의 주장을 어떻게 반박할 수 있지? 범죄? 아니면 누군가 범죄를 저질렀다는 고자질? 둘 중에 어떤 걸 형사처벌해야 하지?'

베른 정부 사람들은 나치는 받아들여도 좋은데 그런 이야기를 하는 것은 결코 안 된다고 생각하고 있었다.

두트바일러는 결국 전권위원회에서 제명당했다. 국회는 이 결정을 59 대 52로 승인했다. 하지만 두트바일러는 이렇게 결론지었다. '관직을 내려놓겠다. 무소속 정파도 1940년 나머지 회기에 참여하지 않겠다.' 하지만 필레골라는 결론을 내리지 않았다. 그렇다고 이 사건이 끝난 것은 아니었다. 부르주아 정당들은 나치주의자까지 포함된 청중을 '후회한다'고 했고 사민당은 필레골라의 퇴진을 요구했다. 그는 연방 대통령직에 계속 들러붙어 있다가 마침내 정치부 장관직을 맡았지만 거기서도 그의 활동은 문제가 많았다. 1944년 말에야 비로소 퇴진을 선언했다.

하지만 마이어의 정치 이력은 갑자기 끝났다. 무소속 란데스링 소속 국회의원들은 그의 인간성에 집착했다. 아니, 무소속들만이 아니었다. 그들은 마침내 그가 한 악명 높은 국제 모리배에게 스위스 거주 허가를 내주었다는 사실과 이 모리배를 비롯한 똑같이 문제 있는 인간들과 함께 사업을 했다는 사실까지 밝혀냈다. 마이어는 그런 주장을 실은 신문들을 고소했지만 소용없었다. 법원에서는 사실관계가 증명되었다고 선고했다. 그 순간 마이어는 몰락의 길로 사라져버렸다.

두트바일러는 잠시 베른에서 후퇴하긴 했지만, 결코 무대에서 사라진 것은 아니었다. 베른에서 했던 투쟁을 전혀 포기하지 않았다. 그가 예견한 것은 무엇보다도 계속되는 물가 상승 반대 투쟁이었다. 1941년 11월, 그는 "지옥으로 가는 길 중에 물가 정책만큼 그렇게 많은 좋은 의도로 포장된 길은 없을 것!"이라고 외쳤다. 1942년 2월에는 이렇게 외치기도 했다. "문 앞에 배고픔이 서 있는 곳에서는 결정적인 게 가격이 아니다! 결정적인 건 상품이다!" 하지만…….

"물가 통제와 물가 정책이 아무 의미가 없다는 뜻은 아니다. 반대로 그것들은 관리가 훨씬 더 날카로워졌고 훨씬 더 엄격해졌다는 것을 뜻한다. 경제적으로 식료품 정책으로 가격을 완화해봐야 아무 의미가 없을 지경이 되었다."

그가 계속 옳았다는 것을 베른에서는 특히 악의적으로 받아들였던 것 같다. 그 바람에 그가 나라의 안보를 위해 요구한 것들, 꼭 필요하다고 무수히 외쳤던 제안들은 거의 받아들여지지 않았다. 하지만 그는 스스로 불안하다고 느끼진 않았다.

그 자신은 미래에 대한 두려움이 없었다. 그때는 부자 나라인 스위스에서 갑부로 사는 국민조차도 답답함을 느끼던 시대였다. 그들조차 도대체 이제 모든 게 어떻게 진행되는 것인지 자기 자신은 어떻게 될지 더 좋은 시대가 온다고 치고 자기 재산을 그 좋은 시대에도 계속 성공적으로 유지할 수 있을지 스스로 묻는 시대였다. 그런데도 이 괴팍한 두트바일러는 아직 누구도 예견조차 할 수 없었던 걸음, 전쟁을 넘어 평화로 가는 발걸음을 다시 내디뎠다. 그는 자기 재산을 나눠주었다. 미그로를 기부한 것이다.

제14장

기부

고틀리프 두트바일러가 수백만 프랑의 재산과 평생 이룩해놓은 업적을 모두 기부하겠다고 하자 무수한 말과 글이 쏟아졌다. 그럴 만한 이유도 참 많았다. 결정적인 이유는 아마 두트바일러 자신이었을 것이다. 그렇지만 바로 몇 년 전까지만 해도 그가 그런 발걸음을 내디딜 생각을 하지 않았던 것 같다.

시절 탓이 아니었을까 싶다. 즉 스위스가 처한 시대 상황이 스위스 역사에서 가장 어려운 위기였기 때문에 그런 결심을 하지 않았을까 싶다. 앞으로 스위스의 시대 상황이 어떻게 펼쳐질지, 다시 말해 히틀러가 스위스를 점령할지, 이 나라도 세계대전 속으로 휘말려 들어가게 될지 아는 사람이 아무도 없었다. 하지만 두트바일러는 적어도 전쟁이 끝난 다음 몇 년, 어쩌면 평화로운 몇 년 동안은 "우리나라의 경제적 독립을 위한 투쟁의 시대"가 올 것이라고 예견했다. 그는 이렇게 설명했다.

우리는 자유로운 연방 국가라는 이상을 위해 스위스다운 헌신을
해야 합니다. 방식은 설득력이 있어야 하고 철저해야 합니다. 그래
야 북쪽에서 압도적으로 거품이 일고 있는 나치즘에 대응할 수 있
습니다. 그래야만 비로소 이 투쟁을 견딜 수 있습니다.

자유로운 연방 국가라는 이상…… 두트바일러의 머릿속에는 미
그로를 작은 '스위스 연방공화국'처럼 전환하겠다는 생각이 맴돌고
있었다. 그것을 진지한 시대에 부응하는 애국적 의무로 보고, 내적 필
연성이 있는 유일한 자세라고 보았다. 미그로를 협동조합으로 변경하
고 한참 뒤에 그는 이렇게 썼다. 미그로는 "시대와 함께 법률적으로도
민주주의로 성장했다. 왜냐하면 미그로는 협동조합으로 변경한 뒤부
터 민주적인 기관이 되었기 때문"이다.

시대만이 아니라 특별한 상황도 역할을 했다. 두트바일러 부부는
자식이 없었다. 오로지 위대한 업적을 쌓을 줄만 알았던 사람들의 삶
에서 자녀 없음은 보통 비극으로 여겨진다. 누구를 위해 그렇게 일을
했던가? 누구를 위해 돌 위에 돌을 올려놓는 일을 했던가? 그런데 두
트바일러는 달랐다. 그는 어떻게 해서든지 구매자, 즉 고객을 자기 가
족의 동업자로 여겼다. 이 가족들 덕분에 그는 자신만 생각하지 않겠
다고 결심할 수 있었다. 심지어 그 가족들은 그에게 그렇게 살 결심을
하라고 요구하기도 했다. 두트바일러의 전형적인 명언이 있다.

"저는 자식이 없지만 수십만 명의 자식이 있습니다!"

하지만 그는 이런 말도 했다.

"자식이 있는 사람은 저하고는 약간 다른 방향의 삶을 살 겁니다.
이기주의는 온 가족에게 퍼집니다. 책임이 각 개인의 삶에서 멈추는

게 아니라 다음 세대까지 미치기 때문이죠. 그러므로 가장들은 뭔가 결단할 때 자동으로 더 조심스러워질 수밖에 없는 것입니다. 그런 분들은 언제나 여러 자식, 심지어 사위나 며느리 심지어 먼 친척들까지 생각하고 고려해야 합니다. 그래서 자식이 없는 사람들처럼 그렇게 자유롭게 마음대로 행동할 수가 없는 거죠."

게다가 그는 상속 자체를 아주 원칙적으로 불신하고 있었다. 그 것은 어떤 특정인을 향한 불신이 아니라 원칙적으로 잘 알려진 불의에 대한 불신이었다. 상속이라는 것은 원칙적으로 이 일을 이룩하는 데서 함께 일한 사람들을 빈손으로 나가게 만들고 자식이라는 사람들은 그 내용에 대해 잘 알지도 못하고 이해하지 못하는데도 그 사업을 맡아 마음대로 권한을 발휘하게 만드는 것이기 때문에 그것은 의롭지 못하다고 생각한 것이다.

두트바일러가 그런 고민을 한 첫 번째 사람은 아니었다. 그렇지만 지난 50년 동안 미국이나 유럽에서 거대한 재산을 축적하고 엄청난 업적을 이룩하고 이런 업적과 많은 재산을 일반 대중이 쓸 수 있도록 하겠다고 결심한 거의 모든 이들은 자기가 죽은 뒤에 재단을 설립하라고 예고하는 식의 유언을 남겼다. 그런데 두트바일러는 왜 그렇게 하지 않았을까?

나중에 아내가 아주 재치 있게 이렇게 표현한 적이 있다.

"남편은 그저 그러고 싶어 했을 뿐이에요!"

그렇다. 두트바일러는 자기 사업이 어느 정도 일반 대중의 손에 넘어가기를 바랐을 뿐이다. 그는 조직 변경 과정을 감시하려고 했다. 장사꾼의 음모가 아니었다. 미그로를 시작할 때부터 끝까지 논리적으로 생각했던 아이디어였다. 그것은 미그로를 가능하게 했던 사람들이 이익을 가져가야 한다는 아이디어였다.

두트바일러의 소원, 즉 그의 실제 가족이라고 할 수 있는 구매자, 소비자들에게 인간적으로 더 가까이 다가가서 정치적 계획의 필요성을 설득하고 싶은 바람이 결정적 역할을 한 것은 말할 것도 없다.

아니, 그가 전 재산을 기부하면서 바란 게 있다면 그것은 자주 주장했던 바와 같이 「프랜차이즈 기업의 지점 확대 금지법」을 우회하는 것이기도 했다. 이 금지법은 1941년 12월 긴급 안건으로 상정해 3년 더 연장되었는데 그는 그것을 결코 막을 수가 없었다.

두트바일러의 곁에 있던 많은 이들은 그가 지금 내디딘 이 발걸음에서 피로함이나 사표를 내야겠다는 생각 같은 것을 엿볼 수 있을지도 모르겠다고 생각했다. 그들은 이렇게 말했다.

"두트바일러는 진행되는 일에만 관심이 있어. 일단 그 일이 끝나면 관심도 끝이야!"

이것도 물론 완전히 틀린 말은 아니었다. 하지만 미그로에 관해서는 누구도 그게 '끝났다'고 주장할 수 없었다. 두트바일러가 새로운 아이디어를 내지 않거나 직원들의 아이디어를 받아 활력을 불어넣지 않은 채 일주일을 넘긴 경우는 거의 없었다. 크건 작건 그런 아이디어들이 모여서 미그로의 협동조합 변경이 가능했다. 게다가 전쟁 때는 아주 잘나가던 사업들조차 극도로 위험해졌다. 그런 것을 두트바일러보다 더 잘 아는 사람이 누가 있겠는가?

두트바일러가 '비겁해서' 그런 결정적인 발걸음을 감행했다는 이야기도 나중에 나왔다. 즉, 자기가 워낙 부자라 겁을 심하게 먹었고 대중의 스포트라이트가 자기한테 너무 많이 집중되는 걸 보고 겁이 나서, 적어도 잠수하고 그늘로 사라지고 싶어 한 게 아니냐는 것이었다.

그런 기괴한 추측들이 생길 수밖에 없었던 데는 두트바일러 본인의 책임도 없지는 않았다. 아니, 더 정확히 말해서 그의 생애 전체가 전혀 책임이 없는 것도 아니었다. 그의 삶은 언제나 약간 그늘에서 진행되었으니까.

하지만 그는 여러 해 전부터 자신의 처지와 '일치한' 삶을 살지 못했다. 그는 시내에 궁전 같은 호화저택도 없었고 엥가딘 협곡 휴양지나 이탈리아 리비에라 해안에 땅도 없었고 집 한 채도 소유하지 않았다. 하인 제복을 입고 있는 운전기사가 딸린 자동차를 4~5대씩 소유하고 있지도 않았고 모터 요트나 범선도 없었다. 그는 파리나 런던, 로마 등지에서 숙박할 때도 최고로 비싼 호텔이나 비용이 아주 많이 드는 스위트룸에서 묵지도 않았다.

그는 거의 평생의 사업에 헌신한 속담 속의 '평범한 소시민' 같은 삶을 살았다. 평범한 소시민을 위해 산다면서 대단한 신사처럼 사는 것도 그리 문제가 될 것은 없다는 이야기를 자주 했다. 하지만 그는 전 재산을 기부한 뒤에야 비로소 삶의 방식을 바꾼 게 아니었다. 삶의 방식을 전혀 바꿀 필요도 없었다. 그가 두려움 때문에 겁이 나서 기부를 했다는 주장이 얼마나 허무맹랑한 주장인가? 정치적 비난 차원에서 하는 이야기라면 말도 안 되는 소리는 아닐 것이다. 두트바일러에게 실제로 확실한 이유가 하나 더 있었다. 그것은 스스로 더 작아지고 싶다는 이유였다. 국회에서도 그는 몇 년 전부터 미그로에서 마지막까지 직원으로 일했던 사람들과 함께 앉아 있었다. 미그로 직원으로 일하다가 두트바일러와 함께 국회의원이 되었던 그들에게는 열등감을 극복하기 위한 아주 이상적인 동기가 되지 않았을까? 두트바일러는 이런 상황을 자신의 적들을 살짝 공격하는 데 활용하며, 적들이 "저의 정치적 동지들에게 미그로의 은혜를 입고 있다는 식으로 더는 비교할 수 없게 됐습니다. 벌써 몇 년 전부터 미그로에서 저와 함께 일했던 저의 국회의원 동지들은 저와 정확히 동등한 위치에 있으니까요!"라고 말했다. 두트바일러는 자신의 센세이셔널한 발걸음에 대해 적들이 어떤 반응을 보이든 전혀 두려워하지 않았다. 그는 그저 그들이 무슨 말을 할지만 긴장하며 확인하고 있었다.

하지만 반대편에 들어선 것은 그의 적들이 아니었다. 직원들이 가장 크게 고민했다. 그들은 모두 두트바일러의 생각을 바꾸려고 했다. 변호사인 발더 박사도 혁명적인 발걸음에 반대했다. 그리고 논쟁의 결론을 내린 뒤 미그로를 떠났다. 그는 자기가 협동조합 틀에서 일하기에 적당한 사람이 아니라는 것을 스스로 알고 있었다.

루돌프 페터와 프리츠 겔러도 역시 깊이 고민했다. 그들에게는 협동조합 방식이 기민한 방향전환을 하기에 너무 복잡해 보였다. 그들은 두트바일러가 원래 가진 강점 그리고 미그로의 고속성장을 가져온 원동력이 바로 이 기민한 방향전환이라고 생각했다. 페터는 이런 '전투태세'와 관련한 이야기를 했다. 두트바일러가 친구들과 직원들의 말을 들으려고 하지 않자 그들은 아내인 아델레 여사를 찾아갔다. 아내한테 기부를 반대하라고 한 것이었다. 남편을 설득해서 기부를 하지 말도록 말리라는 것이다. 그의 마음을 바꿀 수 있는 사람은 아내밖에 없다는 것이다.

아델레 여사가 마음만 먹었다면 실제로 말릴 수도 있었을 것이다. 두트바일러가 아내의 반대를 무릅쓰고, 아내의 부드러운 거부를 무릅쓰고, 자기 계획을 실행하지 않았을 수도 있으니까. 그의 재산이 결국 아내의 재산 아닌가! 그러니까 미그로의 협동조합 변경과 전 재산 기부라는 말은 근본적으로 이야기해서 아내의 상속권 박탈 그 이상도 이하도 아니었다.

그러나 아델레 여사는 결정적인 말을 하나도 하지 않았다. 정반대였다. 아내는 철저히 남편의 편이었다. 남편을 이해했고 그가 무엇을 향해 나아가려는지 잘 알고 있었다. 그래서 남편의 발걸음이 남기는 모든 결과를 남편과 함께 짊어질 준비를 하고 있었다.

아내는 기부 규모를 약간 줄일 것을 제안했다. 그것은 아내가 남편보다 사람들을 훨씬 더 잘 알기 때문에 가능했다. 아내는 이렇게 말했다.

"여보! 당신은 어쩌면 한 번은 후회할지도 몰라. 무슨 일을 해야 할지 말아야 할지 당신이 결정할 수 없을 때가 오면 말이죠. 최종처분권을 제삼자에게 넘긴다고 생각해봐요. 그것도 정말로 당신이 잘 모르는 사람들한테 처분권을 넘겨야 할 때는 후회하지 않겠어? 그러니 모든 것을 포기하고 다 기부하면 안 돼. 약간은 남겨서 갖고 있어야지. 당신 재산의 작은 일부는 남겨두세요. 언젠가는 미그로 전체 역사를 기록해야 할 거 아냐? 그럴 때 쓸 수 있는 정도는 말예요!"

기부 전체를 반대할 수도 있을 아내의 이 말은 얼마나 놀라운가! 하지만 아내는 기부를 반대하는 것이 남편의 생존 기반을 빼앗는 것이고 남편의 핵심 아이디어를 사보타주하는 것이라는 것을 너무 잘 알고 있었다. 다만 남편이 알지도 못하고 알 수도 없는 사람들에게 전 재산을 기부하는 것만은 원하지 않았다. 그래서 이렇게 말을 이어나갔다.

"돈이 한 푼도 없으면 당신은 머리 깎인 삼손이나 마찬가지일걸?"

두트바일러는 아내가 제안한 대로 했다. 그는 자주 그렇게 해왔다. 많은 이들이 독재자나 폭군 정도로 여기는 이 남자가! 그는 자기

공장 가운데 딱 하나, 바젤에 있는 G. D. 프로덕션과 상표권만 남기고 다른 회사는 모두 미그로 협동조합에 기부했다. 나머지 모든 회사라면? 그도 그게 얼마나 많은지 전혀 몰랐다. 맨 처음 베른의 연방정부 청사에서 루돌프 페터에게 자기 의도를 알렸을 때 페터는 이런 말만 했었다.

"신중하게 고려하셔야 합니다. 우리 그 이야기는 조만간 다시 하시죠?"

두트바일러는 페터가 나중에 하려던 이야기가 뭔지 정확히 몰랐다. 며칠 뒤 취리히에서 그게 뭐였는지를 듣고 우선은 놀랐고 다음에는 화가 났다. 그 착한 페터가 오래전부터 연막작전과 위장전략을 써왔다고 고백한 것이다.

두트바일러는 그동안 페터가 건네준 미그로 정보를 그냥 믿을 수밖에 없었는데 그 정보가 허위보고였다는 것이다. 그랬다. 그럼 도대체 미그로의 상태가 어떻지? 두트바일러가 당연히 은행에 있을 거라고 믿었던 돈이 지금은 없다는 건가? 그럼 그 돈은 도대체 어디에 쓴 거지? 뭔가 부기 장부와 맞지 않을 때마다 있어야 할 돈보다 적거나 아니면 전혀 없는 것으로 나올 때마다 그런 질문을 계속 던졌다. 그런데 이번에는 정확히 반대였다. 두트바일러가 상상하고 있던 것보다 훨씬 더 많은 돈이 남아 있었다. 두트바일러는 예치된 돈이 400~500만 프랑 정도 될 거라고 짐작했는데 실제로는 1,350만 프랑이나 예치돼 있었다.

페터가 두트바일러를 어떻게 속였는지 굳이 따질 필요가 없게 되었다. 그가 왜 그렇게 했는지 대답한 내용은 훨씬 재미있었다. 그렇게 많은 돈이 은행에 있다는 걸 알면 두트바일러가 즉각 새로운 아이디어로 새로운 사업을 하는 데 그 돈을 모두 쏟아부을 것을 미리 알고 숨겼다는 것이다. 그런데 그 사업이 어떻게 될지 누가 알겠는가? 페터는 무미건조하게 이렇게 말했다.

"물론 사장님은 이 몇백만 프랑도 한꺼번에 다 써버릴 수 있었습니다! 하지만 사장님이 그 돈을 언젠가는 필요로 하실 수도 있거든요!"

두트바일러는 이런 이야기를 하다가 갑자기 일어서서 방안을 여러 번 왔다 갔다 했다. 그리고 잔뜩 화가 난 목소리로 이렇게 말했다.

"당신이 나의 아름다운 아이디어를 그딴 식으로 사보타주하다니! 내 살다 살다 이런 얘긴 처음이에요!"

페터는 주눅 들지 않고 이렇게 이야기했다.

"이 경우 저는 단지 직원으로서 사장님께 좋은 일을 하고 있다고 충분히 믿었기 때문에 거짓말을 한 겁니다."

어쨌든 그 긴 근무 기간 내내 침묵한 것을 두트바일러는 쉽게 이해하지 못했다. 하지만 결국 재정 책임을 맡은 사람은 페터였다. 그는 두트바일러가 그 많은 돈을 얼마나 빨리 처분할지 두트바일러보다 더 잘 알고 있었다. 그리고 제1차 세계대전이 끝나가는 이 시점에 사태가 얼마나 급격하게 악화할지 그래서 얼마나 대비하고 있어야 할지 같은 것도 잘 알고 있었다.

물론 두트바일러는 아까 그 순간처럼 그렇게 화가 나지는 않았다. 페터가 허위보고한 동기까지 이해할 만큼 그를 아주 잘 알았다. 그래서 페터에게 '당신 주식도 다 협동조합에 기부하라!'고 했다.

페터는 잘못 알아들었다고 생각했다. 그리고 이렇게 말했다.

"제 것은 기부할 수 없습니다! 저는 자식도 있고 손주들도 있거든요."

두트바일러는 결국 그의 주식을 샀다. 기부는 말로 하는 것보다 실행하기가 더 어려웠다. 두트바일러는 유머를 약간 섞어 다음과 같이 이야기했다.

"돈을 버는 것보다 기부하는 게 훨씬 더 힘들다는 걸 알게 되었어요. 돈을 버는 것과 이익을 나누는 것 그리고 그와 관련된 모든 것에 관해서는 아예 문건이 따로 있더군요. 사람들이 대부분 스스로 갖고 있고 아주 조금만 기부해야 한다고 해요. 이런 걸 모든 변호사가 아주 잘 알고 있어요. 협동조합을 주식회사로 변경하는 것은 법적으로 정해져 있어요. 세금도 들지 않고 단순한 회사의 변경일 뿐이죠. 그런데 반대로 주식회사를 실제로 공익 협동조합으로 변경하는 전대미문의 일은 법률에 전혀 규정되어 있지 않아요! 주식회사는 폐업하고 협동조합을 신설하는 방법밖에는 없어요. 그러면 엄청난 세금을 내야 하는 문제가 있죠. 게다가 이 문제는 관리들도 완전히 처음 해보는 미개척 분야더군요."

두트바일러는 자신의 상업 원칙은 전혀 바뀌지 않을 것이라는 점에 대해 조금도 의심하지 않았다.

"충분히 이해했어요. 우리는 원칙적으로 민간 부문 경제 시스템을 옹호하기 위해 그 어느 때보다 설득력 있게 행동할 겁니다. 자유민주주의에서는 '통상과 영업의 자유'가 유일하게 가능한 시스템입니다."

이제 누가 실제로 협동조합에 들어갈 것인지 확인하는 일은 비교적 간단히 해결되었다. 전쟁 시작과 함께 식량 배급제도가 도입된 이래 미그로는 15만 명의 정규 고객 명단을 보유하고 있었다. 그들 한 사람 한 사람에게 30프랑씩 협동조합 출자금 지분을 무료로 제공한 것이다. 모든 사람이 이 선물을 사용하지는 않았다. 많은 이들은 믿지 못하고 있었다. 두트바일러는 마치 시장에 나가서 5프랑짜리 동전을 4프랑씩에 파는 내기를 하는 사람 같았다. 사람들은 모두 '저 뒤에 뭔가 속임수가 있는 게 분명하다'고 생각했다. 그래서 '선물을 받았다고 생각하는 그 사람이 결국 사기를 당하는 것'이라고 확신하기 때문에 고객을 한 명도 찾지 못한 사람 말이다.

그런데 미그로는 아주 삽시간에 10만 명의 조합원을 확보했다. 그리고 그 수는 점점 늘어났다.

1941년 1월 공식적으로 설립된 협동조합의 가장 중요한 정관의 내용은 이렇다.

> 2조: 협동조합은 조합원이 필요로 하는 상품을 공동의 자조
> 와 협동조합 방식으로 해결하고 그 과정에서 생기는 사업
> 수익을 조합원에게 배당하는 것을 목적으로 한다.
> 3조: 협동조합의 목적을 달성하기 위한 원칙은 경제와 사회
> 분야에서 진정한 국민공동체 형성에 이바지하는 데 있다.
> 이에 협동조합은 노동권과 노동의 의무, 청년들의 안전하
> 고 자유로운 개발, 균형 잡힌 사회정책과 건강 가족 정책,
> 국민건강과 현대적 식량 공급 등을 기본 원칙으로 삼는다.
> 4조: 협동조합은 목적 범위 안에서 경제영역 또는 개별적 경
> 제 분야의 이익을 증진하기 위한 활동을 후원하거나 그런
> 활동을 직접 하고 비영리 단체를 후원하거나 비영리 단체
> 를 직접 설립할 수 있다. 협동조합은 상품의 생산이나 유통
> 사업에 참여할 수 있으며 상호 후원을 목적으로 친한 협동
> 조합들과 연합회를 결성할 수도 있으며 협동조합의 목적

을 증진하기 위해 언론단체와 공동 출판을 목적으로 하는
연대 기구를 결성할 수도 있다.

조합원들에게는 미그로 정신이 바뀌지 않을 것이라는 점을 보증
해주는 설명도 덧붙였다.

우리는 미그로가 지난 15년 동안 줄기차게 연습해온 것을 충실
히 유지할 것임을 보증한다.

이 기록은 현대 식료품업계에서 일종의 스위스 건국 서약인 뤼틀
리 서약 같은 것으로, 다음의 사람들이 서명했다.

하인리히 렝엘: 이사회 부의장, 구매 담당 부장, 9년 전부터 미그
로에서 근무(전 미그로 바젤 지점장).

한스 문츠Hans Munz 박사: 이사회 이사, 학문 분야 동업자.

알프레트 게리히: 이사회 이사(프리츠 켈러 대신) 미그로 제네바
지점장, 5년 전부터 미그로 근무.

후고 렌치: 공동설립자, 미그로 베른협동조합 이사회 의장 겸 사
업담당 사장, 10년 전부터 미그로 근무.

오토 크라이스: 공동설립자, 미그로 장크트갈렌 협동조합 이사회
의장 겸 사업담당 사장. 12년 전부터 미그로 근무.

Ch. H. 호흐슈트라서: 미그로 테신 협동조합 이사회 의장 겸 사
업 담당 사장. 9년 전부터 미그로 근무.

루돌프 페터와 프리츠 켈러 그리고 물론 고틀리프 두트바일러와
아델레 여사도 서명했다.

적대적인 신문들은 이른바 자연발생적인 반응을 보였다. 이때는 거의 모든 신문이 두트바일러에게 적대적이던 때였다. 그들은 몇 년 동안 이 남자를 상대로 싸웠다. 두트바일러를 '이재에 밝은 작자' '말은 크게 하지만 사실은 큰 사업만 중요하게 생각하는 작자' '다른 사람들을 속이기 위해 계속 새로운 술책이나 고안해내는 작자' 정도로 평가했다.

그런데 이제 그가 부자가 되는 걸 중요하게 여기지 않았다는 사실을 인정해야 했다. 그가 모든 것을 기부할 준비가 되어 있다는 사실도 인정해야 했다. 특히 이미 자신의 전 재산을 기부했다는 사실을 인정해야 했다! 하지만 그것은 맞는 말이 아닐 수 있었다. 아니! 그 말이 맞으면 안 되었다. 간단히 말해서 언론은 두트바일러의 결단을 축하해주기는커녕 그에게 뭔가 불순한 동기가 있을 것이라고 가정하고 비난하는 기사를 썼다. 15년 동안 존재했던 두트바일러의 적들이 이 사람이 실제로 누구인지 그리고 그가 무엇을 할 수 있는지 아직도 이해하지 못하다니! 반대쪽 사람들은 그가 말하고 행동하는 모든 것을 의심하는 것 말고는 아무것도 하지 않는 사람들 같았다. 그들의 모토는 오직 이런 것뿐이었다. '저 뒤에는 뭔가 완전히 다른 걸 숨기고 있을 거야!'

그런데 두트바일러가 어떤 이유로 이런 '코미디'를 연출했지? 그가 도대체 왜 옛날 그대로가 아니지? 적들의 대답은 두트바일러가 평형세*를 내지 않으려고 저런다는 것이었다. 이 세금은 일자리 창출과

---

* 　스위스를 비롯한 일부 국가에서 수출세에 덧붙여 부과하는 세금으로, 평형세는 평준화세, 균일화세, 보정세, 조정세, 계좌결산세 등으로 번역

국방 강화에 쓰기 위해 소매점 대기업 거래액의 0.2%에서 5%까지 매기는 세금이었다. 국회의 한 위원회가 연방의회에 '더 공정한 다른 자금조달 가능성을 심사숙고해달라'고 요청했지만 이 세금은 1938년이 지나면서 결정되었다. 협동조합만은 정치적인 이유에서 이 평형세를 면제받고 있었다. 그래서 아주 진지하게, 적어도 마치 진지하다는 듯이 행동하며 이렇게 주장하는 사람들이 있었다. '두트바일러는 평형세를 최소한 부분적으로라도 피하려고 전 재산을 기부한 것이다!'

이 완전하리만큼 기괴한 발상에 대해 두트바일러는 껄껄 웃으며 이렇게 말했다. "우리가 세무당국에 얼마나 사랑을 받고 있는데요! 우리가 모든 방면에서 공격을 받고 있긴 하지만 세무당국이 우리에게 호의를 갖고 있다고 비난하면 안 되죠. 이것은 반대쪽에서도 계속 확인한 사실이에요." 그리고 그는 손짓으로 그런 의심을 싹 치워버렸다. "선하고 고귀한 행동이 악의적이고 부정적인 비평보다 훨씬 더 강합니다."

하지만 그는 조합원들에게 자기 생각을 알리고 이해시키기 위한 플랫폼이 필요했다. 자기와 조합원들을 직접 연결하는 다리가 필요했다. 엄밀히 말해서 조합원들은 그의 관객이었다. 조합원들은 그에게서 물건을 샀지만 이미 아주 오래전부터 단순한 소비자만은 아니었다. 회사의 공동소유자들이면서도 그의 조언이 필요하거나 적어도 그가 계속 말을 걸어줘야 하는 사람들이었다.

두트바일러와 저 수십만 명의 조합원 사이 어디에 그런 다리를

할 수 있다. 이 세금은 공급자가 세무서에 내는 세금이지만, 거래세의 면제를 받는 소비자에게도 부과한다.

놓을 수 있지? 그 사람들은 그냥 추종자라고 치부해도 될 사람들 아닌가? 아니, 추종자라고 하면 싫어할 테고 '길동무'라는 표현이 훨씬 어울리긴 하겠다. '신문 속 신문'은 '제한'을 뜻했다. 여기서는 그저 아주 급한 이야기만 할 수밖에 없었다. 그리고 모든 도시의 신문에 실리지 않기 때문에 '신문 속 신문'만 갖고는 모든 친구에게 다가갈 수가 없었다. 그래서 새로운 '도구'를 하나 만들어야 했다. 전혀 간단하지 않았다. 그사이에 제2차 세계대전이 시작되고 종이 수급도 빠듯했기 때문에 새로운 신문이 필요하다고 베른 정부를 설득하는 게 불가능에 가까웠다.

마침내 1942년 7월 24일 연방 사법 경찰부에서 〈우리, 다리를 놓는 사람들〉이라는 주간지 발간을 허가했다. 그렇지만 제약 조건이 많았다. 최대 발행 부수는 12만 부로 제한했고 8쪽 범위에서 발행해야 했다. 정치와 경제 문제는 엄격히 제한된 틀에서만 다룰 수 있었다. 고틀리프 두트바일러는 〈우리, 다리를 놓는 사람들〉에 매주 칼럼을 썼다. 그래도 여전히 논쟁이 벌어졌고 정의와 불의 사이의 투쟁도 있었으며 적들의 비난도 계속되었다. 하지만 두트바일러도 그에 맞춰 자신을 믿는 사람들에게, 자기가 도움을 주려는 사람들에게 친구로서 이야기했다. 그의 칼럼은 새로운 개인 점수를 얻었다.

사실은 그가 독자들에게 말로 하는 것에 비해 칼럼을 아주 잘 쓰지는 못했다. 그에 대해 그는 이런 말을 한 적이 있다. "나는 정말 얼마 안 되는 사람들하고만 개인적인 대화를 할 수 있어요. 하지만 〈우리, 다리를 놓는 사람들〉을 통해서는 온 국민과 대화를 하고 있죠!"

그는 노동자들과 주부들과 사무직원들과 대화했다. 협동조합 조합원들에게 무가지로 제공되는 〈우리, 다리를 놓는 사람들〉의 발행

부수는 하늘 높은 줄 모르고 치솟았다. 두트바일러는 언론계에서 자신의 위치가 얼마나 독특한지 그 고유성을 아주 명확하게 인식했다. 그리고 아주 열심히 감시했다.

〈우리, 다리를 놓는 사람들〉에 실린 대부분의 큰 사설은 자신이 다 써야 한다는 사실을 아주 확실히 의식했다. 그 바람에 그의 권위는 훨씬 더 깊어졌다. 엄청난 수의 독자와 지지자, 친구에게 말을 거는 것을 두트바일러만큼 이해하는 사람이 없었기 때문이다.

그는 이제 라디오라는 매체를 통해 수백만 명에게 가장 진실한 말도 전할 수 있게 되었다. 미그로 설립 이래 그 모든 기간 무수한 군중집회에 등장했고 수백, 수천 명 앞에서 계속 연설했다.

그가 학식 있는 저널리스트만큼이나 많이 배운 민중 연설가는 아니었지만, 성과는 엄청났다. 저널리스트 작업에 관해 이야기할 때 자기는 칼럼 쓰는 것보다 대중 집회에서 연설하는 게 훨씬 쉽다고 이야기한 적이 있었다. "사람들을 보면서 관계를 느낄 수 있기 때문"이라고 했다. 그런데 라디오에서는 상황이 달랐다. 적어도 자기가 말을 거는 사람들을 보지 못하기 때문이었다. 하지만 관계는 아주 잘 느꼈다.

라디오에서는 더 많은 토론을 해야 한다는 점을 꾸준히 이야기했다. 지극히 논리적인 주장이었다. 현안으로 중요한 경제 문제에 대해 그리고 당연히 정치 문제에 대해서도 '모순된 진술'도 더 많이 있어야 한다고 생각했다. 그는 '국민에게 이것을 어떻게 해야 가장 잘 전달할 수 있을까?'를 늘 염두에 두고 칼럼을 썼다. 그리고 1935년에 이미 "민중에게 제공하는 게 없는데 민중을 어떻게 라디오로 데려오지?" 하는 주제로 토론했다.

그는 이렇게 이야기했다.

청취자들에게 뭔가 경품을 주려고 하면 라디오를 듣고 있던 사람들이 즉시 연결된다는 것을 알고 있습니다! 그러니까 단 하나의 방법이 있을 뿐입니다. 그런데 사람들은 심심풀이로 잠깐 경품에 참여한 다음 바로 청취자의 자리로 옮겨가죠. 어쩌면 확장된 국민 라디오 가족이 생겨날 수도 있을지도 모르겠습니다. 나라와 도시의 모든 구성원, 즉 생산하는 판매자들과 장바구니를 든 구매자들이 하나같이 아주 활발하게 이해할 수 있을 겁니다. 도시의 주부들은 '아, 저분은 암퇘지를 갖고 있구나!' 하고 생각하게 될 테고 여성 농민은 '아, 저분은 돈지갑을 갖고 있구나!' 하고 생각하게 될 겁니다. 거기까지만 가면 적어도 여기저기서 거래를 넓히는 게 이제는 어렵지가 않죠. 약간 다른 의미이긴 하지만 다른 사람들의 생각 중에 좋은 생각이 있는데 우리가 왜 그걸 사용하면 안 되나요? 갈색 셔츠와 검은색 셔츠의 차별도 없고 아주 검은 배경도 없습니다. 바닥에 뿌리내린 향토애나 형제애, 연대처럼 아름답고 예쁘고 좋은 생각들인데 말입니다! 가정에서도 모두 섞여 있잖아요. 가정 상태와 결혼 상태에 관해 위장과 심장은 관점이 다르죠. 이성과는 말할 것도 없고요. 모든 게 섞여 있어요. 그러니까 감정과 돈, 부엌, 동산, 즐거움, 빈민 같은 게 혼합된 것입니다. 하지만 내면에서는 몇 개의 확고한 관련성이 있습니다. 그렇지 않으면 모든 것이 산산이 부서지고 말 테니까요.

감정과 돈, 부엌, 동산, 즐거움, 빈민 같은 게 혼합되어 있다니? 고틀리프 두트바일러가 옛날 규정이나 새 규정 할 것 없이 규정이라는 규정은 완전히 벗어난 지 이미 아주 오래다. 그런데 놀라운 성공을 거둔 저널리즘에 대해 내린 정의 중에 이보다 더 훌륭한 정의가 있을까?

1940년 고틀리프 두트바일러는 무엇이든 주려는 듯 아주 후했다. 그가 후원하고 추진하는 모든 행동을 일일이 다 열거하는 것조차도 불가능할 정도다. 1939년 말에 이미 스위스 전국박람회에 기념 작품집이 있었다. 제목은 "민중의 존재와 창조"였고, 당시 이 작품집은 1.5프랑짜리로 아주 싸게 펴냈다. 아무리 가난한 스위스인이라도 전국박람회, 나아가 조국의 모습을 그려볼 수 있도록 하기 위해서였다.

이 책은 43만 부가 넘게 팔렸다. 스위스에서는 전혀 듣도 보도 못한 판매 부수를 기록한 것이다. 배당을 많이 하는 바람에 미그로의 판매가 지난해와 비교할 때 굉장히 줄어들었는데도 1940년 한해에 공익목적에 전달한 돈만 12만 5,000프랑이 넘었다. 무소속 란데스링은 정치적, 종교적으로 중립적인 '어려운 지역을 위한 협력'이라는 기관을 세웠다. 가내수공업을 연결하고 농산물 유통을 담당하며 딸기와 약용식물의 수확을 조직하고 젖먹이 돌보기 사업도 하며 가축과 양의 품종을 개량하는 일까지 하는 기관이었다. 위생 조건 개선 사업과 조림사업, 물 공급 사업을 비롯한 여러 사업도 있었다. 그 모든 게 새로운 생각은 아니었다. 조직과 회사, 협회, 지역이 곤경에 처한 마을 사람들을 돌보는 일을 해야 한다는 것은 이미 자주 거론된 것들이었다.

신문은 그런 자극을 격려로 받아들였다. 하지만 두트바일러와 직원들이 이 문제를 다루기 전까지는 아무 일도 일어나지 않았다. 그런데 이제는 실제로 뭔가 일어난 것이다. 그 뒤 몇 년 동안 거의 80개 마을 사람들이 이 '협력' 사업의 후원을 받았다.

1941년 초에는 새로운 구조 활동이 생겼다. 이번에는 산간 마을을 위한 게 아니라 산악 열차를 위한 사업이었다. 제네로소산 위에

1890년에 건설된 철도를 위한 사업이었다. 이 철도는 공사가 2월에 중단되어 팔릴 예정이었다. 두트바일러가 협동조합을 위해 이 철도를 사들였다. 이 협동조합은 이른바 '무에서 유를 창조'한 것이었다. 이 사업을 인수하고 몇 주 지나지 않아서 아주 싼 운임 전략으로 이윤을 냈다. 제2차 세계대전 말경까지는 외국인 관광객이 없었다.

이 시기에는 식료품값이 이미 상당히 올라 있었다. 대차대조표를 보면 1939년에 비해 가계비가 30%는 더 비싸게 들었다. 두트바일러는 직원들과 노동자들에게 물가인상 수당을 지급하라고 요구했다. 몇 달 지나지 않아서 임금 구간의 가장 밑바닥에 있는 사람들을 위해 무조건 물가를 동결하고 생활에 꼭 필요한 식료품과 소모품을 공급하되 값을 내리라고 요구했다.

1942년 2월 24일 조합원 총회가 취리히 폴크스하우스에서 열렸다. 고틀리프 두트바일러의 연설이 있었다. 신나고 열띤 분위기였다. 많은 이들이 발언했다. 하지만 오늘은 중요한 게 정치 연설이 아니었다. 사업 문제나 사업경영에 관해서는 토론이 없었다. 순전히 인간적인 이야기만 있었다.

연사들은 자신의 감동을 억누르기 위해 여러 번 멈춰야 했다. 주부들이 많이 왔고 많은 사람이 울기도 했다. 무슨 일이 벌어졌기에? 무슨 주제를 다루었기에? 전쟁을 치르고 있는 나라들에 포위된 스위스로 지난겨울 불안한 소식들이 밀려들었다. 구조요청이었다. 프랑스 아이들 문제였다. 벨기에와 네덜란드 아이들, 덴마크와 폴란드 아이들, 발칸 반도 아이들, 특히 그리스 아이들 문제였다. 아이들은 굶주리고 있었고 도움의 손길이 빨리 다가가지 않으면 굶어 죽을 지경이었다. 하지만 누가 도움을 줄 수 있을까? 그 도움이 어디에서 올까?

"우리가 도와야 합니다!" 두트바일러가 외쳤다. "굶고 있는 아이들을 스위스로 데려오는 게 어떻겠습니까?" 관리들이 고개를 가로저었다. 그럴 수 없다는 것이었다. 스위스는 요새가 되었는데 모든 피난민을 수용했다가는 이 요새에 진을 친 사람들이 스위스인들의 생명을 위협한다는 것이었다. 프랑스에서 스위스로 오고 싶어 했던 피난민들을 이미 돌려보냈다. 피난민들에게는 그것이 확실한 죽음을 의미하는 것일 때가 많았다. 그런데도 스위스는 냉정히 등을 돌린 것이다.

그렇다고 두트바일러는 빠르게 낙담하지 않았다. '이 굶주리는 나라의 아이들, 마치 파리처럼 죽어가는 이 아이들을 위해 뭔가는 해야 한다!'고 요구했다. 식료품을 사려면 돈을 조달해야 한다. 아이들에게 식료품을 보내야 한다. 그리고 그런 것을 위한 기구가 딱 하나, 제네바에 있는 스위스적십자사가 있다.

두트바일러는 제네바로 갔다. 그 전에 그는 명품을 생산하는 대기업 사장들과 협의를 했다. 적십자사에는 이렇게 제안했다. "어떤 식료품은 가격을 인상하기가 굉장히 쉽습니다. 물론 없어서는 안 될 꼭 필요한 식료품들을 포함해서 말이죠." 두트바일러가 꼭 필요하다고 한 식품은 초콜릿, 파인애플 통조림, 아스파라거스 통조림 같은 것이었다. "지금의 가격과 인상된 가격의 차이는 적십자사 이익으로 합시다. 그런 식으로 사업을 하겠다는 기업들에 적십자사는 상품 포장지에 적십자 마크를 인쇄해 붙이는 것을 허락해서 합법적으로 인정해주세요. 그 마크는 적십자사 이익으로 가는 가격 차이를 표시하는 겁니다. 물론 악용하는 사례는 상상할 수도 없습니다." 자기 물건값 인상에 관심이 없는 게 분명한 이 남자의 제안이라는 점을 생각하면 엄청나게 큰 제안이었다.

그래서 스위스적십자사의 신사들이 감격했을까? 두트바일러에게 축하의 말을 했을까? 그렇지 않다. 그들은 머리를 흔들었다. 모두 옳지 않다고 말했다. 구매자들에게 어떤 강제력을 행사해 적십자사가 이익을 취하는 것은 합당하지 않다는 것이었다. 하지만 두트바일러는 강제가 아니라고 설명했다. 어떤 구매자도 적십자 마크가 붙어서 그만큼 값이 인상된 제품을 반드시 살 필요는 없다는 것이다.

두트바일러는 전형적인 두트바일러식 흥분상태에 빠져들었다.

"여러분은 하루하루, 한 시간 한 시간이 중요하다는 것을 이해하지 못하십니까? 아이들이 굶고 있습니다! 죽어가고 있다고요!"

제네바의 관리들은 고귀한 원칙들만 읊어댔다. 두트바일러는 깊이 고민하며 취리히로 되돌아갔다. 거기서는 함께하기로 했던 회사들이 포기했다는 소리를 들어야 했다.

"적십자사가 일단 원하지 않는데……."

"그러면 미그로 혼자서 하겠습니다!"

두트바일러는 이렇게 이야기하고 적십자 마크를 주문했다. 그는 미그로 초콜릿과 미그로 파인애플 통조림에, 미그로 아스파라거스 통조림에 적십자 마크를 붙이고 적십자사에 돈을 보냈다.

미그로 사람들 사이에서도 고민이 있었다. 어떤 품목에서는 경쟁업체들보다 비싸진다는 이유였다. 적십자사에 돈을 보내지 않아도 되는 회사들은 미그로보다 더 싸게 팔 텐데…….

두트바일러는 주먹으로 책상을 내리쳤다.

"여러분도 보게 될 겁니다! 굶어 죽어가는 아이들을 구하는 일에 스위스인들이 단 몇 라펜이라도 더 낼 준비가 되어 있는지 아닌지!"

그는 '굶어 죽어가는 아이들 구조'라는 이 새로운 행동에 완전히 몰두했다. 이 아이디어를 가지고 여기저기 돌아다녔다. 베른에 있는 연방 대통령 앞으로 편지도 보냈다. 그들은 두트바일러에게 어린이 구호를 맡길 준비가 되어 있었을까? 그러면 그는 미그로에서 떨어져 나와 이 일만 전념하려 했다. 물론 이 활동을 하는 동안은 모든 정치 활동도 포기할 생각이었다. 두트바일러는 한 번도 편지에 답장을 받지 못했다.

적십자 마크 활동이 진행되기 전에 두트바일러에게 분명해진 것이 있었다. 이런 식으로 돈을 모으려니까 시간이 오래, 너무 오래 걸린다는 것이었다. 하지만 당장 무언가 해야 했다!

바로 주요 신문에 광고를 실었다. 돈을 꿔달라는 광고였다. 2년간 이자 없이 빌려달라고 했다. 광고에서는 굶어 죽어가는 유럽 여러 나라의 아이들에게 식량을 공급하는 데 필요한 돈이라는 내용도 포함되었다. 돈이 밀려들었다. 1942년 2월 24일 열린 집회에서 두트바일러는 그와 관련해 다음과 같이 연설했다.

전체 어린이는 20만 명입니다. 아이당 최소 3개월씩은 보호해야 합니다. 우리나라에서든 그들의 고국에서든! 우리가 꾸준히 보호해줘야 할 아이는 5만 명입니다. 따라서 필요한 돈은 최대 5,000만 프랑입니다. 너무 많아 보입니까? 어떤 나라에서 특히 '안전 자산' 이라고 하더니 동결된 돈이 수십억 프랑이나 됩니다. 끝내 완전히 손실된 돈만 해도 수십억 프랑입니다. 그런 돈에 비교해도 너무 많 다고요? 우리 국민 소득 70~80억 프랑에 비교하면 1%도 안 되는 아주 작은 몫입니다. 이게 너무 많다고요? 700억 프랑쯤 되는 우리 국민 자산에 비하면 0.1%도 안 되는데요? 이게 너무 많다고요? 40

억 프랑쯤 되는 우리 군비와 동원비용에 비해서도 이게 너무 많다
고요?

5월 중순에 첫 번째 100만 프랑이 들어왔다. 두트바일러는 '신문
속 신문'에 "어둠 속 한 줄기 빛"이라는 감동적인 칼럼을 썼다.

'우리 주변의 모든 것이 불확실하게 돌아가는데 어디에선가는
견딜 만합니다.' 세계대전의 파도를 마음에 새길 수 있는 모든 사람
은 이 느낌을 강하게 갖게 됩니다. 우리는 여러분을 보통 사람이라
고 부릅니다.

그런 외침에 메아리가 있었습니다. …… 자기 돈을 이자 없이 우
리에게 건네주신 분이 무려 8,967명이나 됩니다. 게다가 없어도 되
는 물건을 떠맡아 구매해주시는 방식으로 유럽 어린이들을 구조한
다는 위대한 일을 위해 기부해주신 분이 10만 명이나 됩니다. 그분
들은 '프랑'으로 하는 봉사보다 훨씬 더 많은 봉사를 해주신 것입니
다. 그분들은 제대로 된 신호, 즉 국민적 구조 활동에 동참하셨다는
표식을 붙여주신 것입니다.

그렇다. 여기서 중요한 것은 엄청난 본보기였다. 두트바일러는
칼럼을 이어나갔다.

대기업들은 수천 명의 평범한 소시민들을 보면서 창피하다고 느
끼지 않을 것이 분명합니다. 여러분이 200~300만 프랑을 가져오
면 대기업들은 2,000~3,000만 프랑을 모아 올 테니까요.

대기업들이 편지를 보내왔습니다! 그들은 돈을 꿔주는 것은 거부하면서 직접 적십자사로 거액을 기부하고 싶어 하고 있었습니다. 필요한 금액도 이미 결정되어 있다고 했습니다. 대기업 집행부에 그리고 막강한 대기업 심장부에 인간의 온기가 파고 들어간 것입니다. 오늘날 뭔가 많이 소유하고 있는 사람들이 자신들의 의무를 다하도록 한 것은 분명히 여러분입니다. 돈은 반대급부가 주어지면 그 자체로 이미 죽은 것입니다. 최고의 반대급부라면 모를까, 돈은 반대급부가 없어야 생명력을 가지고 기적을 일으키는 힘을 가지는 것입니다.

1942년 7월 1일 두 번째 100만 프랑을 적십자사에 입금했다. 하지만 두트바일러는 만족하지 못했다. 미그로 가족이 미그로 설립 이후 처음으로 자기 의견에 만장일치를 하지 않았기 때문이다. 조합원들이 적십자표시 운동을 노골적으로 반대한 것은 아니다. 스위스 전체 조합원 가운데 반대한 사람은 겨우 16명뿐이었으니까. 그렇지만 그들은 적십자 마크가 붙은 상품을 예전에 비해 훨씬 적게 샀다.

스위스적십자사에 입금한 200만 프랑은 어떻게 됐을까? 아무 허가를 받지 않아도 되는 그 많은 돈을 마음대로 처분할 수 있게 돼서 적십자사 직원들이 기뻐했을까? 아니, 그들은 기뻐하지 않았다. 그들은 결과적으로 그 돈을 받을 수 없다고 했다.

아니, 왜? 전 유럽에서 아이들이 온몸이 기아부종으로 뒤덮인 채 굶주린 나머지 길바닥에 쓰러져 있지 않은가. 그런데 적십자사가 미그로 조합원들이 낸 돈을 받지 않는다고? 고귀한 원칙들 때문에? 두트바일러는 골똘히 생각했다. 어쩌면 적십자사가 전액을 넘겨주지 못할까 봐 두려워하고 있는지도 모른다. 기업가들이 때때로 자선 행사를 하면서 실제로는 오히려 자신들의 배를 채우는 것은 잘 알려지지 않았다. 두트바일러는 적십자 표시가 된 제품 판매로 들어온 돈을 전액 적십자사에 입금했다고 설명했다. 미그로에서 제품을 판매하는 데든 비용은? 그것은 미그로가 자체 부담한다. 단 1프랑도, 아니 단 1라펜도 공제하지 않았다.

스위스적십자사는 그래도 안 된다고 했다. 이게 끔찍할 정도로 슬픈 일이 아니라면 모르겠다. 믿을 수도 없고 이해할 수도 없었다. 정말이지 너무나 기괴했고 헛웃음밖에 나오지 않았다. 하지만 적십자사는 끝내 거부했다. 적십자사는 굶어 죽기 직전의 그 많은 아이를 보호할 돈을 원하지 않은 것이다.

그래서 두트바일러는 그에게 이자도 받지 않고 마음대로 처리해 달라고 맡긴 돈을 되돌려줘야 할 필요성에 직면하게 되었다. 하지만 무슨 핑계를 대고 그렇게 하지? 그는 자신에게 닥친 어려운 처지의 항로를 바꿨다. 차라리 적십자사 직원들을 이 어려운 처지로 몰아넣으면 어떨까? 그래서 두트바일러는 제네바에 문의했다.

"적십자사 여러분! 제가 이 돈을 되돌려 보내야 하는데 이 돈을 내주신 분들께 뭐라고 보고할까요? 저에게 이자도 받지 않고 맡긴 돈을 귀사에 전달하지 못한 것을 뭐라고 설명할지 편지로 보내주십시오. 아무리 생각해봐도 제게는 어떤 핑곗거리도 떠오르지 않네요!"

적십자사 직원들도 핑곗거리가 떠오르지 않는 것은 마찬가지였다. 대중이 그런 거절을 거의 이해하지 못할 테니까. 그들은 결국 그 200만 프랑을 받겠다고 했다.

물론 제네바의 적십자사 사람들은 돈을 내는 사람들이 그 돈의 사용 목적을 지정하는 것은 반대했다. 두트바일러는 최소한 자문 기능을 가지는 자문위원회라도 구성해보라고 강권해서, 매우 어렵게 정말 어렵게 간신히 관철했다. 고맙다는 말은 없었다. 그런 말은 2년 뒤에 받았다.

1943년 10월 27일 많은 신문에 기사가 실렸다. 정말이지 '환상'적으로 미그로를 비난하는 기사들이었다. 다음과 같은 말장난식의 질문을 쏟아냈다. '애초부터 이 기부금에 반대급부의 조건을 연결함으로써 '사업'을 위해 이런 자선 운동을 악용하려고 시도한 것은 아닌가?' '끝내 어린이 구호계획을 집행할 때 미그로가 양도한 금액의 범위에서 공급자로 선정되기를 바라고 한 것 아닌가?'

또 이런 질문도 있었다. '어린이 구호라는 핑계 아래 아주 익숙한 자기 사업도 시도한 것은 아닐까? 아마도 두트바일러 사장이 정보를 주었겠지.'

두트바일러는 베른에 적십자사 아동보호국에 전보를 쳤다. 적십자사의 모든 활동을 이끄는 레문트Remund 박사가 최고책임자로 앉아 있는 곳이었다. 그는 200만 프랑의 기부금에 어떤 사업상의 조건도 연계하지 않을 것이고 미그로는 이와 관련해 사업상의 모든 공급을 거부했으며 두트바일러가 하는 일은 그저 명예직일 뿐이라는 것을 공식 확인해달라고 요청했다. 적십자사는 철저히 침묵했다.

1943년 10월은 두트바일러의 생애에서 가장 힘든 달, 가장 힘든 주였다. 그때 그가 평생 쌓아 올린 업적 가운데 상당수가 무너져 내릴 위험에 처했다. 하지만 다행히 거기까지 가지는 않았다. 유럽의 굶주리는 아이들을 위한 행동은 두트바일러의 시대를 1942년에 거의 완전히 마감시킬 뻔했다. 다가오는 겨울이 그 방향을 틀었다. 그 겨울은 정말 무서웠다. 유럽 사람들이 너무도 끔찍한 상황을 견뎌야 했다. 그렇지만 다시 아침놀이 비쳤다. 스탈린그라드 전투에서 패배한 히틀러가 최후의 몰락을 향해 고속 질주를 한 것이다. 이제 그가 스위스 공격을 감행한다는 것은 상상할 수 없는 일이 되었다. 두트바일러는 1943년 가장 낙관적인 부활절 인사를 발표했다.

부활을 축하합니다! 겨울잠에서 깨어나는 자연에는 승리의 무엇이 들어 있습니다. 가장 자연스러운 것, 무엇보다도 인간적인 것이 모든 딱딱함과 모든 어둠을 이기고 승리하리라는 믿음을 억제할 수가 없습니다. 부활 축제는 우리 시대에 아주 큰 의미가 있습니다. 우리의 모든 희망을 걸어야 합니다.

마침내 인간적인 것과 평화를 사랑하는 마음, 다정함, 화합 그리고 자유와 인간의 품위를 향한 양도할 수도 없고 파괴할 수도 없는 충동 …… 이런 것들이 온 세상에서 우위를 점할 수밖에 없습니다.

어쩌면 이런 감동이 바로 이 땅의 대기업가들이 저지르는 폭력과 강요라는 얼음을 깨뜨릴 것입니다. 그리하여 그들이 자신들에게 맡겨진 사람들에게 호의를 가지게 될지, 자기들 나름대로 헌신하게 될지, 어느 날 깨달음을 얻게 될지 누가 알겠습니까?

이런 생각들은 순진해 보일지 모르지만, 본질적이고 진실한 것입니다. 시간은 침착하게 흘러가고 있습니다. 물도 아주 깊은 지점까지 편안하게 흘러갑니다. 1분이 1년을 뜻하는 시곗바늘도 계속 미끄러지듯 흘러가고 있습니다.

무엇보다 위기의 시대와 전쟁의 위험이 우리에게 가르쳐준 선함을 생각해봅시다. 우리는 역사상 가장 처절한 시대를 처음으로 살아보지 않았습니까? 그런 시대에 다른 나라에서 벌어진 전쟁과 사회적 투쟁들이 우리에게 아주 가까이 접근해서 나누어준 고통스러운 교훈을 얻었습니다.

우리의 역사를 봅시다. 우리 선조들의 전쟁행위도 있었지만, 그분들의 위대한 정신적 업적도 있지 않았습니까? 그 모든 역사가 어두운 배경 위에 이제야 비로소 밝게 보이지 않습니까?

우리는 우리나라 인종과 종교와 계급이 단일하다는 것에 감사하고 있지 않습니까? 우리 모두 이 질문에 '예!'라고 답한다면 우리는 힘든 시대의 좋은 측면을 긍정적으로 받아들인 것입니다. 거기서부터 우리 민족의 생명력과 우리 자신의 행복한 생존을 위해 기쁜 낙관을 창조해봅시다!

전쟁 첫해 1940년 부활절 축제 때 옳다고 말할 수 있었던 것은 지금도, 전쟁 4년차인 지금도 옳습니다! 아니 올해에야 비로소 옳습니다! 이 세상에 없는 것들도 마찬가지입니다. 마지막 승리는 내면에서 나옵니다!"

먹고 마시고 입는 것처럼 외모도 분명히 중요한 역할을 했다. 두트바일러보다 그것을 더 잘 아는 사람이 누가 있겠는가? 1939년과 1943년을 비교할 때 생활비에서 식료품비가 차지하는 비중이 세금을 빼고도 105포인트에서 162포인트로 높아졌다. 수입품은 전쟁 전 수준보다 평균 130% 이상, 의류는 100% 이상 높아졌다. 두트바일러는 확인해야 했다. "케케묵은 짓이 또 시작됐다. 상인들이 팔기로 한 가격보다 50% 이상 올려 받았다. 그런데도 가내수공업 노동자들은 방직공장 지점 같은 곳에 박봉을 받으려고 취업해야 하는 상황이 됐다."

두트바일러는 미그로 아이디어를 의복 영역에 접목해보기 위한 발걸음을 내디뎠다. 별도의 의류 길드 협동조합이 만들어졌고 미그로는 이 협동조합을 지원해주었다. 소비자들은 잘 아는 소매상들과 제조업자들을 이렇게 연결해서 대규모 거래와 완전고용의 안정성을 제공하게 되었다. 가입 조합원은 7,600명, 가입 점포와 공장은 17개였다. 이들은 아주 잘 어울렸다. 아주 흥미로운 계산도 이루어졌지만, 그 사이에 몇 가지 문제점도 드러났다. 어떤 사람들은 의류 길드 협동조합과 큰 거래를 할 수 있을 것으로 믿고, 사업을 대충대충 했다. '두트바일러가 뒤에 있잖아! 두트바일러가 당연히 지불하겠지!' 물론 미그로가 지불하긴 했지만 그렇게 오래 하지는 못했다. 너무 맹신했던 점주는 자리에서 떨어져 나가야 했다. 두트바일러는 이 패배를 태연히 받아들였다. 그는 직접 이런 말을 하지 않았던가! "부자들에게는 성공과 실패가 오른손 왼손과 같은 거지요. 그래서 두 손을 다 사용할 줄 알아요."

1944년이 되었다. 두트바일러는 이렇게 썼다. "마지막 승리는 내면에서 나오는 것이다!" 분명히 사람들은 먹고 입어야 했다. 하지만 뭔가 다른 더 중요한 것이 있었다. 그가 파악한 바에 따르면 삶은 그저 벌거벗은 생존 그 자체만은 아니었다. 교육도 해야 했고 무언가 배우기도 해야 했다. 무엇보다 언어를 배워야 했다. 실제로 전쟁이 끝나가고 있었다. 이 전쟁이 일단 끝나면 직업적 이유나 사업적 이유에서 꼭 필요하기도 해서겠지만 다른 사람, 다른 민족을 이해하는 데서도 꼭 필요하기 때문이었다. 대화하면서 두트바일러는 '지식의 배낭'이라는 개념을 정립했다. 스위스 군인들은 상급자들이 보고 완벽하다고 이해할 수 있도록 자신들의 총기류와 배낭을 계속 제시해야 한다.

그런데 그게 지식의 배낭과 무슨 상관이 있지? "지식의 배낭도 그렇게 완벽하게 유지되어야 해!" 그는 앉아서 칼럼을 썼다. "평화 발발 위험* 임박! 언어를 배웁시다!"

그는 사람들에게 언어를 더 많이 공부하라고 했다. 며칠 뒤 한 사람이 왔다. 그는 자신을 이탈리아어 교사라고 소개하고는 그 칼럼을 거론하며 자신이 실직했는데 미그로 직원들을 위해 이탈리아어 강좌를 개설해달라고 했다.

또 다른 사람은 그 칼럼을 읽고 문제를 해결한 듯했다. 두트바일러는 아니었다. 그는 곧 젊은이들에게 아니 젊은이뿐 아니라 배우고 싶어 하는 모든 사람에게 외국어를 배울 기회를 제공하자는 제안에 관심을 보였다.

몇몇 직원 특히 파울 링크Paul Link와 회의를 몇 번 했다. 그는 호텔플란 때 선전부장 역할을 했고 중간키에 30대 초반인 호리호리하고 얼굴이 잘생긴 사람이었다. 전쟁이 터지자 그는 호텔플란의 다른 직원들과 함께 미그로에 채용되어 이것저것을 다 했다. 정해진 영역이 따로 없었다. 식료품 전문가가 아니었기 때문이다. 그러다 미그로가 1942년부터 실행해온 조직된 여행 사업을 이끌었다. 그래서 사회의 모든 계층, 모든 연령층, 모든 직업군과 대화를 해왔다. 그런 그가 어느 날 두트바일러에게 미그로 조합원을 대상으로 체계적인 설문 조사를 해보자고 제안했다. 조합원이 미그로에 무엇을 기대하는지, 개선을 위해 어떤 제안을 하는지, 짧게 말해서 그들을 공동 활동으로 끌어내보자는 제안이었다. 설문에 응한 4,000명 가운데 거의 400여 명이

---

* 　전쟁 발발 위험을 비꼰 표현이다.

아주 상세한 제안을 보내왔다. 이 제안 중에 식료품 상황과 관련된 것은 거의 없었다. 그 모든 제안을 연결했다. 그 연결을 통해 두트바일러는 'M 가족'이 미그로에서 스파게티만 기대하는 게 아니라 다른 영역, 예컨대 문화 영역의 도움도 기대하고 있다는 것을 분명히 알게 되었다. 그 당시는 이미 많은 이들이 미그로에서 이러저러한 과정을 열어달라고 요구하고 있었다. 많은 이들은 저녁이 되면 시간이 있었다. 남자들은 신문을 읽거나 볼링을 하거나 카드놀이를 하러 갔다. 그들은 이 시간을 이성적으로 구상하는 걸 좋아했다. 뭔가 나중에 써먹을 수 있는 것도 배우고 싶어 했다. 물론 자기가 뭔가 직접 체험함으로써 가계에 조금이라도 보탬이 되려는 목적만 갖고 배우려는 이들도 있었다. 전에 어떤 사람이 내놓았던 제안이 떠올랐다. 그래서 두트바일러와 링크는 〈우리, 다리를 놓는 사람들〉에 그 이탈리아어 회화 강사의 이름과 전화번호를 적은 작은 광고를 싣기로 했다. 광고가 실려 나간 지 15분밖에 안 지났는데 그 이탈리아인의 전화는 계속 통화 중이었다. 14일 동안 수강 신청한 사람이 1,400명이 넘었다. 수강생은 대부분 성인과 직장인이었다. 이들은 이탈리아어뿐 아니라 다른 언어도 배우고 싶어 했다.

두트바일러는 잔뜩 흥분했다. 여기서 뭔가 벌어질 게 틀림없었다. 링크는 일을 시작했다. 목표는 언어학교 개설이었다. 그런데 조력해줄 교사를 어디서 찾지? 공간은 어떻게 구하지? 링크는 이미 새로운 아이디어가 떠올랐다. 주부 강좌도 개설해야 했다. 재단사 과정, 체조 과정, 가정경제 전시 과정 등도 필요했다. 두트바일러는 곧 성인을 위한 학교는 어린이 학교처럼 운영하면 안 된다는 것을 깨달았다. 그들은 교사와 테이블에 둘러앉아야 했다. 가르치는 것도 대화 형식으로 이루어져야 했다. 교사와 수강생이 '클럽'에서 만난 것처럼 만나야 했다. 거기에서 '클럽 학교'라는 개념이 생기게 되었다.

이 모든 것은 1944년과 1945년 그리고 '평화의 폭발' 이후 몇 년에 걸쳐 진행된 일이었다. 몇 년 뒤 두트바일러가 도시 한복판에 대표적인 상징 건물을 건립하라고 취리히시에 300만 프랑을 기부하면서 그 건물에 성인 학교를 설립해달라고 제안했는데 취리히시가 거절하는 바람에 무산되고 말았다. 이것은 모두 두트바일러가 1943년 가을에 쓴 "평화의 폭발 위험이 위협하다"라는 칼럼에서 시작되었다. 사람들이 두트바일러를 자기 사업을 하려고 수백만 프랑의 기부금을 유럽의 굶주리는 아이들을 위해 썼다고 비난하던 때였다. 그때는 가까웠던 직원 가운데 몇 명이 그를 떠나기도 했다. 그가 설립한 건물 전체가 흔들리기도 했다. 정치인 두트바일러가 특별히 주목도 받지 못한 채 사라진 것처럼 보이던 때였다.

1943년 10월, 밖에서도 안에서도 큰 위기가 닥쳤다. 이 시기는 직접 번 재산을 나눠주기 위해 한 걸음 더 나아간 지 꽤 오랜 시간이 지난 때였다. 뤼슐리콘의 거대하고 아름다운 공원 구역 한복판에 취리히 호수 위쪽에서 하나하나 사 모아 훌륭한 저택을 이뤄가고 있었다. 다른 사람들을 위해 많은 일을 했으니 자신을 위해 최소한의 훌륭하고 견고한 집을 소유하는 것은 선한 권리라고 생각했다. …… 그러나 모든 것이 달라졌다. 전쟁이 모든 사물의 얼굴을 바꿔놓았다. "이렇게 참담한 시대에는 빌라로 이사 가는 것도 안 되는 것!"이라고 두트바일러는 이야기했다.

그 집이 너무 크고 너무 부유해 보인다는 것이다. 그는 건축을 중단시켰고 몇 년이 지난 뒤에야 비로소 완공했다. 하지만 그는 꿈꿔오던 이 집으로 이사하지 않았다. 취리히 호숫가에 비교적 작은 땅을 찾았다. 거기에 거실과 침실, 이렇게 방 두 칸짜리 집을 지으려고 했다. 그 밖에 뭐가 더 필요하겠는가?

1940년 6월 15일, 그가 미그로의 기부를 결심했던 당시 그는 이렇게 썼다. "물론 줄어드는 노동력과 함께 내가 배제될 위험이 크다. 최고의 노력과 최고의 헌신 그리고 마지막으로 정신적인 창조력이 훨씬 더 필요하다." 그 당시만 해도 그가 밀려날 수도 있다는 생각을 진지하게 해본 적은 없었다. 그 뒤 몇 년 동안 그는 모든 것에 인간이 할 수 있는 "최고의 노력과 최고의 헌신"을 했다.

하지만 어쩌면 지난 20년과 똑같은 노동력을 댈 수 없으리라는 것이 점점 더 명확해졌다. 이제는 힘이 없는데 '아이디어를 내고 어려운 상황의 해결책을 찾는 것'이 무슨 의미가 있겠는가? 그러고 나면 퇴장해야 할 텐데 말이다. "나는 결코 트럭의 다섯 번째 바퀴가 되고 싶지 않아. 이른바 명예회장으로 남는 것은 원하지 않아."

그런데 1943년, 정치적 동지들이 그에게 나타나 '이제는 트럭의 다섯 번째 바퀴가 되셔야 한다'고 그를 이해시키려 한 날이 왔다.

제15장

반란

"저는 오늘 무소속 란데스링 의원단의 위임을 받아 아주 고통스러운 과제를 떠안게 되었습니다. 제 생애에서 가장 어려운 과제 중 하나일 것입니다." 발더 박사가 1943년 9월 30일 취리히 콩그레스하우스의 한 회의실에서 무소속 란데스링 의원들 앞에서 발언하기 시작했다. 두트바일러는 참석하지 않았다.

"여러분 다 아시다시피, 저는 여러 해 동안 두트바일러의 변호사로 일해왔습니다. 여러분은 그분이 해오신 일을 그 누구보다도 제가 가장 잘 알 거라고 확신하실 수 있을 겁니다. 저는 그분의 많은 공로를 충분히 인정합니다. 그런데도 제가 오늘 여러분 앞에 서서 무소속 란데스링당의 위임을 받아 이런 제의를 하게 된 것이 제게도 무척 힘든 결정이었다는 것을 여러분도 믿어주시기 바랍니다."

이런 제의? 그것은 두트바일러가 정치 생활에서 물러나야 한다는 제의였다. 몇 주만 있으면 벌어질 선거에 자기가 설립한 정당 후보로 입후보해서는 안 된다는 것이었다. 그 이상도 이하도 아니었다.

발더가 말을 이어나갔다. "무소속 란데스링에 무척 어려운 일이 닥칠 겁니다. 두트바일러가 출마를 포기하는 것보다 훨씬 더 어려운 일일 겁니다. 그래서 그 어려움을 피하게 하려고 제가 나섰습니다. 우리는 선거전도 치러야 하고 토론도 해야 합니다. 이번에는 예전에 전혀 상상할 수도 없을 정도의 선거전이 예상됩니다. 우리한테는 이보다 더 견디기 힘든 선거전이 없을 것입니다.

마르크 블로흐Marc Bloch 이야기부터 시작하겠습니다. 블로흐는 원래는 1930년대 초에 제네바에 살던 사람입니다. 당시 경제적으로 굉장히 어려워서 살던 집에서조차 쫓겨났죠. 그 뒤 스페인 내전 기간에는 '붉은 군대'에 군납을 해서 짧은 시간에 큰 재산을 모았습니다. 그래서 지금은 아주 엄청난 재산을 갖고 있죠. 그리고 이 관계를 여전히 유지하고 있다고 합니다. 이번 전쟁 기간에는 선박 에이전트로 활동했습니다. 그 자격으로 두트바일러와 미그로에 어마어마한 이바지를 했습니다."

그렇다. 제네바 출신 블로흐 씨에 관한 것이었다. 아니, 더 정확히 이야기하자면 블로흐 자신 그리고 두트바일러와 블로흐의 관계를 다룬 문건에 관한 것이다. 이 문건은 아주 오래전부터 두트바일러에 적대적인 기사를 써왔던 저널리스트의 도움을 받아 작성된 문건이다. 또 몇 주 전부터 베른에서 돌아다니던 이 문건은 '블로흐 문건'이라고 불렸다. 이 문건은 또한 '사법경찰청' 청장인 폰 슈타이거von Steiger 연방 의원에게 보내졌는데 그는 무소속 란데스링의 동지가 아니었다.

발더가 말을 이어갔다.

"저는 이 문건을 이번 회기 직전에야 알게 됐습니다. 그래서 바로 두트바일러에게 이 문건을 제시하라고 했죠. 그래서 그가 이 문건을 란데스링 의원들에게 첫 번째 회기 주간에 회람시켰습니다. 이 문건에서 블로흐가 입증하려는 것은 바로 이것입니다. '두트바일러가 자기한테, 니콜Nicole 씨에게 5,000프랑, 에를러Ehrler 씨에게 7,800프랑을 선거목적으로 주라고 부탁했다!'"

스위스 서부 지역 공산당 대표인 레옹 니콜에게 돈을 주다니! 모스크바의 스위스 비공식 대표에게! 제네바시에서 공산당 시의원으로 활동했던 에를러에게 돈을 주다니! 발더 박사가 몸서리쳤고 다른 의원들도 몸서리쳤다. 어떻게 그런 일이 있을 수 있지? 도대체 이 모든 일이 어떻게 연결된 거지? 두트바일러가 도대체 어쩌다 블로흐하고 연루되었지? 공산주의자들에게 돈을 주는 걸 어떻게 이해할 수 있지?

이 모든 것은 '선박 물색'과 관련이 있었다. 돌이켜 보자. 두트바일러는 전쟁 전에 이미 몇 년 앞을 내다보고 '스위스가 식량을 공급할 수단과 방법을 찾아야 한다'는 것을 깨달았다. 그는 첫 번째 사람은 아닐지 몰라도 첫 번째 사람들 가운데 한 명인 것은 분명하다. 스위스가 전쟁을 치르는 열강들에 포위될 것이라는 점을 분명히 예견했기 때문이다. 그때 그의 말에 귀 기울이는 사람은 아무도 없었다. 히틀러가 프랑스를 함락시키자 이미 수급이 빠듯해진 식량을 스위스로 들여올 수 있는 길은 딱 한 군데, 해로뿐이었다. 하지만 스위스는 선박을 단 한 척도 갖고 있지 않았다. 그래서 두트바일러는 즉각 선박을 임대도 하고 구매도 해야 했다.

두트바일러는 나중에 그것을 이렇게 묘사했다.

잠수함 전쟁이 막 시작되려던 참이었어요. 스위스는 11만 5,000

톤밖에 선실을 허가받지 못했지만, 그 제한된 양조차도 운송할 상품이 태부족이었죠. 운 좋게도 우리 상품을 리스본까지는 가져올 수 있었어요. 하지만 거기서도 엄청난 어려움이 시작되었죠. 리스본-제네바 또는 마르세유 구간은 자체 힘으로 극복해야만 했는데 그러기에는 확보한 선실이 턱없이 부족했어요. 그런데 작은 구멍 하나가 열려 있었죠. 낡아빠진 화물선을 상상할 수 없을 정도로 비싸게 거래하는 이른바 암시장이 바로 그것이었습니다. 여기서 거래되는 선박들은 하도 느려서 전쟁을 치르는 나라들은 거들떠보지도 않았어요. 그런 나라의 선박들은 호송선단, 즉 구축함이나 심지어 육중한 순양함의 호위를 받으며 20척이나 40척, 50척, 100척까지 무리를 지어서 다녀야 했거든요. 그래서 그들은 이렇게 느리고 낡은 선박은 사용할 수가 없었기 때문이에요.

하지만 이미 이야기한 대로 거기는 암시장이었습니다. 낡은 선박들은 이른바 '주축국', 즉 주축이 되는 나라들의 항구에 정박해 있었죠. 이 나라들이 축을 조종하는 항구들에서 출항 허가를 내주어야 그 선박을 끌고 나올 수 있었어요. 그런다고 바로 되는 것도 아니고 다른 편에서 연합국들이 공해상에서 운항할 수 있도록 허가해주어야 했죠. 그런데 누가 다니며 이 복잡한 허가를 다 받아낼 수 있을까요? 능수능란하고 상황판단이 빠른 사람, 암시장을 안에서부터 잘 아는 사람, 동시에 자신을 잘 방어할 줄 아는 사람들만 가능했죠. 그런 사람들이라야 선실도 얻을 수 있었고요. 그러다 보니 그런 사람들 가운데는 아주 간교하고 양심이 없는 사람들이 끼어 있게 마련이었죠. 바로 그때 그런 사람이 나타난 거예요.

어느 날 마르크 블로흐라는 분이 우리를 찾아왔어요. 모험심 많은 그리스 선주를 데리고. 그는 스위스에 배 한 척을 지원하겠다고 했어요. 이 신사도 이른바 닮고 닮은 '해양의 음흉하고 비열한 사람'이었어요. 우리는 둘 가운데 하나를 선택해야 했죠. 블로흐와 카타포디스Catapodis 씨한테 배를 사거나, 아니면 그냥 배를 포기하거나. 답은 처음부터 분명했죠. 그들이 말했던 선박은 파나마 깃발을 달고 있었어요. 예전에는 '넬슨Nelson'이라고 했다가 나중에는 '파르코Varco'라는 자랑스러운 이름을 달고 다녔어요. 그들이 진지하게 부른 값은 약 50만 프랑이었죠. 그 정도는 줘야 할 것 같았어요. 하지만 그 배를 우리가 꼭 살 것처럼 관심을 보이자마자 값이 껑충 뛰었어요. 마르크 블로흐 씨가 중간 마진을 끼워 넣은 예감이 들었죠. 우리는 '예'든 '아니오'든 답을 해야 할 상황이었어요. 그때 갑자기 옛날이야기가 떠올랐어요. 옛날 어떤 성인이 성전을 세울 돌을 구하는데 악마한테 속아 넘어갔다던 이야기였죠. 그 성인에게 옳은 것은 우리에게도 옳다는 생각을 했죠. 우리나라 운송수단 현황을 고려할 때 그것도 도저히 비싸다고 할 수 없었죠. 그래서 우리는 그가 요구한 금액 86만 7,000프랑을 다 주고 그걸 산 거예요.

'파르코'라는 이름으로 출발한 이 기선은, '제네로소Generoso'라는 이름으로 개명하고 테신에 있는 산 쪽으로 나아갔다. 그 산에서 운영하다가 파산했던 기차를 두트바일러가 인수해서 살려낸 바로 그 산이었다. 이 전체 기업의 이름은 '스위스 해운'이라고 했다. 이 해운회사에는 미그로 말고도 스위스의 한 운송회사와 변호사, 대형은행 같은 기업들도 참여했다. 블로흐는 한 번도 다수 지분을 가져본 적이 없었다. 그는 단독 서명을 한 적도 없었다.

그때 유일한 선주는 스위스 연방의 전쟁 수송국이었어요. 그 기선 제네로소 호는 국가에 전세를 주었거든요. 그래서 짐을 가득 싣고 리스본에서 마르세유나 제네바로 여기저기 다닐 수 있었어요. 지브롤터가 연합국 해양작전의 발화점을 형성했던 북아프리카 출정 때에도 이 작은 배는 전쟁을 치르고 있는 나라들 사이를 뚫고 무사히 다닐 수가 있었어요. 지브롤터에서는 항상 석탄을 실어야 했고, 통제를 통과해야 했어요. 선원들은 '백인'들로 구성되어 있었죠. 러시아인 선장도 백인이었어요. 그들은 일을 아주 잘 해냈죠. 하지만 그 낡은 선박에서는 엄청난 하자가 드러났어요.

어느 아름다운 일요일 뒤벤도르프 공항에서 전화가 왔어요. 제네로소 호가 발렌시아 밖에서 높은 파도를 만나 해난을 당했다는 SOS를 받았다는 전화였어요. 안간힘을 써서 그 선박이 마침내 항구까지 들어오긴 했는데 딱 하나밖에 없는 증기발생기가 샜어요. 그래서 물이 불 속으로 밀려들었죠. 증기보일러를 임시로 용접했지만 두 번, 세 번 자꾸 찢어졌어요.

백인 러시아인 마도로스들은 친절하게 설명했어요. '수뢰로 격침된 것은 아닙니다. 그랬다면 우리는 이미 익사했을 겁니다.'

한번은 한 선원이 철로 된 석탄 삽을 가지고 일을 하다가 배의 벽을 건드렸는데 그 벽이 뚫린 적도 있어요. 그 정도로 배가 녹이 슬어 있었거든요.

제네바에서 수리했다. 마르세유는 고려 대상이 아니었다. 거기서는 수리 작업을 제대로 할 수 없었기 때문이다. 리스본은 그냥 너무 비쌌다.

선박 수리 공장 오스마Osma가 수리 책임을 맡았는데 조건이 있었어요. 수리비는 스위스 고철과 비철금속으로 공급한다는 조건이었죠. 이때 제네바 항구에 있는 잠수사협동조합이 가라앉은 물건들을 건져 올렸어요. 이 기회에 그들은 비교적 괜찮은 선박 일부를 건져 올릴 수 있었어요. 그런데 거기에 증기발생기도 있었던 거예요. 파이프에는 이미 조개들이 다닥다닥 붙어 있었죠. 다행히 그 낡은 '치타 디 자사리Città di Sassari'가 제네로소 호의 주요 부분과 딱 맞더라고요.

제네바는 우리 선박이 정박해 있던 여러 달 동안 폭격을 당하지 않았어요. 하지만 이를 어찌할까요? 낡은 증기발생기를 끄집어내려고 갑판을 열어보니 배 전체가 썩어 있었어요. 하도 썩어서 어느 곳에도 버팀목을 용접해서 붙일 수가 없었죠. 여기저기 서까래를 보충해야 했어요. 게다가 선박 밑바닥에 약 100톤 분량의 시멘트를 쏟아부어야 한다는 사실을 알게 되었죠! 그래서 이 그리스 사람에게는 이 낡은 배 밑바닥을 완벽하게 수리하는 게 이익이 되지 않았던 거죠. 그래서 시멘트는 모조리 잘게 부숴야 했고 썩은 널빤지와 썩은 서까래를 교체해야 했어요. 이 선박을 맨 처음 샀을 때의 값보다 수리비가 더 들었어요.

하지만 근본적인 문제가 남아 있었죠. 그것은 증기 기선이 다달이 약 2,200톤의 물건을 리스본에서 제네바까지 운송해야 하는 것이었어요. 잘 알다시피 그것은 우리 물건이 아니라 스위스 연방 전쟁수송국이 스위스의 여러 회사에 배분할 물건들이었어요. 딱 한 척밖에 없는 이 선박만 갖고는 부족했죠. 그래서 우리는 여러 해 동안 선박을 더 구하기 위해 백방으로 노력했어요.

핀란드 선주도 만나고 핀란드 정부와 연합국들 그리고 주축국들과 여러 해 협상한 끝에 2,800톤급 증기선 '에르고Ergo'를 사들여서 이름도 자랑스러운 '취리히'로 바꿨죠. 물론 이 선박도 정상적인 시대라면 살 사람을 찾을 수 없을 정도로 낡디낡은 선박이었죠.

이 모든 협상과 노력을 할 때 마르크 블로흐가 아주 적극적으로 좋은 역할을 한 것은 맞다. 그는 곳곳에 관계를 맺고 있었고, 아는 사람이 수천 명이었다. 그가 없었으면 제네로소 호와 취리히 호처럼 낡은 선박을 구할 수 없었을 것이다. 그 선박에 식료품과 원재료를 싣고 스위스로 운송할 수 있도록 연합국과 주축국의 허락까지 받아낸 것은 말할 것도 없다.

하지만 블로흐는 문제가 있는 인물이었다. 우선 과거가 영 불투명했다. 어쨌든 연방 의원 폰 슈타이거도 이런 견해를 갖고 있었다. 그는 이런 견해를 의도적으로 숨기지 않았다. 무소속 국회의원들, 특히 변호사인 발더 박사와 이야기할 때도 숨기지 않았다. 두트바일러는 직원들의 질문을 받고 '블로흐는 아주 정확한 사람이다. 그가 그에 대한 문건을 제출할 것이다'라고 했다. 하지만 블로흐는 문건을 제출하지 않았다.

발더 박사는 이렇게 말했다.

"두트바일러가 블로흐를 자꾸 감싸고도는 바람에 우리는 아주 격렬한 논쟁을 벌였습니다. '블로흐는 해운 역사 때문에 자기에게 없어서는 안 될 사람'이라고 감싸고돌았습니다. 블로흐가 에이전트였기 때문에 저는 전혀 개운치가 않았습니다. 에이전트한테는 커미션만 주면 그것으로 끝이지 더 관여시킬 필요는 없습니다. 그런데 블로흐는 그 뒤로도 계속 관여했습니다."

블로흐의 과거와 관련해서는 그래도 참아줄 만한 여지가 있었다. 어쨌든 무소속 란데스링 국회의원들도 대부분 그렇게 생각했다. 프랑스에서 블로흐가 명목상으로나 실제로 저지른 전과가 있긴 하지만 그것은 최소한 전쟁의 한복판에서 벌어진 일들이기 때문에 통제하기 어려운 것들이다. 하지만 블로흐가 공산주의자 니콜과 어떤 관계인지에 관해서는 어떤 의심도 할 수 없었다. 두트바일러가 블로흐를 넘어 니콜과도 엮여 들어가 문건에서 주장하는 것처럼 두트바일러가 니콜에게 돈을 건네주었다는 것은 문제다. '그럴 수도 있지' 하는 생각을 넘어서는 것이었다. 만일 그랬다면 그것은 이미 확증이나 마찬가지였다. 두트바일러가 어떻게 그런 발걸음을 내디뎠지? 자기 당의 당원들이나 동지들을 이해시키거나 그들한테 물어보지도 않고? 아무리 두트바일러라도 명예를 실추시키는 발걸음을 내딛는 것까지 그들이 동의해주지 않을 것이라는 걸 그가 모를 리 없을 텐데!

무소속 란데스링은 밖에서 보면 여전히 폐쇄된 전선이었으며 전쟁 발발 이후 꾸준히 전쟁 경제로 활발하게 방향을 틀었다. 그래서 1941년 중반에는 브레스텐베르크 테제Brestenberger Thesen를 전개하기도 했다. 이 테제는 무엇보다 화물 공간을 확충하는 문제, 대체재 공장 건설을 촉진하는 문제, 해외 비축에 투자하는 문제, 민간 사적 경제 영역에서 일하는 노동자들을 전쟁공업 부문으로 이동 배치하는 문제를 비롯한 여러 가지 사업을 규정했다. 그렇다. 밖을 내다보면서 하나가 된 것이다.

하지만 두트바일러는 더 깊이 보았고 더 날카롭게 보았다. 그는 이 기간에 세 사람, 아니 열 사람 몫의 일을 했다. 쉴 줄도 몰랐다. 취리히와 베른 사이를 꾸준히 오갔다. 아주 찔끔찔끔 쪽잠을 잤다. 회의와 토론, 연설, 받아쓰기도 계속 이어졌고 중요한 결정도 내렸으며 틈틈이 자신을 따르는 이들에게 이 상황이 어디로 가는지 설명하는 칼럼도 썼다.

도대체 상황이 어떻게 흘러갈 것인가? 두트바일러는 그 어느 동지들보다 상황을 먼저 파악했다. 아주 작게라도 공산주의를 이해한다는 식의 표현조차 한 적이 없었다. 공산주의에 대해 공감한다는 말조차 한 적이 없었다. 그도 처칠이나 루스벨트와 똑같았다. 러시아의 붉은 군대가 히틀러와 맞서 싸우던 때였다. 그들이 히틀러의 나치 국방군에게 엄청난 손실을 끼치고 있을 때였다. 히틀러 군대를 대규모로 동유럽 전쟁터에만 붙잡아 매두던 때였다. 그러니까 그때는 누구도 공산주의를 욕하던 순간이 아니었다. 물론 그는 공산당을 금지하는 것은 분명히 반대했다. 정당을 금지하는 것은 자유로운 스위스인들, 즉 민주주의 국가의 시민권을 제약하는 것이라고 보았다. 그래서 스위스에서 공산당 금지 운동을 하는 사람들과도 결코 친해질 수 없었다. 1937년 11월 형법 개정안을 내려고 했다. 거기에는 이런 내용이 들어 있었다.

> 스위스의 민주적 국가 질서를 전복시키기 위한 행동을 하거나 그런 자들을 물질적으로 후원하는 일에 직간접적으로 관여하거나, 그러지 않더라도 외국에서 임무를 맡긴 사람을 위해 일하는 자들은 모두 엄벌에 처한다.

이것으로 나치주의자들을 반대한 것과 마찬가지로 공산주의자들도 반대한 것은 맞다.

이게 하나의 사건이었다면 또 다른 사건은 소련 같은 강대국과 관계가 나빠졌다는 것이다. 자유세계 전체가 최소한 잠정적으로라도 스탈린과 평화롭게 살기로 마무리했는데 왜 스위스는 안 되지? 그는 스위스의 원칙적 중립을 존중하기 위해 소비에트 러시아와 무역 관계를 중단하는 것도 오래전부터 반대했다. 한편 연방 대통령 필레골라가 친나치 인사들과 타협하며 지내는 것은 반대하는 돌풍을 일으키기도 했다.

그의 정당 동지들이 이 문제에서 그를 뒷받침하지 않았나? 무소속 란데스링 국회의원들이 러시아 문제에서 두트바일러처럼 그렇게 아주 독립적으로 생각할 수 없었을까? 그는 의심을 지울 수 없었다. 그는 1943년 6월 15일 "소란스러운 정당들"이라는 칼럼을 썼다. 언뜻 보면 다른 정당들을 다룬 것처럼 보이지만 실제로는 자기 정당에 적용할 수 있는 칼럼이었다.

알려지지 않은 커다란 힘이 작동하고 있다. '전후'라는 힘이다. 그 바람에 곳곳에서 거의 모든 것이 불확실해졌다. 이처럼 불확실성이 난무하고 미래에 대해 서로 엇갈리는 억측이 난무하는 상황에서 눈에 가장 잘 띄는 모습은 스위스 정당들 내부에서 소란이 가라앉지 않고 있다는 것이다. 무소속 란데스링은 얼마나 견딜 수 있는지 한계 하중 시험을 보고 있고, 이 시험에 곧 합격할 것이다. 이 당은 전략이나 개인적 라이벌 의식, 개인적 야심 등에 대한 당분간의 견해 차이를 억누르고 당의 선한 아이디어가 이 원심력을 충분히 이길 수 있을 정도로 강하다는 것을 증명해야 할 것이다. 무소속 란데스링은 중간에서 하나가 되는 힘을 증명했다. 이 의지와 이 힘은 무소속 란데스링의 넓은 범위에서 줄어들지 않고 지배적이었다. 이 당 정치인들의 눈이 우리 위에서 멈추었다. 사람들은 무소속 란데스링이 사회에 관한 자기들의 원칙을 실제로 실현해가는 과정에서 가혹한 시련을 겪으며 단단해질지, 아니면 느슨해질지 긴장하며 지켜보았다. 그런데 시대 사명이 전술 문제와 개인 문제를 모두 넘어 승리했다는 것을 증명해 보였다.

들을 귀가 있는 모든 사람에게 아주 분명한 메시지로 다가왔다. 두트바일러가 자기 정당 동지들을 어느 정도 신뢰하느냐의 문제였다.

그들은 시대가 자기들한테 무엇을 요구하는지 알았을까? 자기들의 '시대 사명'을 의식했을까? 두트바일러는 이 시기에 이미 상당히 침울했다. 생애 처음으로 그가 얼마나 힘들게 일하는지, 얼마나 크게 걱정하는지를 볼 수 있었다. 그래서였을까? 직원들이 마르크 블로흐에 관해 끈질기게 질문하는데도 바로 답을 하지 않고 성급하게 옆으로 치워놓았다.

자, 좋다. 블로흐는 사람들이 전에 생각하던 그런 사람은 아니었다. 그렇다고 미그로와 두트바일러가 결국 블로흐와 무조건 관련 있는 것도 아니었다. 두트바일러는 스위스에 필요한 선박을 사러 블로흐와 함께 다니는 것뿐이다. 어느 날 블로흐가 스위스 해운의 최대주주로서 그에게 왔을 때 그는 번개처럼 빠르게 행동했다. 그는 미그로 주식을 액면가 이하로 블로흐에게 팔았다. 하지만 미그로 사업을 중단하지는 않았다. 두트바일러가 블로흐의 국제관계를 활용할 생각은 하고 있었지만, 그의 경영 능력을 신뢰할 만큼 무턱대고 믿고 있지는 않았기 때문이다. 블로흐에 대한 그런 불신은 이상하게도 베른에서는 존재하지 않았다. 베른 사람들은 스위스 해운에 대해 그리고 블로흐에 대해 반대할 게 아무것도 없었다. 하지만 미그로, 특히 두트바일러는 스위스 해운에서 블로흐와 함께하겠다고 생각하고 있었다. 사람들은 스위스 해운을 두트바일러 없이 계속 운영하는 게 가능한지 물어보았다.

두트바일러는 그 문건을 읽고 수많은 거짓과 왜곡이 들어 있는 걸 알았다. 두트바일러가 1941년 레옹 니콜과 두 차례 상담한 적은 있다. 그때 공산주의자들이나 그들 중 마르크스주의에 아직 완전히 빠지지 않은 사람들에게 무소속 란데스링에 관심을 가지게 하는 걸 중요하게 생각하고 있던 것은 분명하다. 당의 몇몇 동료들은 그걸 용서할 수 없다는 것이었다. 특히 변호사인 발더 박사와 국회의원인 하인리히 슈나이더와 빌리 슈토이블리_{Willy Stäubli}가 용서하지 않았다. 아니면 그들은 두트바일러가 자신들을 신뢰하지도 않고 자신들과 상의하지도 않고 행동한 것 때문에 두트바일러에게 기분이 상해 있었다. 그래서 이 세 국회의원이 반란을 일으킨 것이었다.

그래서 9월 30일 취리히에서 열린 의원총회 직전에 발더 박사가 앞의 연설을 하게 된 것이다. 발더 박사는 세부적으로 들어갔다. 블로흐가 '무소속 란데스링의 선거자금을 대규모로 처분했다'고 주장했다. 그러면서 이렇게 덧붙였다. "이제 여러분께 묻습니다. 무소속 란데스링이 선거자금을 지출하는 문제, 무소속 란데스링 선거자금에 대해 미그로와 결산하는 문제를 어떻게 블로흐 같은 사람한테 위임할 수 있단 말입니까? 블로흐가 어떤 사람인지 알고 난 뒤에도 블로흐를 이 선거 업무에 신뢰할 수 있는 사람으로 두고 일을 시킨 것은 무슨 까닭입니까? 이것은 1942년 7월부터 잘 알려진 문제입니다. 이제 블로흐는 이 문건에서 증인들을 줄줄이 거명했습니다. 한편으로 니콜과 소통하는 데서는 자기가 가장 믿을 만한 적임자였다며, 다른 한편으로 니콜에게 돈을 주는 임무를 자기가 직접 맡았다고 했습니다."

발더 박사는 이 모든 것이 코앞에 닥친 선거투쟁에서 표출된 것을 알았다. 그리고 이렇게 말했다. "이건 공개토론을 해야 합니다. 이 문제에 대한 공개토론을 안 하는 게 고틀리프 두트바일러에게 이득이 될 게 없다는 사실을 증명해볼까요? 고틀리프 두트바일러가 입후보하지 않는 게 최선입니다. 그래야 대중에게도 좋은 인상이 남을 것입니다. 이 사건이 널리 알려졌다는 사실을 압니다. 이제 이런 상황에서 누군가 고틀리프 두트바일러에게 '입후보하셔야 합니다. 상황이 달라지지 않았습니다'라고 한다면 그 사람은 제정신이 아닐 겁니다!"

이런 이야기를 하는 게 발더 박사에게도 쉽지는 않았다. 그는 두트바일러와 아주 오랫동안 함께 일한 사람이다. 법정에서 두트바일러를 변호했던 사람이다. 미그로에서도 아주 중요한 사람이었다. 그는 두트바일러를 아주 높이 평가했고 심지어 경탄할 정도였다. 물론 그런 사실을 다른 사람들한테 이야기하지 않았을 뿐 아니라, 어쩌면 자기 자신한테도 이야기한 적이 없긴 하지만. 두트바일러에 대해 연설할 때 발더 박사는 언제나 최고의 평가 기준을 들이댔다. 하지만 바로 그래서 이제 앞으로는 그와 함께 일할 수 없다고 생각한 것이다. 이런 생각을 갖고 있었기 때문이다. "오래전부터 고틀리프 두트바일러와 함께 같은 당에서 공동 작업을 해왔는데 늘 이런 불편한 심기가 지배했습니다. 우리는 반복적으로 그에게 영향력을 행사해보려고 시도해봤지만 늘 성공하지 못했습니다."

맞다. 그는 그렇게 생각했다. 이게 아주 결정적인 이유였다. 발더 박사를 비롯해 많은 다른 사람들도 두트바일러의 결정에 아무런 역할도 하지 못한 것이다. 그들은 두트바일러가 자기가 옳다고 여기는 것은 반드시 했고, 누구의 영향도 받지 않으려 한다고 생각했다. 그들도 모두 다 큰 성인들인데, 살면서 두트바일러 사장의 시중만 들었을 뿐이라는 점을 증명한 셈이다. 그들은 이제 어리석은 젊은이들처럼 취급받는 걸 원하지 않았다.

그들 가운데 한 명인 하인리히 슈나이더는 개인적으로 어려운 패배를 경험한 적이 있다. 취리히주 정부 각료Regierungsrat로 선출되었지만 다음 선거에서는 낙선한 것이다. 그때 그는 주 정부 각료 후보를 한 명만 출마시키자고 제안했다. 그런데 두트바일러는 두 명을 다 출마시키자고 우겼고, 결국 두 명을 출마시켰다 둘 다 낙선한 것이다.

아픈 경험은 또 있었다.

하인리히 슈나이더는 농민 출신으로 발더 박사와 함께 여러 해 전부터 미그로의 농업 행동을 이끈 사람인데, 두트바일러가 자꾸 '좌경화'하고 있다며 의심의 눈초리로 관찰했다. 무얼 보고 '좌경화'라고 했을까? 두트바일러는 오래전부터 '노동권'을 선언했다. 그런데 그의 많은 직원은 그것을 '계획 경제'를 위해 '자유 경제'를 취소하는 것이라고 받아들였다. 물론 오해였다. 두트바일러가 주장한 '노동권'은 일자리가 없는 경우 배상받을 권리였기 때문이다. '남들보다 수입이 더 많은 사람은 사회적 책임을 져야 한다'고 꾸준히 생각해온 두트바일러가 볼 때 철저히 자유 경제의 틀 안에서 실행할 수 있는 아주 합리적인 요구였다.

하지만 동료 가운데 몇 명은 그 내용은 들여다보려 하지 않았다.

공산주의자들과 연계되는 걸 두려워했기 때문이다. 그리고 두트바일 러는 공산당 금지를 언제나 반대했고 그들은 공산당 금지를 찬성하고 있었다. 두트바일러가 그들 대부분을 불안하게 했다는 것도 덧붙였다. 그가 '끊임없는 불안의 근원'이라는 것이었다. 하지만 이 모든 것은 결정적인 것이 아니었다. 결정적인 것은 인간관계였다. 더 잘 표현해 보자면 두트바일러와 베른의 동지들 사이에 인간관계가 부족한 게 결 정적이었다. 그래서 반란에까지 이를 수밖에 없었다. 이 '반란'이라는 단어는 일부러 썼다. 발더와 슈나이더, 슈토이블리, 세 국회의원이 한 일은 '반란' 이상도 이하도 아니었기 때문이다. 그들은 두트바일러와 앞으로는 같이 일하지 않기를 명예를 걸고 책임지자고 서로 맹세한 사 람들이었다. 다른 소식통들에 따르면 심지어 '서약'까지 한 사람들이 었다.

인간관계의 부족. 그 결정적인 의원단 회의에서 발더가 했던 말 은 그렇게만 설명할 수 있을 것이다. "우리가 얻을 게 비난 말고 뭐가 있겠습니까? 하지만 지난 1년 남짓 동안 벌어진 모든 일에 관해 묻겠 습니다. 고틀리프 두트바일러에게 우리가 해온 경고에 관해 묻겠습니 다. 앞으로도 두트바일러와 계속 같이 일할 수 있겠습니까? 고틀리프 두트바일러는 오래전부터 우리 당에 사과하지 않았습니다. 말로도 안 했고 글로도 안 했습니다. 우리 당에 대해 불의를 저지른 것도 자백하 지 않았습니다. 당을 달랠 필요가 전혀 없다고 본 것입니다." 그리고 덧붙였다. "저는 지난해 고틀리프 두트바일러에게 블로흐 사건 때문 에 당시 진술했던 것과 관련해서 글을 쓴 적이 있습니다. 이번 임기 말 에 물러나기 바란다고 말입니다. 고틀리프 두트바일러는 대답하지 않 았습니다. 그래서 저는 고틀리프 두트바일러에 대해 확실한 소외감을 느꼈습니다. 그래서 오늘 여기까지 오게 되었습니다."

그것은 발더가 3개월 전인 6월 24일 두트바일러에게 쓴 편지에서 가장 명확하게 표현되었다.

> 아시다시피 당신은 무소속 란데스링의 현존하는 여러 기구에 묻지도 않았습니다. 예컨대 브레스텐베르크 테제 때도 그랬고 취리히주 정부 각료 입후보와 관련해서도 그랬습니다. 독단적으로 행동하신 게 한두 번이 아닙니다. 가장 가까운 동지들의 마음을 반복적으로 상하게 했다는 것을 잘 아실 것입니다. 당신을 비난하는 목소리가 나올 때마다 당신은 '내가 큰 업적을 남겼으니 이 정도는 양해해달라'고 답하셨습니다. 물론 당신의 업적은 우리가 언제나 망설임 없이 인정했습니다. 하지만 그렇다고 해서 다른 사람의 마음을 상하게 하고 옳지 않게 행동해도 되는 권리까지 인정해줄 수는 없는 것입니다.

그렇다. 이 사태는 6월에 시작되었다. 당시 제네바 출신 블로흐 씨에 관해 요구하는 게 꽤 있었다. 당시 이런저런 이야기가 새어 나왔다. 다른 사람들은 두트바일러에게 무슨 일이 어떻게 돌아가는지 정보를 요청하기도 했다. 그러나 두트바일러는 결정적인 순간에는 거의 언제나 혼자 가는 사람이었다. 그러면서도 민주주의를 아주 열정적으로 신봉하고 싶어 했다. 그는 그 당시 답변을 회피했다. 모든 사태가 그리 중요하지 않다고 한 것이다. 그런 걸 고민하기에는 자신이 너무 바빴다. 그 당시에도 갈등은 있었지만, 아직 위기는 아니었다. 발더와 슈나이더, 슈토이블리는 두트바일러에게 정치에서 물러나라고 촉구하고 있었다. "들어보세요. 당신이 진짜로 활동할 무대는 국회가 결코 아닙니다. 경제 영역에서 이미 많은 것을 이룩했잖아요!"

결국 두트바일러와 발더를 비롯한 몇 명 사이에 토론이 벌어졌다. 발더는 나중에 이렇게 보고했다.

"그 토론은 아주 진지했고, 슬펐습니다!"

두트바일러는 머리를 얻어맞은 것 같았다. 결론은 어떻게 났을까? 그는 앞으로 출마하지 않겠다고 했을까? 그는 자기가 설립한 정당이나 그룹, 아니 어떻게 불러야 할지 모르겠지만 그것을 더는 대표하지 않겠다고 했을까?

6월 11일에 그는 발더에게 무소속 란데스링 의장 자격으로 편지를 보냈다.

긴 밤이었습니다. 제 아버지가 돌아가시던 날 밤처럼 아주 긴 밤을 지새우며 저는 다음과 같은 결론을 내렸습니다. 우리 주당이 저를 후보로 내세우면 1943년 국회의원 선거에 출마하겠습니다. 이 통보는 전보국에도 동시에 보냅니다. 저는 이런 결정을 내렸습니다. 이런 결정을 할 권리는 모든 무소속 란데스링 구성원 개개인에게도 있고 물론 제게도 있습니다.

이 최종 발걸음을 되돌릴 수 없도록 몇 가지 근거를 제시하겠습니다.

a) 제가 출마를 포기하면 전체 선거에서 이게 쟁점이 되고 그게 신호탄이 되어 우리 무소속 란데스링이 시대 사명을 완수하는 데에서 결정적인 걸림돌이 될 것으로 보입니다.

b) 따라서 이 위험한 쟁점에 대해서는 지금 결정하지 말고 선거

이후로 연기합시다.

c) 분당이 불가피하다면 선거전에 들어가기 전, 결과를 극복할
가능성이 큰 시점을 택해 결정할 수도 있을 것입니다.

여러분! 저는 곧 있을 선거가 끝난 뒤 우리 운동이 얼마나 행복
할지 그리고 이를 통해 우리나라가 얼마나 행복할지에 대한 생각밖
에 없습니다. 바로 그런 생각만 하고 결단을 내렸습니다. 이 결단을
통해 저는 우리 운동이 얼마나 옳은지 다시 한번 증명해 보이겠습
니다. 제가 이런 일을 하고 있는 데 필요한 확신을 가지고 있다는
사실을 거부하지 말아주십시오.

이 정파는 반란을 일으킨 세 명의 국회의원 뒤로 숨었다. 발더는
6월 23일 이렇게 답변했다.

국회의원 분과에서 6월 11일에 귀하가 보낸 편지에 대한 회신을
저에게 위임했습니다. 이 분과에서는 귀하가 이 편지에서 모든 것
을 기정사실로 정해놓은 것을 매우 유감스럽게 생각합니다. 분과
전체가 더 논의했습니다. 그리고 다음과 같이 명시적으로 합의했
습니다. 우리 분과는 '긴장을 연장하자'는 귀하의 결정이 핑계에
지나지 않기 때문에 받아들일 수 없습니다. 그래서 추가로 더 논의
하고 신중하게 심사숙고했습니다. 그 결과 우리 분과 구성원들은
우리 운동과 우리나라에 대한 귀하의 큰 공헌을 충분히 인정하면서
도 다시 한번 다음과 같은 결론에 이르렀습니다.

다가올 총선에서 귀하의 국회의원 출마 포기를 권고합니다. 이
것은 귀하 자신의 이익을 위한 것이기도 하고 조용하게 폐쇄적으로

발전하고 있는 무소속 란데스링의 이익을 위한 것이기도 합니다.

서명: 안드레스, 뷔히, 그펠러, 뫼쉴린, 무쉬크, 라파르트, 슈나이더, 슈토이블리, 발더.

두트바일러가 처음에는 양보하려고 했다.
6월 24일.

총선이라는 이벤트에 대해 글로 자꾸 표현하는 것은 제 의도가 아니었습니다. 하지만 전체 사건이 비극적으로 진행되니 저도 나중을 위해서 어쩔 수 없이 이 결정적 순간에 제 견해를 기록으로 남길 수밖에 없네요.

여기서 문제가 되는 것은 의원단 분과와 저 사이의 싸움이 전혀 아닙니다. 지금부터 '제가 앞으로 출마하지 않을 준비가 돼 있다'고 여러분 동료들에게 설명할 권한을 위임합니다. 그러나 그렇게 되면 제가 엄청난 책임을 져야 할 것입니다. 다음과 같은 상황이 벌어질 것이기 때문입니다.

우선 전제할 것이 있는데 그것은 국회의원은 국민이 선출한다는 것입니다. 중요한 것은 모든 국회의원 뒤에 있는 유권자들이라는 겁니다. 유권자들이 자신의 대표가 뭐 하는 사람이며 어떤 사람인지 어떻게 생각하는지가 중요하다는 뜻이기도 합니다.

다음은 여러분이 제게 가하는 압력으로 제가 출마를 포기할 경우 어떤 일이 벌어질지에 대해 말씀드리겠습니다. 우선 선거 때까지 남은 4개월 동안 무소속 란데스링 전체 안에서 엄청난 대화 주제가 될 것입니다. 그러면 당원들이 의원단 여러분께 견해표명을 요구하게 될 것입니다.

여러분은 선거전 내내 우리의 현재 의원단에 대해 얼마나 부정적인 표현들이 난무할지 상상하실 수 있을 겁니다. 물론 후보 명단을 제출한 상태라 아무것도 바꿀 수 없을 때 벌어질 일이긴 합니다. 그러면 그들은 후보 명단에 있는 사람들을 놓고 저 두트바일러를 무거운 망치로 때릴 것입니다, 그러면 그들이 성공하겠죠! 여러분은 '두트바일러가 앞으로 국회에 나오지 않게 되다니 참 안됐다!'는 식으로 위선적인 후회를 하시겠죠. 이런 상상을 하는 것은 그리 어려운 일이 아닙니다. 물론 저는 책임 문제를 따지지 않겠습니다. 여러분이 저에게 하려는 모든 비난이 충분히 근거가 있다는 것을 전제합니다. 국회의원 분과에서 처방한 두 가지 대안에 관해서만 이야기하자는 점을 충분히 이해했습니다. 저는 어떤 위신이나 체면 문제를 제기하는 게 아닙니다. 제가 생각을 바꾸어서 출마를 포기하면 상황을 더 좋은 쪽으로 바꿀 힘이 전혀 없다는 것을 이해하실 겁니다.

그리고 두트바일러는 아주 결정적인 내용을 썼다. 그는 자기가 무엇이 문제인지 알고 있다는 점을 암시했다. 바로 모반이라는 것. 브루투스가 카이사르에게 했던 배신 같은 것 말이다.

나중에 약 10년쯤 뒤에 그가 어느 정도 필요한 거리를 가졌을 때 1943년에 벌어졌던 이 일을 역사적 관점에서 바라볼 수 있었다. 그는 "민주주의의 비참한 파국"이라고 표현했다. 그는 이렇게 설명했다.

10명 가운데 1명만 머리를 높이 들고 있다면 왜 그런 일이 일어났는지 자세히 따져보아야 합니다. 그런데 아주 간단히, 그것도 아주 폐쇄된 방식으로, 머리를 높이 든 그 사람을 반대하는 행동만 했기 때문에 그런 일이 벌어질 수밖에 없었습니다. 딱 어울리는 것이 율리우스 카이사르와 브루투스의 예입니다. 카이사르가 국가의 지도자로서 국가에 엄청난 쓸모가 있었지만, 그 상황을 지배한 유일한 사람이었기 때문에 떠나야 했던 것입니다.

1943년의 두트바일러는 거의 거리를 두지 않았던 때라 신랄하게 부딪쳤다. 그가 자신의 선의를 증명하기 위해 모든 것을 다했냐고? 다른 사람들처럼 스스로 작아지지 않기 위해 모든 것을 하지 않았냐고? 그는 수백만 프랑의 재산을 기부한 사람이다. 그는 자신의 업적도 다 내놓은 사람이다.

그는 발더 박사에게 이렇게 썼다.

저는 이 사태가 숙명적인 파국으로 흘러갈 것을 예감했습니다. 그래서 저는 앞으로 뤼슐리콘에 있는 아름다운 저택을 유지할 수 없었습니다. 제가 옛날에 이 집을 압력을 넣어서 취득한 게 틀림없다는 억측을 막기 위해서 작은 집으로 도피했습니다. 다른 사람들은 말할 것도 없고 여러분도 처음부터 미그로의 상황(심지어 개인적인 상황까지도)에 대해서는 아무도 알지 못합니다. 무소속 란데스링의 정치 구조와 그 안에서 제가 차지하고 있는 지위 그리고 미그로의 정치 구조와 그 안에서 제가 차지하고 있는 지위 사이에 평행선만 자꾸 뇌리를 파고듭니다. 내일도 어떤 이유로든 같은 분위기가 발생할 수 있습니다. 협동조합에는 그런 이유가 늘 기다리고 있지요. 저는 처음부터 그것을 알고 있었습니다. 저는 이런저런 경우에 다른 사람들의 손에 저를 맡겼습니다. 거대한 시대적 과제는 결코 주식의 과반수나 구속력 있는 정당의 슬로건이나 어떤 다른 압력으로 해결할 수 없습니다. 오직 도덕적 힘을 통해서만, 그리고 오직 도덕적이고 정신적인 권위를 통해서만 해결할 수 있기 때문입니다. 물론 저는 이제까지 전력투구해왔고 앞으로도 전력투구할 일들에 대해 후회하지 않습니다.

하지만 제가 성공했다고 해서 여러분이 부러워하거나 시샘할 이유도 없습니다. 여러분이 제 감정을 상상하는 것은 어렵지 않을 것입니다. 직원들이 서서히 물러나고 어떤 개인이 실수 없이는 도저히 풀 수 없는 과제를 저에게 남겼을 때 지나간 감정까지 포함해서 드리는 말씀입니다.

저는 이제 나이가 좀 들어서 감정적인 압박감을 훨씬 적게 느낍니다. 중요한 시기에 뭔가 큰일을 마무리하기 위해서 노동력과 선의, 이 땅의 상품을 최상으로 끌어올렸다고 확신하기 때문입니다. 이 평온이 떠나지 않기를 바라고 가능하면 육체의 건강도 떠나지 않았으면 좋겠습니다. 하지만 저는 외로웠기 때문에 부러움의 대상이 될 수 없습니다. 제가 말한 모든 것을 이웃에게 왜곡된 고자질 형태로 전하는 사람들이 있어서 제게는 이 외로움밖에 남지 않았습니다.

저는 여러분께 여전히 설명할 책임이 있습니다. 그런데 6월 10일 저녁에 여러분도, 여러분의 친구들도, 심지어 저도 이 엄청난 문제들에 대해 어떤 식으로든 이야기할 힘을 가지고 있지 못하다는 것을 확인했습니다. 그리고 '재판이 열리겠구나! 그러면 우리가 더

멀어질 텐데……'라는 생각이 들어 여러분이 분과에서 도모했던 토론을 피했습니다.

마지막으로 저는 누구에게도 악한 사람이 아니라는 점을 꼭 말씀드리고 싶습니다. 문제는 여론재판이라는 민주주의 현상이라고 봅니다. 제가 너무 간단히 정답을 이야기한 것이 아니면 좋겠습니다. 어떻게 이런 일이 가능한지 저는 정말 너무 놀랍기만 합니다. 저도 이 엄청난 사건에서 도저히 빠져나오지 못하고 있다는 점을 여러분께 확인시켜드리고 싶습니다.

저라는 사람만 제거당하고 나머지 모든 것은 아무 손상도 입지 않고 그대로 남을 수 있다면 얼마나 간단하겠습니까. 저는 우리의 일과 그 일의 사명을 구하려고 출마를 포기하지 못하는 것인데 여러분은 저에게 순간만 생각한다고 욕을 퍼붓지는 않으시겠죠?

그가 이 편지를 쓰던 시간은 두트바일러가 지나온 시간 가운데 가장 어려운 시간이었을 것이다. 그가 발을 딛고 서 있던 지축이 흔들린 것이니까. 이 가장 어려운 순간에도 그를 떠나지 않던 자기 확신이 증발해버렸다. 그도 솔직히 흔들린 것이다.

그가 그렇게도 가깝게 믿어왔던 바로 그 사람들과 자신 사이에 어마어마하게 깊은 틈이 생겼고 그 틈이 그들을 완전히 갈라놓고 있다는 것을 처음으로 깨달았기 때문이다.

동지들? 아니었다. 그들은 결코 동지가 아니었다. 그는 그 점을 이미 잘 알고 있었다. 하지만 그들이 적이 될 수 있을 거라고는 생각하지 않았다. 그도 이제 처음으로 사람들에 대해서 의심을 하게 되었다.

하지만 아내는 파악하고 있었다. 모든 것이 초토화될 수 있었다.

하지만 그런 일만은 일어나서는 안 되었다. 그래서 아내가 이야기했다. "당신이 그 사람들을 더는 믿지 않으면 당신이 지는 거예요!"

이 반란의 주동자들은 6월 24일에 다시 발언했고 두트바일러에게 또 편지를 썼다.

우리는 얼마 전부터 귀하가 추구하는 정치적 목표와 의원단 다수가 추구하는 정치적 목표가 서로 다르다는 확신을 점점 더 강하게 갖게 되었습니다. 귀하는 요즘 들어 좌경화된 발언을 너무 많이 하십니다. 그런 좌경 노선은 일찍이 폐기했어야 마땅합니다. 그런데 귀하는 필요한 경우 우익이 희생돼야 한다는 발언만 하고 계십니다. 우리는 무소속 란데스링이 어떻게든 그 목표를 바꿔야 한다고 생각하지 않습니다. 우리는 우리의 원칙을 절대로 고수할 것입니다. 우리는 중요한 인물들 대신, 가능한 한 '대중'을 많이 얻기 위해 약간 우익적인 우리의 정치 동지들을 간단히 포기할 생각도 없습니다.

귀하는 적들이 우리 운동 조직을 '두트바일러 당'이라고 부르는 것을 잘 알고 계실 겁니다. 우리는 감히 고백하겠습니다. 지난 몇 년 동안 상황이 이렇게 진행됐는데 이제 그런 칭호도 그 정당성을 잃었다고 봅니다. 무소속 란데스링과 그 기관지에서 일하는 모든 사람이 귀하에게 감히 공개적으로 저항하는 발언을 할 수가 없습니다. 그러려고 해도 하지 못하는 이유는 귀하가 무소속 란데스링이 참여하는 모든 행동과 칼럼 집필 같은 것을 완전히 혼자 다 해오셨기 때문입니다. 하지만 이럴 가능성이 있습니다. 이 문제를 관할 법원에서 철저히 조사하고 심의했는데도 귀하가 동의하지 않고 갑자

기 다른 곳, 즉 조합원총회로 끌고 갈 가능성 말입니다. 조합원총회
는 준비도 아주 불충분하고 귀하의 영향을 쉽게 받을 수밖에 없지
요. 귀하가 거기서 이야기하면 거기는 의사일정 같은 것은 아무것도
필요 없고 귀하가 그동안 전력투구해왔던 영향력 아래 있으니까 우
리가 그동안 아주 심사숙고해서 내린 결론을 다시 수정하려 할 가
능성이 있습니다. 그렇게 된다면 우리는 더는 참지 않을 것입니다.
   이것은 우리가 지금 내릴 수밖에 없는 가장 중요한 결정입니다.
귀하는 이따금 귀하에게 맞는 주제, 예컨대 공산당 금지법 폐지 문
제 같은 주제에 대해 비생산적인 논쟁을 하자고 다시 또 주장하고
있는데 그런 토론은 이미 충분히 했습니다. 귀하가 우리를 실제로
이해했다면, 그리고 무소속 란데스링이 정말로 크고 정말로(단지
형식으로만이 아니라) 민주적인 운동이어야 하는 것이 귀하의 의
지라면 우리의 충고를 명심하십시오.

이 편지가 두트바일러에게 도착했을 때는 그가 다시 마음을 가다
듬은 때였다. 다시 발바닥 밑에 단단한 땅바닥을 느끼고 있었다. 그는
정계에서 은퇴하는 문제를 더는 생각하지 않았다. 그는 이제부터 다
가올 투쟁에서 아주 중요한 역할을 할 무기인 일간지 〈행동〉을 소유
하고 있었다. 그리고 훌륭한 동지인 이 신문 편집장 에르빈 애클레 박
사도 있었다.
   일간 신문 〈행동〉은 1935년 말에 '무소속 란데스링 7명의 주간
지'로 출간되었다. 이 신문은 포맷으로 봐도 정치의 중심인 수도 베른
으로 올라간 몇 안 되는 무소속 란데스링 의원들을 위한 아주 작은 신
문이었다. 광고는 싣지 않았고 논단 성격의 역할만 했다.

1937년 초 〈행동〉은 포맷도 대판 신문 크기에 제대로 된 주간 신문이 되어 있었고 광고도 실렸으며 한 번에 4만 부씩이나 발행하고 있었다. 이 신문은 이제 이른바 '독자 생존'을 펼치고 있었다. 컬러판으로도 바뀌었고 재미도 있었으며 무소속 란데스링과도 완전히 독립되어 있었다.

그때는 사람들이 그 어느 때보다 많은 신문을 읽던 때였다. 모든 종류의 정보를 갈망하고 있던 때였다. 제2차 세계대전이 일어나기 직전이었다. 물론 이런 읽을거리에 대한 욕구를 충족시키기 위해서만은 아니었지만 〈행동〉은 결국 일간지로 전환했다. 어쨌든 그 당시 주간지는 폭넓게 존재하고 있었고 무소속 란데스링이 점점 더 격렬한 형태의 투쟁을 벌여가다 보니 매일 그들의 생각을 변호하고 선전할 수 있는 플랫폼이 필요해진 이유도 있었다.

두트바일러는 처음에는 이 일간지에서 아주 열성적으로 일하다가 차츰 물러났다. 그에게는 세상에서 벌어지는 모든 것을 부득이하게 다루는 데 딱 알맞은 기구가 신문이 아니었기 때문이다. 그에게는 워싱턴이나 런던, 심지어 전쟁터에서 벌어진 일보다 자신이 지금 막 마음속에 간직하고 있는 관심사가 더 중요했다.

그러다 마침내 아주 특이한 남자를 발견했다. 투쟁적인 일간지 편집장 에르빈 애클레 박사였다. 이 애클레 박사는 이제 적어도 언뜻 보기에는 투쟁적 신문의 편집장이라는 것에서 사람들이 기대하는 것과는 정확히 일치하지 않았다. 오히려 정반대였다. 취리히에서 태어났지만, 도시와 바로 인접한 시골에서 자랐고 웬만한 모험은 다 해본 사람이었다. 학교 다닐 때는 철학 문제에 집착하고 시나 쓰는 학생이었지, 학교에 어울리는 모범 소년은 아니었다. 그는 교사가 되었고 독어독문학을 공부했으며 연극에도 관심이 있었고 시도 썼다. 그러나 결코 달빛을 받으며 주변 경치나 누비고 다니고 직관이 떠오르기를 기다리는 부드럽고 연약한 사람은 아니었다. 일반적으로 받아들여지는 단어의 뜻으로 보자면 서정시인은 아니었다. 그는 사실을 바탕으로 두 발로 아주 단단하게 설 수 있고 조직도 할 수 있는 사람이었다. 그리고 그는 〈행동〉에서 아주 빠르게 놀라운 성과를 냈다. 또한 그는 투쟁도 할 수 있는 사람이었다. 반란이 일어난 몇 주 동안 두트바일러 편에 서서 일을 도왔다. 맨 처음에는 두 진영 사이에서 중재도 시도해보았다. 그 사건을 대중에게 해석해주는 어려운 과제도 안고 있었다. 그는 사건을 해석할 때 처음에 어떻게 해서 여기까지 왔는지를 추적하지 않고 미래를 위한 가능성을 기본 전제로 했다.

블로흐 문건을 샅샅이 훑어본 뒤 그는 두트바일러에 대한 심각한 비난은 없다는 생각에 이르렀다. 그는 법률가가 아니라서 변호사인 A. 그렌델마이어A. Grendelmeier 박사를 초대해서 이 문건을 분석하도록 했다. 그렌델마이어 변호사는 그날 밤 문건을 샅샅이 검토해서 다음에 만났을 때는 제대로 무장한 연사로 등장할 수 있었다.

마침내 두트바일러의 행동에 문제는 없었는지, 그리고 제네바에서 그런 일이 벌어졌는데도 여전히 무소속 란데스링이 그를 받아들일 수 있는지를 확인하기 위한 조사위원회가 소집되었다. 조사위원회는 두트바일러가 제대로 행동했으며 그를 비난할 수 없고 그는 재정 상태가 좋지 않은 개별 공산주의자 몇 명에게 적은 금액을 준 것을 제외하면 블로흐와의 관계는 흠잡을 데 없이 잘했다고 확인해주었다. 이 보고서는 9월 29일에 완성되었으며 9월 30일 대의원 총회에 제출되었다. 총회에서 발더는 두트바일러가 공직에 입후보할 수 없다는 의사를 공개적으로 밝혔다. 그는 다음과 같은 말로 자신의 연설을 마쳤다.

고틀리프 두트바일러는 국회가 중요한 게 아니며 자신이 겪고 있는 어려움을 알고 있다고 말했습니다. 그래서 저는 그가 다시 출마하면 훨씬 더 어려워질 거라고 봅니다. 두트바일러가 출마를 포기해야만 취리히 국회의원 가우네 현역의원 4명과 직전 의원 3명(그펠러, 무쉬크, 라파르트)이 출마할 것입니다. 여러분께 묻겠습니다. 국회의원 후보 명단에 두트바일러 한 명을 넣는 게 이 7명을 넣는 것보다 훨씬 더 가치가 있습니까? (고함소리 : 그렇습니다!)

그렇지 않습니다. 저는 베른의 국회의원으로서 고틀리프 두트바일러가 이 7명보다 더 많은 일을 할 수 없다고 단언합니다. 하지만 두트바일러가 출마할 경우 우리 가운데 누구도 사퇴하는 게 어렵지 않습니다. 그가 만일 다른 7명과 맞먹는 가치가 있다면 우리는 이른바 '지도자' 체제나 거의 다름없는 것입니다. 제가 여러분께 말씀드리는 것은 그가 의원단의 결정을 따르지 않았다는 겁니다. …… 두트바일러는 아마 지금도 의원단의 결정을 따르지 않을 것이라고 봅니다. 내기해도 좋습니다.

하지만 친애하는 동지 여러분! 우리는 그런 결정에 대해서는 책임질 수 없습니다.

동지 여러분! 제가 여기까지 오느라 얼마나 힘든 시간을 보냈는지 여러분께 확실히 말씀드릴 수 있습니다. 하지만 우리가 이런 얘기를 할 수밖에 없게 된 이후 저는 여러분께 전체 상황을 전달할 수밖에 없었습니다. 이제 여러분 책임입니다. 여러분은 이제 상황을 완전히 인식하셨을 테니까 결정하실 수 있을 겁니다. 저도 고틀리프 두트바일러의 엄청난 업적은 높이 평가합니다.

다른 사람들도 발언했다. 예컨대 그렌델마이어 박사는 두트바일러가 공산당원들에게 접근하려 했다는 사실에 대해 이해를 표시했다.

금지된 정당을 다시 일으켜 세우려는 것은 안 됩니다. 고틀리프 두트바일러는 민주적인 기구에서 '금지'라는 나쁜 방식으로 배제된 상당수의 스위스 시민들을 합법적인 민주주의의 틀로 되찾기 위해 노력했을 뿐입니다.

그리고 누구나 이것이 명예롭고 민주적이며 합법적인 견해임을 선언할 확실한 준비가 되어 있습니다. 저는 이 상황에서 꼭 필요한 게 있다면 그것은 단결이라고 생각합니다. 그리고 가장 엄중한 시기에 '우리는 더는 할 수 없다'는 말만은 해서는 안 된다고 생각합니다.

어쨌든 듣도 보도 못한 방식으로 우리를 위해 등장한 설립자로서 극소수의 사람들이 그랬듯이 운동을 위해 투쟁해온 두트바일러 같은 사람은 이제 우리에게서 이러한 분이었다는 인정을 충분히 기대해도 될 만한 분이라고 생각합니다.

저는 '여러분이 고틀리프 두트바일러와 함께 일하는 게 아마 쉽지는 않았겠구나, 그래서 많이 지치셨구나' 하는 점을 인정하겠습니다. 그러나 그렇다고 해서 이 시간에 떠나지 말고 도망치지 말아야 한다는 것은 의심할 여지가 없습니다. 의원단이 지금 고틀리프 두트바일러와 함께 입후보 명단에 오르지 않으면 그것은 절대로 안됩니다. 그렇게 되면 의원단 여러분은 아무것도 얻지 못하고 모든 것을 잃게 될 것입니다. 고틀리프 두트바일러는 여전히 무소속 란데스링의 당 대표입니다. 그가 거기서도 파면되어야 한다면 연극은 완전히 끝나게 될 것입니다!"

두트바일러의 오랜 길동무였던 루돌프 페터도 발언했다.

저는 무거운 마음으로 여러분 앞에 섰습니다. 발더 박사님께 반대하는 발언을 하는 게 제게는 너무나 어렵습니다. 20년 전에 설립되어 오늘날 이렇게까지 성장한 이 정당의 문제를 놓고 논의하는 과정을 이렇게 지켜보는 것도 힘듭니다. 그리고 제가 제대로 이해하지 못하는 어떤 동기들 때문에 진짜 붕괴할 위험에 직면하게 되었습니다. 사실관계에서 몇 가지 바로잡을 게 있습니다. 핵심 문제는 블로흐 씨에 관한 것입니다. 그런데 두트바일러 대표가 어떤 동기에서 그런 일을 했나요? 그분은 무엇보다도 조국에 선박을 조달하고 싶어 했을 뿐입니다. 우리에게 선박을 조달해줄 수 있는 선한 그 누구도 찾을 수 없었습니다. 그런데 바로 딱 한 명 블로흐를 발견한 것입니다.

1943년 9월 30일의 이 회의는 아침 8시에 시작되었다. 이른 오후 두트바일러가 직접 나타났다. 그는 즉석에서 이렇게 말했다.

우선 분명히 할 게 있습니다. 저의 입후보 철회 문제는 이미 끝난 일입니다. 이미 결정되었습니다. 그것은 안 될 일입니다. 이런 관점에서 시작하겠습니다. 저는 이 모든 투쟁에서 단순한 두트바일러가 아닙니다. 여러분의 의견에 따라 여기저기 곡예를 당하고도 견디낸 어떤 힘입니다. 하지만 저는 이 상황을 바꿀 수가 없습니다.

상황이 이렇게까지 전개된 뒤에 제가 없이 현재 의원단과 함께 선거를 치르면, 이런 의견 대립이 계속될 것이라는 점을 이해하셔야 합니다. 이렇게 되면 우리 무소속 란데스링은 끝입니다. 야당은 아주 힘차게 투쟁해야 합니다. 그래서 야당은 이러한 분쟁이 있으면 완전히 무력해지는 것입니다. 이 사람들이 왜 이 문건에 대해 침묵을 지켰는가? 어떤 신문도 이 문제에 관해 쓰지 않고 있습니다. 그들은 여러분에게 희망을 걸고 있습니다. 이것이 현 상황입니다! 왜 아무 기사도 안 나오죠? 그들은 조심스럽게 물러서서 여러분을 기다리고 있습니다. 여러분이 이 무소속 란데스링을 박살내기를 고대하고 있는 것입니다. 우리의 관심은 '무소속 란데스링이 여기서 무너질 것이냐? 진짜 도저히 피할 수 없는 것이냐?'입니다. 이런 질문이 활발히 제기되었습니다. 어떤 사람도 어떤 선한 의지도 아무것도 바꿀 수 없을 정도가 되었습니다. 무소속 란데스링은 몹시 지쳐 있습니다. 저는 우리가 단결하자는 의견, 거기서 이탈하는 사람들에게 책임을 묻자는 의견이 90%를 넘어야 출마할 것입니다. 90%입니다. 단 1%라도 못 미치면 안 하겠습니다. 그렇지 않으면 전혀 의미가 없습니다. 협동조합이 이렇게 어려운 상황에 놓였는데, 제가 어떻게 책임져야 할까요? 저는 제게 어떤 책임이 있는지 모르겠습니다. 저는 엄청나게 과부하에 걸려 있습니다. 한 사람 한 사람 떨어져 나갔습니다. 그래서 결국 저도 사실 다른 일을 더는 할 수 없게 되었습니다. 아내가 제게 묻더군요. '당신이 아직도 사람들을 믿느냐'고요. '당신이 이제 그분들을 믿지 않으면 모든 게 끝난 것'이라네요. 설사 무소속 란데스링이 깨진다 해도, 그래도 저는 여러분을 믿습니다.

사회적 자본이 곧 가능성입니다. 조직은 어쩌면 시들어버릴지 모릅니다. 하지만 우리의 아이디어 전체는 전혀 시들지 않을 것입니다. 제가 글을 쓰고 말을 할 수 있는 한 결단코 시들지 않습니다! 하지만 의원단 분과에서 저와 더는 함께할 수 없다면 정치적 힘으로 존재하던 무소속 란데스링은 이미 끝난 것입니다. 유권자들이 어떤 결과를 끌어낼까요? 다른 사람들이 무척 기뻐하겠죠! 비극적인 것은 이 사명이 너무 가까이 다가왔다는 것입니다. 우리는 이 위기의 시대를 극복할 방도를 찾아봐야 합니다. 어디로 가야 할지 모르는 노동자들을 붙잡아야 합니다. 사회정책이 없으면 이것을 완성할 수 없습니다. 여러분은 너무 많은 일을 해서 과로하는데도 실수는 하지 않는 대표를 찾으려는 게 아닐 겁니다. 저는 이런 실수에 대해 자랑스럽게 생각합니다. 저는 언제나 이 정책을 향해 나아갔습니다. 오른쪽으로 가는 사람들은 부르주아 정당이나 농민당, 자유당, 가톨릭당 같은 쪽으로 이동했습니다. 우리는 노동자들을 신뢰해야 합니다.

이게 사태의 핵심입니다. 저를 믿어주십시오. 머지않아 역사가 우리를 가르칠 것입니다. 무소속 란데스링이 몰락하면 적들은 놀랍도록 능숙하게 우리를 해치운 걸 처음으로 후회할 수밖에 없을 것입니다. 그러고 나면 무소속 란데스링의 이념보다 그들에게 훨씬 더 불리한 것, 아주 엄청난 실망이 뒤따르게 될 것이기 때문입니다. 저는 그들에게 엄청난 실망을 안기기 위해 어떻게 행동해야 할지 생각하고 있습니다. 여러분이 저를 빼고 입후보자 명단을 만들면 다양한 이야기가 신문에 나올 겁니다. 그러면 의원단 분과는 죽도록 얻어맞겠죠. 이 모든 문제는 여러분이 두트바일러를 포함한 명단을 만드는 것에 최소한 90% 이상 동의할 수 있느냐에 달려 있습니다. 우리는 단결해야 합니다. 두트바일러를 포함한 의원단 명단을 작성하는 데 90%는 동의해야 합니다. 그렇지 못할 경우 저는 책임질 수 없습니다. 저는 미그로 협동조합 앞에서도 똑같은 생각을 대표할 수밖에 없습니다. 저는 다른 정당들과 교섭도 할 수 있습니다. 그런데 제가 출마하지 못하면 그들과 대화할 수 없습니다. 여러분은 낙관주의가 여전히 옳다는 사실을 발견하게 될 겁니다.

아주 훌륭한 연설은 아니었다. 스스로 안전하다고 느끼고 다른 사람들 위에서 다른 사람을 지배하는 사람의 연설도 아니었다. 여전히 모든 발짝을 땅에 딛고 싸우며 걸어가야 하는 사람, 그 투쟁이 아직은 승리하지 못했지만 이기거나 몰락할 때까지 투쟁할 준비는 되어 있는 사람의 연설이었다.

총회는 새벽 1시쯤까지 진행되었다. 취리히 콩그레스하우스의 지배인이 법정 폐관 시각을 변경해달라고 청원해야 할 정도였다. 하지만 1시쯤 헤어질 때도 사람들은 최종 결론에 도달하지 못했다. 이틀 뒤 10월 2일 무소속 란데스링 대표단 회의가 취리히 공연장 소강당에서 개최되었다. 이번에는 두트바일러도 처음부터 참석했다. 다시 두트바일러에 대한 찬반 토론이 전개되었다. 한스 자포이어Hans Sappeur는 그를 위해 전력투구했다. 황소의 두 뿔을 잡는 용기였다.

"사람들은 '두트바일러가 어떤 동지감도 없다!'고 했습니다. 그런데 저는 그와 두 눈을 맞대고도 이야기하고 싸울 수도 있어야 한다는 것을 깨달았습니다. 사람들은 자기 스스로 동지일 수 있다는 증거만 제출해야 할 것입니다." 그리고 이렇게 이어나갔다. "두트바일러가 아직 베른에 있는 동안 그는 매우 자주 혼자였다는 것을 여러분은 눈치채지 못하셨습니까? 두트바일러의 기사에서 '이 투쟁에서 나를 혼자 내버려두지 마라!'고 쓴 기사 때문에 제가 얼마나 실망했는지 기억이 납니다."

그사이에 무소속 란데스링 후보 명단을 두 개로 제시하자는 절충안이 나와서 상황이 확 바뀌었다. 그러면 유권자는 어떤 '무소속'이 두트바일러를 중심으로 한 무소속이며 어떤 무소속이 그를 반대하는 곡예를 했던 무소속인지 결정할 수 있을 거라고 했다. 두트바일러는 이틀 전에 조합원 90% 이상이 자신을 지지해야 입후보할 수 있다고 공언한 바 있었다. 그런데 이번에는 출마자 명단을 두 개로 작성하자는 것에 대해 이렇게 발언했다.

"우리가 격렬한 논쟁을 벌이고 오늘 그 해결책을 찾았다고 말할 수 있다면 그리 나쁜 인상을 주지 않을 것 같습니다. 일종의 집안싸움이었다는 건데, 매우 독창적입니다. 너무 유머러스하게 말할 수 없긴 하지만 꽤 괜찮은 소리로 들립니다."

다른 사람들은 이 아이디어에서 유머를 거의 발견하지 못했다. '뭔가 수상한 꼼수'라거나 '추악한 거래'라는 소리가 많았다. 그러자 두트바일러가 펄쩍 뛰었다. 그는 반란자들에게 공동의 선거운동이 가능하도록 양쪽 다 무소속 란데스링의 정강을 준수한다고 고백하고 자신과 함께 일종의 후보 명단을 연결하는 것에 동의해달라고 했다.

"그들이 그것을 거부해야 비로소 제가 후보를 수락할 준비가 되어 있습니다."

그리고 잠시 뒤에 이렇게 이어나갔다. "그분들이 이것을 받아들일 가능성이 그리 크지 않지만, 우리가 그들에게 제시한 것이 무엇인지 보여줄 수만 있다면 훨씬 더 성공적인 투쟁이 있을 것입니다. 우리는 미리 할 일을 다 하고, 그들에게 충성을 다해야 비로소 큰 정치를 할 수 있습니다. 이 제안이 거절되면 후보를 수락하겠습니다."

마침내 그렇게 되었다. 이것이 두트바일러에 대한 반역의 끝이었다. 카이사르는 지지 않았다. 카이사르는 반격으로 넘어갔다. 그는 10월 2일의 회의에서 이미 그 기초를 놓은 바 있다. 이제 상대편이 공격해 들어오기 전에 먼저 공격하는 게 중요해졌다.

상대편에는 이제 다른 정당들뿐 아니라 더는 함께하지 않겠다는 무소속 란데스링 의원들까지 포함되었다. 공격이라는 말은 그 유명한 블로흐 문건을 대중에게 먼저 끄집어내서 두트바일러를 그것과 연결 짓는 것을 가리킨 것이었다. 여기서도 찾을 수 있는 유일한 방법은 이 문건에 대해 가장 먼저 말하는 것이었다.

애클레 박사는 10월 8일 두트바일러에게 신상 발언 기회를 줘서 두트바일러가 제일 먼저 발언하도록 했다. 두트바일러는 일련의 국회의원들이 자기한테서 떨어져 나갔다는 점을 확인하고 이렇게 말했다.

아주 의심스럽기 그지없는 투로 엄청난 호의를 베풀고 있는 듯한 말로 가득 차 있는 이른바 블로흐 문건이라는 것이 분당의 직접적인 동기였습니다. 거기에는 제가 니콜과 그의 조수 에를러에게 라파르트의 선거와 관련해 제네바에서 돈을 주라고 했다는 내용이 들어 있습니다. 하지만 니콜이 누구입니까? 1941년 국회의원 보궐선거에서 시작해서 1943년 지방의회선거 때까지 제네바 선거 때

불법 인쇄물에서 무소속 란데스링 제네바 시당과 저에 대해서 꾸준히 아주 날카롭게 조롱한 사람입니다. 그것은 지금 문건으로도 확인할 수 있고 언론에 의해서도 일반적으로 확인되었습니다.

1942년 가을 주의회 의원 선거 때는 심지어 차량시위대를 동원해서 집회를 방해하기도 했고 그 바람에 그 집회는 제 연설이 끝난 직후 중단되기까지 했습니다! 그런데 저를 반대하는 이 투쟁을 제가 직접 후원했다네요?

몇 년 뒤, 우리는 5,000프랑 이상의 돈을 주었다는 혐의를 받았지만, 그 돈은 블로흐 씨가 니콜 씨에게 지급한 돈입니다. 파문당하고 자금도 없는 니콜에게 블로흐가 실제로 연민 때문에 그랬는지, 아니면 오늘도 설명되지 않는 뭔가 다른 이유에서 그랬는지는 곧 밝혀질 것입니다. 어떤 경우에도 그것은 서명한 사람이나 미그로 협동조합연합회가 위탁해서 벌어진 게 아닙니다. 사실 그는 이 금액 모두를 자기 부채로 잡아야 했거나 부채로 잡았습니다. 심지어 이미 갈등이 불거진 뒤에도 그렇게 했습니다!

사실 그는 사업상의 견해 차이를 자신에게 유리한 쪽으로 영향을 미치기 위해서 '정치적으로 폭로하겠다'며, 오랫동안 저를 협박해온 사람입니다. 저는 이 엄청난 협박에 맞서서 1943년 7월 22일 편지에서 모든 것을 완전히 블로흐 씨 뜻에 맡길 테니 완전히 당신 뜻대로 하라고 답변했습니다. 이것은 제가 몇 글자 써서 막을 수 있었던 이른바 '폭로'를 제가 전혀 두려워하지 않았다는 최고의 증거일 것입니다.

두트바일러를 둘러싼 투쟁은 이제 저널리즘 차원으로까지 아주 활활 타올랐다. 그는 사방팔방에서 집중 공격을 받았다. 하지만 그는 모든 공격에 답을 했다. 그는 칼럼도 썼고 무수한 대중 집회에서 연설도 했으며 다시 한번 지칠 줄 모르는 사람이 되었다.

그리고 승리했다. 다시 당선된 것이다. 두트바일러가 대표로 입후보한 무소속 란데스링은 55만 575표를 얻은 데 반해, 슈나이더가 이끄는 무소속들은 반도 안 되는 21만 4,569표를 얻는 데 그쳤다. 슈나이더는 반란자들 가운데 유일하게 국회에 입성할 수 있었지만 거기서 그는 고립되었고 곧바로 정치 인생을 포기했다. 발더 박사는 그 전에 이미 개인 생활로 되돌아간 상태였다.

제16장

새로운 과제들

그렇게 그는 국회의원 신분으로 돌아갔다. 적들이 그렇게 공격하고 동료 의원 수가 줄고 이른바 블로흐 문건이 그렇게도 괴롭혔지만 결국 이긴 것이다. 그는 이제 외부로 예전처럼 다시 막강한 힘을 갖게되었다. 하지만 여전히 께름칙한 게 있었다. 두트바일러는 이제는 1년전 같은 정도의 힘은 없었던 것 같다. 그와 가장 친밀했던 동료 몇 명, 스위스에서 중요한 인물 몇 명이 그를 떠났기 때문이다. 사람들한테 충분히 이해를 받지 못하는 것이 그의 영원한 운명이었는데, 이번에도 반복된 것이다. 물론 언제나 문제는 그를 떠난 몇 안 되는 사람들이었다. 그의 인기는 줄지 않았고 일하겠다는 의지와 투쟁할 용기도 전혀 줄어들지 않았다. 공산당 금지에 맞서 싸운 바람에 거의 몰락할 지경까지 엄청난 곤경에 처했던 그는 1944년 1월 17일 취리히주 의회에서 스위스인들의 자유권 회복을 위해 연설했다. 연설에서는 날카로움이 전혀 사그라지지 않았다.

스위스에서 자유를 제한할 때는 언제나 불가피하다는 주장부터 시작되었습니다. 우리나라에 경제 위기가 반복되니까 대책을 마련하려면 헌법을 일탈해야 한다고 한 적도 있습니다. 전쟁이라는 어마어마한 압박 때문에 헌법이 보장한 자유를 누릴 수 없다고 한 적도 있죠. 이론의 여지가 없습니다. 예컨대 제5열, 즉 고정간첩들과 맞서 싸우려면 자유권을 제한하지 않고 싸우는 게 불가능하다는 주장도 있었습니다.

처음에는 이렇게 불가피하다는 핑계를 대고 시작하지만, 그게 지나면 아예 규칙이 되어버렸습니다. 정치 권력이나 경제 권력이 비상사태를 남용하는 상황이 벌어진 것입니다. 그런데 이렇게 되면 일상적이지 않게 전권을 휘두르는 권력의 압력에 익숙해지게 되고 헌법을 실질적으로 무시하게 됩니다. 이게 계속되다 보면 실제로 아무런 강요를 받지 않아도 전권을 휘두르는 독재 권력의 길에서 계속 지배당하고 개인의 권리가 침해받게 되어 있습니다. 이보다 더 큰 위험이 어디 있겠습니까! 그런데도 스위스답지 않은 정부의 형태가 굳어지고 해가 갈수록 우리가 그것에 익숙해지면 되겠습니까?

우리는 국가권력이 전지전능하다고 착각하고 거기에 우리 자신을 맡겨서는 안 됩니다. 스위스에서는 그럴 필요가 없습니다. 극우민족전선당은 1939년부터 후보를 내지 않고 있습니다. 투표용지에는 여전히 그 당 이름이 존재하고 종종 주권을 행사하는 방식으로 작동하고 있습니다. 투표용지를 통해 이 운동의 주인이 된 것은 우리입니다! 공산당에 관해 말씀드리자면 그 당에는 요즘 국회의원이 두 명밖에 없습니다.

여기서도 경찰의 영향력을 착각해서는 안 됩니다. 일반 민중이 외부의 위험에 저항했습니다. 그들을 지원한 것은 경찰이 아니라 일반 민중이었던 것입니다. 오늘날 취리히에서는 대중 집회에서 감히 연단에 올라가려는 나치주의자가 없습니다. 그런데 무엇을 위해 집회의 자유를 제한한단 말입니까?

우리는 자유의 힘을 믿어야 합니다. 우리 자신의 힘에 우리를 맡겨야 합니다. 자유를 위험한 것으로 착각하면 결코 안 됩니다! 스위스 민중은 자유롭습니다. 그리고 자신의 민주적 권리를 올바르게 활용할 수 있습니다. 민중을 계속 후원하면 민중이 엄청난 힘을 발휘할 겁니다.

하지만 연방정부와 경찰이 상대가 얼마나 강한지 아는 것보다 중요한 게 없겠죠. 그러니까 그들은 일반 민중에게 조용히 악기나 불게 합니다. 나라가 돌아가는 상황에 대해서는 최소한만 알라 이거죠.

검열이나 하는 정권이 우리나라를 장악하게 되면, 몇 가지 예를 말하라고 해도 한 가지 개념밖에는 표현할 수 없게 됩니다. 예컨대 1942년 5월 20일 한 주간지에 어떤 칼럼 필자가 칼럼에 들어 있는 단 몇 줄의 행간에서 중립적이지 않은 태도를 보였나 봅니다. 그렇다고 해서 신문사와 방송국들이 형법으로 처벌해야 한다고 난리를 폈습니다. 행간에서 읽히는 것까지 처벌한다면 앞으로 스위스인 가운데 누가 글을 쓸 것이며 누가 글을 읽겠습니까?

그것은 사상을 처벌하는 것입니다! 나아가 한 협동조합 신문은 '시한폭탄'이라는 용어를 사용했다고 고발을 당했습니다. 그런데 검열자들은 '악취 폭탄'이라는 용어를 썼으면 허용했을 것이라고 통보했습니다. 또 있습니다.

스위스에서는 언론 검열에서 승인을 받아야만 책을 출판할 수 있습니다. 그런데 어디 가서도 '이 책은 검열을 통과했다'는 말을 할 수 없게 되어 있습니다. 선거 때는 언론이 특히 더 어려워집니다. 예컨대 모스크바 회의 때 주요 정치 인사들의 사진 3장을 지구본과 함께 선거 공보에 실을 수 없었습니다. 심지어 그 인사들의 이름조차 언급할 수 없었죠. 영국 성공회와 러시아 정교회 고위 성직자들이 만나는 사진도 실을 수 없었습니다. 군 당국이야 어쩔 수 없이 그런 뒤치다꺼리를 해야 한다고 칩시다. 그러나 모든 시민과 모든 군인은 기분 나빠할 것이 틀림없습니다. 이런 일이 얼마나 웃기는 일인지, 아니 얼마나 비극적인 일인지 사람들은 잘 모르고 있습니다.

그러나 가장 걱정스러운 것은 베른 정부의 문서 정책에 담긴 정신 전체입니다. 정부는 편지도 검열하고 전화도 도청하며 가능한 한 모든 사람을 사찰하려고 특수 요원도 운영하고 가택까지 수색하고 있습니다. 이 모든 것을 정책 수단으로 삼고 있는 것입니다.

과거에는 어떤 시민이 반대되는 증명을 직접 제출하지 못해도 우리는 모두 그 시민을 아주 오랫동안 죄가 없는 사람으로 간주했습니다. 그런데 오늘날 우리는 반대 증명을 제출하지 못하는 시민은 무조건 다 범인으로 간주하려는 것처럼 보입니다. 이런 일은 우리 역사에서 처음 있는 일입니다.

이것은 결코 스위스에 어울리지 않습니다. 자유 시민에게는 투표용지만 주는 데 반해 스위스 군인들 집에는 그들이 어떤 정치사상을 가졌는지 묻지도 않고 소총과 탄약까지 줄 정도로 신뢰를 보내고 있습니다. 이보다 더 큰 모순이 세상에 있을까요?

경찰이 더 많이 필요하면 할수록 그 나라는 점점 더 약하게 느껴질 것입니다. 우리는 야당을 인정해야 합니다. 미국 정치인 제퍼슨은 이런 말을 했습니다. '언론 없는 정부와 정부 없는 언론 중에 택일해야 한다면 저는 한 순간도 망설이지 않고 후자를 택할 것입니다.' 볼테르는 자기와 다른 사상을 가진 사람들에게 이렇게 이야기했습니다. '나는 당신 말에 동의하지 않지만, 당신이 그런 말을 할 권리를 옹호하기 위해 목숨 걸고 싸우겠다!'

그러나 새 시대와 옛 시대의 대립은 어떤 형태로든 나타날 수밖에 없을 것입니다. 우리는 열린 눈으로 이 순간을 고대해야 합니다. 우리나라가 결정적인 순간에 언제나 제때에 행동하도록 하는 가치에 초점을 맞추어야 합니다. 다시 말씀드리겠습니다. 우리는 자유에 대한 공포를 떨쳐내야 합니다! 우리는 한 걸음 한 걸음 헌법과 자유를 향해 되돌아가야 합니다. 노르웨이나 덴마크, 네덜란드를 비롯한 여러 나라가 명령도 없고 문서로 된 의무도 없이 얼마나 헤아릴 수 없는 고통을 겪고 있는지를 보세요. 그러면 자유의 힘을 알게 될 겁니다. 다른 나라 사람들이 모든 것을 걸고 전력투구하고 있는 자유의 가치를 알게 될 겁니다. 하지만 스위스에 사는 우리도 이 자유를 쟁취하기 위해 투쟁해야 합니다! 우리 모두 신뢰합시다! 정부에 대한 국민의 신뢰는 정부의 태도에 달려 있습니다. 정부가 국민을 신뢰하면 국민도 정부를 신뢰할 것이고, 정부가 국민을 신뢰하지 않으면 국민도 정부를 신뢰하지 않을 것입니다.

두트바일러는 이 연설로 한 정당의 정치인을 뛰어넘어 나라 전체의 정치인으로 우뚝 성장했다.

공직사회의 오만을 제지해야 한다. 민중에게 신뢰를 보내야 한다. 두트바일러가 전쟁 때 이미 이런 요구를 했으니 '평화가 발발한' 이후에는 얼마나 강력하게 요구했겠는가. 관계 당국은 "전쟁 경제는 평화협정에 따라 어쩔 수 없이 필요한 것보다 단 한 시간도 더 지속하지 않을 것!"이라고 확약했다.

하지만 겉으로 보기에 정부는 전쟁 경제를 한동안 지속시키는 게 절대 필요하다고 생각한 것 같다. 스위스는 강대국들에 둘러싸인 아주 작은 나라이기 때문에 전쟁 때는 특히 배급 분야가 생사여탈을 좌우할 만큼 매우 중요했다. 그런데 전후 6개월 동안 너무 많이 바뀌지 않았다. 그래서 그는 자제력을 잃었다. 두트바일러는 평생을 행동하는 사람이었다. 그는 한 나라의 번영과 주민 행복은 각 개인의 자발적 행위에 달렸다는 점을 행동으로 수백 번은 증명한 사람이기도 했다.

전쟁 때는 개인의 자발적 행위가 중앙집권적 국가의 계획 뒤로 밀려나야만 했다. 그런데 평화가 찾아온 지금도 왜 개인이 자발적으로 행동할 수 있는 마당을 허락하지 않는가? 도대체 왜 아직도 상품, 특히 식료품을 수입하면 안 되는가? 도대체 왜 아직도 배급을 끝낼 준비를 하지 않는가?

돈은 아주 많이 있다. 국립은행 철제 금고에 어마어마한 액수의 달러가 보관되어 있다. 전쟁 때는 그 돈을 풀 수가 없었다. 국제 운송 상황도 하루하루 좋아지고 있다. 미국에서는 최악의 전시에도 배급을 그렇게 대규모로 하지 않았고 지금은 아예 배급제도 자체를 폐지했다. 그래서 북남미에서는 전쟁 때 확실히 부족했던 육류와 밀 그리고 특히 달걀을 양껏 마음대로 수입할 수 있게 되었다. 두트바일러는 모든 촉수를 곤두세웠다. 달걀을 대량으로 수입하지 못하게 방해하는 게 뭐가 있었지? 잘못된 결정을 내린 베른 관료들 빼고는 아무것도 없었다. 그들은 그때 미국에서 수입하는 게 너무 위험하다고 생각했다. 워낙 멀기 때문에 오는 길에 너무 많은 달걀이 곯을 것이라고 했다. 회원이 아주 많은 '달걀 수입 신디케이트'에 자문해달라는 요청도 했다. 귀중한 시간만 허비했다. 그래서 아무 일도 하지 못했다.

이제 두트바일러 같은 사람에게 딱 안성맞춤인 상황이 왔다. 그는 고객에게 서비스를 제공하려고 모험을 하는 상인이었다. 그에게는 세계 시장이 자유의 길이었다. 그런 세계 시장에서 자유롭게 구매할 수 있어야 한다고 말과 글로 숱하게 요구했다. 베른 정부는 전에 '가능한 한 최단 시일 안에 강제 경제를 폐지하겠다'고 약속한 적이 있는데, 〈행동〉이 이 내용을 끈질기게 베른 정부에 상기시켰다.

하지만 두트바일러가 말만으로 만족한다면 그는 두트바일러가 아니다. 베른 정부가 어떤 눈곱만한 조치도 하지 않는 채 6개월이 지났다. 두트바일러는 1945년 성탄절 휴가 둘째 날 미국으로 갔다. 그는 정확히 2개월을 머물 생각이었다. 뉴욕에 도착하자마자 그는 미그로를 위한 수입사무소를 열었다. 그리고 달걀을 대량으로 사들인 뒤 유럽으로 가는 배에 실어 보냈다.

동시에 그는 '신문 속 신문'에서 달걀의 유통기한이 얼마나 긴지 알려주는 캠페인을 시작했다. 그는 거기서 이렇게 썼다. "전국적으로 심지어 주부들까지도 달걀의 유통기한을 잘못 알고 있다. 기껏해야 5~6주밖에 안 된다고 다들 알고 있는데 사실 건강한 달걀은 건조한 공간에서는 석 달까지도 싱싱함이 유지된다."

두트바일러가 여행을 떠난 직후 12월에는 달걀을 하나씩 배급하던 베른 정부가 1월에는 6개씩으로 달걀 배급량을 늘렸다. 하지만 3

월에 배급할 분량을 확보하기도 전인 2월 28일 두트바일러가 귀국한 직후에 달걀 배급은 스위스 전 지역에서 중단되었다. 건강한 사람의 이성이 관료주의를 이겼기 때문이다.

두트바일러의 승리였다.

두트바일러는 달걀만 사러 미국에 간 게 아니었다. 전쟁이 끝나기 전 마지막 몇 달과 전쟁이 끝난 뒤 처음 몇 달 동안 거대 강국 미국과 작은 나라 스위스 두 나라의 민주주의 사이에 많은 어려움이 있었다. 고틀리프 두트바일러는 그 어려움을 제거하기 위해 자기 권한으로 할 수 있는 모든 것을 시도했다. 말 그대로의 의미든 비유적인 의미든 그는 전권대사가 아니었다. 그냥 개인이었다. 그래도, 아니 어쩌면 바로 그래서 이렇게 썼다.

"미국과 스위스의 대화는 가능한 한 빨리 그리고 마땅히 고위급 차원의 정치 토론 플랫폼을 마련해야 합니다. 오늘날 가장 중요한 것은 세계 속 스위스의 지위에 관한 것이지 돈이 아닙니다."

무엇이 중요하다고? 국가의 원칙인 '중립'이 중요하다는 것이다. 스위스는 거대한 고리 속에서 중립을 지켜왔다. 스위스에는 민주주의의 치명적인 적들, 나치친위대ss와 나치돌격대sa 무리와 투쟁할 때는 실제로 중립이 없었다. 강제수용소와 독가스 학살을 비난해야 하니 중립을 지킬 수가 없었기 때문이다.

스위스에는 히틀러가 세계를 향해 전쟁을 선포하기 훨씬 전에 개인 자격으로 히틀러에 반대하는 전쟁을 수행한 용감한 사람이 많이 있었다. 물론 이 전쟁에는 남녀가 따로 있지 않았다.

독일에서는 일찍이 신문이 금지되었지만, 스위스 신문들은 용감하게 앞장섰다. 그리고 스위스에서는 〈타임스〉나 〈뉴욕타임스〉, 〈헤럴드트리뷴〉, 〈르탕Le Temps〉 같은 신문도 읽을 수 있었다. 하지만 스위스는 전쟁이 나면 전통에 따라 형식적으로 중립을 선언해왔으며 전후에도 역시 중립을 지키려 했다. 물론 스위스는 유럽의 승전국들과 패전국들을 모조리 싸잡아 똑같이 대할 준비는 되어 있지 않았다. 연합국들은 당시 '힘의 정치' 때문이든 도덕적인 이유 때문이든 스위스도 이제 답해야 한다는 견해를 제기했다.

'힘의 정치'라는 말에서 유추할 수 있겠지만 스위스는 승전국들에 맞설 힘이 없었다. 승전국들이 없었으면 스위스도 아마 존재하지 못할 것이라는 사실을 승전국들은 증거로 들이댈 수 있었다. 그래서 그들의 상황은 도덕적으로 한참 우위에 있었다. 영국과 러시아, 미국 같은 나라가 히틀러와 맞서 전쟁을 치르지 않았다면 분명 스위스도 폭탄을 맞지 않고 지나갈 수 없었기 때문이다. 그것은 전혀 부인할 수 없는 사실이다. 특히 연합국과 소련의 군인들이 목숨을 바쳐가며 스위스를 구한 것도 사실이니까. 물론 다른 측면에서 스위스는 '당신네 군인들이 스위스 때문에 전쟁에 참여한 것은 아니지 않나?'고 이의를 제기할 수는 있었다. 엄청난 전쟁 끝에 미국이 어떤 나라인지 스위스 국민에게 보여주면서, 두트바일러는 최소한 미그로를 설립한 이래 평생 시도해온 것을 논리적으로 계속 이어가고 있었다. 즉, 평범한 소시민들에게 세상은 공유할 수 있는 부로 가득 차 있다는 것을 상기시켰다.

이 전쟁이 끝난 뒤 그는 전쟁 경제도 끝내고 싶었다. 그뿐 아니라 전쟁 경제를 통해서, 그리고 무엇보다 전쟁을 겪으며 스위스인들이 잃어버렸던 삶의 기쁨을 다시 늘리려 했다.

하지만 놀라운 것은 이 스위스 상인에 대해 미국인들도 알고 있었다는 것이다. 물론 그들은 두트바일러가 상인이라는 것 이상으로 알고 있는 게 없었다. 그의 성공은 지극히 개인의 성공이었고 그 성공은 앞으로 몇 년 동안 계속 굳어질 것이다. 미국의 많은 주요 신문들이 그와 인터뷰하거나 그에 관한 기사를 실었다.

〈유엔 월드〉나 심지어 〈새터데이 이브닝 포스트〉 같은 아주 중요한 잡지들조차 상세하고 아주 생동감 넘치는 컬러 사진들을 실었다. 미국은 그 성공을 늘 우러러봤다. 그쪽에서는 위대한 시인이나 사상가 또는 몇 명 안 되나마 위대한 정치 지도자가 국민적 영웅이 아니었다. 미국에서는 록펠러나 애스터, 밴더빌트,* 포드, 카네기처럼 경제적으로 큰 성공을 이룬 사람들이 국민의 영웅이었다.

그들과 비교하면 두트바일러는 결코 부자가 아니었다. 하지만 그는 아주 작은 나라 출신이다. 그런데도 어쨌든 수백만 프랑을 지닌 '백만장자'였다. 모든 간행물이 '그가 과거에는 전혀 부자가 아니었는데 지금은 백만장자가 되었다'는 점을 주목했다. 그쪽 사람들은 두트바일러가 자기 고국에서 꾸준히 비난에 맞서 자신을 방어해온 점을 지극히 '미국적'이라고 봤다. 물론 약간의 비웃음이 없지 않았다. 이와 함께 "그가 빌헬름 텔보다 더 널리 알려졌다"는 말도 나왔다. 하지만 빌헬름 텔은 얼마나 출세를 했던가?

----

* 존 제이컵 애스터(John Jacob Astor, 독일어: Johann Jakob Astor 요한 야코프 아스토어, 1763~1848)는 애스터 가문의 이름을 알린 독일계 미국인이다. 상인이자 투자자로, 미국 최초의 억만장자였다. 미국에서 처음으로 신탁을 창립한 인물이다. 코닐리어스 밴더빌트(Cornelius Vanderbilt, 1794~1877)는 미국의 해운업과 철도 산업으로 재산을 모은 사업가, 자선가이다. 밴더빌트 가문의 가주이며, 미국 역사상 가장 부유한 인물 중 하나이다.

사람들은 미국인의 평가를 별로 탐탁지 않게 여겼다. 그들이 두
트바일러에게 관심을 보이는 것은 그저 아주 고리타분이고 상투적인
수법일 뿐이라고 매도하려 했다. 그쪽에서는 이 인물의 '유일무이함'
을 아주 높이 평가했다. 그런 평가는 스위스 자체에서보다 훨씬 더 강
하고 빨랐다. 그는 수백만 프랑을 벌어들인 사람이었다. 아마 훨씬 더
많은 돈을 벌 수 있었을 것이다. 그런데 그는 돈에 관심이 없다고 선언
했을 뿐 아니라 그것을 증명도 했다. 미국에서는 대기업가 가운데 누
구도 그런 정도로 전 재산을 포기할 용기를 가진 사람이 없었다. 무한
한 가능성이 있는 나라에서 성공한 사업가들은 일찌감치 엄청난 부를
벌어들였을 뿐 아니라 자신들의 부가 자신들에게 그리고 미국의 대중
에게 엄청난 능력이 있는 사람이라는 증거로 작동한다는 것을 자랑으
로 느끼기도 했다. 미국은 한때 귀족정치가 없는 것을 자랑스럽게 생
각했는데 지금은 사업으로 성공한 이들이 이 나라의 '귀족정치 집단'
을 형성했다. 그들은 옛날 유럽의 왕이나 봉건영주들보다 훨씬 더 접
근할 수 없는 사람들이 되었다. 그런데도 단어의 가장 정확한 의미에
서 '양심의 가책'을 느끼지 않는 존 록펠러 같은 몇몇 예외를 빼면 그
들은 인기가 있었다. 비록 사랑은 받지 못했을지라도. 국민 대중은 이
부자들과 거리의 평범한 사람들 사이에 도저히 뛰어넘을 수 없을 정도
로 높은 벽이 존재한다는 것을 아주 잘 알고 있었다.

그런데 두트바일러는 달랐다. 두트바일러는 자신의 부를 포기했
다. 그 사람 전체가 살아 있는 증거였다. 그가 살아온 방식과 그가 한
모든 말과 몸짓이 다 그랬다. 그는 성공했는데도 예전 모습 그대로 존
재할 수 있는 몇 안 되는 사람 가운데 한 명이라는 것을 보여주었다.
두트바일러가 미국에서 성공한 것은 그가 '백만장자'이지만 이상주의

자, 심지어 몽상가이고, 너와 나처럼 똑같이 두 발로 인생을 살아가고 있는 사람임을 증명하는 것이었다.

그에게 특별한 명예가 주어졌다. 보스턴 컨퍼런스 온 디스트리뷰션Boston Conference on Distribution 안에 있는 '명예의 전당'에 그의 이름이 올라간 것이다. 명예의 전당은 보스턴시와 보스턴상공회의소가 창립한 기관으로, 정부 보조금을 받는 매우 존경받는 저명한 조직이었다. 거기서는 해마다 국내외 저명인사 약 500명을 초청해 상품 유통에 관한 강연을 벌이기도 했다. 이 500명 가운데는 백화점 대표들과 세계적 명성을 가진 회사 대표들, 상공회의소 대표들이 있었다.

두트바일러도 거기서 강연을 해야 했다. 그는 미그로의 역사에 대해 강연해달라는 부탁을 받았고 그도 그 이야기를 하고 싶었다. 그런데 마지막 순간 정맥염에 걸리는 바람에 미국에 갈 수가 없어서 그의 옛 동료 율리우스 히르시Julius Hirsch 교수가 대신 강연했다. 그는 프로이센 국무장관을 지낸 사람으로서 미국으로 이민했으며 두트바일러를 처음부터 잘 아는 사람이었다. 물론 원고는 두트바일러가 준비했다. 두트바일러는 직접 보스턴에서 연설할 수 있었던 것은 7년 뒤의 일이다. 이때의 주제는 '서비스, 창조적인 힘'이었다.

제4부

/

빵만으로는 안 된다

제17장

서비스

1953년 10월 19일. 여기는 보스턴. 연단에는 고틀리프 두트바일러가 있다.

"지구는 파라다이스가 아닙니다." 그는 이렇게 시작했다. "하지만 지구가 바로 이렇게 불완전하니까 지구는 세상을 개혁하고 개조하려는 이들에게 파라다이스가 되었습니다. 30년 전 저는 식료품 소매상을 하던 시절 중요한 식료품 가격을 20~30%까지 확 낮출 수 있었습니다."

두트바일러는 미국인들에게 기본적으로 단 하나의 생각밖에 없다고 이야기했다. 즉 20%가 아니라 10%만 남기고 식량을 배급하는 것이었다. 그도 마술을 부릴 수 없었고 마술을 부리려고도 하지 않았다. 그는 국수와 쌀, 버터와 지방 같은 식료품에 관해 이야기했다. 무엇보다도 자신의 구매자들을 가족으로 여긴다는 이야기까지 했다. 미국 청중들은 그 말에 무척 놀랐다. "미그로는 서로 모르는 가족 수십만 명이 물질적으로 이념적으로 하나의 연대체가 되었습니다."

그리고 아주 결정적인 이야기를 했다. "제가 가장 크게 신경 쓰는 것은 미그로가 나중에도 여전히 이런 이념적인 '선한 의지'를 기본으로 유지하고 그런 바탕 위에서 앞으로도 수백만 프랑의 돈과 금에만 의존하지 않는 것입니다. 제가 가장 크게 안심하는 게 있습니다. 그것은 전 세대의 직원들이 저와 함께 서비스 정신을 수십 년째 모든 사업에서 뿌리내리려 노력하고 있다는 것입니다. 사업에서 크게 성공한 사람을 발견하는 건 쉽습니다. 하지만 아주 특이한 사업정책의 더 깊은 의미까지 완전히 파악하는 사람을 발견하는 건 어렵습니다. 그런 점에서 저는 그런 사람을 꽤 많이 발견했습니다. 그 점에 대단히 고맙게 생각하고 있습니다.

물론 서구 세계에서 가장 비싼 자산과 유산은 자유입니다. 이 자유를 보존하기 위해 우리는 점점 더 많은 사회적, 문화적 책임을 져야 합니다. 적극적이고 의식적인 서비스는 엄청난 힘을 발휘합니다. 그런데 이 서비스에 대해서는 이제야 비로소 아주 조금씩 연구가 되고 있습니다. 아주 작은 영역일지라도 선함의 창조적 힘을 증가시키기 위해 우리 모두 전력투구할 필요가 있지 않을까요? 저처럼 이성적이고 현실주의적인 상인이 이 거대한 교훈을 파악하고 30년 업적을 마침내 이 교훈에 종속시키는 건 당연하지 않을까요?"

몇 년만 뒤로 돌아가보자. 두트바일러는 계속해서 '평화의 발발' 이후 시대에는 엄청난 호경기가 올 것이라고 예언한 바 있다. 지금 그 경기가 발발했다. '발발했다'는 단어 이외의 다른 단어가 거의 떠오르지 않는다. 지금의 호경기는 그가 예견했던 모든 것을 뛰어넘었다. 도저히 측량할 수 없을 정도로 많은 일자리가 새로 생겼다. 설계와 수많은 계획이 실행되기도 했다.

「프랜차이즈 기업의 지점 확대 금지법」은 전쟁이 끝나기 전에 역시 사문화되었다. 위기 상황에서 미그로가 막 성공하기 시작했을 때 공표된 이 금지법 때문에 미그로는 이루 말로 다 표현하기 힘들 정도로 힘들었다. 이 법은 미그로의 성장을 중단시킬 목적으로 제정한 법이었다. 그것은 이런 맥락에서 최소한 부메랑이 되었다. 미그로가 새로운 영역에 뛰어들 때마다 이 금지법은 적어도 네 번이나 위헌 판정을 받았고 그때마다 계속 개정되었다.

1941년 말부터 1942년 초까지 전쟁이 한창인 가운데 두트바일러는 최소한 취리히주에서만이라도 허가를 받아 지점을 확대하기 위한 모든 시도를 다 했다. "우리가 가장 중요하게 요구한 것은 지점을 확대하고 인력을 확충함으로써 우리한테서 욕구를 충족시키는 주부들에게 필요한 매장을 낼 수 있도록 해달라는 것이었습니다. 때에 따라서는 고객분들이 30분씩이나 기다리십니다. 주부들을 미그로 매장이 아닌 다른 곳으로 밀어내려고 하는 걸까요? 단지 그 때문에 계속 기다리게 만드는 것은 품위가 떨어지는 것입니다. 정부 관료 여러분! 주부들도 사람입니다." 그는 당시 이렇게 썼다.

하지만 그에게 더 중요한 것은 '원칙적인 것'이었다. 당시에는 예외 법규가 많았다. 그런 예외 법규는 이쪽 편이나 저쪽 편에 당분간 또는 계속해서 불이익을 끼칠 수도 있는 법규들이었다. 두트바일러는 모든 예외 법규를 철폐해야겠다고 생각했다. 그의 이런 욕구는 마치 핵심 사상처럼 전개되었다. 모든 연설과 칼럼을 통해, 항의와 행동을 통해, 그리고 무소속 란데스링 동지들의 요구를 통해 모든 종류의 예외 법규를 철폐하자고 주장했다.

스위스는 여전히 전쟁을 치르고 있는 국가들에 둘러싸여 있었다. 스위스의 상황이 이처럼 독특하니까 전쟁 때문에 빚어진 건 모두 가능한 한 빨리 없애야 했다. 그런 결정은 이미 내렸어야 했다. 두트바일러를 비롯한 무소속 란데스링 사람들은 계속 '직접 민주주의'로 돌아가자고 요구했다. 아주 여러 해가 지난 뒤 무소속 란데스링을 제외한 나머지 거의 모든 정당이 반대했지만, '직접 민주주의'의 뜻으로 '국민발안제'가 채택되었다.

1945년 1월 1일 미그로는 '「프랜차이즈 기업의 지점 확대 금지법」의 족쇄'에서 풀려났다. 두트바일러 말을 빌리면 "소비자들의 경영 참여는 배제되었다".

여기까지 온 것은 특히 한스 문츠 박사의 업적이었다. 그는 두트바일러와 아주 가까운 직원이었다. 키는 중간쯤 되었고 옹골찬 사람이었으며 호시절에는 건장했지만, 이상할 정도로 진지하고 눈은 거의 슬퍼 보였다. 1902년 취리히에서 태어난 그는 한때 폐병을 앓고 난 뒤 취리히대학교에서 무역학을 공부했고, 고위 교원 자격을 얻기 위한 국가고시를 치르고 교직에 들어갔다. 하지만 개인적으로 '경기 이론' 문제에 매달려 〈노이에 취리히 차이퉁〉을 비롯한 여러 신문에 기고했다. 그리고 경제 문제에 집중하는 브로셔를 만들 기회를 찾았다. 두트바일러는 그의 칼럼을 몇 꼭지 읽고 그를 불러 몇 가지 물어보았다. 아직 전쟁이 시작되기 전이었다. 그리고 솔직히 이야기했다. "지금 계신 곳에 사표를 내고 미그로로 와주세요!"

하지만 문츠는 자기 의견을 무시당하고 그냥 지나칠 사람이 아니었다. 그래서 직장도 독립성도 포기하지 않겠다고 했다. 두트바일러도 양보하지 않았다. 마침내 3, 4년쯤 지난 뒤 문츠가 〈행동〉 편집장으로 들어왔다. 그리고 얼마 안 돼서 국회의원에 당선되었다.

그는 처음부터 「프랜차이즈 기업의 지점 확대 금지법」에 맞서 싸 웠다. 그 법이 위헌이라고 주장했다. 그 법이 대다수 국민의 이익과 충 돌한다고 생각했다. 연단에 올라가는 일이 점점 많아졌다. 연방의회 가 헌법을 준수하겠다고 선서하고 그것을 위반했다고 비난했다. 이 투쟁은 여러 해 동안 가망이 없어 보였다. 전쟁 말기에도 연방 의원 슈 탐플리가 이끄는 야당이 「프랜차이즈 기업의 지점 확대 금지법」 폐지 를 아주 강력하게 반대했다.

하지만 비슷한 다른 투쟁 사안들은 끝까지 싸워서 목표를 달성했 다. 예컨대 1946년 여름 루체른에서 24명의 식료품상이 정부위원회 에 가짜 진정서를 제출했다. '41대의 트럭으로 루체른의 여러 거리와 광장을 누비며 식료품을 판매하겠다'는 것이었다. 정부는 '교통기술' 과 「식료품 법」을 핑계로 트럭에서 판매하는 행위를 모두 금지했다. 미그로 루체른이 연방법원에 중재 신청을 하자 1947년 10월 2일의 판결에서 도저히 이해가 안 되는 이유로 표결에 부쳐 4 대 3으로 계속 금지하는 결정을 했다.

글라루스주 정부는 1947년 지방의회에서 「프랜차이즈 기업의 지 점 확대 금지법」을 위반하는 자동차 1대당 2만 8,000프랑까지 세금 을 매길 수 있도록 하는 결정을 했다.

1949년 7월 30일 바인빌에 있는 제과회사 할터&실링 (주)Halter & Schilling AG가 아주 진기한 실태를 확인했다.

"이달 26일자 귀하의 편지를 잘 받았습니다. 우리가 전에 실제로 우리 노동자들과 직원들에게 미그로에서 구매하는 행위를 금지하고 어기면 해고하겠다고 위협했음을 인정합니다. 하지만 그 뒤 우리는

'금지'를 '권고'로 완전히 바꾸었습니다. 물론 귀하의 신문이나 전단지에 이런 이야기를 싣는 것은 귀하의 자유입니다."

새로운 아이디어와 새로운 투쟁이 계속 펼쳐졌다. 1948년 초 첫번째 셀프서비스 매장을 개설했다. 엘자 가서 박사가 몇 년 전부터 책임을 맡아 진행해온 프로젝트였다. 이 혁신적인 프로젝트는 미그로 내부에서조차 많은 반대에 부닥쳤다. 전문가들은 너무 미국적이라서 유럽에는 어울리지 않는다고 했다. 유럽의 주부들은 자기가 직접 물건을 골라 사기보다 서비스를 받고 싶어 한다는 것이었다. 따라서 문제는 모험이었다. 거의 혁명에 가까운 모험이었다. 두트바일러가 식료품을 트럭에 싣고 거리로 나가서 팔았던 1925년과 거의 견줄 수 있을 정도로 혁명적이었다. 당시 전문가들은 머리를 흔들며 이 모험은 금방 끝날 것이라고 예언했다.

1925년처럼 이번에도 전문가들의 예측이 빗나갔다. 스위스 주부들도 미국 주부들처럼 실천적이라는 사실이 드러났다. 셀프서비스 매장은 주부들 마음에만 든 게 아니었다. 남편들도 마찬가지였다. 아내가 남편에게 뭔가 사 오라고 부탁하면, 아내가 파견한 심부름꾼으로 쪽지를 들고 매장에 나타나 사 가야 할 물건을 매장 판매원에게 불러주는 것보다 자신이 직접 골라 사는 게 훨씬 더 쉽다는 것을 깨달은 것이다.

하지만 두트바일러는 미국의 셀프서비스 매장을 미국 방식 그대로 스위스에 이식하는 것만으로는 부족하다는 것을 금방 깨달았다. 그는 고객들이 직접 물건을 고르기만 바란 게 아니었다. 구매자들이, 용건을 빨리 해결하는 것도 좋지만 마치 자기 집처럼 편안하게 느끼는 것도 중요했다. 미국에서는 그런 것까지는 생각하지 못했다. 여러 세대에 걸쳐 '서비스를 받는 것'에 익숙해진 유럽인들이 물건을 집을 때 낯선 가게에 와 있는 게 아니라 자기 집에 있는 것처럼 느끼면, 허가받지 않은 행동을 하는 것 같은 심리적 부담을 쉽게 극복할 수 있을 것이라는 고민에서 시작한 것이다.

숫자로 설명해야 가장 정확할 것 같다. 1948년에는 미그로의 셀프서비스 매장이 겨우 3개뿐이었다. 그런데 1949년에는 20개, 1950년에는 48개, 1951년에는 82개, 1952년에는 121개로 쭉쭉 늘었다. 1958년에는 이른바 미그로마트MM라는 이름의 대형마트가 처음 문을 열기도 했다. 취급 품목은 2,800개나 되었다. 이 미그로마트는 유럽에서 첫 번째였는데 취리히 본역에서 멀지 않은 리마트 광장에 있었다. 거기는 두트바일러가 아주 오래전에 미그로 중앙본부를 설립한 곳이었다.

취급 품목이 2,800개라니! 그 뒤로도 미그로마트는 여기저기 계속 설립되었다. 두트바일러와 직원들이 새로운 아이디어를 내지 않고 지나간 날은 거의 하루도 없었다. 더 좋고 더 현대적인 가전제품으로 주부들의 삶을 더 쉽게 만드는 아이디어들이었다. 미그로는 냉장고와 진공청소기, 전기밥솥, 세탁기 등 모든 가전제품을 통상적인 시장가에서 30~50% 싼값으로 팔았다.

호경기! 호경기! 호경기가 계속되었다. 두트바일러가 아주 행복하게 쓴 말은 아니지만 '초호경기'라는 표현도 썼다. 미그로도 소용돌이에 빨려 들어간 적이 있다.

미그로의 엄청난 도약은 종전 직후에 시작되었다. 마지막 폭격이 떨어진 지 딱 4주 만인 1945년 6월 1일 미그로는 비숍스첼Bischofszell 통조림공장을 인수했다. 예컨대 마일렌 지역의 프로덕션즈(주), 요나

탈 초콜릿 공장, 바젤 식용지방 공장 같은 미그로의 다른 공장들은 당시 많은 산업처럼 원료 공급 부족이라는 어려움을 겪었다. 상황은 아주 빠르게 바뀌었다. 사업보고에 따르면 1946년에 벌써 '센세이션'을 일으키고 있었다. 전년에는 호황이었는데 올해에는 완전히 초호황 상태가 되었다. 스위스에서 올해 생업에 종사하고 있는 사람이 등록된 사람만 230만 명이 넘었다. 실업자는 전국에서 700명 이하로 떨어졌다. 이전에 해외에서 스위스에 요구하던 평화유지군의 규모가 그해에는 100%가 넘었다. 12월에는 136%나 되었다. 1925/26년에 280만 프랑, 1945년에는 그때까지 최고치인 800만 프랑에 달하던 미그로의 소매 매출액은 1946년에는 1억 2,020만 프랑까지 치솟았다. 이듬해에는 1억 4,200만 프랑, 그 이듬해에는 1억 8,120만 프랑으로 껑충껑충 뛰었고, 1949년에는 2억 프랑을 지나 1,100만 프랑이나 초과했으며, 1년 뒤에는 2억 5,440만 프랑을, 1957년에는 6억 1,080만 프랑의 매출을 올렸다.

두트바일러의 직원 가운데 한 명은 연간 몇백만 프랑의 매출도 못 올리던 회사가 갑자기 20배, 50배를 넘어 100배까지는 올릴 수 없을 거라고 내다봤다. 특히 지도부 문제가 풀리지 않으면 점점 더 어려워질 것이라고 여겼다. 협동조합, 그것도 미그로처럼 하나가 아니라 수많은 협동조합의 재정을 믿고 맡길 사람을 어디서 구할 것인가? 믿을 만하고 '능력도 있으며' 동시에 그 성장을 억제하지 않고 계속 성장시키기 위해 상상력도 풍부한 사람이 있기는 할까? 제일 먼저 파악한 사람은 고트프리트 클라이너Gottfried Kleiner였다. 그는 그 뒤 몇 년 동안 미그로의 재정 담당 최고책임자CFO로 성장했다. 미그로 설립 때 시간이 부족하다는 핑계로 재정은 계속 즉흥적으로 처리해왔었다. 그러나 앞으로도 계속 이렇게 임시방편으로 해서는 곤란하다는 점이 확실히 드러났다. 그동안은 사업상의 통계도 없었고 믿고 맡길 만한 감사도 없었다. 그때는 그런 식으로 설립되고 조직된 기업이 많았던 게 사실이다. 이런 일은 아주 빨리 벌어질 수밖에 없었다. 미그로가 계속 성장했으니까. 해마다 새로운 사업이 추가되었다. 몇몇 아이디어는 실현되지 못했고 성공하지 못한 게 있긴 했어도 그것은 모두 보통의 상황에서 벗어난 예외였을 뿐이다. 클라이너는 이 '미친 짓'에 온갖 방법을 쏟아붓느라 매우 바빴다. 그는 처음부터 함께한 사람이 아니었다.

그는 두트바일러를 1938년 겨울 뤼슐리콘에서 처음 만났다. 그의 집이 당시 두트바일러가 거주하던 집 근처였다. 어느 일요일 아침 세찬 눈보라가 치는데 두트바일러가 아침 가운을 입고 밧줄을 들고 나타났다. 간밤에 소형 포드를 몰고 귀가하던 길 중간에 차가 눈 속에서 멈춰 서버렸고, 그 바람에 차를 세워두고 걸어서 집에 갔다가 아침에 나와서 그 차를 직접 끌어보려고 한 것이다. 클라이너는 '저 이웃을 도와줘야겠다'고 생각하고 일단 먼저 삽으로 눈을 치워보자고 했다. 두트바일러는 언제나처럼 약간 조급했다. 이것저것 따져볼 생각도 하지 않고 그냥 그래보자고 했다. 하지만 눈을 다 치웠는데도 차가 움직이지 않았다.

그러자 클라이너가 이렇게 다시 제안했다. "후진 좀 해보시죠!" 그랬더니 웬걸? 후진하니까 차가 그냥 빠져나왔다.

당시 클라이너는 두트바일러와 호되게 싸우던 대기업 가운데 한 곳에서 근무하고 있었다. 그들은 대화를 나누었다. 클라이너는 두트바일러에게 '반대파들의 따귀를 갈기는 게 좋을 것 같긴 한데, 점잖지 않게 최대 속력으로 때리지 말고 가끔 한 번씩은 후진으로 해결책을

찾아보는 것도 꽤 괜찮을 것 같다'고 했다. 당시에는 둘 사이에 합의가
이루어지지는 않았다. 하지만 그 뒤 몇 년이 지나고 클라이너는 근무
하고 있던 트러스트를 나치들이 조종하고 있다는 사실을 확인했다.
두 사람은 극우 민족전선당을 반대하는 게 같았고 히틀러가 스위스를
위협하고 있다는 인식도 같았기 때문에 우회로에서 더 가까워졌다.
클라이너는 무소속 란데스링에 가입했고 미그로 협동조합의 재정이
얼마나 중요한지 걱정했다. 그는 마침내 미그로 협동조합 전체의 지주
회사 격인 미그로협동조합연합회의 지도부 가운데 한 명이 되었다.

두트바일러는 전후 시대의 '초호경기' 때문에 특별히 행복하지는
않았다. 그는 아주 자동으로 많은 돈을 버는 사람들이 미래에는 자신
들의 사업능력을 유지하거나 좀 더 성장시키기 위해 아무 노력도 하지
않으면 어쩌나 걱정했다.

"오늘날에는 업적과 아이디어들을 너무 낮게 평가하고 있어요.
사람들은 순풍을 만났는데도 어디론가 표류하고 있고요. 상황을 끊임
없이 벽에 그려가며 할 일을 제시해야 해요. 아이디어도 강하게 보호
해야죠. 자꾸 흔들어서 예리함도 일깨워야 하고요. 그런 의무가 점점
더 커지고 있습니다."

실업이 급격히 줄긴 했지만, 그렇다고 두트바일러한테 상황이 항
상 그렇게 좋게만 돌아갈 것이라는 뜻은 아니었다. 그는 노동자와 직
원들을 위해 가능한 한 전쟁 이전의 실질임금을 회복시켜주는 것을 목
표로 삼고 있었다. 그는 이 목적에 최소한 한 걸음 더 다가가기 위해
미그로의 틀 안에서 가격 할인 행동을 시작했다. 감춰진 인플레이션
과 알려진 인플레이션 모두를 경고했다. 그런 인플레이션은 1946년
중반 미국에서 벌어졌다.

그는 이렇게 썼다.

미국에서 물가조절은 다양한 단계로 폐지되었습니다. 공식적으로는 10월 말에 완전히 폐지되었죠. 첫 완화조치는 넉 달 전에 이루어졌습니다. 〈데일리 헤럴드〉에 따르면 이 짧은 시간 동안 미국의 식료품 가격이 56%나 상승했습니다! 그러니까 바로 한두 달 전만 해도 1달러 하던 물건이 오늘은 1달러 56센트로 오른 셈입니다. 물가가 그렇게 단기간에 무지막지하게 인상되는 바람에 화폐가치가 실제로 3분의 1로 갑작스럽게 뚝 떨어져버렸습니다. 그러니 임금도 물가만큼 인상해야 하는 것은 자명한 일이죠. 어떤 분야, 예컨대 수출 분야에서는 이윤추구를 제재하기는커녕 촉성재배하는 마당에, 다른 분야에서는 가혹하게 가격 조절을 유지하는 건 완전히 불가능합니다. 게다가 수출 이익을 날마다 수십만 프랑씩 올리려고 수입품 가격도 올리고 국내 물가까지 덩달아 올린다면 그것은 국민 공동체에서 완전히 사라져야 할 범죄행위입니다. 전혀 존재한 적이 없을 정도로 규율을 파괴하는 것이기도 하죠. 농민들은 그런 상황을 어떻게 볼 것이며 압박을 받는 소매상들은 어떻게 행동할까요? 또 사업하는 사람들은 수익 가능성을 어떻게 줄여야 하겠습니까! 이런 무원칙과 무절제가 이미 뿌리를 깊이 내렸습니다. 물가조절에 항의하며 과일과 채소를 판매하는 회사 프룰레크FRULEG의 매장들이 파업에 들어갔습니다. 듣도 보도 못할 정도로 날이 선 휴업도 이어졌죠. 취리히시 전체에 대형 현수막도 내걸렸습니다. 그런데 이런 것은 겨우 맛보기에 지나지 않았습니다. 연방 전문가위원회와 신문에서 관료들에게 여러 달 전에 그런 말을 했습니다. 그들은 행동은 하지 않고 경고만 받았죠. 암거래가 놀랄 정도로 늘어났습니다. 수입과 수출에서 부당거래가 아예 규칙이 되어버렸고요.

암거래, 부당거래 그리고 통제할 수 없는 거래들……. 두트바일러도 다시 트러스트 문제로 돌아왔다. 트러스트와 카르텔, 콘체른 문제로. 그런 대기업 재벌들 뒤에 누가 있는지 도대체 누가 알겠는가? 그것들은 살과 피를 구분해서 식별하기가 아주 어려웠다.

문제는 모회사와 대량주식을 소유하거나 관리하는 은행들과 지주회사들이다. 책임자들이 어디에 앉아 있는지? 국제 콘체른 안에서 책임을 맡은 사람이 누구인지? 아무도 모른다. 취리히에서 무슨 일이 벌어져서 그걸 항의하려면, 범인은 뉴욕에 앉아 있다고 한다. 바젤에서 뭔가 잘못돼서 항의하려면, 런던으로 가보란다. 그래서 두트바일러는 이렇게 규정했다.

"그래서 우리 모두 화가 난다. 트러스트에서는 인간의 감정이 완전히 빠져버렸다. 트러스트에서 돈 욕심과 권력 욕심에 사로잡힌 사람들한테는 정의니 공평이니 인류애니 하는 감정 자체가 머지않아 완전히 사라질 것 같다."

두트바일러가 지금 반대하는 것은 네슬레 콘체른이다. 그는 그 기업집단이 부패했다고 비난했다. 네슬레 콘체른은 수많은 회사로 이루어진 국제기업이다. 1946년에는 29%의 배당금을 나눠 가졌다. 심지어 이듬해와 그다음 해에는 배당금이 40%까지 올랐다. 네슬레는 19세기에 스위스의 참Cham에서 설립된, 연유 수출로 유명한 회사다. '밀크메이드Milkmaid'라는 브랜드가 전 세계에서 명성을 얻었다. 그 뒤 스위스의 우윳값이 세계 시장 가격과 비교할 때 너무 비싸진 1930년대에는 네슬레 연유 생산시설을 다른 나라로 이전했다. 제2차 세계대전이라는 특정 시점에는 이 회사가 연유 한 통에 넣는 신선 우유의 양을 946그램에서 707그램으로 줄였다. 그뿐 아니라 '물까지 섞어서 희석했다'. 이렇게 연해진 우유는 특히 국제적십자사와 스위스적십자사에 납품했다. 하지만 스위스의 다른 연유 공장 사장들은 희석하지 않은 우유를 원래 양대로 넣은 연유를 만들고 있었다. 하지만 네슬레는 적십자사에 네슬레 우유의 함유량이 다른 회사 연유보다 적다는 사실을 제대로 알리지 않았다. 동시에 이 콘체른은 적십자사에 납품했던 저질 우유와 같은 가격으로 정상적인 연유를 스위스 군대에 납품했다.

두트바일러는 이런 사실을 알고 할 말을 잃었다. 돈을 그렇게 많이 번 회사가 굶주리는 사람들, 그것도 굶주려서 연유를 특별히 공급받고 있는 유럽의 아이들한테 조금이라도 더 벌겠다고 어떻게 그럴 수 있단 말인가!

그는 네슬레가 생산한 '네스카페'와 '네스코레'도 제대로 된 게 하나도 없다는 사실을 밝혀냈다. 그래서 이렇게 선언했다.

"문제는 소비자를 일부러 기만한 것이나 마찬가지라는 것입니다!"

그러면서 하나하나 따져 들었다.

"네스코레는 '스페셜티 커피 추출물 70%, 치커리 추출물 30%'라고 함유량을 표시해놓고 실제로는 그 이하로 제공했습니다. 실제로 분석해보니 네스코레는 스페셜티 커피 추출물은 26%뿐이고 나머지 74%는 다른 물질을 혼합했다는 것이 밝혀졌습니다. 다른 물질은 스페셜티 커피 추출물 값의 평균 10분의 1밖에 안 나가는 것들이었죠. 다시 말해 실제 내용을 완전히 반대로 선전한 것입니다. 실제 제품은 치커리를 포함해서 커피가 아닌 성분이 70%가 넘고 스페셜티 커피 추출물은 겨우 30%도 안 됩니다!

'스페셜티 커피 추출물'이라고 선전한 네스카페도 비슷합니다. 훨씬 싼 이상한 혼합물질이 자그마치 50% 넘게 함유돼 있었습니다."

네스카페가 미국에서는 스위스와는 완전히 다르게 사실대로 선전했다. 두트바일러는 그 점을 지적하면서 이렇게 말했다.

"미국에는 모범으로 삼을 만큼 엄격한 건강법이 있습니다. 그래서 네슬레가 거기서는 실제 내용물 그대로 커피 추출물 50%와 50%의 다른 혼합물이 함유되어 있다고 표시한 게 틀림없습니다."

1947년 1월 29일, 미그로는 네슬레 콘체른을 상대로 불공정 거래 소송을 제기했다. 소송이 지지부진하게 진행되며 아무 일도 벌어지지 않자 두트바일러는 약 3개월 뒤 1947년 4월 25일에 자구책으로 자기가 고소한 내용을 출판했다. 국제 콘체른인 네슬레가 그런 방법을 쓰면 스위스 같은 나라에서는 일반 대중도 수용하지 않을뿐더러 법정에서도 통하지 않는다는 것을 알도록 재판을 완전 공개로 열어야 한다고 주장했다.

막강한 국제 콘체른 네슬레가 미국처럼 큰 나라에서는 못 하는 짓을 작은 나라인 스위스에서는 했다는 것이다. 즉 허위 공시를 했는데도 관계 당국과 법원이 즉각 허용했는데 이런 상황이 그대로 지속하도록 놔둬서는 안 된다는 것이었다.

"주 화학 담당 공무원 가운데 누구도 네스카페와 네스코레의 허위 선전을 고소하지 않았습니다. 참 흥미롭습니다. 이게 어떻게 가능하죠? 마땅히 사과를 받아야 합니다. 문제는 당사자가 굉장히 무서운 콘체른이라는 겁니다. 네슬레의 경쟁사들은 왜 한 번도 이처럼 간사한 계략을 들춰낼 엄두를 못 냈는지도 해명해야 합니다. 그들조차도 스스로 국제 콘체른 네슬레의 막강한 영향력을 두려워했기 때문일 것입니다! 우리를 제대로 이해했으면 좋겠습니다. 우리가 이런 행동을 하는 까닭은 베른 정부와 주 정부는 물론 말단 시청 공무원들까지도 식료품 분야의 막강한 권력자들을 두려워하지 말고 자신들의 의무를 완수하라고 여론의 압력으로 지지해주려는 것입니다. 우리는 그들이 소비자를 약탈하는 대기업들에 효과적으로 빗장을 지르는 식료품 법 규정을 엄격히 적용하고 집행도 하도록 돕는 일도 할 것입니다."

특히 베른 연방정부의 책임 있는 관료들이 문제다. 두트바일러는 칼럼을 쓰고 또 써서 〈행동〉과 〈우리, 다리를 놓는 사람들〉에 실었다. 두트바일러를 여전히 적대시하는 신문들도 이 사실을 더는 책상 밑에 뭉개버릴 수가 없게 되었다. 스위스 전체가 분노로 들끓었다. 두트바일러는 이렇게 주장했다.

"우리의 네슬레 소송 건이 처음에는 눈덩이 정도였는데 이제는 눈사태로까지 커졌습니다. 여론의 분노가 아주 강하게 들끓었습니다. 역시 스위스 민중다운 것이었죠. 거의 예외 없이 정당정치와 경제정책의 대상이었던 사람들이 드디어 주인으로 나선 것입니다. 아우기아스의 외양간*처럼 완전히 싹쓸이 청소해버리라는 함성, 스위스라는 집을 깨끗이 청소하라는 외침이 한목소리로 나오고 있습니다."

---

*   Augiasstall. 아우게이아스의 외양간이라고도 함. 엘리스의 아우기아스(아우게이아스) 왕이 3,000마리의 소를 기르며 30년 동안 외양간을 청소하지 않아 전염병이 돌고 농사에도 방해가 되자 헤라클레스가 벽을 부수고 강을 끌어들여 청소했다는 그리스의 신화에 나오는 용어로, 일반적으로 '썩을 대로 썩은 부패를 싹쓸이 청소해버린다'는 의미로 널리 사용된다.

두트바일러는 이 시기에 이미 또 다른 스캔들을 들춰내고 있었다. 이번에는 가이기에 관한 것이었다.

I. R. 가이기(주)는 바젤에서 가장 유명한 화학 콘체른 회사였다. 이 회사 연구실에서 네오시트Neocid라는 방충제를 생산했다. 5%만 희석해서 뿌리면 사람에게는 해롭지 않고 이는 완전히 박멸할 수 있는 약품으로 알려져 있었다. 1947년 봄, 이때는 두트바일러가 네슬레 건을 가지고 대중을 만나고 있던 때인데, 가이기도 상황이 정말 엉망이라는 증빙자료를 제보받았다. 사건은 1946년 여름 루마니아를 휩쓸던 유행성 발진티푸스 사태로 거슬러 올라갔다. 의사들은 몸에서 이가 들끓는 사람이 너무 많아서 유행성 발진티푸스가 그렇게 많이 퍼졌다고 했다. 적십자와 스위스 기부Schweizer Spende는 루마니아를 도와줄 생각으로 가이기에 1만 5,000킬로그램의 네오시트 가루를 주문했다. 이가 들끓는 사람들은 규정대로 몸에 이 가루를 뿌려야 했다. 이 구호활동에 참여한 직원들이 몇 주 동안 감염 지역을 돌아다니며 이 가루약을 뿌리고 6~10일 후 다시 이가 남아 있는지 점검도 해야 했다. 사람들은 그 가루약의 포장지에 인쇄된 사용설명서를 그때야 처음으로 발견했다. "3%의 네오시트, 10~15일 후에 다시 사용"이라고 쓰여 있었다. 그 순간까지 사람들은 납품된 약품이 보통 한 번만 처치하면 되는 것과 같은 것으로, 유명한 5%짜리 네오시트인 줄로 알았다.

그런데 10~15일 후 또 뿌리라니! 그것은 불가능했다. 그럴 만큼 충분한 네오시트를 가진 사람이 없었기 때문이다. 부분적으로는 루마니아 사람들한테도 이가 여전히 남아 있었기 때문에 그들도 마찬가지였다. 유일한 기회를 탕진해버린 셈이었다. 정치적인 성격도 있었다. 루마니아 전역에 이 소문이 바람처럼 빠른 속도로 퍼졌기 때문이다.

서구에서도 도와줄 수가 없었다. 서구는 딱 하나의 사업만 하려고 했다. 두트바일러는 곰곰 생각해봤다. 도대체 어떻게 이런 일이 가능했지? 가이기가 적십자와 스위스 기부에 효능 물질이 부족하다는 이야기를 왜 안 했지? 반복 사용해야 한다는 이야기를 왜 안 했지? 관직에 있는 사람들조차 효능 물질이 줄었다는 이야기를 왜 안 알려줬지? 특히 3%짜리 네오시트라면서 5%짜리와 똑같은 값을 받았지?

네슬레 연유 사건 때처럼 스위스 연방 경제부에서는 형법 위반 여부를 따지기 시작했다. 하지만 두트바일러는 연방정부를 아주 회의적으로 봤다. 그는 곧바로 대중을 향했다. "트러스트 구역에 햇빛을"이라는 제목의 칼럼에서 그는 이 방충제 스캔들을 다루었다. 이 칼럼은 실제로 센세이션을 일으켰다. 그는 가이기의 위대한 업적에 대해서도 침묵하지 않았다. 그러면서 이렇게 이어나갔다.

"훨씬 더 이해할 수 없는 것은 가이기 콘체른이 거대한 재벌 네슬레와 비슷한 간계를 마지못해 인정했다는 것이다. 문제는 트러스트로 묶인 대기업집단의 정신상태가 또 한 차례 드러난 것이다. 스위스에서는 산업 엘리트들에게 다른 정신적 사고방식을 강요하는 게 가능해졌다고 확신한다."

그러면서 두트바일러는 아주 불편한 질문 몇 가지를 제기했다.

"우리나라에는 연방 보건국이라는 국가기구도 있다. 그런데 어떻게 해서 삶과 죽음이 직결될 수 있는 제품을 결정적으로 변경했는데도 개입하지 못했을까? 연방 보건국조차 '잊어버렸을까?'"

이제 무슨 일이 벌어질까? 근본적으로는 아무 일도 벌어지지 않을 것이다. 가이기에 대한 조치를 했지만, 대형 언론사들은 거의 전체가 철저히 침묵을 지켰다. 두트바일러가 이끄는 투쟁을 알리고 그가 전적으로 옳다고 인정한 신문은 몇 곳 되지 않았다. 무소속 란데스링은 네슬레와 가이기 사건을 다룰 독립적 '조사위원회' 설치를 요구했다. 고소당한 회사들뿐 아니라 경제부와 내무부의 일부 부서도 제대로 작동하지 않는 게 거의 확실했지만 연방의회는 조사위원회 설치를 거부했다.

두트바일러는 더 날카로워졌다. 그는 상대방이 실제로 명예훼손으로 대응할 수밖에 없는 글을 썼다. 하지만 그들은 아주 신중하게 조심했다.

1947년 12월 네슬레 콘체른은 합병했다. 마기, 아니 더 정확히 하자면 알리멘타나Alimentana의 주식 가격이 계속 내려갔다. 네슬레 콘체른이 합병을 선언하자 비로소 그 주식 가격이 회복되었다. 그것도 아주 갑작스럽게! 네슬레는 약 2,000만 프랑이라는 싼값에 알리멘타나를 인수했다. 10개월 뒤 1948년 10월 네슬레-알리멘타나는 연방 물가조절국에서 자기들이 생산하는 수프 제품 가격을 10~25% 인상할 수 있다는 승인을 받았다. 두트바일러는 그들이 이런 식으로 해서 인수비용 2,000만 프랑을 다시 만회하려고 시도한 것으로 의심했다. 물론 그 돈은 소비자들의 돈이었다.

합병된 회사가 어떻게 물가 인상을 허락받을 수 있었지? 몇 년 전부터 마기는 네슬레의 도움 없이 가격을 인상할 수 없는 상황에 있었다. 해당 신청이 베른 정부한테 계속 거절당했다. 그런데 지금은 가격 인상을 승인받은 것이다. 원료 가격은 오히려 내려가고 있었고 임금도 결정적으로 인상되지 않았는데.

도대체 뭐가 달라졌지? 두트바일러는 확인했다. 연방정부 물가조절국장이 네슬레 협회 중역회의 구성원으로 앉아 있었다. 네슬레-

알리멘타나가 10~25%의 인상을 승인받은 이 시기에 그는 '연방 물가조절국'에 근무하지 않았지만 '물가조절위원회'에서 일하고 있었다.

두트바일러는 1949년 1월 6일에 이렇게 썼다.

"고소는 분명하다. 스위스 기업이 국제기업인 네슬레 콘체른으로 넘어갔으니까. 마기의 개미군단-소액주주들에게 엄청난 손해를 끼쳤다. 정보를 미리 알고 가치가 떨어졌을 때 마기/알리멘타나 주식을 사재기한 네슬레 트러스트의 거물급 주모자들에게게만 이익이 되는 대규모 주식거래가 있었다. 그리고 네슬레는 대주주들에게 간접적인 이익배당금을 지급했다. 심지어 국가재정은 합법적으로 차별대우를 했다. 1942년부터 1948년까지 원료 가격이 폭락하고, 마기 주식을 새로 소유한 네슬레 기업의 일반적 상황이 훨씬 더 좋아졌는데도 정부 관청은 그들에게 가격 인상을 승인해주었다. 이런 걸 우리는 스캔들이라고 부른다. 그래서 내가 이들을 고소하는 책임을 맡았다."

두트바일러는 이렇게 공격받은 사람들한테 이번 기사를 포함해 비슷한 여러 기사를 쓴 자기를 단호히 맞고소하라고 요구했다.

"이 사건을 깔끔하게 정리하는 데 가장 좋은 방법은 네슬레가 이 기사를 쓴 고틀리프 두트바일러를 상대로 소송을 제기하는 것이다. 그러면 네슬레 트러스트의 책임 있는 주모자 4~5명이 어떻게 협력했는지도 백일하에 드러날 것이다. 그중에는 우리나라의 재정과 경제를 담당하는 고위층 인사들도 들어 있다. 그들은 이러한 고소를 당하고도 이 재판에 서로 밀치며 들어오지 않을 것이다. 그러면 이 재판은 자동으로 최고재판소인 일반 민중에게 갈 테니까."

아무런 대답도 없었다. 그사이에 네슬레 콘체른은 몇 가지 유죄판결을 받았다. 취리히에서 이 콘체른 책임자들이 1947년 10월 28일

불공정 경쟁으로 2개월 유기징역에 판결문 공시, 벌금 4,500프랑 등의 형을 선고받았다. 선전 책임자는 벌금 1,500프랑을 선고받았다. 네스카페가 그렇게 허위 선전을 해서 벌어들인 돈이 수백만 프랑이라는 것을 생각하면 벌금 액수가 진짜 웃긴다. 그런데도 검사가 상급법원에 항소했다. 벌금을 더 올려달라는 게 아니라 벌금 액수를 낮춰달라고! 이런 이유로 검사가 항소한 것은 아마 사법 역사상 거의 유일한 사건일 것이다.

그런데 상급법원은 1년 뒤 그 책임자들에게 유기징역을 선고했다. 어쨌든 거대한 콘체른에는 막중한 위신 손상이었다. 또한 '오해의 소지가 있는 라벨을 사실에 충실하게 바꾸라!'는 판결 내용도 있었다.

연유 문제로 전쟁 경제 형사 재판도 진행했는데 그것은 단순히 상품을 위조했다거나 사기를 쳤기 때문이 아니라 물가를 올렸다는 것 하나 때문에 진행한 재판이었다. 1948년 7월 18일에 판결이 있었는데 네슬레 중역회의 책임자는 벌금 5,000프랑, 공장장은 무죄였다. 스위스 연방 경제부는 이 때문에 입은 손실 약 11만 5,000프랑을 환수하지 못했다. 네슬레는 이 판결문을 자기 돈으로 공표할 필요도 없었다. 정부의 패배였다. 물론 정부는 그 패배를 감수하지 않고 항소했다. 그리고 항소심에서는 책임 있는 두 사람 모두 전쟁 경제 규정 위반죄를 범했다고 판결했다. 중역회의 의장은 벌금 1만 프랑, 공장장은 2,000프랑의 벌금을 선고받았다. 네슬레가 이 비용을 내야 했다. 게다가 위법하게 벌어들인 6만 프랑을 정부에 변상해야 했다. 게다가 판결문도 그들 돈으로 공표해야 했다.

1949년 4월 1일 마침내 '네오시트/가이기 사건'의 형사 재판 판결도 나왔다. 회사의 부사장만 문책하는 것으로 끝내는 것이었다. 기관장 2명과 부기관장 1명은 1,500, 2,000, 1,000프랑의 벌금을 물어야 했고 5,250프랑의 '불법 수익금'은 변상해야 했으며 소송비용도 물어야 했다. 스위스 연방 경제부가 불법 수익의 변상을 위해 약 13만 6,000프랑, 벌금으로 총 2만 5,000프랑을 요구했던 것을 생각하면, 놀라울 정도로 약한 판결이었다. 그래서 정부는 항소했고 항소심은 1949년 11월 12일 벌금만 약간 높아지고 비용은 그대로인 판결로 끝났다.

호경기! 호경기! 호경기가 계속됐다. 두트바일러는 이렇게 호경기가 끝없이 계속되면 자동으로 노동력이 부족해질 것이라고 내다봤다. 아마 그렇게 본 최초의 몇 명 가운데 한 명이었을 것이다. 그는 공무원 임금이 낮아서, 지식도 있고 목적의식도 있는 청년들은 공무원이 되는 데 관심이 없다는 것을 알았다. 무소속 란데스링 국회의원들은 공무원 봉급을 인상할 것과 기본급에 물가 수당을 추가로 주라고 요구했다.

하지만 새로운 노동력을 긴급하게 찾는 곳은 국가공무원뿐 아니라 가계를 위해서도 마찬가지였다. 두트바일러에게 아주 특징적인 것이 있는데 그는 주부를 소비자나 구매자로만 보는 게 아니라 '사람'으로 본다는 특징이 있었다. 가정 경제에는 전혀 보탬을 주지 못하는 자녀가 여러 명이나 있는 어머니도 있었다. 그 어머니는 노동의 부담에 짓눌려 거의 탈진상태에 빠져 있었다. 이런 사람들을 어떻게 돕지? 경기가 정체되면 상황이 좋아지는 게 아니라 점점 더 악화하고 스위스의 남녀 청년들이 큰 세계로 나가지 않고 공장으로 몰려드는 모습을 두트바일러는 똑똑히 보았다. 유일하고 가능한 해결책은 외국인 노동력을 스위스로 유인하는 것이었다.

하지만 당국은 즉각 반대하며 신경을 곤두세웠다. 이웃 여러 나라에서는 실업률이 높은데도, 스위스도 가끔 가난한 외부 사람들을 어떻게 도와줄 수 있을까 하는 문제에 봉착하면서도 말이다. "누군가 시혜처럼 내려주는 빵을 먹는 것보다 건강한 사람들이 각자 열심히 일해서 벌어들인 빵을 먹는 게 더 좋지 않을까?" 두트바일러는 이렇게 썼다. "우리나라는 현재 일자리가 풍부한데 최소한 약간 물러나는 게 왜 안 될까?"

그는 글만 쓴 게 아니라 행동도 했다. 1946년 5월 미그로협동조합연합회의 사절단을 이탈리아 트렌티노로 보냈다. 거기서 7명의 직원이 일하는 광고대행업체를 설립했다. 개인 가정에 들어가 일할 사람과 농촌 일손을 도울 사람도 채용하기 시작했다. 유쾌하고 때로는 아주 극적인 에피소드가 많이 벌어졌다. 두트바일러와 조수들이 국제적인 소녀인신매매협회 회원이라는 의심도 받았다. 소녀들을 대규모로 채용하자, 소년들이 몇 차례 반란을 일으켰다. 자기들이 소녀들 곁에 있고 싶어서 그런 것이 아니었다. 소녀들이 자기들보다 약한데 왜 그렇게 특별대우를 하느냐며 분노했기 때문이다.

그사이에 베른 정부의 승인도 떨어졌다. 1946년 말 2,500명의 트렌티노 노동자가 스위스로 들어왔다.

호경기! 호경기! 호경기가 여전히 계속됐다. 모두 그리고 각자 더 많이 소비하는 게 미덕이 되었다. 비축 상태는 어땠을까? 제2차 세계대전의 그 쓰라렸던 기억을 그렇게 빨리 잊었을까? 그가 1930년대에도 계속 필수 원재료와 식료품 비축을 요구했던 사실을 더는 기억하지 못하는 것인가? 지금은 욕구가 엄청 많아졌는데 예전보다 2~3배 정도 더 비축할 필요가 있지 않을까? 그는 전쟁이 끝나기 전에 국회에서 새로운 청원운동을 시작했다. 하지만 그 청원운동을 시작하자마자 평화가 발발하는 바람에 청원운동은 무산되고 말았다. 두트바일러의 청원이 이른바 '활성화하지 못한' 것이다.

그래서 1948년 3월 12일, 그는 세 번째 청원운동을 제안했다. 이번 청원에는 96명의 국회의원이 서명했다. 하지만 가을 회기에 다루는 게 옳다는 이유로 심리를 가을로 연기해버렸다. 가을 회기 마지막 날이 가까워지고 있었다. 국회의장인 알베르 피코Albert Picot는 이 안건에 대해 아무 말도 없이 회기를 끝내려 했다. 의사일정에는 이 안건을 회기가 끝나기 전날 다루게 되어 있었다. 그런데 의장은 이날 이 안건을 다루지 않고 회의를 1시간 일찍 끝내겠다고 했다. 평소에는 7시 30분에 회의를 끝냈는데 이번에는 의원들이 짐 쌀 시간이 필요하다며 1시간 전에 미리 끝내겠다는 이유였고, 끝내 그렇게 하고 말았다. 이튿날 아침이 되었다. 회기가 끝나는 날이었다. 회기 종료 직전에 두트바일러가 마지막 시도를 했다. 그는 이탈리아의 불안한 상황보다 훨씬 더 혼란스러운 프랑스 파업을 거론했다. 그런 하소연 덕분에 국회 분위기가 한층 밝아졌다. 두트바일러가 일어서서 이렇게 말했다. "저는 제 의무를 다했습니다!"

그날은 1948년 10월 8일, 시간은 10시 45분이었다.

두트바일러는 모든 준비를 마쳤다. 심지어 돌멩이도 몇 개 준비했다. 그렇다. 돌멩이까지. 그럴 필요가 있었다. 베른시에는, 특히 연방 청사 근처에는 길거리에 돌멩이가 없었다. 그래서 비엘 출신 지인이 돌멩이 몇 개를 주우러 아르 계곡까지 들어갔다 와야 했다. 두트바일러는 이 돌멩이들로 연방 청사 유리창 몇 개를 깨부수려 했다. 하지만 사람은 아무도 다치면 안 되고 유리창만 깨려고 했다. 그래서 먼저 지나다니는 사람 누구도 안 다치게 하려면 어떤 유리창을 깨면 될지 알아보러 연방 청사 앞으로 갔다.

그의 정치적 동지들은 그러지 말라고 반대했다. 그들은 일반 대중이 어떻게 반응할지 충분히 알 수 있었다. 그들 가운데 몇 명은 그에게 그 계획을 실행하지 말라고 설득하려 했다. 그중에는 에르빈 애클레도 있었다. 그들은 아내인 아델레 여사에게 전화까지 걸었다. 남편이 그런 행동을 하기 전 마지막 순간에 중단시켜달라는 희망을 안고. 하지만 아델레 여사는 이렇게 말했다. "저도 중단시킬 수 없어요!"

두트바일러는 결국 연방의회 '사환실'로 갔다. 일종의 수위실 비슷한 곳이고 사환은 말단 직원이었다. 그는 거기서 비엘의 지인이 가져다준 돌멩이로 큰 유리창 두 개를 박살냈다.

국회의원이 유리창을 깨는 적은 없다! 국회의원은 그냥 그렇게 하지 않는다. 국회의원이 그런 일을 한다면 주목받을 게 뻔하고, 온갖 분노가 들끓을 것이기 때문이다. 두트바일러는 바로 그걸 바랐다. 아주 오래전부터 사람들이 그의 입을 막으려 했기 때문이다. 그가 정치적으로 경제적으로 마음에 담고 있는 모든 것을 말하지 못하도록 침묵시키려 했기 때문이다.

막 떠나려던 국회의원들은 두트바일러가 유리창을 깼다는 소식을 듣고 모두 침묵했다. 의장인 알베르 피코만 어느 정도 냉정했다. 그는 나중에 두트바일러를 연방의사당 앞에서 만났을 때 이렇게 말했다.

"진짜 독창적이시네요! 소위 미국적이셔요!"

그러자 두트바일러는 곧바로 이렇게 답했다.

"우리 독일어권 스위스에서는 당신네 프랑스어권 스위스처럼 그렇게 많은 공산주의자를 갖고 싶지 않습니다!"

신문들은 게거품을 물었다. 무엇보다도 〈노이에 취리히 차이퉁〉
이 제일 먼저 두트바일러를 다시 공격했다.

고틀리프 두트바일러가 일반 대중과 더 밀접한 관계를 억지로
맺어보겠다고 연방의사당 창문을 박살냈다는 것을 누가 의심하겠
는가. 이 모든 것이 정말 추악하고 거슬리지 않나? 이 얼마나 공격
적인가! 이 얼마나 가련한가! 스스로 예언자의 임무라도 띤 사람처
럼 뻐기는 '민주주의자'가 실제로 우리 상황에 맞기나 한가? 전체
세계사를 볼 때 저따위 천성을 가진 사람은 아무 죄도 없는 연방의
사당 유리창 몇 장보다 훨씬 더 산산조각이 난 지 오래다.

사민당 기관지 〈폴크스레히트〉도 자기들을 반대하는 "자본주의
자들" 편을 들었다. 솔직히 그런 식의 시위는 사민당의 전통이었다.
하지만 이 정당의 기관지조차 당황해서 "어린애 같은 비행"을 전혀 파
악하지 못하고 그저 아주 단호하게 거부한 것이다.
〈바젤 나흐리히텐〉은 이렇게 썼다.

우선 행위 자체를 '자본가의 어리석음'이라고 말하고 싶다. 비교
적 공손하게 표현하자면 그렇게 어리석은 사람은 지나치게 흥분하
고 신경질적이며 과장된 '자아현시증'을 가지고 동기를 부여하는
경향이 있다. 반면 예의가 없이 거칠게 말하자면 이건 아주 의학적
인 문제다. 심지어 정신병원에 보내야 한다고 말하는 사람도 있다.
하지만 이 정도로 균형이 맞지 않는 경우 드문 일이 아니지만 두트
바일러 씨는 자기가 사랑하는 협동조합 앞에서조차 그것이 이상행

동이라고 인정하지 않았다. …… 우리는 아주 최근의 과거에서 알고 있다. 지도자는 약점을 보여서는 안 되고 어떤 경우에도 그 약점을 자백해서는 안 된다는 것을. …… 이로써 연방의사당 돌멩이 투척 사건은 심리적으로뿐 아니라 정신병리학적으로도 매우 높은 관심을 불러일으켰으며 어느 정도 진지했다. 그를 어리석은 여섯 살배기 아이의 치기로 하찮게 치부해버릴 수는 없지 않은가!

이 사건은 그사이 법정에서도 다뤘다. 두트바일러는 기물파손과 대중교통 방해죄로 책임을 져야 했다. "2%의 할인을 제하고" 182프랑 90라펜의 민사 손해를 변상해야 했고 "고의적인 기물손괴죄"로 형사 유죄 판결을 받아 400프랑의 벌금과 국비 반환 판결을 받았다. 굳이 그럴 필요가 있었을까?

"그렇다. 꼭 그럴 필요가 있었다!"라고 두트바일러는 미그로 조합원들에게 이야기했다.

"연방의사당 건물에 돌을 던진 것은 제가 정신을 잃었거나 당황했기 때문이 아닙니다. 비록 절망적인 수단이긴 했지만 정말 심사숙고한 끝에 선택한 마지막 수단이었습니다!"

원재료와 식료품만의 문제가 아니었다.

"제가 돌을 던진 것은 경제와 금융의 최상류층, 심지어 확실히 정부의 어떤 높은 자리까지 오른 사람들에게 만연한 아주 위험한, 부정부패 현상에 대한 가장 절박한 경고로 이해해주시기 바랍니다."

부정부패. 불투명한 회사. 예컨대 유니레버 콘체른이 있었다. 영국에서 통제하는 세계 최강의 유지방 트러스트 문제였다. 이 회사는 스위스의 수많은 기업 특히, 자이스Sais, 아스트라Astra, 선라이트 같은 기업의 주식을 50% 이상 소유하고 있었다. 스위스 기름공장 사장들의 중앙연합회도 유니레버 트러스트에 의존하고 있었다.

스위스 오일-씨앗 수입량 중에서 자이스와 아스트라의 몫은 이 시기에 이 트러스트 출신 전체 회사의 77%에 달했고 중앙연합회의 몫은 약 80%에 달했다. 그런데 이 트러스트를 도대체 누가 이끌고 있는지 알려지지 않았다. 재판이 진행되는 과정에서도 드러나지 않았다. 스위스 최고책임자는 W. 가티커W. Gattiker였는데, 그는 외국에 있는 자기 상사를 거명하는 것조차 확실히 거부했다.

8월 7일 두트바일러는 유니레버 콘체른에 관한 원기 왕성한 칼럼을 하나 썼다. 거기서 그는 식용유 트러스트의 역사를 짚고 가격 조작의 무대 뒤로 독자들의 시선을 돌렸다. '스위스 식용유 트러스트의 지도부'에 대해 이야기하기 시작했다.

거기는 단추를 누를 수 있는 전기 배전반만 있다. '누름단추'를 열거하자면 다음과 같다. 올페트Olfet와 스위스 연방 보건당국, 곡식과 사료 협동조합, 국세청, 전쟁 식량 당국, 식용유와 식용지방 따위들이다. 물론 우리가 모든 단추를 다 알 수는 없다. 겉으로 드러나는 것들만 알 뿐이다. 이 모든 단추가 어떻게 작동하는지 보자. 올 4월 1일, 배급되지 않은 식용유와 식용지방 목록이 드러났다. 우리는 이 목록을 드러내기 위해 힘겹게 투쟁했다. 아주 잘사는 사람들만 그렇게 많은 식용유와 식용지방을 자기들이 원하는 만큼 사재기할 수 있도록 한 책임자가 누군지 밝혀내기 위해서였다. 당연히 우리 책임은 아니다. 우리는 다수결로 해서 이긴 적이 아주 많았다. 우리의 해결책은 헤이즐넛 오일을 즉시 압착하는 것이었다. 터키에서 적지 않은 노력을 들여 호두껍데기를 벗겨내는 방법도 있었다. 미국에서 브라질 견과류를 구매하는 것도 한 방법이었다. 우리는 이미 그렇게 하고 있었다. 하지만 거기에도 악마가 끼어들었다. 국세청이 서명이나 도장으로 호두 알갱이 관세 차액을 돌려줄 수 있도록 승인한 것이다. 100킬로그램당 10프랑씩 주었는데 돌려주는 돈은 100킬로그램당 10라펜 정도였다. 그렇게 돌려주는 이유는 호두 알갱이가 기름을 짜는 데 사용되기 때문이라고 했다.

하지만 보라! 곡식과 사료 협동조합이 갑자기 끼어들었다. 이 협동조합은 식용유를 위한 '오일 과일'의 수입을 통제하는 당국이다. '오일 과일'의 90%는 식용유 트러스트에 간다. 그런데 이 당국은 '호두 알갱이는 완전히 가치 있는 오일 과일이 아니라서 세금을 전액 내야 한다'고 한다.

그런데 보라! 국세청은 자기들이 발행한 채권을 곡식과 사료 협동조합의 허가를 받도록 바꾸려고 한다.

하지만 식용유 트러스트는 자신만이 누를 수 있는 다른 단추도 많이 갖고 있다. 예를 들어 트러스트 사장이 대령이 되고 싶어 하면 사실 군사적으로 별 볼 일 없는 인물이라고 해도 곧장 대령이 될 수 있다! 그런 일을 위해 예비역 사단장과 예비역 군단 사령관이 국제적인 식용유 트러스트 스위스 지부 이사회에 앉아 있는 것이다.

우리는 이런 것을 너무 비극적으로 받아들이지 않는다. 하지만 어찌어찌해서 이미 폭넓게 펼쳐진 스위스 연방의 관용이 정말이지 그자들만 스위스에서 모든 것을 살 수 있도록 그렇게 넓게 퍼지지 않기만을 바랄 뿐이다.

그러자 라르델리Lardelli 최고사령관과 비르혀Bircher 최고사단장, 가티커Gattiker 대령 등이 두트바일러를 고소했다.

그들을 빼면 두트바일러의 이 도발적인 칼럼에 대해 소송을 건 사람이 없다.

이 소송에서 밝혀진 바에 따르면 유니레버는 사실 엄청난 권력이었다. 아니면 두트바일러의 변호사 발터 배히Walter Baechi가 이 소송에서 문서로 확인한 바에 따르면 "유니레버 트러스트는 지구상에 존재하는 국제기업 가운데 가장 큰 집합기업 중 하나"다.

수많은 증인을 통해서 식용유 트러스트가 계속 국가의 혜택을 얼마나 많이 받고 있는지를 밝혀낸 배히는 다음과 같은 결론을 내렸다.

트러스트 회사들이 어떻게 이해할 수 없을 만큼의 이 모든 혜택을 누릴 수 있을까요? 그것은 트러스트 사람들이 처음부터 보수를 많이 받는 이사들의 면죄를 통해서 권위 있는 스위스의 영향력을 매수하기 때문에 가능한 것이었습니다.

몇몇 이름도 거론했다.

보시다시피 무엇보다 트러스트가 보험을 든 사람 가운데는 권위 있는 정치가들이 있었습니다. 시간이 흐름에 따라 그런 사람들을 얻는 게 점점 어려워졌지요. 그래서 그들은 정치가 대신에 계급 높은 군인들을 끌어들이게 되었습니다. 그 결과 외국계 트러스트 회사인 자이스의 머리가 5개 달린 이사회에 은행 대표 1명과 고위급 장교 4명이 자리 잡고 앉아 있습니다.

배히 박사는 확인했다.

영향력은 결국 돈으로 사는 것입니다. 하지만 그 돈이 제값을 하죠. 자이스나 아스트라의 위임을 받아 공무원들과 약속한 사람은, 물론 죽을 운명인 보통사람과는 완전히 다르게 받아들여집니다. 그런 사람이 청원하면 완전히 다른 기회를 잡을 수 있게 되지요.

수많은 증인신문이 있었다. 증인들은 모두 식용유 트러스트의 추천을 받거나 본인이 직접 식용유 트러스트 소속인 경우에만 식용유 문제에서 성과를 거둘 수 있다는 점을 확인해주었다. 그런 증인신문 이후 두트바일러의 변호인은 배심원들에게 심리 대상을 다음과 같이 이야기해주었다.

증거 소송 절차의 결과는 무엇이었습니까? 스위스 식용유 공장의 약 90%가 이 트러스트에 의해 조종을 받고 있다는 게 사실인가요? 이 질문에 '예'라고 대답할 수밖에 없습니다. 그러면 그 뒤에 이제 외국 회사, 외국의 트러스트가 스위스에서 거의 독점 지위를 차지하는 게 어떻게 가능했습니까? 그 트러스트들은 여기서 계속 발전했습니다. 여러분은 1922년 이래로 이러한 트러스트들이 식용지방과 식용유를 스위스로 수입해서 판매하는 스위스 기업들의 전체 경쟁력보다도 더 강력한 우위를 점할 수 있었던 것은 주로 재정 관세 특혜 때문이라는 이야기를 들으셨을 겁니다. 그게 연방 헌법에 근거하고 있다는 설명도 있었습니다. 거기에는 '원재료는 관세를 낮게 매겨야 한다'고 되어 있습니다. 하지만 증인들께서는

'식료품도 역시 낮은 관세를 매긴다'는 부분을 여러분에게 낭독해 드리지 않았습니다. 일단 식료품이 문제가 되면 식용유도 역시 식료품입니다만, 원재료와 식료품에 모두 같은 방식을 적용해야 합니다.

그래서 이 사람들에게 이해할 수 없는 방식으로 특혜를 준 겁니다. 그리고 이 특혜는 1932년부터 할당량을 정해줌으로써 훨씬 강해졌습니다. 우리가 듣기로는 할당량을 정하는 방식을 도입한 것에 관해서는 이 모든 증인이 비판하지 않았습니다. 할당량을 정하는 것은 필요합니다. 하지만 할당량을 어떻게 정하는 것이죠? 이 모든 특혜의 그림자 속에서 트러스트는 이제 자기들 나름대로 경쟁사들에 대해 적극적으로 앞서 나갑니다. 그래서 이 각각의 경쟁자들 주위에 모든 촉수를 펴서 휘감으려 하는 것입니다. 그랬으니 판매량과 할당량에서 당연히 트러스트들이 우세해졌죠. 그리고 이런 우세는 이 트러스트를 좌지우지할 수 있는 인사들에 의해 강화되었습니다. 이 우세는 또 이 사람들이 다른 모든 사람보다 훨씬 더 많이 완성함으로써 점점 더 강화되고 확장될 수 있게 된 것입니다.

'그것을 누가 야기했는지 증명할 수 있냐고요? 이 모든 독립을 완성하기 위해서 가티커 씨가 신사들과 이야기했나요? 아니면 아무개 씨가 신사들과 이야기했나요?' 하고 묻는 것은 잘못된 것입니다. 그것은 완전히 틀린 것입니다. 가티커 씨가 요청하고 있다는 바로 그 사실, 이사회에 국회의원 아무개 씨와 군단 사령관이 앉아 있다는 사실, 이러한 사실만으로도 전문가 부하들에게 막대한 영향을 미쳤습니다.

일어난 모든 일, 외국계 트러스트를 그 정도의 독점적 지위에 가도록 도운 모든 것이 합법이라는 옷을 입고 벌어졌다는 것을 꼭 알아둘 필요가 있습니다. 그래서 '그 사람들이 한 행위가 불법이냐?'고 묻는 것은 틀린 질문입니다. 물론 그들이 전쟁경제국에 법률가를 고용하는 이유가 합법을 가장하기 위한 것이죠. 그들은 결정된 일들에 대해 때때로 합법적인 형식을 부여하는 역할도 하는 것입니다. 하지만 여러분에게 묻겠습니다. 소위 할당이란 것을 할 때 자이스가 저렇게 성장했는데 그런 회사에 할당하는 것이 옳은가요? 그것을 금지하는 법조문은 없습니다. 그래서 그것은 범죄는 아닙니다. 하지만 그것이 진정한 의미에서도 옳은 일인지 따지는 것은 다른 문제입니다. 합법이라는 옷을 입고 등장한다고 해서 모두가 옳은 것은 아닙니다.

우리는 스위스에 외국 회사가 있는 것 자체를 반대하는 게 아닙니다. 외국 회사는 당연히 필요합니다. 그들이 와서 일자리를 창출해야 합니다. 그리고 당연히 세금도 내야 합니다. 하지만 이 외국계 기업들이 여기서 그들의 이익이나 로열티를 가지고 정치적 영향력까지 사들여서 정치인들과 고위급 군 장교들까지 '전세 낸 것처럼' 부려먹고, 이 영향력을 가지고 옳지 않은 일들도 간단히 해치우는 것까지 필요한 것은 아닙니다. 그것에 맞서 투쟁하는 사람은 선한 투쟁을 하는 것입니다. 그 투쟁은 스위스에서만 하는 것이 아닙니다. 영국과 덴마크, 독일 등 세계 곳곳에서 그런 투쟁이 벌어지고 있습니다. 이 어마어마한 거대 기업의 횡포에 맞서 방어하고 싸우는 사람들은 주로 소비자협동조합들입니다. 언뜻 보기만 해도 이것은 해파리 촉수들에 대한 투쟁입니다!

두트바일러는 피고인 역할만 한 게 아니라 스스로 법정 통신원 역할까지도 했다.

그는 자기 자신한테서도, 이야기하는 사안에 대해서도 충분히 거리를 두었다. 아주 뛰어난 강연을 하기 위해서였다.

그는 자기를 고소한 사람들보다도 훨씬 더 많은 유머를 사용했다. 그는 이렇게 썼다.

배심원 여러분은 심의하셔야 하니까 원래 자리로 돌아가십시오. 기자회 소속 언론인들은 지금 제가 명예훼손 따위로 중간 유죄 판결을 받기를 고대하고 계시죠? 그래야 고위급 장교들을 만족시킬 수 있을 테니까요. 3시간 반 뒤면 그들도 놀랄 정도로 날카로운 평결이 있을 겁니다. 즉 '명예훼손으로 평결한다'는 평결이 알려지겠죠. 그러면 저는 곧 그 평결이 스위스답다고 느낄 테고요. 쇠넨베르트에서 스위스 장교협회 회의가 열렸는데 거기서 '장군은 깨끗한 방법으로 승진한 것까지 의심하는 것도 비난받아 마땅하다'는 말이 나왔습니다. 배심원 여러분! 바로 눈앞에는 스위스 국기와 군대가 분명히 서 있습니다. 그래서 경제적인 것이 희미해졌습니다. 이제 법원에서 처벌을 결정하는 것만 남았습니다. 제가 저의 변호사를 통해 정상참작의 사유도 싫다고 했고 어떤 조건을 붙인 판결도 싫다고 했기 때문에 무조건 징역형만 고려될 것입니다. 여러 시간 심의하는 동안 제 아내가 면회시간 등 취리히 감옥의 상태를 조회해봤답니다. 재판이 열리는 동안 아내가 매일 참석했는데 그때도 마지막 한순간까지 그랬던 것처럼 아주 객관적이고 차분합니다. 아내는 저한테 제발 재판 좀 받지 말라고 잔소리하지 않는 유일한 사람이기도 합니다. 3시간 반 뒤에 판결이 있을 겁니다. 10일 구류에 5,000프랑 벌금! 그러면 오늘 저녁이나 내일 아침에 모든 신문에 이렇게 나겠죠. '두트바일러 유죄 판결!'

두트바일러는 잠시 생각에 잠겼다.

제 나이가 이미 61세입니다. 따져보면 제가 앞으로 투쟁할 수 있는 날이 그리 많이 남지 않은 것 같습니다. 자연스럽게 힘이 줄어들면 진정한 심판이 저를 더 작게 만들거나 아니면 오히려 더 키우겠죠. 그것은 저와 이 시대를 함께 살아가는 시민들의 손에 달려 있습니다. 저의 견해 그리고 그와 함께 수십 년 전에 제가 시작한 청소 작업이 시민들의 취향을 따라야 할까요? 아니면 민주주의가 입은 피해를 가능한 한 은폐해야 한다는 사람들의 공식 견해를 여러분이 공유하시겠습니까? 이에 대해서는 어떻게든 결정을 내려야 합니다. 명확한 위임이 없으면 저렇게 막강한 권력에 맞서 싸우는 한 노인의 이런 투쟁이 성공적으로 이루어질 수 없기 때문입니다.

판결이 선고된 지 2주 후인 1949년 7월 3일, 말하자면 스위스의 상원의원 2명 중 한 명의 보궐선거가 열리게 되어 있었다. 두트바일러는 14일 전에 겨우 후보로 나설 수 있었다. 이때 그는 유니레버에 맞서 날을 최대한 세워 투쟁을 벌이고 있었다. 물론 그의 '원수들'은 그에 맞서서 모든 무기를 가지고 투쟁했다. '반대자들'이라고 하지 않고 '원수들'이라고 한 것은 그들은 이제 '반대자들'이 아니라 이미 '불구대천의 원수'가 되어 있었기 때문이다. 그들은 그를 아예 없애버리겠다는 심산이었다. 그들은 생각할 수 있는 방식을 다 동원해서 그에 대한 반대 투쟁을 벌였다.

하지만 유니레버에 대한 재판이 진행되는 동안 대중은 두트바일러가 스위스를 넘어 전 세계의 대중을 위해 얼마나 큰 봉사를 몸소 보여주고 있는지 아주 분명히 알게 되었다. 그래서 엄청난 사람들이 모여들었다.

네슬레 사건과 가이기 사건. 이 모든 투쟁의 모든 수고를 스스로 떠안은 이 사람의 진정성을 누가 아직도 의심할 수 있겠는가? 그런데도 큰 정당들은 다른 후보들을 지원했다.

결과는 자유당 후보 2만 6,000표, 농민당 후보 4만 8,000표, 두트바일러는 거의 6만 9,000표였다. 과반수 득표자가 없어서 9월 11일에 결선투표가 열렸다. 사민당과 자유당이 농민당 후보를 지지했다. 하지만 두트바일러가 9만 표 이상을 얻어 압도적으로 승리했다. 그렇게 해서 10일 구류를 선고받은 사람이 상원의원으로 당선되어 베른으로 갔다. 그는 자신의 선거에서 "저와 이 시대를 함께 살아가는 이 시대의 시민들"을 보았다. 그래서 참 행복했다.

제18장

더 나은 삶

1946년 크리스마스에 고틀리프 두트바일러는 중요한 기부를 했다. 그것은 임 그뤼네Im Grüne 공원에 관한 것이었다.

어떤 점에서 둘도 없이 훌륭한 이 공원의 역사는 1925년으로 거슬러 올라간다. 두트바일러가 미그로를 막 설립하던 무렵이었다. 한 농부가 뤼슐리콘 위쪽 언덕에 있는 이 아름다운 초원을 평방미터 당 4 프랑씩에 사라고 내놓았다. 두트바일러는 당시 돈이 많지 않았지만 이 땅을 샀다. 그 뒤 몇 년 동안 초원을 조금씩 계속 사들였다. 작은 숲도 매입했다. 전답도 사들였다. 원래는 좁고 얼마 안 되는 땅이었는데 이제 제법 풍채가 당당한 지형이 되었다.

4만 5,000평방미터를 마음대로 사용할 수 있게 되었을 때 1930년이 되었다. 경제위기가 절정을 향해 질주하던 시기였다. 미그로도 잘나가고 두트바일러도 부자가 되었지만, 그는 이 경제위기의 순간에 이 공원 한가운데에 저택을 짓는 게 께름칙했다.

그는 그 대신, 이 땅 가장자리에 작은 집을 한 채 지었다. 1930년 대가 지나고 전쟁이 시작되었다. 피 끓는 청년 시절 두트바일러는 궁전 같은 저택을 짓는 건 "너무 어리석은 짓"이라고 깨닫고 "절제된" 방식으로 살림을 절약하며 잘 꾸려가야 했다. 그런데 공원 한복판에 꽤 넓은 집을 짓기 시작했다. 하지만 반도 짓지 못한 상태에서 두트바일러가 오래된 의혹의 희생제물이 되었다. 이렇게 어려운 시기에 그렇게 아름다운 집을 짓고 그런 집에 들어가서 살아도 되느냐는 비난이었다. 그래서 건축을 하다 말고 5년이 지났다. 두트바일러는 결국 이 건물과 공원을 모두 임 그뤼네 재단Stiftung Im Grüne에 기부했다. 공원은 특별한 역사를 가졌다. 두트바일러는 몇 년 동안 이 땅을 사들이는 것에 만족하지 않고 다른 사람들이 집을 짓는 것처럼 공원을 '지었다'. 예컨대 건축가를 선택한 게 아니라 가티커Gattiker라는 화가를 선택했다. 완전히 시각적인 것을 가장 중요하게 생각하고 출발한 것이다. 이런 부분, 저런 부분을 어떻게 형상화할 수 있는지 가티커와 계속 상의했다. 언덕을 쌓기도 하고 제거하기도 했다. 나무를 잔뜩 심기도 하고 일부는 캐내기도 했다. 벽을 쌓기도 하고 철거하기도 했다.

그러느라 가티커와 실랑이를 벌이기도 했다. 물론 대부분 가티커가 양보했다. 두트바일러는 그제야 만족하고 이렇게 이야기했다.

"우리는 자연을 모델로 한 겁니다!"

모든 게 너무 아름다웠다. 그래서 일반 대중에게 보여주고 싶어 환장할 지경이었다.

호텔플란 여행조차 한 번도 하지 못한 평범한 소시민이라고 해서 임 그뤼네에 몇 시간 머물며 휴양할 수 없나? 재단의 기록에 이런 문장이 나온다.

이 재단의 설립자들은 이미 몇 년 전에 랑할덴 쪽에 있는 자기들의 재산을 공익사업, 즉 협동조합 시스템과 일반적인 사회문제를 연구하는 '국제 교육 연구소' 설립을 위해 기꺼이 바치겠다는 의지를 표명했다.

그들이 그런 결심을 하게 된 데는 이유가 있었다. 우선 나라 상황이 매우 심각해졌다. 그래서 국가전복이나 위기, 전쟁 같은 재앙을 더 잘 대비할 새로운 형태의 경제 방식이 필요했다. 그 결과 우리 재단의 설립자들은 이런 재단을 설립하겠다는 의지를 모았다.

설립자들의 견해에 따르면 이런 새 질서에서 결정적인 역할을 할 경제 형식은 바로 협동조합이다. 협동조합은 국가와 민간경제 사이의 도구로 딱 알맞다. 협동조합은 확실한 게임 규칙이 준수되도록 할 수도 있고 구매력이 단순하게 구매에서 그치지 않고 사회적 행동으로 이어질 수 있도록 유도할 수도 있다. 설립자들은 이런 신념을 가지고 아주 건실한 미그로 주식회사를 고객들에게 기부했고, 회사의 조직 구조를 협동조합 방식으로 변경했다. 그들은 뤼슐리콘에 있는 그들의 이 부동산이 평화를 위해 사용되기를 바랐다. 또한, 올바른 경제 질서에 관심을 둔 연구소, 온 힘을 다해 국제적인 협동조합 시스템을 연구하는 국제 연구소의 발상지로 발전하기를 바랐다. 동시에 우리나라의 위상도 이런 노력의 중심으로 강화되기를 바랐다. 이토록 아름다운 그들의 희망이 성취되는 것을 설립자들도 보게 될 것이다.

아름다운 일요일에 3,000명의 방문객이 뤼슐리콘을 찾았다. 두트바일러는 기뻤다. 미그로 창립 25주년을 맞아 원근 각지에서 사람들을 초청한 것이다. 손님들은 임대한 기선을 타고 취리히 호수를 가로지르며 아주 만족스러워했다. "'두티Dutti'*는 참 비상식적인 사람"이라는 둥 농담도 많이 했다. 두트바일러는 이 모든 게 정말 기뻤다.

그는 나중에 이렇게 말했다.

"거기서 많은 이들이 산책하는 걸 보았을 때 분명해진 게 있어요. 아니, 정확히 말하면 몇 년 지난 뒤에 분명해진 거지만요. 제가, 저처럼 단순한 놈이 왜 이런 공원을 만들 생각을 했는가 하는 점이에요."

그는 공원에서 어떻게 해야 이것도 고치고 저것도 고칠 수 있을지 계속 골머리를 앓았다. 예컨대 그는 공원에 벤치를 설치하지 말자고 했다. 사람들이 그의 이런 취향을 아주 잘 알았기 때문에 공원에는 아무것도 설치하지 않았다. 그 대신 누구나 누워 쉬고 싶을 때 가져다 설치할 수 있는 간이침대 겸 간이의자를 만들어 비치했다. 어린이를 위한 카스펄리 극장Kasperli-Theater**은 설치했다. 그와 직원들은 수백 가지 아이디어를 냈다. 사람들이 여가 활동을 잘 즐길 수 있도록 최대한 배려해주는 게 혹시 그들의 직업 아닐까 싶을 정도의 날들도 많았다. 굉장히 중요한 일이긴 했지만 그만큼 끔찍한 말이었다. 얼마 지나지 않아 그는 영화를 알게 되었다.

스위스 영화는 거의 그 자체로 모순이었다. 영화는 산업 분야에서 겨우 초기 단계를 벗어난 정도였다. 값싼 실험만 하려고 해도 수백만 프랑이 드는 산업이었다. 수백만 프랑을 투자해야 하는 산업이니

---

*   두트바일러의 애칭이다.
**   어린이들을 위해 영화상영이나 인형극 공연 등을 할 수 있도록 야외에 쳐놓은 천막 극장이다.

까 이 수백만 프랑을 되찾고도 수익을 남기려면 나라가 무척 커야 했다. 아니 전 세계를 대상으로 해야 했다. 초기에는 영화가 덴마크나 스웨덴처럼 비교적 작은 나라에서도 번성했지만 결국 뉴욕이나 런던, 파리, 베를린에 집중된 것은 결코 우연이 아니었다. 이런 맥락에서 보면 할리우드는 뉴욕의 변두리일 뿐이었다.

1928년 유성영화가 연전연승의 길을 달리기 시작했을 때 작디작은 나라들이 큰 걸음을 내디딜 기회는 끝났다. 스위스도 마찬가지였다. 스위스 영화에 무슨 자격이 있었나? 스위스 영화에 시장이 있었나? 이런 질문에는 당연히 아니라고 대답해야 할 것이다. 고국에서처럼 외국에서도 똑같이 읽힐 수 있는 스위스 책이나 스위스 신문과는 반대로 스위스 영화는 스위스어로, 즉 스위스식 독일어로 하는 경향이 있다. 그런데 문제는 이 스위스식 독일어를 스위스 밖에서는 아무도 못 알아듣는다는 것이다.

하지만 라자르 벡슬러Lazar Wechsler라는 사람이 있었다. 그는 그런 것을 아예 알아볼 생각도 않고 프레젠스 영화(주)Praesens-Film AG라는 영화회사를 설립해서 영화 제작을 시작했다. 시작도 쉽지 않았고 나중에는 훨씬 더 어려워졌다. 사업이 전혀 희망이 없어 보이기도 했다. 회사의 자본이라고는 자기주장을 거의 굽히지 않는 벡슬러라는 고집쟁이 하나뿐이었다. 하지만 스위스 영화의 엄청난 위기 속에서 갑자기 내적인 자격은 확실해졌다. 독일 영화는 히틀러의 선전 도구로만 존재해야 했고 그런 식으로 잘못 활용되는 걸 당연하게 여겼는데 스위스에서는 아주 자유롭게 말하는 독일어 영화가 생겨날 수 있었기 때문이다. 게다가 독일에서는 출연을 금지당한 수많은 남녀 배우가 스위스에서는 마음대로 카메라 앞에 설 수도 있었기 때문이다.

그런데 돈은 누가 대지? 누가 댈 수 있지? 당연히 국가는 아니었다. 베른 정부는 스위스 영화에 투자할 여윳돈이 없었다. 그뿐 아니라 이웃 강대국의 눈엣가시가 될 게 뻔한 사업에 투자할 돈은 더더욱 없었다. 하지만 두트바일러는 이 프레젠스라는 회사에 미그로를 동참시키고 싶은 열정과 불꽃에 바로 사로잡혔다. 영화는 수십만 명을 연결할 수 있는 수단이었다. 두트바일러는 그들에게 잠정적으로는 식료품만 팔 수 있지만, 영화는 그들의 삶을 더 부유하고 다채롭게 만들어줄 수 있는 수단이기도 했다.

두트바일러는 일단 처음으로 2만~2만 5,000프랑의 비용을 가지고 개인으로 참여했다. 그 당시엔 그 정도도 영화를 제작할 수 있는 금액이었다. 당시 프레젠스는 〈보병 비프Füsilier Wipf〉*라는 영화를 제작하고 있었다. 서비스직에 종사하다가 결국 군대에 징집된 스위스의 한 젊은 군인에 관한 내용이었고, 전쟁 직전 몇 달 동안 제작되었다. 그는 스위스인에게 용기를 주려 했고 스위스인들의 저항 의지를 강화하려 했다. 그는 진지하면서도 명랑했다. 레오폴트 린트베르크Leopold Lindtberg가 연출을 맡았다. 비프Wipf 역은 스위스 배우 파울 홉슈미트Paul Hubschmid가 맡았고 여성 파트너는 매력적인 여가수(당시에는 가수가 아니었다) 리자 델라 카자Lisa Della Casa가 맡았다.

얼마 지나지 않아 두트바일러는 프레젠스에 합류해 부사장이 되었다. 이사회에서 투표권을 얻었지만 다른 사람들이 필요한 돈을 댈

---

*   스위스의 프레젠스 영화사가 1938년에 제작한 영화로, 헤르만 할러와 레오폴드 린트베르크가 감독했다. 현재 유튜브에서 무료로 시청할 수 있다. https://www. youtube.com/watch?v=6oQjqHNgTAI

라고 하거나 완성된 작품을 그가 펴내는 신문에서 홍보해달라고 하면 그걸 들어주기만 하는 것으로 자신의 역할을 스스로 국한했다. 그가 프레젠스에 들어가서 제작한 첫 영화는 〈마리 루이제Marie Louise〉였다. 스위스에 사는 프랑스 국적 망명자 자녀 이야기를 다룬 영화였다.

영화라는 게 어떻게 만들어지는 건지 눈곱만치도 몰랐던 두트바일러는 영화 제작 과정을 조금 자세히 살펴볼 수 있었다. 그러느라고 몇 올 안 되는 머리카락을 곤두세워야 했다. 프레젠스의 영화 스튜디오는 모든 게 뒤죽박죽이었고 끊임없이 시끄러웠으며 중간에 그만두겠다고 하는 해약 고지도 끊이지 않았다. 개인들이 서로 소송을 걸겠다고 위협했으며, 그러면서도 영화는 제작되었다. 시나리오를 쓴 작가 리하르트 슈바이처Richard Schweizer는 반쯤 완성된 영화를 보고 너무 놀라서 영화촬영을 멈추고 지금까지 촬영한 것을 없애버리라고 했다. 영화가 이대로 세상에 나가면 파국에 이를 것이라고 확신했다. 그런데 두트바일러는 그 영화를 끝까지 만들고 상영하자고 했다.

그는 어두운 영화관에 아무도 없이 딸랑 혼자 앉아서 어린 프랑스 소녀가 스위스에서 겪은 고통에 깊은 감명을 받았다. 물론 전문가가 아니라 관중일 뿐이었다. 영화에 대해 아무것도 몰랐다. 아는 거라곤 그 영화가 마음에 드느냐 안 드느냐, 아니면 영화에 감동했느냐 아니면 별 감흥도 없이 멍하니 앉아 있었느냐 하는 것뿐이었다.

하지만 그는 미그로에서도 소비자가 중요하듯 영화에서도 정말 중요한 것은 관객이라고 했다. 그래서 다른 사람들에게 용기를 잃지 말고 영화를 끝까지 찍어서 제작해달라고 애원했다. 이 영화는 나중에 유럽에서 크게 성공한 영화 가운데 하나가 되었다. 미국에서 오스카상도 탔고 그 덕에 전 세계로 퍼져나가기도 했다.

프레젠스는 전쟁이 끝나기 전에 두 번째 영화 〈마지막 기회〉를 제작했다. 히틀러의 앞잡이들에게 쫓겨서 산을 넘어 스위스로 피난 온 망명객들의 이야기였다. 매우 대담한 주제였다. 하지만 1944년이 끝을 향해 가고 있었다. 전쟁도 곧 끝날 거라고 믿어도 좋았고 히틀러라는 사람이 머지않아 존재하지 않을 것이라고 받아들여도 좋았다.

물론 어려움도 정말 많았다. 베른 정부는 독일이 망해가고 있긴 하지만 공식적으로는 완전히 망하지 않았으므로 막판에 또 상황을 어떻게 악화시킬지 모르는 게 아니냐는 견해를 갖고 있었다. 그래서 정부 사람들은 이것저것 고려해주기를 바랐다. 게다가 촬영 지역이 이탈리아 쪽 국경에서 너무 가깝기도 했다. 여기저기 벙커가 있었다. 이지역을 밟는 것은 원천 금지되어 있었다. 수많은 사람과 연락해야 했다. 프레젠스 이사회 의장인 발터 보페리 박사는 베른의 외사경찰서장인 오스카르 뒤비Oskar Düby 박사와 연락해야 했고 뒤비 박사는 영화 승인권을 가진 연방 국방부와 연결고리를 찾아냈다.

새로운 어려움이 계속 생겨났다. 연방의회는 독일 군인들의 멜빵바지를 보여주지 말라고 이의를 제기했다. 베를린 정부가 새로운 골칫거리를 만들어내지 않을까 두려워한 것이었다. 또 다른 불만은 독일 군인이 난민 뒤에서 총을 쏘는 장면이었다. 그걸 보면 히틀러가 뭐라고 하겠느냐는 것이었다. 하지만 히틀러는 아무 말도 하지 못했다. 영화는 전쟁이 끝나고 며칠 뒤에야 개봉되었기 때문이다. 백슬러는 독일에 필름 사본을 보내면서 상영료를 요구하지 않았다. 그러면서 특허권 사용료를 난민들에게 나눠주라고 제안했다. 영화가 독일에서 상영되기까지는 시간이 좀 걸려, 1946년 봄에야 처음으로 극장에 걸릴 수 있었다. 당시 독일인들은 히틀러 정권의 다른 모습, 즉 진짜 모습을 스크린에서 처음으로 보았다. 영화가 끝난 뒤 영화관에 다시 불이 들어왔을 때 관객들은 공포에 질린 채 허리를 굽혀 땅바닥을 보고 있었다. 그리고는 모두 침묵했다. 아무도 감히 어떤 말도 꺼내지 못했다. 그리고는 조용히 바깥 어두운 밤 속으로 걸어 나갔다. 스위스 영화가 생존권을 보여준 것이다.

삶을 더 아름답고 더 풍부하게 만들어라! 이 목적에 도달하기 위해 두트바일러가 상상했던 많은 것은 새로운 게 아니라 이미 오래전에 시작된 것이다. 그는 그것을 그저 다시 끄집어내서 실행에 옮긴 것뿐이다. 예컨대 1930년대 중반에 계획된 호텔플란이 있었지만, 전쟁 초기에는 무의미해졌다. 그러나 그는 아무도 해고하지 않았다. 이 어려운 시기 내내 함께 장애물들을 뚫고 나갈 직원을 찾으려고 노력했다. 대부분은 배급 업무를 위해 미그로 사무실에 배치했다. 그래서 그들은 거기서 즉시 일을 시작할 수 있었다.

호텔플란의 사업보고서를 보면 1942/43년 총수익이 약 9만 프랑이었다. 1947/48 회계연도에는 그것이 이미 약 120만 프랑까지 불어나 있었다. 곡선이 가파르게 높이 치솟은 것이다.

예를 들어 1947년 초 무소속 란데스링 국회의원들이 "권력 남용"이라고 묘사한 호텔 건축 금지 연장에 대해 격렬하게 항의했을 때 사람들은 또다시 사자의 앞발을 느낄 수 있었다.

스위스에는 이미 낡디낡은 호텔이 너무 많지 않은가? 그것들을 어느 정도 기념물 보호 관리 아래 배치하는 것이 공공의 이익인가? 민중은 투표를 통해 무소속 란데스링에 정당성을 부여했다. 무의미한 금지가 패배한 것이다. 그래서 낡은 호텔들을 부수고 새로운 시대에 맞는 호텔을 지을 수 있게 되었다.

그러나 끊임없이 치솟는 인플레이션을 고려할 때, 저축한 돈이 없어서 곤경에 처했을 때 보호받기 어려운 노인들은 어떨까?

무소속 란데스링은 '노인과 취약계층을 위한 보험AHV'에 전력투구한 첫 번째 정당으로서 이 보험제도를 맨 처음 제안했다. 두트바일러, 그리고 나중에는 특히 오토 팬들러Otto Pfändler(원래는 장크트갈렌 주에서 교사로 근무하며 체조와 스키 스포츠에 특히 관심을 가졌던 사람), 한스 문츠 박사 같은 이들이 전문가위원회를 설립하기 위해 일했다. 여기서 하는 일도 뭐 별다르게 새로울 것이라곤 없었다.

1925년 말 국민투표를 통해 스위스 연방은 노인과 취약계층을 위한 보험을 의무적으로 도입하도록 하는 조문을 연방 헌법에 포함했다. 그런데 제2차 세계대전이 터졌고 노인보험이 확실하게 마무리되지 못했다. 1941년 무소속 란데스링은 대형 신문에 호소문을 실어 경쟁을 촉구했다. 1942년 3월 두트바일러와 동료들이 조직한 '노인보험과 가족보호 연구위원회'는 연방의회에 법률안을 제출했다. 가족을 경제적으로 보호하기 위해 즉각 조치하라는 법안이었다.

한스 문츠 박사는 40프랑의 월세를 가리켜 터무니없는 "월세 미제라블"이라고 공개 비난했다. 그는 지칠 줄 모르고 계속 비난을 퍼부었다. 사람들이 기부금을 생산적으로 활용하지 않고 그냥 쌓아두고 있다는 공격도 했다. 그 당시 만성적인 인플레이션 시대가 시작되었고 화폐 가치가 끊임없이 평가절하되었다는 것을 아주 잘 알고 있었기 때문이다. 그는 마침내 1947년 중반 AHV가 실현될 때까지 독일인들과 스칸디나비아인들은 자기네 나라에서 일하느라 반백이 된 남녀 노인들을 얼마나 잘 돌보는지 계속 상기시켰다.

더 나은 삶, 더 일할 수 없는 사람들에게 더 나은 삶, 물론 일을 하며 돈을 버는 사람들에게도 더 나은 삶. 이런 게 이미 오래전부터 두트바일러의 관심사였다. 나아가 모든 사람의 더 나은 삶이 끝까지 그의 관심사로 남아 있는 게 분명했다. 두트바일러는 다음 몇 가지를 대부분의 다른 사람들보다 훨씬 더 명확하게 보았다.

우선 그는 전후의 세계는 전쟁 전의 세계와는 전혀 다른 세계가 될 것으로 보았다. 전쟁 전에는 다양한 세계였지만, 전후에는 유일한 세계, 도저히 나눌 수 없는 단일한 세계가 될 것으로 보았다. 아니면 세계가 최소한 그렇게 될 수밖에 없다고 보았다. 그는 세계가 앞으로는 더 큰 나라와 더 작은 나라로 갈라서지 않을 것이라고 내다봤다. 비행기 속도가 하도 빨라져 국경이라는 게 한낱 허구의 개념처럼 돼버릴 것이고, 그래서 이런 새로운 세계에서 살 사람들은 언어를 한 가지, 즉 모국어만 사용하는 것에 만족하지 못할 것이라고 내다봤다. 그래서 특히 국제적인 '언어 교육 센터'를 확장하는 데 관심이 있었다.

그는 여전히 전쟁이 한창이던 1944년에 첫 '클럽 학교'를 개설했다. 나중에는 클럽 학교를 '선의의 농장'이라고 불렀다. 이 학교의 임무는 경제적으로 거의 수익성이 없어서 아무도 살지 않는 땅 그리고 국가가 경작하기에도 너무 번거롭고 어려운 땅을 경작하는 것이었다.

학교를 설립할 때 그는 이렇게 말했다.

"문화예술 진흥은 엘리트의 과제입니다. 우리에게는 커다란 희망이 있습니다. 돈을 많이 가진 사람들이 예전처럼 통 크게 이 엘리트의 과제를 다시 인식하는 겁니다. 돈을 많이 가진 사람들의 의무는 자기가 이렇게 커지고 강력해진 것에 대한 빚을 갚는 것입니다."

그가 첫 번째 클럽 학교 설립을 계기로 쓴 사설은 다음과 같은 말로 끝을 맺었다.

"이제 큰 생각을 하는 평범한 소시민의 시대가 시작되었다."

하지만 그는 "돈을 많이 가진 사람"을 기다리지 않고 늘 그랬던 것처럼 착한 모범을 보이며 앞으로 나아가기 시작했다.

시작은 어렵기도 했고 작기도 했다. 첫 번째 클럽 학교에서는 5개의 언어강좌가 열렸다. 이를 위해 직원 10명을 채용했다. 하지만 관심은 엄청났다. 〈우리, 다리를 놓는 사람들〉에 딱 한 번 광고를 냈는데 16~82세의 사람이 무려 1,400명이나 수강 신청을 했다. 당시 수강료는 강좌당 겨우 5프랑이었고, 1,200명이 참여했다. 두트바일러가 나중에 이야기한 것처럼 수강자들은 "연필과 종이, 좋은 기분과 좋은 의지만 챙겨 오면 '강요하지 않는 자유로운 수업'이 보장"되었다.

곧이어 바젤과 베른, 루체른 같은 곳에도 클럽 학교가 생겼다. 수강생이 2만 명을 넘어섰다. 취리히에서 클럽하우스 개통식이 열렸는데 옛날 요양소 휴게실이었다. 나중에는 추오츠에 있는 카스텔Castell이라는 이름의 클럽하우스 호텔도 문을 열었고 다른 휴가 호텔들도 뒤를 이었다.

미리 이야기하자면 1963년에는 클럽 학교에 참여한 사람 수가 15만 2,000명이나 되었고 그들은 55개 클럽 학교 지역에서 개설된 강좌에 다녔다. 주요 지역만 살펴보자면, 아라우, 바덴, 올텐, 졸로투른, 바젤, 베른, 비엘, 제네바, 로잔, 브베, 루체른, 추크, 노이엔부르크, 프리부르, 장크트갈렌, 크로이츨링엔, 북스, 자르간스, 쿠르, 로카르노, 루가노, 키아소, 빈터투르, 샤프하우젠, 취리히, 추오츠 같은 지역이 있다. 두트바일러가 숨을 거둘 때쯤 클럽 학교에 고용된 남녀 직원은 약 1,500명이나 되었고 과목도 260개가 넘었다.

그 뒤로 클럽 학교는 스위스 국경을 넘어 이미 언급한 국제 '언어 교육 센터'로 발전했고 다양한 여러 나라의 언어 학교로 발전해갔다. 거기서는 외국인들에게 최신 방식으로 이 나라의 언어를 가르쳐줄 뿐 아니라 그 나라의 문화까지도 익숙하게 해주었다. 수강생들은 민박으로 한 가정에 한 명씩 묵었다. 그들이 배울 언어를 수업시간에만 하는 것이 아니라 아침 일찍부터 저녁 늦게까지 어쩔 수 없이 그 나라 말을 할 수밖에 없도록 하기 위해서였다. 이런 교육 센터는 로잔에도 있었고 바르셀로나와 플로렌츠, 본머스 같은 데에도 있었다. 독일과 프랑스, 오스트리아의 다른 도시에서는 준비하고 있었다.

두트바일러의 마지막 생애 동안 유럽의 교육 센터는 정말 깜짝 놀랄 정도의 속도로 발전해갔다. 미국의 명문 미시간 주립대학교와 협업도 이뤄졌다. 1960년에는 스위스 밖의 교육 센터 수강생 4,272명이 언어 과정과 여러 나라의 문화와 특성에 관한 정보 과정에 참여했다. 그런데도 두트바일러는 이렇게 말했다.

"우리는 이제 겨우 막 시작했을 뿐이다."

더 개선할 게 없을 정도로 완벽한 사람으로서 그는 국적이 다른 사람들이 함께 살면서 서로를 알아가는 것을 배우게 되면 세계 평화가 안정될 것이라고 믿었다.

이 세계에서 25년 이상이나 제대로 된 평화가 없었다. 대규모 학살이 두 번이나 있었다. 인플레이션과 디플레이션도 있었다. 전쟁에서 피해를 보지 않고 남아 있던 스위스에서조차도 전반적으로 불안한 것은 말할 것도 없고 배불리 먹을 수도 없었다. 이제는 달라질 것이다. 두트바일러는 철저하게 달라지도록 자기가 할 일을 하기로 했다.

이제 다시 사는 재미가 있어야 한다. 비록 사람들이 다시 배불리 먹을 수 있는 시대가 거의 다 되었지만, 그것만 가지고는 부족하다. 재미도 있어야 한다. 인생을 즐길 줄 알아야 한다. 미그로는 저렴하고 좋은 음식을 판매해서만이 아니라 이런 맥락에서 판매라는 단어를 사용할 수 있을지 모르겠지만 예술이나 음악도 '판매'해서 사람들이 인생을 즐기는 데 도움이 될 것이다. 이것이 바로 클럽하우스 콘서트의 기본 생각이었다.

클럽하우스 콘서트는 전쟁이 끝난 지 2년 뒤인 1947년 설립되었고 그 뒤 몇 년 동안 수많은 예술가와 음악가, 작곡가, 가수, 연출가 그리고 전체 오케스트라가 외국에서 스위스로 들어왔다.

맨 먼저 미그로 안에서 갈등이 생겼다. 이런 콘서트가 극소수만을 위한 기회를 제공하는 것 아니냐는 말이 나왔다. 관객이 아주 얇은 상류층에서만 모인다는 것이었다. 두트바일러는 그런 말에 이의를 제기했다. 평균 시민, 즉 종일 사무실이나 공장에서 일한 사람들에게도 충분히 좋은 최선이라고 할 수 있다는 것이었다.

그리고 카네이션과 관련된 에피소드도 있었다. 1947년 10월 두트바일러는 아내 아델레와 함께 밀라노 여행을 했다. 호텔플란의 그쪽 대표인 기제티Ghisetti 박사가 아델레 여사에게 드릴 정말 아름다운 카네이션 한 다발을 가지고 호텔에 나타났다. 두트바일러는 약간 눈치도 없이 이렇게 물었다.

"아니, 이 꽃 한 다발이면 도대체 얼마야?"

기제티 박사는 약간 몸을 돌리더니 결국 가격을 이야기했다. 그리 놀랄 정도로 비싼 가격은 아니었다. 하지만 두트바일러는 전혀 화가 나지 않았다. 정반대였다. 그는 이렇게 중얼거릴 뿐이었다.

"취리히 꽃값의 5분의 1이군……."

며칠 뒤, 부부가 취리히로 돌아오고 난 어느 날 두트바일러는 아내에게 이렇게 물었다.

"당신 꽃 좋아하지요? 그렇죠?"

물론 두트바일러 여사도 꽃을 좋아했다.

"꽃은 모든 여성이 다 좋아하지요."

"그런데 대부분은 아마 꽃 한 송이 살 만한 경제적 여유도 없지요?" 하고 두트바일러가 또 물었다.

그는 대답이 필요 없었다. 그냥 대답을 알고 있었다.

그런 대화를 나눈 직후에 한 남자가 두트바일러 사무실로 들어와 카네이션을 사라고 했다. 그런데 한 송이나 몇 송이가 아니라 리비에라에 있는 몇 트럭 분량의 카네이션을 다 사달라는 것이었다. 카네이션 사업이 마지막 순간에 망했다고 했다. 하지만 카네이션은 이 엄동설한에 상하지 않고 오래 유지될 수가 없었다. 그래서 이 수출업자는 정상가보다 터무니없이 싼값에 카네이션을 내주겠다고 했다. '혹시 두트바일러 사장은 이 사업에 관심 있는 회사를 아느냐?'고도 물었다. 두트바일러는 아연실색해 있는 그 사람에게 이렇게 말했다.

"제가 그 카네이션을 다 살게요!"

그는 리비에라에 있는 그 카네이션을 다 사서 스위스로 가져온 뒤, 미그로 매장에 분배해서 40~60라펜에 16송이씩 팔았다. 그때는 꽃집에서 카네이션 한 송이에 80라펜~1프랑씩 할 때였다. 꽃 상인들이 자제력을 잃었다. 그들에게는 엄청난 손실이었으니까! 그래서 어떻게 진행되었을까? 두트바일러가 카네이션을 비롯한 꽃을 계속 팔겠다고 했을까? 그랬다면 상인들이 가게 문을 닫아야 했을 것이다.

두트바일러는 웃었다.

"여러분, 잘못 생각하셨습니다. 지금까지는 부자들만 꽃을 살 수 있었어요! 이제 바뀔 겁니다. 이제 몇 라펜까지 다 계산해야 하는 사람들의 탁자 위에도 처음으로 꽃이 올라갈 수 있게 되었습니다. 꽃을 찾는 소비자가 이제 엄청 많아질 겁니다. 여러분! 이렇게 넓어진 소비자 시장을 유지하는 것은 이제 여러분 몫입니다."

문화적 계획과 행동이 속속 뒤를 이었다. 두트바일러는 이미 오래전에 조합원들에게 때때로 아름다운 책을 선물하겠다고 생각했다. 3년에 한 번씩 교훈적이면서 재미도 있고 그림도 있는 호화 장정본으로 말이다. 그는 때때로 그런 선물본을 인쇄해서 배포하도록 했다. 그런 판본이 곧바로 25만 부나 되었다. 그는 이런 책 출판을 엘자 가서에게 위임했다. 하지만 그는 내용부터 삽화, 인쇄, 표지까지 모든 것에 간섭했다.

여기서 미그로가 1950년 여름 자그마한 도서협동조합 엑스리브리스와 관계를 맺었다는 점도 언급해야겠다. 처음에는 조합원이 5,000명이었는데 해가 지남에 따라 25만 명까지 늘어났다. 수백만 권의 서적이 싼값으로 독자에게 가는 길을 발견한 것이다. 나중에는 수백만 장의 음반도 발매했다.

이미 전쟁 전 시대에 시작된 택시와 얽힌 에피소드도 있다. 우리는 일시도 정확히 기억한다. 1934년 1월 16일 낮 1시였다. 두트바일러는 우연히 시간이 나서 취리히 산책을 하고 있었다. 그런데 갑자기 취리히 본역 앞 광장, 하임플라츠 광장, 퍼레이드광장, 엥에 역 앞 같은 곳에 택시가 엄청 많이 서 있는 게 눈에 띄었다. 숫자를 세어보니 손님도 못 태우고 텅 빈 채 멍하니 서 있는 택시가 55대나 되었다. 그는 조사를 시작했다. 취리히에 택시가 89대인데 절반 이상이 손님을 못 태우는 이유가 뭐지?

택시비가 너무 비쌌기 때문이었다. 두트바일러는 여기서 변화를 줄 수 있다고 이야기했다. 그는 '신문 속 신문'에 이렇게 썼다.

미그로가 조직과 위험을 동시에 떠안으면 어떨까? 미그로는 그럴 준비가 되어 있다. 하지만 가장 중요한 문제는 국가와 지방정부가 재정을 부담하지 않고 일자리를 창출할 수 있냐는 것이다. 우선 미그로는 전체 작업에서 최소한의 이익도 챙기지 않겠다. 운전기사들에게 택시를 할부로 넘겨줄 것을 약속하겠다. 물론 그 과정에서 다른 일자리를 찾는 사람들에게는 아주 친절히 대할 것이다. 택시 승객에게는 더 좋은 운송 수단을 제공하겠다. 취리히시도 새로운 택시를 허가해줄 때 택시 면허세로 1만 2,000프랑의 수익을 보게 될 것이다. 그 대신 택시 정류장은 더 자유로워질 것이다. 요금이 싼 새로운 택시들은 정류장에 서 있지 않고 계속 운행할 테니까.

전문가들과 관리들은 안 된다고 했다.

1951년 취리히에는 270대의 택시가 있었다. 그런데도 손님이 거의 없다는 것이다. 이유는 17년 전이나 똑같았다. 택시비가 너무 비싼 것이다. 두트바일러는 취리히 콩그레스하우스에서 집회를 열었다. 강당의 마지막 한자리까지 꽉 메운 3,500명 앞에서 택시 상황에 관한 연설을 했다.

고통을 당하고 있는 택시 운전기사들과 택시비가 그리 비싸지 않으면 가끔이라도 택시를 탔을 잠재적 승객들, 지금까지 고통을 감내하며 택시를 이용해온 승객들은 물론 반대파들, 그러니까 택시 회사나 택시사업자협회 같은 조직의 대표자들도 참석했다. 그들은 택시비를 더 싸게 낮춰야 한다는 두트바일러의 주장에 아주 격앙돼 있었다. 그들은 매출고가 올라가야 손해를 보충할 수 있는데 두트바일러가 이 점을 이해하려 하지 않고 운전사들을 앞세운 채 자기는 그 뒤에 숨어서 자기 투쟁을 한다고 주장했다.

그래도 두트바일러는 포기하지 않았다. 그는 소형택시들을 후원하기 위해 미니택시(주)를 설립해서 '노란 택시'라는 이름으로 택시비를 확 낮춰 운행하게 했다. 이때는 빌리암 폰토벨 William Vontobel이 두트바일러 곁을 지켰다. 그는 아직 젊고 마른 검은 머리의 남자였다. 1937년에 무소속 란데스링에 임시비서로 들어와서 1939년에 무소속 란데스링의 정식 비서가 되었고, 1942년에는 지방의원, 1950년에는 국회의원으로 선출된 사람이었다. 두트바일러의 반대자들, 즉 택시사업자협회 사장들도 자신들이 불가능하다고 주장했던 일을 했다. 두트바일러가 행동하기도 전에 그들이 먼저 킬로미터당 가격을 70라펜에서 40라펜으로 낮춘 이른바 '청색 택시'를 운행한 것이다. 두트바일러가 이미 도덕적으로 승리한 셈이다. 그가 이미 원래 계획했던 100대의 택시를 잠정적으로 40대만 출발시키기로 했다. 마침내 킬로미터당 요금이 50라펜으로 통일되었다.

1951년 10월 20일 최초의 '노란 택시'가 운행을 시작했다. 두트바일러가 아무도 모르게 직접 한 시간 동안 택시 기사 노릇을 했다. 물론 택시 운전에 평생 종사할 생각을 한 것은 아니었다. 그의 미니택시(주)는 소규모 마이스터들만 택시를 쉽게 구매할 수 있도록 해주었다. 즉 그들에게 택시 구매 자금을 조달해주었다. 택시 요금이 낮으니까 다른 비용은 경감시켜주었다. 즉 전화 센터 비용도 대주고 주차 공간도 임대했다. '노란 택시'는 예나 지금이나 여전히 공공 정류장에서 고객을 기다리는 게 금지되었기 때문이다. 그에 알맞은 A급 면허가 그들에게는 발급되지 않았다.

1년 뒤인 1952년 겨울, 외딴 수도원의 원장이 그 웅장한 수도원의 전면 외관을 개조하려고 했다. 그런데 필요한 돈이 없었다. 두트바일러는 이 수도원을 위해 대규모 모금 콘서트를 조직하기로 했다. 매서운 칼바람이 부는 겨울이었다. 거리에는 눈이 덮였고 수도원 교회당 안의 기온도 영상 2도를 밑돌 만큼 한기가 가득 차 있었다. 미그로는 라이프치히 오케스트라를 초청했다. 지휘자가 모피코트를 입고 무대에 올랐다. 교회에서 클래식 음악을 듣다가 폐렴에 걸려 죽을 일 있나? 누가 오긴 왔을까? 그런데 취리히와 근교에서 5,000명이 모여들었다. 콘서트 티켓이 매진되었고 1만 5,000프랑의 기금을 모을 수 있었다.

그도 전혀 예상하지 못했던 대중의 무리가 때때로 두트바일러가 옳았음을 증명해주었다. 예컨대 1956년 6월 교황이 작은 연설을 했는데 연설 내용을 정확히 분석해보면 미그로의 원칙을 확인하는 것 이상도 이하도 아닐 정도로 똑같았다. 이때 로마에서는 국제회의가 개최되었다. 이 회의에는 33개국 식료품상들이 모였고, 공동성명을 발표했다. 국제 식품 유통 협회AIDA*가 이 회의를 조직했는데, 넷째 날에는 교황 피우스 12세가 성베드로성당의 청동문 앞에서 성당 참가자들만이 아니라 모여든 몇천 명의 사람들에게 세상에 전혀 낯설지 않은 방식으로 이렇게 강론을 했다.

---

*   Association Internationale de la Distribution des Produits Ali-
mentaires

상인이 자기 활동을 혼자서 독립적으로만, 개인적인 돈벌이의 원천으로만 간주하고, 무자비하게 경쟁만 하고 투쟁만 하던 시대는 이제 끝났습니다. 오늘날은 일반 대중의 이익을 위한 노동이 지당합니다. 다른 사람들을 위한 성공적인 활동도 마찬가지입니다. 따라서 진정으로 일반 대중을 위한 서비스를 늘리겠다는 유일한 목적을 가지고 식품 유통 내부 운영을 개선하는 작업도 지극히 정당한 것입니다. 위험에 직면한 것은 어떤 거래 시스템의 성공도 아니고 그렇게 해서 모든 국민의 생활수준을 향상하는 것도 아닙니다. 창의적인 기업가 정신을 가지고 현명하게 계산하십시오. 전체의 복지에 관심을 가지시고 설사 자신의 이익에 손해가 되더라도 절대로 정직하십시오.

이런 게 선한 기업가들이 갖춰야 할 고유한 자질입니다. 오늘날에는 이런 자질들을 그 어느 때보다도 더 자주 거론해야 합니다. 그래야만 성공도 늘어날 것입니다.

두트바일러가 평생 원했던 모든 것을 확인해준 것이다. 그리고 처음에 그의 머릿속에서 미개발상태로 불분명하게 숨어 있던 것, 즉 거의 희미한 안개 속에 있던 소원과 희망들을 확인시켜준 것이기도 했다. 그의 소원과 희망은 지난 10년 동안 점점 더 명확해졌다. 그것은 하나의 거대한 판매 조직만 남기는 게 아니었다. 고객들, 자신을 충성스럽게 따르는 사람들 그리고 '엠M' 가족인 조합원들이 더 잘 먹고 더 값싸게 입을 수 있도록 더 많이 돕는 것이 그의 소원과 희망이었다.

'사람은 빵만으로는 살 수 없다!'는 이 성경 구절을 미그로는 다음과 같이 번역했다. '사람에게 식료품만 판매하는 것으로는 부족하다. 그들에게 기쁨도 준비해주고 예술과 평생교육 가능성도 제공해야 한다.' 계속해서 지적하자면 이것은 두트바일러의 괴팍한 취향 때문에 나온 아이디어가 결코 아니었다. 숱한 조합원 설문 조사를 통해 생겨난 것이다. 바로 '엠' 가족은 미그로에 그런 것을 기대했다. 그것은 계획한 것이 아니었다. 소시민의 삶을 더 풍부하고 더 다채롭게 만들겠다는 두트바일러의 원래 아이디어를 논리적으로 그리고 아주 유기적으로 발전시킨 것이었다. 두트바일러는 미그로를 스위스 전체와 비교했다. 결코 미그로의 의미를 과대평가해서가 아니었다.

"거인 스위스 연방과 소인 미그로 협동조합, 그 둘은 많은 공통점이 있다."

그것은 분명하다. 왜? 그 둘 다 스위스 정신으로 운영되니까. 나이 차이는 주목할 만하다. 미그로가 젖먹이라면 스위스는 백발을 향해 가는 노인이다. 하지만 구조는 똑같다. 스위스에서는 국민투표가, 미그로에서는 조합원투표가 최고 결정 기관이다. 스위스에는 연방 의원들이 국민의 대표로서 입법자로 존재하고 있고, 미그로에는 대의원총회가 입법자로 존재한다. 스위스에는 연방의회가 최고 집행기관으로 존재하고, 미그로에서는 미그로협동조합연합회의 이사회라는 최고 집행기관이 있다.

물론 큰 차이도 있다. 조합원들은 해마다 미그로 협동조합의 사업 수행에 관한 결정을 한다. 그 결과를 보면 우리는 조합원들의 만족이나 불만족을 알 수 있다.

미그로 협동조합은 모든 사업을 수행할 때 지난 3년 동안 98% 이상의 찬성으로 동의를 받았다. 반대표는 1~1.5%였다. 하지만 그 모든 것은 높은 도덕적 의무를 의미했다.

미그로 설립 30주년을 전후해서 무소속 란데스링 국회의원들이 몇 주 동안 6만 449명의 서명을 받았다. 주당 44시간제를 도입하자는 국민발안을 위한 것이었다. 이것은 전후 시대 노동조합들이 가장 오래 주장해온 요구이자 가장 중요한 요구 중 하나였다.

한스 문츠 박사는 원래 베른에서 의회 투쟁을 할 것으로 봤다. 하지만 두트바일러는 노동시간 단축에 더 효과적인 수단은 국민발안이라는 걸 알았다. 미그로는 이와 관련해서 이미 1955년에 조합원 설문 조사를 했다. 설문에 답한 조합원의 79%가 임금은 전혀 삭감하지 않은 채 노동시간을 단축하는 것에 찬성한다고 답했고 21%는 반대했다. 노동시간 단축에 대한 반대가 가장 적었던 곳은 프랑스어권 스위스 지역이었고 가장 강했던 곳은 장크트갈렌과 그 주변 지역이었다.

두트바일러와 문츠는 주 44시간에 대해 경고했던 조합원들을 회상했다. 언제나 노동시간 단축에 반대하며 매번 파국을 예언했던 사람들이 있었다는 점도 회상했다. 옛날에는 하루 14시간 노동을 쟁취하기 위해 투쟁했던 시대도 있었다. 그다음에는 하루 11시간 노동 쟁취 투쟁도 있었다. 그다음에는 사민당이 오랫동안 요구했던 하루 8시간 노동을 쟁취하기 위해 투쟁하던 때도 있었다. 그럴 때마다 매번 불길한 예언이 쏟아졌다. 그렇게 되면 스위스 수출 능력이 끝장난다는 것이었다. 그런 논쟁이 붙으면 다른 나라에서도 마찬가지였다. 대부분의 고용주 조직과 그들 가까이 서 있는 자유당 사람들이 노동시간 단축에 반대하는 것, 그들이 국민적으로 불행해진다고, 파국으로 끝날 거라고, 스위스의 산업 경쟁력이 끝장난다고 말하는 것은 이제 놀랄 일도 아니다.

사회당 국회의원들도 몇몇 용감한 사람들을 빼고는 무소속 란데스링의 이 발안을 탐탁지 않게 여겼다. 이들은 여러 해 전부터, 수십 년 전부터 노동조합들과 손에 손을 잡고 노동시간 단축을 위해 투쟁해 왔는데, 이제는 이들이 볼 때 '기업가'인 두트바일러가 자기네 직원들과 함께 이 이슈를 가로채고 있기 때문이었다.

두트바일러는 이렇게 비꼬았다.

"여러분은 여러 해 전부터 행진도 하고 노동절 축제도 했습니다. 화려한 연설도 많이 했죠. 노동시간을 단축해야 한다고요. 하지만 노동시간이 외국에서는 이미 단축된 지 오래됐는데도 여러분은 실제로 뭔가 해내지 못했습니다!"

이 시기에 미그로는 이미 노동시간 단축을 시작했다. 생산에서는 별 어려움이 없었지만, 창고와 매장에서는 상당히 많은 어려움이 있었다. 이런 곳에서는 경쟁기업들이 더 오래 일할 의향도 있는 데다가, 미그로와 같이 근무시간 단축에 앞장서는 게 자존심 상해서 거부하려는 게 분명해졌다.

교황이 강연을 했던 1956년 미그로 지도부는 잃어버린 4시간이 어느 정도 '극복되었다'는 사실을 이미 알고 있었다. 두트바일러는 이렇게 이야기했다.

"이제 중요한 것은 노동자들에 대한 해방의 행동입니다. 자유경제 실행 역량을 강력하게 시위하는 것입니다. 그 중심에 인간이 있습니다."

두트바일러가 얼마나 옳았던가! 그사이 스위스에서는 노동시간 단축과 주5일 근무가 아주 빠르게 진척되었다. 이제는 거의 관철되었다고 말할 수 있게 되었다. 스위스뿐 아니라 전 세계에서.

제19장

"우리는 성공했다"

하루하루가 비슷하게 지나갔다. 아니 어쩌면 아닐지도 모른다. 어느 날은 햇빛 반짝이는 푸른 하늘과 태양이 비치고 따뜻한 날도 있었지만, 덥거나 무더운 날도 있었다.

미그로의 트럭들은 아침 8시 정각에 출발했다. 전날보다 많았다. 연달아 큰 엔진 소음을 내며 출발한 마지막 2대까지 성장이라고 해도 좋다면 2대가 더 많아졌다. 트럭들은 까마득한 옛날 노아의 대홍수 이전에 쓰던 괴물들처럼 굴러갔다. 1925년 8월 25일! 정확히 30년 운행한 트럭 5대 중 2대가 문제였다. 운전석에는 당시 운전기사로 근무하던 오스카 바흐만과 발터 이젤린Walter Iselin, 두 사람이 앉았다. 당시 그들은 잔뜩 의심쩍어하면서 그리고 걱정하면서 출발했다. 잘 될까? 저녁에 성공적으로 계산을 마치고 또 하나의 미그로가 탄생할 수 있을까?

이 두 명은 전에 운전기사로 일해본 적이 없는 사람들이었다. 이들은 회사에서 고위직에 있던 사람들이다. 미그로는 모든 게 위험했던 그 첫날과 그 뒤 여러 날을 견뎌냈다. 지난 30년 동안 무슨 일인들 안 일어났겠나!

세상 사람들은 당시 모든 전쟁 중 가장 크고 가장 끔찍한 전쟁을 겪었다고 생각했다. 그와 함께 자신들이 겪은 것이 대규모 전쟁 중 마지막 전쟁일 것이라는 생각도 했다. 극소수만이 스탈린과 무솔리니라는 이름을 알고 있었지만, 히틀러라는 이름을 알고 있던 사람은 거의 없었다. 엄청난 경제 호황이 이어지던 시기도 있었고, 위기가 계속된 시기도 있었다. 전 세계에서 자가용 시대가 열려 자가용 산업이 승리의 고공행진을 시작했고, 어떤 사람들은 앞으로 언젠가는 주로 비행기를 타고 다니며 여행하는 날이 올 것이라는 당시로서는 완전히 정신 나간 듯한 예언도 했다. 스포츠 전성기도 있었다. 영화도 사업이 됐다.

30주년! 미그로에 있는 사람들 빼고 어느 누가 감히 이 30주년 기념을 생각이나 했을까? 하지만 몇몇 사람들은 이미 그 생각을 하고 있었다. 정류장마다 특히 할머니와 할아버지 들이 모여들었다. 그렇다. 30년 전에도 이곳에 서 있던 남녀 고객들이었다. 그들은 그날이 마치 어제 같다고 회상했다. 작은 꽃다발을 들고 있는 할머니들이 많았다. 그들은 운전기사들에게 그 꽃다발을 건넸다. 그들이 전혀 잊지 않은 것이다.

그러자 그 고객들은 곧 놀라움을 경험하게 되었다.

두트바일러는 자신의 고객, 즉 '엠' 가족 구성원들을 놀라게 하는 것을 좋아했다. 전쟁 직후에 그가 버터 가격을 내리려고 했지만 베른 정부가 반대한 적이 있다. 그러자 두트바일러는 고객들한테 알리지도 않고 버터에 금화를 하나씩 붙여 주는 아이디어를 냈다. 100그램짜리 버터 100개당 10프랑짜리 금화를 한 개씩 붙였다. 물론 집에 가서 버터에 붙어 있는 금화를 예상치 못하게 발견한 고객들은 정말 기뻐했다. 바로 이런 분들이 반평생 동안 미그로 트럭을 기다려준 나이 든 고객들인 것이다. 30년 전에는 늘 똑같은 문구였다. '두 종류의 커피와 설탕, 쌀, 면 종류 그리고 비누!' 그런데 30년이 지난 오늘도 그때와 똑같은 문구를 붙인 낡은 트럭이 보였다. 그들은 자기 눈을 거의 믿을 수 없었다. 운전기사들이 "물건값도 1925년과 똑같습니다"라고 하자 노인들은 꿈을 꾸는 것 같았다. 기다리던 사람들은 고개를 가로저었다. '이럴 순 없어! 이러려면 미그로가 어마어마한 돈이 들 텐데!' 특히 믿지 못하겠다는 한 분은 지갑을 꺼내며 바흐만에게 이렇게 소리질렀다. "농담하시면 안 돼요! 당신 말 진짜로 믿고 이 지갑 꺼내는 거니까!"

바흐만은 아무 말도 하지 않았다. 그가 커피 1파운드를 달라고 하자 옛날 값으로 건네주었다. 오늘날 가격의 5분의 1밖에 안 되는 값이었다. 기다리던 사람들이 모두 물건을 사서 아주 급히 사라졌다. 이웃들에게 빨리 이야기하고 싶었기 때문이다. 그들은 친척들한테까지 전화를 걸어 '오늘 미그로에 가면 진짜 싸게 살 수 있다'고 계속 이야기해줬다. 그래서 광고하지 않았는데도 폭탄 세일 소식이 금방 알려졌다! 두 시간도 안 되어 '오늘은 미그로가 30년 전과 같은 값으로 판매한다'는 소식이 온 취리히에 퍼지게 되었다. 오후 운행이 시작되자 정류장마다 엄청난 사람들이 이미 줄을 서서 기다리고 있었다. 각자 한 가지 물건만 살 수 있었지만, 이날 물건을 하나도 못 사고 집으로 간 사람은 한 명도 없었다.

두트바일러는 이날도 다른 날들처럼 리마트 광장에 있는 작은 사무실에 앉아서 받아쓰게 하거나 직접 글을 쓰거나 전화를 걸고 있었다. 그러다가 일어나 서고로 건너가더니 자기가 30년 전에 만들었던 첫 번째 홍보 쪽지들과 첫 번째 전단지들 그리고 첫 번째 광고들을 보여주었다.

> 2킬로그램짜리 최고급 순백 설탕 1팩에 1.15프랑 …… 1킬로그램짜리 각설탕 2팩에 1.35프랑, 1킬로그램짜리 최고급 면류(국수, 스파게티, 회른리국수) 1팩에 0.95프랑, 1킬로그램짜리 브라질 혼합 로스팅 커피 1팩에 3.85프랑, 하얀 72% 순수비누 400그램짜리 5개 2.45프랑…….

그는 당시에 미그로에 대해 처음으로 다룬 기사를 읽어 내려갔다. 그 기사는 '미그로는 곧 끝장날 것'이라고 예언하고 있었다. 미그로의 출현에 대해 비교적 우호적으로 해석한 기사들도 읽었다. 그 가운데 하나는 그의 눈을 의심할 정도였는데, 바로 〈노이에 취리히 차이퉁〉이 낸 해설 기사였다. 기사 내용은 다음과 같다.

> 암묵적 가격 카르텔 같은 다소 답답한 분위기가 느껴지긴 하지만, 그렇다고 이렇게 신선한 바람이 부는 건 전혀 나쁘지 않다.

30년 전에! 〈폴크스레히트〉와 〈나치오날 차이퉁〉을 비롯한 다른 많은 신문도 나중에는 두트바일러와 미그로에 대해 혹평했지만, 처음에는 그런 신문들조차 그렇게 무지막지하게 반대하지는 않은 것이다. 30주년 기념일이라고 쉬거나 건너뛸 이유가 없었다. 어쨌든 두트바일러도 마찬가지였다. 우리에게는 약간 되돌아볼 이유가 충분히 있는 것이다.

전후의 엄청났던 호경기는 정체되었다. 물가 상승도 경험했다. 특히 소비재 산업이 1952년 이후 결정적으로 회복되었다. 스위스에서만이 아니라 다른 모든 나라에서 생활수준이 결정적으로 높아졌다. 독일에서는 경제 기적이 일어났다. 정말로 기적이었다. 그 기적을 함께 체험한 사람들조차 도저히 실감하지 못할 정도였다. 물론 인플레이션이라는 유령이 떠돌던 것도 여전히 부정할 수는 없었다. 예전과 비교할 때 돈의 가치가 형편없이 떨어지긴 했다. 제2차 세계대전이 시작되기 직전인 1939년의 달러 가치가 1952년에는 거의 절반으로 떨어졌다. 그러니까 1프랑이 58라펜으로 떨어진 것이다. 하지만 어쨌든 스위스라는 나라에서는 경기가 아주 오랫동안 급격하게 후퇴할 것 같지는 않았다. 1952년 스위스 국민소득이 200억 프랑을 훌쩍 넘어섰다. 그 덕분에 구매력도 상승했다.

일반 경기가 좋아지자 미그로의 경기도 덩달아 좋아졌다. 하지만 두트바일러는 여전히 극도로 조심스럽게 계산해야 한다며 걱정했다. 미그로가 가파르게 성장하고 물가도 뛰었지만 미그로 협동조합들의 잡비 지출 비율은 11%를 넘지 않았다. 정말 놀라운 성과였다. 눈길을 끄는 숫자가 또 있었다. 판매량이 근무일 평균 700프랑에 달한 것이다. 심지어 1,000프랑을 넘는 지점도 많았다. 판매량도 계속 늘었다. 1953년 커피와 차, 코코아 값이 비정상적으로 올랐다. 세계 곳곳에서 예전보다 더 많은 사람이 이런 기호품을 더 많이 찾게 됐다는 증거였다. 1953년 가을에는 스위스에서 55만 2,000명이 노동자와 직원으로 고용되어 있다는 당국의 통계조사 결과도 발표되었다. 전쟁 전보다

53%나 많은 숫자였다. 오토바이 수는 전쟁 직전보다 6배로, 자동차는 3배로 늘었다.

미그로는 계속 새로운 물건을 취급했다. 농민들에게 점점 더 적극적으로 다가가 그들이 생산한 물건을 직접 매입했다. 예컨대 1954년에 미그로가 매입한 것을 보면 과일이 열차로 1,150량 분량, 채소가 1,450 트럭 분량, 감자가 1,300 트럭 분량, 달걀이 열차로 110량 분량, 육류가 950 트럭 분량이나 되었다. 다 합치면 6,000 트럭 이상이나 되는 농산물을 사들인 것이다.

1950년 6월 한국에서 전쟁이 발발해 온 세계가 깜짝 놀랐다. 하지만 두트바일러는 거의 놀라지 않았다. 아마 가장 덜 놀랐을 것이다. 그는 초호경기에도 '이런 호경기가 언제 어떻게 순식간에 바뀔지 모른다'고 계속 경고해온 사람이기 때문이다.

두트바일러가 그런 경우가 올 것이라고 예언했던 현상이 정확히 일어난 것이다. 몇 주 지나지 않아 모든 세계 시장에서 원자잿값이 급격하게 상승했다. 세계 곳곳에서 사재기가 벌어졌기 때문이다. 대기업들은 물건을 시장에 내놓지 않고 저장해두었다. 내일이면 훨씬 더 비싸게 팔 수 있을 테니까. 하지만 내일은 아무도 물건을 살 수 없을지도 모른다. '지극히 안전한 시대'에조차 뭔가 미리 대비하는 게 훨씬 좋다는 사실이 드러난 것이다.

다시 '전쟁 경제 분위기' 같은 게 생겨났다. 식료품값이 빠르게 치솟았다. 최고급 순백설탕은 순식간에 16%나 올랐고 보통 백설탕은 28%, 커피는 32~39%, 차는 14%나 뛰었다. 미그로에서만 물건값이 그대로였다. 두트바일러가 미리 대비해둔 덕분이었다. 신경이 날카로운 소비자들이 최악의 사재기를 해댔지만, 그는 놀라지 않았다.

얼마 전부터 두트바일러는 새로운 제품, 즉 휘발유에 관심을 가졌다. 두트바일러가 미그로를 설립하던 때, 빵이나 쌀, 치즈 같은 품목과 마찬가지로 휘발유도 막 필수 품목이 되어가고 있었다. 그런 게 예견되었다. 두트바일러는 그걸 예견한 최초의 몇 명 가운데 하나였다. 그는 휘발윳값을 연구했다. 그 결과 휘발윳값이 원가와는 아무런 관계가 없다는 걸 알게 되었다. 몇 안 되는 카르텔들이 계약하는 내용에 따라 휘발윳값이 달라질 뿐이었다. 아주 오래전에 그는 이 휘발윳값을 어떻게 바꿀 수 있을지를 고민했다.

물론 그가 유일한 사람은 아니었다. 1929년 말 그는 '신문 속 신문'에서 취리히에 사는 어떤 한 사람도 같은 생각을 하다가 파산했다는 것을 확인할 수 있었다. 취리히-볼리스호펜의 제슈트라세에 있는 주유소 사장 '베w.'는 휘발유를 48라펜에 팔았다. 반면에 사방에 흩어져 있는 트러스트 주유소들은 공식 트러스트 가격인 55라펜에 팔았다! 그렇게 몇 달이 지났다. '베'는 휘발유를 싸게 팔아서 인기가 높아지자 아주 기뻐했다. 싸게 파는데도 판매량이 많아지자 사업은 잘되었다. 그러자 트러스트 주유소들에 있던 '55'라고 썼던 작은 판자들이 어느 아름다운 날 갑자기 사람 키보다 더 큰 판자로 바뀌었다. 거기에는 '40'이라고 쓰여 있었다. '48'이라고 쓰여 있던 '거친' 주유기들 주위로 '40'이라고 쓴 숫자가 돌출되어 있었다. 그렇게 또 몇 주가 지났다. 역시 또 어느 아름다운 날 아침 갑자기 트러스트 주유소들에 있던 '40'이라는 대형 간판들은 사라지고 다시 '55'라고 쓴 작은 간판들이 옛날 그 장소에 나타났다. 숫자 연극이 끝난 것이었다. 왜 그랬을까? 자동차 운전자들이 그 베를 끝까지 견뎌주지 않고 '아주 짧게' 잘못 계산했기 때문에 베가 망한 것이었다.

이 베가 두트바일러의 머리에서 떠나지 않았다. 여러 사항을 고려할 때 충분히 더 내릴 수 있었는데 당시 베가 휘발윳값을 얼마나 조금 내렸는지 두트바일러는 잘 몰랐다. 그는 휘발윳값이 얼마가 돼야 할지 결정하는 문제에 계속 매달렸다. 그는 휘발윳값이 어떤 계산을 통해서 정해지는 게 아니라는 사실을 확인했다. 휘발유가 왜 그렇게 비싼지, 왜 더 싸지거나 더 비싸지지 않는지 말해줄 수 있는 사람이 아무도 없었다.

대기업들이 석유를 발견할 때까지 유정을 뚫느라고 많은 돈을 투자했다는 것은 확실하다. 석유가 생산되는 많은 나라에서 정치적 혼란이 벌어지면 몹시 위험하다는 것도 확실하다. 하지만 세상에 석유가 그렇게 많이 발견되었으면 값은 당연히 계속 내려가야 했다. 정치적으로 위험하더라도 원래 투자했던 비용이 아무리 많더라도 그런 것은 이미 오래전에 감가상각을 통해 사라진 게 틀림없다. 따라서 원유 생산 원가는 정말 보잘것없이 적은 금액이었다. 그렇다면 도대체 마진을 얼마나 더 붙이는 것인가? 100%? 아니다. 300%, 때로는 400%까지 마진을 붙이고 있었다! 도대체 누구의 시각인가? 사람들이 돈을 얼마나 내야 하는지 결정할 수 있는 쪽은 단 하나, 대기업들뿐이었다. 나머지는 낼 수 있는 돈을 내야 했다.

1954년 두트바일러는 한 사람을 알게 되었는데 그는 휘발유와 난방유의 값을 내리기 위한 투쟁을 하는 과정에서 가장 친한 직원 중 한 명이 되었다. 장 아르네Jean Arnet라는 사람이었는데 이름은 프랑스식이지만 루체른 토박이였다. 키도 크고 어깨도 넓으며 활력이 넘쳐 보이는 40세 전후의 사람이었다. 언뜻 보기에 스위스보다는 미국스럽게 행동하는 사람 같았다.

두트바일러는 유니레버 재판 때 두트바일러를 도와주던 변호사 배히 박사의 소개로 그를 만났다. 두트바일러는 아르네와 대화를 나눴다. 그는 두트바일러에게 자기는 아주 오래전부터 스위스에서 휘발 윳값을 인하해보려 했지만 그럴 만한 돈이 부족했고 꼭 필요한 도구도 전혀 갖고 있지 못하다고 했다. 두트바일러는 매료되어 경청했고 이 남자는 진심으로 이야기했다. 14일 뒤 때가 왔다. 아르네가 미그로 협동조합의 디렉터로 들어온 것이다. 그와 두트바일러의 첫 번째 목표는 소비자들에게 난방유와 휘발유를 세계 시장 가격으로 파는 것이었다. 이 시기에 전 스위스에서 세계 시장 가격보다 9~10라펜 비싸게 형성되어 있는 카르텔 가격에서 해방하기 위한 것이었다.

그렇게 해서 미그롤이라는 회사가 설립되었다. 미그롤이라는 이름은 미그로와 '오일'을 합쳐서 만들었다. 두트바일러는 이 회사 설립에 대해 1954년 3월 6일치 '신문 속 신문'에 이렇게 썼다.

세계 석유 생산 시장에 더 큰 자유가 스며들었다. 이제 우리 그것을 철저히 이용합시다. 말만 하지 말고 앞서 나가는 것, 그것이야말로 우리 미그로의 본질이요 임무입니다. 우리가 단지 이런 의도를 공개만 했는데도 휘발윳값이 떨어진다면 전혀 해롭지 않습니다.

실제로 미그롤이 설립된다는 첫 번째 소문이 돌고 그 회사가 50만 프랑의 자본금으로 설립되었다는 보도가 나오자 휘발윳값이 떨어졌다. 난방유는 100킬로그램당 24.60프랑에서 21.60프랑으로 낮아졌고 휘발유는 리터당 60라펜에서 55라펜으로 낮아졌다. 주유소 지점에서는 두트바일러라는 이름이 엄청난 영향력을 발휘하고 있었다.

두트바일러는 주로 자동차가 없는 평범한 소시민이 소비하는 난방유에 관심이 있었다. 1954년 7월 100킬로그램당 난방유 가격을 비교해보면 미그롤은 17프랑에 공급하기 시작했는데 각 지역의 카르텔 가격은 19.60프랑이었다.

물론 세계 시장 가격이 올랐기 때문에 두트바일러도 이 가격을 유지할 수가 없었다. 그래서 처음에는 18프랑까지, 다음에는 18.65프랑까지 올려야 했다. 경쟁업체들은 19.70프랑까지 올렸고 1955년 1월에는 20.20프랑까지 인상했다.

하지만 두트바일러와 아르네는 대기업들의 가격에 영향을 받지 않았다. 지속해서 공급하려면 원유 기지를 안정적으로 확보해야 가능하다는 사실도 빠르게 확인했다. 그래서 그들은 휘발유 무역에도 뛰어들었다. 과연 그렇게 해야 할지 말아야 할지 이 지점에서 상황이 훨씬 복잡해졌다.

미그롤이 시장에 휘발유를 공급할 때까지 많은 일이 벌어졌다. 여러 해 동안 원유를 공급받기 위한 장기 계약도 맺어야 했고 대형 원유 저장탱크도 임대하거나 건설하거나 매입할 필요가 있었다. 정유 공장도 임대하거나 정유 공장 계약도 체결해야 했다. 그리고 스위스에 원유 저장탱크도 건설해야 했고 주유소 급유기까지 운반할 운송 수단도 고려해야 했다.

또한 독립적인 주유소 사장들, 즉 대형 트러스트들의 영향을 받지 않고 완전히 독립된 사장들과 구매 계약도 체결해야 했다. 이 시기, 1954년 초에 스위스에는 주유소 사장이 5,600명 있었다. 그들 모두한테 휘발유를 공급할 수는 없었다. 최선의 경우 미그롤은 잠정적으로 연간 2만~3만 톤의 휘발유를 공급할 수 있을 것이다. 그렇게 되면 스위스 소비량의 약 1.5~2% 정도 되는 양이다. 두트바일러와 아르네는 자동차산업협회에 미그롤이 다른 휘발유보다 더 좋은 값으로 공급할 경우 공급받을 의향이 있는지 문의했다. 미그로 휘발유를 받는 주유소에서는 다른 경쟁업체 휘발유를 받을 수 없지만 다른 측면에서 휘발유 소비자가를 낮춰줄 수는 있다고 이야기했다. 하지만 주유소 경영인협회가 거부했다. 언제나 맨 먼저 협회들한테 거부당하는 게 두트바일러의 영원한 운명이었다. 더욱더 안 좋은 것은 협회 자신이 당분간 뒤로 물러나 있던 석유 트러스트들의 변호인이 되었다는 것이다. 이제 막 설립된 미그롤을 반대하는 광고 캠페인에 협회들, 추측컨대 트러스트들이 쓴 돈이 어마어마했다.

아르네와 두트바일러는 여전히 자체 소유 휘발유 저장탱크를 설치할지 망설였다. 그 대신 미그롤은 주유소 사장들 몇 명에게 새롭고 더 싼 휘발유를 다른 것들과 함께 판매하는 것은 현실에는 없고 그들의 관심 속에만 있는 것이라는 점을 설득하는 데 성공했다. 1954년 9월 첫 번째 미그롤은 몇 안 되는 주유소에 49라펜에 휘발유를 공급하게 되었다. 가격은 상인의 관점에서도 철저히 정당화되었다. 미그롤은 전혀 손해를 보지 않았다. 미그롤은 잡비도 포함하고 위험도 충분히 염두에 두었는데도 작으나마 이익까지 얻었다. 그리고 물론 거대한 콘체른들처럼 그렇게 대규모로 계산할 수 없었는데도 훨씬 더 싸게 공급할 수 있었다.

진짜 휘발유 전쟁이 불붙었다. 미그롤이 공급도 할 수 있기 전에 카르텔들의 공식적인 휘발윳값이 57라펜까지 인하되었다. 1954년 초 첫 번째 미그롤 주유소를 열기 며칠 전에 이미 55라펜까지 낮아졌다. 취리히에 있는 한 주유소는 휘발유를 심지어 51라펜에 공급하기도 했다. 그래서 이웃에 있던 주유소들은 53라펜까지 가격을 내려야 했다. 두트바일러는 그렇게 진행되는 게 전혀 기분 나쁘지 않았다. 심지어 광고도 냈다. 자동차 운전자들에게 리터당 51라펜에 공급하는 주유소라면 아무 주유소에서나 가서 휘발유를 사라고 했다.

주유소 사장들 사이에 공황 상태가 벌어졌다. 다음 주유소에서는 얼마를 요구받을지 아무도 몰랐다. 누구나 너무 비싸다는 공포에 휩싸여 있었기 때문에 유리한 편을 따를 것이다. 이제는 누구나 가격을 자의적으로 올리거나 내릴 것이다. 주유소마다 값을 다르게 불렀다. 모든 자동차 운전자들이 서로 토론하고 끊임없이 싸웠다. 주유소 사장들은 서로 다른 주유소로 쫓아다니며 욕하고 멱살잡이까지 했다. 혼돈이 들이닥친 것이다.

그런 과정을 거쳐 1954년 말 스위스의 휘발윳값은 50~53라펜까지 낮아졌다. 미그롤은 49라펜에 팔았다. 자동차 운전자들 사이에 미그롤이 공급하는 주유소만 찾아다니는 이른바 진짜 '성지순례'도 있었다. 제네바에 있는 첫 번째 미그롤 주유소는 그때까지 하루에 약 300리터까지 판매했는데 이제는 하루 판매량이 1만 5,000리터까지 늘어났다. 약 10여 개의 미그롤 주유소가 바젤과 취리히, 아르가우, 노이엔부르크, 베른주 같은 곳에서 아주 빠르게 생겨났다. 자동차산업협회는 47라펜에 판매하는 이른바 '투쟁주유소'를 세워 맞불을 놓았다. 이 당시 다른 모든 주유소에서 공식 판매가로 55라펜을 불렀는데 미그롤 주유소와 직접 맞닿은 이웃 주유소에서는 47라펜에 제공했다. '투쟁주유소'들의 결손은 나머지 트러스트 주유소들이 내는 피해 보상 부담금을 통해 보상해주어야 했다.

하지만 바로 그것 때문에 자동차산업협회가 줄줄이 어려움을 겪게 되었다. 휘발유를 55라펜에 팔아야 했던 주유소들은 휘발유를 47 라펜에 판매해도 좋은 주유소들에 맞서 들고 일어났다. 그들은 이 모든 조치를 불공정 경쟁이라고 보았다. 미그롤에 대한 반대만이 아니라 자기들 스스로에 대한 반대 투쟁이기도 했다.

투쟁주유소들이 다시 사라졌다. 휘발유 세액도 문제가 되었다. 즉 운송비가 모두 다르다는 것을 고려해도 그 세액이 스위스 어디에서나 똑같이 비싸지는 않았다. 하지만 평균가격은 1955년에 51라펜까지 낮아졌다. 놀라운 가격 인하였다.

언론은 일반적으로 두트바일러에게 우호적이지 않았지만 두트바일러가 일반 대중을 위하여 다시 한번 커다란 업적을 세운 것을 인정하지 않을 수 없었다. 심지어 〈뉴욕타임스〉조차도 스위스의 휘발유 전쟁에 관한 단신을 보도할 정도였다. 〈뉴욕타임스〉는 1954년 11월 8일에 다음과 같은 단신을 실었다.

스위스에서는 휘발윳값 전쟁이 시작되었다. 이 전쟁은 길어질 것도 같고 해결되기 힘들 것도 같다. 두트바일러 씨가 물가를 낮추려 하고 있는데 그가 언제나 성공했기 때문에 일반 사람들은 이번에도 그가 이길 것으로 믿고 있다.

그사이, 미그로협동조합연합회 소속 라인해운(주)Rhein-Reederei AG 은 독일의 한 조선소에 있던 자기 회사 소유 화물선 발렌제Walensee 호를 약 100만 리터의 휘발유를 담을 수 있는 유조선으로 개조했다. '취거제Zuegersee'라는 이름의 두 번째 화물선도 똑같이 개조했다. 이 유조선들은 비교적 작은 전동화물선들과 마찬가지로 안트베르펜-로테르담-암스테르담-바젤 구간을 운항했다. 그러자 온 세계의 유조선단을 통제하는 대기업 '석유 콘체른'들이라도 미그롤이 라인강에서 운항하는 걸 막을 수 없게 되었다.

1956년 10월에 수에즈 위기가 왔다. 이스라엘의 젊고 용맹한 군대가 이집트인들을 물리쳤다. 이집트 대통령은 자기 나라와 이스라엘의 전쟁 상황이 종료되었다는 선포를 계속 거절했다. 수에즈 운하가 폭격을 맞아 통과할 수도 없고 활용할 수도 없게 되었다. 며칠 뒤면 다시 복구해 사용할 수 있었을 것이다. 그런데 그것은 나세르Nasser 대통령의 관심사가 아니었다. 그는 이집트의 허락을 받지 않고, 다시 말해 기능이 많은 수에즈 운하를 통과하지 않고 빠져나가는 게 얼마나 어려운지 온 세계에 보여주고 싶어 했다. 새로운 세계대전이 곧 일어날 분위기였다.

이런 파국으로 끝나고 말 것인가? 스위스 사람들은 특히 신경이 곤두섰다. 여기저기서 온통 사재기가 벌어졌다. 특히 기름 사재기가 심했다. 스위스에서 상당한 비율의 식료품을 공급하는 미그로는 그걸 느끼게 되었다. 미그로 설립자인 두트바일러는 평생 '비축하라! 그리고 정치에서 갑작스러운 사건이 일어나도 놀라지 마라!'고 예언해온 사람이었다.

스위스 사람들은 신경이 예민해져 있었지만 두트바일러는 그렇지 않았다. 그는 이 모든 것이 다가오는 것을 보았다. 그리고 이 엄청난 위기의 한복판에서 〈우리, 다리를 놓는 사람들〉에 칼럼 하나를 구술해 실었다. 기름을 마구 사재기하는 고객들에게 다른 고객들도 기름을 살 수 있도록 최소한 기름병은 돌려달라는 일종의 호소였다.

가능하면 내용물을 줄여서 여러분이 예비해둔 다른 병에도 채우시라. 하지만 조심해야 한다! 병을 잘 말려야 한다. 요즘은 따뜻한 오븐이 있는 시대이니까 말리기가 아주 쉽다. 말리지 않고 젖은 병에 기름을 담으면 몇 주 안 지나서 아주 지독한 냄새가 날 위험이 있으니 그걸 감수해야 한다. 병은 녹색 병이 특히 좋다. 햇빛이 들어와도 기름이 보호받을 수 있기 때문이다.

그리고는 곧바로 사설로 넘어갔다.

넉 달 전 나는 감히 새로운 러시아 정치와 그 결과에 대해 인간적인 견해를 자유롭게 표현한 바 있다. 나의 견해는 러시아 권력자들이 폭력과 테러를 등진 것에 고무되어 완화의 길에 더 많은 조치를 했으면 좋겠다는 열망에서 절정에 달했다. 이 솔직한 칼럼에 대해 찬성하는 목소리와 강하게 거부하는 목소리가 없지 않았다.

그러면서 그는 이렇게 이어갔다.

두 가지 이데올로기가 대립하고 있다. 어떤 사람들은 어떤 희생을 치르더라도 아무리 괴롭더라도 심지어 목숨까지 내놓더라도 공산주의를 제거해야 한다며 애쓰고 있다. 이것은 교리적 견해이며 세계 역사상 가장 많은 희생을 낸 사상 전쟁을 일으킨 이데올로기적 견해이다. 또 다른 견해는 진화론과 자유와 인권을 향한 점진적 발전을 이야기한다. 이를 위해 공존이라는 개념을 각인시켰다.

수에즈 위기 때는 물론 석유가 문제였다. 석윳값이 끝없이 올라갈 것처럼 보였다. 수에즈 위기가 석유 위기가 되었다. 운송비도 상승했다. 어쨌든 모든 물가가 높이 치솟았다. 나중에 보니까 물가가 그렇게 오를 이유가 전혀 없었다. 하지만 국제 위기 때는 대부분 그랬다.

그렇다면 두트바일러의 미그롤은 사정이 어땠을까?

그사이에 스위스 휘발윳값은 47라펜까지, 나중에는 45라펜까지 내려갔다. 동시에 휘발유의 질(옥탄 함유량)은 결정적으로 개선되었다. 대기업들이 이렇게 가격을 인하하고 품질을 향상하기로 한 것이 미그롤과 경쟁했기 때문이라는 것은 의심할 나위가 없다. 미그롤은 질적으로 똑같은 제품에 특별히 입증된 첨가물까지 넣은 최고급 휘발유를 보통휘발윳값으로 판매했다. 미그롤 매상이 올라가는 것은 기적이 아니다. 발전이 계속되었고 그 속도도 빨라졌다.

하지만 미그롤을 보이콧하거나 사보타주하려는 시도는 전혀 멈추지 않았다. 그들은 선주들에게 미그롤과 현재 거래하고 있거나 앞으로 계속 거래하면 보이콧하겠다며 위협했다. 미그롤 휘발유를 판매하는 주유소들을 아예 사들이려고까지 했고, 미그롤과 거래하는 정유공장들을 위협했다. 하지만 이 모든 시도는 아무 결실도 보지 못했다.

미그롤은 원유를 정제해서, 스위스에서 운송하고, 국내에서 저장하는 새로운 가능성을 계속 찾아냈다. 하지만 두트바일러와 동업자 아르네는 무언가 단호한 조치를 해야 한다는 것을 알았다. 트러스트들과 카르텔들의 이런 위협을 훌쩍 뛰어넘어야 한다는 것도 알았다. 그리고 자신들 위에 늘 걸려 있는 다모클레스의 칼*에서 벗어나야 한

* 디오니시오스가 측근 다모클레스를 연회에 초대해 한 올의 말총에 매달

다는 것도 알았다. 어떤 특정 순간, 미그롤이 비교적 적은 양인 10만 톤의 원유를 정제하는 것조차 불가능하게 될 때가 올 수 있다는 아주 작은 의심이라도 존재한다면 그것은 제거해야 마땅하다.

무슨 일이 일어났을까? 아니, 좀 더 정확히 표현해서 무슨 일이 일어날까? 두트바일러와 아르네는 원유를 정제하는 과정이 보급의 병목 지점이라는 것을 이미 오래전에 파악했다. 원유는 계속 얻을 수 있다. 앞으로도, 설령 위기 시대가 닥치더라도 계속 얻을 수 있을 것이다. 두트바일러는 이것을 다음과 같이 이야기했다.

> 해당 나라를, 샤Schah라는 이란 왕이 지배하든, 샤이히Scheich라는 이슬람 지도자들이 지배하든, 공산주의자들이 지배하든, 기름은 흐를 것이다. 이런 나라에서든 저런 나라에서든 원유를 국유화할 수도 있다. 하지만 어느 정권이든 그 원유를 팔려고 시도할 수밖에 없을 것이다. 그런데 오늘날 원유는 필요한 양보다 훨씬 많이 존재한다. 원유를 유럽의 항구로 운반할 유조선도 언제나 충분히 있을 것이고, 물론 그 원유를 스위스로 운반할 화물 열차나 화물차량도 충분히 있을 것이다.

두트바일러는 다시 한번 강조했다.

린 칼 밑에 앉았다는 이야기에서 유래했다. '언제 떨어져 내릴지 모르는 칼'이라는 뜻으로 '환락 중에서도 늘 존재하는 위험' '일촉즉발의 위기' 따위를 강조할 때 쓴다.

그래서 우리는 이 모든 원천의 모든 라인을 자동차의 주유 탱크까지 조정할 것이다. 하지만 북쪽에는 정유 공장이 없다. 트러스트들과 맺은 계약 때문에 현존하는 정유 공장들은 우리에게 직간접적으로 원유를 유통할 수 없게 금지되어 있다. 국립 정유 공장들도 그런 의무가 있다. 그래서 우리가 우리의 정유 공장을 직접 소유하는 길밖에 없다. 하지만 현대식 대형 정유 공장은 6,000만 프랑이나 든다. 그런데 그런 식으로 크게 해야만 수익성이 있다.

그리고 덧붙였다.

몇 년 전부터 우리는 우리의 원유를 벨기에나 네덜란드, 독일 같은 나라에서 정제해 들여오려 시도하고 있다. 그런데 대기업들의 보이콧이 잠잠해졌다. 그들이 질끈 눈 감고 우리가 북쪽에서 조달해 오는 가능성을 완전히 차단하지 않았으면 어땠을까? 그들이 우리를 완전히 궁지로 몰아붙인 게 현명한 것이었을까?

이미 전 세계가 이 작은 미그롤을 주시하고 있다. 아직 누구도 하지 못한 것을 미그롤이 해낼 것인가? 〈월스트리트저널〉이 1955년 2월 23일에 다음과 같은 기사를 실었다.

현재의 격동은 조용하게 시작되었다. 유엔 유럽경제위원회 사무국은 수많은 보고를 냈는데, 그 가운데 하나는 이랬다. 39쪽에 달하는 이 보고서의 제목은 "서유럽의 유가"였는데 아주 산문적인 보고서였다. 이 보고서의 본질은 국제 석유 콘체른들이 가격을 고정하

고 있으며 특히 유럽의 중동산 원유 가격은 미국의 석유 가격과 관
련이 있다는 것이다.

이 문서에는 독립적인 석유 가공업자들이 독일과 스위스에서 가
격 인하를 위해 노력하고 있어서 시장 교란의 징후가 보인다는 내용이
적혀 있었다. 스위스의 휘발윳값 인하는 몇 달 동안 계속되었다. 물론
상인 겸 제조업자인 고틀리프 두트바일러가 이걸 이끌었다. 유럽경제
위원회 사무국은 휘발윳값이 너무 급격히 떨어진다면 모를까 어느 정
도만 내려갈 수 있다면 그리 나쁠 건 없다고 여긴 것 같았다.

6,000만 프랑(이나 마르크) 아니면 그 이상의 돈이 들 수도 있다.
그런데 그 돈을 어떻게 조달하지? 어디서 조달하지? 미그로는 여기서
금전적으로 도와줄 수가 없었다. 그 많은 금액을 사업에서 끌어낼 수
없다는 사실은 완전히 별개이다. 300~400만 프랑은 위험을 감수할
수 있겠지만 그 이상은 안 된다.

필요한 자금 일부는 미국의 독립적인 석유 생산업자가 보증해주
었다. 그는 '자유로운' 정유 공장을 건설해서 오래전부터 그와 맞서
싸운 대형 석유 트러스트들에 충분히 큰 타격을 줄 기회를 엿보고 있
었다. 그리고 또 누가 돈을 댈 수 있을까? 두트바일러는 언제나처럼
평범한 소시민을 생각했다.

두트바일러는 그동안 "유럽에 있는 약 10만 명의 자동차정비공
장 소유자들이 노예 계약을 통해 구축한 착취 시스템과 노예화에 맞서
싸웠다. 그리고 대기업 트러스트들이 유통 과정에서 가져간 막대한
이익에 맞서서도 싸웠다". 대기업가인 두트바일러도 이런 투쟁을 해
왔는데 노동조합들이 이런 사업과 이런 투쟁에 관심조차 가지지 않는

대서야 말이 되겠는가?

덴마크와 스웨덴의 협동조합 진영은 투자하려고 했다. 하지만 스웨덴 사람들은 갑자기 다시 포기했다. 스위스에 있는 두트바일러의 반대자들, 특히 소비협회의 지도자들이 무대 뒤에서 그 결정을 무산시켰기 때문이었다.

두트바일러는 기업의 투자가 마무리될 때까지 기다리지 않았다. '자유로운' 정유 공장은 그에게 이미 기정사실이었다. 그는 정유 공장을 세울 수 있는 장소로 독일 북부 항구도시 엠덴을 골랐다. 계획에는 1년에 150만 톤의 원유를 정제할 수 있는 정유 공장이 포함되어 있었다. 그 결과 프리지아(주)Frisia AG가 설립되었다.

두트바일러는 독일에 관심을 가지기로 마음먹었다. 그가 휘발유 값 인하를 주도한 덕분에 스위스에서는 미그롤이 최고급 휘발유를 리터당 47라펜에 판매하고 있었다. 그런데 독일에서는?

휘발유 트러스트들이 스위스에서 힘들어한 것은 1954년 이래 세계시장 원유 가격이 거의 변하지 않았는데도 1년에 5천만 프랑 이상의 적자를 냈기 때문이 아니었다. 자신들의 독점가격을 깨뜨릴 수 있는 유일한 나라가 바로 이 작은 스위스였기 때문에 그들은 힘들어했다. 예컨대 독일은 스위스와 바로 맞닿은 국경에서 리터당 68페니히의 지역 동일요금을 유지하고 있었다! 재정 부담이 정말 큰 것이다. 7페니히를 할인해도, 61페니히다. 따져보면, 이곳 콘스탄츠가 크로이츨링엔보다 리터당 11페니히씩 더 비싸게 받는 것이다. 이게 오히려 도발 아닐까? 비유적으로 말하자면 옛날에 동맹을 맺은 사람들이 군주들을 내쫓았는데 그 뒤로 몇 세기 동안 왕들의 눈엣가시가 된 것이나 마찬가지이다.

모든 게 잘 진행되면 독일은, 아니 좀 더 정확히 표현해서 독일에 있는 보통 사람들은 '자유로운' 정유소 건설에 비상한 관심을 가져야 마땅했다.

두트바일러는 독일로 가는 비행기를 수도 없이 탔다. 독일의 지로 센터와 협상했다. 그 뒤에는 저축은행들이 있었다. 그는 그것을 당연히 평범한 소시민들의 은행으로 간주했다. 지로 센터는 5,000만 마르크어치의 프리지아 주식 발행을 맡아줄 준비가 되어 있었다. 그러면서 단지 니더작센주의 보증만 받아오라고 요구했다. 니더작센은 본 정부의 보증을 받아오라고 했다.

그래서 두트바일러는 본으로 날아갔다. 에르하르트Erhard 장관, 에첼Etzel 장관 같은 사람들과 협상했다. 에르하르트는 이 문제에 찬성했고 에첼은 반대했다. 두트바일러는 감정서를 제출해야 했다. 감정서 문제로 몇 주, 몇 달을 협상해야 했다. 그 감정서를 심지어 미국까지 보냈다. 밤사이 두트바일러는 독일에서 유명한 사람이 되었다. 신문들이 그의 계획에 관한 기사를 썼는데, 기사에서 그 계획은 몇십억 마르크짜리 프로젝트로 아주 과장되었다.

이해관계가 있는 부류들이 무대 뒤에서 선동하기 시작했다. 본 정부의 해당 부처 사람들이 동요했다. 마침내 대기업 정유사들이 종전 이후 독일을 위해 수많은 일을 했다. 그래서 본의 관료들은 그들에게 심한 모욕을 주려 하지 않았고 그럴 수도 없었다. 게다가 그 석탄 생산자까지 고려해야 했다. 석탄 생산이 수요보다 많아질 위험이 저 멀리서 이미 나타나기 시작한 것이다. 그러면 어떻게 되는 건가? 무엇보다 석탄에 직접 경쟁이 될 텐데 값싼 난방유를 생산하는 기업에 대해 독일 정부가 선의를 가지고 재가하고 재정 지원까지 할 수 있을까? 본 정부는 끝내 거부했다.

이해관계가 있는 트러스트들이 그사이 일부 독일 언론들과 접촉했다. 그 바람에 두트바일러는 '패배'했고, 이렇게 패배한 이후 독일의 수많은 간행물에 의해 '엄청난 비난'을 당했다. 예컨대 다음과 같은 제목의 기사들이 쏟아졌다. "휘발유 반란군 두트바일러, 기화기 속에 모래" "두트바일러, 프로젝트 헛발질?" "두트바일러의 정유소 계획에 먹구름" "가격 파괴자에게 확실한 쐐기".

기사의 내용도 제목과 딱 들어맞았다. 두트바일러는 이 모든 비난에 대해 거의 관심을 두지 않았다. 아니, 전혀 두지 않았다. 그는 미그로를 설립한 이래 그런 것들에 익숙해 있었다. 그 뒤로도 계속 독일로 날아가서 협상했다. 그리고 드디어! 본 정부가 보증해주지 않았는데도 니더작센주가 확실히 보증해주기로 했다.

어쨌든 모든 사안에서 끝까지 평범한 소시민들에 관심을 가진 사람은 두트바일러였다. 지로 센터와 난방유나 휘발유 사용자들 그리고 영세 자동차정비공장 소유자들도 평범한 소시민에 관심을 가졌다.

그래서 100마르크짜리 소액주를 발행할 수 있었고 일반주와 함께 재정 지원도 이루어졌다. 그것이 독일에서 발행된 최초의 소액주였다. 지로 센터에서 주식을 발행했는데 그 주식은 3일도 안 되어 청약이 초과했다.

소액주식은 대형 트러스트들이 매입할 수 없게 되어 있었다. 한 사람이 살 수 있는 주식 수도 제한되어 있었고 그룹이 취득할 수 있는 주식 수도 제한되어 있었다. 다른 측면에서 소액주주들은 이중 투표권을 행사할 수 있었다. 이것도 독일에서는 지금까지 불가능했던 일이다. 폭스바겐 주식에는 나중에야 이런 이중 투표권 제도가 생겼다.

1959년 6월 엠덴에 정유 공장 건설을 위한 초석이 놓였다. 두트바일러는 당시 이렇게 말했다.

"1960년이면 독일에서 더 싼 휘발유를 공급할 수 있게 됐습니다!"

1960년 9월 29일, 프리지아 정유 공장의 조업 준비가 끝났다. 그리고 미그롤은 영원히 안전해 보였다.

미그롤은 더 많이 훨씬 더 많이 성장했다. 독일에서도 스위스에서처럼 오래전부터 독립적인 주유소가 약 2,500개나 있었다. 하지만 그것들은 아무런 영향력이 없었다. 신뢰를 얻지 못했기 때문이다. 자신들이 휘발유를 충분히 가질 수 있을지, 가진다면 언제 가질 수 있을지, 그리고 어떤 품질의 휘발유를 갖게 될지 전혀 몰랐다. 그들 뒤를 봐주는 사람이 아무도 없었기 때문이다. 그런데 이제 새로운 상황이 만들어졌다. 프리지아! 그것은 배급의 안정성, 즉 신뢰를 의미했다.

하지만 더 중요한 것은 특히 두트바일러가 규정한 바와 같이 "사고의 새로운 기원"이 시작되었다는 것이다. 평범한 소시민들까지 휘발유 가격 문제를 놓고 서로 이야기하기 시작했다. 미국 사람들은 오래된 록펠러의 레시피를 가지고 경쟁기업들이 바닥에 누워 모든 조치를 다할 준비가 될 때까지 경쟁기업들을 사들이거나 입찰가를 후려칠 거라고 여기고 있었다. 그런데 이제는 그런 일이 불가능하다는 것을 알고 있었다. 새로운 요인, 즉 '여론'이 힘을 발휘하게 된 것이다.

두트바일러는 이렇게 이야기했다.

"이익의 화학적 정제, 말하자면 이익의 정제가 필요해졌다. 실적만으로 수익을 올려야 하고 모든 추가 수익은 제거해야 한다."

이렇게 성공하기까지 여러 해가 지났다. 두트바일러는 아주 갑자기 미그로의 지도력을 잃는 것처럼 보였다. 1943년 베른에서 경험했던 것 같은 혁명이 바로 코앞까지 와 있는 것처럼 보였다.

그가 말년에도 절대적 지배자, 즉 미그로의 독재자였던 것은 아니다. 물론 논쟁은 끊임없이 있었다. 마지막으로 큰 논쟁은 1956년에 발생했다. 그때는 할인이나 환급 시스템을 도입하는 문제였다. 두트바일러는 '미그로 화폐'라는 걸 만들 생각을 하고 있었다. 이걸 가지면 고객들이 '간절히 원하는 품목'을 하나둘씩 훨씬 기분 좋게 구매할 수 있을 터였다. 두트바일러는 특히 여성 고객들이 이런 혁신을 굉장히 좋아할 것이라고 확신하고 있었다.

미국에서는 물론 유럽국가에서도 대부분 이런 할인 프리미엄 시스템이 큰 성공을 거두었다.

이사회는 반대였다. 한스 문츠 박사가 그 정점에 있었다. 직원들도 미그로는 바로 다름 아닌 '할인 없는 현금 시스템' 덕분에 성장해왔다는 점을 명확히 했다. 그리고 두트바일러 스스로 '소비자협회는 먼저 몇 퍼센트씩 올려 받아 폭리를 취한 다음, 나중에 고객들에게 어떤 형태로든 꽤나 아량 넓게 보상해주기라도 하듯이 할인권을 발행한다'며 오랫동안 말과 글로 직접 조롱해오지 않았냐는 것이었다. 그러면서 '미그로 화폐' 발행을 반대했다.

이 투쟁은 대의원 총회까지 이어졌고 거기서 두트바일러가 패했다. 그가 수많은 칼럼도 쓰고 편지도 쓰고 연설도 했지만, 평조합원들한테 가서도 결국 졌다.

당시 문제가 됐던 것은 비록 원칙적이긴 하지만 지극히 세부적인 문제였다.

1957년 봄, 이번에는 두트바일러가 미그로 대표 자리에 계속 있어야 하는가 하는 문제를 다루게 되었다. 그런데 이번에는 반란이 아니라 혁명이었다.

두트바일러는 점점 더 강력한 바람을 갖게 되었다. 즉 자신의 일생의 업적에 새로운 단일한 형식을 부여하고 혼연일체가 된 무언가를 남기고 싶어 한 것이다. 그런데 이번에 벌어진 혁명은 두트바일러의 이런 바람의 직간접적인 결과였다. 그는 그동안 이룩한 것들이 지속성을 유지하기를 바랐다. 자기가 죽은 뒤에도 후계 분쟁 없이 잘 진행되기를 바라며 무언가 하고 싶어 했다.

그는 아주 복잡한 수많은 계약을 하나로 통합하고 싶어 했다. 거기서 유일한 조약체계, 즉 '계약구조물'(이 말은 그가 처음 쓴 말이다)이라는 것을 짓고 싶어 했다.

그런데 1957년 봄 취리히에는 이상한 소문이 퍼져 있었다. 미그로의 무대 뒤에서 엄청난 대립이 벌어지고 있다는 것이었다. 그게 아주 혼탁해져서 대기업들의 전쟁으로 이어졌고 결국 두트바일러에 맞서는 반란이 일어나고 있다는 것이었다.

그러자 "그 정도 했으면 충분하다" "그도 이제 늙었다. 그의 쓸모는 이제 끝났다. 그를 조용히 은퇴시키는 게 최선이다" 같은 말들이 나왔다. 신문들은 이런 소문들을 다루었다. 그들은 "손에 땀을 쥐게 하는 미그로 이사회 내부의 대립"도 다루었다. 그 배후에 무엇이 숨어 있었던 것일까?

'계약구조물'로 한번 돌아가보자. 그것은 1년 이상 아주 촘촘하게 타이프로 작성한 23쪽짜리 문서이다. 이번 기회에 미그로협동조합

연합회의 정관도 근본적으로 수정 증보되었다. 거의 새로 제정하다시피 했다. 일종의 '대형 이사회'를 꾸리는 것이었다. 하루하루의 사업은 이제까지처럼 4명이 집행하는 게 아니라 7명의 이사회 대표들이 집행해야 했다. 물론 이사장은 여전히 두트바일러였다.

하지만 두트바일러는 이런 것보다 훨씬 더 중요하게 생각하는 게 있었다. 오래전부터 계획해오던 것을 이번 기회에 관철하고 싶어 했다. '상업적인 것보다 문화적인 것을 우위에 두자'는 것 말이다!

그는 미그로가 그저 "마카로니 국수나 파는 가게"가 되어서는 안 된다고 선언했다. 마지막 몇 년 동안 이런 생각을 점점 굳혔고 목소리도 점점 커졌다. 그는 이렇게 요구했다.

"앞으로 미그로 총 판매액의 1%를 문화적, 사회적, 정치적 목적을 위해 써야 한다."

많은 직원은 그것도 문제가 있다고 보았다. 특히 사업이 잘 안 되면 어떻게 하냐는 것이었다. 하지만 두트바일러의 이 주장은 마지못해 받아들였다. 하지만 다른 것들은 그렇게 쉽게 받아들이지 않았다.

예컨대 두트바일러는 '앞으로 경영 일선에는 상인이 나서면 안 되고 정신적 역량이 있는 인사가 최고경영자가 되어야 한다'고 했다. 미그로의 문화적 과업은 두트바일러에게 돈을 버는 일보다 더 중요했다. 그는 그를 따르는 사람들, 즉 미래의 이사회 대표 의장들에게 대의원, 즉 다양한 상업 부서의 장들한테서 독립된 행동을 하라고 요구했다. 그래서 새로운 정관에 다음과 같은 27조를 넣자고 요구했다.

"이사회 대표 의장은 특히 문화적, 사회적, 비사업적 활동도 조정해야 한다. 그런 활동은 의장의 의무이다. 의장은 자기 담당 부서의 제안들을 직접 가지고 대표단 회의에 참석할 수 있다."

두트바일러가 이렇게 제안하자 몇몇 직원들은 기분이 무척 상했다. 무엇보다 그와 함께 미그로를 만든 사람들이 갑자기 '단지 상인일 뿐인 사람들'로 치부당하면서 거의 명예훼손을 당했다고 느꼈다.

두트바일러의 삶에서 아주 큰 역할을 한 운명의 아이러니였다.

평생 자기의 가장 가까운 직원들과 거리를 지켜온 그가 마지막 몇 년 동안 핸들을 180도 확 틀어버렸다. 그는 직원들에게 인간적으로 다가가려고 모든 것을 다했다. 이제 많은 직원에게 '친근한 반말'도 썼다. 몇 년 전까지만 해도 거의 불가능했던 일이다. 그는 기회가 있을 때마다 미그로의 운명을 이끌어온 그들 모두 '형제'라고 이야기했다. 형제. 그런데 지금은 그가 이 형제들의 마음에 상처를 준 것이다. 그들도 희생시키고 그들의 명예욕도 희생시키고 많은 사람한테 망상이라는 비난까지 받았던 아이디어의 미래까지 희생시킨 것이다.

1957년 3월 30일 대표단 회의가 개최되었다. 거기서 두트바일러의 요구를 놓고 협상이 진행되었다. 그는 미그로 협동조합 조합원 대표단을 한 시간 동안 설득했다. 그리고 간신히 그들을 자기편으로 만들었다. 표결 결과는 56 대 35. 그래서 그 투쟁은 승리한 것일까? 그렇기도 하고 아니기도 하다.

5월 11일, 그러니까 6주 뒤에 입후보자 추천을 준비하기 위해 대표단이 또 모였다. 하루 전에 이사회 대표단 부의장으로 다시 선출된 미그로의 2인자 하인리히 렝엘이 즉각 사임하겠다고 했다. 그의 생각을 바꾸려고 무진 애를 써봤지만 모두 소용없었다. 두트바일러에게 참 어려운 일이었다. 자기가 그렇게 전적으로 신뢰하는, 그렇게 나이 많은 직원이 자신과 미그로를 이렇게 곤경에 빠뜨릴 것이라고는 상상도 해보지 않았다. 헤어지는 그 사람이 '건강이 안 좋다는 증거'도 늘어놓고 '죽어가는 친구가 있는데 자기가 그 친구 사업을 돌보겠다고 약속했다'고도 했지만 두트바일러는 그 말을 믿지 않았다.

미그로 지도부는 대표단 회의에서 낭독한 렝엘의 사퇴서에 대해 대표단과 마찬가지로 무척 놀랐다. 이 사람들도 도저히 믿을 수가 없었다. 도대체 무슨 일이 벌어지고 있는 것인가? 무대 뒤에서 도대체 무슨 일이 진행된 것인가?

이제 그들은 아주 특별한 연극을 체험하게 되었다. 혁명이었다. 두트바일러의 직원들이 실토했다. 한 직원이 약간 혹독한 이야기를 했다. '대표단이 돈을 버는 방법은 전혀 모르고 기껏해야 그 돈을 쓸 줄만 아는 것 같다'는 이야기였다. '미그로가 미래에도 계속 효율성으로 유지하려면 사업을 성공시킬 아이디어를 어떤 식으로든 위협하는 규칙을 만들어서는 안 된다'는 말도 곁들였다.

다른 사람은 오늘 두트바일러가 확실히 옳다는 것을 인정했다. 하지만 그의 후계자에 관한 한 우리는 사업적인 것과 문화적인 것 두 가지를 다 통달한 사람을 다시 발견하리라는 희망이 없다는 말도 했다. 다른 사람들은 회사의 지도부한테 '문화에 대해서는 좀 알지만, 사업에 대해서는 전혀 모르는 어떤 아웃사이더를 이사장으로 선출하도록 강요해서는 안 된다'는 점에 동의했다.

논의가 개인적으로 전개되었다. 그 논의에 참석했던 한 명은 '두트바일러가 사람들을 떠봤다'고 이야기했다. 그가 사람들을 소위 '털도 안 뽑고 먹어치웠다'고 했다. 그래서 '사람들은 그저 간단히 방어할 수 없을 것 같다'고 했다. '두트바일러는 멀리서 보면 미끄럽고 평평한 것처럼 보이지만 막상 올라가려고 하면 절벽과 골짜기와 바위로 가득 차 있다는 것을 알 수 있는 산과 같다'고도 했다.

이때 두트바일러를 둘러싸고 벌어진 일은 14년 전에 그의 정치적 동지들이 '그가 너무 독재적'이라고 비난했던 것과 근본적으로 차이가 없었다. 그는 자기 계획을 관철해야겠다 싶을 때면 이것저것 고려하지 않고 전진했다. 자기 권한이 어디까지 미치는지 자신이 부서장이나 책임자, 고위급 직원들의 권리와 역량을 어느 정도 침해하는 것인지 전혀 신경 쓰지 않았다.

두트바일러는 모욕을 끝까지 참아야 했다. 이것은 놀라운 일이었다. 그가 모든 것을 참다니! 자기 입에 민주주의라는 말을 달고 다니지 않았나? 다수결로 결정되면 개인은 양보해야 한다고 말해오지 않았나?

지금 아주 오랫동안 자신들의 가슴에 묻어두었던 이야기를 쏟아내고 있는 이 사람들은 이제는 그의 개인 회사 직원들이 아니다. 협동조합에 의해 선출된 사람들이다. 누가 감히 그들의 입을 막을 수 있겠는가?

나중에 〈우리, 다리를 놓는 사람들〉에 이런 칼럼이 실렸다.

3명의 연사가 나왔다. H. 문츠 박사와 A. 게리히, G. 클라이너였다. 그들은 G. 두트바일러 이사장에 대해 이렇게 이야기했다. '너무 역동적인 분이다. 빛뿐 아니라 어두운 면까지도 내보인 막강한 인물이다. 그런 분 덕분에 발전 속도가 엄청 빨랐다. 하지만 그래서 어려움도 있었다.' 이사장에 대한 높은 칭찬이면서도 그래서 생긴 심리 상태에 대한 한탄이기도 했다. 이런 의미에서 G. 두트바일러는 미그로의 창시자이기도 하지만 전례 없이 앞으로 돌진해서 생긴 발전의 애석한 결과에 대한 책임도 있는 용의자이기도 했다.

그래서 퇴진하는 것인가?

칼럼 내용을 보면 모두 퇴진에 찬성하는 내용인데 딱 하나, 칼럼의 전체 취지만은 퇴진에 반대하는 이야기였다. 이 칼럼을 쓴 사람이 곧 고틀리프 두트바일러였다.

그리고 투표가 있었다. 렝엘 대신에 가장 나이 많은 직원 가운데 한 명이 나왔다. 취리히 미그로를 오늘의 미그로로 만든 아르놀트 주터였다. 그는 빛나는 조직가였고 지칠 줄 모르는 노동자였다. 인원이 늘어난 이사회 의장에는 한스 문츠 박사가 선출되었고 앞으로 미그로의 사업을 실질적으로 이끌 이사회 대표단 이사장에는 예전처럼 앞으로도 두트바일러가 맡게 되었다.

이사회 대표단 회의가 끝나고 이틀이 지난 5월 13일 두트바일러는 다시 한번 그의 가장 가까운 직원들과 마주 앉았다. 이번에는 대표단 회의에 관한 문제가 아니라 그들 자신에 관한 문제였다. 14명이 참석했는데 아델레 두트바일러 여사도 있었다. 이사회 대표단에서는 두트바일러가 침묵을 지켰는데, 이번에는 이야기했다. 그는 직원들의 연설을 듣고 사람들이 '미래를 위해 딱 알맞은 사람들을 발견하지 못할까 봐 겁을 먹고 있구나' 하고 추론해봤다는 말로 시작했다. 그러면서 이렇게 이야기했다.

우리는 그런 사람들을 곧 양성해야 해요. 나중의 경우를 미리 준비할 필요가 있고 그게 아주 가치 있는 일입니다. 우리는 이사회에서 문화적 중요성을 위해 자질 있는 사람들을 끊임없이 찾아야 할 의무를 갖고 있어요. 문화 쪽에 적합한 사람을 찾을 수 없다면 우리가 정신적으로 빈곤하다는 증명서를 발급한 것이나 마찬가지입니다. 미그로를 설립할 때 단순한 상업 기업을 설립한 게 아닙니다. 미래를 위한 정신 자산을 유지하기 위해 설립한 것입니다. 저에게 중요한 것은 안전판뿐입니다. 완전히 절망적인 상황이긴 하지만 정관 개정 가능성은 아직도 열려 있습니다. 우리는 모든 권력 집중을 피해야 합니다. 제가 가장 두려워하는 것은 특별히 능력 있는 어떤 한 사람이 미그로를 강탈하는 것입니다. 모든 권력 사상은 해롭거든요. 그래서 저는 이 문제를 아주 특별히 진지하게 생각하고 있는 것입니다. …… 우리가 이 과제를 미래에도 해결할 수 없을 것이라고 말한다면 그것은 항복일 뿐입니다!

그러나 마주 앉은 사람들은 이런 이야기를 들으려고 하지 않았다. 그들은 이해할 수가 없었기 때문이다. 그들은 두트바일러에게 마음에서부터 반대해온 이야기를 다시 꺼냈다. 그들은 혹독했다. 아주 혹독했다. 두트바일러는 그 모든 말을 듣고 침묵했다. 그러자 누군가 또 이야기했다. 이번에는 전체 회의 동안 침묵을 지켰던 아델레 여사였다. 그는 '마음에서부터 두트바일러를 반대하는 모든 이야기를 다 한 사람들'에게 이야기했다. 아무것도 변명하거나 미화하지 않았다. 그들보다 남편을 더 잘 알았기 때문이었다. 그는 남편이 얼마나 자주 자기 기질대로 행동하는지를 알고 있었다. 하지만 남편이 이룩해놓은 것, 희생한 것과 비교할 때 그게 무엇을 의미하며 이 모든 게 뭐 그리 대단한가! 그렇다. 희생했다. 이 사람은 30년 전부터 자기 삶을 살지 않고 미그로를 위해 살았다. 소위 '엠' 가족을 위해 살았다. 아델레 여사는 테이블 주위를 훑어보다가 한 사람 한 사람을 쳐다봤다. 그리고 이렇게 말했다.

"여러분은 이제 미그로에 처음 들어왔을 때의 소년들이 아닙니다. 여러분은 제 남편이 단순하지 않은 사람이라는 걸 잘 알 겁니다. 이분이 단순한 사람 같았으면 미그로를 세우지 않았을 테니까요."

그의 시선은 다시 한 바퀴를 돌았다. 다시 한 사람 한 사람을 바라보며 이렇게 말했다. "여러분이 미그로를 설립한 건 아니지 않나요?"

약 1년이 조금 더 지난 1958년 8월 15일, 두트바일러는 70살이 되었다. 물론 칠순 잔치를 벌였다. 그 잔치는 두트바일러에게 아주 전형적인 방식으로 진행되었다. 그가 자기 가족으로서의 미그로에 대해, 즉 '엠' 가족에 대해 여전히 이야기하지 않았을까? 이번 생일잔치는 진짜 가족들의 잔치였다. 그것은 사람들이 가장 좁은 부류에만 국한되었다는 의미가 아니었다. '엠' 가족은 수십만 명이나 되었다.

물론 모두 다 참석할 수는 없었다. 그래서 잔치는 사흘 동안 계속되었다. 첫째 날은 테신에서, 둘째 날과 셋째 날은 취리히에서, 진짜 국민축제가 열렸다. 취리히 호수를 한 바퀴 도는 순서도 있었다. 연주회장에서는 콘서트가 열렸다. 아델레 여사는 명예로운 자리라고 할 수 있는 남편 곁에 앉아 있지 않았다. 그 대신 계속 배경에만 머물고 싶어 해서 자꾸 맨 뒤로 도망쳤다. 누군가 가서 아델레 여사를 찾아 데려오느라 콘서트가 중단되기도 했다. 성대한 저녁 식사도 있었다. 그 식사에는 원래 '엠' 가족 구성원들만 참석할 수 있었다. 수많은 축사가 이어졌다. 전 세계에서 아주 저명한 인사들과 약간 덜 저명한 인사들한테서 축하 인사가 밀려들었다.

거기에 나타날 엄두를 못 내고 행운을 비는 축하 인사를 보낼 수 없거나 그러고 싶지 않은 사람들의 목록이 훨씬 더 흥미로웠다. 추측하건대 그들도 두트바일러의 반대자들과 함께 몰락하고 싶지 않았을 것이기 때문이다. 사람들은 결코 알 수 없었다. 두트바일러에 적대적인 언론은 그가 70살이 되었다는 사실을 은폐하지 않고 이 기회도 예전처럼 두트바일러에 대해 새로운 측면 공격을 할 기회로 과감하게 이용했다. 존재하지 않는 사람이 어떻게 70살이 될 수 있느냐는 식의 말도 안 되는 추론까지 했다.

사흘간의 잔치는 진짜 피곤한 일이었다. 참석자들은 대부분 잔치가 끝난 뒤 휴가여행을 떠나야 할 정도라고 느꼈다. 두트바일러만은 달랐다. 그에게는 사흘의 잔치도 전혀 피곤하지 않은 것처럼 보였다. 두트바일러는 계속 새로운 아이디어를 내고 그걸 관철하기 위해 투쟁했다. 일단 직원들한테서 관철하고 나면 일반 대중 안에서 관철하려고 했다.

70살. 그 정도 나이로 보이기도 하고 그렇지 않기도 했다. 그의 얼굴이 이상하게 변했다. 사람들이 그 얼굴에서 70년의 흔적을 발견하려면 젊은 시절의 모습을 정확히 관찰해야 했다. 아니면 반대로 젊은 시절의 흔적을 발견하려면 칠순 잔치 주인공의 얼굴을 정확히 봐야 했다.

그의 삶이 70세의 이런 얼굴을 만든 것이다. 그 얼굴은 넓고 무겁고 현명했다. 하지만 두트바일러가 마음속에 있던 무언가 말을 꺼낼 때면 이 얼굴이 생기를 띠면서 이상하게도 번개처럼 빠르게 젊어졌다. 이제 막 모든 것을 희망하며 처음에 선 사람의 얼굴이 되었다. 낙관주의가 오늘보다 결코 더 강하지 않았던 사람의 얼굴이 되었다. 그 순간 사람들은 '곧 은퇴할 사람의 얼굴이 아니'라는 것을 알았다.

그는 투쟁이 필요했다. 어떤 적과 투쟁한 것이 아니라 늘 어떤 것을 위해 투쟁했다. 아이디어를 위해, 원칙을 위해. 정의를 위해. 예컨대 전쟁 때 모든 것을 잃어버린 재외동포들의 정의를 위해!

사람들은 여기서 중요하게 생각하는 문제는 인기를 끌 수 있는 일이라고 생각했다. 하지만 이 경우는 정반대였다. 두트바일러는 자기 요구를 가지고 거의 혼자 서 있었다. 아무도 재외동포 주제를 건드리려 하지 않았다. 사람들은 그렇게 오랫동안 묻혀 있던 문제에 관해 말하는 것도, 이미 벌어진 불의에 관해 말하는 것도 좋아하지 않았다. 특히 그 불의를 다시 회복하는 데 돈이라도 든다면 더욱 그랬다.

하지만 두트바일러는 재외동포를 위한 투쟁을 하는 데 대중성이 부족하다고 겁을 먹지 않았다. 그는 투쟁했다. 혼자서라도 계속 투쟁했다. 그는 그렇게 아주 오랫동안 혼자 투쟁했다. 재외동포들은 '평가할 수 없을 정도로 도덕적이고 정치적인 자본'을 나타내는 것이기 때문이었다. 이 모든 게 그에게는 이제 이야기할 필요가 없을 정도로 자명한 것이었다. 그가 계속 제기하는 숫자가 몇 개 있었다. 제2차 세계대전 발발과 종전 사이에 8만 2,000명의 재외동포가 강제 귀국을 당했다. 일부는 그들이 살던 국가에서 추방당했고 일부는 목숨을 건지기 위해 도망을 쳐야 했으며 일부는 도덕적이거나 정치적인 이유로 더는 그 나라에서 살고 싶어 하지 않았다. 1948년 이후 외국으로 이주하는 스위스인보다 더 많은 스위스인이 고국으로 돌아왔다. 20년 전 재외 스위스 영사관에 등록한 스위스인은 34만 명이었다. 1948년에는 그 수가 다 합쳐서 21만 2,000명밖에 되지 않았다. 그런데 이제 서양 세계 전체에서 대호황의 시대가 되었다. 1949년이 되자 외국으로 이주하는 사람 수가 처음으로 다시 귀국하는 사람 수를 넘어섰다.

전쟁과 그 결과 때문에 직간접으로 피해를 받은 스위스인은 모두 약 20만 명이나 되었다. 사망하거나 실종된 이들 때문에 슬퍼하는 사람만도 1,200명이나 되었다. 생존이나 일자리, 사업, 참여 같은 데서 당한 손실은 통계로 파악할 수조차 없었다. 자산 손실은 20억 프랑을 넘었다. 모든 귀국의 경우 경솔한 도피 때문이든 아니면 오래전에 계획된 도피이든 재외동포들은 거의 전 재산을 자신들이 지금까지 살던 나라에 놔두고 귀국해야 했기 때문이다. 그것은 거의 모든 나라의 외환 규정과 관계가 있었다. 예컨대 독일에서는 1931년부터 일정 액수 이상의 돈을 가지고 나갈 수 없도록 법으로 정해놓았다.

두트바일러는 아주 오래전부터 이런 모든 문제에 관심을 보였다. 전쟁 때, 전쟁이 한창 진행되던 때, 전쟁이 끝나기도 전인 1945년 2월 13일에 그는 연방의회에 개인적 청원을 제출했다. 요구사항은 다음과 같았다. '스위스에 있는 외국인 개인 자산과 외국에 스위스인 개인 이름으로 되어 있는 자산을 압류하라. 그리고 스위스의 이런 요구를 외국에 전달하라. 그렇게 해서 외국에 있는 우리 자산을 들여오라!'

실제로 연방의회는 '스위스에 있는 독일의 가치 있는 것들을 압류하라'는 요구와 외국에 있는 독일 정부 자산에 대해 처리했다.

두트바일러는 부상을 당한 스위스인들의 요구에 역점을 두기 위해 1945년 2월 21일 스위스 외국 채권자 투쟁 단체를 결성했다. 1945년 3월 23일, 전쟁은 여전히 끝나지 않았는데 그는 독일에서 귀국하는 역이민자들을 보호하기 위해 국회 대정부 질의도 했다. 하지만 국회는 이 의제를 한 번도 다루지 않았다. 무소속 란데스링이 개입했다. 그는 '정부가 재외동포들과 협상하라, 재외동포의 이익을 위해 전력투구하라'고 요구했다. 이때쯤 스위스와 미국은 협상하고 있었다. 미국은 스위스에 있는 독일 자산의 인계를 요구하고 있었고 그들 편에서 미국에 있는 스위스인들의 자산을 차단하고 있었다. 1945년 10월 4

일, 이와 관련한 초당파 국민발안위원회가 일반 국민 22만 명의 서명을 받아 귀국자들과 외국 채권자들의 권리에 대한 청원서를 제출했다. 청원서의 내용은 다음과 같았다.

"스위스는 독일의 자산 가치를 제삼자에게 넘기는 것을 엄격히 거부하고 담보로 잡고 있어야 한다. 독일 자산은 재외동포들의 요구와 함께 이행될 때까지 일단 사적 권리를 합리적으로 존중한 채 청산하지 말고 남겨두어야 한다."

하지만 연합군이 1945년 「연합국 관리위원회법」 제5조를 통해 해외에 있는 모든 독일 자산의 소유권을 박탈한 뒤 1946년 초 중립국, 특히 스위스가 이러한 자산을 청산할 것을 요구한 뒤 미국의 압력은 점점 더 강해졌다. 연합국, 특히 미국의 논거는 이랬다. 그렇게 생긴 돈은 독일이 일으킨 손실을 회복하는 데 써야 한다. 스위스 대표들은 스위스 국민의 청원에 힘입어 수많은 전쟁 피해 스위스인들도 있다고 대답할 수 있었다. 그래서 결국 1946년 6월에 비준된 워싱턴 협정에서 다음과 같은 중재 해결책이 나올 수 있었다.

하나하나 뜯어보자.

1. 스위스에 있는 자산과 독일에 있는 독일인 자산은 연합국이 청산한다.
2. 프랑으로 환산한 수익은 스위스와 연합국들이 반반씩 나눈다.
3. 해당 독일인들은 현 독일 당국에 독일 화폐로 보상받는다.
4. 대체 자금을 청산할 때 스위스 정부가 받을 돈은 독일 관계자들에게 돌아갈 보상 총액의 반으로 베를린 정부가 책임

진다.

5. 스위스 정부는 2억 5,000만 프랑을 연합국이 사용할 수 있도록 금으로 제공한다. 그 대신 연합국들은 그들의 태환은행들이 전쟁 기간에 스위스가 받아들인 금과 관련된 모든 요구를 포기한다.

6. 스위스인 블랙리스트는 폐지하고 미국에서 봉쇄되었던 스위스인 자산은 해제한다.

스위스 대표단은 독일인들의 손해배상을 고려하는 것에 만족하지 않았고 독일인들이 저평가된 제국 화폐가 아니라 새로 발행될 영구적인 마르크 통화로 보상받을 수 있도록 하는 투쟁도 했다. 그래서 협상은 1949년 5월까지 지연되었다. 이 시점까지 상해를 입은 재외동포들을 위해 아무 조치도 할 수 없었다. 그러나 이제는 방해될 게 아무것도 없었다. 그래서 스위스 정부는 다음과 같은 성명을 발표했다.

"최종 해결책은 독일인들이 독일에 있는 자기들의 자산과 스위스에 있는 자산 중에서 반은 스위스의 전쟁희생자들에게 주고 나머지 반은 유럽 재건과 궁핍한 주민 부양, 독일인 지원 등에 주기로 합의한 것이다. 우리 견해에 따르면 이 합의는 철저히 상황 조건과 공정성에 부합한다."

그래서 이제 무슨 일이 벌어질까? 전혀 아무 일도 벌어지지 않았다. 두트바일러는 계속 투쟁하고 청원서를 제출하고 연설을 하고 칼럼을 썼다. 그런데도 수많은 사람이 그를 아주 성가신 동시대인이라고 생각했다. 그렇게 몇 달이 지나고 몇 년이 지났다. 하지만 재외동포들을 위해서는 아무것도, 전혀 아무 조치도 이행되지 않았다. 돈이 없어서였을까? 그 돈을 분배할 수 없어서였을까? 그건 말이 안 된다. 상해를 입은 재외동포들을 위해 책정된 돈이 1억 2,100만 프랑이나 되었다. 그런데 누구도 이 돈을 나눠줄 생각을 하지 않고 있었다. 두트바일러가 돌격했다. 두트바일러와 그의 정치적 동지들은 의회에 법안을 제출했다. 하지만 이 안건에 대해 발언하기 직전에 두트바일러가 앓아누웠다. 무소속 란데스링 국회의원들이 취리히로 서둘러 갔다. 그들은 병상 옆에서 회의를 개최했다. 가장 엄격한 의사들의 통제를 받고 있던 두트바일러는 가장 필요한 말을 할 힘이 거의 없었다. 나머지 사람들이 모두 베른으로 되돌아갔다.

하지만 바로 이튿날 재외동포 문제를 다루고 있을 때 그가 갑자기 의회에 참석했다. 의사들의 분명한 금지를 어기고 취리히에서 베른까지 차를 타고 와서 들것에 실려 연방의회 안으로 들어온 것이다. 죽은 사람처럼 창백했다. 숨조차 힘겹게 쉬었다. 그런 그가 더듬더듬 연단으로 나갔다. 이마에 굵은 땀방울이 솟았다. 한 마디 한 마디 발음하느라 고군분투했다. 아주 낮은 소리로만 이야기할 수 있었다. 의사당 안이 쥐죽은 듯 조용해졌다. 두트바일러가 가장 강렬한 적들에게조차도 이렇게 깊은 감명을 준 것은 아마 이게 처음이었을 것이다. 그들은 '이 사람은 꼭 할 말을 하기 위해서는 목숨까지 거는구나' 하고 느꼈기 때문이다. 연단 위에는 아델레 여사가 앉았다. 자기 남편이 어떤 위험에 처해 있는지 다른 사람들보다 더 잘 알고 있었다. 나중에 그는 이런 말을 했다.

"제 생애 처음으로 남편이 시킨 걸 반대했어요!"

정부는 그런 관점에서 1953년 12월에 재외동포들을 위해 정부의 처분에 맡겨진 돈으로 경찰이 관리하는 '가처분 기금'을 조성해 재외동포 가운데 돌봄이 필요한 이들에게 그 돈을 분배하도록 결정했다.

두트바일러는 상황이 그런데도 전쟁 때 부상 재외동포의 10~15% 만 돈을 약간 받고 나머지는 빈털터리라는 사실을 확인했다. 하지만 그보다 더 중요한 게 있었다. 두트바일러는 그들의 권리, 도덕적 권리와 형식적 권리 모두 시혜로 변질했다는 점에 분노했다. 모든 재외동포가 지난 8년 동안 계속 약속했던 보상을 포기하고 있었다.

분노 다음에 온 것은 절망이었다. 1954년 6월 20일, 두트바일러와 그의 동료들은 재외동포 관련 이슈에 대해 대국민 설문조사를 했다. 그 결과 24만 2,845명 대 30만 8,806명으로 구호법 반대가 많았다. 그런데도 아무 일도 일어나지 않았다. 그래서 두트바일러는 완전히 열이 받아 국제적십자사 본부로 찾아갔다. 인류애의 상징인 적십자사 본부에서 재외동포들을 그렇게 비인간적으로 대하는 것에 항의하려 했다. 그가 거기 나타난 것 자체가 항의였다. 그가 거기서 무기한 머물면 이목을 집중시킬 수밖에 없었다. 그는 정원에 앉아 책을 펴들고 읽기 시작했다. 주위 환경은 잊었다. 해가 졌다. 구름이 하늘을 덮고 뇌우가 닥쳤다. 어딘가 건물 안으로 피해야 했다. 하지만 그사이에 저녁이 되었다. 사무실은 모두 문을 닫았고 집들도 문을 닫아야 했다. 하지만 두트바일러는 계속 항의했다.

"밖으로 내쫓기만 해보세요!"

그는 그냥 거기서 머물려고 했다. 일종의 연좌농성을 하려는 것이었다. 그러면 온 나라가 주목하게 될 것이다. 사람들은 재외동포 이슈에서 무언가 일어나야 한다는 걸 알게 될 것이다. 그제야 국제적십자사 고위층과 최고위층 전문가들이 밖으로 나와서 그에게 상황을 설명해달라고 했다. 두트바일러는 끈질기게 버텼다. 사람들이 '출구'를 찾았다. 루스카Ruska라는 건물관리인의 숙소로 들어가라는 것이었다. 그곳은 '공공기관의 땅'이 아니었다. 두트바일러는 동의했다. 연좌농성을 어느 장소에서 하느냐는 중요하지 않았기 때문이다. 4일 걸렸다. 그동안 아무것도 먹지 않고 마시지도 않았다. 아델레 여사가 남편 곁에 머물기 위해 제네바로 왔다.

그리고 미그로협동조합연합회의 하인리히 렝엘 부이사장도 와서 연좌농성을 중단하라고 했다. 집주인이 자발적으로 그럴 것 같지는 않지만, 누군가의 사주를 받아 두트바일러의 정신 상태를 검사해보자며 정신병원 시설로 데려갈 위험이 있다는 것이었다. 그러자 두트바일러는 겁을 먹었다.

그는 사람들이 누군가를 정신병원으로 데려가는 게 얼마나 쉬운지, 그리고 그렇게 들어간 정신병원에서 나오는 게 얼마나 어려운지 잘 알고 있었다. 그런 정신병원에는 단 한 시간도 머물 필요가 없었다.

그에게는 이 세상이 충분히 정신병원이었다.

1957년 3월, 마침내 국회에서 다시 한번 재외동포 전쟁부상자들에 대한 협상이 있었다. 이 시기 두트바일러는 이 문제에서 많은 이들에게 이미 아주 가벼운 코미디언 같은 사람, 괴팍한 성격의 소유자로 비쳤다. 게다가 그는 사실 아주 결정적인 오류를 범했다. 즉 1945년과 1946년에 모든 사람이 옳고 정당하다고 여긴 것이 1957년에도 통해야 한다고 믿은 것이었다. 하지만 그때는 이미 상황이 완전히 달라져 있었다. 전쟁이 끝난 지 이미 12년이나 지난 상태였다. 호경기 덕분에 사람들은 대부분 돈을 많이 벌었다. 가난한 재외동포들이 이 시기에도 새로운 재산을 벌어들이지 못했다면 그건 그들 책임이라는 여론이 형성되어 있었다. 이 사건에서 일반적인 분위기가 어땠는지를 가장 특징적으로 보여준 사설이 하나 있었다. 그 사설을 읽은 사람들은 성가신 두트바일러를 다수결로 이길 수 있으니까 재외동포들은 결국 약간의 보상만 받으면 끝이라는 인상을 받았을 게 틀림없다.

1957년 3월 14일자 〈노이에 취리히 차이퉁〉의 기사다.

> 지난 목요일 국회는 장애인이 된 재외동포 전쟁부상자들의 구호 조치 법안을 더 안전한 항구까지 운반하느라 많은 시간을 소모했다. 중간에 두트바일러라는 낭떠러지를 지나야 했기 때문이다. 우리는 국회의원인 두트바일러가 '이 동시대인들에게 실질적인 배상이라는 의미의 보상을 받게 해주려고 여러 해 전부터 그들 편을 들었다는 것을 안다. 그에게 돈 문제는 부차적인 사항이었다.

돈 문제가 부차적인 사항이었다고? 하지만 돈은 이미 오래전에 모여 있었다! 이번에 특히 두트바일러가 끈질기게 공격하자 연방의회가 그 제안을 받아 1954년보다 약간 더 나아갔다는 점이 인정되기는 했지만, 그것은 '이번에 생존의 재건'이라는 확장된 의미가 인정된 것이었다.

두트바일러는 구호 활동 전체를 '안전한 생계'라는 서비스에 맞추려 했지만, 보편적인 복지 차원의 '구호 활동'을 위해 연방정부가 일반 재정을 투입하기를 바랐다.

사설은 보고를 이렇게 이어나갔다.

> 위원회 심의 때도 두트바일러는 이미 자신의 확고한 아이디어가 돼버린 법안과 함께 넓은 평야에 혼자 서 있었다. 무엇보다 재외동

포 부상자들의 손해배상액에 들어 있는 합의를 그가 얼마나 인정하고 싶지 않았는지 모른다. 사람들이 모두 다 들은 바와 같이 위원회에서 그 단어를 74번이나 사용했다는 사실에서 미루어 짐작할 수 있다. 국회 앞에 놓인 인쇄된 법안 요약본을 보면 수많은 소수자 법안 가운데 유일하게 두트바일러 이름만 적혀 있다.

그는 그것을 진짜 자랑스러워했다.

이러한 상황에서 심의가 아주 느리게 진행되었다. 두트바일러가 끊임없이 연단으로 나갔기 때문이다. 그가 쓰는 모든 칼럼에 자신들의 견해를 담기 위해 여기저기서 무소속 란데스링 지지자들이 지원했다. 예컨대 승마 애호가들은 마장마술 경기에서 많은 좋은 특성을 가진 진짜 고급 승마용 말이 순수한 기질 덕분에, 특히 특성적인 미숙한 성격 때문에 모든 장애물을 너무 대담하게 뛰어넘고 무더기 장애물도 실수 없이 뛰어넘고는 결승선을 통과하지 않고 울타리 밖으로 달아나버릴 때의 상황을 생각할 수 있었다.

이 말이 결승선을 밟으려면 밤 11시는 돼야 할 것이다. 그것은 사람들이 기대했던 것처럼 연방의회가 위원회에 제출한 초안 심의에서 유추할 수 있다. 그것에 반대표를 던지는 것은 무소속 란데스링 의원들뿐이었다.

스위스 외국인 채권자 투쟁 단체는 그렇게 마무리된 연방의 결정을 거부했다. 그들은 엄숙하게 했던 약속이 이행되지 않았고 외국에서 신탁에 따라 전쟁부상자들의 보상을 위해 연방정부에 맡겨진 돈을 다른 목적으로 사용했다는 점을 확인했다. 하지만 재외동포들은 이제 투쟁에 지쳐 있었다. 그들은 관리들에 대한 신뢰도 잃었다.

하지만 두트바일러는 투쟁을 포기할 생각을 하지 않았다. 아주 자주 그랬듯이 그는 이번에도 대중 속으로 도피해 들어갔다.

1957년 8월, 수많은 스위스 신문에 실린 한 광고에서 그는 지방의회 의원들과 국회의원들에게 다음과 같은 개인 성명서에 서명해서 보내주면 1,000프랑을 주겠다고 약속했다.

> 연방의회와 국회, 지방의회가 1957년 6월 13일의 연방정부 결정으로 저지른 이 행위를, 나 개인도 직접 했음을 내 이름을 걸고 선언한다.

광고에 이런 내용이 실렸다.

> 워싱턴과 본의 모든 협상문서 어디를 봐도 전쟁희생자 가운데 가난한 사람들에게만 지원한다는 말이 하나도 없다. 스위스연방은 워싱턴 협정을 충실히 이행해야 한다. 그런데 충실한 이행자여야 할 연방정부는 1억 2,150만 프랑을 스위스 전쟁희생자 보상금으로 따로 처리하지 않고 연방 금융기관에 넣어버렸다.
>
> 1957년 6월 13일 재외동포를 돕기 위한 법안은 약 5분의 1밖에 안 되는 가난한 사람들만 연간 지원금이나 보상금 형태로 지원하자는 내용이었다.
>
> 모든 전쟁부상자에게 지원된 돈이 있긴 하지만 그것은 이미 법으로 못 박혀 있어서 지방정부와 주 정부가 반드시 할 수밖에 없는

빈민구제의무를 피하기 위한 시늉에 지나지 않았다. 지원금 대부분을 직접 받은 사람은 전쟁부상자들이 아니라 '빈민구제국'이었다. 외국 돈으로 이 의무를 이행한 셈이다!

나는 1957년 6월 13일의 연방 결정을 승인한 사람은 누구나 형사법 규정의 적용을 받아야 한다고 비난하는 것이다. 국가가 연방의 결정으로 집단으로 저지른 것과 같은 범죄를 개인으로 저지른 것이니까.

상황이 위에서 묘사한 것과 다르면 나는 명백하게 명예훼손 소송에 휘말릴 것이다. 나는 우리 연방 관리들이 한 행동이 옳았는지 그들의 진짜 특성이 무엇인지 뒤늦게나마 사법부의 판단을 받아보고 싶다. 그래서 이 소송을 환영한다.

두트바일러는 달리 행동할 수가 없었다. 설사 마지막 남아 있던 재외동포 부상자까지 죽었다 해도 그건 아무 상관이 없었다. 정의는 때로는 늦게 오는 법이니까. 하지만 늦게라도 오는 것이 아예 안 오는 것보다는 낫다.

마지막 장

두트바일러는 건강을 돌보며 살았어야 했다. 일도 조금 덜 하고 여행도 덜 다니고 흥분도 덜 해야 했다. 그 대신 산책을 더 많이 해야 했다. 심장의 부담을 덜기 위해서 특히 모든 일을 좀 줄여야 했다.

말이 나온 김에 체중 감량에 대해 말하자면, 나는 그에게 14일 이상 과일주스 말고는 아무것도 먹지 않는 요양소에 좀 가보라고 이야기한 적이 있다. 요양은 전혀 힘든 일이 아니고 배고픈 느낌도 2~3일만 지나면 사라진다고 안심시켰다. 그러면서 한번 해보라고 했더니 나를 의심하며 바라봤다.

"도대체 진짜로 배고프지 않다는 게 말이 돼요?"

내가 진짜 배고프지 않다고 하자, 그는 한동안 침묵하더니 이렇게 이야기했다.

"아무것도 안 먹는데도요?"

물론, 식사를 안 했는데 어떻게 배가 안 고프냐는 뜻이었다. 먹는 즐거움이라는 게 있는데.

그는 자신을 위해 뭐라도 해야 했다. 어쨌든 1953/54년에 첫 번째로 심각한 심장마비를 겪었다. 우선 심근경색일까 봐 두려워했지만 심전도 검사 결과 그 정도는 아니었다.

두 다리에 가끔 혈전증 증세도 있었다. 주치의인 두 교수, 막스 홀츠만Max Holzmann 박사와 발터 글로르Walther Gloor 박사가 당연히 경고했다. 하지만 그들의 말도 들으려 하지 않았다. 1961년 초 나는 그를 뉴욕에서 만났다. 피곤해서 녹초가 된 인상이었다. 그가 극복하고자 했던 그 엄청난 노동 부담을 생각하면 놀랄 일도 아니었다.

미그로는 최근 몇 년 동안 꾸준히 성장했다. 1957년 매출고가 6억 1,080만 프랑이었는데 1958년에는 6억 7,920만 프랑, 1959년에는 7억 5,660만 프랑, 1960년에는 8억 8,790만 프랑으로 계속 늘었다. 1957년에는 조합원이 39만 2,110명이었는데 1958년에는 47만 6,180명, 1959년에는 52만 3,066명, 1960년에는 56만 3,551명으로 늘었다. 직원과 노동자 수도 1958년에는 1만 1,203명이었는데 1년 뒤에는 1만 2,591명으로 늘었고, 1960년 말에는 1만 4,669명이나 되었다.

미그로는 스위스 기업에서 벗어나 이제 막 국제적인 기업이 되어가고 있었다. 1953년 터키 정부 사람들이 찾아와서 미그로 시스템을 터키에도 도입할 수 있는지 가능성을 타진해달라고 요청하기도 했다. 두트바일러는 터키 정부 관리가 찾아온 것에 놀랐다. 터키는 판매 상황이 아주 혼란스러운 상태였기 때문이다. 그곳 사람들은 여전히 마치 회색빛 선사시대에 사는 사람들처럼 행동했다. 구매나 판매 모두 흥정으로 이뤄지고 있었다. 그럴 때마다 놀랄 정도로 많은 말을 해야 하고 몸짓과 표정도 많이 해야 했다. 그런데 하필이면 거기서 소비자들이 어떤 표현도 할 수 없는 시스템, 즉 판매시스템의 기계화를 도입하고 싶어 했다. 어쨌든 그는 터키로 갔다. 거기서 정부 관계자와 은행가, 대기업가 들이 마음이 열린 사람들이라는 것을 알게 되었다. 즉 미그로 터키에 돈을 투자하고 심지어 그 투자금을 날릴 각오까지 되어 있었다.

아니, 사업을 그렇게 진행할 수 없었다. 공식적인 물가 규정과 이익 마진의 법적 규제 때문에 안 되었다. 대부분의 터키 회사들과는 반대로 미그로는 이런 규정의 저촉을 받았다.

그래도 60대의 대형 판매 트럭이 사업을 시작한 뒤 얼마 지나지 않아 트럭보다 더 많은 수의 미그로 터키 셀프서비스 매장을 개설했다. 이스탄불에서 크게 성공했다. 미그로가 등장하는 곳이면 그곳이 어디든 자동으로 미그로가 물가를 조정하게 되었다. 이제 드디어 터키의 암시장 바로 옆에서 아주 깨끗한 판매 조직이 생겨난 것이었다.

두트바일러는 이렇게 말했다.

"미그로 아이디어가 국제적으로 확실히 증명되었다!"

터키 정부는 어쩔 수 없이 생긴 적자를 국방 기금으로 메꿔야 할 때와 똑같은 생각을 했던 것 같다.

몇 년 뒤 터키에서 혁명이 일어났다. 혁명 주체들은 멘데레스* 정권이 건설한 거의 모든 시설을 없앴다. 해임된 국가 원수의 개인 도

---

* 　아드난 멘데레스(Adnan Menderes, 1899~1961)는 1950년부터 1960년까지 터키 수상을 지낸 정치인이다. 1960년 군사쿠데타에 의해 실각한 뒤, 이듬해 다른 두 명의 장관과 함께 교수형에 처해졌다.

장이 더 많이 찍힌 건물일수록 훨씬 더 과격하게 제거했다. 그런데 예외가 딱 하나 있었다. 미그로 터키였다. 미그로 터키는 폐쇄하기는커녕 1960년 5월 말 이스탄불에 계엄령이 선포되었을 때도 오히려 정부가 라디오를 통해 '군대와 미그로가 식료품 공급 임무를 떠맡게 될 것'이라는 소식을 계속 흘려보낼 정도였다. 이런 뉴스는 터키의 여러 신문에도 실렸다.

터키 정부 사람들뿐 아니라 경제계 사람들도 회사를 설립하고 확장하는 데 가장 큰 가치를 두고 있었다. 그들은 미그로 터키의 구조조정과 신규 재정 지원에 기꺼이 참여할 준비가 되어 있다고 선언했다. 판매 수치는 상당히 고무적이었다.

1956년 1,980만 터키 리라, 1957년 2,350만 터키 리라, 1958년 3,260만 터키 리라로 늘어난 것이다. 그러다가 1960년 5월, 군사쿠데타가 일어나 정부는 전복되었고 모든 것이 사라진 것 같았다. 그런데 새 정부도 미그로 터키를 계속 수용하고 지원도 하겠다고 선언했다. 내부 혁신과 강력한 증자가 곧바로 착수되었다.

70세가 된 두트바일러는 은행을 설립하기로 했다. 평생 설립했던 모든 것처럼 이번에도 특히 평범한 소시민들을 위한 은행으로 만들 셈이었다. 평범한 소시민이 돈이 필요해서 대출을 받으러 오면 이자를 그리 많이 내지 않아도 되도록 했다. 저축하러 오는 소시민은 이자를 더 많이 받을 수 있었다. 이자율은 자본 시장 상황에 따라 변동되고 '마음대로 조정할 수 있게' 할 생각이었다. 취리히 미그로협동조합연합회는 1957년 가을에 이미 이자를 그런 식으로 조절하는 '페어플레이 1957'이라는 대부 시스템을 도입한 바 있다. 하지만 4.5%의 최소 이자는 보장되었다. 그것이 평범한 소시민들에게 페어플레이였다.

두트바일러가 은행을 설립하겠다고 하자 은행들이 화를 냈다. 자기네 사업 분야에 침투해 들어오는 것을 약간 불안해하기도 했다.

1958년, 출발이 좋았다. 그다음으로 사업이 크게 확장되면서 새로운 건물을 점유해야 했다. 저당권자들의 투자 총액이 1,000만 프랑에서 2,100만 프랑으로 늘었다. 3차 회계연도에는 결산총액이 4,600만 프랑에서 6,500만 프랑까지 상승했다. 총수입도 170만 프랑에서 240만 프랑으로 늘었고, 감가상각비와 예비비를 뺀 이후의 당기순이익은 31만 3,000프랑에서 20만 프랑 이상 늘어난 51만 4,000프랑이나 되었다.

셀프서비스 매장 사업도 비약적으로 상승했다. 벌써 약 4,000가지가 넘는 품목을 판매하고 있었다. 1948년 2%, 1956년 80%였던 셀프서비스 매장들의 매출량은 1958년에 이미 93%, 1960년 96%, 1961년 99%로 상승했다.

그렇게 많은 방향으로 그렇게 맹렬히 사업이 확장되었으니 두트바일러 같은 기질을 가진 사람조차 만족했을 거라고 볼 수 있을 것이다. 하지만 그는 가만히 머물러 있을 수 있는 사람이 결코 아니었다. 몇 년 전 그는 스위스의 음료용 우유 환경을 개혁하기 위한 투쟁을 시작했다.

이상하게도 스위스 사람들은 우유를 충분히 마시지 못했다. 몇 년간 우유 생산업자들은 국가의 보조금을 1억 프랑이나 받아야 했다. 두트바일러는 보조금이 아니라 '생우유 마시기'의 대중화가 필요하다고 말했다. 그는 우유 상점뿐 아니라 모든 식료품 상점에서 우유를 팔기 위한 캠페인을 펼쳤다. 우유 판매상들이 항의했다. 두트바일러의 선전이 자기들에게도 좋은 사업이라는 걸 아직 이해하지 못했기 때문이다.

한동안 두트바일러가 이 투쟁을 이기지 못할 것처럼 보였다. 그렇다. 거의 모든 미그로의 도시 지점과 식료품협회에서 저온 살균 우유 판매가 가능한지 대규모 실험을 해봤고 결과도 좋았지만, 그 실험은 중단해야 했다.

두트바일러는 이렇게 말했다.

"맞아! 알코올을 팔았으면 이렇게 어렵지 않았을 거야! 사람 건강에 좋은 것을 판매하는 건 언제나 어렵지!"

지난 몇 년 동안 그는 스위스 농업을 위한 투쟁을 강화했다. 스위스 농업은 호황기에도 의붓자식 대접을 받는 산업이었다. 그는 '미그로는 처음부터 다리 역할을 하는 상징이었다'는 말을 계속했다. 미그로는 소비자뿐 아니라 농부들도 정당하게 고려해야 한다고도 했다. 우유 생산과 우유 수입이 줄어들면 농부가 어떻게 존재할 수 있겠는가! 두트바일러는 의회에서 발언도 하고 공개적인 연설도 하고 칼럼도 썼다.

그는 미그로가 요구르트를 비롯한 모든 종류의 혼합 음료를 대규모로 취급할 수 있도록 했다. 그는 농민들을 지지했고 협동조합 조합원들이 투표권을 가지고 그를 지지해줌으로써 이들 사이의 상호지지 관계가 강화되었다. 1957년 다음과 같은 문제를 놓고 투표가 있었다.

"미그로는 그동안 할당 경제(예컨대 치즈협회)를 통한 물가 인상을 거부하고 질 좋은 농산품을 공급하기 위해 농부들에게 좋은 값을 쳐주는 농업정책을 펴왔습니다. 미그로 협동조합이 이제까지 해온 이런 농업정책을 승인해주시겠습니까?"

이 안건에 반대표는 겨우 1,701표였지만 찬성표는 9만 5,673표나 되었다.

이제 진짜 우유 전쟁이 시작되었다. 미그로 협동조합은 다음과 같은 강령적 선언을 하며 태어났다.

'우유 과잉 상태가 지속하는 상황이 되었다. 그래서 단기간의 매각 캠페인은 아무런 의미가 없다. 공중보건을 결정적 요인으로 삼아야 하는 지속적인 프로그램을 마련해야 한다.'

조합은 아주 천천히 입지를 넓혀갔다. 1958년 말에는 취리히 시내 30개, 나중에는 40개의 지점에서 판매할 수 있도록 승인이 이루어졌다.

우유 전쟁은 치즈 전쟁으로도 발전했다. 두트바일러와 직원들이 스위스 치즈를 덤핑가격으로 해외에 수출했다. 우유도 똑같은 방식으로 수출한 뒤에 외국 연유로 가공해서 스위스로 역수입하는 것보다 더 좋은 것을 할 수 있겠다는 생각을 하고 있었기 때문이다.

하지만 우리가 발도르프 아스토리아Waldorf-Astoria 호텔의 작은 방에서 다시 만났을 때 그는 그런 이야기를 하지 않았다. 그의 마음속에 전혀 다른 것, 예컨대 노동시간 단축 같은 게 들어 있었다. 그 당시, 그러니까 1954년에 그가 스위스를 위해 노동시간을 단축해야 한다고 처음 이야기했을 때 사람들은 그를 미친놈 취급했다. 1958년 말에도 무소속 란데스링이 발의한 해당 법률안이 기각되었다. 하지만 주 '5일 근무제'가 도입되는 중이라는 사실을 스위스인들이 깨닫기까지 그리 오래 걸리지 않았다. 그는 과도기를 전혀 거치지 않고 곧바로 엑스리브리스에 대해 이야기하기 시작했다. 세상은 값싸고 질 좋은 책을 더 많이 필요로 할 거라는 것이었다. 그리고 엑스리브리스와 밀접한 관련을 맺는 그라모클럽Grammoclub*에 대해 이야기했다.

베르너란트에 있는 작은 공장에서 좋은 턴테이블을 생산하면서도 판매는 잘 못하고 있었는데 이제는 엑스리브리스 한 군데에 납품하기 위해 생산하는 것만 연간 2만~3만 대나 되었다. 수출용으로는 더 많은 양을 생산했다. 문을 닫기는커녕 노동자 수를 30명에서 300명으로 늘릴 수 있었다. 이것은 모두 새로운 시장이 열렸기 때문이다.

'그라모클럽이 50만 장의 레코드를 시중에 내놓기까지 그리 오래 걸리면 안 된다'고 두트바일러가 말했다. 물론 클래식 음악 레코드였다! 최고의 취향에 맞는 LP판이었다! 두트바일러가 나를 호텔로 초대한 바로 그날 우리는 워싱턴에서 케네디 대통령이 완전히 새로운 무언가를 준비한다는 소식을 들었다. '평화봉사단Peace Corps'이라는 이름의 일종의 특수 군대였다. 이 군대는 저개발 국가에 가서 기꺼이 봉사하겠다는 자원봉사자들로 구성한다고 했다. 워싱턴에서는 앞으로 벌어질 이 사건에 대해 이미 뜨거운 논란이 일고 있었다. 그래서 두트바일러도 이런저런 이야기를 들을 수 있었다.

그는 6개월 전인 1960년 6월 19일 보스턴의 하버드대학교에서 비슷한 내용의 강연을 했던 기억이 났다. 그날 그는 이렇게 말했다.

저는 삶에서 나타나는 문제들을 일반인들의 관점과는 다르게 판단하고 있습니다. 처음에는 무의식적이었고 후반기부터는 의식적으로 그렇게 해왔습니다.

오늘 제 생각의 주요 요인은 인간입니다. 인간이 제 생각의 중심

---

*   미그로협동조합연합이 세운 레코드클럽이다. 처음에는 'Grammoclub Ex Libris'라는 이름으로 시작했으나, 나중에는 그냥 'Ex Libris'로 바뀌었다. 음악 클럽, 음반 제작, 출판, 매장 따위를 운영했다.

에 있습니다. 달러도, 파운드도, 프랑도 아닙니다. 이런 사고방식과 이런 계산방식에서 새로운 점이 있습니다. 이것이 사업에도 적용된다는 것입니다. 그것은 자체로 입증되기도 했습니다. 좀 더 과감하게 표현하자면 수익성도 있다는 것입니다.

이것을 정치에 적용하자면 국시니 국익이니 하는 정치적이고 전술적인 사고를 떨쳐내야 합니다. 정치인도 다 인간입니다. 인간을 정치적 사고의 공통분모로 만들어야 합니다. 외교정책에서도 전쟁 때도 결정적으로 중요한 것은 인간입니다. 유니폼은 인간을 내적으로 바꾸지 못합니다. 모든 군인은 유니폼을 입고 있지만, 유니폼 속에 그 사람의 자아가 존재하는 것입니다.

다음과 같은 제안도 이런 견해에서부터 출발하는 것입니다. 경험에 의하면 이른바 개발도상국에는 일하고자 하는 사람이 부족하지는 않은데 절대적으로 신뢰할 수 있는 하급 간부와 질서정연한 노동에 없어서는 안 될 규율이 부족합니다. 따라서 지도급 인사들이나 아주 평범한 노동자를 채용하기보다는 오히려 이른바 하급 장교들과 부사관들을 채용하는 게 훨씬 중요할 것입니다.

사람을 투입하는 것은 인간적으로 볼 수도 있고 인간을 넘어서 정치적으로 볼 수도 있습니다. 그래서 단순히 한 국가가 다른 국가에 많은 양의 돈을 투자하는 것보다 훨씬 유익합니다. 마셜 플랜 덕분에 군사력 외에도 평화와 건설이라는 무기도 사용될 수밖에 없는 돌파구가 최고 수준에 달했습니다.

자유에 기반을 둔 지속적인 평화는 개발도상국 국민의 생활수준을 높여야 달성될 수 있습니다. 요즘 들어 이런 인식이 점점 더 일반화되고 있고 점점 더 크게 퍼져나가고 있습니다. 이런 견해가 널리 퍼져서 이전의 적들조차도 재정적으로 엄청난 희생을 당한 사람들의 지지를 받고 있을 정도입니다.

선진공업국들은 이전의 고객들이 자급자족할 수 있도록 지원해야 합니다. 비록 언젠가 그들과 경쟁하게 될 날이 올 위험이 있다 하더라도 그 정도의 희생은 해야 합니다.

이것이 아마 국민과 정부들 사이에서 바꿔 생각해봐야 할 가장 설득력 있는 예일 것입니다. 무장한 시민들과 함께 사복 입은 군인들을 돕고 건설하는 사람들을 투입하는 방향으로는 왜 한 발짝도 못 나갈까요? 수십억 달러를 사용하는 것만으로는 원조금을 가지고 서로 경쟁하는 국가들 사이의 순간적인 평형을 이룰 수 있을지 몰라도 결코 지속적인 평화의 기초를 만들어낼 수는 없습니다. 그러기 위해서는 사람을 투입하는 것이 최상입니다.

프랑스 사람과 미국 사람, 독일 사람, 이민족 속에서 자기 직업을 가지고 최고 지위를 가진 사장이 아니라 약간 높은 지위를 갖고 있긴 하지만 동료 노동자로 함께 일할 사람을 투입해야 합니다. 그래야 인간관계가 촉진됩니다. '진정한' 다양성을 존중하고 순수하게 공감해야 합니다. 무엇보다도 그렇게 해야 그 민족을 더 빨리 더 잘 알게 될 것입니다. 함께 노동해야 사람들이 공통분모를 가진 직장 동료가 될 것입니다. 저의 계획은 이렇습니다. 병역의무가 법으로 정해져 있는 곳에서는 병역을 마쳐야 할 의무가 있는 시민에게 특정 조건 아래서 군인으로 의무 복무를 마치게 할 수도 있습니다. 특정 개발도상국에서는 의무적인 군 생활보다 더 긴 기간 동안 자기 직업에 종사하는 대체복무로 군 복무를 대체할 수 있게 할 수도 있습니다. '대체복무 병사'에게 국가가 쓰는 돈이 군대에서 군 복무하는 시민에게 쓰는 돈보다 더 많지 않습니다. 대체복무 병사에게는 해당 국가의 통상임금에 해당하는 봉급과 보수를 지급하면 될 것입니다.

원주민 직원들이 급여와 생활수준 면에서 '대체복무 병사'와 가능한 한 동등하게 느낄 수 있어야 하기 때문이죠. 그것이 심리적으로 아주 중요합니다. 이렇게 하려면 대체복무 병사의 희생이 뒤따를 수밖에 없죠. 하지만 같은 인간인 원주민들에 대해 마음속에서 이런 태도를 지닌 사람들만이 이 대체복무제에 신청서를 넣을 수 있다는 장점이 있습니다.

이 제도를 폭넓게 적용하면 다양한 국가에 나가서 의무 복무를 대체하는 '대체복무 사병'이 외국 국민과 그 나라까지 잘 알게 될 것이라는 큰 장점이 있을 것입니다.

이익을 얻는 것은 고향만이 아닙니다. 자기 자신의 정신적 지평도 넓힐 수 있습니다. 자기 자신의 인간적인 가치까지 높일 수 있는 시민들도 엄청난 이익을 얻는 것입니다.

두트바일러의 이 계획과 미국 대통령의 평화봉사단 계획의 차이를 아무도 알아차릴 수 없을 것이다. 둘 다 젊은이들을 개발도상국에 감독자가 아니라 노동자나 직원으로 투입해 그들이 그곳에서 토착 주민들처럼 생활하며 생산에 참여하게 하려는 점이 같았다. 다만 미국이 나중에 계획했던 프로젝트보다 두트바일러가 훨씬 많은 참가자를 제안했다는 점, 그리고 미국에서는 대체복무 측면을 고려하지 않았다는 점은 달랐다. 당시 두트바일러는 '타고난 이상주의자들'뿐 아니라 이런 경험을 통해 이상주의를 배우게 될 수도 있는 평범한 젊은이들까지 염두에 두고 있었다.

당시 뉴욕에서 그는 이렇게 물었다. 아니다. 어쩌면 이것은 질문이 아니었을지 모른다.

"사람들이 아직도 저를 미쳤다고 생각하나요?"

하지만 그의 마음속에 있었던 것은 대부분 교육센터였다. 두트바일러가 교육센터를 여러 개 세웠는데, 교육센터는 설립한 지 몇 년 안돼서 아주 왕성하게 발전했다.

1957년에는 수강생이 1,244명이었는데, 1년 뒤에는 1,603명으로 늘었다. 런던과 파리, 쾰른, 빈에도 '학교'가 생겼다. 1959년에는 수강생이 2,313명으로 늘었고, 1960년에는 4,272명이나 되었다.

두트바일러는 "아이디어가 행진을 시작했네요" 하고 말했다.

"하지만 그 행진이 그다지 빠른 것은 아니었죠. 그걸 돕기 위해서 우리가 무얼 할 수 있을까요? 시간이 없는데."

그는 우리가 함께 있던 한두 시간 사이에, "시간이 없는데……"라는 말을 여러 번 되풀이했다.

나중에 그를 다시 만났을 때는 1962년 봄이었다. 나는 그가 얼마나 옳았는지 금방 알아챌 수 있었다. 그는 완전히 달라 보였다. 그는 이제 기운 충만한 질풍노도의 청년이 아니었다. 어쨌든 예전의 그는 내가 볼 때 언제나 질풍노도의 청년이었는데. 그랬던 그가 이제는 비실거렸고 완전히 회색으로 바뀐 얼굴에는 주름이 수천 개나 되었다.

그런 그가 나를 불렀다. 독일 텔레비전 팀이 그에 관한 방송을 준비하기 위해 인터뷰를 하러 도착했기 때문이었다. 그는 나한테 좀 도와줄 수 있겠냐고 물었다. 독일에서 온 젊은 남녀들은 그들이 이 이슈를 어떻게 상상하고 시작했는지부터 설명했다. 일단 책상에 앉아 있는 그를 촬영하면서 이야기를 나누고 집에서도 촬영하며 이런저런 이야기를 여쭤볼 거라고 했다.

나는 조용히 생각했다. '제발 촬영을 곧바로 해주면 좋겠다.' 그들도 시간이 많지 않았다. 머지않아 그를 촬영할 수 없는 때가 올 테니.

1961년 3월 18일, 두트바일러는 심근경색이 일어났다. 새벽 2시였다. 처음에는 배가 좀 아픈 것 같다며 아내에게 약 좀 달라고 했다. 하지만 아내는 홀츠만 교수에게 전화를 걸었다. 그가 곧바로 달려와 심전도 검사를 하고 제대로 된 처방을 내렸다. 특히 침대에 누워 휴식을 취하게 했다. 두트바일러는 정말 피곤했고 아무것도 하고 싶지 않았다. 잠시 뒤에 히르슬란덴 병원으로 이송되었다. 거기서 6주간 입원해야 했다. 하지만 2주 반만 머물렀다.

그는 아내와 함께 바트 나우하임 요양소로 갔다. 의사는 요양소에서 6~8주 정도 요양해야 할 것이라고 말했다. 하지만 그는 3주만 있었다. 더 머무는 것을 너무 지루하게 여겼기 때문이다. 다시 일하러 가겠다고 했다. 의사는 집에 갈 때도 아주 천천히 가라고 권했다. 가능한 한 올 때처럼 승용차를 타고 가라고 했다. 아주 단계적으로 천천히 가라고. 하지만 그는 승용차를 타고 가는 게 너무 지루하다며 비행기를 타고 갔다.

공항에서도 집으로 가지 않고 침대에 누운 채로 사무실로 갔다. 의사는 두트바일러에게 매일 두 시간씩만 일하라고 했다. 나중에 아내는 이렇게 말했다.

"처음에는 의사의 지시를 지키더군요. 하지만 매일 근무 시간이 늘어났어요. 그러더니 이제 오후에도 사람들을 불러 회의를 하기 시작했죠."

그는 심지어 일요일에도 쉬지 않았다. 5월 30일에도 직원들이 회의에 불려 나갔다. 6월 23일에는 사무실에서 일하다가 너무 피곤하다며 집으로 돌아가려 했다. 의사가 확인해보니 혈압이 85, 맥박은 180이었다. 주사를 맞고 그날 밤은 비교적 잘 지나갔다. 이튿날 아침에 심전도 검사를 해봤더니 몹시 심각해 보였다.

그렇게 이틀이 지났다. 그리고 맥박이 어느 정도 정상으로 돌아왔다. 하지만 호흡곤란 상태가 되었고 의사가 두트바일러에게 입원을 권하면서 탁 까놓고 이렇게 이야기했다.

"선생님! 두 번이나 죽음 문턱까지 다녀오셨어요. 이제는 진짜로 주의하셔야 해요!"

그런데도 그는 병원에 가지 않았다.

7월 22일에 또 재발했다. 그러다 쉽게 회복되었다. 9월부터 다시 사무실에 나갔다. 모든 게 다시 반복되었다. 사무실에 머무는 시간도 매일 조금씩 길어졌다.

10월에 그들은 차를 타고 테신으로 갔다. 하지만 두트바일러는 그곳을 별로 좋아하지 않았다. 그래서 집으로 돌아가자고 했다.

11월 21일에 장염에 걸렸다. 의사는 두트바일러에게 약간의 당뇨 증세도 있다고 확인해주었다. 하지만 그럭저럭 새해가 밝을 때까지 시간이 흘렀다. 아델레 여사가 확인한 바에 따르면, "진짜 아주 정상"이라고 했다.

1962년 1월 29일에 폐렴이 왔다. 두트바일러는 몇 주를 병상에 누워 폐렴을 완치해야 했다. 하지만 그는 또 그걸 참을 수가 없었다. 가능한 한 빨리 일어나서 다시 일을 시작하려고 했다. 그래서 다시 일어났고 다시 일을 시작했다. 게다가 2월 17일에 건축에 대한 이의제기 때문에 늦춰졌던 뤼슐리콘 연구소 설립 기공식을 개최해야 했다. 아델레 여사가 이렇게 말했다.

"그때도 물론 참지 않았어요!"

이 연구소는 그가 일찌감치 아주 강하게 매달렸던 연구소였다. 지금은 고틀리프 두트바일러 연구소Gottlieb-Duttweiler-Institut/GDI라고 불리는 이 연구소의 이름은 그가 제안한 게 아니라 그가 죽은 뒤에 결정된 것이다. 어쨌든 이 연구소가 지금은 세계 각국의 경제학자들이 모여 회의도 하고 청년들이 사회 진보를 위해 훌륭한 상인이나 선구자가 되도록 교육을 받는 곳이 되었다.

그는 이 연구소를 자신이 더 오래 살아남을 수 있는 일종의 정신적 유산이라고 생각했고, 자신의 지식과 동료 직원들의 지식을 다음 세대에 전해줄 수 있는 기관이 될 것이라고 믿었다. 연구소에 대한 그런 관심은 나중에 분명히 유산으로 남게 되었다.

그의 동료 직원 엘자 가서가 그와 이 연구소 계획을 상의하려 했고 두 차례 상의했다. 그때마다 그는 계속 이렇게 이야기했다.

"그래요. 우리는 이 얘기를 훨씬 더 많이 나눠야 해요!"

하지만 그런 기회는 오지 않았다.

그는 자기가 죽을 것을 이미 알고 있었을까?

그가 평생을 함께 일했던 많은 동료가 이미 그의 곁을 떠났다. 1952년에는 생산부문 사장 베르너 엘렌베르거Werner Ellenberger가 죽었고 1955년 3월에는 미그로를 함께 설립하고 지칠 줄 모르고 일만 하던 노동자이며 청렴결백한 전문가요 상상력도 뛰어나고 위대했던 프리츠 켈러도 죽었다. 켈러가 죽은 직후 오토 피셔Otto Fischer도 죽었다. 오랜 세월 함께해온 직원이었다. 처음에는 요나탈 초콜릿 공장의 이

사로 나중에는 바젤에 있는 기파(주)Gifa AG.의 사장으로 일하던 사람이었다. 곳곳에서 여러 사람이 죽는 바람에 틈새가 찢어졌다. 1929년 처음으로 미그로에 들어와 함께 일한 늙은 노동자 파울 란츠Paul Lanz 박사도 사라졌고, 두트바일러와 아주 가까웠던 친구인 스위스연방공업대학 곤첸바흐 교수도 갔다.

1958년 2월 로잔 미그로 이사회 의장이며 미그로협동조합연합회 이사였던 메트르 로베르트 레이빌러Maître Robert Rey-Willer도 죽었다. 8월에는 사비나 협동조합의 사업대표 에른스트 얘기도 뒤를 따랐다. 10월에는 고트프리트 클라이너도 갔다. 가장 가까웠던 사람 가운데 한 명으로 이사회 대의원이며 재정담당 국장으로 일하던 사람이었다. 이듬해에는 노이엔부르크-미그로 이사회 의장인 알프레트 율리엔 뢰버Alfred Julien Loewer도 갔다.

이제 두트바일러는 언제 죽을까? 후계자는 누가 될까? 그런 질문이 생길 법도 했다. 하지만 그는 그런 질문을 계속 피해 갔다. 스스로 그런 질문을 계속 미뤄두었다. 그런 질문은 전혀 현실성이 없기라도 한 것처럼.

아내까지 포함해서 많은 이들은 바젤 미그로를 여러 해 전부터 책임지고 있는 두트바일러의 조카 루돌프 주터를 적당한 후계자로 여기고 있었다. 두트바일러는 그런 암시나 조언을 무시했다.

그가 어쩌면 세습 정치를 한다는 의혹에 빠지고 싶지 않았던 게 아닐까 싶다. 그는 '밖에서' 어떤 사람을 데려와야 한다고 여러 번 이야기했다.

그도 어렴풋이 자기 삶이 끝나가고 있다는 것을 느꼈던 것 같다. 그래서였을까? 조카를 직접 불러들였다. 처음에는 아주 일반적인 대화를 나눴다. '한동안 못 봤다' '뤼슐리콘에는 왜 한 번도 오지 않았냐?' '아내와 아이들 데리고 한번 오라' 등의 이야기였다.

그래서 루돌프 주터가 아내도 데리고 뤼슐리콘으로 찾아왔다. 그들은 두 시간 동안 정원에 앉아 이야기를 나눴다. 두트바일러는 옛날 이야기를 했다. 피스터 시절 이야기였다. 그는 이 큰 집을 어떻게 지었는지도 이야기했다. 그때 너무 많은 돈이 들었다는 이야기도 했다. 그는 비용을 다시 충당하기 위해서 어떻게 돈을 벌어야 했는지도 이야기했다. 브라질 이야기도 하고 미그로 초기 이야기도 했다.

그러더니 아주 갑자기 아주 평온해진 것 같았다. "너는 어디서 어떤 모험을 했니?" 하고 물었다. 조카는 이 순간 자기 삼촌이 사람은 무언가 되려면 모험을 해야 한다고 확신하고 있다고 느꼈다. 그는 삼촌을 안심시킬 수 있었다. 군대에서 조종사였다. 두트바일러가 세운 학교에서 비행 훈련도 받았다. 그래서 이렇게 이야기했다.

"저는 그때 모험은 충분히 했다고 생각합니다!"

두트바일러는 고개를 끄덕였다. 그리고 안심한 듯했다.

홀츠만 교수는 주립병원에 6월 4일로 검사 날짜를 예약했다. 그날은 월요일이었다. 그런데 일요일에서 월요일로 넘어가는 날 밤에 뇌 색전증이 닥쳤다. 호흡곤란이 왔다. 두트바일러는 샤프하우젠에 있거나 샤프하우젠으로 가는 거겠거니 생각했다. 월요일 저녁쯤 의식을 잃었다. 의사가 오늘 밤을 못 넘길 거라고 했다.

하지만 그는 6월 8일까지 며칠 더 살아 있었다. 두트바일러는 마지막까지도 그렇게 강했다. 그는 자신이 죽는다는 걸 모른 채 죽었다.

"이제 다시 처음이다"

두트바일러가 영원히 눈을 감은 순간 모든 것이 바뀌었다. 그는 평생토록 투쟁해온 인물이었다. 그와 끈질기게 싸웠던 사람들조차 그의 업적 앞에 모자를 벗어 경의를 표할 정도의 인물이 되었다.

주간지와 타블로이드신문까지 포함해서 상세한 추도사를 쓰지 않은 신문은 스위스에 하나도 없었다. 공적인 삶을 살았던 사람이 우리 곁을 떠날 때 아주 자주 있는 것처럼 그 사람의 이력이나 소개하는 식의 그런 추도사가 아니었다. 모든 추도사에서 피 끓는 심장으로 썼다는 걸 느낄 수 있었다. 물론 망자에 대해 나쁜 말을 하지 않는 것이 관례이긴 하다. 어떻게 보면 이러한 예법을 준수한 측면도 있겠다. 하지만 편집자든 직원이든 이 사람이 어떤 사람이었는지 추도사를 쓰면서 자기 스스로 전혀 관계없는 사람이 아니라고 느끼는 것은 다른 문제다. 이 사람이 있다가 없어진 바람에 자기 마음이 얼마나 슬픈지를 최선을 다해 설명하는 것도 마찬가지다.

추도사를 대강이라도 나열해야겠지만, 사실 그럴 필요도 없다. 아아도르프, 타이빌, 호르겐, 아펜첼, 트로겐, 샤프하우젠, 바젤, 빈터투르, 바덴, 베른, 비숍스첼 글라루스, 퀴스나흐트, 루체른, 로잔, 뷜라흐, 지프넨 장크트갈렌, 로르샤흐, 토이펜, 아틀리스빌, 아인지델른, 우츠나흐, 패피콘, 지온, 아르본, 제네바, 초핑엔 등 스위스에서 두트바일러를 기리는 추도사를 쓰지 않은 곳이 실제로 단 한 곳도 없었으니까.

외국에서까지도 상세한 보도를 함으로써 그의 가치를 인정했다. 베를린과 함부르크, 쾰른, 뮌헨, 코펜하겐, 본, 두이스부르크, 프랑크푸르트, 런던, 파리, 뉴욕, 슈투트가르트, 브레멘. 그리고 라트비아나 브라질, 아르헨티나, 핀란드, 스웨덴, 이탈리아, 오스트리아, 이집트, 아프리카와 같은 세계 곳곳에서 추도사가 나왔다.

장례식은 취리히의 프라우뮌스터에서 거행되었다. 조문객이 하도 밀려들어서 추도식은 그로스뮌스터Grossmünster 교회와 바서 교회Wasserkirche, 성베드로 교회 같은 곳으로 옮겨서 거행하기로 결정되었다. 그래도 조문객을 다 받을 수가 없었다.

추도식이 거행되는 교회들 앞 도로에도 여기저기 수천 명씩 서 있어야 했다. 마치 가까운 친척을 잃기라도 한 것처럼 우는 사람이 셀 수 없이 많았다. 어쩌면 아버지라도 돌아가신 것 같았다. 꽃다발과 화환, 추도사, 고인에 대한 가치 평가 같은 것이 바다를 이뤘다. 이날 스위스의 미그로 매장은 모두 문을 닫았다.

그리고 다시 일상이 시작되었다.

후계자 문제는 예상했던 것보다 더 빨리 해결되었다. 이사회 대표단의 추천을 받은 고인의 조카 루돌프 주터가 미그로협동조합연합회 이사회의 선출과 대규모 대의원 대회의 승인을 거쳐 후계자가 되었다. 그는 이 회사를 잘 아는 현명한 사람이었다. 문화에 관심을 가지고 있었고, 누구한테든 무엇에든 구속당하는 걸 무척 싫어했던 삼촌과는 달리 직원이나 협상 파트너와 대화하는 과정에서 확실한 처세 능력을 보여줬다.

두트바일러의 업적은 꽃이 피었다. 곳곳에서 매상이 올랐다. 그가 죽던 해에 미그로의 매상은 12억 8,800만 프랑까지 올라갔다. 전년도와 비교할 때 21%나 오른 것이다. 1963년에는 15억 프랑까지 상승했다.

남녀 직원 수도 1961년 1만 6,420명에서 1962년에는 1만 8,471명으로 늘었고, 1963년에는 2만 명을 넘어섰다. 이주노동자들도 놀라울 정도로 확실한 역할을 했다. 이탈리아에서 열차를 타고 스위스 국경을 넘는 이탈리아인들은 대부분 국경을 넘자마자 승무원에게 이탈리아어로 이렇게 물었다.

"미그로역이 어디에요?"

그사이 미그로의 셀프서비스 매장은 450개로 늘었다. 이탈리아인들은 독일어나 스위스식 독일어로 거의 의사소통을 할 수가 없었기 때문에 셀프서비스가 특히 중요하다는 점을 충분히 이해할 수 있었다. 미그로 상품에는 3개 국어로 표시되어 있었다. 다른 곳에서는 그렇게 되어 있는 상품이 없었다. 설립자가 사망하던 해 미그로의 시장점유율은 스위스 식료품 전체 판매량의 약 15%에 달했다. 미국의 대형 식료품 콘체른 중 어떤 콘체른도 상상할 수 없을 정도로 놀라운 점유율이었다.

두트바일러가 아주 심혈을 기울였던 미그로의 문화에 대한 노력도 계속 진행되었다. 클럽하우스 콘서트, 클럽 학교, 클럽 학교 마상무술 경기, 문화 여행, 양로유족보험 연금생활자들을 위한 휴가 프로그램, 엑스리브리스 서적과 레코드클럽의 호황, 춤과 노래를 섞어 사회와 정치를 풍자하는 풍자극 공연, 연극 공연 그리고 모든 나라의 언어센터와 교육센터 같은 프로그램이 계속 발전했다.

1963년 9월 1일, 마침내 문을 연 연구소의 원래 목적은 사회와 경제 연구였다. 이 연구소의 이름은 현재 고틀리프 두트바일러 연구소인데 그 입구 벽에는 다음과 같은 문구가 새겨져 있다.

1963년
설립자들의 뜻에 따라
만남의 장소, 생각하는 장소로 설립되었다.

과학적 통찰,
전문가들의 경험,
협동조합의 힘,

우리 시대 가장 어려운
몇 가지 과제를 해결하는 데 도움이 되도록
이 세 가지 힘을
하나로 모으기 위한 장소이다.

자유와 창의성이 넘쳐나는 듯하지만,
늘 부족한 게 문제다.

생산자와 소비자의 이해관계 투쟁을

자발적 책임을 통해

순수한 파트너십으로 계속 변화시키고,

국민공동체에 대한

진정한 서비스를 위한 행동을 키워나가는 문제와

대중의 시대에 인간성을 강화하는 문제 등

이 모든 문제의 중심에는 언제나 인간이 있다.

루돌프 주터의 연구소 개소 연설 중 일부를 인용해보자.

우리가 오늘 개소하는 이 연구소를 건축하자는 첫 번째 청원이 시작된 게 벌써 7년이 훌쩍 넘었습니다. 당시에는 경제와 사회를 연구하는 연구소로 예상했습니다. 고틀리프 두트바일러가 사망한 뒤, 재단 이사회는 처음으로 이 연구소에 고틀리프 두트바일러의 이름을 붙이기로 했습니다. 우리 모두 고틀리프 두트바일러에게 가장 아름다운 기념비를 세워서 바쳤다고 확신합니다. 그는 그저 돌로 만든 비석이나 하나 세운다고 기뻐하실 분이 결코 아니고, 무언가 살아 있고, 그의 아이디어를 계속 이어가고 확장할 수 있어야 기뻐하실 분이기 때문입니다.

재단의 정관 2조에는 '재단은 사회적, 경제적 영역에서 협동조합 이념을 특별히 고려하는 학문적 연구를 촉진하는 연구소를 설립하고 운영하는 것을 목적으로 한다'고 되어 있습니다.

정관의 다른 곳에는 이런 요구도 있습니다.

'잉여의 비참함도 끝내고 동시에 현대 경제의 가장 큰 무능력도 끝내야 한다. 한 사람의 다른 사람에 대한 책임감을 높임으로써 자유 경제와 각 시민의 자기 결정을 확보하기 위한 수단과 방법을 연구하는 것이 바로 그 요구이다.'

연구소 개소식이 끝났다고 모든 프로그램이 다 끝난 게 아니었다. 큰 홀에 약 200명 정도가 헤드폰을 끼고 앉아 기념 연설도 듣고 이어서 경제 강연도 들었다. 동시통역도 3개 국어로 진행되었다. 대형 창문으로 취리히 호수와 초원 그리고 숲이 보였다. 두트바일러가 그렇게도 사랑하던 모습이었다.

이렇게 많은 나라의 대표들이 앉아서 경청하고 메모하고, 모두 집중하고 있는 이 방에 두트바일러도 평생 있던 그 모습 그대로 함께 있었다면 얼마나 행복했을까!

나는 지난번에도 취리히에 있는 그의 작업실에 들어가보았다. 그곳은 내가 두트바일러를 아주 자주 만나고 이야기도 많이 나누던 곳이다. 루돌프 주터는 이렇게 이야기했다.

곧 이 건물군 전체를 헐고 다시 세울 겁니다. 이 사무실을 이 자리에 다시 세울지 아니면 다른 곳으로 옮겨서 세울지 아직은 잘 모르겠습니다. 하지만 계속 존치하는 것만은 분명합니다. 그분이 남겨놓은 모습 그대로 남겨둘 것입니다.

존치한다. 그대로 남겨둔다. 내일 벌어질 일을 누가 오늘 말할 수 있겠는가? 그러나 두트바일러가 이룩한 모든 것이 무너진다 해도, 그가 '엠' 가족에게 남기고 싶어 했던 모든 것이 파괴된다 해도, 시대가 얼마나 불확실한지 두트바일러보다 더 잘 아는 사람은 아무도 없었다. 그가 살았었다는 한 가지만은 남아 있을 게 분명하다.

그의 생애도 유산이며 최악도 아니다. 그의 삶은 본받으려 노력할 만한 가치가 충분히 있는 모델이기도 하다. 시작하는 사람들에게는 희망이며 삶이 회색의 일상에 처박혀 있는 것 같은 수많은 사람에게는 위안이 될 것이다. 이 삶을 아는 것만으로도 수백만 명의 삶이 풍부해질 게 분명하다. 많은 이들의 삶을 풍부하게 하는 것, 그것이 두트바일러가 계속 노력했던 목표이기도 하다.

위대한 예로서 위대한 삶. 그것은 그가 위대한 삶을 살았기 때문이 아니라, 그냥 그가 살았기 때문이다. 목표나 결과가 아니라 그 과정이 중요한 것이다. 그리고 어쩌면 믿음이 중요할 수도 있다. 두트바일러가 이 점을 계속 강조했기 때문이다. 그는 신앙이 깊은 사람이었다. 종교인은 아니었지만, 신앙이 깊은 사람임은 확실했다. 그는 이 점을 다음과 같이 규정한 적이 있다.

사업과 종교는 너무 자주 관련되는 두 개념이기도 하고 거의 관련되지 않는 두 개념이기도 합니다. '너무 자주 관련된다'고 한 까닭은 순전히 사업적이고 이기적인 이해관계가 종교의 상징 표식과 성경 구절로 위장하고 나타날 때보다 더 불쾌한 것이 거의 없기 때문입니다. '거의 관련되지 않는다'고 한 까닭은, 성실한 상인조차도 위선자로 낙인찍히는 게 두려워 자신의 일상생활이나 활동에 신앙을 아주 자유롭게 개입시키는 걸 지극히 꺼리기 때문입니다. 진정으로 종교적인 사람이라면 일상생활의 기독교, 즉 '작업복을 입었을 때의 신앙'이 세상에 가장 명백한 일이어야 합니다. 하지만 일요일만을 위한 기독교인이 너무 많습니다. …… 그래서 옛날에는 더 높은 목적을 가지고 봉사하려는 사업가들을 '거만'하다고도 했고, 그런 사업가들이 아주 '건방지다'는 평가를 받아 불신을 당하기도 했습니다. 심지어 묘한 질투심의 대상이 되기도 했지요. '당신은 우리 나머지 사람들보다 더 착하려고 하면 안 돼요.' 이 말이 무슨 뜻이냐 하면, 사업을 하면서도 '나는 신앙인'이라고 고백하는 사람이 그저 일반 관례대로 '나는 그저 돈을 벌려고 사업한다'고 하는 사람들보다 훨씬 더 많은 욕을 먹는다는 뜻입니다.

하지만 두트바일러에게는 의심의 여지가 없었다.

비록 뭔가 '스스로 이룩한' 신앙이긴 하지만, 아주 깊은 신앙이 없었다면 저는 어떤 일도 해낼 수 없었을 것입니다. 내 곁을 전혀 떠난 적이 없는 저의 이런 생각은 내면의 평화에서 왔습니다. 마지막 결정은 언제나 더 높은 손에 달린 것입니다. 실패를 겪어도 그런 생각은 잘 나옵니다. 저를 반대하는 이들을 많이 만나기도 하지요. 하지만 마음속에서까지 적이 되는 사람은 거의 없습니다.

왜냐하면 "인간에 대한 서비스는 끝이 없"기 때문이란다.

두트바일러의 삶은 신앙에 헌신한 삶이다. 특히 수백만 명을 더 부유하게 할 가능성을 믿는 신앙에 헌신한 삶이다. 그가 그것을 위한 투쟁에 헌신했다는 것만 알아도 우리는 더욱 부유해질 수 있을 것이다. 그래서 나는 두트바일러의 작업실에 한 번 더 갔다. 거기 근무하는 사람은 아무도 없었다. 그런데 모든 게 그가 마지막으로 이 방을 떠났던 옛날 모습 그대로 놓여 있었다.

　나는 이 책의 맨 앞부분에서 그의 사무실은 참 작은 공간이었다고 말한 바 있다. 지금은 텅 비어 있어서 그런지 더 크고 넓어 보이기도 했지만, 동시에 숨 막히게 갑갑하고 죽은 것처럼 보이기도 했다. 그런 방에 다시 들어갔을 때 갑자기 확 느껴지는 게 있었다. '두트바일러가 이 방에 생명을 불어넣었구나! 이 방을 터질 정도로 가득 채웠구나!'

　그 순간 그의 목소리가 들리는 듯했다.

　"마음 내키면 언제든 오세요."

　그래서 나는 텅 비어 죽어 있는 공간에 대고 하마터면 이렇게 대답할 뻔했다.

　"아, 네, 기꺼이. 두트바일러 씨, 언제든, 언제든……."

▌ 찾아보기

불꽃처럼 살다 간 사회적기업가

김인선(한국사회적기업진흥원장)

한국에서 2007년 「사회적기업 육성법」 시행 이후 사회문제 해결을 위한 비즈니스적 접근 방법으로 많은 사람들이 사회적기업에 주목했다. 사회적기업은 기업의 목적과 운영원리에 대한 기준을 제시하기는 했지만, 사업의 내용을 담는 그릇인 조직형태에 대해서는 열려 있었다. 협동과 연대에 의한 사회적기업의 성장을 더 적극적으로 담을 수 있는 조직형태로, 협동조합에 대해 활발한 논의가 진행될 수 있었던 계기는 2012년 「협동조합 기본법」의 제정이었다.

농협, 신협, 산림조합, 중소기업협동조합 등 전통적으로 개별법에 기반한 큰 규모의 협동조합들이 오랫동안 있어왔지만 많은 사람들에게 협동조합으로 인식되지 않은 게 현실이었다. 2012년 「협동조합 기본법」 제정 이후 사회적경제 분야에서 활동하는 분들이 사회문제와 협동조합을 연결해 생각하고, 사회적경제의 조직적 접근으로 협동조합에 주목했다. 이에 따라 「협동조합 기본법」 제정 8년이 지난 현재 2만 개가 넘는 협동조합이 설립되었다.

2020년 발표된 '협동조합 제3차 기본계획'은 협동조합의 규모화, 협동조합 간의 사업연대 등을 담고 있다. 20대 국회는 최근 협동조합의 자본조달을 위한 '우선 출자제도', 협동조합 간의 사업연대를 촉진할 '이종 간 협동조합연합회 설립' 등의 「협동조합 기본법」 개정안을 통과시켜 '협동조합 제3차 기본계획'의 실현을 제도적으로 뒷받침하는 성과를 보였다.

「협동조합 기본법」이 제정된 이후 한국의 협동조합 관계자들에게 협동조합의 설립과 운영에 도움을 주고자 외국의 많은 책과 사례들이 소개되었다. 협동조합에 대한 이해가 척박했던 한국에 외국의 다양한 협동조합 사례들은 협동조합의 상을 만들고 사업에 대한 비전을 세우는 데 많은 영감과 실질적인 도움을 주고 있다. 하지만 「협동조합 기본법」 제정 8년이 지난 지금, 2만 개가 넘는 협동조합들은 어떻게 운영되고 있는가? '협동조합 7원칙'에 얼마나 충실한가? 협동조합의 성장은 얼마나 진전되고 있는가?

이런 질문을 던지는 지금 만나게 된 이 책, 『고틀리프 두트바일러』는 다른 협동조합 사례나 책과는 다른 감동을 준다. 이미 전 세계적으로 널리 알려진 미그로라는 협동조합을 '두트바일러'라는 인물을 통해 접하게 된다는 점에서 그렇다. 그동안 한국에 소개된 협동조합 관계 자료들은 대부분 조직에 초점을 맞추어왔기 때문에 '인물'을 통해 협동조합의 성장과 그 원리를 이해할 수 있어서 우선 반갑다. 물론 흥미로운 전개는 구체적이면서 실질적이다.

세계적인 유통업체로 알려진 까르푸가 철수한 나라가 둘 있는데, 하나가 한국이고 다른 하나가 스위스다. 한국에서 국내 대형유통업체에 밀렸다면, 스위스에서는 협동조합과의 경쟁에서 졌다.

미그로는 스위스 최대 슈퍼체인으로, 협동조합이다. 조합원 규모는 2016년 기준 218만 명, 스위스 인구의 26%를 차지한다. 직원은

10만 명이 넘는다. 우리나라 최대기업인 삼성보다도 많다. 미그로는 협동조합연맹 형태의 회사이며 그 중심에 10개의 지역협동조합이 있다. 지역협동조합은 생산을, 연맹은 전국 600여 개 매장을 통해 판매를 맡는다. 미그로의 광고문구인 '지역에서 지역으로aus der region, fur die region'는 지역에서 생산한 농산물을 판매한다는 점을 강조한 것이다.

미그로는 지역을 강조하는 것 외에도 독특한 경영원칙이 있다.

- 주류와 담배를 팔지 않는다.
- 조합원에게 배당금을 주지 않는다.
- 이자와 세금 이전의 소득이 5%를 넘으면 판매 가격을 낮춘다.
- 매출의 0.5%를 사회 및 문화프로젝트에 사용한다.

미그로는 위의 경영원칙 외에도 여러 가지로 독특하다. 가장 눈에 띄는 특징은 처음부터 협동조합으로 시작한 기업이 아니라는 점이다. 이른바 '전환 협동조합'이다. 1925년 스위스 국민에게 값싼 생필품을 공급할 목적으로 5대의 트럭으로 시작한 개인회사 미그로는 소비자의 열렬한 지지를 받으며 급성장했다(물론 대기업들의 반발과 방해에 맞서 소비자들의 지지와 응원을 받은 파란만장한 역사가 있다). 1941년 나치가 스위스를 점령하자 두트바일러는 미그로의 모든 주식을 스위스 국민에게 기부하고, 협동조합으로 전환했다. 지역 기반, 소비자 중심의 가격정책, 술과 담배 판매 금지, 문화기부프로젝트 등의 특징을 갖는 미그로는 두트바일러가 죽은 후에까지 정관에 명시한 위의 경영원칙을 충실히 지켜가며 스위스 국민들의 사랑을 받고 있다.

미그로를 이해하는 열쇠는 창업자 두트바일러에게 있다. 그는 아인슈타인 다음으로 스위스 국민이 존경하는 인물이다. 괴팍하리만치 강한 열정을 가진 그는 사회혁신가이자 사회적기업가이다. 자신이 죽는지조차 모르고 죽었다는 필자의 말처럼 죽는 그 순간까지도 불꽃처럼 살았던 인물이다. 두트바일러에게 미그로는 삶, 세계 그 자체였다. 대기업과 언론과의 기나긴 투쟁, 소송을 마케팅으로 활용하는 재기와 투지, 저널리스트로 정치인으로 살아간 그의 파란만장한 인생이 이 책에서 드라마처럼 펼쳐진다. 스펙터클한 한 편의 영화를 보듯 독자들은 주인공의 매력에 흠뻑 빠져들 준비를 하시면 된다.

◆◆◆

격동의 시기, 보통 사람들의 든든한 동반자를 만나다

김형미(상지대학교 사회적경제학과 교수)

스위스를 대표하는 협동조합 미그로의 창립자 고틀리프 두트바일러. 드디어 그의 일대기를 알 수 있는 평전이 한국 독자들에게 소개된다니 너무나 반갑고 가슴이 뛴다.

2009년 나는 국제협동조합연맹ICA 총회에 참석하러 처음 스위스 제네바를 방문했다. 그동안 책을 통해 미그로와 코업 스위스Coop Suisse를 접하기는 했지만 제네바 시내에서 만난 두 협동조합의 규모는 놀라웠다. 미그로와 코업 스위스의 매장은 한국에서 이마트, 롯데마트 등이 분포해 있는 밀도 이상으로 곳곳에서 시민의 일상생활을 지탱하고 있는 듯했다. 한국식당에 들렀을 때는 ICA 총회가 어떤 단체의 총회인지 묻는 주인장에게 미그로와 같은 협동조합들의 국제 총회라고 말씀드렸다. 그러자 바로 고개를 끄덕이면서, 미그로는 2008년 금융위기 때 식자재 물가를 내려 자영업자들에게 큰 힘이 되었다고 했다. 우리 일행이 먹었던 식재료도 대부분 미그로에서 장을 본 것이라고 말했던 기억이 생생하다.

미그로와 코업 스위스. 두 협동조합은 한국의 생협에 해당하는 소비자들의 협동조합으로 스위스 협동조합운동의 양대 산맥이라 말해도 과언이 아니다. 특히 인구 850만여 명의 스위스에서 미그로는 가장 큰 유통기업으로 600개 매장에서 10만 명이 종사하고 조합원은 250만 명이 넘는다. 2014년도 매출총액은 274억 스위스프랑(34.6조원)으로 이마트와 신세계를 합친 것보다 더 많다. 코업 스위스 조합원도 약 200만 명으로 스위스 국민의 절반은 소비자 조합원이라 할 수 있다. 한국의 생협 조합원들이 100만 세대 정도임을 생각하면 미그로와 코업 스위스가 스위스 국민들의 소비생활에서 차지하는 비중이 얼마나 큰지 짐작할 수 있다. 미그로는 세계 300대 협동조합들과 마찬가지로 거대한 기업이 대주주 없이, 수백만 소비자들의 출자금과 선출직 이사회, 이사회가 선임한 경영진으로 건전하게 운영되는 '또 다른 기업'의 존재 목적을 증명한다.

사실 협동조합으로서의 역사는 코업 스위스가 먼저였다. 1890년 48개 조합이 스위스소비자협동조합연합회(USC, 독일에서는 VSK)를 결성, 바젤에 공동물류센터를 세우고 조직을 통합했다. 이후 USC는 적극적으로 각지에서 소비자협동조합 매장을 개설하고 제조자공방 운영, 생산자협동조합 설립, 조합원 교육잡지, 공제사업을 실시하면 서 1차 생산에서 2차 제조업, 3차 소비에 이르기까지 독자적인 경제 생태계를 형성하며 성장했다. 1904년 스위스에 등록된 소비자단체 287개 중 협동조합이 228개였고 1913년 제1차 세계대전 직전에는 USC의 조합원은 26만 3,000여 명, 387개 조합이 마을 단위에서 610 개 매장을 운영하고 있었다.* 1923년에는 바젤 근교에 협동조합교육 센터Genossenschaftliches Seminar를 설립해서 임직원에게 협동조합 교육 프 로그램을 운영하고 계몽잡지를 발행했다.** 두 차례의 세계대전을 겪 은 후에도 USC는 스위스에서 가장 큰 협동조합으로 572개 조합이 가 맹해 있었다. 하지만 1968년에 USC는 또 다른 소비자협동조합인 미 그로에 추월당한다. 1969년 USC는 연합회명을 현재의 코업 스위스 로 변경하고 소규모 조합들을 합병하며 경영효율화와 미래를 향한 혁 신을 실행, 공정무역 상품을 개발하고(1992년), 스위스 유기농 브랜 드로서 '내추럴라인'을 개발하며 쇄신에 성공했다. 2017년에는 육식 의 대체식품으로 곤충으로 만든 버거와 미트볼을 출시하는 등 기후위 기에 대응하는 미래 먹거리분야를 개척하고 있다.

이러한 코업 스위스의 발전은, 미그로 없이 설명할 수 없다.

고틀리프 두트바일러가 살았던 시대에 스위스는 항구도 없이 강

---

* Bernard Degen, 'Consumer Societies in Switzerland: From Local Self-help Organization to a Single National Co-operative', *A Global History of Consumer Co-operation since 1850: Movements and Businesses*, Brill, 2017, pp. 624~626.
** 위의 글, p. 634.

대국에 둘러싸인 소국으로 독점도 강하고 유통이 복잡해 가장 물가가 높은 나라에 속했다. USC도 중간유통을 좀처럼 철폐하지 못해 원가 대비 운영비가 높았던 시절이었다. 두트바일러는 이 문제를 풀기 위해 1925년 미그로를 창립해 질 좋고 가성비 높은 식료품을 5개 트럭에 실어 주부들에게 이동 판매를 시작했다. 이후 미그로는 USC의 강력한 경쟁자가 되어 양쪽은 서로를 의식하고 치열하게 경쟁하며 스위스의 소매유통업계를 견인하는 존재로 발전해왔던 것이다. 미그로와 코업 스위스의 관계는 경쟁과 협동이 동전의 양면임을, 또한 훌륭한 라이벌은 절차탁마의 동료임을 생각하게 하는 사례이다.

미그로는 '소비자협동조합마저 높은 가격을 타파하지 못한 채 이해관계에 얽힌' 스위스 유통업의 장벽을 뚫고 고물가와 식량난을 해결했다. 주부들에게(이들은 전쟁으로 끌려간 남편 대신 부상자를 보호하고 가계를 꾸리고 가족을 먹여살리기 위해 밤낮으로 노곤했다) 미그로는 가장 든든한 동반자였을 것이다. 정부의 정책이 대부분 조직된 남성들이나 이익단체 중심으로 돌아갔던 시절이었다. 두트바일러는 달랐다. 그는 나중에 미그로의 조합원들을 "엠M가족"이라고 표현하면서, 살림살이를 영위하는 주부들의 마음과 직관을 믿고 이들에게 행동할 방법을 전했다. 일간지에 미그로의 철학을 전하거나 책자를 발행해 민주주의를 쉽게 설명하거나 소비자들의 바람을 담아 의회에 들어가 정치활동을 하면서! 그는 기존 진영을 대표하는 정당에 들어가지 않고 소비자단체를 기반으로 보통 주부들이 정치에 바라는 바를 실현하고자 했다. 그의 지지자들은 유명인이 아니라 보통 사람들이었다. 그래서였을까? 그가 사망한 지 40여 년이 지난 2009년 1월, 스위스 일간지가 국민 1,000명을 대상으로 실시한 설문조사에서 두

트바일러는 아인슈타인에 이어 두 번째로 스위스 국민에게 지명을 받을 정도였다.[*]

이런 그에게 적은 너무나 많았다. 기존 유통업자들과 생산자들의 이익단체, 공급망을 장악한 트러스트, 거대한 기업 콘체른, 보수적인 정치인, 관료와 경찰, 계급투쟁을 우선하는 노동단체 그리고 USC. 반면, '문제는 풀기 위해서 있다'는 그의 정공법과 탁월한 사업 추진력에 매료당한 동료들과, 가계의 고통을 실질적으로 덜어주는 미그로의 순수한 사업에 신뢰를 보내는 주부들이 그의 원동력이 되어주었다.

1880년대에 생을 시작한 이들은 가장 고통스러운 격동의 시대를 온몸으로 살아낸 세대이다. 케인스, 슘페터, 조만식, 슈테판 츠바이크처럼 두트바일러도 청년기에 제1차 세계대전을 겪고서 장년기에는 더 끔찍한 전쟁을 다시 겪어야 했다. 제2차 세계대전은 폭격기라는 '진화된' 무기가 민간인이 숨을 곳 없이 대량 살상을 저질렀던 전쟁이었고, 전선은 확대일로에 있었다. 슈테판 츠바이크는 나치를 피해 옮겨간 브라질에서 1942년 2월, 불확실한 인류의 미래를 절망해 자살했다.

두트바일러는 나치의 침공 압력이 짙어지던 1941년 자신의 주식을 10만 명의 소비자들에게 출자금으로 증여해 미그로를 협동조합으로 전환했다. 미그로 협동조합 정관 제3조는 "협동조합의 목적을 달성하기 위한 원칙은 경제와 사회 분야에서 진정한 국민공동체 형성에 기여하는 데 있다. 이에 협동조합은 노동권과 노동의 의무, 청년들의 안전하고 자유로운 개발, 균형 잡힌 사회정책과 건강가족정책, 국민 건강과 현대적 식량공급 등을 기본 원칙으로 삼는다"고 하여 스위스

---

[*]   김현대·하종란·차형석, 『협동조합, 참 좋다』, 푸른지식, 2012.

국민을 위한 협동조합이 되고자 했음을 밝히고 있다. 미그로는 스위스 국민의 도덕적, 문화적 수준의 증진을 위해 담배와 술을 팔지 않고, 1944년부터 미그로의 사업 매출의 1%를 사회적, 정치적 목적을 위해 기부한다는 원칙을 정립해 이를 재원으로 삼아 문턱이 낮고 가성비가 좋은 양질의 어학과 기술, 교양을 학습할 수 있는 미그로 클럽 학교를 운영하기 시작했다. 생애교육기관이기도 한 이 학교는 1980년대에는 스위스의 공공·민간 교육시설 이용 수강생의 절반 정도를 차지할 정도로 스위스 국민의 학습에 기여했다.

고틀리프 두트바일러는 사업가로서 뛰어난 성공을 거둔 시점에서 사업이 공공의 이익에 복무해야 한다며 스위스의 소비자들에게 힘을 부여한 사람이다. 이런 그의 마음속엔 힘없는 소국이었던 조국 스위스에 대한 사랑과, 혼자보다 수백만 명이 잘사는 것이 더 중요하다는 소박한 믿음이 신앙처럼 자리 잡고 있다.

이 책은 그의 삶과 생각, 그와 관계했던 사람들의 헌신, 신뢰, 갈등과 분열, 다시 새로운 도전의 여정을 쉼 없이 생생하게 그려낸다. 두트바일러의 이야기이지만 미그로 조합원들의 이야기이기도 한 것이다. 살림살이를 꾸리는 조합원들은 두트바일러에게 쏟아졌던 공격이 아무리 지독하더라도 두트바일러를 떠난 적이 없었다.

지금 우리가 사는 세상은 코로나19로 인한 불확실성과 무거움에 짓눌려 있다. 절대 포기하지 않고 문제를 풀었던 두트바일러의 치열한 투쟁이 이 시기 우리에게 주는 자극과 영감이 더 생생할 것 같다. 그를 한국의 독자에게 소개한 옮긴이 김용한 박사와 출판사 관계자에게 협동조합 연구자로서, 한 사람의 독자로서 깊은 감사를 전한다.

◆◆◆

협동조합이 낳은 인물, 미그로를 남긴 인물

문제갑(포레스트협동조합 전 이사장)

1980년, 제가 고등학교 1학년 때의 일입니다. 조회 시간에 담임 선생님께서 새로 오신 독일어 선생님 한 분을 소개하셨습니다. 작고 다부진 체격에 긴 머리칼을 휘날리며 등장하는 첫 순간부터 우리의 시선을 사로잡았습니다. 큰형님 같은 호감형 인물이어서 삽시간에 전교에 회자되더니, 그날부터 숱한 '신도'들을 몰고 다니셨죠. 당시 선생님은 서울대 대학원생으로 군 입대를 앞두고 잠깐 교단에 서게 된 것인데, 대학에서나 가능한 강의식 수업에 우리는 흠뻑 빠져들었습니다.

독일의 철학자 니체와 극작가 브레히트를 그때 처음 알았고, 이종용, 곽규석, 김도향, 윤복희 씨 등 기라성 같은 배우들의 뮤지컬 〈지저스 크라이스트 수퍼스타〉를 단체 관람한 것도 선생님의 영향이 컸습니다.

당시는 5·18 광주민주화운동이 일어나고 정권을 찬탈하려는 신군부의 패악질이 만연하던 때였습니다. 선생님들은 대체로 신중하고 엄했으며, 학생들 또한 촘촘하게 짜인 틀 안에서 곁눈질 없이 입시지옥을 겪었죠. 하나의 정답 외에는 인정받지 못하는 때, 획일과 통일의 차이를 설명해주시던 모습은 지금도 눈에 선합니다. 키 큰 사람과 키 작은 사람이 함께 행군할 때, 모두가 똑같은 보폭으로 걷는 것이 옳으냐고 물으셨습니다. 40년이 지난 지금까지 그 질문은 형평성, 협동,

통일의 의미를 가르쳐주는 비유로 손색이 없습니다. 남들과 다른 생각을 가지고 살 수 있다는 것, 상식마저 호도되는 현실에서 진실된 삶을 산다는 것이 어떤 의미인지 문학적 비유로써 자주 말씀해주시곤 하셨습니다. 선생님의 '우수한' 제자들은 그 뒤 우리나라 민주주의 발전에 여러 모습으로 기여했습니다.

10여 년이 지난 어느 해 여름, YMCA가 주최한 행사에서 선생님을 다시 만났습니다. '용산미군기지평택이전을결사반대하는시민모임'이라는 긴 이름의 단체를 이끌고 계셨고 평택에서 지역신문을 발행하기도 하셨습니다. '평택 에바다비리재단 퇴진 운동'은 선생님이 심혈을 기울인 끝에 승리한 싸움으로 역사에 기록되어 있습니다. 인권을 유린하고 국고보조금과 후원금을 가로챈 재단에 맞서서 에바다복지회를 민주화하는 데까지 장장 10년 가까운 시간이 필요했습니다. 선생님은 이 싸움에서 공동대책위원회 공동대표를 맡았지요. 어떤 사람들은 민주노동당 소속으로 2006년 경기도지사 선거에서 뜻밖의 선전을 펼친 인물로 기억할 수도 있겠습니다.

이쯤 되면 눈치 빠른 독자는 주인공인 두트바일러를 소개하는 지면에 역자인 김용한 선생님을 소개하는 의도를 짐작할 것입니다.

2014년 어느 여름날 선생님 댁을 찾아가 인사를 하고는 요즘 어떤 일을 하고 있는지 여쭈어보았습니다.

"에바다복지회가 정상화되긴 했지만, 장애인 부모님들은 여전히 이사회에 요구하는 게 많아. 나도 이사지만, 이사회는 그 요구를 받아안을 능력이 없고. 이사회가 앞으로 무엇을 해야 하는지, 무엇을 할 수 있는지 고민이 많아."

우리는 복지회의 사정 그리고 부모와 이사회를 비롯한 조력인들의 역할에 대해 이야기하고 함께할 수 있는 사업까지 진지하게 의견을 나누었습니다. 이야기가 무르익자 저는 이렇게 제안했습니다.

"선생님. 협동조합을 한번 해보시죠?"

"협동조합? 농협 같은 거?"

사실 이때만 해도 선생님은 협동조합에 대해 잘 알지 못하셨습니다. 이야기가 무르익을수록 우리 관심사는 협동조합으로 옮겨갔고, 이야기를 마치고 댁을 나설 때 선생님은 제게 이렇게 말씀하셨습니다.

"내가 협동조합을 좀 더 일찍 알았더라면 참 좋았겠네. 이제부터 라도 협동조합을 제대로 한번 공부해보고 싶다."

이날 이후로 선생님은 에바다복지회 산하 에바다장애인종합복지 관 부모님들을 중심으로 10여 명을 조직하고 함께 공부를 시작했습니다. 저도 이 모임에 참여했는데, 매주 만나 서너 시간씩 책을 읽고 토론하면서 사업 계획 세우기를 1년, 드디어 2015년 7월 '함께가는둥근세상댕구리협동조합(이하 댕구리협동조합)'이 창립되었습니다.

댕구리협동조합은 2020년 현재 평택시 비전동성당 안에서 몇 년째 작은 친환경 식품매장을 운영하고 있습니다. 이 사업을 시작으로 조합원들은 '장애인들의 평생직장' 등을 실현하기 위해 머리를 맞대고 있습니다. 이 사업은 처음 협동조합을 시작할 때 모두가 함께 꾸었던 꿈이었습니다.

선생님은 지금 '협동조합 코디네이터'로서 빛나는 연대 활동을 하고 있습니다. 말하자면 공부 시작한 지 5년 만에 협동조합 전도사이자 현장 활동가가 된 것입니다. 주로 협동조합 안에서 일어나는 갈등을 어떻게 관리하고 조정하는지가 주된 교육 내용이라고 합니다.

선생님에게 두트바일러는 전혀 낯선 인물이 아닙니다. 선생님은

댕구리협동조합 창립을 준비하는 동안 스위스 협동조합 역사를 공부하면서 미그로를 알게 되었고 두트바일러라는 인물에 깊이 매료되었습니다. 선생님이 두트바일러 전기를 번역하고 싶다고 생각한 데에는 대학과 대학원에서 독일 문학을 전공한 이력이 한몫했을 것입니다.

올해 초 선생님을 만났을 때 이미 번역 작업이 많이 진행된 상태였습니다. 우리는 만날 때마다 두트바일러에 대해 이야기했는데, 그는 두트바일러의 재기발랄한 언사며 거침없는 행보 그리고 평범하지 않은 기질들에 대해 실감나게 전해주셨습니다. 때로는 무릎을 치고 박장대소하며, 또 때로는 진지하게 토론하는 동안 미지의 인물이었던 두트바일러는 친근한 선배 협동조합 활동가가 되어갔습니다. 선생님이 그렇게 정성을 들인 두트바일러 전기가 이제 세상에 나온다니 무엇보다 기쁘고 누구보다 기쁩니다.

'사회적경제'는 자본주의 사회가 갖는 극단적인 불평등과 비인간적인 삶을 거부하고 사람이 주인 되는 사회, 자유와 평등 그리고 인간 존엄의 세상을 만들기 위한 노력의 산물입니다. 그리고 그 안에서 협동은 서로를 위한 배려 헌신 희생을 통해 이뤄진다는 것을 우리는 잘 알고 있습니다.

두트바일러의 꿈은 숭고하고 높았으며, 그 실현 방법은 도전적이고 낙관적이며 지혜로웠습니다. 어설픈 도덕심과 자본에 대한 적개심만으로는 안 된다는 것을 두트바일러는 삶을 통해 보여주었습니다. 그는 벤처사업가이자 진지한 사색가였으며 때로는 우스꽝스러운 광대이자 치열한 승부사였습니다. 해야 할 일 앞에서 주저하는 법이 없었고, 명분 없이 함부로 나대는 경박함과는 거리가 멀었습니다. 두트바일러는 스위스 국민들에게 미그로를 남겼고, 협동조합인들에게는 성공 노하우를 전수해주었습니다. 영국 로치데일공정선구자협동조합 40인의 선구자들, 몬드라곤협동조합그룹의 아리스멘디아리에타 신부님과 더불어 두트바일러는 우리 협동조합 역사에 길이 남을 인물로 후세에 오래도록 기념될 것입니다.

제가 존경하는 김용한 선생님이 오랜 번역 작업 끝에 이 책을 여러분에게 내놓습니다. 여러분은 이 책을 드는 순간 무림 강호의 고수들을 일일이 찾아가 단칼에 제압해내는 현대판 도장 깨기, 두트바일러 주연의 무협 영화 한 편을 보시게 될 것입니다. 그 유쾌하고도 장엄한 역사를 여기 협동조합 극장에서 만나보시기 바랍니다.

◆◆◆

한국 협동조합 담론의 수준을 끌어올릴 전기

김성오(한국협동조합창업경영지원센터 이사장)

역자 김용한 선생을 만난 건 우리 센터가 운영하는 서울대학교 협동조합경영전문가 과정에서였다. 그 과정에서 나는 세계적인 협동조합 사례들을 소개하는 강의를 진행했는데, 미그로 협동조합은 소비자협동조합 사례로 소개되었다. 나는 강의 말미에 덧붙였다.

"한국에는 미그로 협동조합에 대한 연구 논문이 하나도 없습니다. 누군가 독일어가 되는 분이 계시면 꼭 써주시길 부탁드립니다. 한국의 협동조합 발전에 중요한 기여를 하게 되는 일입니다."

사실 이 말은 내가 성공회대학교 대학원 수업에서 5년 동안, 경영 전문가 과정에서 7년간 해온 말이었다. 으레 그렇지만 강의 시간에는 모든 학생이 동의하는 듯했다. 하지만 실제로 이런 용기를 낸 수강생은 처음이다. 그것도 미그로 협동조합을 단순히 연구하는 것이 아니라 그 협동조합을 설립한 사람에 대한 전기를 번역 출간할 것이라는 건 전혀 예상치 못한 일이었다.

긴 번역 초고를 읽고 확신했다. 분명 그의 전기는 미그로 협동조합을 정확히 이해하는 데 도움이 되리라 믿는다. 그것이 어떠한 문제의식에서 출발해 어떠한 역경을 딛고 설립되고 성장해왔는지를 이 글만큼 생생하고 풍부하게 알릴 수 있는 방법은 없을 것이다.

이 글은 더 나아가 왜 그가 현재 스위스 국민들이 가장 사랑하는 협동조합 운동가인지를 알려주기도 한다. 그의 매력적인 인간적 풍모와 소비자를 위한 철학과 사상은 연신 고개를 끄떡이게 한다. 이 글을 읽는 것은 또한 소비자협동조합 일반에 대한 이해를 높이는 데도 큰 도움이 된다.

번역 문체 또한 훌륭하다. 통통 튀는 동시에 협동조합에 대한 매우 치열한 고민이 묻어나 있다. 역자가 이 책을 통해 한국의 협동조합 담론 수준을 한 단계 끌어올리려 했다는 점은 명백해 보인다. 그의 아름답고 놀라운 시도에 박수를 보내는 동시에 노고에 경의를 표한다. 그리고 그의 이 시도가 용기 있는 연구자들의 가슴에 물결을 일으켰기를 바라마지 않는다.

우리나라 협동조합들도 미그로만큼 성장하길

김용한

제게는 협동조합 스승이 두 분 있습니다.

한 분은 문제갑 이사장. 저와는 '제승관계'입니다. '제승관계'는
제자가 스승이 되었다는 뜻으로 제가 만든 단어입니다. 문제갑 님은
2014년부터 2015년까지 거의 매주 평택에 내려와 협동조합을 지도
해주었습니다. 그 덕분에 발달장애인 부모가 중심인 저희 12명은 '함
께가는둥근세상댕구리협동조합'을 설립해 비전동성당의 전폭적인 도
움을 받으며 현재까지 잘 운영해오고 있습니다.

또 한 분은 김성오 이사장. 문제갑 님이 10개월 동안 책 네 권을
읽고 발제하고 토론하는 방식으로 지도해주셨는데, 그중 두 권이 김
성오 님이 쓰거나(『우리, 협동조합 만들자』) 번역한 책(『몬드라곤에
서 배우자』)입니다. 그런데 바로 그분한테 제가 협동조합을 직접 배
울 기회가 있었습니다. 한국협동조합창업경영지원센터가 2015년 12
월부터 2016년 2월까지 서울대 경영대와 함께 협동조합 전문가과정
을 개설하고 직접 강의도 해주신 거죠. 저는 10주간의 교육과정을 잘
마치고 코디네이터 자격증도 취득했습니다. 그 덕에 요즘 여기저기
다니며 협동조합 설립과 경영 등을 컨설팅해줄 수 있게 되었습니다.

두트바일러가 사망한 지 58년이나 돼서 전기 번역이 늦은 감이 없지 않습니다. 하지만, 전기가 사망 50주기에 맞춰 2011년에 발간되었기 때문에 번역이 그리 늦은 것도 아닙니다. 게다가 영어로 돼 있었으면, 제 차례까지 오지도 않았겠죠. 독일어로 된 덕분에 저 같은 늦깎이 협동조합인한테 행운이 왔다고 생각합니다.

　고틀리프 두트바일러는 거리에서 시작해 맨손으로 일군 전 재산을 기부해 '미그로 협동조합'을 설립한 기업가요 자선가입니다. 미그로는 지금 편의점만 1,132개를 운영하는 스위스 최대의 협동조합이 되었지만, 시작은 정말 보잘것없었습니다. 트럭에 식료품을 싣고 다니며 팔던 행상으로 시작했으니까요. 매장 임대료나 유통 마진 없이 '박리다매'한 덕분에 소비자들에게는 폭발적인 인기를 얻었지만 식료품상이나 대기업, 언론, 심지어 정치권한테는 온갖 방식의 방해와 괴롭힘을 당했습니다. 전화위복이라고 해야 할까요? 사업만 하던 두트바일러는 이들과 싸우며 영역을 넓혀갈 수밖에 없었죠. 언론도 만들고 정당도 만들고, 국회의원과 상원의원에도 당선될 수 있었습니다.

　두트바일러 전기를 번역하면서 저는 모처럼 청소년 시절로 돌아갔습니다. 다음 장면이 궁금해서 며칠 밤을 새운 거죠. 저는 사업을 해본 적은 없지만, 시민운동과 진보정당 운동에 참여해서 수많은 패배를 경험해본 사람으로서, 어려움 속에서도 계속 승리하며 나아가는 두트바일러가 몹시도 부러웠습니다.

　번역하다 말고 혼자 깔깔대며 웃은 적이 한두 번이 아닙니다. 번역 원고를 미리 읽어본 어떤 분은 무협지를 읽은 느낌이라고 했고, 다른 분은 영화 한 편을 본 것 같다고 했습니다. 두 차례의 세계대전이 포함된 스위스의 현대역사요 세계사의 일부이기도 합니다. 짧게나마 한국전쟁 이야기까지 나와서 깜짝 놀라기도 했습니다.

　이렇게 재밌고 파란만장하게 산 두트바일러는 오늘날 스위스 사람들에게 엄청난 존경을 받고 있습니다.

　스위스 주간지 〈존탁스 차이퉁Sonntags Zeitung〉의 2009년 1월 4일 여론조사 결과를 보면, 두트바일러가 아인슈타인 다음으로 중요한 인물로 뽑혔습니다. 이 조사에서 3, 4, 5위는 로저 페더러와 페스탈로치, 앙리 뒤낭이었습니다. 2012년 10월 31일 보도된 〈스위스 TV〉의 한 프로그램에서 뽑은 '스위스에서 가장 위대한 전설적 인물'에서는 5위, 〈타게스안차이거Tagesanzeiger〉의 2017년 8월 1일 독자들이 뽑은 투표 결과는 3위였습니다.

　협동조합도 사람이 하는 거라 어려운 일이 없지 않죠. 하지만 저는 스스로 협동조합 체질임을 확인했습니다. 제가 조합원으로 있는 함께가는둥근세상댕구리협동조합과 안성의료복지사회적협동조합, 평택신협, 꿈모아사회적협동조합(준), 댕구리쿱이 조합원으로 가입해 있는 평택협동사회네트워크사회적협동조합도 미그로처럼 잘 성장하면 좋겠습니다. 소상공인협업아카데미와 평택사회적경제교육센터, 경기도사회적경제지원센터 등에서 저와 함께 활동하는 모든 컨설턴트와 교육 강사들의 컨설팅이나 교육을 받아 설립했거나 경영하고 계신 협동조합들, 나아가 아이쿱이나 두레, 한살림, 행복중심 같은 선배 협동조합들도 미그로만큼 성장하면 좋겠습니다. 그러려면 우리나라에서도 고틀리프 두트바일러 같은 인물이 나와야겠지요.

　감사 인사를 드릴 분이 많습니다. 어려운 출판업계 사정을 가장 잘 알고 계신 한국출판마케팅연구소 한기호 소장은 이야기 몇 마디 듣고 흔쾌히 출판을 승낙하셨습니다. 이렇게 보기 좋게 편집해주신 출판사 관계자 여러분께도 감사드립니다.

문제갑, 김성오 두 분 말고도, 기꺼이 추천사를 써주신 이재명 경기도지사님과 최재철 신부님, 김형미 교수님, 김인선 원장님, 우석훈 박사님께도 감사드립니다. 평택에서 협동조합 교육과 컨설팅 길을 터주신 오경아 평택시사회적경제지원센터장님과 백정훈 평택사회적경제교육센터장님께도 감사드립니다.

평생 살림살이와 자녀 교육 전체를 책임져준 아내 강순원 선생과 사랑하는 두 딸 민주랑 하나에게 이 책을 바칩니다. 교통사고를 당하셔서 1년 넘게 누워 계신 장인어른 강성희 선생님 간병하느라, 그 좋아하는 여행을 떠날 꿈도 못 꾸는 아내에게 해줄 수 있는 게 없어 너무 미안합니다. 장인어른 빨리 회복하셔서 함께 울릉도 여행을 가실 수 있기만을 기다립니다. 이번 여행 경비는 난생처음으로 제가 쏘겠습니다. 그러려면 인세가 많이 들어와야 할 텐데요.